国家神道と国体論

宗教とナショナリズムの学際的研究

藤田大誠 編

弘文堂

はしがき

近年、近代日本における国家・社会と「神社」や「神道」との関係、さらには諸「宗教」（仏教、キリスト教、新宗教等）や学校の「教育」など、国民の思想（信念体系）や社会生活全般までをも視野に入れた日本の〈近代〉に対する総体的検討の試みが盛んに行われている。但し、このなかには所謂「国家神道」という概念を強く意識した研究を行っている者とそうでない者の研究が混在していることも確かである。

そもそも、現代（戦後）日本社会における政治的・思想的・宗教的・イデオロギー的対立のなかで始められたといえる「国家神道」研究は、一方では神社、皇室祭祀、戦歿者慰霊・追悼・顕彰、教育勅語、学校儀礼、国体論など、文脈の異なる諸要素を予め含み、全体性を重視して外延の広い「国家神道」概念を構成するという、主に宗教学で顕著に見られる演繹的方法があり、他方、斯様な方法は未だ実証性を欠き不十分であると見る歴史的研究では、国家と神社との結合状態を必要条件とした上で諸要素の関係から全体像を捉えようとする帰納的方法が多く、両方法の乖離と擦れ違いは甚だしい。(1) つまり、アプローチの相違により、「国家神道」研究の振り幅は極めて大きいまま推移してきたのである。しかし、近年は近代神道史のみならず、宗教史・宗教学・宗教社会学、日本近代仏教史、日本近代史、日本思想史、教育史、地域社会史、建築史、都市史、都市計画史、造園学、日本民俗学、政治史・政治学・政治思想史、法学・日本法制史、朝鮮史など、実に多彩なアプローチからの研究参入が顕著となっており、なかには学際的研究組織が結ばれて研究交流が進められている場合もある。

このように現在、当該主題はかなり学際的な検討課題となっている。その結果、最近の研究動向としては、あくまでも「国家神道」という概念に固執して演繹的にその内包を構成し、その現代日本社会への影響など、現在の観点から評価を行うことに重点を置く論者がいる一方、評価以前の「史実」の探究に軸を据える歴史的研究では、質の高い史料批判に基づく緻密な帰納的（実証史的）検討を踏まえ、前記した文脈の異なる諸要素の相互関係を検討して近代日本社会の構造解明を目指すという、極めて高度な研究水準が求められているといえる。

しかし、一般や非専門家にとって目を惹き易く分かり易いのは、「国家神道」概念の拡張志向に基づく演繹的考察であろう。西暦二十世紀から二十一世紀にかけての世紀転換期（特に平成十年代）、本格的に「国家神道」論に参入した宗教学者の島薗進は平成二十二年（二〇一〇）、「近代法制上の存在にすぎない「神社神道」を基体として国家神道を捉えようとする見方」を採らないとしつつ、神社祭祀、皇室祭祀、靖國神社祭祀（慰霊・追悼・顕彰）、教育勅語、学校儀礼、国体論などの様々な要素を結び付け、外延の頗る広い「広義の国家神道」概念を打ち出したのみならず、「国家神道は戦後も存続し続けて今日に至っている」とも主張している(2)。島薗本人が述べる如き宗教学者の村上重良による「国家神道」論の発展的継承というより、実質的には宗教学者・加藤玄智が戦前に主張した「国家的神道」論への回帰と評価の反転に基づく増幅概念ともいうべき主張に見える(3)。

近年は、殆ど先行研究が見出した「史実」や学説を自らの問題関心のもとに取捨選択してレビューするに留まる「総説」的手法が多く見られる一方、近代神社の制度・行政・環境（空間）、その担い手（神職・神道人、国学者、官僚など）の実態、宗教団体や宗教者（仏教者、クリスチャン、宗教教師など）の思想や行動、「神道」並びに「宗教」と国家・社会との関係についての実証的歴史研究も着実に蓄積されている。(4)

このうち、磯前順一や畔上直樹、島薗進、昆野伸幸、青野正明、平山昇らは、従前の「国家神道」に関する歴史的研究（特に近代神道史研究による先行業績）に対して、概ねその緻密な実証性を比較的高く評価しながらも、直接的に、もしくは暗に「神社制度史」や「政教関係史」、「内地」偏重との批判を加え、日本のナショナリズムと深く関わる「国家神道」の思想・イデオロギー方面の本格的解明を目指し、地域社会史や宗教学・宗教史、日本思想史、教育史、朝鮮史、メディア史などの観点を用いて、「思想史的研究」や「社会史的研究」、さらには「帝国史的研究」とでもいうべき新機軸が打ち出されているといえよう。(5)

かかる研究動向にあって本書の編者は、自ずと「学際的研究」を意識するようになり、その実現に向けて、個人的な営為を心掛けるとともに、共同研究を行って来た。個人としては、専攻する近代神道史、国学、日本教育史、体育・スポーツ史などの観点から、博士論文をもとにした単著『近代国学の研究』（弘文堂、平成十九年）や筆頭編者となった藤田大誠・青井哲人・畔上直樹・今泉宜子編『明治神宮以前・以後—近代神社をめぐる環境形成の構造転換—』（鹿島出版会、平成二十七年）をはじめとする諸研究によって、〈「国体」並びに「神道」理解のための総合的学問としての「近代国学」〉や〈「公共空間」としての「神社」〉という独自の視座を提示した上で、近代日本国家・政府、神社神道（神社）、国学、皇室制度（祭祀）、慰霊・追悼・顕彰、宗教教団（教派神道、仏教、キリスト教、新宗教）、教育・体育などの相互関係に着目した制度史的・思想史的研究を積み重ねて来た。(6)

また近年、日本学術振興会科学研究費助成事業により、「帝都東京における神社境内と「公共空間」に関する基礎的研究」（平成二十二～二十四年度、基盤研究（C）（一般）、研究課題／領域番号：二二五二〇〇六二、研究代表者：藤田大誠）において共同研究を主導するとともに、「近現代日本の宗教とナショナリズム—国家神道論を軸にした学際的総合検討の試み―」（平成二十三～二十五年度、基盤研究（C）（一般）、研究課題／領域番号：二三五二〇〇七九、研究代表者：小島伸之）にも連携研究者として参加するなかで、多岐に亙る専攻分野の研究者たちと研究交流を深め、編者なりに複眼的・学際的な広い視野を獲得して来たつもりである。そして、これらの共同研究を基盤としつつ、改めて「国家神道と国体論に関する学際的研究―宗教とナショナリズムをめぐる「知」の再検討―」（平成二十七～二十九年度、基盤研究（C）（一般）、研究課題／領域番号：一五K〇二〇六〇、研究代表者：藤田大誠）を構想し、学際的研究組織を立ち上げて研究会を積み重ねたのである。

本書は、かかる科研費共同研究における研究会の討議、その成果に基づく論文集である。具体的には、近代日本の宗教とナショナリズムをめぐる「知」の実態解明という課題を設定し、かかる「知」の担い手たちの思想と行動を検討対象とすることによって、あくまでも具体的な史料の検討に基づく実証的歴史研究を軸とした学際的再検討を試みるものであり、従来の研究においてはそれぞれ別個に展開し交錯して来なかった「国家神道」研究と「国体論」研究を有機的に接合し、新たな議論の方向性を提出することを目的とするものである。

従来、「国家神道」研究と「国体論」研究は、いずれも近代日本の宗教とナショナリズムに関わる重要な主題として捉えられてきたが、一見近接している両研究主題は、意外なことに必ずしも深い交渉を持たないまま、固有の文脈を以て別個に展開してきた。しかし近年、様々な研究分野において、両主題の研究成果を意識的に接続して新機軸を打ち出す研究者たちが続々と現れ始め、先述の如く本書の編者の呼びかけもあって、徐々に学際的共同研究という流れも形成されてきた。本書の基盤となる科研費共同研究は、かかる研究動向における最新かつ最良の成果であると自負するものであった。また、「学際的研究」を標榜する本書の執筆陣は、神道史、宗教学、宗教社会学、日本思想史、日本近代史、日本教育史、政治学、政治思想史、法史、日本民俗学、史料学、建築史、都市史などの多種多様な研究分野の第一線において活躍する中堅・若手研究者が中心となっている。

また、本書の前提となる科研費共同研究は、すでに研究成果報告書を作成して平成三十年三月に終了したが、この共同研究に刺激を受け、興味深い研究動向も派生している。例えば、本書の執筆者の一人でもある山口輝臣が企画し、藤田大誠や昆野伸幸も登壇した史学会第百十五回大会・日本史部会・近現代史部会シンポジウム「戦後史のなかの「国家神道」」（平成二十九年十一月十二日、於 東京大学本郷キャンパス）が会場に溢れるほどの聴衆を集めるとともに、さらにその成果を基盤として、山口輝臣編『戦後史のなかの「国家神道」』（山川出版社、平成三十年十月）が刊行され、各方面に反響を呼んでいる。[7] また、同じく本書の執筆者である寺田喜朗が企画・司会を担当し、藤田大誠、畔上直樹、小島伸之も報告を行った（その他、弓山達也、塚田穂高も参加）、第九十一回日本社会学会大会研究活動委員会テーマセッション２「国家神道なるものと戦後の日本社会」（平成三十年九月十五日、於 甲南大学）も盛況裡に開催されるなど、神道史や宗教史に留まらない波及効果が如実に現れている。

つまり、研究代表者＝編者の不手際によって遅滞していたが、遅れ馳せながら、かかる研究動向の本流（メインストリーム）ともいうべき科研費共同研究における研究成果報告書のバージョンアップ版論文集として、満を持して刊行するに至ったのが、本書『国家神道と国体論―宗教とナショナリズムの学際的研究―』である。

本書の構成は、編者による総論「国家神道と国体論に関する学際的研究序説」を冒頭に据えた上で、三部構成を採用し、それぞれの内容に即して、各部七本ずつの論文を配置している。全二十二本の論文における主題は実に多岐に亙るものの、いずれも本書の大きな課題である「国家神道」と「国体論」を念頭に置いている。「第一部 国家・神社・神道」には所謂「国家神道」にも関連する近代神社に関する思想・制度・空間・人脈を論じた論考、「第二部 国民・教育・宗教」には宗教（仏教、新宗教）・教育・慰霊（招魂、英霊祭祀、墓制）とナショナリズムに関する論考、「第三部 国体・思想・学問」には多様な思想・学問の担い手による「国体論」（神道的・国学的国体論、仏教的国体論、法学的国体論）の具体相とその位置付けに関する論考を収めた。

本書は、科研費共同研究成果報告書に掲載された諸論考を基盤として大幅に改稿するとともに、報告書の際には寄稿が適わなかった研究メンバーの論考も加えて合計二十二名の執筆者を得、再編集したものである。編者はあえて大きな方向性を示したのみで、各人の自由な問題意識のもと執筆してもらった。それ故、各論文の主題は多様で、一見、全体構成の観点からいえば纏まりの無いように見えるかもしれない。しかしながら、「国家神道」と「国体論」を主題とする大規模な学際的論文集は、本書が初めての試みであり、「枷を嵌める」ような制限は却ってこれからの展開を狭めてしまうと考えた。なかには、編者が提唱した「国家神道」と「国体論」を結合して論ずる思考の枠組そのものに対して絶えず再考すべきことを促す論考さえあるが、それで良いと思っている。何故なら、そもそも本共同研究における最大の目的は、思想信条、主義主張、学問方法の相違を超えた「学際的アリーナ」の創出にあるのだから。読者におかれては、かかる点に御留意の上、味読されたい。

令和元年六月三十日

藤田大誠

註

(1)藤田大誠「「国家神道」概念の近現代史」(山口輝臣編『戦後史のなかの「国家神道」』山川出版社、平成三十年)を参照。

(2)島薗進『国家神道と日本人』(岩波書店、平成二十二年)三三、三九、七三、九四、九五、九八、二一三頁。

(3)藤田大誠「「国家神道」概念の有効性に関する一考察—島薗進著『国家神道と日本人』の書評を通して—」(『明治聖徳記念学会紀要』復刊第四八号、平成二十三年)を参照。なお、島薗進の「国家神道」論に対する私見は、「「国家神道」はいかに論じられるべきか—島薗進著『国家神道と日本人』を読む—」(『平成二三~二五年度科学研究費助成事業基盤研究(C)「近現代日本の宗教とナショナリズム—国家神道論を軸にした学際的総合検討の試み—」(研究課題番号:二三五二〇〇七九、研究代表者:小島伸之)研究成果報告書』平成二十六年)、「近代日本の国体論・「国家神道」研究の現状と課題」(『国体文化』第一〇八〇号、平成二十六年)で詳述している。

(4)ここ二十年間の主な研究としては、山口輝臣『明治国家と宗教』(東京大学出版会、平成十一年)、大谷栄一『近代日本の日蓮主義運動』(法蔵館、平成十三年)、磯前順一『近代日本の宗教言説とその系譜—宗教・国家・神道—』(岩波書店、平成十五年)、小川原正道『大教院の研究—明治初期宗教行政の展開と挫折—』(慶應義塾大学出版会、平成十六年)、菅浩二『日本統治下の海外神社—朝鮮神宮・台湾神社と祭神—』(弘文堂、平成十六年)、子安宣邦『国家と祭祀—国家神道の現在—』(青土社、平成十六年)、青井哲人『植民地神社と帝国日本』(吉川弘文館、平成十七年)、齊藤智朗『井上毅と宗教—明治国家形成と世俗主義—』(弘文堂、平成十八年)、谷川穣『明治前期の教育・教化・仏教』(思文閣出版、平成十八年)、井上寛司『日本の神社と「神道」』(校倉書房、平成十八年)、藤田大誠『近代国学の研究』(弘文堂、平成十九年)、田中悟「関係論としての「国家神道」論」(『宗教研究』第八三巻第一号、平成二十一年)、小平美香『女性神職の近代—神祇儀礼・行政における祭祀者の研究—』(ぺりかん社、平成二十一年)、畔上直樹『「村の鎮守」と戦前日本—「国家神道」の地域社会史—』(有志舎、平成二十一年)、藤本頼生『神道と社会事業の近代史』(弘文堂、平成二十一年)、昆野伸幸「近代日本における祭と政—国民の主体化をめぐって—」(『日本史研究』第五七一号、平成二十二年)、佐藤一伯『明治聖徳論の研究—明治神宮の神学—』(国書刊行会、平成二十二年)、樋浦聡子『神社・学校・植民地—逆機能する朝鮮支配—』(京都大学学術出版会、平成二十五年)、戸浪裕之『明治初期の教化と神道』(弘文堂、平成二十五年)、Michael Wachutka, *Kokugaku in Meiji-period Japan : the modern transformation of 'national learning' and the formation of scholarly societies*, Global Oriental, 2013、新野和暢『皇道仏教と大陸布教—十五年戦争期の宗教と国家—』(社会評論社、平成二十六年)、小島伸之「特別高等警察と「国家神道」—近代国家のアポリアを踏まえて—」(『明治聖徳記念学会紀要』復刊第五一号、平成二十六年)、藤田大誠・青井哲人・畔上直樹・今泉宜子編『明治神宮以前・以後—近代神社をめぐる環境形成の構造転換—』（鹿島出版会、平成二十七年）、前川理子『近代日本の宗教論と国家—宗教学の思想と国民教育の交錯—』（東京大学出版会、平成二十七年）、ジョン・ブリーン『神都物語—伊勢神宮の近現代史—』（吉川弘文館、平成二十七年）、青野正明『帝国神道の形成—植民地朝鮮と国家神道の論理—』（岩波書店、平成二十七年）、永岡崇『新宗教と総力戦—教祖以後を生きる—』（名古屋大学出版会、平成二十七年）、白川哲夫『「戦没者慰霊」と近代日本—殉難者と護国神社の成立史—』（勉誠出版、平成二十七年）、平山昇『初詣の社会史—鉄道が生んだ娯楽とナショナリズム—』（東京大学出版会、平成二十七年）、河村忠伸『近現代神道の法制的研究』（弘文堂、平成二十九年）、齋藤公太『「国家神道」と教育勅語—その狭間にあるもの—』（岩波書店編集部編『徹底検証　教育勅語と日本社会—いま、歴史から考える—』岩波書店、平成二十九年）などがある。特に島薗進や磯前順一、子安宣邦、井上寛司、田中悟、齊藤公太らの「国家神道」論は、奥山倫明『制度としての宗教—近代日本の模索—』（晃洋書房、平成三十年）と同様、「既存の研究のレビューの色彩が強く出ている」（同書「はじめに」iii頁）手法といえる。

（5）最近の「国家神道」研究史に関する総説としては、原田雄斗「研究動向3　国家神道研究」（寺田喜朗・塚田穂高・川又俊則・小島伸之編著『近現代日本の宗教変動—実証的宗教社会学の視座から—』ハーベスト社、平成二十八年）がある。

（6）編者は、前掲藤田『近代国学の研究』、前掲藤田・青井・畔上・今泉編『明治神宮以前・以後』をはじめ、それなりに研究成果を発表して来た。それぞれのアプローチによる編者の研究蓄積については、さしあたり、同「靖國神社の祭神合祀に関する一考察—人霊祭祀の展開と「賊軍」合祀問題を軸として—」（『國學院大學研究開発推進センター研究紀要』第一一号、平成二十九年）の註1、同「明治神宮外苑拡張構想と幻の東京オリンピック」（『國學院大學人間開発学研究』第九号、平成三十年）の註8、同「國學院大學における建学の精神「神道精神」の基礎的考察」（『國學院大學校史・学術資産研究』第一〇号、平成三十年）の註16を参照。

（7）「史学会シンポジウム叢書」として刊行された前掲山口編『戦後史のなかの「国家神道」』は、現時点において当該テーマに関する基礎的知識が得られる入門書として最新かつ最良の文献といえよう。前掲藤田「「国家神道」概念の近現代史」のほか、苅部直「「国家神道」と南原繁」、昆野伸幸「村上重良「国家神道」論再考」、須賀博志「戦後憲法学における「国家神道」像の形成」、谷川穣「「国家神道」論の現状をどう見るか—島薗進『国家神道と日本人』とそれ以後へ—」、山口輝臣「「国家神道」をどうするか」という前提となるシンポジウム登壇者の執筆した論考を収めるとともに、当日シンポジウムに参加していた多種多様な分野の研究者たちによる十のコラム、附録（「国家神道」関連年表、「国家神道」主要文献抜粋、「国家神道」研究主要参考文献）を含む。

目次

第一部　国家・神社・神道

第三部　国体・思想・学問

国家神道と国体論に関する学際的研究序説

藤田大誠

一　はじめに

これまで、近代日本における「国家神道」と「国体論」に関する研究は、いずれも〈近代日本の宗教とナショナリズム〉をめぐる「知」に関わる重要な主題として捉えられて来た。しかし、一見近接しているかのように見える二つの研究主題は、意外なことに必ずしも深い交渉を持たないまま、それぞれ固有の文脈を以て別個に展開して来たといえよう。つまり、様々な論者から極めて近接する内容を多分に含んでいると認識されて来たにも拘らず、両者の成果を有機的に接続して日本の〈近代〉とは何であったのか、その実態や特質を実証的かつ総合的に描こうとする試みは、本格的な学術研究としては未だなされて来なかったのである。

従前、「国家神道」研究と「国体論」研究が交錯して来なかったことには、それなりの理由がある。まず、「国家神道」、「国体」ともに、その内包するものが曖昧模糊として、実際には明確な定義さえ広く共有されないまま銘々の理解のもとに諸研究が進められて来たということに大きな原因がある。また、そうした問題を措いて端的にいえば、近代日本において「国家神道」と「国体論」とは密接な関係を結んでいるようでいて、実はあえて交錯させて一体視しなくとも、それぞれ固有の文脈として認識されて来た事実がある。

「国家神道」研究が、専ら近代神道史や日本近代史などの立場から精緻な制度史的研究を軸に考察が深められてきたのに対し、「国体論」研究は、日本思想史、政治思想史、法思想史や日本教育史などの分野を中心に思想史的研究が積み重ねられてきており、それぞれ別個の研究展開を遂げて来た。しかし近年、両研究主題の研究成果を意識的に接続する研究も登場し始め、両者の接近、交錯という研究動向が見られる[1]。それ故、本稿では、「国家神道」研究と「国体論」研究の現状を把握、整理した上で、いくつか具体的な事例を検討するなかで今後の課題を提示したい。要するに本稿は、両研究主題を有機的に接合し、新たな議論の方向性を提出するために最前線の知見を総合した「学際的研究アリーナ」を構築すべく、その予備的検討を行うことを目的とする。

二　国家神道と国体論に関する近年の研究動向

（一）「国家神道」研究の現状

「国家神道」の概念や研究史については別稿でも論じたが、現在、「国家神道」研究は混迷している[2]。

「国家神道」の研究史において欠かせない前提は、戦前における宗教学者の加藤玄智による、「宗派神道」とは区別された「神道」（皇道、国体）＝「忠孝教」・「日本民族教」・「天皇教」・「神人同格教」・「国家（国民）的宗教」としての「国家的神道」概念（「国体神道」〔教育勅語を中心として日本全国の教育家が宣伝しているもの〕＋「神社神道」〔内務省神社局において取り扱われている神社〕＋「宮中に於かせられる年中行事」が国民に齎す「国家的神道の気分」）である。[3] さらに、このような加藤が示した「広義の国家神道」論ともいうべき広範な「国家的神道」論をある程度踏まえつつも（但し、加藤説による「国家的神道」の下位概念たる「神社神道」と「国体神道」の腑分けは踏襲せず、「国家神道」＝「神社神道」と捉えていた）[4]、その評価を正反対に転倒させたD・C・ホルトム（明治四十三年〔一九一〇〕、アメリカン・バプテスト外国宣教協会の宣教師として来日し、東京学院・日本バプテスト神学校・関東学院・青山学院の教授を務め、昭和十六年〔一九四一〕に帰国）の理解は、W・K・バンス（連合国軍最高司令官総司令部〔GHQ／SCAP〕民間情報教育局〔CIE〕宗教部門の担当官、後に宗教課長、宗教文化資源課長）へと継承された。[5] つまり、占領期の昭和二十年十二月十五日、GHQ／SCAPより日本政府に対して発出された「国家神道、神社神道ニ対スル政府ノ保証、支援、保全、監督並ニ弘布ノ廃止ニ関スル件」（略称・神道指令）において、「State Shinto」（国家神道）という語が初めて公式に使用され、一般に流布したことが現在にまで至る本格的な研究史の出発点に当たる。[6] ただ、「神道指令」で定義された「State Shinto」（国家神道）という用語は、聊かトートロジーの感は否めないのであるが、近代日本国家・政府と神社との結合としての非宗教的国家祭祀を最低限の〈必要条件〉とする枠組みとして定義付けられたと見るのが妥当である。そうであれば、具体的な史料により客観的に確定出来る史的展開としては、明治十五年の神官教導職分離、さらには同三十三年に内務省社寺局を廃し、神社局と宗教局が設置されて神社と宗派神道（教派神道）との間に行政的に明確な区別がなされたことを以て、制度的に「国家神道」が成立したと捉えるのが、帰納的方法を採る実証的歴史研究の見方である。[7]

しかし、「神道指令」は、「神道」に関連するあらゆる祭式、慣例、儀式、礼式、信仰、教え、神話、伝説、哲学、神社、物的象徴にまで適用された。しかもその上、専ら内務省の所管に関わる国家と神社神道との分離の文脈とは直接関係が無い、神道以外のあらゆる宗教における「軍国主義」や「過激なる国家主義的イデオロギー」の宣伝・弘布をはじめ、同種のイデオロギーの発現とみなされた、文部省が作成した『国体の本義』や『臣民の道』などの官制書籍等、公文書における「大東亜戦争」や「八紘一宇」等の用語など、いわゆる「国体論」（日本の国柄の特殊性・優越性に関する論述）の文脈に関するあらゆる事項までをも纏めて禁止したのである。[8]

なお、GHQ／SCAPの民間情報教育局（CIE）宗教課に勤務していたウィリアム・P・ウッダードは後年、「神道指令」の欠陥として厳格な「政教分離」や「国家神道」なる語の使用法の混乱を指摘した上で、さらにこの指令が禁止の対象としたものは、「神道」、「神社神道」、「国家神道」（国家的神道）、「国体神道」、「教派神道」という諸形態とは区別されるべき独立した現象であるとともに、昭和零年代後半以降、十年代前半において軍国主義的・超国家主義的な「過激論者」たちによって唱えられ、警察権力によって日本国民に強制された「Kokutai Cult」（当初は「State Cult」と表現、国体のカルト、国体礼賛主義、国体狂信主義）と捉え、これに対して「国家神道」という語を用いるべきではないと述べている。[9]

以上のように、「神道指令」が指し示す極めて曖昧な禁止内容や聊か不明瞭な「国家神道」概念の定義のため、後進の論者たちによって「国家神道」概念は戦略的に拡張されがちとなり、本来神社とは文脈が異なるはずの諸要素（皇室祭祀、諸宗教、戦歿者慰霊、教育勅語、学校儀礼、国体論など）を予め含んだ頗る外延の広い「国家神道」概念を演繹的に構成して論じる向きも早くから登場してきた。

歴史学者の藤谷俊雄や宗教学者の村上重良によって、「天皇制イデオロギー」や「皇室神道」（宮中祭祀）、帝国憲法、教育勅語、治安維持法、宗教団体法、「君臨」された「公認宗教としての教派神道・仏教・キリスト教」、「国体の教義」、「侵略の教義」、靖國神社、神社参拝強制、宗教弾圧の諸要素などが包含されることにより「国家神道」概念はさらに拡大され、膨張していった。[10] 一方、かかる村上らの「国家神道」論に対し、葦津珍彦や阪本是丸に代表される近代神道史研究によって、国家と「神社神道」（必ずしも国家行政事務に限定される「国家神道」と同義ではない）との関係を軸とする「国家神道」の実態解明、或は靖國神社や皇室祭祀の形成過程などを対象とした、具体的な史料に基づく緻密な実証的歴史研究が積み重ねられた。それ故、研究史上において一旦は、各自の思想的立場や専門、評価の相違を越えて、その堅実な実証的成果（史料的根拠に基づく具体的かつ相当程度の「客観性」を備えた「史実」）を前提とする研究基盤の共有化が図られたはずであった。[11]

しかし、宗教学の島薗進が「近代法制上の存在にすぎない「神社神道」を基体として国家神道を捉えようとする見方」を採らないとしつつ、神社祭祀、皇室祭祀、靖國神社祭祀（慰霊・追悼・顕彰）、教育勅語、学校儀礼、国体論などの様々な要素を結び付け、外延の頗る広い「国家神道」概念を再び打ち出した。[12] これにより現在、「国家神道」概念の問題は振り出しに戻った観がある。島薗による外延の広い「国家神道」論の大きな問題は、近代日本において打ち出された様々な「理想」（構想）とその「現実」（結果）との間の厳密な線引きが殆どなされていないことである。「国家」や「神道」の概念をどう捉えるにせよ、仮にも「国家神道」を「主語」に据える場合には、その主体と担い手が具体的に誰であり、〈実体〉としての「体制」やそこにおける考え方（思想）がどうであったのかという、事柄の正確な把握を最低限の必要条件とすることは至極当然の作業である。[13] 近年における外延の広い「国家神道」論の最大の問題点は、かかる大上段からの言説的・理論的考察が隆盛する陰で、その「道具立て」となるべき個々の史料から見出された「史実」理解レベルの基礎的作業に関する論者相互の議論が顧みられなくなる恐れがあることである。最早そうした「道具立て」が揃っているというなら話は別であるが、実際に複雑な神社制度や皇室祭祀、或いは靖國神社祭祀の経緯、実態の基礎的知識が確りと共有されてはいない。即ち現状では、未だ「土台」さえ共有されておらず、さらに不明瞭な部分も多々残されているのである。

例えば、すでに阪本是丸や新田均、筆者らが批判してきたように、近代日本には、皇室祭祀と神社祭祀が直結して「国家神道」が形成されたという、村上重良以来（ある意味では加藤玄智以来）、俗説化している見方は成立しないし、現実に多種多様な要素が密接に連結して巨大な「国家神道体制」が成り立ったことはない[14]。しかし、昭和十五年の「紀元二千六百年」当時、「紀元二千六百年奉祝会」が編纂した『惟神の礎』の構成が「皇陵」、「神社」、「神武天皇聖蹟誌」、「宮中の御祭典と御儀式」であった如く、宮中と山陵における皇室祭祀と神社祭祀、聖蹟を含めた様々な要素が有機的に結合、統合されるべきという「理想」へのより強い期待があったことは確かである[15]。「国家神道」概念やその評価を云々する前に、まず以て、このような「理想」がどこまで「現実」化したのか、という点の緻密な考察による正確な理解が不可欠である。即ち、昭和戦前期における加藤玄智の「国家的神道」論や、神道人たちの神祇官衙設置運動の主張があくまでも「理想」に留まり、「現実」化しなかったという、神社・神道（及びその担い手）の〈等身大〉の「実力」を的確に見定めるべきである[16]。

勿論、当時の少数者に対する「社会的抑圧」行使の現場に「神社」や「神道」の要素は関わらざるを得なかったが（但し、実際には当時、あらゆる「場」がそのような現場になり得たことは念頭に置くべきである）、果たして「神社」と「神道」は、「国家」（もしくは政府、官僚機構、地域社会、知識人をはじめ、一般民衆をも含めた「国民」の大多数）に動員されるべき〈文化資源〉に留まらず、明確な〈主体〉たり得たのだろうか。

また、「経験科学的アプローチ」による「実体的な何物か」を問う研究ではトータルな「国家神道」像は描けないと断じ、子安宣邦の言を受けて「国家」と「神道」の相関を問う「関係論としての「国家神道」論」という視座を提唱した政治学の田中悟による指摘もある[17]。筆者は、〈実体〉を問うことに意味は無いとは決して思わない（田中にとってはここが肝なのだろうが）。様々な要素の相関、関係性の追究に焦点を当てつつ絡まり合った糸を一つひとつ解きほぐすことに努め、その考察の積み重ねによって〈日本近代〉の総体を摑もうとしているつもりである（勿論「国家神道」研究だけで解明出来る訳では到底無い）。

日本の近代において、「国」と「官」、「民」との区別、宮中と府中、宮務法（皇室法）と国務法（国家法）との区別（宮中、宮内省、各省、内閣）、皇室祭祀令・神宮祭祀令・官国幣社以下神社祭祀令の区別（皇室祭祀、神宮祭祀、神社祭祀）、一般神社と靖國神社との区別（内務省と陸海軍省）、さらには「神社」と「宗教」、「教育」、「教化」との区別（内務省、文部省）など、行政上、法律上、様々な線引きがなされた。これらが相互に影響し、時には喰い込み合う関係へと変動するなど、近代史上、様々な動態が確認されようが、やはり近代を通して「境界線」が引かれたままだったことは無視出来ない。筆者は、「官」と「民」それぞれにおける同床異夢や多様性ということも含め、こうした相互関係のなかで軋轢と共存の動態が同居しつつ、〈日本近代〉において最大公約数的な「国家の意志」とは何であったのか、を安易に決め付けず、不断に問い直し続けることが肝要と思量する。

また、そのキータームでもあり、諸概念を包容する「容器」となったのが、「国体」や「皇道」、「皇国」、「日本精神」、「国民精神」などである。これらの語の具体的な中身を説明するために盛んに「動員」されるようになり、戦後に流布した「国家神道」に関する「記憶」を形作ったともいえるのが、昭和戦前期における「神道」（惟神の大道）や「神国」、「祭政一致」、「敬神崇祖」、「天壌無窮」、「八紘一宇」、「肇国」（建国）などの、主に日本古典（神話、神勅、詔勅など）を源泉とするいわば「神道的イデオロギー」用語（術語）即ち「神道的国体論」の社会における流行（濫用？）ではないかと考えている。[18] それ故、「国家神道」と「国体論」が交錯する〈接点〉として、「神道的イデオロギー」用語を用いた当時の様々な担い手による諸言説とその環境（空間）、制度（システム）、諸要素の相互関係（軋轢、共存）を位置付け、その複雑に絡み合った糸を丁寧に解いてゆくことによって、〈日本近代〉を印象付けた「戦時下」における神道と国家・社会の実態を描き出すことを課題にしたい。

ただ、昆野伸幸による指摘の如く、「国体」や「皇道」、「日本精神」などの語を用いた言説が全て「神道的」な内実を持つとはいえない。[19] また、これらの言説が「神道的」か否かを断定的に腑分けすることも容易ではない。

ここでは「日本国体学」を構築、提唱した里見岸雄（田中智学三男）による「現代国体論の分類」で示された名称を踏まえ、[20]主に神道人や「神道」を研究する立場から説かれたものを「神道的国体論」、主に国学者や「国学」を研究する立場から説かれたものを「国学的国体論」と仮に位置付けておく。

最近、阪本是丸や筆者を含めた近代神道史の方面を中心として、大正期の明治神宮造営をメルクマールと捉えて神社をめぐる環境形成の構造転換を探る研究や昭和前期における「神道と社会」に関する纏まった研究が出始めている。[21]かかる諸研究は、実質的に「国家神道」研究と「国体論」研究を架橋する内容となっている。本研究もその潮流に棹差すものであるが、包容的な「神道的イデオロギー」用語（術語）＝「神道的国体論」を主題として大正期以降昭和前期、特に「戦時下」における「神社と社会」、「神職・神道人と社会」、「神道と社会」の実態を解明してゆくという方向性は、古くは赤澤史朗、近くは阪本是丸の研究に大きな示唆を受けている。[22]

（二）「国体論」研究の現状

日本思想史学の昆野伸幸は、島薗進の論考[23]を取り上げ、「広義の「国家神道」」の立場に立つ島薗氏は、国民統合や天皇制国家の正統化を担うイデオロギーを国体思想と捉え、「近代的な国体思想や皇道論のすべてではないが、そのかなりの部分を国家神道の構成要素としてとらえるのが適当」と判断している。しかし、国体思想の一部を「国家神道の構成要素」と捉えるならまだしも、「国家神道」概念によって国体思想の「かなりの部分」をカバーできるというのはやや過大評価であろう。というのも、国体思想のほとんどが神道的であるとは必ずしも言えないし、むしろ少なくとも大正期以降、国体論において神話や神勅の占める意義は相対的に低下し、平泉澄や大川周明など国民の主体性発揮に重きを置く新しい国体論が登場してくるのであり、国体論の展開史の上ではこれら「国家神道の構成要素」とは言い難い動きの方が重要だからである。とすれば、基本的に広義の「国家神道」を認めるにしても、その構成要素とされる国体思想は、あくまで多様な国体論のヴァリエーションである神道的国体論として理解すべきであろう」と指摘している。[24]しかし、その後も島薗は、以前の見解を修正したようには見えない。[25]「国家神道」と「国体論」それぞれの領分を曖昧にしたまま、「国家神道において国体論はたいへん重要な構成要素」と論じても、一向に生産的な議論には繋がらない。やはり昆野のいう「神道的国体論」の内実について、その具体的事例の丹念な検討を積み重ねることが必要不可欠の作業となろう。

さて、近代日本の「国体論」に関する研究は、「国家神道」と同様、今もなお「国体」や「国体論」の確たる定義が研究者間に共有されているとはいえない以上、漠然とした研究領域であるといわざるを得ない。しかし、それでも近代日本の「国体論」という主題は、これまでも研究者の関心を大いに喚起するものであった。とりわけ近年は、日本近代史研究における「日本ファシズム論」や「総力戦体制論」の枠組みでは「非合理」なものとして殆ど検討の俎上にさえ挙げられて来なかった、大正・昭和戦前期における「国家主義」や「右翼」、「日本主義」に関する思想研究が増加しつつあり、最近の「国体論」研究もその流れに位置付けられる。[26]

梅森直之が「二〇〇八年は、日本思想史の研究において、「国体論」や「皇国史観」に対する新しい議論の始まりとして記憶されることになるかもしれない」[27]と指摘しているように、平成二十年（二〇〇八）一月というほぼ同時期に刊行された昆野伸幸『近代日本の国体論―〈皇国史観〉再考―』と長谷川亮一『「皇国史観」という問題―十五年戦争期における文部省の修史事業と思想統制政策―』という二つの纏まった実証的研究成果が、当該テーマの研究において新たな展開を画するものであることは確かである。[28]梅森に拠れば両書の性格は、「昆野の著作が、もっぱら大川周明や平泉澄という知識人の認識の変化を追うのに対し、長谷川の著作は、文部省教部（引用者註・学）局の実践活動に焦点を合わせ」たものであるという相違があるものの、「大日本帝国を取り巻く環境の変化（帝国化と総力戦体制化）を独立変数とし、「国体論」や「皇国史観」を、それに対する従属変数とみなす点で、その分析のフレームを同じくする」、「昆野も長谷川も、むしろ「皇国史観」や「国体論」が、ある部分では、「実証主義」や「近代主義」そのものであったことを示した」などと評価されており、ともに「国体論」のなかでも日本の「史学史」に関わる〈皇国史観〉という視座から、「昭和十年代」に焦点を当てている。

特に昆野は、「時代状況や解釈者次第で、その定義には大きな幅を生じざるを得ないが、国体論を最大公約数的にいえば、皇室典範・帝国憲法制定に関する告文や教育勅語に端的に示されるように、日本の独自性を万世一系の皇統に求め、いわゆる天壌無窮の神勅に代表される神代の伝統と、歴史を一貫して変らぬ国民の天皇に対する忠とがその国体を支えてきたと強調する議論だとひとまずいえる」としつつ、資料用語としての「皇国史観」と分析概念としての〈皇国史観〉とを明確に区別した上で平泉史学や『国体の本義』の位置を相対化し、大川周明や平泉澄、文部省・国民精神文化研究所に関わった小沼洋夫と吉田三郎、さらには三井甲之などの思想展開を対象として「国体論の展開における分裂・衝突の諸相」、特に「昭和十年代の相剋」に焦点を当てて、「昭和十年代に盛行する〈皇国史観〉固有の特質」や「明治期以来の伝統的国体観と昭和期に再編された新しい国体論との対抗関係」を描き出し、多様な内容を含む「〈皇国史観〉という思想圏」の全体像の輪郭を提示している。(29)

かかる検討の結果、昆野は、明治二十年代以来の「伝統的国体論は、歴史と連続させた神代の尊重、時代区分を拒否する「中今」という時間意識、自然的「日本人」観の三点を特質とする」として、山田孝雄、原理日本社の三井甲之・蓑田胸喜、文部省の『国体の本義』などを以て代表格と見做し（但し、文部省・国民精神文化研究所上層部と若手所員の紛争をも指摘）、これに対抗する平泉澄や大川周明らによる「新しい国体論」は、「「神代から中世へ」という変化を経験した思想家たちによって、神々の世界から自立した自発的・主体的な国民による翼賛を目指す方向で国体論の再生が行われた。この新しく再編された国体論こそが、当時喫緊の課題と目された総力戦体制の構築と結び付き、日本的総力戦体制を形作っていった」と述べている。

これは、具体的な史料の丹念な検討に基づいた非常に明快な説得力のある見解といえるが、問題は、昆野自身も末尾で課題として挙げているように、「新しい国体論」が克服すべき対象とした「伝統的国体論」の原型や前史に当たる「明治期の国体論の把握」が未だ不十分であり、その「伝統的国体論」像も極めて画一的な捉え方であることは否めない、という点である。勿論昆野も「昭和初期の時期に行き詰まりを打開する糸口として期待をもって解釈された明治初期の国体論像というのも興味深い問題」と述べているが、先の梅森直之が、昆野・長谷川の両書がともに再解釈の対象から外した要素として「「伝統的国体論」として名指された一連の言説の束」があり、明治期と昭和期の国体論における持続と変容のプロセスが改めて捉え直されるべきと指摘し、北一輝研究などに取り組んでいる萩原稔も「大川・平泉の「国体論」と対置されている伝統的な「国体論」について、その内容が十分に整理されていないのではないか」、「伝統的な「国体論」と一括して論じられているものも、明治期・大正期・昭和期とそれぞれその性格は異なるのではなかろうか」と疑問を投げ掛けている(30)。

近世や幕末維新期、明治期の「国体論」研究は、これまで汗牛充棟ただならぬほど積み重ねられて来たため、ここでは省略に従うほかはない(31)。ただ近年、米原謙が政治思想史の観点から「国体論」研究に取り組むなかで、「「国体」の思想や理念を下支えしていた中間層の発想は、水戸学ではなく、むしろ国学者によって表現されたと考えられる」と指摘し、「国体」が「憲法による信教の自由と教育勅語にもとづく擬似的な政教一致体制」としての「国家神道」を象徴する語と位置付けていることは注目される(32)。しかし、その立論は未だ精緻なものではない。言及はあるものの、「国体論」と「国家神道」の関係性については必ずしも明快に説かれてはおらず、明治期と昭和十年代の国体論とを区別した近年における昆野伸幸らの議論との接続も十分に図られていない。つまり、米原の研究も十分に説得的なものとはいえず、近世・幕末から近代に亙る通史的視野を持ちつつ、「国家神道」研究と「国体論」研究を有機的に結び付けた本格的研究は、未だ登場していないといえよう。

三 「国体論史」を描いた学者の相貌

（一） 内務省神社局発行『国体論史』編述と清原貞雄

大正十年（一九二一）一月十一日発行の『国体論史』は、「国民思想」指導の参考資料とするため、内務省神社局嘱託の清原貞雄（明治十八年（一八八五）―昭和三十九年（一九六四））が編述した書物である。(33)

同書は、第一次世界大戦の結果に伴う欧州各国の帝政崩壊や思想的動揺といふ国内外の情勢を背景としつつ、大正期の神祇特別官衙設置運動と臨時教育会議による一定の帰結としての内務省神社局拡張と「国体明徴」方針という二つの流れの接点において作成されるに至った。実際に大正九年七月二十三日の貴族院予算委員第三分科会において政府委員（内務省神社局長）の塚本清治は、「内務省ニ於キマシテ、政府ニ於テ予算ノ増加ヲ増マシテ神社当局ノ機関ノ充実ヲ図リマシタ結果、又一方ニ於テ臨時教育会議ノ御決議ノ御趣意ヲ承ケマシテ、国体ト云フ言葉ニ付テ諸大家ノ述ベラレタルコトヲ編纂イタシ、其各諸大家ノ述ベラレタ説ノ一貫スル所ノ一ツノ意義ヲ発見スルコトニ努メマシテ、サウシテ之ヲ印刷イタシマシテ全国ノ神職其他出来ルコトナレバ教育家等ニモ頒ッテ、我ガ国体観念ノ涵養ニ努力イタシタイト云フ考ヘデ、専ラ今調査中デアリマス」と述べている。(34)

政府は、大正七年の貴衆両院における「神祇特別官衙設置」建議案の決議を採用しない替わりに「神社局拡張」でお茶を濁したが、(35)その際、新設された「神社に関する事務調査嘱託」として抜擢され、同八年六月二十七日に任ぜられたのが京都帝国大学出身の「文学士」清原貞雄である。(36)また、内閣総理大臣の監督に属す臨時教育会議（大正六年九月二十日設置）が原敬首相に提出した同八年一月十七日の「教育ノ効果ヲ完カラシムベキ一般施設ニ関スル建議」の中で「国民思想ノ帰嚮ヲ一」にするための方策の一つとして「国体ノ本義ヲ明徴ニシテ之ヲ中外ニ顕彰スルコト」が挙げられたことは、清原が専ら「国体論史編纂の任」となった要因であり、同書は「各宮家始め諸官庁長官貴衆両院議員神社調査会員官国幣社各地図書館等其他関係諸方面の士」に頒布された[37]。

『国体論史』は、「国体論」を通観する先駆的な基礎文献として、戦前から一定の高評価とともにその限界も指摘されてきた。宮内省掌典の八束清貫は、「一々学者の論旨を羅列し、其一般に通ずる概念は読者の掴むに委せた」という体裁は当を得ており、偏狭で無い公平な編集態度と典拠の提示を高く評価するが、上代や中世における国体観念に関する簡略な記述には物足りなさを感じている[38]。また、日蓮主義を基盤として「日本国体学」を提唱した里見岸雄は、断片的局部的研究でなく「通史としての体裁を具備したもの」は清原の『国体論史』のみで、「一般には見得ない明治初年の文献などを網羅してゐる点、よき資料」と評価したが、厳密には「徳川時代以後の国体論史」というべきで「完全な通史としての国体論史とは見難い」などと指摘している[39]。

同書では、「国体」について、「外国に対して我邦の成立の特色、国家組織の優秀等を認めて其観念を言語に現はしたる事は古来甚だ其場合多し、其特色優秀と称するは主として我邦が神国なる事、皇統連綿として国に二君なき事等なり」という最大公約数的理解を示すが、特に次の箇所は注目に値する。

然れども吾人今我国体を説かんと欲するもの、人の信ずると信ぜざるとを度外にして一個の祝言嘉詞を述ぶるにはあらず、国民をして之を了解せしめ、之を信ぜしめんと欲するにある以上は、国民が殆ど常識として有する所の科学的智識に抵触せざる理論の上に立たざる可らず、皇統連綿万世一系を説く如きは最も良し、然れども諾冉（引用者註　伊弉諾尊・伊弉冉尊）が始めて虚空の内に世界を作成したるを如実的に説きて、かるが故に人民は素より一木一草に至るまで其御子孫たる皇室の私有なりと説くは如何にや。之れ我国の神話なり、神話は其国民の理想、精神として最も尊重すべし、只それ尊重すべきのみ、之を根拠とし我国体の尊厳を説かんと欲するは危し、先入主として、之等の「国造り説」と相容れざる進化学上の智識を注入せられ居る国民は或は之を信ずる事を得ざるが故なり、

この記述に対して新田均は、清原が「「神話」を根拠とする国体論の危うさについて語っている」ことを以て「大正十年当時の時代の空気が如実に見てとれる」と指摘し[40]、昆野伸幸も「国体の尊厳性の、あるいは国体の源泉を神話・神勅に求めることが誤りだと断言するに至っている」として「天壌無窮の神勅に依拠する明治二十年以来の国体論とは一線を画していることは明らか」と述べ、長谷川亮一もほぼ同様の理解を示している[41]。『国体論史』で清原は、日本の神話は最も尊重すべきものであるが「我国体の尊厳」を説く根拠とすることは危うく、神話を信じない者に対し「賊子」や「不忠」とのレッテルを貼って苦痛を与えても「その心を奪ふは不可能」であるため、当時常識となっていた進化論をはじめ「科学的智識」を保持する一般の日本国民や外国人の眼差しを強く意識して出来る限りの客観性を確保するように努力しており、さらには我が国のあらゆることを「世界無比」として誇張することは、単なる儀式的祝言嘉詞ならばともかく、単なる独善的国体論となってしまうため、あくまでも「信じ得る所由を根拠として説かざる可らず」という冷静かつ中庸の執筆姿勢を貫いていた[42]。

清原の国体論は、「我国体」は日本の神話や神勅、伝説、さらには帝国憲法や教育勅語によって規定されたのではないと捉え（言い換えれば、これらを所与のものとして絶対的な根拠とせずに）、「我国の社会の成り立ち」即ち「我社会的事実」や「我国家の社会的成因」に着目した、日本社会の形成と展開に対する探究に基づくものであった。具体的には、「祖先崇拝」の「信仰」を根本とする「神道」の「力」に基づき、「現在の皇室の祖宗」を「一大綜合家族」の「宗家の家長」と捉え、「我国家の社会的成因」が「吾万世一系の皇位」を肯定し、「我皇

室」を国民が帰向する中心点として戴いてきたという秩序鞏固な「国家の綜合家族制」であると結論付けた。

これ以後も清原は、大正末期から昭和戦前期に至るまで、『日本道徳論』や『日本精神概説』、『日本国体新論』などでその国体論を開陳している。本稿では詳細は省くが、その穏健的な基調は維持しつつ、徐々に様々な要素を取り入れ、更新、展開していった。しかし、昭和十八年十二月二十二日、清原は職場である広島文理科大学・広島高等師範学校を去らざるを得なくなった。その直接的理由は、同年に彼が刊行した『日本政体史論』の記述の一部が「安寧削除処分」とされたからである。(43) 固より清原に皇室に対する尊厳を冒瀆する意図など毛頭無く、彼にとっては文献を根拠とする「事実」（史実）の指摘に過ぎない記述内容が、とんでもない誤解を受けたのであった。時勢は最早、『国体論史』の著者であった清原貞雄でさえも筆禍事件の当事者としたのであり、これが「国体明徴」や「日本精神」を必死で鼓吹し貢献して来た一篤学者に対しての国家権力による仕打ちであった。

（二）里見岸雄の「国体論史」研究とその神道観

次に、日蓮主義的国体論（科学的国体論）の旗手であった里見岸雄についても少々言及しておこう。里見の父で、「日本国体学」を創始し、『日本国体の研究』（天業民報社、大正十一年〔一九二二〕）などを著した田中智学（巴之助）の日蓮主義的国体論、さらには彼や国柱会に近く、その影響を受けたとされる石原莞爾や宮沢賢治、姉崎正治、高山樗牛、本多日生らについては、実に様々なアプローチからの研究が相当程度蓄積されて来た。(44)

しかし、里見岸雄については、その門下や後進の人々が集う「日本国体学会」関係者における言及以外では、(45) 里見の国体論を正面から検討した福井直秀の論文がやや目立つ程度で、(46) その著書『日本政治の国体的構造』（日本評論社、昭和十四年〔一九三九〕）の一部のみをちらりと引いて「「国体論」の通俗的な鼓吹者里見岸雄」とだけ触れる松浦寿輝やそれに依拠する姜尚中の如く、摘み食い的扱いで済ませている論者が多い。(47) ただ近年、国体明

徴問題や戦前の憲法学における位置付けを中心に、里見岸雄の国体論への関心が高まりつつある。(48)

昆野伸幸は、里見を革新官僚の永井亨とともに昭和初年の「伝統的国体論」に対する批判者として位置付けているが、未だ本格的な検討にまでは至っていない。(49)ただ昆野は、註で里見の『「国体」の学語史的管見―国体の語の用例及用法に関する研究―』（里見研究所出版部、昭和八年）に触れている。同書は、まだ清原貞雄が纏めた『国体論史』（内務省神社局、大正十年）があった程度の時期に、「国体」という語の歴史的研究としては先駆的かつ非常に詳細な研究であって、『帝室制度史』第一巻・第二巻（帝国学士院、昭和十二年）が出版された後も、増補して里見の学位論文となった『国体法の研究』（錦正社、昭和十三年）に、さらに増補して「日本国体学第一巻」の『国体学総論』（日本国体学刊行会、昭和二十三年）に組み込まれた。(50)現在でもたいへん利用価値の高い堅実な考証的業績であるが、昭和八年の刊行当時、『國學院雑誌』にて國學院大學教授河野省三が書評し、賛辞を送っていることは興味深い点である。(51)また、里見の「日本国体学第四巻」である『国体論史』（日本国体学会、平成二十一年）、「日本国体学第五・六巻」の『国体学創建史』上・下（日本国体学会、平成十八年）は、里見の「国体学」の内容を窺うためのみならず、当時としても相当幅広い視野を持っていた彼の同時代的な視座から見た「近代日本の国体論」史としても読むことが出来、非常に有益な史料としても活用可能である。

筆者は、里見岸雄の教育勅語観（『思想的嵐を突破して―教育勅語徹底解説―』アルス、昭和五年）や「八紘一宇」観（『八紘一宇―東亜新秩序と日本国体―』錦正社、昭和十五年）、さらには立命館大学における「国体学科」（昭和十八年十月成立）の実態なども今後詳細な検討が加えられるべきと考えるが、里見の神道観・神社観も興味深い主題であるといえよう。例えば、ベストセラーとなった里見の『天皇とプロレタリア』（アルス、昭和四年）の続編と位置付けられる『日本前史を終る』（アルス、昭和五年）の第三章「神道家の国体擁護」では、神道学者や神社神職（神主）を「観念的国体論者」と見做して「神主は国体の番人か。否、彼等は神社の留守番に過ぎぬ」と痛烈に批判した上で、「日本中の神社といふ神社は悉くその主神を天照大神並びにその正統の御延長たる列聖と定め、伴神としては、各神社の従来の各神、及び今後祀らるべき神を認める統一的神社とならなければ、おそらく、神社といふ一般的な概念によつて国民意識を一般的に統一することは不可能だらう」という見解を披瀝している。これは、明治四年（一八七一）に神祇省（国学者の福羽美静や門脇重綾、明治初年の神宮改革を主導した浦田長民らが中核）が政府首脳に提案した内容と酷似している(52)。即ち、神祇省は、一切の氏神社に天照大神を勧請することを献策したのであるが、結局この構想は採用されなかった。この政策が実現していれば、本当に「神道国教」となっていたであろうが、その後、こうした「理想」が一度も実現しなかったのが、近代における「国家神道」の「現実」であった。その「史実」は決して軽視されるべきではなかろう。

また、里見は戦後、島根県神社庁から依頼された講演の内容を小冊子とした『憲法と神社』（錦正社、昭和三十七年）で、「神社は、あくまで、一切の宗教宗派、宗教団体を超越し、日本民族が宗派を超えて皇室の太祖神、国民の祖先神、乃至それにつらなる伝統的諸神を共同に尊敬し奉斎する道義的、精神的古儀宗祀」であるという認識のもと、「神社が宗教法人法から脱却し、国家の古儀宗祀の機関として復活」すべきことを論じている。

かかる里見の言説が、当時における仏教者の神道的国体論としてどのように位置付けられるのかについては、未だ本格的な先行研究が無い状態といえる。当然、その位置付けをするためには比較検討を行わなければならないが、そこでは「日蓮主義的国体論」のみならず、真宗を軸とする「皇道仏教」やプロテスタントの「日本的基督教」（日本基督教）などにおいて主張された「神道的国体論」についても検討する必要がある(53)。

要するに、当時の論者たちにおける「国体論」、「日本精神論」、「皇道論」の現状認識や各自の議論の位置付け（自己認識）を的確に押さえておくことが肝要である。勿論それらの記述を単純に鵜呑みにする訳にはいかないが、夥しいほど発表された、当時における「国体論」の差異、共存（棲み分け）と軋轢など、各論者の自己認識や当時の社会における位置付けについて把握することは、その評価以前に必須となる基礎的作業であろう。

四　「国体明徴」と神道・宗教・教育

（一）　国体明徴運動と神社界・宗教界

昭和十年（一九三五）の「天皇機関説事件」は、「すでに大正期から問題にされていた「天皇機関説」が一九三五年に「国体明徴運動」の展開によって国体に反するものとされ、その主唱者であった憲法学者美濃部達吉への排撃として「事件」化したもの」である。(54)当該事件の影響については、「昭和の動乱を認識するための、もっとも大きな鍵」と捉える向きもあったように、(55)同年の教学刷新評議会設置、同十一年の二・二六事件や日本諸学振興委員会発足、同十二年の『国体の本義』刊行や支那事変勃発、文部省教学局設置、「国民精神総動員運動」開始に至る展開を見据え、専ら政治史的・法学史的・思想史的・教育史的観点から論じられてきた。(56)一方、神道史や宗教史からの本格的検討は、教育史同様、「教学刷新」に焦点を当てた論考が多少見られる程度であった。(57)

また当該時期は、「宗教教育」に関する昭和十年十一月二十八日の文部次官通牒「宗教的情操ノ涵養ニ関スル留意事項」や、同年十二月の「第二次大本教事件」、翌年の「扶桑教ひとのみち教団」や「御嶽教天津教」などに対する「宗教弾圧」も注目されてきた。(58)ただ、文部次官通牒の前提となる宗教教育協議会では、「国体宗教論」の浮上もあったが結局「国体宗教推進の具体化案は阻まれた」とする前川理子の指摘や、当時の特高警察の取締論理が「国体」に対する異説にのみ焦点化されてはいなかったとする小島伸之の指摘を踏まえると、勿論その社会的影響力は無視出来ないものの、それまで「宗教統制」や「宗教教育」という別の文脈で進展してきた事柄の帰結が、どの程度「国体明徴運動」と直接的連関性があったのかについては、慎重な検討を有する。[59]

神社界・宗教界と国体論との関係を論じるなかで、昭和十年の「国体明徴運動」を大きな指標として捉えた研究はさほどない。[60]「皇道仏教」が盛んに鼓吹されるのも数年先のことで、主要な研究においても当該運動との関連は特段強調されてこなかった。[61] ただ、昭和六年の満洲事変以降における浄土真宗本願寺派教団の「戦時教学」を論じた栗山俊之は、同十年四月の明如三十三回忌法要などが「国体明徴運動と重なって教団の国体イデオロギーの完全受容を加速させた」とし、同年の第一次国体明徴声明に際してその趣旨の周知徹底を求められた浄土真宗本願寺派における布教時の「注意事項」や「訓告」などに触れ、それ以降の展開を「真宗の「国体」化の一環」や「教団の神道化」と見做すが、その歴史的文脈から決定的契機として位置付けている訳でもない。[62]

近代日本における『新約聖書』ローマ書（ローマ人への手紙）十三章（キリスト教における《権威》と《服従》の問題を示した箇所）の受容史を記した宮田光雄は、昭和零年代（一九三〇年代）半ばにおける「宗教的ナショナリズム＝国体思想にたいするキリスト教側から示された反応」から「ローマ書十三章解釈の《実践的注釈》」を読み取り、海老名弾正の思想的影響の大きい組合教会系の牧師である渡瀬常吉や椿真泉、工学博士の佐藤定吉（元東北帝国大学工学部教授）、法学博士の大谷美隆（明治大学法学部教授）、日本基督教会系では今泉源吉と福元利之助の「みくに運動」や明治学院卒の詩人である加藤一夫、さらにはメソジスト教会系の比屋根安定（青山学院神学部教授）、組合教会系の魚木忠一（同志社大学文学部神学科教授）など、「国体明徴運動と《日本的キリスト教》」の事例（比屋根と魚木は《日本的歴史主義》の事例として）を紹介している。[63]

宮田は、《日本的キリスト教》を「プロテスタント各教派の中で、あるいはその周辺にある独立の信徒や神学者が個人的レベルで、日本の伝統的な精神や宗教と結びつけることによって独特のキリスト教弁証論を試みたもの」と捉え、「その主観的意図は何であったにせよ、結果的には国策協力に通じていたし、ひいては国体思想への直接的・間接的な《屈服》、ついには、それとの《習合》と異ならない様相を呈するものまで出現した」と述べるが、実際には、昭和十年より前の「日本的キリスト教」に関する事例も挙げている。

阪本是丸は、「満洲事変から国際連盟脱退に至るまでの神社界は「惟神の大道」という共通の神道的用語で大同団結しつつ、内容的には多種多様な「神道思想」を包含して「国内の国家神道体制」の土台を維持・形成したのであるが、「惟神の大道」や「皇道」といふ言葉やスローガンは神社界以外の「社会」にもこれまで以上に拡大していった。そうした状況は昭和八年の神兵隊事件、昭和十年に勃発した「天皇機関説問題」とそれに端を発する「国体明徴」運動、さらには翌十一年の二・二六事件などを通して急速に露わになっていく」と記した(64)。その上で「昭和十年の天皇機関説問題に端を発する「国体明徴」運動の止め処ない進展によって「天皇＝現御神」論や「皇道」を正面切って論じ、また論じられなければならない雰囲気が日本の社会に充満するようになった」とし、「「皇道」も「現人神（現御神）」も日本「国内」限定の神道的用語から「普遍」へと飛翔する跳躍台が「天皇機関説」排撃を契機とする「国体明徴」運動の開始にあったことは確かであり、その先頭に立った国家機関が内務省と文部省であった。内務省神社局は神宮・神社という全国に張り巡らされた地域拠点での「敬神崇祖」の具現化による「国体明徴」を図り、警保局は「反国体思想」による言動の取り締まりによりネガティブかつポジティブに「国体明徴」に取り組んだ。一方の文部省は、教育機関からの「反国体」的思想の除去・撲滅と同時に、「国体明徴」のための学問・思想を樹立するという離れ業を遂行しなければならなかった」と述べている。

但し、「国体明徴」に取り組んだ神社界では神祇特別官衙設置運動を本格化させたが、結局は昭和十一年九月に内務省神社局の専任考証官を一名から二名とし、祭務官・教務官各一名を新設するなど、多少のスタッフ増置に留まったことも指摘されている。つまり昭和六年勃発の満洲事変から段階を経て徐々に「神道的用語」による「国体論」の裾野が拡大し、同十年の「国体明徴」運動以降、そうした雰囲気が日本社会全体に充満してゆくとともに、その内容も「国内」限定から「普遍」へと向かうベクトルが急速に高まったのであるが、神社界の要請は内務省において容易に実現出来なかった一方、それまで後手に回っていた文部省は「失地回復」のため「教学刷新」を打ち出し、大きな存在感を示したのである。実際、昭和十二年一月十九日に内務省が内閣に提出した「国体明徴ニ関スル施設ノ件」(65)のなかには、「神宮関係施設調査」と「神社行政ノ振張」に関する事項として、昭和十一年九月の神宮関係施設調査会設置、昭和十一年度以降における内務省神社局の事務官・祭務官・考証官以下職員十二名増置による「神社行政刷新」（国体観念に徹底した神職の教養・資質向上、神社祭祀を盛んにし敬神崇祖の美風を更調するための官国幣社費増額）が挙げられている（その他、出版物検閲に関する事項と併せ、計三項目）。これは同史料にある文部省（十一項目の実績と八項目の予定）と比較すると段違いに内容が乏しい。

昭和十五年一月、「昭和十四年度思想特別研究員」の玉澤光三郎検事が執筆した「天皇機関説」をめぐる国体明徴運動に関する司法省刑事局の「極秘」報告書には、「国体明徴運動の影響」を纏めた章がある。そこでは、国民思想・文教方面・学界・政治方面・革新運動に及ぼした影響とともに「宗教界に及ぼした影響」について記されており、「国体明徴運動は宗教界にも革新的な生気を注入した。我国宗教界は昭和五、六年以降に於ける思想界の混乱、社会不安の増大と他面革新運動の勃興、復古的日本精神の研究等とに刺戟され、共産主義のプロレタリア無神論を前衛とする主知主義思想に反撥して昭和七、八年以降頓に活況を呈して来てゐるが、所謂宗派神道に属する各教団は日本精神の復興の時流に乗つて、皇道、惟神道を標榜鼓吹し又国民的信念たる敬神崇祖を強調して教線を著しく拡大せしめた」と纏めている(66)。その上で、「天皇機関説排撃運動が国体明徴運動として進展するに及び神道家の此の運動に参加する者さへ生じ」たとして瀬尾素治（弾正）らの「神道有志聯合会」が岡田啓介首相宛辞職勧告文提出など相当活発な活動を行ったことを紹介し、「国体明徴運動が国民の自覚を促し国民精神を昂揚せしめた事は皇道、惟神道を標榜する神道教団に著しい刺戟影響を与へたことが推知されるのであつて、之を例へば公認神道教（神道十三派）のみの教勢統計に見るに昭和八年末と昭和十一年末との比較に於て、教会数一千余、教師数二万余、教信徒数五十万の激増振りを示してゐる」とも指摘している。一方で、「信教の自由を尊重する立前から兎角放任され勝ち」であった「宗団の存在について国体明徴問題以来世間は漸く批判の眼を向け始め、昭和十年以来宗教警察の強化、大本教、扶桑教、ひとのみち教団の検挙等と相俟つて各種宗教団体は等しく自教団の教義教理或は布教の手段に内省再検討を加へ之が是正刷新を図らんとする風潮を醸成し殊に支那事変に依る国民の国家意識の昂揚に伴ひ此の傾向が著しくなつて来てゐる」と述べ、具体的には、「神道有志聯合会」（瀬尾弾正、五百木良三、井上清純、今泉定助ら）による天理教排撃[67]、「仏教宗団」に対しては「日蓮宗の大曼荼羅、禅宗の授戒和讃、真言宗の本地垂迹説等の内容」が国体の尊厳を冒瀆するものと見做した「神道研究家徳重三郎」による神戸地方裁判所検事局への上申書提出、『本門法華宗教義綱要』や『改訂真宗聖典』の内容に対する宗門内の混乱、本門仏立講の神棚仏壇廃棄・大麻不受問題、東本願寺の教義改訂問題を挙げている。

さらに、救世軍の内紛を契機とする日本主義団体からの抗議が「基督教界一般にも影響を与へ外部より批判注目の的となり教界一部に於ても此の影響と今次支那事変の刺戟とにより基督教の日本化、日本主義的基督教の確立を提唱するものもあり、又教会自体に於ても伝道方針に再検討を加へ或は英米依存的羈絆を脱して自給自立の方策を企図するものを生じて来てゐる」として、加藤一夫の「皇国基督道同盟」、「きよめ」教会・霊化教会・日本基督教会等在京十数教会による「基督教徒祖国愛国運動」、日本聖公会が日本化の方向を示しつつあることを紹介している。つまり、国体明徴問題以来、「一般的に喚起された国体観念の自覚」に促される形で、宗教界における「自粛自戒、教義刷新等の傾向」が特に顕著となり、「宗教警察の強化」も図られたとするのである。但し、他方では「支那事変に依る国家意識の昂揚と相俟つて一層深刻化するの勢」をも指摘しており、聊か後付けの評価も含まれている可能性があることも指摘して置かねばなるまい。

なお、内務省警保局保安課による「厳秘」報告『特高月報』（昭和十年十月より『特高外事月報』）昭和十年分には、「所謂機関説反対運動」や「国体明徴運動」の状況が十回連載されている[68]。これらの記事を出発点として、当該運動と神社神道・宗教との関係を窺うこととしたい。

「国体擁護聯合会」（在京八十六の右翼団体聯合[69]）が昭和十年一月下旬に全国的に頒布した「美濃部達吉博士末弘厳太郎博士等の国憲紊乱思想に就て」では、「神職神道家に問ふ」の見出しで、「宗教的神主国家の思想を注入して、これをもつて国民の思想を善導し得たりとなすが如きは、全然時代の要求に反するもので、それは却つて徒らにその禍を大ならしむるに過ぎぬ」（『現代憲政評論』岩波書店、昭和五年）という美濃部の言論を放置することは「それ自身皇国国体の本源惟神道の冒瀆」ではないかと神職たちを煽っている。

皇道大本・昭和青年会等を中心とする「昭和神聖会」（昭和九年七月結成[70]）は昭和十年二月末以降、「天皇機関説撲滅運動」（声明書発表や各地方本・支部への通達、糾弾演説会開催）を活発に展開し、出口王仁三郎・江藤源九郎・蓑田胸喜・葦原萬象による糾弾を掲載した機関誌『神聖』の「美濃部思想糾弾号」や、五・一五事件や血盟団事件などの被告弁護人を務めた愛国法曹聯盟理事の林逸郎の講演記録を発行している[71]。

統管の出口は、日本は立憲君主国ではなく、「万世一系の　天皇が現人神として永遠に統治し給ふ世界無比の神聖皇道国」で「地上唯一の天立君主立憲国」であると述べた。しかし、昭和神聖会の本体「皇道大本」は、「表面的には「皇道大本」と呼称して恰も皇道主義に立脚する教団なるが如く偽装し、内面的には、国体の変革を目的とする不逞思想を蔵し一層露骨なる不敬僭上の言説行動を敢てしつつある疑ひ濃厚となりたるを以て」、当局の内偵調査が行われた結果、治安維持法違反並びに不敬罪被疑事件として、同十年十二月八日に綾部・亀岡の両本部を中心に各所で警察官八百余名が動員され、総統出口王仁三郎以下四十五名は一斉検挙された[72]。

皇道大本は、「招来せらる、五六七の世とは畏くも　皇統の御統治を否認して、五六七大神、素戔嗚尊の現界的権限者たる王仁三郎が自ら我日本国の統治者として登極し、神慮に基き統治する時世を指称せるもの」、「茲数年を以て現勢に数倍数十倍する実力を擁し、之等に対する大衆蜂起の訓練準備を整備して戦争、事変若は転変地変等の機会に乗じて一旦所謂政権の獲得を企て、又は一挙に叙上の大逆を達成せむと意図し居たるもの」と見做され、治安警察法により昭和神聖会などとともに結社禁止、関係施設破却・改修となった(73)。

これらの検挙報告まで、『特高月報』では直接的に皇道大本を記述対象としたことは無かった。要するに特高は、表向きは政治団体の昭和神聖会について結成以来、その「天皇機関説撲滅運動」などを注視する一方、「国体」の異端では済まぬ皇位簒奪・革命計画を立証するための内偵調査を着々と進めていたのである。

一方、日蓮主義を基盤として「日本国体学」(科学的国体論)の構築を目指した里見岸雄は、昭和十年三月に「天皇機関説の検討」という論考を発表し、十月にはこれをも含んで『国体憲法学』を刊行したが、その立場は、「国体科学的見地」から「天皇機関説」と「天皇主体説」を「綜合的に止揚」するというもので、「「神」たる天皇は、(引用者註・大日本帝国憲法)第四條に於て「人」として現れさせたまひ、又、神聖統治実の所謂「主体」たるの天皇は、神聖統治権の所謂「機関」の義を止揚し給ふのである。神人一体、権実一体、主体機関一体、仰げば至高至尊至聖の大実在即ち是れ我が「天皇」にましますのである」と結論付けている(74)。つまり、「機関説撃つべくんば主体説共に撃つべし」とする「天皇統治権実論」であり、さらに「国体とは、国家のもとづく基本社会の実体である」と説明している。因みに里見は同年四月、「全国の神社は、すべて、天照大神を主神としてお祀りするのが正当」で神社の社格撤廃が必要と提案し、「神社は、実質的、事実的、普遍的な意味での国教の形体化なのであるから、神社制度を粛正するといふ事は、精神的に最も重大なる要事」だと述べた(75)。

国学者かつ神社界や民族派の重鎮である今泉定助(皇道発揚会会長)は昭和十年三月、「天皇機関説を排撃す」において、個人主義と自由主義という「西洋型の根本思想」を取り上げて否定し、「美濃部氏を始め多数の学者等が百尺竿頭一歩を進め、西洋型より脱出して宇宙の真理たる祭祀を研究し、殊に大嘗祭を研究し、日本精神に徹底して、その根本思想を改められんこと」を求め、同十一年一月の「国体明徴・教学刷新の根本問題」では、「全世界を統一し、全人類を救済することは、天津日嗣の天皇の天業であらせらる。これが為めには先づ国体を明徴にして、人生社会に人類の理想を実現せねばならぬ。国体明徴、教学刷新の最高理想も、亦こゝに存せねばならぬのである」と述べている。(76) また、中央の国学的研究・教育機関である皇典講究所（國學院大學の経営母体）では昭和十年四月、『国体と憲法』というパンフレットを発行し、國學院大學の『國學院雑誌』においても「天皇機関説批判」特集を組んでいる。(77) さらに國學院第四期生の室松岩雄は同年六月、『国体の明徴と政治及教育』を発行し、「爾来我が帝国は皇室中心主義に基き、既に東洋の文化を代表して西洋文明を東亜に移植すべき地位にある。以て東西の文華文明を能く調和し更に世界の文明を醇化して人類の平和と完美を図ることは当しく我が国民の理想であり、日本帝国の天職である」と述べている。(78) 有り触れた論旨といえるが、翌年五月に発行される文部省の『国体の本義』で主張されるような議論の先駆でもある。

なお、昭和十一年五月には、天皇機関説批判の急先鋒である慶應義塾大学法学部教授の山崎又次郎による講演録『憲法と国体の本義』が全国神職会より刊行されている。神社界の「国体明徴」も御多分に漏れず、当時の大多数による一般的風潮と何ら異なることはない。また、同年十一月に刊行された神道研究会編『昭和十一年度版神道年鑑』（弘道閣）においても、「国体篇」における「天皇」の項目で「国体明徴運動」に触れている。

上智大学教授ヨハネス・クラウスは昭和十年六月、カトリック信者のために岡山の思想・科学研究所から発行した『教育原理としての皇道』という小冊子において、「カトリック教会に於て、ペトロの磐たる教皇が統一的活力的中心をなし、又崩壊に対する堅固なる堡塁をなす如く、日本に於ては　天皇が「生命的中心」をなし、又国民的生活と力との永久に尽きざる源泉をなし給ふ」と述べ、さらには「皇道の本質であり、天皇思想の意識的涵養によつて高潮する国体原理は、毫も孰れか或る宗教的乃至倫理的理論体系と結びつけられる必要はないのであつて、それは夫自体として、その現実的根柢を同一血縁団体に、その精神的根柢を国民―家族文化に置く独自の見解と生命力を把持してゐるもの」とも論じている[79]。これは日本人の国体論にも引けを取らぬ内容であった。

西本願寺の利井興隆は昭和十一年二月、『国体明徴と仏教』で「抑々、我国体の尊厳なる事は既に建国の御神勅により昭示せられ給ふ所であり、是れ万古不易の御精神である。然るに我が二千六百年に垂んとする国史には、斯かる国体の尊厳を覆ふが如き妖雲が影を現はす事のないでもなかつた。其の中に万邦無比なる国体を明徴にし、最も其の精神を宣揚なされたのが聖徳太子であらせられた。これを指導精神として発達したのが日本精神である。然るに妄雲猶ほ覆ふて武家政治の弊害続く事幾百年、茲に明治の聖代に入つた。私は最早やこれ以上に云ふべき事はない。只、今日国体明徴には仏教を排斥すべしとの偏見、妄見を懐く輩の尚尠からざる時に、我々は今「国体明徴と仏教」の命題の下にそれを回顧して来た。それに関する思想変遷の歴程に就ての大綱を辿ったのである」と述べた[80]。ここには、真宗における「国体明徴」の論理、国史理解が如実に表現されている。

以上で紹介した断片的諸事例から見ても、天皇機関説事件に端を発する「国体明徴運動」は、必ずしも決定的契機とまではいえない。ただ、神社界・宗教界問わず、「国体明徴」の弁明を強いられる〈時勢〉〈時局〉を齎したとはいえよう。今後、支那事変勃発のインパクトとの比較も含め、具体的事例の検討の蓄積が望まれる。

(二) 教学刷新体制下の国体論と神道・国学

ここでは、「国家神道」研究と「国体論」研究の接合を図る重要な媒介項として、専ら教育史学が取り組み、思想史や政治史、宗教史、神道史など多様な観点からも着実に成果が積み重ねられて来た「国体明徴運動」以降における「教学刷新体制」に関する諸研究[81]を見出し、それらの研究成果を踏まえ、『国体の本義解説叢書』や

『教学叢書』、『日本精神叢書』、『日本諸学振興委員会研究報告』などの諸資料中に散見される多様な論者による「神道的国体論」、「国学的国体論」に焦点を当てて検討を加え、「神道的イデオロギー」用語の用いられ方や神道・国学研究の担い手（主に國學院大學所属の神道・国学プロパー）の位置付け、その影響関係如何を考察したい。

斯様な観点は、現時点における日本教育史学による「教学刷新体制」[82]研究の到達点であり、基盤的研究と位置付けられる駒込武・川村肇・奈須恵子編『戦時下学問の統制と動員―日本諸学振興委員会の研究―』が詳細に読み解いた「教育学」の特殊性（戦時下の教育学説再編の画期となり、学校教育現場の統制という役割を担い、諸学会を牽引する位置付けがなされた）に比して、基礎情報は網羅的に提示されたものの今後の重要課題と位置付けられた、他の「諸学問」の内実について解明してゆくための一作業ということも出来る。[83]また、「教学刷新体制」下において、次第に「日本精神」の語が外されて「日本学」から「大東亜」諸学への転換が生じるなかでも最後まで残り続けた「国体」に関する言説（国体論、国体観）の意義解明も今後の課題とされている。[84]

固より、昭和十一年（一九三六）に「国体、日本精神ノ本義ニ基キ各種ノ学問ノ内容及方法ヲ研究、批判シ延テ教育ノ刷新ニ資スル為」に発足した文部省所轄の「日本諸学振興委員会」では、「学科部門」として、「教育学」、「哲学」、「国語国文学」、「歴史学」、「経済学」、「芸術学」、「法学」、「自然科学」、「地理学」の各学会に分類され、「神道」や「国学」、さらには「国体」は一学科として立てられてはいない。[85]どちらかといえば「神道」は「哲学会」、「国学」は「国語国文学会」を主な舞台としつつも、「神道」と「国学」及び「国体」（または昭和十九年に規程から削除されるまで「日本精神」も）は、各学科部門の中で随時登場し、これらが含意された研究発表が行われていた。それ故、「神道」や「国学」を問題とする限り、各学科部門を横断的に捉えた視野が必要になって来よう。

かかる視点を踏まえ、私立の国学的高等教育機関である國學院大學、昭和十年四月には現任神職（県社玉敷神社社司）かつ院友（明治三十八年、國學院師範部国語漢文歴史科卒業、第十三期）として初めて國學院大學の学長に就任することになる（昭和十七年まで学長を務めた）神道学者・国学者の河野省三（明治十五年〔一八八二〕～昭和三十八年〔一九六三〕）を軸に聊か検討を加える。河野は戦後、次の如く回想している。[86]

私は昭和十年の末、教学刷新評議会が設けられて以来、国大の性格と私の学問上の性質とからして、国家内外の情勢に関連して、文部省方面からは、その委員の一人に加へられ、ついで日本諸学振興委員会の常任委員、日本文化大観編修会委員、教科用図書調査会委員、学術研究会議会員などを次々に仰せ付けられ、又東京工業大学の高等工業教員養成所や東京文理科大学の講師などを嘱托され、内務省方面では、神社制度調査会委員、同特別委員、神祇院参与などを仰せ付けられた。諸学振興や教科書調査などは相当に時日を要した方で、『日本文化大観』の方も少からず相談に与かつた。その第一巻は立派に出版されたが、第二巻は印刷物に成らうとし、第三巻は印刷寸前にその終焉を告げた。誠に惜しいことをした。斯やうな関係と、それに伴なふ活動は、全く母校の性格と私の研究との緊密な接触に由来するものであつて、私大の学長若しくは一教授としては、蓋し異数の幸運であつた。[87]

阪本是丸は、昭和十二年七月に文部省が思想局を廃し、新たに外局として設置した教学局が、国民精神文化研究所や日本諸学振興委員会に関係する学者・研究者をフル動員して「国体、日本精神の本義」を闡明し、プロパガンダするための体制を固めてゆくことを述べた後、「その体制の構築になくてはならない学者の一人が河野省三であった。河野は当時を代表する神道学者であり、かつ最も穏健な「神道イデオローグ」でもあった。かくして河野省三は国民精神文化研究所と日本諸学振興委員会の双方に関わってさらなる活動を展開することになるのである。「神がかり」と評された筧克彦の「筧神道」を中和する上でも河野の幅広い常識的な神道論は文部省にとっては貴重な存在であり、それは内務省や神社界も同様であった」[88]と指摘している。

昭和十年十一月に文部省思想局発行の『日本精神論の調査』[89]で分類された革新的・理論的・実践的日本精神論のうち、「理論的日本精神論」者の一人に数えられ、その日本精神論の見解は「発展性・包容性・自主性」であると見做された河野省三は、まさしく当時の國學院大學を代表する人物であった[90]。また、河野は、「国学は国体学」、「神道学は自ら国学乃至皇国学と同心同円の学問」、「国学即ち所謂皇国学なるものは、一種の日本学であり、国体学」、「鳥居を背景として、我が国体を窺ふ」などと述べていたように、「国体学」としての「国学」と「神道学」について、同軸の学問と認識していた[91]。

河野は昭和十年四月、美濃部達吉の「天皇機関説」に対する批判を行う中で、「斯やうな権利観念を基礎とした国家法人説は、当然、統治の権利主体たる国家を以て、私利私益を営む最大の団体と説明する外は無いからして、（此の場合、国家の私利は公益だといふ説明を許し得ないのが博士の権利観念の帰結である）国家の最高機関と云ふのは、その私利私益の為に運転する最高の権力者といふことになる。何と忌はしい思想内容であらう。（…中略…）所謂機関説が行はれたのは、専ら従来の社会情勢、国民思想の傾向に基いてゐる。我が国古来の国民精神、日本精神の本然の姿に還らなければ、斯やうな学説の転回は困難である。世界の法律学説は屢々変化し、国民の思想傾向は断えず微妙な動きを示してゐる。／此の時に当つて、我が国体の本義を明徴にし、日本精神の正しい発展を指導する為には、須らく純真なる国民精神に還り、日本民族の伝統的情操に生きねばならぬのである」（／は改行を示す）」と述べている[92]。「日本民族の伝統的情操」とは、端的にいえば「神道」のことである。夙に河野は、昭和五年七月に開催された皇典講究所主催「神道講習会」（於　國學院大學講堂）において、「神道は日本民族の生活原理」である所以を縷々説明し、「神道は日本民族の伝統的信念及び情操」と定義付けるとともに、「而してこの、神道の信念と云ふ方に重きを置けば、例へば筧（引用者註・克彦）博士や田中（引用者註・義能）

博士のやうな倫理的神道となる。若し又情操と云ふ方に重きを置くと自然民間信仰と云ふ方に行く。柳田國男氏、折口信夫氏の神道観がそれであります。私はその両方を考へ合せて行つてをります。（…中略…）神道には正に此の信念と情操といふ分つべからざる両方面があると云はなければならぬ。芳賀（引用者註・矢一）博士の思想には両方面であつたと思はれます」と述べていたのである。(93)

また、昭和十一年に河野は、「満洲事変以来、日本精神の声は全国的に響き渡り、最近に至つて、国体並に憲法に関する明徴問題は官民を挙つて其の関心を引締めたが、終に此の十年の末に至つて、文部省に六十名といふ多数の委員を有する教学刷新評議会を出現せしめること丶なつた。其の設立の主旨は、現時の国情に察し、目下の我が学問並に教育の動向に鑑みて、「国体観念、日本精神を根本として、学問教育刷新の方途を議し、広大にして中正なる我が国本来の途を闡明し、外来文化摂取の精神を明瞭ならしめ、文政上必要なる方針と主なる事項とを決定し、以つて我が国教学刷新の歩を進め、その発展を図らんとす」るものである。之れ実に我等が従来主張し鼓吹し実行してゐる所の学風であつて、近世後半期に勃興して、明治維新に対する重大な思想的原動力となり、明治以来、西洋の思想文化を丸呑みにし、其の齎す弊害を除却すべく、自主的態度を支持した国学の由来と性質とはたらきとに彷彿たるものがある。之を国体を講明し、道義即ち日本精神を確立して、学問の本を立て、人生の本分を尽すのを以て建学の精神とする國學院大學本来の学風に省みて、誠に意義深いものがある」と記し、当時の学長らしく、「教学刷新」と國學院大學の建学の精神とを照らし合わせている。(94) つまり、明治十五年創立の皇典講究所を母体とする國學院大學の建学の精神に時代が漸く追い付いて来たという認識であった。

同時期に三上参次は、神社界に対する「国体明徴・教学刷新」に関する意見において、「国学者、漢学者、無論その中には神道学者も神社奉仕の人々も含まれるのであるが、是等の方面の人々はこれより益々起らんとするところの日本主義の精神教育に就いては中心勢力となつて大に働かなければならぬ。しかしそれには在来の心得ばかりでは物足りぬ、先人の糟粕を嘗めるばかりでは行かぬ。さらに大に世界各国の趨勢を観、その長所を摂取し己の学ぶ所を拡充し、進んで之を世界に説明すべきである。之と同時に寛大の心を以前よりはより多く持ち、万事に当らなければなるまいと思ふ神道を説き神祇に奉仕する人々に於いては、殊に此点の必要を認めるのである」と叱咤激励している[95]。一方、「教学刷新」に対する神道人たちの期待も大きく、『皇国時報』では、教育勅語、国学の独立、神祇教育、宗教教育など多岐に亙る意見が出されている[96]。

昭和十年十二月五日に開催された教学刷新評議会第一回総会において河野省三は発言し、「現代ノ日本ハ明治以来大ニ西洋ノ思想学問ヲ採入レマシタガ、其採入レタ結果トシテ、今日其利害長短ノ両方面ヲ認識シタノデアリマスルカラシテ、此際本当ニ自主的ナ而モ雄大ナル教学ヲ樹立スルト云フ抱負ガ必要デアルト考ヘルノデアリマス、之ニ付キマシテハ今更ナガラ底力ノアル雄大ナル明治維新当時の精神ニ立返ル必要ガアルノデハナイカト思フノデアリマス、敬神尊王、敬神愛国、敬神崇祖ト云フヤウナ信念ノ下ニ、堂々タル皇道ノ精神ヲ発揚シタル所ノ明治維新当時ニ於ケル識者ノ信念ト意気トニ還ラナケレバナラヌト存ズルノデアリマス」と明治維新当初に還るべきことを説いている[97]。教学刷新評議会における神社神道関係、國學院大學所縁の委員としては、河野省三の他、三上参次、宮地直一、山田孝雄、紀平正美、平泉澄、二荒芳徳、吉田茂、筧克彦、田所美治らが出席していた。このうち、特別委員会にも出席した筧克彦は、「神祇府」構想を提案するなど、積極的に発言した[98]。

なお、昭和十一年九月七日の「教学刷新ニ関スル答申草案」には「日本祭祀学」、「日本国体学・精神学（神道学・儒学・仏教学等）」という文言があったが、十月十二日案では「日本祭祀学」が消え、さらに最終的な「教学刷新ニ関スル答申」では、後者をはじめ具体的な学問名称も消えて「精神諸学」に纏められ、「我ガ国ニ於テハ祭祀ト政治ト教学トハ、ソノ根本ニ於テ一体不可分ニシテ三者相離レザルヲ以テ本旨トス。ヨツテコノ本旨ヲ発揚シ、教学ノ根基ヲ明ニスルノ方策ヲ講ズルハ、時勢ニ照シ緊要トスルトコロナリ」、「国体・日本精神ノ真義ノ闡明ハ、天祖ノ詔勅、歴代ノ詔勅並ニ教育ニ関スル勅語ヲ初メトシ明治以後屡々シ給ヘル聖詔ヲ本トシ、更ニコレヲ我ガ国建国以来ノ歴史ニ照シ、苟モ謬ナキヲ期セザルベカラズ」とされた(99)。同年、文部省所轄の「日本諸学振興委員会」は「国体、日本精神ノ本義ニ基キ各種ノ学問ノ内容及方法ヲ研究、批判シ延テ教育ノ刷新ニ資スル為」に発足した。結局、「教学刷新」とは言っても、特段「祭祀学」や「神道学」、「国体学」という学問を新たに立てるものでは無く、河野はじめ神道人・国学者が期待するほどの内容では無かったのである。

もともと河野は昭和七年以来、「国民精神文化研究所」の研究嘱託となっており、研究部の哲学科において、「我が国体の神道史的考察」、「我が国民の敬神観念に関する研究」の研究題目による研究推進に携わり、『国民精神文化類輯　第三輯　我が国の神話』(国民精神文化研究所、昭和九年)を刊行する一方、事業部の教員研究科において「神道研究」を講義して来た(100)。また、「神ながらの道と皇道」(『国民精神文化研究所々報』第三号、昭和九年三月)や「我が古典と国体観念」(『国民精神文化』第一巻第四号、昭和十一年三月)、「二百年前と百年前(荷田春満と生田万を中心として)」(『国民精神文化講演集』第三冊、昭和十一年九月)を寄せている。

かかる数年に亙る国体観念研究の成果は、紀要『国民精神文化研究』(第二年第二冊、第三年第二冊、第四年第五冊、第三八冊、昭和九年十月、十年十一月、十二年三月、十三年七月)に「我が上代の国体観念」、「我が国体観念の発達」、「近世の国体論」、「明治維新と皇道」として発表し、修正増補の上、『国体観念の史的研究』(電通出版部、昭和十七年)として纏めている。同書は、「特に日本民族の伝統的情操の方面から我が国体の本質的考察を試みてゐる」ものであり、まさしく河野ならではの著作であった。

また、河野は、文部省編纂『国体の本義』(内閣印刷局、昭和十二年)を解説するための教学局編纂『国体の本義解説叢書　我が国体と神道』(内閣印刷局、昭和十三年)を執筆し、『国体の本義』が打ち出した「祭政一致」ならぬ(聞きなれぬ)「祭政教一致」(祭祀と政治と教育の一致)について、「祭政一致」(国礼と政治の一致)＋「大教宣布」（国民教化）から説いている。さらに、文部省思想局（後に教学局）編纂の日本精神叢書は、「主として我国古来の典籍中より精神教育上適切なるものを選択してその要点を解説し、広く国民をして日本精神の心解と体得とに資せしむることを以て目的とするもの」であるが、このシリーズにおいても河野は、謹解した『日本精神叢書一　歴代の詔勅』（印刷局、昭和十五年）をはじめ、多数執筆している。

　河野は、文部省所轄の「日本諸学振興委員会」では、「哲学会」において、「近世に於ける指導精神としての神道」（『日本諸学振興委員会研究報告』第二篇（哲学）、昭和十四年）を発表し、「哲学宗教を貫く生活原理としての力」を説いた。また、河野は、「学会所感」（『日本諸学』第三号、昭和十八年）において、「教学の国家に奉仕する根本の心構へは、言ふまでもなく、軍人勅諭に軍人の心得の根本についてお諭しあらせられたやうに、一の誠心に存するのである。殊に学問に於いて、それ〴〵の立場からして、忠実に我が国体の本義を明徴にし、仔細に日本精神の特質を考察すると同時に、自然に其の学説を通し、其の発表に依つて、我が国体の精華が国民の志操を浄化し、日本精神の特質が国民の生活を指導するやうなまことの力が心身に充ちてをらなければならない。木に竹を接いだやうに、わざとらしい問題の考察、研究の発表を為すことは、たとひ不真面目でないとしても、決して国民思想を指導し、国力の充実に寄与することは出来ないのである」と若干の不満を吐露している。

　日本諸学振興委員会で講演や発表した神社神道や國學院大學所縁の人物は、三上参次、折口信夫、今泉忠義、西角井正慶、金田一京助、西田長男、小野祖教、原田敏明、宮地直一、岡田米夫、竹岡勝也、小林健三、加藤玄智、松永材、筧克彦、藤澤親雄、井上孚麿など、多数いるが、作田荘一が「現代国学」と表現するなど、広い意味で「国学」や祭祀なども含めた「神道」的題材も各学会で散見される。

　また、筧克彦「惟神の大道」（『教学叢書』第九輯、昭和十五年）や清原貞雄（広島文理科大学・広島高等師範学校教授）の「神道について」（『教学叢書特輯』第三篇、昭和十五年）などは、神道・国学の「本流」或いは「正系」

とでもいうべき私立の国学的高等教育機関である國學院大學を代表する国学者・神道学者の穏健かつ与えられた課題に忠実な河野省三とはまた異なる個性に基づく独特な「神道」の論じ方であったことにも注目すべきであろう。さらに、同じ國學院大學内でも、「国文学」や「民俗学」を主軸に置いた「新国学」を志向して独特の語彙を多用した折口信夫は、「国民道徳」、「日本精神」、「国体」、「皇道」、「神ながらの道」などの時局的鍵語（キーターム）に対応して論陣を張って来た河野省三とは別の道を歩んだのである。(101)

今後、国体論や日本精神論のみならず、神道史や国学史、国民道徳史、武士道史など、河野省三と殆ど同様の研究対象を取り扱った同世代の清原貞雄をはじめ、廣池千九郎、山田孝雄、筧克彦、西晋一郎、津田左右吉、深作安文、紀平正美、田中義能、加藤玄智、宮地直一、折口信夫、村岡典嗣、西田直二郎、池岡直孝、和辻哲郎、竹岡勝也、平泉澄など、同時代において神道・国学の分野にも大きく立ち入って言及し、国体論や日本精神論を盛んに説き活躍した様々な系統の諸学者との本格的な相互比較作業が必要であろう。「教学刷新体制」下におけるそれぞれの立場や役割など、検討すべきことは未だ数多く残されているのである。

五　むすび

先述した昆野伸幸による近代日本の「国体論」研究は元来、神道史や宗教史という観点、特に「国家神道」研究と深く切り結ぶ形で行われている訳では無かった。しかし昆野は、単著刊行以降、「国体論それ自体の独自性を重視した上で広義の「国家神道」の立場に立つ」とした上で、「「国粋」「日本精神」「国体ノ精華」などの語で表現される日本の過去の伝統に独自な価値を認め、現代におけるそのさらなる発揚あるいは保存・復活を目指しつつ、その伝統を根本原理として現実の諸問題に対処しようとする主義・主張」としての「日本主義」を検討するなかで、「多くの日本主義者が神道に行き着いている事実」に着目し、今泉定助や葦津珍彦、星野輝興など、近代における神道論の展開に即してその「国体論」と「国家神道」との関わりを分析しようと試みている。(102)

昆野による新境地の研究が展開されたことによって、筆者の研究とも直接リンクするようになった。(103) さらに昆野は、畔上直樹『「村の鎮守」と戦前日本――「国家神道」の地域社会史――』の書評において、「近年ではファシズム、日本主義の評価をめぐって、従来の大正デモクラシーから昭和ファシズムへの暗転といった枠組みとは異なる新しい見解が提出されている。即ち、国体イデオロギーは必ずしも国民を客体に押しとどめるものではなく、むしろ国民の主体性を積極的に引き出そうとする面を有していたこと、また一九二〇年代の大正デモクラシー状況の進展を前提にして一九三〇年代に新しいあり方としての国家改造運動が展開すること、そして「上から」与えられた国体論を換骨脱胎し、真の国体論という立場から国家側を撃つ「下から」の動きが存在したことなどが解明され、それに伴い、一九一〇年代～四〇年代の歴史像が捉えなおされつつある」と述べ、「以上のような研究潮流は、日本主義、皇国史観といった概念とも関連するいわゆる「国家神道」の領域にも見てとることができる」として、同書をその代表的な業績と位置付け、「本書の知見によって、地域社会における国体イデオロギーの受容のあり方といった、より地域住民の意識に即した形で国体論を研究することができる地平が開かれたといえよう」と評している。(104) 他方、同時期に畔上直樹も、「近現代日本を宗教ナショナリズム論の観点からとらえる場合、明治初年以来日本という非西洋国のナショナリズムの形成のされかたが本質的に宗教ナショナリズムの形態をとったことを強調する島薗にみられるような議論では、議論の目が粗すぎると考える。まがりなりにも世俗主義の立場をとって急速な上からの近代化をおしすすめた日本が展開期にはいるなかで、その世俗主義をのりこえようとする新しい社会動向が形成され政府を規定していく。戦時期日本の抑圧状況につながっていく宗教ナショナリズムの形成は、この脱世俗主義化のなかに形成されてくるナショナリズムの宗教化という、すぐれて新しい歴史的現象とみるべきである。このように位置づけるのであれば、近年の報徳主義や国学、国体論研究などにも宗教ナショナリズムの議論の接続を考えることもまた、可能となるのではないだろうか」と述べ、当該部分の註記に見城悌治の『近代報徳思想と日本社会』（ぺりかん社、平成十九年）とともに、昆野の論考「近代日本における祭と政」と拙著『近代国学の研究』（弘文堂、平成十九年）を挙げている。[105]

このように平成二十年代に入ってから現在（令和元年）に至るまでの過程において、「国家神道」研究と「国体論」研究は交錯しつつあり、さらには実際の研究交流の上においても、当該テーマにおいては、思想・信条、主義・主張、学問方法を問わない「学際的アリーナ」が徐々に構築されつつあるといえるのでは無かろうか。

以上の如き「国家神道」と「国体論」研究の現状を踏まえ、筆者としては、徒に混乱を招くだけの外延の広い「国家神道」概念の可能性には拘泥せずに（或いは、必ずしも「国家神道」という言葉を用いた立論に拘わること無く）、あくまでも具体的な史料に即した歴史的研究を軸として近代日本における「理想」と「現実」を見極めつつ、新たに研究者が相互に共有出来る〈土台〉となるような議論を構築することを課題にしたいと考えている。筆者は、これまでに自身が蓄積して来た制度史的・思想史的研究の成果を基盤とした上で、神社神道や仏教はじめ諸宗教、具体的な祭祀や慰霊・追悼・顕彰、教育、軍隊などの諸要素の相互関係、さらにはかかる諸要素の在り方と「国家」、「政府」、「皇室」（宮中）及び「地域社会」との関係（国家性、公共性、社会性）に着目し、あくまでも当時の「理想」（構想）と「現実」（結果）とを見極めた「史実」の解釈に基づく実態に即した〈近代日本社会〉に関する総合的理解の構築を目指している。つまり、〈官〉（国家的・政治的）／〈公〉（公共的・社会的）／〈民〉（私的・個人的）の各位相における「近代国学」と「国家神道」の位置付けや、両者における「公共性」と「宗教性」の相剋を中心的な主題として、これらの要素が複合的・重層的に絡み合う複雑な社会生活の実態を解きほぐす社会史的研究を試み、「国家神道」ならぬ「近現代神道」像を新たに提示したい。[106]具体的には、①神職団体・

神道関係団体、国学的教育機関・神職養成機関の社会的役割、②神祇関係官庁、神社、皇室祭祀、慰霊・追悼・顕彰、神道人・国学者の相互関係と社会構造、という課題を実証的に明らかにすることによって、「公共性」と「宗教性」に着目した「国学」と「神道」の近現代社会史を試みていきたいと考えている。

最後に、かかるアプローチは、融通無碍なまでに外延を拡大させた「国家神道」という枠組みの中で矮小化して捉えるという手法（これの致命的な問題は、かかる膨張した曖昧な概念を「作業仮説」とすることもせず所与の枠組みとして捉えてしまっていることにある）とは一線を画すものであることを改めて附言しておく。(107)

註

（1）藤田大誠「近代日本の国体論・「国家神道」研究の現状と課題」（『国体文化』第一〇八〇号、平成二十六年）を参照。

（2）藤田大誠「「国家神道」概念の近現代史」（山口輝臣編『戦後史のなかの「国家神道」』山川出版社、平成三十年）を参照。

（3）加藤玄智『東西思想比較研究』（陸軍士官学校高等官集会所、大正十二年）二二〇～二六三頁の理解に基づく。

（4）ホルトム原草（桑貞彦訳述）「『神道の宗教発達史的研究』読後の所見―加藤玄智博士の新著―」（『書物展望』第六巻第五号、昭和十一年）では、加藤玄智が「国家的神道」を「国体神道」と「神社神道」に二分していることに触れているが、「国体なる語が容易に英訳出来ないことを吐露している。

（5）D. C. Holtom, *Modern Japan and Shinto Nationalism*, The University of Chicago Press, 1943, Second edition 1947.（D・C・ホルトム（深澤長太郎訳）『日本と天皇と神道』逍遙書院、昭和二十五年）。

（6）William P. Woodard, *The Allied Occupation of Japan 1945-1952 and Japanese Religions*, E. J. Brill, Leiden, 1972.（ウィリアム・P・ウッダード（阿部美哉訳）『天皇と神道』サイマル出版会、昭和六十三年）、高橋史朗「神道指令の成立過程に関する一考察」（『神道宗教』第一一五号、昭和五十九年）、神社新報社政教研究室（代表　西田廣義）編著『増補改訂　近代神社神道史』（神社新報社、昭和六十一年）、大原康男『神道指令の研究』（原書房、平成五年）などを参照。

（7）葦津珍彦著・阪本是丸註『国家神道とは何だったのか』（神社新報社、昭和六十二年）を参照。

（8）岸本英夫「嵐の中の神社神道」（新宗連調査室編『戦後宗教回想録』ＰＬ出版社、昭和三十八年）二六八～二七一頁に拠れ

ば、当時GHQ／SCAPの顧問として助言をしていた岸本英夫（東京帝国大学助教授）は、「神道指令」の草案段階では禁止用語として名指しされていた「国体」について、教育勅語で用いられている「国体」という言葉が廃棄されることになれば、日本の初等・中等教育界に深刻な混乱が起こるとして、本指令の文言からは取り除くべきであることを本指令の起草者であるCIE宗教班のW・K・バンスに働きかけ、結局発出された「神道指令」では言及されなかった。

(9)W・P・ウッダード「占領と神道」國學院大學日本文化研究所編『一九四五年以降の神道―クレアモント国際神道学術会議の記録―』（國學院大學日本文化研究所、昭和四十年）、同「連合軍の占領と日本の宗教」（『国際宗教ニューズ』第五・六号、昭和四十七年）、前掲同『天皇と神道』三〜一一頁を参照。

(10)藤谷俊雄「国家神道の成立」（『日本宗教史講座　第一巻　国家と宗教』三一書房、昭和三十四年）、村上重良『国家神道』（岩波書店、昭和四十五年）を参照。

(11)前掲葦津『国家神道とは何だったのか』、阪本是丸『国家神道形成過程の研究』（岩波書店、平成六年）などを参照。

(12)島薗進『国家神道と日本人』（岩波書店、平成二十二年）を参照。

(13)前掲島薗『国家神道と日本人』に対しては、藤田大誠「「国家神道」概念の有効性に関する一考察―島薗進著『国家神道と日本人』の書評を通して―」（『明治聖徳記念学会紀要』復刊第四八号、平成二十三年）をはじめとする筆者の詳細な批判のほか、前掲山口編『戦後史のなかの「国家神道」』所収の諸論考も厳しい批判や疑問の提示を行っている。特に山口輝臣「国家神道をどうするか」（前掲書所収）では、島薗「国家神道」論を「「方法」としての「国家神道」」と位置付けつつ、「どんな研究もブラックホールのように吸収されてそれきりになってしまう」ため、専門研究者のなかには支持者が殆どいないのではないか、と指摘している（一九三頁）。しかし、島薗はこれらの批判に対して反証を挙げての反論は行わないまま、同種の論考や一般啓蒙書を書き続けており、近著の『神聖天皇のゆくえ―近代日本社会の基軸―』（筑摩書房、平成三十一年）や『明治大帝の誕生―帝都の国家神道化―』（春秋社、令和元年）でも、従来の自説を踏襲する一方で筆者をはじめとする批判者たちに対するレスポンスは見られない。

(14)阪本是丸「近代の皇室祭儀と国家神道」（大原康男・百地章・阪本是丸『国家と宗教の間―政教分離の思想と現実―』日本教文社、平成二年）、新田均『近代政教関係の基礎的研究』（大明堂、平成九年）、藤田大誠「国家神道体制成立以降の祭政一致論―神祇特別官衙設置運動をめぐって―」（阪本是丸編『国家神道再考―祭政一致国家の形成と展開―』弘文堂、平成十八年）を参照。

(15)中澤巠夫編『惟神の礎』（紀元二千六百年奉祝会、昭和十七年）を参照。

(16)前掲藤田「国家神道体制成立以降の祭政一致論」、同『近代国学の研究』(弘文堂、平成十九年)、同「近代日本の高等教育機関における「国学」と「神道」」(『國學院大學人間開発学研究』第三号、平成二十四年)、同「靖國神社境内整備の変遷と「国家神道」―帝都東京における慰霊の「公共空間」の理想と現実―」(國學院大學研究開発推進センター編『招魂と慰霊の系譜―「靖國」の思想を問う―』錦正社、平成二十五年)、同「戦時下の戦歿者慰霊・追悼・顕彰と神仏関係―神仏抗争前夜における通奏低音としての英霊公葬問題―」(『國學院大學研究開発推進センター研究紀要』第一〇号、平成二十八年)を参照。

(17)田中悟「関係論としての「国家神道」論」(『宗教研究』第八三巻第一号、平成二十一年)を参照。

(18)阪本是丸「昭和戦前期の「神道と社会」に関する素描―神道的イデオロギー用語を軸にして―」(國學院大學研究開発推進センター編・阪本是丸責任編集『昭和前期の神道と社会』弘文堂、平成二十八年)を参照。

(19)昆野伸幸「近代日本における祭と政―国民の主体化をめぐって―」(『日本史研究』第五七一号、平成二十二年)を参照。

(20)里見岸雄『国体法の研究』(錦正社、昭和十三年)一七八～一八七頁。里見は、「神道的国体論」は「依然神学的傾向」と捉えた上で、丸山正彦、筧克彦、加藤玄智、神道学会、橋本文壽、田中治吾平、メーソン、曾根朝起、今泉定助、大倉精神文化研究所らによる著作を挙げている。また、「国学的国体論」としては、渡邊重石丸、山田孝雄、物集高見らの著作を挙げているが、「厳密に国学そのものに拠る立論は見られなくなつた」として、「従つて国学は、今日では或る人々への精神的、資料的基礎とはなつても全部的にその狭偏なる方法論が採用されるといふ事は無いものと見てよい」と述べている。

(21)藤田大誠・青井哲人・畔上直樹・今泉宜子編『明治神宮以前・以後―近代神社をめぐる環境形成の構造転換―』(鹿島出版会、平成二十七年)、阪本是丸「「日本ファシズム」と神社・神道に関する素描」(『國學院大學研究開発推進センター研究紀要』第六号、平成二十四年)、前掲『昭和前期の神道と社会』を参照。

(22)赤澤史朗『近代日本の思想動員と宗教統制』(校倉書房、昭和六十年)、前掲阪本「昭和戦前期の「神道と社会」に関する素描」を参照。

(23)島薗進「国家神道・国体思想・天皇崇敬―皇道・皇学と近代日本の宗教状況―」(『現代思想』第三五巻第一〇号、平成十九年)。

(24)前掲昆野「近代日本における祭と政」。

(25)前掲島薗『国家神道と日本人』六一～六三頁。

(26)最近は一般書籍においても、以前は蛇蝎の如く忌避されていた「国体」の語が頻繁に使用されるようになっており、隔世の感がある。西尾幹二『GHQ焚書図書開封4―「国体」論と現代―』(徳間書店、平成二十二年)、竹田恒泰『日本人の原点がわかる「国体」の授業』（PHP研究所、平成二十五年）、佐藤優『日本国家の神髄—禁書『国体の本義』を読み解く—』（扶桑社、平成二十七年）、白井聡『国体論—菊と星条旗—』（集英社、平成三十年）など。また、篠田秀朗『ほんとうの憲法—戦後日本憲法学説批判—』（筑摩書房、平成二十九年）では、「国民主権＝9条絶対平和主義を「表」に掲げながら、「裏」では日米安保体制によって国家体制が維持されているという仕組み」を「戦後日本の国体」と呼んでいる（二三三頁）。

(27)梅森直之「書評　昆野伸幸『近代日本の国体論』・長谷川亮一『「皇国史観」という問題』」（『日本思想史学』第四〇号、平成二十年）。

(28)昆野伸幸『近代日本の国体論—〈皇国史観〉再考—』（ぺりかん社、平成二十年）、長谷川亮一『「皇国史観」という問題—十五年戦争期における文部省の修史事業と思想統制政策—』（白澤社、平成二十年）。

(29)前掲昆野『近代日本の国体論』五〜二二頁。以下の記述も同書の三二〇、三二六頁に拠る。

(30)萩原稔「書評「国体論」研究の視角—昆野伸幸『近代日本の国体論〈皇国史観〉再考』—」（『キリスト教社会問題研究』第五八号、平成二十二年）。

(31)明治期の国体論については、示唆に富む先行研究として、大原康男の「国体論と兵権思想—「軍人勅諭」の国体観を中心にして—」（『神道学』第一〇四、一〇五号、昭和五十五年）、「明治前期の国体観と井上毅」（『國學院雑誌』第八一巻第五号、昭和五十五年）、「翻訳語からみた〈国体〉の意味—〈国体〉の多義性に関する一考察として—」（『國學院大學日本文化研究所紀要』第四七輯、昭和五十六年）、「国学者にみる〈国体〉概念の理解—「政治への関心」という視点から—」（『維新前後に於ける國學の諸問題』國學院大學日本文化研究所、昭和五十八年）を挙げておく。

(32)米原謙『国体論はなぜ生まれたか—明治国家の知の地形図—』（ミネルヴァ書房、平成二十七年）一四、六二頁。

(33)本項の内容に就いての詳細は、藤田大誠「『国体論史』と清原貞雄に関する基礎的考察」（『國學院大學研究開発推進センター研究紀要』第一二号、平成三十年）を参照。

(34)『第四十三回帝国議会貴族院予算委員第三分科会（内務省、文部省）議事速記録第一号』。昆野伸幸氏より示唆を受けた。

(35)前掲藤田「国家神道体制成立以降の祭政一致論」を参照。

(36)「神社局の改造成る」・「叙任及辞令」（『神社協会雑誌』第十八年第七号、大正八年）。清原が就任した「神社に関する調査事務嘱託」は、それまで荻野仲三郎や宮地直一が務めていた「考証嘱託」（この神社局拡張の機会に廃され、専任の「考証官」が新設された）とは別個の仕事を担任するもの。

(37)『臨時教育会議要覧』（臨時教育会議、大正八年）一七五〜一九四頁、「国体論史の出版」（『神社協会雑誌』第二十年第二号、大正十年）。

(38)八束清貫「国体論史を読む」（前掲『神社協会雑誌』第二十年第二号）。

(39)里見岸雄『国体法の研究』（錦正社、昭和十三年）一八六頁、同『国体論史　上』（日本国体学会、平成十九年）三六頁。

(40)新田均『「現人神」「国家神道」という幻想』（PHP研究所、平成十五年）六五〜六八頁、同「島薗進「国家神道」論再考─内務省神社局編『国体論史』（大正十年一月）の意味するものは何か─」（『明治聖徳記念学会紀要』復刊第五一号、平成二十六年）。

(41)前掲昆野『近代日本の国体論』一七頁、前掲長谷川「『皇国史観』という問題」六七〜六九頁。

(42)『国体論史』（内務省神社局、大正十年）三七三、三七四頁。

(43)「処分要項」（『出版警察報』一四八・一四九合併号、昭和十九年）四一頁には、「本書ハ我カ国史ノ政権把握者ノ変遷ノ点ヨリ記述シタルモノナルガ、清和天皇母后ニ関シ記述セルニ依リ八八頁ヲ、陽成天皇廃立問題ヲ記述セルに因リ八九頁ヲ夫々安寧削除」とある。

(44)西山茂「日本の近・現代における国体論的日蓮主義の展開」（『東洋大学社会学部紀要』第二二巻第二号、昭和六十年）、同「日蓮主義の展開と日本国体論─日本の近・現代における法華的国体信仰の軌跡─」（孝本貢編『論集日本仏教史　第九巻　大正・昭和時代』雄山閣出版、昭和六十三年）、大谷栄一『近代日本の日蓮主義運動』（法藏館、平成十三年）、同『近代仏教という視座─戦争・アジア・社会主義─』（ぺりかん社、平成二十四年）、昆野伸幸「近代日本の法華経信仰と宮沢賢治─田中智学との関係を中心に─」（『文芸研究』第一六三集、平成十九年）を参照。

(45)金子宗德「日蓮主義的国体論の成立と展開─里見岸雄を中心に─」（野田裕久編『保守主義とは何か』ナカニシヤ出版、平成二十二年）を参照。金子らは、日本国体学会機関誌『国体文化』で里見に関する研究を進めている。

(46)福井直秀「里見岸雄の国体論」（『社会思想史研究』第九号、昭和六十年）。

(47)松浦寿輝「国体論」（小林康夫・松浦寿輝編『表象のディスクール⑤　メディア　表象のポリティクス』東京大学出版会、平成十二年）、姜尚中『思考のフロンティア　ナショナリズム』（岩波書店、平成十三年）。

(48)川口暁弘「憲法学と国体論─国体論者美濃部達吉─」（『史学雑誌』第一〇八巻第七号、平成十一年）、林尚之『主権不在の帝国─憲法と法外なるものをめぐる歴史学─』（有志舎、平成二十四年）、大谷伸治「昭和戦前期の国体論とデモクラシー─矢部貞治・里見岸雄・大串兎代夫の比較から─」（『日本歴史』第七七七号、平成二十五年）などを参照。

(49)前掲昆野『近代日本の国体論』一二七、一二八頁。

(50)里見岸雄『闘魂風雪七十年』(錦正社、昭和四十年)二八四、二八五頁。
(51)河野省三「里見岸雄氏の近著　国体の学語史的管見」(『國學院雑誌』第三九巻第九号、昭和八年)。
(52)阪本是丸「日本型政教関係の形成過程」(井上順孝・阪本是丸編著『日本型政教関係の誕生』第一書房、昭和六十三年)。
(53)原誠『国家を超えられなかった教会―一五年戦争下の日本プロテスタント教会―』(日本キリスト教団出版局、平成十七年)、新野和暢『皇道仏教と大陸布教―十五年戦争期の宗教と国家―』(社会評論社、平成二十六年)などを参照。
(54)柴田紳一「天皇機関説事件」(筒井清忠編『昭和史講義―最新研究で見る戦争への道―』筑摩書房、平成二十七年)一〇七頁。
(55)尾崎士郎『天皇機関説』(文藝春秋新社、昭和二十六年)二二九頁。
(56)宮沢俊義『天皇機関説事件―史料は語る―』上・下(有斐閣、昭和四十五年)、小山常実『天皇機関説と国民教育』(アカデミア出版会、平成元年)、高野邦夫『天皇制国家の教育論―教学刷新評議会の研究―』(あずみの書房、平成元年)、吉田博司『近代日本の政治精神』(芦書房、平成五年)、久保義三『昭和教育史　上』(三一書房、平成六年)、三谷太一郎『近代日本の戦争と政治』(岩波書店、平成九年)、増田知子『天皇制と国家―近代日本の立憲君主制―』(青木書店、平成十一年)、菅谷幸浩「天皇機関説事件展開過程の再検討―岡田内閣・宮中の対応を中心に―」(『日本歴史』第七〇五号、平成十九年)、植村和秀『「日本」への問いをめぐる闘争―京都学派と原理日本社―』(柏書房、平成十九年)、荻野富士夫『戦前文部省の治安機能―「思想統制」から「教学錬成」へ―』(校倉書房、平成十九年)、前掲昆野『近代日本の国体論』、前掲長谷川『「皇国史観」という問題』、駒込武・川村肇・奈須恵子編『戦時下学問の統制と動員―日本諸学振興委員会の研究―』(東京大学出版会、平成二十三年)、林尚之『主権不在の帝国―憲法と法外なるものをめぐる歴史学―』(有志舎、平成二十四年)、小野雅章『御真影と学校―「奉護」の変容―』(東京大学出版会、平成二十六年)、官田光史『戦時期日本の翼賛政治』(吉川弘文館、平成二十八年)、川口暁弘『ふたつの憲法と日本人―戦前・戦後の憲法観―』(吉川弘文館、平成二十九年)などを参照。
(57)長友安隆「昭和十年代文教政策に於ける神祇問題―神祇府構想と神社制度研究会を中心として―」(『明治聖徳記念学会紀要』復刊第四三号、平成十八年)、宮川泰生「「教学刷新」の宗教的展開―真宗大谷派の事例から―」(『思想史研究』第一六号、平成二十四年)を参照。
(58)小池健治・西川重則・村上重良編『宗教弾圧を語る』(岩波書店、昭和五十三年)、渡辺治「ファシズム期の宗教統制―治安維持法の宗教団体への発動をめぐって―」(東京大学社会科学研究所編『ファシズム期の国家と社会4　戦時日本の法体制』東京大学出版会、昭和五十四年)、阪本是丸「法と新宗教」(井上順孝・対馬路人・西山茂・孝本貢・中牧弘允編『【縮刷版】

新宗教事典　本文篇』弘文堂、平成六年）などを参照。

(59)前川理子『近代日本の宗教論と国家―宗教学の思想と国民教育の交錯―』（東京大学出版会、平成二十七年）、小島伸之「昭和戦前期日本の「宗教弾圧」再考―特別高等警察の目的と論理―」（寺田喜朗・塚田穂高・川又俊則・小島伸之編著『近現代日本の宗教変動―実証的宗教社会学の視座から―』ハーベスト社、平成二十八年）を参照。

(60)最近の論考として、主に国柱会と大本を対象とした福家崇洋「「国体明徴」と宗教運動」（高木博志編『近代天皇制と社会』思文閣出版、平成三十年）があるが、天皇機関説「事件を機に天皇神格化への欲求が高まったわけではなく、それ以前の自運動の追い風として事件を受け止めた傾向が強かった」（三〇三頁）と冷静な史的評価を加えている。

(61)中濃教篤編『講座日本近代と仏教6　戦時下の仏教』（国書刊行会、昭和五十二年）やブライアン・アンドルー・ヴィクトリア（エィミー・ルィーズ・ツジモト訳）『禅と戦争―禅仏教は戦争に協力したか―』（光人社、平成十三年）、前掲新野『皇道仏教と大陸布教―十五年戦争期の宗教と国家―』など。

(62)栗山俊之「戦時教学―「真俗二諦」の帰結―」（福島寛隆監修・「戦時教学」研究会編『戦時教学と真宗』第二巻、平成三年）。

(63)宮田光雄『権威と服従―近代日本におけるローマ書十三章―』（新教出版社、平成十五年）一三一～一五四頁。以下の記述も同様。また、笠原芳光「「日本的キリスト教」批判」（『キリスト教社会問題研究』第二十二号、昭和四十九年）、『熊野義孝全集　第十二巻　日本のキリスト教』（新教出版社、昭和五十七年）、岩瀬誠「日本的キリスト教指導者佐藤定吉の神道理解」（『國學院雑誌』第九十三巻第一号、平成四年）、小室尚子「「みくに運動」におけるキリスト教土着化の問題」（『神学』第五十六号、平成六年）、關岡一成「海老名弾正と「日本的キリスト教」」（『神戸外大論叢』第五十二巻第六号、平成十三年）、前掲原『国家を超えられなかった教会』なども参照。

(64)前掲阪本「昭和戦前期の「神道と社会」に関する素描」二一〇～二一二頁。

(65)国立公文書館所蔵『内閣総理大臣官房総務課資料』「国体明徴問題」二十四「国体明徴ニ関スル施設ノ件」。なお、同館所蔵「国体明徴問題諸論」、「国体明徴に関する各庁の施設」も重要な史料である。

(66)玉澤光三郎『思想研究資料特輯第七十二号　所謂「天皇機関説」を契機とする国体明徴運動』（司法省刑事局、昭和十五年、『現代史資料(4)　国家主義運動㈠』みすず書房に部分収録、昭和三十八年、社会問題資料研究会編『社会問題資料叢書第一輯　所謂「天皇機関説」を契機とする国体明徴運動』東洋文化社、昭和五十年として覆刻）二六〇～二六三頁。以下の記述も同様。

(67)内務省警保局『昭和十一年中ニ於ケル社会運動ノ状況』（昭和十三年三月三十日）一六五四～一六五七頁。また、永岡崇『新宗教と総力戦―教祖以後を生きる―』（名古屋大学出版会、平成二十七年）一七七頁も参照。

(68)内務省警保局保安課「附　所謂機関説反対運動の状況（其の一）～（其の七）」（『特高月報』昭和十年三月分～九月分、昭和十年四月二十日～十月二十日）、同「附　国体明徴運動（其の八）～（其の十）」（『特高外事月報』昭和十年十月分～十二月分、昭和十年十一月二十日～昭和十一年一月二十日）。以下の記述は特記せぬ限りこれに拠る。前掲『現代史資料(4)　国家主義運動(一)』xxxi頁の指摘の如く、見出しの変化が民間運動の推移と政府当局の態度や見解の変化を物語る。

(69)「国体擁護聯合会の運動状況」（『特高月報』昭和十年二月分、昭和十年三月二十日）。

(70)「昭和神聖会の運動状況」（『特高月報』昭和九年十月分、昭和九年十一月二十日）。

(71)『神聖』第七号（昭和十年四月一日）、林逸郎『天皇機関説撃滅―一木美濃部岡田学説の研究―』（昭和神聖会、昭和十年四月三日、同五月十八日改訂廿一版）。なほ、昭和神聖会副統管の内田良平（黒龍会主幹・大日本生産党総裁）は、『反国体思想を根絶して明治神宮の御神慮を安じ奉れ』（黒龍会、昭和十年四月十五日）を刊行している。

(72)「大本教団の治安維持法違反並に不敬罪被疑事件」（『特高外事月報』昭和十年十二月分、昭和十一年一月二十日）。

(73)「大本教団の治安維持法違反並に不敬罪被疑事件（其の二）」（『特高外事月報』昭和十一年三月分、昭和十一年四月二十日）。

(74)里見岸雄『国体憲法学』（二松堂書店、昭和十年）四八二頁。

(75)里見岸雄『日本社会の国体的改造』（里見日本文化学研究所、昭和十年）一四一、一四二頁。

(76)今泉定助『皇道論叢』（桜門出版部、昭和十七年）二七五、四五三、四五四頁。

(77)『皇典講究所講話集第四輯　国体と憲法』（皇典講究所、昭和十年四月五日）。植木直一郎「皇国の国体と憲法」、河野省三「天皇と日本と憲法」、澤田五郎「天皇機関説を批判す」を含む。また、『國學院雑誌』第四一巻第四号（昭和十年）においても学内教員を中心に多数の論考が寄せられている。

(78)大日本国体宣揚会編『国体の明徴と政治及教育』（皇学書院・会通社、昭和十年）一九〇頁。

(79)ヨハネス・クラウス（渡邊啓一訳）『教育原理としての皇道』（思想・科学研究所、昭和十年）「はじめに」、六六頁。

(80)利井興隆『国体明徴と仏教』（一味堂出版部、昭和十一年）一七九、一八〇頁。また、同「国体明徴と仏教」（専精舎編纂『正法闡揚』顕道書院、昭和十二年）も参照。

(81)関連研究は枚挙に遑が無いが、主な先行業績として、前田一男「国民精神文化研究所の研究―戦時下教学刷新における「精研」の役割・機能について―」（『日本の教育史学』第二五集、昭和五十七年）、寺﨑昌男・戦時下教育研究会編『総力戦体制と教育―皇国民「錬成」の理念と実践―』（東京大学出版会、昭和六十二年）、前掲高野『天皇制国家の教育論』、宮地正人「天皇制ファシズムとそのイデオローグたち―国民精神文化研究所を例にとって―」（『季刊　科学と思想』第七六号、平成二年）、寺﨑昌男・編集委員会編『近代日本における知の配分と国民統合』（第一法規、平成五年）、久保義三『昭和教育史上』（三一書房、平成六年）、長友安隆「昭和十年代文教政策に於ける神祇問題―神祇府構想と神社制度研究会を中心として―」（『明治聖徳記念学会紀要』復刊第四三号、平成十八年）、同「昭和初期文部省思想行政と神道界」（『明治聖徳記念学会紀要』復刊第四七号、平成二十二年）、前掲荻野『戦前文部省の治安機能』（校倉書房、平成十九年）、前掲長谷川『「皇国史観」という問題』、昆野伸幸「戦時期文部省の教化政策―『国体の本義』を中心に―」（『文芸研究』第一六七集、平成二十一年）、前掲阪本「「日本ファシズム」と神社・神道に関する素描」、同「國學院の「国学」―非常時に於ける河野省三・折口信夫・武田祐吉の国学―」（『國學院大學校史・学術資産研究』第四号、平成二十四年）、前掲前川『近代日本の宗教論と国家』、前掲『昭和前期の神道と社会』を挙げておく。

(82)「教学刷新」といふ言葉の意味について、前掲『戦時下学問の統制と動員』五頁では、「大学から小学校までの教育内容統制と連動しながら学問研究の内容を国家的に統制し動員しようとする制度・政策」と定義し、「統制と動員の方向性を定める理念は「国体、日本精神」から「大東亜建設」にいたる振れ幅を含んでいた」と指摘している。

(83) 谷脇由季子「駒込武・川村肇・奈須恵子編『戦時下学問の統制と動員――日本諸学振興委員会の研究』に学ぶ教育史研究の方法」（『大学史研究』第二五号、平成二十五年）を参照。但し、上久保敏「日本諸学振興委員会経済学会―戦時下の「官製学会」に関する一考察―」（『日本経済思想史研究』第五号、平成十七年）など、各学科部門別に考察している研究もある。

(84) 昆野伸幸「書評と紹介　駒込武・川村肇・奈須恵子編『戦時下学問の統制と動員』」（『日本歴史』第七六七号、平成二十四年）を参照。

(85) 前掲『戦時下学問の統制と動員』第二章「教学局と日本諸学振興委員会」（高橋陽一）を参照。但し、昭和十一年七月段階の「日本諸学振興学会実施要項」では、「国体、日本精神ノ本義ニ基」く「本学会ハ今後主トシテ人文方面ノ各科例ヘバ教育、法学、国学、哲学、歴史、経済等ノ諸学ニ関シ順次ニ開催スル見込」としてゐた。つまり、ここでいう「国学」の内実は、國學院大學が創立以来一貫して保持していた総合的学問（国史・国文・国法〔法制〕を軸としつつ、様々なアプローチから日本に関わるあらゆるモノ・コトを対象として研究・教育を行う）の謂いではなく、より狭い「国語国文学」を指すものとして一時期用いられていた。国立公文書館所蔵『公文類聚』第六〇巻・昭和十一年・第八巻・官職六・官制六（司法省・文部省「文部省官制中　文部部内臨時職員設置制中ヲ改正ス・（東北地方ニ適応シタル副読本編纂ノ為図書監修官等増員、教学刷新及中等学校教科書編纂ノ為職員増員）」。また、國學院大學の「国学」については、前掲藤田『近代国学の研究』を参照。

(86)河野省三『一日本人の生活』(国学院大学内宗教研究室、昭和二十七年)「略年譜」、騎西町史編さん室編『河野省三日誌　吾が身のすがた』(騎西庁教育委員会、昭和六十年)「河野省三略年譜」などを参照。

(87)河野省三『続・一日本人の生活』(国学院大学内宗教研究室、昭和二十八年)七九頁。

(88)前掲阪本「昭和戦前期の「神道と社会」に関する素描」二五頁。

(89)『思想調査資料特輯　日本精神論の調査』(文部省思想局、昭和十年)三九頁。

(90)前掲阪本「國學院の「国学」」、髙野裕基「河野省三の時代認識と神道学構想」(前掲『昭和前期の神道と社会』)などを参照。

(91)河野省三『国学の研究』(大岡山書店、昭和七年)、同『神道学序説』(金星堂、昭和九年)、同『思想問題小輯八　国学と近世文化』(文部省、昭和十年)、「鳥居を背景にして」(同『日本精神の研究』大岡山書店、昭和九年)。

(92)河野省三「純真なる国民精神に還れ—所謂機関説の根本思想の検討—」(『皇国時報』第五五九号、昭和十年四月一日)。同時期においてより詳細に論じたものに同「天皇と日本と憲法(所謂機関説の謬妄)」(『皇典講究所講話集第四輯　国体と憲法』昭和十年、『國學院雑誌』第四一巻第四号「天皇機関説批判」、昭和十年)がある。

(93)河野省三『國學叢書　第三輯　神道講演2　日本民族の生活原理』(皇典講究所、昭和六年)三二～三四頁。

(94)河野省三「教学刷新と国学の進出」(『國學院雑誌』第四二巻第一号、昭和十一年)。なお、同号は「教学刷新の指導精神」特集を組み、河野の他、高須芳次郎「教学刷新の根本的方策」、堀江秀雄「教学刷新に際して天業恢弘を強調せよ」、雑賀鹿野「教学の根本義」、小柳司気太「教学の刷新に就いて」を掲載している。國學院大學の建学の精神については、藤田大誠「國學院大學における建学の精神「神道精神」の基礎的考察」(『國學院大學校史・学術資産研究』第一〇号、平成三十年)を参照。

(95)三上参次「国体明徴・教学刷新に関する管見」(『皇国時報』第五八六号、昭和十一年一月一日)。

(96)「教学刷新に関し神道人は斯く翹望す〔一〕～〔四〕」(『皇国時報』第五八六、五八七、五八九、五九〇号、昭和十一年一月一日、十一日、二月一日、二月十一日)。執筆者は、別格官幣社靖國神社宮司賀茂百樹、文学博士加藤玄智、三井甲之、国幣中社鶴岡八幡宮宮司中島正国、神宮奉斎会宮城本部長當山春三、官幣中社生田神社宮司加藤直久、鹽竈神社宮司古川左京、千家尊建、群馬県郷社雷電神社社司江森幸平、帝大神道研究室溝口駒造、国幣中社函館八幡宮宮司高原美忠、奉天神社神職山内祀夫、神宮皇學館教授鶴藤幾太、香川県村社石清水八幡神社社掌青井常太郎、官幣大社鹿児島神宮宮司佐藤重三郎、国民高等学校教授阿部国治、国幣小社柞原八幡宮宮司松本浩通、岡山県郷社足次山神社社司大塚信男、神道管長神崎一作、国幣中社二荒山神社宮司森口奈良吉、福井県村社八幡神社社掌赤松知榮、官幣中社金鑽神社宮司金鑽俊雄、岩手県村社川島神社社掌伊藤右京、長野県村社長沼神社社掌長沼央夫、北海道県社網走神社社司金田茂一、國學院大學講師小野祖教、富山県郷社神明宮社

司高野義太郎という錚々たる面々であった。

(97)「教学刷新評議会第一回総会議事録」(『教学刷新評議会資料』上巻、芙蓉書房出版、平成十八年)。

(98)前掲長友「昭和十年代文教政策に於ける神祇問題」を参照。

(99)『教学刷新評議会資料』上下巻(芙蓉書房出版、平成十八年)を参照。

(100)『思想局要項』(文部省思想局、昭和九年)附録「国民精神文化研究所概況」。

(101)最近、「「神道学者」としての折口信夫」の観点を強調して書かれた評伝として、斎藤英喜『ミネルヴァ評伝選　折口信夫―神性を拡張する復活の喜び―』(ミネルヴァ書房、平成三十一年)がある。

(102)前掲昆野「近代日本における祭と政」、同「日本主義の系譜―近代神道論の展開を中心に―」(『岩波講座　日本の思想　第一巻』岩波書店、平成二十五年)、同「日本主義と皇国史観」(『日本思想史講座四―近代』ぺりかん社、平成二十五年)、同「二荒芳徳の思想と少年団運動」(『明治聖徳記念学会紀要』復刊第五一号、平成二十六年)、同「葦津珍彦と英霊公葬運動」(東北大学大学院文学研究科日本思想史研究室・冨樫進編『カミと人と死者』岩田書院、平成二十七年)。

(103)藤田大誠「葦津珍彦小論―昭和初期における一神道青年の軌跡―」(前掲『昭和前期の神道と社会』)を参照。

(104)昆野伸幸「書評　畔上直樹『「村の鎮守」と戦前日本』」(『人民の歴史学』第一八八号、平成二十三年)。

(105)畔上直樹「戦前日本社会における現代化と宗教ナショナリズムの形成」(『日本史研究』第五八二号、平成二十三年)。

(106)〈官〉〈公〉〈民〉の各位相や絡み合いから神社神道を捉え直すという発想、国家性・公共性と神社神道、祭祀との関係という観点については、國學院大學日本文化研究所編『日本の宗教と政治―近現代一三〇年の視座から―』(成文堂、平成十三年)、黒住真「明治初期における「公」的宗教の形成とその倫理」(三谷博編『東アジアの公論形成』東京大学出版会、平成十六年)、阪本是丸「平田派神道の隆盛と没落」(『環【歴史・環境・文明】』六〇、平成二十七年)から示唆を受けた。なお、小林正弥『神社と政治』(KADOKAWA、平成二十八年)は、公共哲学の立場から公・公共・私の三元論を提唱している。

(107)政治学(国際関係論・現代日本外交)専攻の保城広至が『歴史から理論を創造する方法―社会科学と歴史学を統合する―』(勁草書房、平成二十七年)において言うように、歴史学的に、或いは社会科学的に理論を作り上げるための推論方法としては、大きく帰納法や演繹法、アブダクション(ある事実やデータが観察された場合、それはなぜかと問い、何らかの作業仮説をつくって説明・検証する方法)がある(六七~九七頁)。しかし現今、主に二次資料・文献(論文・研究書など)を断片的に取捨選択して議論を組み立てている島薗進ら宗教学者に代表される枠組み先行のアプローチを採る研究者たちによって、始めから外延が無限なまでに巨大な包括的概念として使用されている「国家神道」という語は、「作業仮説」(最終的には根拠不足や論理破綻といった理由により放棄される可能性もあるが、分析途上ではとりあえず正しいものと考えて、検証の対象とする、可変的なもの）とも到底言えない、恰もアプリオリな所与の枠組みとなってしまっている。一見、「所与のもの」としての仮説を検証する「仮説演繹法」や「理論検証型過程追跡」の手法とも捉えられる余地があるかもしれないが、これまでの研究動向からすれば、根拠薄弱なままその内包の諸要素が無限に拡大していく傾向はあっても、逆に厳密な歴史的検証の成果があるにも拘らず限定的内容に修正することは殆ど無く、結局は従来の主張や旧来の説に固執し続けている現状にあることから、やはり説得的なアプローチとは認められない。あらゆる要素を含んだ外延の広い「国家神道」概念の網を予め被せた上で行われている巷の諸言説（研究であれ、政治的評論であれ）の最大の問題点は、その内包とされる諸要素の実態や相互関係の緻密な解明作業について殆ど捨象しているだけではなく、その実証的到達点（研究史）さえきちんと踏まえていない（少なくとも自説に都合の良い「摘み食い」に留まっている）点にあることだけは指摘しておく。こうした事態は、保城が指摘する、社会科学者や仮説（理論）先行型の歴史研究者に見られる「プロクルステースの寝台」問題（ギリシャ神話に登場する強盗の行為に由来する言葉で、自分の説にとって都合の悪い資料は無視し、都合の良い資料のみを証拠として挙げる、という問題）の典型と言える（一二、一五五頁）。一方で保城は、歴史学者が陥りがちな「木を見て森を見ない」問題に対しても警告を発している（一六、一五五頁）。筆者にも聊か当て嵌まる面があろう。保城は、歴史学と社会科学を統合する方法として、「中範囲の理論」（イシュー・時間・空間の限定）を目指し、因果関係の解明と分析対象の状態や性質を記述・描写することを通して、「アブダクション」という「作業仮説」を設けた可変的な推論方法に基づき、その範囲内における全ての事例を分析する「事例全枚挙」の観点から、事例におけるプロセスを始めから最後まで明らかにする「過程構築」に取り組んだ上で理論化を行うことを提案しており、示唆に富む。ともあれ、少なくとも、歴史的事実に対する「理論化」とは、一つの言葉に拘ってそれを固持し続け、その概念内容をひたすら増幅させる営みではないことだけは確かである。かつて昭和政治史研究を行った伊藤隆が、「（天皇制・日本）ファシズム」という語について、恰も再検討不可能かつ対象分析の手掛かりとなる機能的概念ではない「本質規定」となってしまった「曖昧でミスリードしやすい用語」として批判し、分析用語たり得ないと喝破したが（伊藤隆『昭和期の政治』山川出版社、昭和五十八年、三～三〇頁、同『昭和期の政治［続］』山川出版社、平成五年、九～一五頁）、融通無碍なタームの「延命」のため、外延を際限なく巨大に拡大させざるを得なくなっている「国家神道」概念への固執という近年の傾向は、有効な分析概念たり得ないという点で、その二の舞を演じていると言えるのではないか。

第一部

国家・神社・神道

「国家ノ宗祀」の制度と精神

河村忠伸

一　はじめに

「国家ノ宗祀」とは、法制上は明治四年（一八七一）五月十四日太政官布告[1]の「神社ノ儀ハ国家ノ宗祀ニテ一人一家ノ私有ニスヘキニ非サルハ勿論ノ事ニ候処（後略）」を初出とし、近代の神社関係者により多用された用語である。例えば、大正期の全国神職会会報『皇国』紙上において、「「神社ハ国家ノ宗祀ナリ」といふことは現神社行政のモットーとする所である[2]」と評された。官吏の中にも、神祇院書記官兼神祇院総裁秘書官兼造神宮主事の武若時一郎が、「神社は国家の宗祀であつて、神社に対する国家の崇敬は、国家の祭祀として現はれる。故に国家は、其の祭祀に関して種種の法令を定めて拠るべき基準を示すと共に、自ら神職を任命して之を執行せしめる[3]」と述べるように、「国家ノ宗祀」を神社行政の根本理念として扱う傾向が見られる。神祇院が公刊した

『神社本義』[4]においても、

国家の宗祀とは、神社の本質を最もよくいひ現はした言葉であつて、明治四年五月の太政官布告には、「神社の義は国家の宗祀にて一人一家の私有にすべきに非ざるは勿論の事に候」と見えてゐる。これは本来神社が個人的な信仰の対象として祭られるものでなく、国家が尊び祀るものであることを明らかにしたものであつて、教派神道十三派が主として宗教上の信仰に基づいて成立し、宗教として取扱はれてゐるものとは類を異にする。

と、神社とは国家が尊び祀るものであるという表明がなされている。

しかし、阪本是丸[5]が「ただ、該布告におけるこの語の用法は、神社世襲廃止にかかる修飾の域を出ない」と述べるように、明治四年五月十四日太政官布告における「国家ノ宗祀」という語、或は布告そのものには「現神社行政のモットー」或は「国家が尊び祀るもの」との趣旨は含まれていない。以後の法令における「国家ノ宗祀」の用例としては、明治二十四年八月十四日内務省訓令第一七号「官国幣社神職奉務規則[6]」、明治二十八年四月十六日社甲依命通牒第一七号「官国幣社宮司職務の曠廃を戒むるの件[7]」、明治三十五年二月十日勅令第二七号「官国幣社職制[8]」、大正二年（一九一三）四月二十一日内務省訓令第九号「官国幣社以下神社神職奉務規則[9]」等があるが、これらを比較検討しても明治四年五月太政官布告に「現神社行政のモットー」或は「国家が尊び祀るもの」という新たな法制上の意味を付与した形跡は見受けられない[10]。

このように「国家ノ宗祀」を用いた法令に「国家が尊び祀るもの」という趣旨は認められないものの、神社関係者において「現神社行政のモットー」を示す語として認識されていたことは事実である。従って「国家ノ宗祀」という語について、法令上の意味と実際の用例に乖離が発生している。ここで注目されるのは、葦津珍彦が「国家ノ宗祀」に制度と精神が存在することに言及している点である。

神道を維新当初の状況に戻すためには、少なくとも国家の機構を改めて、神祇官を興復し、そこを拠点として「神社は国家の宗祀なり」との精神と制度とを恢弘しなければ、神道も日本精神も亡ぶるとの危機感が生じた(11)

国の神祇制度上、神宮神社を法制的に「国の宗祀」として復古する希望が消えたとしても、神社の精神の本質が、「日本人の社会国家の精神的基礎である」との信条を死守する線からの退却は、決して許されない。神社が自ら、私人の一宗教と認めることは決して許されない(12)

そこで、本稿では法制とは別の、精神、或は信条としての「国家ノ宗祀」が存在すると仮定して、その実在と法制としての「国家ノ宗祀」との関係について検討を試みたい。

二 「国家ノ宗祀」の法制上の意義

阪本が論証した通り、明治四年(一八七一)五月十四日太政官布告における「国家ノ宗祀」には修飾以上の特別な意味は見いだせない。当該布告の趣旨は神社の「私有」の否定である。同日付太政官布告「官社以下定額、神官職制等に関する件」によって社格ならびに職制が政府により定められたということは、神社が国家管理に移行したことを意味する。従って当該布告が直接命じるのは世襲廃止であるが、法制史としては神社の物的設備（財産）と人的設備（神職）が本布告により国家に帰属したと評価するのが妥当と思われる。[13] 後年の概念を用いれば、神社は本布告によって国家の営造物、或は「営造物法人」になったのである。[14] また本布告は社家と御祭神、神社の特別な関係を改変するものであって、本来、近世以前からの社家には受用され難い歴史的経緯を有することは注意を要する。

神社及び神職が国家に帰属するからこそ、国家が行政として神社を管理運営することができる。そのため本布告によって物的・人的設備が国家に帰属したこと（以下、本稿では便宜上、「営造物化」と呼称する）が、その後の神社制度の大前提、出発点となる。また人々の神社観も神社が国家に帰属しているという制度的前提を基底として醸成される。そのため「神社が国家と直接結びついた神道の施設であるという認識のもとで施策が展開されるべきであるとの意思表示であり、以降の神社観を形成する重要な表現であることに変わりはない」[16] という櫻井治男[15]の「国家ノ宗祀」に対する評価は法制史における布告の意義を正確に捉えたものである。米地実も近世までの神社を「社祠」と呼称し、近代における神社概念の変化を指摘している。

「国家ノ宗祀」たる神社（以下、便宜上、行政機関の通称である「公認神社」と呼称する）について法令ならびに公式文書で明文化された定義は存在しない。足立収[17]、児玉九一[18]、岡田包義[19]、武若時一郎[20]といった神社行政に直接携わった内務官僚の神社観については、既に藤本頼生[21]が精緻に比較検討している。制度から見た公認神社の要件としては、次の五点が挙げられる。[22]

（一）帝国の神祇を奉斎し、

（二）公の祭典を執行し、

(三) 公衆参拝の用に供する設備であつて、

(四) 神社明細帳に登録されたもの

(五) 公法人、営造物法人

この五点の法的根拠を検討したい。(一)の神祇を奉斎することは、神社明細帳に御祭神の記載が求められていることから神祇を奉斎せざる公認神社は存在し得ない。ただし、この場合における御祭神とは「帝国の神祇」に限定される。また御祭神名の特定できない「不詳」も含まれる。次いで(二)の「公の祭典」について、児玉は「神社行政上公に祭祀と称するのは、斯の如き広汎に亘るのでなく、国家の宗祀たる神社に於て行ふ公の祭儀を指すもので、主として神宮祭祀令・官国幣社以下神社祭祀令その他祭祀に関する勅令を以て定められたもの等を云ふ」[23]としている。法令において定められた祭祀を公祭とする理解は他の内務官僚にも共通する。祭祀を命じた法令としては、大祓の旧儀を再興した明治五年六月十八日教部省達第七号、神武天皇即位日を祝日と定め祭典執行を命じた明治五年十一月十五日太政官布告第三四四号、明治六年三月式部寮達番外が嚆矢として考えられるが、公認神社全てを対象とするという意味では、明治八年四月十三日式部寮達「神社祭式制定」及び明治八年八月十二日教部省達書第三四号によって公認神社における公の祭祀執行の法体制がはじめて整ったといえる。[24](三)の「公衆参拝」については明治九年十二月十五日教部省達第三八号[25]において、邸内社などの私祭神祠を公認神社と区別するために衆庶参拝を禁止している。(四)の神社明細帳の制度については櫻井治男が神社取調の変遷について検討している通り、幾種類かの台帳作成を経て、神社明細帳が形成され、更に整備されていく。そのため神社明細帳の根本法令は特定しがたいが、明治九年十二月十五日教部省達第三六号、明治十一年九月九日内務省達乙第五七号「社寺取扱概則」[26]、明治十二年六月二十八日内務省達乙第三一号[27]によって登録の義務化がほぼ確立し、大正二年(一九一三)四月二十一日内務省令第六号[28]によって従前の法令が統一された。このように(一)から(四)の条件については法令に根拠が定められているが、神社を公法人、営造物法人と定める法令は存在せず、行政上、学問上の解釈に留まるのであり、この点については神社制度調査会においても議題とされ、水野錬太郎のように否定的な意見も出された[29]。そのため市村光恵[30]を先駆とする神社を営造物法人とする学説の発生及び伝播については、研究する余地がある。(一)から(四)までは公認神社と認定する条件であるが、(五)の要件は公認神社と認定された結果であるため、営造物法人とする解釈の妥当性が決着せずとも神社行政は運用し得た。概説書においても他の条件と区別して書かれることがほとんどである。

行政官の掲げる公認神社の定義のうち(一)から(三)は国家の営造物としての使命であり、(四)はその管理方法、(五)は営造物の行政上、法学上の解釈、位置付けの問題であって、全て国家の営造物化に帰一する。

三 「国家ノ宗祀」に関する諸説

神社行政に携わった者の「国家ノ宗祀」理解を見るに、

【足立収[31]】

一 神社ノ公的方面

神社ハ普通ニ謂ハル丶通リ国家ノ宗祀ナリ。国家ガ神社ヲ経営スルノ目的ハ祭祀ヲ執行スルニ在ルコトハ論ヲ俟タズ。抑々大日本帝国ハ神国ナリ。神祇崇敬ノ美風ハ尊皇ノ大義ト共ニ我国体ノ精華国民道徳ノ根柢ヲ成セルモノニシテ其ノ淵源ハ遠ク皇天二祖ノ神勅ニ在ルモノト信ゼラル。然レバ我国家ガ神祇ヲ尊崇シ祭祀

ヲ絶タザルコトハ我国ガ万世一系ノ天皇ヲ奉戴スルノ事実ト表裏一体ヲナシ、當ニ天壌ト共ニ窮リナカルべキコトナリ

【児玉九一[32]】

即神社は、国家自身が神祇を斎き祭る公の施設である。神社に奉仕する神職は国家の官吏であつて、国家の機関とし、祭祀を取り行ふ如き、国家が各種の規程を設けて祭祀の種類、祭式等を定めて居るが如き、官国幣社に在つては宮内省又は国庫から、神饌幣帛料を三大祭に供進せられて祭儀を執行し府県社以下の神社に在つては府県市町村より神饌幣帛料を供進せらるゝが如き、国家が国家事務として公に祭祀を執行する一の例証である。而して斯の如き制度が生れ出でたのは実に我国建国の精神に基づくもので、実に惟神の大道であり皇国の国運と共に永久に弥栄ゆべき制度である。此の神社の本質を普通「神社は国家の宗祀なり」と云ふ言葉で云ひ表はして居る

【武若時一郎[33]】

神社に対する国家の崇敬は、国家の祭祀となつて現れる。国家が、神宮を始め官国幣社に対して、其の経費を国庫より供進し、また神宮祭祀令・官国幣社以下神社祭祀令・官国幣社以下神社祭式等の各種の法令を制定して、祭祀の種類及び其の執行方法を規定し、また神官・神職等の組織を定めて、これ等の職員に、官吏又は待遇官吏の地位を与へ、神社の財務に関する各種の法令を設けて神社の経済を保護及び監督する等は、其の目的とする所は、畢竟、国家の祭祀を全からしめんが為である。叙上の如き、神社と国家との関係を簡潔に表現して、「神社は国家の宗祀なり。」といふ。

とする。岡田包義[34]は「神社は天照大神を始め奉り、天神地祇に対する信仰乃至崇敬をその本質とす。之が信仰乃

至崇敬には所謂国家の宗祀なる語が適切に示せるが如く公的方面と、又個人的信仰の対象たる私的方面とを有す」とした上で、神社の公的方面の説明として「神社は建国と倶に存し、我国体と表裏一体、大日本帝国の光輝ある前途と、離るべからざるの関係に立つてゐるのである」、「神祇の奉斎は同時に祖先に敬事する所以となり、我国に於ては神社は即ち国民道徳の淵源となつたのである」と述べている。

ここで「国家ノ宗祀」が、明治四年（一八七一）五月十四日太政官布告の法制上の意義、すなわち、神社が国家の機関として祭祀を執行するという、神社と国家の関係を象徴する語として用いられていることが確認できる。さらに、神社を国家の営造物とする制度が神祇崇敬の歴史に則っているという解釈が付加されていることも確認できる。そもそも当該太政官布告の制定過程は不詳であり、神社の営造物化も明治以降の制度であることは明らかであるが、神社行政の実務を担った内務官僚は営造物化を国体と神社を表裏一体とする敬神思想の発露と評価した。「国家ノ宗祀」における「国家」が「国体」を意味することは、大正二年（一九一三）四月二十一日内務省訓令第九号「官国幣社以下神社神職奉務規則」[35]第一条からも明らかである。神社が国体と一体であるとする思想の淵源及び変遷は近世からの思想史、及び内務官僚の神祇史理解とともに検証を要するが、太政官布告を契機に発生したものではなく、従前から漠然と存在した国家観・神社観が営造物化の思想的根拠として受容され、やがて、その国家観・神社観そのものも「国家ノ宗祀」の名を冠するようになったものと思料する。

このように、修飾語に過ぎなかった「国家ノ宗祀」が太政官布告及び神社の営造物化の制度を象徴する語となり、さらに営造物化の思想的根拠として、国体と神社が一体の関係にあるとする国家観・神社観も「国家ノ宗祀」という語で表現された[36]。葦津のいう「国家ノ宗祀」の「制度」・「法制」とは営造物化であり、「精神」とは国体と神社が一体の関係にあるとする国家観・神社観であると解釈するのが妥当であると思料する。

四　祭祀大権と「国家ノ宗祀」

国体と神社が一体であるならば、国体の中心である皇室と神社が如何なる関係にあるかについても検討せねばならない。憲法学者の美濃部達吉は天皇の憲法上の大権の他に、皇室法上の大権（皇室大権）と祭祀大権が存在するとした。憲法に規定のない大権を主張する根拠として、皇室法上の大権は、天皇の皇室の家長としての地位に起因するとし、皇室典範及び皇室令がこの大権に属す。他方、祭祀大権は慣習法上の大権であって、「天皇ハ我ガ有史以前ヨリ伝ハレル国家的宗教トシテノ古神道ニ於テ其ノ最高ノ祭主トシテノ地位ニ在マシ、親シク皇祖皇宗並歴代天皇及皇親ノ霊ヲ祀リ及天地神明ヲ祭ル、之ヲ祭祀大権ト謂フコトヲ得(37)」という皇室観に根拠を求めている。ここで問題となるのが、祭祀大権に神社祭祀が属すのか、宮中祭祀のみが祭祀大権に属するのか、という問題である。この点について、美濃部自身は「祭祀其レ自身ハ皇室ノ祭祀モ国ノ祭祀モ等シク最高祭主トシテノ天皇ノ大権に属シ(38)」と神社祭祀も祭祀大権に属すると明言している。美濃部の「祭祀大権」論が、国体と神社が一体不離という国家観・神社観に基づいていることは明らかである。

宮中祭祀と神社祭祀がともに祭祀大権に属するとして、両者の関係をどう設定するかという問題が次に生じる。神社行政は内務省の所管であって、天皇に直属するものではない。国体と一体という神社の在り方を追求した場合に、宮中祭祀と神宮祭祀と神社祭祀の有機的統合を志向するのは当然の帰結であるが、現実の法制はそうした理念とは異なり所管官庁、職制ともに異なっていた。理想と現実は乖離していたのである。藤田大誠(39)、齊藤智朗(40)が精緻に考証するように、戦前期の神職・神社関係者の神祇官衙設置運動はそうした状況を解決し、宮中祭祀と神社祭祀を合一し、官国幣社以下神社のみを対象とした神社行政ではなく、宮中祭祀、神宮祭祀までを抱合した

「神祇行政」官衙の設置を志向したものである。すなわち美濃部が述べる「祭祀大権ハ其ノ性質上輔弼ノ責ニ任ズルモノナキコトニ於テ其ノ特色ヲ有ス」という状態は神祇官衙設置運動を推進する側にとっては不本意な評価であって、祭祀大権を輔弼する職司として神職を位置付けようと志向した運動であった。

神祇官衙設置運動は神社関係者から盛んに要望されたのであるが、仮に神社関係者からの働きかけがなくても、祭祀大権自体が法制上の根拠を有さないものであり、かつ祭祀大権と神社行政との関係が漠然としたままの状況は国家と神社、宗教との関係を考える上で問題を孕むものであって、行政としてはいずれ法整備に着手する必要があったものと思われる。結果として、宮中祭祀を含む「神祇行政」は実現しなかったのであるが、その原因として藤田、齊藤が指摘するように思想的な「祭政一致」問題があった他に、神社関係者の意識の統一が果たせていなかったことも大きいと思料する。神職の「国家ノ宗祀」理解については後述するが、宮中祭祀と神宮祭祀と神社祭祀の統合には、職制、行政機関の統合の他に、祭祀面での合一もある。神社行政から法令によって「公の祭祀」が定められたが、その祭祀は祝詞に明らかな通り、天皇の統治する国家としての祭祀である。公認神社において、「公の祭祀」は義務であり、宮中祭祀との合一を目指すのであれば、「公の祭祀」が全ての公認神社で普く執行されていなければならない。しかるに、実体はどうかというと、地方小規模神社では神職不在のまま、氏子だけで地域のための祭祀が行われているというのが実情であった[41]。宮中祭祀の統合の前に、公認神社の祭祀の徹底を図る必要があったのであって、神祇院が設立直後から無格社整理に取り組んだことは、「国家ノ宗祀」の意味や祭祀大権の問題より小規模神社の経済問題を優先したからではなく、「神社の本質」問題に着手する前の環境整備に取り掛かっていたと評価することが妥当だと筆者は思料する。

祭祀大権については、美濃部が戦後の改訂版でも継続した他、村上重良も「歴史上の天皇は、何よりもまず、祭りをする人であり、この本質は、終始、天皇の宗教的権威の原基をなしてきた。敗戦後の日本国においても、天皇の最高祭司としての本質は不変であり、「祭祀大権」は，基本的には揺らいではいない[42]」と評価している通り、戦前戦後で変容がなかったものと考えられている。そのため祭祀大権と神社祭祀を教学的にどう関連付けるかという問題は現代神道においても根本的な課題でもある。

五　神社制度調査会における「国家ノ宗祀」

昭和四年（一九二九）に内務大臣の諮問機関として発足した神社制度調査会は、当時の神社に関する有識者の会議であるが、その議事録から参加者の「国家ノ宗祀」理解を見ると、当時の神職をはじめとする神社関係者の間で内務官僚の「国家ノ宗祀」理解が公式な定義として定着していた訳ではないことがわかる。昭和五年十月二十七日第三回特別委員会[43]では江木千之が国民の神祇崇敬を議論するための参考として「国家ノ宗祀」の意義を神社局に照会した。「国家ノ宗祀」という用語そのものは、調査会内において高い認知度を有したが、明治四年五月十四日太政官布告が法令としての初出だという点の認知度は低いこと、また世襲廃止のための法令という評価にとどまっていたことが確認できる。櫻井や筆者のような神社観、神社制度の起点という評価は当時の一般的な評価ではない。太政官布告より「官国幣社以下神社神職奉務規則」の方が「国家ノ宗祀」を用いた法令として広く認知されていた様子すら窺える。神社制度調査会の委員に選任される有識者ですら認知していないのであるから、一般においては内務官僚の説はほとんど周知されていなかったものと推測される。

江木の発議を受けて、昭和五年十二月一日第五回特別委員会において、「国家ノ宗祀」について神社局の説明と議論がなされたが、その解釈を巡り議論は紛糾した。春田宣徳は「個人ノ奉斎セルト或ハ国家ノ奉斎セルトニ拘ラズ国家ガ其ノ機関ヲ通ジテ祭典ヲ挙ゲシムルモノハ国家ノ宗祀ナリ、斯ウ解釈シテ居リマス[44]」と法制に依拠した解釈を披歴したが、筧克彦は「神社の御祭バカリデナク、一体心ノ底デ神ニ仕ヘルコトハ天子様ガ其ノ総本家トシテ御イデニナツテ、国民皆々ハ天子様ノ御祭ヲ御輔翼申上ゲル業ニ外ナラヌノデアル、或ハ国其ノモノ、本質ヲ発揮スルコトニナルノヲ基礎トシテ認メテ居ルモノデアラウト思ハレルノデアリマス[45]」という家庭祭祀もその精神においては「国家ノ宗祀」であるという自説を開陳した。更に、神崎一作は、個人が公認神社に参拝することも「国家ノ宗祀」に含まれるのかを念入りに確認している。

また、昭和八年（一九三三）六月十三日第三回特別委員会において、高山昇[46]は明治四年五月十四日太政官布告を指して、「是ガ国家ノ宗祀ト云フ文字ヲ明ニ書イテアル始メデハアルマイカ、而シテソレハ太政官布告デアルノデアリマスガ、是ガ具体的ニ神社ガ国家ト密接ナ関係ヲ有シテ居ル明文デハアルマイカト考ヘルノデアリマス其上ニ神職奉務規則ト云フモノガアリマスガ、ソレニ又国家ノ宗祀ノ文字ガ見エテ居ル」という制度史を述べたのち、国家及び神宮と神社の関係について「吾々ノ考デハスベテ神社ハ伊勢ノ大御神ノ延長デアツテ、伊勢カラ官国幣社、官国幣社ニモ大中小ガアリ、官国幣社カラ府県社、府県社以下ニモ郷社、村社等ガアリマスケレドモ、皆神社ノ本位カラ言ヒマスト云フト皇祖天照大御神ヲ本トシテソレカラ推拡ツテ行ツタ所ノ神社デアルノデアリマス、正ニ国家ノ宗祀デアル」という私見を述べている。

高山は太政官布告の有する法制史上の意義を認識していたものと思われるが、その上で「国体と表裏一体」という観念を更に発展させて天照大御神を全ての神社祭神の根本とする祭神観を開陳している。筧の論は法制から完全に乖離し、個人の家庭祭祀までも「国家ノ宗祀」として位置付ける独自の神道理解である。このように法制や内務官僚の学説が公式な「国家ノ宗祀」の定義として周知されておらず、国家と神社との関係を示した語と漠然に認識されていたため、各人が個人的な思想信仰を付加し、或は独自の敬神思想の名称として「国家ノ宗祀」を用いることが可能であったのである。神社および神道の有識者として招聘された委員ですら、この状態であったのであるから、大多数の神職の「国家ノ宗祀」理解についても漠然たるものであったものと推測される。

六 「神社非宗教論」における「国家ノ宗祀」

神社制度調査会昭和五年十月二十七日第三回特別委員会において、水野錬太郎は明治二十四年（一八九一）七月六日内務省訓令第一二号「府県郷村社神官奉務規則」[47]第一条には「神官ハ神明ニ対シ尊崇悃誠ヲ主トシ典例ニ従ヒ各其本務ヲ尽スヘシ」と「国家ノ宗祀」の語が存在しないことを理由に、「国家ノ宗祀ト云フノハ官国幣社ニツイテ云フノデアルト云フ説モアッタ」と指摘している。[48]これに対して、昭和六年（一九三一）十月二十六日第十八回特別委員会において、石田馨神社局長は「当時ハ王政復古祭政一致ト云フ様ナ精神カラ致シマシテ、国家ノ宗祀ト云フ文字ヲ全般ニ亘ツテ用ヒルト云フ趣旨デハナカツタカト思ハレルノデアリマス」[49]との見解を示した。併せて、「府県郷村社神官奉務規則」において意図的に「国家ノ宗祀」の語を除外したかどうか記録がないため確認できないことを報告している。このように全ての神社を公認神社と認めるか否かについて、疑義が生じる状態だったのであり、これは神社の「本質」問題として調査会において度々議論される。

しかし、神社局にとって喫緊の課題は「神社非宗教論」である。この問題の経緯については葦津、阪本をはじめ実証的な研究が蓄積されている。問題の焦点は大日本帝国憲法第二十八条の信教の自由に神社行政が抵触するかどうかにあり、批判論者の趣旨は「神社をして他宗教に比し特別の地位に立たしめ、国民に対しては斉しく神社を崇敬すべきものとなす。之れ憲法第二十八条信教自由の条文に照し不可解なることである」というもので、これに対する神社局の見解は「神社ハ国家ノ宗祀デアツテ憲法第二十八条ニ依ツテ信教ノ自由ヲ保障セラレタル宗教デハナイ　国民ハ斉シク神社ニ対シテ、崇敬ノ誠ヲ致スベキモノデアル」であり、更にその見解に対し批判者からは「神社は宗教に非ずとの建前を固執せんとするならば、政府は宜しく神社よりその宗教的行為を除去すべし、神社の宗教的行為を其の儘認めむとするならば国家は神社より手を引き一般宗教と同等に之を取扱ふべし」という主張がなされた(50)。

批判者の中心は真宗やキリスト教教団であって、国民斉しく神社を崇敬すべしという神社行政の方針と彼等の信教の自由が反発するのは必然であった。政府は「神社」を非宗教的な国民斉しく「崇敬」するものとして、宗教的な「信教」と区別しようとしたのである。しかし理論として、非宗教的な「神社」とは何か、「崇敬」と「信教」の相違、祈祷などの「宗教行為」をどう解釈するか、という問題が生じ、それを「国家ノ宗祀」の語をもって解決しようとしたのである。しかし、本来は修飾に過ぎず、制度的にも観念的にも国家と神社の関係を漠然と示すに過ぎない「国家ノ宗祀」という語をもって、国家と宗教、神社と国民、神社と宗教との関係を整理するのは不可能である。「何れにしても現在の神社制度を言ひあらはすには最も適当した言葉であるが神社対宗教といふ問題から見れば頗る曖昧な語である(51)」と評されるのは止むを得なかった。公認神社を国家機関と位置付けたとして、それを「国教」とするか、非宗教な存在とするかは、別の法令及び理論が定めるべきものである。「国家ノ宗祀」という語を過剰評価し、この一語をもってあらゆる神社行政の解説を試みたところに、この語の歴史的評価と神社行政が混迷した原因があろう。

七　神職における「国家ノ宗祀」

社殿が神社の物的設備なら、神職は人的設備であるとするのが、神社を営造物法人とした場合の考え方である。従って、神社行政において神職は神社に従たる存在であり、神社に所属せず活動する「神職」は制度的に認められず、公認神社に公式に任用された者だけが神職と認められる。そして、足立収が指摘する通り、神職の待遇官吏の地位も神社が公の営造物であることに付随する。

神職における「国家ノ宗祀」としてまず想定されるのが、大正二年（一九一三）四月二十一日内務省訓令第九号「官国幣社以下神社神職奉務規則」である。西野雄次[52]は「官国幣社以下神社神職奉務規則」に基づき、祭祀、庶務ノ管理（清掃・修繕、事務全般）、財産管理、会計を行う神社の「執行機関」と神職を解説した。当時の内務省神社局に積極的な敬神思想の普及や国体護持運動を神職に期待する姿勢が見られないことから、奉務規則中の「国体ヲ弁シ」とは国史と神祇史を学ぶことを奨励したに留まるものであり、おそらく神社局の望む神職像とは法令を遵守し粛々とその奉務を執行する存在であったと思料する。

神職における奉務規則の受容態度については、目黒和三郎の「大礼号発刊の辞[53]」をはじめとして肯定的なものである。しかし、肯定的に受容しつつも神職の自己意識は、単なる「執行機関」に留まらなかった。宮西惟助[54]は「苟しくも公認せられたる神社は、国家の宗祀たるに於いて異ることなし」と述べた上で、「苟しくも、国家が之を鎮祭し、神職を常置して此に常侍せしむる以上、神職は国家を背に負ひて、神明に対せざるべからず」と神職を位置付け、江見清風も「神社に於て行ふ祭礼は公共的の礼典なるが故に、其の祭祀の主体たる神祇を鎮祭する神社は、国家民人の尊崇帰向すべき所にして、一人一家の私すべきものにあらずと謂ふを得べし[55]」と主張している。全国神職会の会報である『皇国』（大正十三年四月号）の巻頭言にも次のように記される。

神職は須く国士たらざるべからず。身を以て教ふれば従ひ、言を以て教ふれば争ふ。神明、上に赫々たり。何ぞ清廉潔白たらざるを得んや。思想善導、果して何ものぞ。生活、行為を離れて何の思想ぞある。高位高禄を趁ふことをやめ、須く修道にいそしめ、求むる心は人を弱者に導く、身はたとへ草莽に委するとも、材能を研き、節義を修むるに何の差かあらん。潔く一郷に修めて風を天下に布かん耳。

同様に『皇国』（大正十五年五月号）では「国体観念の教養、敬神崇祖の念の鼓吹に力むべき神社行政に此の矛盾の煩悶に悩んでゐることはないか。神社は機関ではない。又、道具ではない」と主張し、『皇国』（大正十五年六月号）では「人を相手にせず天を相手にし堂々と所信を断行するといふ重心のある人物を作ることが刻下の急務であると共に現社会に最も要求する人物であるのである。身を国学に奉じ道を神祇に説くものは須く此の性格の持主でなければならない」と説く。このように、神職の自己認識は法令に定められた祭祀の「執行機関」に留まらず、むしろ国体のために積極的に活動する「国士」であった。神社局が敬神思想の普及に対し積極的でなかった時代に、神職会においては積極的な「思想善導」が主張されていたのである。ただし、宮西をはじめ『皇国』などに寄稿する神職は指導的立場にあり、神職全体が同様の意識であったかについては別途検証を要する。

国家と神職の関係について、村上重良[56]や島薗進[57]、安丸良夫[58]のように、神道の国教的な地位が近代において創出されたという評価もある。しかし、すでに近世期において、神職を「神国文武之士」や「奉守御國家者」と位置付ける元和・天和の「神社条目」が存在する。松本久史[59]が精緻に検証しているように、これらの「神社条目」は徳川家康や徳川綱吉によって発給されたものではなく、偽文書であるが、それを真実と信じ、或は偽造と知りながらも、自らを「神国」に奉仕する者であると主張した神職が存在したことは、そのような職掌意識が神職に芽生えていた証拠である[60]。「国家ノ宗祀」という地位が神職の国家に対する意識を強化したことは間違いないが、神職の国家意識が、明治維新以降に政府により全く新しく創出されたと見なすことは困難である。

「国士」という自己意識の発生経緯、および神職への普及程度については検討を要するが、戦前期において指導的立場にあった神職の自己意識は積極的に国体思想を宣揚していく存在であった。『皇国』誌に掲載された主張を概観すると神職には、「国家ノ宗祀」を制度よりも思想重視で理解していた風潮が確認できる。

八　神社の設備・景観と「国家ノ宗祀」

明治神宮御創建を契機として、建築様式、林苑の専門的見地が求められ、技術官僚が採用された[61]。技師を常置したということは神社行政に彼等の農学・林学・造園学・建築学を導入するということを意味する。児玉や岡田ら神社局員が自らの神社観を法令という形式でのみ具現化するのと異なり、技術官僚の神社観は設計や指導という形式で神社行政に反映することができる。そのため本多静六、上原敬二、本郷高徳、伊東忠太、大江新太郎、角南隆ら技術官僚の建築様式、林苑様式の理論と思想は、各人の行政に対する影響力の差を考慮する必要があるが、法制史研究においても法令に準じて取り扱う必要があろう。そしてこの分野は景観に直接影響するものであるから、神社概念への影響力も大きい。例えば、建築学の分野については、青井哲人[62]が精緻に分析している通り、技術官僚の参入により神社局・神祇院方式の建築様式が官国幣社に普及していく。林苑の造営についても、中央官庁の技師の理論を継承した施業理論を地方まで浸透させ、畔上直樹[63]が指摘するように、技師の理論の影響を受けた近代的な「鎮守の森」観が醸成されつつあった。

技師による建築、造園理論の普及は制度としての「国家ノ宗祀」を前提とする。公認神社が国家に帰属するからこそ、建築・造園について行政の指導を受けるのであり、神社行政が存在しなければ各神社が個別に専門家に依頼するため、指導的立場の技師が誕生する可能性は極めて低い。従って、技術官僚の神社行政参入は制度としての「国家ノ宗祀」の産物だといえる。また電気水道が一般化し建築方法が大きく変化した時代にあって、伝統的な建築・造園様式が行政の指導により護持されたのは事実であり、技術官僚の伝統重視の姿勢がどのような神社観に基づいているのかについては、神社神道にとって有益な研究課題である。

九　むすび

阪本是丸が指摘する通り、明治四年（一八七一）五月十四日太政官布告における「国家ノ宗祀」という語は、本来、「修飾」の域を出ない。しかし、神社行政に携わった内務官僚の言説を比較検討すると、「国家ノ宗祀」が本来の修飾語から飛躍して布告そのものを象徴する語として扱われていることが確認できる。本布告は法制史上、神社の物的・人的設備が国家に帰属する体制を構築した法令と評価でき、その制は全ての神社制度の起点となるものである。加えて、このような神社制度は国体と神社が一体であるという歴史に起因するものと考えられたため、国体と神社を一体とする国家観・神社観も「国家ノ宗祀」の名称で表現されるようになった。

このように内務官僚の用いる「国家ノ宗祀」とは制度と思想が一体化したものである。しかし、神社制度調査会の議事録を見る限り、内務官僚の学説や制度史が周知されていなかったことは明らかである。そのため漠然と重要な用語とだけ認識され、かつ修飾語として優秀であったために、各論者の定義によって自由に「国家ノ宗祀」が語られる傾向にあった。美辞麗句や「神社」の枕詞として深い意味を持たないまま用いられることもあれば、論者が自己の神社観・祭神観を付加し、或は全く独自の神社観の名称として用いられることもあった。そのため、「国家ノ宗祀」は多義語であって、制度を基幹とする内務官僚の「国家ノ宗祀」と、制度から乖離し独自の思想が付加された筧らの「国家ノ宗祀」では同じ語であっても意味が異なる。試みに近代における「国家ノ宗祀」の用例を大別すると、次の三つに分類できる。

（一）神社の物的・人的設備が国家に帰属する神社制度
（二）国体と神社が一体であるとする国家観・歴史観・神社観
（三）「国家ノ宗祀」の名を冠した独自の神道思想

神社行政における「国家ノ宗祀」は主として（一）と（二）の意味で用いられており、（一）はその制度面、（二）は精神面といえる。そのため、（一）と（二）は一組で論じられる性質のものである。問題となるのが（三）であって、「国家ノ宗祀」の定義を公定せず、様々な神道思想が「国家ノ宗祀」の名でもって漠然と論じられる状況が存在したため、神社・神道に関する有識者の会議である神社制度調査会においてすら、議論がまとまらなかった。

このような状況を塚本清治は「大学等で法律を学んだ者は小さい所に入り込んでしまつて居るが、あゝいふ達観が必要ですな(64)」と評したが、「国家ノ宗祀」の定義が明確化、統一されないままで、乱用されるのは行政実務の上では望ましい状況ではない。「国家ノ宗祀」とは近代神道を象徴する地位を占めながら、公式な定義のないままに、漠然かつ無制限に多用された経緯を有する、研究上、取り扱いの難しい用語である。各用例の定義を明らかにしないまま、この語を基準に近現代神道史を分析することは、その主張する制度と思想の本質を見失い、混迷した戦前期の議論の二の舞を踏むことにもなりかねない。研究上は、「国家ノ宗祀」が多義的な用語であることを踏まえて、制度と思想を峻別し、論者の意図する内容を正確に分析する姿勢が求められるであろう。

制度と精神を区分する葦津珍彦の「国家ノ宗祀」理解は制度史から考えて、正鵠を射たものであると評価できる。そして、近代神社制度が神祇院とともに解体されても、制度の淵源であった国体と一体であるという思想信条は護持されるべきとの主張は神社本庁設立に参画した当事者の見解として、近現代神道史における重要な証言であると思料する。

註

(1)阪本健一編『明治以降　神社関係法令史料』(以下『法令史料』と略す。神社本庁明治維新百年記念事業委員会、昭和四十三年)二二九～三〇頁。
(2)『皇国』(大正十五年六月号)、「時論」。「国家宗祀の意義を明確にせよ　宗教制度調査会から刺激された神社対宗教問題再燃」。
(3)武若時一郎『神社法』(良書普及会、昭和十八年)一二頁。ただし、割注を省略した。
(4)神祇院『神社本義』(神祇院、昭和十九年)三二～三三頁。
(5)阪本是丸『国家神道形成過程の研究』(岩波書店、平成六年)三六五頁。
(6)『法令史料』一四二頁。
(7)『法令史料』一四七頁。
(8)『法令史料』一六一～一六三頁。
(9)『法令史料』一九三～一九四頁。
(10)河村忠伸『近現代神道の法制的研究』(弘文堂、平成二十九年)第一章参照。
(11)葦津珍彦著・阪本是丸註『新版　国家神道とは何だったのか』(神社新報社、平成十八年)九八頁。
(12)葦津珍彦『神祇制度思想史につき管見―本庁講師教学委員辞任に際して―』(神社本庁教学研究室、昭和五十八年)。
(13)前掲河村『近現代神道の法制的研究』。
(14)神社が営造物法人たることは市村光恵以来、戦前の通説であった。しかし、神社制度調査会において水野錬太郎は更に検討する余地があることを示唆しており、神社を営造物と明記する法令も存在しない。そのため学問上の最有力説の域を脱しない。
(15)櫻井治男『地域神社の宗教学』(弘文堂、平成二十二年)九頁。
(16)米地實「近代神社祭祀組織の創設と帰結」(『歴史研究』第五〇〇号、昭和五十七年)。
(17)足立収『神社制度綱要』(中外印刷、昭和五年)。
(18)児玉九一・有光次郎『神社行政　宗教行政』(常磐書房、昭和九年)。
(19)岡田包義『神祇制度大要』(大日本法令出版、昭和十一年)。

(20)前掲武若『神社法』。
(21)藤本頼生「近代の神社法令の整備過程と関係法令概説書にみられる「神社」概念―神社・氏子の意義を中心として―」(『神社本庁総合研究所紀要』第一四号、平成二十一年)。
(22)概説書における各行政官の「神社」の定義は次の通りである。

【足立(一)】(七頁)

神社ハ帝国ノ神祇ヲ斎祀シ公ノ祭典ヲ執行シ公衆参拝ノ用ニ供スル設備ナリ

【足立(二)】(一六頁)

神社ハ国家ノ営造物ニシテ公法人ナリ

【児玉(一)】(一〜二頁)

神社とは何ぞやと云ふ問題に付ては、何等之を明にした明文も無く、之が定義は一に従来の沿革、行政上の取扱等を参酌し、所謂社会通念に従つて決定し得るに過ぎない。故に法律的には充分に神社の意義を明にする定義を下し得ないのは已むを得ない所であるが、現在学者並に実務家の通説としては、神社を定義して、「神社は帝国の神祇を祭祀し、公の祭典を執行し、公衆参拝の用に供する設備であつて、神社明細帳に登録されたものを謂ふ」とするに略一致して居る。

【児玉(二)】(八頁)

一は財団法人たる公法人で、之を営造物法人と謂ふ。即或種の財産を基礎として構成せられるものである。神社は営造物法人の唯一の実例であつて、我国の行政系統上、特異の存在を示すものである。

【岡田(一)】(一三〜一四頁)

神社とは
一、社殿境内等の物的設備と、神職及神社と一心同体たる氏子又は崇敬者とを以て
二、帝国の神祇を奉斎し
三、国家及之等氏子又は崇敬者が、神職を神人融合の仲介者として、公私の祭祀を行ひ、又之が維持経営に当り
四、一般公衆の自由参拝の用に供し
五、神社明細帳に神社として登録せられたるもの
を謂ふ。

【岡田(二)】(二九頁)

神社ハ一種特別ノ公法人デアル。と云ふの外はない。

【武若（二）】（九頁）

神社とは神祇を奉斎する設備にして国家の祭祀及び国民の奉賽の目的たるものをいふ。

【武若（三）】（一四頁）

神社は国家の営造物にして公法人なり。

(23)前掲『神社行政　宗教行政』一六九～一七〇頁。

(24)文部省文化局宗務課『明治以後　宗教関係法令類纂』（第一法規出版、昭和四十三年）。

(25)同右、三四四頁。教部省時代の達であるが、本書に掲載されたことで昭和期まで有効であったことが確認できる。

(26)大蔵省営繕管財局国有財産課『社寺境内地ニ関スル沿革的法令集』（大正十五年）一三三～一三五頁。

(27)『法令史料』一一七頁。

(28)神祇院総務局監修『最新神社法令要覧』（京文社、昭和十六年）二八三頁。

(29)前掲河村『近現代神道の法制的研究』第一章参照。

(30)市村光恵著・織田萬評『行政法原理』（宝文館、明治三十九年）。

(31)前掲足立『神社制度綱要』二～三頁。

(32)前掲『神社行政　宗教行政』三～四頁。

(33)前掲武若『神社法』三～四頁。ただし関係法令を例示した割注を省略した。

(34)前掲岡田『神祇制度大要』一八～一九頁。

(35)『法令史料』一九三～一九四頁。「第一条　神職ハ国家ノ礼典ニ則リ国家ノ宗祀ニ従フヘキ職司ナルヲ以テ平素国典ヲ修メ国体ヲ弁シ操行ヲ正シクシテ其ノ本務ヲ尽スヘシ」

(36)神社本庁の基本的規範である「神社本庁憲章」（昭和五十五年五月二十一日、評議員会議決）前文にも、「神祇を崇め、祭祀を重んずるわが民族の伝統は、高天原に事始まり、国史を貫いて不易である。夙に大宝の令、延喜の式に皇朝の風儀は明らかであるが、明治の制もまた神社を国家の宗祀と定めて、大道はいよいよ恢弘された」と掲げており、「国家ノ宗祀」の語で表現される国家観・神社観は戦後の神社神道を考察する上でも重要な要素である。

(37)美濃部達吉『改訂憲法撮要』（有斐閣、昭和七年）二二二頁。

(38)同右、二四一頁。

(39)藤田大誠「大正・昭和戦前期における祭政一致観の相克—八神殿奉斎問題をめぐつて—」(『明治聖徳記念学会紀要』復刊四六号、平成十八年)。
(40)齊藤智朗「戦中期における皇典講究所祭祀審議会の活動」(國學院大學研究開発推進センター編・阪本是丸責任編集『昭和前期の神道と社会』弘文堂、平成二十八年)。
(41)前掲河村『近現代神道の法制的研究』参照。
(42)村上重良『天皇の祭祀』(岩波書店、昭和五十二年)二一七頁。
(43)神社本庁編・発行『神社制度調査会議事録①』(近代神社行政史叢書Ⅰ、平成十一年)一一六頁。
(44)同右、一六一頁。
(45)同右、一六二～一六三頁。
(46)神社本庁編・発行『神社制度調査会議事録②』(近代神社行政史叢書Ⅱ、平成十二年)二一三頁。
(47)『法令史料』一四一～一四二頁。
(48)前掲神社本庁『神社制度調査会議事録①』一二四頁。
(49)同右、四一五頁。
(50)前掲岡田『神社制度大要』二六頁。
(51)前掲「国家宗祀の意義を明確にせよ　宗教制度調査会から刺激された神社対宗教問題再燃」。
(52)西野雄次『府県社以下神社法講義』(熊本県神職会、明治四十五年)、及び同『現行神社法講義』(松華堂、大正三年)。
(53)『全国神職会報』大礼号(通号第二〇〇号、大正四年)所収。
(54)宮西惟助「神祇に奉仕する職員は喪を服せず(其の三)」(『全国神職会会報』第一七〇号、大正元年十二月)六八頁。
(55)江見清風『神社者国家之宗祀也』(聖訓奉旨会、大正四年)三頁。
(56)村上重良『国家神道』(岩波書店、昭和四十五年)。
(57)島薗進『国家神道と日本人』(岩波書店、平成二十二年)。
(58)安丸良夫『神々の明治維新—神仏分離と廃仏毀釈—』(岩波書店、昭和五十四年)。
(59)松本久史「近世偽文書と神職の意識と行動—元和・天和の「神社条目」について—」(『日本文化と神道』第二号、國學院大學、平成十八年)。
(60)松浦光修「竹尾正胤の『神職本義論稿』」(『皇學館大学紀要』第三一号、平成五年)参照。

（61）閣議請議には「神社行政ノ充実ヲ図ルハ方今ノ時勢ニ鑑ミ最モ喫緊ノ事ニ属ス依テ神社行政ニ関スル各般ノ要務ヲ掌理セシムル為メ書記官及属ヲ、神社ニ関スル考証調査ニ当ラシムル為メ考証官及考証官補ヲ、社殿ノ建築修築及境内ノ整理等ニ関スル事務ニ従事セシムル為メ技師及技手ヲ増置スルノ必要アリ」とある。国立公文書館所蔵、「内務省官制○高等官官等俸給令○大正六年勅令第百十五号内務省ニ軍事救護法施行ニ関スル職員臨時増置ノ件中ヲ改正ス」公文類聚・第四十三編・大正八年・第三巻・官職一・官制一、［請求番号］本館-2A-011-00・類01300100［件名番号］028［作成部局］内閣。

（62）青井哲人「神社における「近代建築」の獲得―表象と機能、国民と帝国をめぐって―」（藤田大誠・青井哲人・畔上直樹・今泉宜子編『明治神宮以前・以後―近代神社をめぐる環境形成の構造転換―』鹿島出版会、平成二十七年）。

（63）畔上直樹「戦前日本における「鎮守の森」論」（前掲『明治神宮以前・以後』）。

（64）神祇院教務局調査課『神社局時代を語る』（昭和十七年）。本稿では神社本庁編・発行『神社局時代を語る―全国神職会沿革史要―』（近代神社行政史叢書Ⅴ、平成十六年）、前段八一頁を参照した。

近代における造化三神論の展開

齊藤智朗

一　はじめに

明治維新に際し、根本理念に「祭政一致」が掲げられ、あわせて神祇官再興が謳われた。神祇官再興は、守旧派の公家層や国学者、殊に平田篤胤の門人らが切望したことで、明治二年（一八六九）には古代律令制と同様の神祇官が太政官に特立した体制が実現し、翌三年には八神・天神地祇・皇霊を奉祀する神祇官神殿が鎮座された。しかし、神祇官再興を核とした「祭政一致」は、この後まもなくから平田派国学者をはじめ、多くの神社神職の思惑とは異なった方向に進展していく。政府内で神祇行政の中心的な役割を担っていた津和野派国学者の福羽美静は、「祭政一致」の理念のもと、神祇官を廃して祭政の権を天皇─太政官に一元化することにより、実質的な天皇親祭・親政体制を確立させる近代的祭政一致体制を志向した。この結果、明治四年に神祇官廃止・神祇省設置がなされ、翌五年には神祇省も廃止、新たに神社・寺院を管轄する教部省が設置された。またこの間、神祇官神殿の祭神が順次宮中に遷座され、最終的に賢所・皇霊殿・神殿からなる宮中三殿が成立するに至った。(1)

一方、神社界の大勢として、近代的祭政一致体制における神祇官否定の論理は、斯界が抱く「祭政一致」の理念に反するとされ、そのため神社界では「祭政一致」の理念のもと、神祇官興復運動（神祇特別官衙設置運動）が昭和の終戦まで継続して展開された。近代の神社界において「祭政一致」は、斯界のアイデンティティーとも言うべき神祇官の存否に関わる主要な問題と認識され続け、この意味で「祭政一致」の理念は、近代を通じて、神社界全体にとっての「国体」にまつわる理念であり続けたものと位置づけることができる。(2)ただし、「祭政一致」が近代の神社界全体における「国体」の理念・理論であっても、「祭政一致」の具体的なあり方をめぐっては、個々の神職や神道人の間で見解が異なり、再興・設置されるべき神祇官・神祇特別官衙の職掌などについて意見の隔たりがあった。さらには「祭政一致」を理念とするがゆえに、神祇官の再興・設置はせず、現状の体制のままで良いとする、前述の福羽と同様の考えをもつ神職もおり、(3)神社界において、「祭政一致」の具体的な内容やあり方を統一した「国体論」が確立されることは、近代を通じて一度もなかった。

こうした「祭政一致」をめぐる不統一性が生じた根本的な理由として、神社界では八百万神奉斎のもと、多様な信仰形態を有し、それゆえ統一した教義を持たないことが挙げられる。すなわち、神社界の多様な信仰形態は、近代では神祇官が奉仕すべき祭祀や祭神に対する意見の相違をもたらし、この結果、神社界全体の「国体」理念である「祭政一致」における具体的内容の不統一性につながったと見ることができよう。換言すれば、いかに「祭政一致」が神社界全体の「国体」理念として共有されようとも、個々の神職・神道人が抱く信仰に基づいた「国体論」であるがゆえに、統一した「神道国体論」ともいうべき理論が確立されることはなかったのである。

そして、近代の神社界における信仰に基づいた「国体論」の一つのあらわれとして、造化三神をめぐる神学的理論を挙げることができる。造化三神は、『古事記』冒頭に示される、天御中主神（天之御中主神、天御中主尊）、高皇産霊神（高御産巣日神、高皇産霊尊）、神皇産霊神（神産巣日神、神皇産霊尊）の三柱の神のことで、同書序文にある「乾坤初めて分るるとき、三神造化の首と作り」から命名された呼称である。

造化三神をめぐる神学的理論の、近代における展開について、例えば「近代天皇制国家がつくりだした国家宗教」という、今日の「通俗的」な「国家神道」の用法・イメージを確立させた村上重良は、「アマテラスオオミカミを最高神」とするのが「国家神道の教義」であるとした一方、「国家神道」自体は「中身を欠いた国教」であり、「学校教育にかぎらず、神道界そのものにおいても、最高神のアマテラスオオミカミや、宇宙万物の創造主、造化三神の神格と属性について、近代社会の国民の知的水準に対応する「神学」の理論体系を、展開しようにもできない実情であった」と、天照大神が「最高神」とされながらも（あるいは、されたがゆえに）、学校教育の場や神道界では、天照大神とともに造化三神も、その神格等に関する「「神学」の理論体系」が展開できなかったと指摘している。[4][5]ただし、近世国学の造化三神論の系譜を継承しつつ、少なくとも神社界では、造化三神に関する神学的理論がいわゆる「国家神道」体制下を通じて唱えられ、造化三神の位置づけをめぐる議論や論争が繰り広げられたのである。

本稿では、近代の神社界における造化三神論の展開を通史的に概観し、その信仰に基づく神学的な内容や議論を中心に取り上げ、最後に天照大神論との関係性について検証を試みたい。

二　近世・幕末維新期における造化三神論

近代の造化三神論を検証していく上での前提として、まずは近世・幕末維新期の国学を中心に、前近代における造化三神論について、簡単にまとめておきたい(6)。

造化三神に関する神学的理論は夙に展開され、殊に天御中主神をめぐっては、例えば中世の伊勢神道において、内宮・外宮の二宮の神徳は一つと見る「二宮一光説」に基づき、外宮祭神である豊受大神を天御中主神と同一視した理論が提唱された。伊勢神道ではまた、天御中主神を『日本書紀』本文冒頭に示される国常立尊と解した説も唱えており、こうした天御中主神と国常立尊を同一神と捉える説は、近世の儒家神道に至るまで継承された。ほかにも、天御中主神は北辰信仰や陰陽五行思想と結びつけられ、太極にして天地開闢・万物根源の神との位置づけがなされた。高皇産霊・神皇産霊の産霊二神についても、後述するように、古代より神祇官八神殿の祭神として奉斎され、神道思想の上でも、万物化生・霊魂源泉の神としてや、さらには造化三神をして同体一神とする見方も唱えられた。

近世・幕末維新期の国学における造化三神論の展開は、『古事記』全文の初の注釈書である『古事記伝』を著した本居宣長が、天御中主神を「天真中に坐々て、世中の宇斯たる神」とし、産霊二神については「此天地を始めて、万の物も事業も悉に皆、此二柱の産巣日大御神の産霊に資て成出るもの」と、天地万物を生成した神々と位置づけたことを端緒とする。殊に宣長の造化三神論は、産霊二神を、あらゆる事物・事業の根源となる「産霊の御徳」を有する神として重視するものであった(7)。

続いて、宣長の後継者を自任した平田篤胤は、膨大な著作の中で、造化三神について何度も言及しており、その趣旨は、「古史伝」にあらわされた次の記述に見出すことができる(8)。

此〔天御中主神〕は天の最中のいと高く、寂寞にして動き徒らざる処、すなはち謂ゆる北辰にて、これ天の本綱たる処なるが、御中主大神は、此処に鎮り坐せるなり。扨それより、五百綱千綱を引延て、編成せる如く、宇宙の万物を、悉く主宰り給ふ事と聞えたり。

さらに篤胤は、天御中主神をして「無始より坐ませば、最第一の神」とし、「其御功徳の広く大なること、称へ申すべき詞もなしと知べし」と、宇宙万物の主宰神と位置づけている。産霊二神との関係については、「二柱皇産霊神より前に、始なく御坐し、女男の御徳を兼有ち、為こと無して、産霊の根原を司給ひて、寂然に坐まし、女男皇産霊神は、其神霊に資て生出坐して、産霊の徳用を持分け宰給ひて、天地も何も、此二柱大神の、産成し給へる」と、産霊二神も天御中主神により生出し、「産霊の徳用」を持ち別けて、天地万物を化生したとする論を展開した。こうした篤胤の神学的理論により、天御中主神をはじめとする造化三神が天神地祇の中心に据えられるようになった。またその門人で、後に篤胤の養子銕胤により破門となった鈴木重胤は、天照大神は天御中主神の顕身で、天御中主神は天照大神の隠身であると、二神が別け難いことを説くとともに、天御中主神の「荒魂」(「物に進む方の御魂」)を顕現した神が高皇産霊神であり、「和魂」(「御身に和み鎮まる方の御魂」)を顕現したのが神皇産霊神であるとして、造化三神による万物「化育」の重要性を論じた。[9] 同じく、平田派国学者の六人部是香は、顕世・幽世からなる世界の、幽世における大国主神や産土神による「幽冥政」を委任・委託したのが産霊二神であると説き、[10] 六人部の論により、産霊二神は神道の世界観に具体的に組み込まれたことで、信仰の対象として、一層位置づけられるようになった。

平田国学の造化三神論に基づいた国家祭祀体制の構想を示したのが、平田派国学者の矢野玄道による「献芹詹語」である。「献芹詹語」は、矢野が明治維新直後に岩倉具視に呈した意見書であり、幕末維新期の国学者による具体的な祭政一致構想をあらわした代表作の一つと評されている。[11]「献芹詹語」において、造化三神は、天神地祇をはじめ天地万物の「鎔化鋳造」の神とされた上で、造化三神や伊邪那岐・伊邪那美二神、伊勢両宮のほか、神武天皇以下歴代皇霊を奉祀する一殿を宮中及び東山の上に鎮座すべきことが説かれるとともに、この一殿を基軸に、祓戸大神、大国主神等の「天地ニ坐テ顕界ニ幸へ坐ス神」を奉斎する一殿と、朝廷祭祀に預かっていない神や南朝忠臣の神霊を奉斎する一殿の、計三殿から構成される「大宮」を八神殿とは別に宮中に創建すべきという、造化三神をはじめ、天照大神、大国主神等の天神地祇や皇霊、忠臣の神霊を奉祀する大規模な宮中神殿を中心に据えた国家祭祀体制の構想が展開されている。このように、近世から幕末維新期の国学では、平田派が国学界の最大勢力になるに及んで、造化三神に関する神学的理論が活発に論じられた。無論、平田国学では、天照大神も皇祖神として重んじたが、篤胤以来の神道の世界観・霊魂観に基づき、天御中主神を筆頭に造化三神への注目が高まっていった。

ただ一方で、水戸学を中心に、幕末勤王の志士の多くは、皇祖神である天照大神に最も重きをおき、国学においても、そもそも宣長は『古事記伝』の総論となる「直毘霊」で天照大神中心の理論を唱え、本文の訓読・註釈でも「君主は、たゞ此天照大御神ぞ初には坐ましける、然るを世に、天之御中主神、或は国之常立神などをも、君主の如く説なすは、古伝に違へり[12]」と、天照大神が高天原を治める最初の神であり、天御中主神や国常立尊を最高神のごとく説くことは誤りであると論じていた。また宣長は、「伊勢二宮さき竹の弁[13]」等の著作でも、外宮祭神を天御中主神や国常立尊と解釈した伊勢神道の教説を批判すると同時に、天御中主神を天照大神と比べて重んじることを否定し、造化三神のうちの産霊二神（殊に高皇産霊神）については重視したものの、天御中主神への積極的な評価は見られない。津和野派国学の大成者の一人である大国隆正も、天御中主神と天照大神とは「一神分霊」としつつ、宣長の説いた「天照大神の道」を至高とし、天照大神のみを中心とする説を唱えている[14]。このように、近世・幕末維新期の国学における造化三神に関する議論は、主に天照大神との関係性をめぐって、神学的見地から展開されたのである。

三　大教宣布運動における造化三神論

次に、明治初期の宣教使による大教宣布運動における造化三神論について見ていきたい。

神祇官（明治四年以降は神祇省）に被接の、国学者を中心とする宣教使による大教宣布運動は、明治三年の「大教宣布の詔」渙発により開始されたものであり、同詔では、冒頭に「天神天祖」を掲げつつ、「祭政一致」の確立や「惟神の大道」の宣揚が明確に謳われた。「天神天祖」とは一般に「皇祖神。天神は天照大神以前の諸々の天つ神。天祖は天照大神」[15]を意味するが、換言すれば「天祖」が「天照大神」をあらわす[16]一方、「天神」は漠然とした呼称であり、それゆえ具体的にいかなる神を指すかは各学者や論者により区々であった。

大教宣布運動の主要な目的はキリスト教対策、つまりキリスト教の国内蔓延を防ぐため、神道（「大教」）を庶民に教化（「宣布」）することにあった。このような中、宣教使の国学者からは、キリスト教に対抗する上で、神道も統一した教義の確立が叫ばれるようになる。しかし、前述のように、個々で信仰が異なる神道において、教義の「統一」化はそのまま教義の「統制」につながった。

典型的な例に、宣教使時代の明治三年に起きた「黄泉国（予美国）論争」がある。そもそも平田篤胤は神道における霊魂帰着の世界として「幽世」を設定し、自らが敬慕した本居宣長や服部中庸による「黄泉国」とは異説を唱えたものの、この世界が「天」・「地」・「泉」の三つからなること、かつ黄泉国の所在地が「月」であることは、宣長や中庸の説を踏襲していた。こうした篤胤の世界観は、その後も平田派国学者の間では師説としてひろく受容されたが、大教宣布運動が展開される中、同派の一部からは、「黄泉国」の所在地は「月」ではなく「地胎（地中）」であるとの説が提唱され、これに対して平田派の有力者らは師説と異なる「地胎」説を唱える者らを問い詰め、最終的に反省文を出させて事態を収拾した。この「黄泉国（予美国）論争」が生じた理由は、キリスト教対策の上で、「キリスト教に対置しうるような「教条」あるいは信条が必要」とされたことにより、平田派内部で「学問的統制」が図られたという、神道における教義の統一が目指されたためとの指摘がなされている[17]。

国学者を中心とした大教宣布運動は、そもそも人員不足であったのに加え、右のような国学者間での内紛などもあり、当初予期されたほどの成果は挙げられず、それゆえ政府内、殊に立法を管掌した左院と、宣教を管轄した神祇省は、キリスト教防御を現実に効果的なものとするための新たな教化体制の確立に乗り出すことになる。すなわち、明治四年十二月二十二日付の左院建議には、神祇省を廃止して教化に特化した教部省を新たに設置することをはじめ、より活発な教化活動を実現するための施策として、神祇省内で福羽美静が強く主唱した神宮内宮の御鏡を宮中に遷座する「東京遷座」などのほかに、「天御中主神ヲ以テ開元造化ノ主神トシ、天照大神ヲ以テ皇上万世ノ元祖ト可奉仰事」と、大教宣布の上で、天御中主神を天照大神と並立すべきことが提起されている。

左院建議での天御中主神の天照大神との併記は、近世・幕末維新期の国学における天御中主神論からの流れを汲むとともに、キリスト教対策を中心とする大教宣布運動の中で天御中主神の地位がさらに高まり、国民教化政策の上で天照大神と並ぶ最高の位置づけがなされたことによるとされる。また、左院と神祇省の人員の神道思想に着目すると、まず神祇省側の福羽は、師である前述の大国隆正が唱えた天照大神中心の説を踏襲して、左院建議の四ヶ月前の明治四年九月には、天照大神は高天原の主宰神や皇祖神であるのみならず、「造化」および「幽冥」の主宰神であり、氏神（産土神）も天照大神の指図にて人民を分担していることから、すべての人民は天照大神に「人心ノ帰向ヲ純一」にするものとして、天照大神の全国の氏神社などへの勧請や、各家屋の神棚における神宮大麻奉斎を「公法」にすべきことを、神祇省・宣教使所属の神祇官僚らと連名で、各卿・大輔に呈していた[18]。ここには造化三神や大国主神の権能は一切触れられず、福羽自身は天照大神のみを中心とする教学を有し、左院建議では殊に天照大神を基軸とする「東京遷座」を主唱したものと受け取れる。一方の左院側は高崎五六や伊地知正治といった薩摩出身の政治家らが中核を占めており、薩摩において国学は平田篤胤の影響が最も強く[19]、加えて豊前中津藩出身の篤胤の歿後門人で、天御中主神を「宇宙の総主宰にして、万事万物の大御祖」と位置づけた『天御中主神考』を著した渡辺重石丸も、薩摩藩関係者とのひろい交友関係があったことから、思想的影響力が大きかったと考えられている[20]。それゆえ、天照大神と並んで天御中主神が掲げられた背景の一つに、薩摩中心の左院と、津和野出身で長州系となる福羽を中心とする神祇省との、政治的かつ神学的な均衡があったとも見ることができる。

左院建議をめぐっては、「東京遷座」は実現しなかったものの[21]、神祇省は廃止され、翌五年には教部省のもとでの神仏合同による国民教化運動に転換することとなった。教部省下で「三条教則」に基づく国民教化を担った教導職の、その中央施設である大教院の神殿には、天照大神とともに、天御中主神をはじめ造化三神が主祭神として奉祀され、これにより「大教宣布の詔」における「天神天祖」の「天神」が具体的に造化三神を示すに至り、造化三神奉斎が天照大神奉斎と並ぶ神道教化体制の中心に据えられたのである。

四　祭神論争における造化三神論

祭神論争は、明治八年の大教院解散に伴う神仏合同布教停止の後、神道教導職の本拠地となった神道事務局に創建された神殿の祭神をめぐり、明治十三年から十四年にかけて主に展開された神社界・国学界を二分した論争である[23]。同神殿には、大教院神殿から遷座された天照大神と造化三神の四柱の神を中心に、天神地祇が奉斎されたが、出雲大社宮司千家尊福が平田国学において幽世の主宰神に位置づけられている大国主神を、天神地祇の一柱としてではなく、天照大神・造化三神の四柱の神と並列して表名合祀すべきと主張し、これに神宮宮司田中頼庸が反対したことで生じた。

祭神論争については、「伊勢派」対「出雲派」という、神社界の覇権・勢力争いといった見方が当時からあったが[24]、近年では同論争での国学者の諸言説に関する検証を通じて、「伊勢派」・「出雲派」の単純な二項対立ではなく、祭神をめぐる多様な解釈が交錯した複雑な構造を呈していたことが指摘され、神学的な議論内容に注目する研究もなされている[25]。ここでは祭神論争に関し、前章で説明した明治初期からの神道教義の統一化にまつわる神社界の動向を踏まえつつ、神道の世界観における造化三神の位置づけを中心に、神学的議論の根底にあった本質的問題について検証したい。

明治維新以降の神道の世界観をめぐっては、前述の神道教義の統一化を果たす目的から、宣教使による大教宣布運動の時期に「神魂大旨」と題する、神道の世界観・霊魂観についての教典がまとめられていた[26]。「神魂大旨」では、まず霊魂帰着について、すべての御霊は産霊神が付与したもので、幽（幽世）を「本世」、天（高天原）を「本所」とし、御魂はみな「本所」である天（高天原）に帰るとする一方、世界観としては、天照大神・高皇産霊神が顕幽を分けて、顕世は天皇が治め、幽（幽世）は大国主神の糺判を受けて賞罰にあずかることや、顕世では政府官庁をもって政務を分掌するように、幽（幽世）では産土神が幽（幽世）の政務を分掌しているという「顕幽分任」が説かれている。

「顕幽分任」は、『日本書紀』の一書における、いわゆる「国譲り」の際に高皇産霊神が大己貴神、つまり大国主神へ向けて発した「夫れ汝が治す顕露事は、宜しく是れ吾孫治すべし、汝は即ち神事（幽事）を治すべし」と、大国主神が治めていた「顕露事」、つまり顕世は皇孫（天皇）が治め、大国主神は「幽事」、つまり幽世を治めるとする「顕幽分任の神勅」が根拠となっている。「顕幽分任の神勅」に基づいた「神魂大旨」に示された神道の世界観は宣教使の定説とされ、この後の教導職による神道教説にも受け継がれた。例えば、明治六年に大教院の神道部分により共通の教化基準として定められた「教書編輯条例」の第五条において、「人魂及ヒ其帰着ハ『善悪報応論』ニ依ルベキ事」と、霊魂帰着については、「顕幽分任の神勅」に基づく顕幽観を説いた『善悪報応論』に従うべきと定められている。また、教部省編輯課官員らによりまとめられたとされる、神宮大宮司（明治十年より神宮宮司）に就任する前の田中頼庸名で刊行された、「三条教則」に関する最も正統な衍義書とされる『三条演義』でも、「顕幽一致」のもと、天照大神を中心に皇孫（天皇）が治める「顕世」と大国主神が総掌する「幽世」の「顕幽の分」に基づいた世界観が説かれている。(27)

祭神論争とは、端的には、以上のような宣教使、さらには神道教導職の間で定説とされた「顕幽分任の神勅」に基づく神道の世界観を前提としつつ、「顕幽分任の秩序」と「顕幽全体の秩序」のいずれの秩序を重視するかをめぐる神学的議論であったと捉えることができる。すなわち、顕幽全体の世界を創造したのは造化三神で、顕幽全体の世界を統轄しているのが天照大神であることは、神道教導職間の共通認識としてあったが、この顕幽全体の世界の秩序に関して、造化三神である高皇産霊神による「顕幽分任の神勅」に基づいて「産霊」の機能を委託された、大国主神が主宰する「本世」である幽（幽世）に坐す産土神により霊魂が生じ、それゆえ死後も霊魂は産土神のいる幽（幽世）に帰着して、大国主神の糺判を受けるとする「顕幽分任の秩序」を優先するか、(28)あるいは産霊神としての造化三神により霊魂が付与され、死後、霊魂は大国主神が主宰する幽（幽世）で糺判を受け賞罰にあずかるにせよ、最終的には造化三神と天照大神が坐す「本所」である天（高天原）に帰着するとの「顕幽全体の秩序」に主眼を置くかが、祭神論争の論点の中心をなしていたのである。換言すれば、前者の「顕幽分任の秩序」に立った場合、霊魂は死後、「本世」である幽（幽世）に帰着する「帰幽」と捉えるのに対し、後者の「顕幽全体の秩序」を重んじた場合は、霊魂は最終的に「本所」である天（高天原）に帰着する「帰天」になるという、霊魂帰着をめぐる神学的解釈に根本的な違いがあった。言うまでもなく、前者の「顕幽分任の秩序」、つまり「帰幽」を説いたのが、出雲大社宮司千家尊福を中心とする「出雲派」で、後者の「顕幽全体の秩序」、つまり「帰天」を主張したのが、神宮宮司田中頼庸をはじめとする「伊勢派」であり[29]、「帰幽」と「帰天」をめぐる神道の世界観の相違が、祭神論争における神学的議論の本質的問題として根底に存していたのである。

祭神論争は結局、神社界内部で決着させることができず、最終的に明治十四年の明治天皇勅裁により終結した。勅裁は「宮中三殿を遥拝せよ」とする趣旨のもので、このことは神道事務局神殿を宮中三殿遥拝殿に変える[30]、つまり祭神論争の発端となり、かつ同論争の焦点となった神道事務局神殿自体の廃祀を意味したと同時に、造化三神を主祭神として奉祀する中央神殿の消滅をあらわしていた。加えて翌十五年には神官教導職分離がなされ、神宮および官国幣社の神官による教化活動や葬儀関与が禁止されたため、造化三神が創造したとする顕幽全体の世界に関する神学を教化すること自体、最早叶わなくなる。このように、祭神論争の終結とその後の神官教導職分離の実施により、天照大神と並ぶ造化三神の主祭神化や、造化三神中心の世界観に基づく神学が公的に否定されることで、天照大神のみへの祭祀を中軸とする体制確立の基盤が形成されたのである[31]。

五　造化三神論と八神奉斎論

近代を通じて、神社界では神祇官興復運動ないし神祇特別官衙設置運動（立官運動）が展開された。同運動は、明治初期の段階で、神祇官や神祇省といった神祇特別官衙が廃止され、神社が仏教寺院と同じ教部省の管轄下となった後、明治十年には小規模な内務省社寺局の管轄へと変わり、政府の神社・神職に対する待遇も大きく低下していったことに危機感を抱いた神社界が、明治前期より継続的に行ったものである。殊に議会開設前後の明治二十年代からは議会で繰り広げられ、明治三十三年には内務省神社局が特立して、神社のみを管轄する官衙の再設置が果たされた。ただし、神社局はその規模が小さく、管掌事項も事務的なものに限定されたため、神社界では大規模で、かつ広範囲な管掌事項を有する神祇特別官衙設置を唱える運動が引き続き展開された。

神祇特別官衙設置運動は、神社界が考える「祭政一致」の具現化を基本理念になされたものであり、「神祇官興復（神祇特別官衙設置）」を正当化させるための理論武装ないし理論構築も図られた。このような中、明治二十年代以降、同運動を通じて提唱された理論の一つが、八神奉斎論[32]であった。

八神奉斎論は、天皇親祭を基盤とする近代的祭政一致体制に抵触せずに、「臣下」の立場から国家祭祀を行う機関として神祇官を再興すべしとする理論である。換言すれば、天皇親祭の祭祀とは異なる、古代から明治初期までの神祇官による八神奉斎の独自性・重要性を強調することにより、神祇官再興の正当性を訴えたもので、その論拠として「神籬磐境の神勅」が掲げられた。

「神籬磐境の神勅」は、『日本書紀』や『古語拾遺』に示される神勅で、『日本書紀』の一書では、「天孫降臨」に際して、「吾（高皇産霊神）は則ち天津神籬及天津磐境を起樹てて、当に吾孫の為に斎ひ奉らむ。汝天児屋命・太玉命、宜しく天津神籬を持ちて、葦原中国に降りて、亦吾孫の為に斎ひ奉れ」と、皇孫（天皇）のために神籬を樹てて祭祀すべしとする高皇産霊神による神勅とあり、『古語拾遺』にも同一の内容の神勅が記されている。また『古語拾遺』においてはさらに神武天皇条で、「爰に皇天二祖の詔に仰従ひて、神籬を建樹てたまひき。所謂高皇産霊・神皇産霊・魂留産霊・生産霊・足産霊・大宮売神・事代主神・御膳神」と、「皇天二祖の詔」、つまり天照大神と高皇産霊神の神勅に従い、神籬を樹てて祭祀したとあり、加えてその祭神として、高皇産霊神・神皇産霊神・魂留産霊神（玉積産日神）・生産霊神（生産日神）・足産霊神（足産日神）・大宮売神・事代主神・御膳神（御食津神）の「八神」が奉斎されたことが示されている。『日本書紀』や『古語拾遺』における「神籬磐境の神勅」が、『古語拾遺』の神武天皇条の「皇天二祖の詔」と同じ神勅であるかは解釈に違いがあったものの、「皇天二祖の詔」が「神籬磐境の神勅」を指し、それゆえ奉斎すべき神は八神であるとする見解が歴史的にも大勢を占めた。八神は天皇の守護神であり、古代では鎮魂祭の祭神として神祇官により奉斎され、かつ神祇官西院には八神殿が奉祀されたことから、近世・近代の国学・神道学では、「神籬磐境の神勅」が八神奉斎の、さらには神祇官存立の根拠とされた。また『日本書紀』に示される三大神勅は、一般に「天壌無窮の神勅」、「宝鏡奉斎の神勅」、「斎庭稲穂の神勅」をあらわすが、明治二十年代以降に唱えられた神祇官興復（神祇特別官衙設置）の文脈では、「天壌無窮の神勅」、「宝鏡奉斎の神勅」とともに（あるいは「宝鏡奉斎の神勅」と「斎庭稲穂の神勅」を一つの神勅と捉えた上で）「神籬磐境の神勅」を三大神勅の一つに位置づける理論が展開されて、神祇官再興が三大神勅に基づく事案であることも強調された。

八神奉斎論は、明治二十年代の神祇官興復運動の中で唱えられはじめ、明治三十三年の内務省神社局の特立を経た後の神祇特別官衙設置運動でも継続して提唱された。もっとも神社界全体が八神奉斎論に傾倒したわけではなく、「八神奉斎」だけでは復興すべき神祇官衙の規模や役割が小さきにすぎるとの異論も一方では強くあった。それでも神祇官存立の根拠とされる「神籬磐境の神勅」と結合した八神奉斎論は、神社界内部に強い説得力をもち、大正・昭和前期には主要な神祇官再興（神祇特別官衙設置）論の一つとなった。

こうした中、八神奉斎を造化三神奉斎と混合した理論も一部に出てくる。そもそも八神には高皇産霊神と神皇産霊神が含まれることに加え、「神籬磐境の神勅」が高皇産霊神による神勅であることから、両論は神学上結びつきやすく、加えて天御中主神についても、矢野玄道や丸山作楽により、すでに祭神論争の時に「天之御中主神ハ、鎮魂祭ニ主要トアル玉積産霊神」（さらに「生産霊神・足産霊神」は「伊弉諾ノ大神・伊弉冉ノ大神」）と、八神の「魂留産霊神」と解する説が唱えられている(33)。同様の説は、明治後期における、丸山作楽の養子で陸軍教授をつとめた丸山正彦による『大日本者神国也』でも、「〔古語〕拾遺に玉留産霊、〔延喜〕式に玉積産日神とあるは天御中主尊なり。拾遺に生産霊、式に生産日神とあるは伊弉冉尊なり。拾遺に足産霊、式に足産日神とあるは伊弉諾尊なり」とされ、八神殿の配置も、次のように構想されている(34)。

（一殿）神皇産霊神　　（五殿）伊弉冉尊
（三殿）天御中主神
（二殿）高皇産霊神　　（四殿）伊弉諾尊
（六殿）大宮売神
（七殿）御食津神
（八殿）事代主神

ここでは養父丸山作楽の説を継承しつつ、魂留産霊神と同一視した天御中主神を八神の中央・中心に奉祀すべき旨が記されている。魂留産霊神を天御中主神と同一神とする説は、八神に造化三神すべてを組み入れることで、八神奉斎がそのまま造化三神奉斎を示す、いわば八神奉斎論を拡大解釈した神学的理論と捉えられる。

しかし、明治期からの八神奉斎と造化三神奉斎の混合論は、この後の大正・昭和前期も含め、神社界で浸透することはなく、あくまで国学者の中での一理論に留まるものであった。ただこうした混合論を、仮に神祇官再興（神祇特別官衙設置）の文脈に取り入れた場合、神祇官による八神奉斎がそのまま造化三神を（さらに諾冉二神も加えて）奉斎することになるという、神宮および賢所における天皇親祭による天照大神奉斎と並列する祭祀形態をもつ、壮大な神学を有した神祇官再興（神祇特別官衙設置）論となっていた可能性も指摘できよう。

六　昭和戦中期の造化三神論

明治二十年代以降、八神奉斎論が主流となった神社界では、造化三神奉斎論は一般化しなかった一方、大正から昭和前期にかけての神道界において、造化三神、殊に天御中主神奉斎を中心とする思想・神学を確立したのが川面凡児と今泉定助であった。

川面凡児は明治後期から昭和初期にかけての宗教神道家で、「大日本世界教稜威会（稜威会）」を設け、「祖神の垂示」としての古神道こそ、世界のあらゆる宗教の信仰・解釈・実行を統一する「大日本世界教」であると説き、その真髄として禊行の重視・実践を唱えた。川面は昭和四年（一九二九）に六十八歳で歿したが、その理論と実践行法に多くの神道人が感化され、神宮奉斎会会長を務めた今泉定助もその一人である。ただし、今泉は川面から神学的感化を強く受けたとはいえ、両者の神道思想や神学は同一でなかったことも指摘されている[35]。ここでは本稿の主題である造化三神論、とりわけ両者が説いた天御中主神論における要点を略述するに留めたい。

まず川面凡児の造化三神論について、「川面神学」とも称されるその独自の神学的理論は『川面凡児全集』全十巻（昭和十四〜十六年）に所収の膨大な著作から窺い知ることができる。「川面神学」を構成する個々の理論は難解かつ多岐にわたるが、共通して見られるのが、常に天御中主神（川面は「天御中主太（大）神」と呼んだ）を宇宙の中心・根本と位置づけていることである。

川面の代表的な著作の一つである『日本古典真義』の記述から、その天御中主神論の一端をここで取り上げると、川面は天御中主神と宇宙との関係について、「天御中主太神は本にして、宇宙は末なり」と、天御中主神こそ宇宙の根本であるとする。また、「宇宙万有、天地人類としての個々我、個々境は、悉くそれ相応なる天御中主大神である。天御中主大神の分霊・分魂・分身である」とも説いて、こうした宇宙の万物とともにすべての人類・個々人も天御中主神の分霊・分魂・分身であるとする思想を基盤に、禊行を通じて天御中主神に自ら到達できるとする川面神学が成立することになる。さらには、世界のあらゆる宗教の根源神や哲学・科学の真理もすべて「天御中主太神の分霊・分魂・分身」であると唱えるなど[36]、川面の天御中主神論は、宇宙・人類・宗教・科学に関するすべての事物が天御中主神に帰一するという「天御中主神中心の神学」であった。

一方、今泉定助の天御中主神論も、大きくは川面神学を踏襲した「天御中主神中心の神学」と言えるが、その主著『皇道論叢』では、「宇宙を発顕せられるのが天之御中主神であり、此の宇宙を主宰せられるのが天照大御神である。〔…中略…〕天之御中主神の顕はされた宇宙の主宰者とおなりになつた神が、天照大御神である。さうして歴代の天皇は大嘗祭によつて天照大御神そのまゝのお方とならせられる」と、天御中主神と天照大神、さらに天皇の具体的な関係が説かれ、「天之御中主神―天照大御神―天皇」の連綿性・一体性をして「国体の根源」とすることが明確に示されている[37]。

このような川面・今泉の造化三神論、つまり「天御中主神中心の神学」は、神社界全体では主流の理論とはならなかったが、一部の神職からは支持を受け、神祇官再興（神祇特別官衙設置）の文脈から主張されることもあった。その一例として、昭和戦中期に國學院大學の母体であった皇典講究所に設置された祭祀審議会における造化三神論をめぐる議論を取り上げたい。

皇典講究所祭祀審議会[38]は、昭和十五年に内務省外局として神祇院が設立されたものの、神社界が望んだ八神奉斎論に代表される祭祀機能等を有した官衙ではなかったため、さらなる神祇特別官衙の設置を期して、翌十六年に設置されたものである。祭祀審議会の主要な目的は、「祭祀の本義」を明らかにし、「祭政一致」を実質的に具現化する神祇特別官衙の設置にあり、組織構成は、「祭祀の本義」に関する重要事項を審議する「審議員」と、祭祀各般の事項を調査研究する「調査委員」からなった。設置当初、「審議員」は、元首相である平沼騏一郎審議員長のもと、総理大臣経験者や軍部高官、神祇院官僚、神社界有力者や憲法学者らが名を連ね、「調査委員」は、同会の運営実務に中核的役割を担った吉田茂を主幹に、神官神職や神道学者らが中心となって務めた。

祭祀審議会では、「祭祀の本義」を明らかにすることを目的とした以上、祭祀の根源となる様々な神勅や、祭祀で奉斎される祭神の神格等をめぐる神学的な議論がときに展開された。例えば同会の審議員で、昭和十六年当時は神祇院参与・大日本神祇会顧問であった高山昇は、同年十月二日開催の第二回調査委員会の席上、「三大神勅に対し、四、五大神勅と云ふ学者があるが、私は川面凡児氏の説により、肇国の理想を三大神勅に拝してゐる、三大神勅はどうして発せられたか、〔…中略…〕又造化三神と天照大神との関係について、宇宙観が確立しなくてはならぬ、天御中主神の御神格を如何に考へられるか」と、川面の説を挙げつつ、三大神勅に関してや、造化三神と天照大神との関係、さらには天御中主神の神格等に関する問題提起を行っている。

このような祭祀審議会における神学的議論の中心となった一人が、川面に師事し、今泉とも親交のあった官幣大社白峯神宮宮司の石井鹿之助である。石井は明治十四年に広島県に生まれ、広島県師範学校を卒業して県下小学校を歴任した後、明治四十二年に上京して二松学舎、正則英語学校、独乙語専修学校に学び、東京帝国大学選科で支那文学・支那哲学を修めた。大正九年、神宮皇學館教授に着任し、昭和六年には白峯宮（当時の社格は官幣中社）宮司となって、戦後の昭和二十八年の逝去まで奉仕した。石井の逝去を伝えた『神社新報』（第三三八号、昭和二十八年五月二十五日）では、「川面神道を研鑽し、自ら一つの神道信仰を確立してその具現に精魂を傾け尽した生一本の人格者であつた」と評されている。[39] 調査委員を務めた石井は、祭祀審議会の席上、殊に天御中主神をはじめ造化三神を中心とする論を説き、「天御中主神の御本質から、一神より三神となり、三神より五神となり、五神より八神となる、八神の御本質は天御中主神に帰一する」と、天御中主神と八神の関係性について、八神の本質は天御中主神に帰一すると説くと同時に、「神祇道の大本、国体の根本義を説き乍ら、造化三神を否定されるものが多い、造化三神こそは国体の根本義」とする「造化三神中心の神学」を展開した。

こうした石井による「造化三神中心の神学」に対し、祭祀審議会の場で批判したのが、同会の調査委員で、宮内省掌典職の星野輝興である。星野は石井の神学的理論に対して、「天御中主神ハ中臣ノ祖先デアル」と、造化三神と天照大神とは別系統の祖先神であるとする持論を述べた上で、「皇室ノ御祖神ハ天照〔大〕御神デアル」と、皇祖神はあくまでも天照大神だけであるとし、天照大神への祭祀のみを中心とすべきことを暗示しながら反論している[40]。実際、昭和十七年一月から六月にかけて、政府による神道思想の統一基準に、星野の天照大神を中心とし、造化三神は観念的神として否定する説が採用され、そのため今泉の天御中主神を重視する著作等が発禁処分となった。これに対し、在野神道人であった葦津珍彦は、今泉や頭山満、高山昇、幡掛正浩との連署で「古事記冒頭の天地創成の伝承は日本々来の古伝承には非ず、支那思想の模倣なりと断定し、天地初発の時成りませる天御中主神（宇宙主宰神）を否定すべしとの主張をなす者有之候」と、星野説への批判を示唆しつつ、天御中主神・天照大神の神格や天皇の本質をめぐる信仰について見解を求める「公開質問書」を神祇院や民間の神社関係団体に提出するなどの反対活動を展開した。この論争は、「別天神論争[41]」と呼ばれ、結果的に星野が掌典職を辞したことにより終息している。

「別天神論争」が、当時の戦時下における政府の思想統制と、その反対運動という政治的な構図を有するものであったことは言うまでもない。ただ、あえて神学的論争としての性格に着目して同論争を見るならば、星野の「天御中主神を否定すべしとの主張」に対する天御中主神奉斎論に基づいての反論であったことはもちろん、天御中主神奉斎論の立場から、天照大神奉斎を否定するのではなく、むしろ天御中主神と天照大神、さらに天皇を一体とする、前述の今泉が説いた「天之御中主神―天照大御神―天皇」を軸に、その信仰もまた一体であるとの神学的理論に基づいての反対運動であったと捉えられよう。

七　むすび

近世国学からの思想的系譜を踏まえ、明治維新直後からの大教宣布運動以降、大教院神殿や神道事務局神殿を根幹とした国民教化運動において、天御中主神をはじめ造化三神は、天照大神と並ぶ位置づけがなされたが、祭神論争の結果、造化三神の主祭神化が否定され、政府はその後一貫して天照大神への祭祀のみを中軸とする体制を取った。しかし神社界では、神祇官興復運動を通じて八神奉斎論が勃興し、同論を造化三神論と結びつけた理論や、さらには「造化三神中心の神学」が一部で唱えられるなど、全体として天照大神のみを中心に据える体制は取られなかった。

以上のような造化三神論の展開を、天照大神論との関係性から捉えた場合、造化三神奉斎論は天照大神のみを中心とする論へは批判的であり、「競合」する面が多分に窺えるものの、天照大神を「中心」とする論自体を否定するものではなく、本質的にも相剋・対立する理論でないため、一方では天照大神中心論に対し、近代を通じて「補完」の機能も有していたと見なすことができる。

すなわち、明治初期から前期の教化体制において、造化三神論は天照大神中心の宣教を行う上では「競合」する要素があった一方、宣教を活発化させる上では「補完」する役割を担い、祭神論争をめぐっては、天照大神が主宰する顕幽全体の秩序を造化三神が構築したとして神学的に「補完」する面があったものの、神社の非宗教化を志向した政府の政治的判断により、結果的に「競合」する思想とされ、中央神殿における造化三神の主祭神化が否定された。また、昭和戦中期の別天神論争では、天照大神のみを中心とする神道思想の統一基準に「競合」

する理論であった反面、「天之御中主神―天照大御神―天皇」の連綿性・一体性に基づいて、天照大神を「宇宙、世界、人類の中心主宰神」と位置づける神学上の「補完」機能を果たしている。このように、近代の神社界における造化三神論には、天照大神中心論に対し、「競合」するとともに「補完」も行う両面が備わっていたことが見出せるのである。

註

(1)明治維新以降の近代的祭政一致体制の確立をめぐる動向については、阪本是丸『明治維新と国学者』(大明堂、平成五年)第一～五章、武田秀章『維新期天皇祭祀の研究』(大明堂、平成八年)第六・七章などを参照。なお、祭政の権を天皇―太政官に一元化することで確立した近代的祭政一致体制は、この後まもなくに祭祀を天皇のもとに集中させ、「親祭」をさらに徹底化させる新たな体制へと転換していくことになる。近代的祭政一致体制の転換過程については、齊藤智朗「近代祭政一致国家成立の基盤形成と祭教分離」(『宗教研究』三九二、平成三十年)を参照。

(2)昭和十四年刊行の下中彌三郎編『神道大辞典』第二巻(平凡社)における「祭政一致」の項目では、「祭政一致の御統治といふことは、我が国体独自のものとして我が国史を一貫する永久不変の事実である」との説明がなされている。

(3)神社界内部における「祭政一致」に関する見解や神祇特別官衙設置の構想をめぐる意見の相違については、藤田大誠『近代国学の研究』(弘文堂、平成十九年)第八章、山口輝臣「宗教と向き合って―十九・二十世紀―」(小倉慈司・山口輝臣『天皇と宗教』講談社、平成二十三年)第一・二章、齊藤智朗「戦中期における皇典講究所祭祀審議会の活動」(國學院大學研究開発推進センター編(責任編集・阪本是丸)『昭和前期の神道と社会』弘文堂、平成二十八年)などを参照。

(4)いわゆる「国家神道」の用法や考え方そのものが「戦後の産物」であるとして、戦後日本における政策や社会運動・宗教運動などとの関係から、今日の「国家神道」の「通俗的」な用法やイメージが定着していった過程を明らかにした研究として、山口輝臣編『戦後史のなかの「国家神道」』(山川出版社、平成三十年)がある。

(5)村上重良『国家神道』(岩波新書、昭和四十五年)一一九、一四三、一四八頁。

(6)前近世から近世・幕末維新期における造化三神論に関する研究として、鎌田純一「近世における天照大御神論」(神道文化会創立三十五周年記念出版委員会編『天照大御神』研究篇二、神道文化会、昭和五十七年)、藤井貞文『江戸国学転生史の研究』（吉川弘文館、昭和六十二年）第五・六・七章、佐々木聖使「幕末国学における天之御中主神観」（『日本大学精神文化研究所紀要』二五、平成六年）、西岡和彦「国学者の論じたムスヒ信仰」（『悠久』一二八、平成二十四年）を主に参照した。

(7)『本居宣長全集』第九巻（筑摩書房、昭和四十三年）一二七〜一三〇頁を参照。以下、引用文には適宜読点や中黒を付し、引用文中の〔　〕内は引用者による註をあらわす。

(8)平田篤胤「古史伝」（『新修平田篤胤全集』第一巻、名著出版、昭和五十二年）一〇〇、一二三〜一二四頁。

(9)鈴木重胤「日本書紀伝」二之巻（『鈴木重胤全集』第一、鈴木重胤先生学徳顕揚会、昭和十二年）一五二頁。鈴木重胤の造化三神論は、民俗学者・国文学者である折口信夫に感化を与えたとされ、折口は終戦直後、神社界に向けて、造化三神奉斎を中心とすべきことを強く唱えた。この折口の提唱は、神社界で問題化し、議論となった。この議論については、小野祖教「神道教学の諸問題」（『明治維新神道百年史』第五巻、神道文化会、平成三十年復刻版）を参照。

(10)六人部が説いた神道の世界観については、前掲佐々木「幕末国学における天之御中主神観」ほか、星野光樹『近代祭式と六人部是香』（弘文堂、平成二十四年）第二章を参照。

(11)「献芹詹語」は、『日本思想大系五一　国学運動の思想』（岩波書店、昭和四十六年）に所収（引用箇所は五五〇頁）。「献芹詹語」における矢野の祭政一致構想については、前掲阪本『明治維新と国学者』五四〜六〇頁を参照。

(12)『本居宣長全集』第九巻、二九一頁。

(13)「伊勢二宮さき竹の弁」は、『本居宣長全集』第八巻（筑摩書房、昭和四十七年）に所収。

(14)大国隆正「直毘霊補註」（『大国隆正全集』第二巻、有光社、昭和十二年）一〇〇、一九三頁。

(15)明治神宮編『明治天皇詔勅謹解』（講談社、昭和四十八年）二三九頁。

(16)ただし佐々木聖使「元田永孚の思想」（日本大学教育制度研究所研究報告書『近代日本における倫理教育の研究』平成十二年）には、元田永孚が「天祖」を天御中主神と解していたことが指摘されており、「天祖」をして天照大神を指すことが全体的な理解であったわけではないことは注意が必要である。

(17)遠藤潤「平田国学における〈霊的なもの〉―霊魂とコスモロジーの近代―」（鶴岡賀雄・深澤英隆編『スピリチュアリティの宗教史』下巻、リトン、平成二十四年）四〇八〜四〇九頁。

(18)前掲藤田『近代国学の研究』一八〇〜一八二頁のほか、阪本是丸「日本型政教関係の形成過程」（井上順孝・阪本是丸編著『日本型政教関係の誕生』第一書房、昭和六十二年）二三〜二五頁を参照。

(19)近世後期から幕末における薩摩国学に関する概説として、『鹿児島県史』第三巻（鹿児島県、昭和四十二年復刻版）第六章

第一節を参照。また、前掲阪本「日本型政教関係の形成過程」二六頁も参照。

(20)岩本徳一「天御中主神考解題」(『研修』一五、昭和三十八年)参照。同号には、渡辺重石丸『天御中主神考』も掲載されている。

(21)左院建議の翌五年一月二十二日付で、福羽を筆頭とする神祇省官僚の連署により、神宮及び熱田神宮の東京遷座に関する議があらためて建言されている。また、神宮の東京遷座は、薩摩閥を中心とした左院や教部省からも「祭政一致」の精神に基づいて主張され、左院が廃止される明治八年まで唱えられ続けた。神宮の東京遷座をめぐる動向については、西川順土「神宮御動座問題」(『神宮・明治百年史』補遺、神宮司庁、昭和四十六年)、阪本是丸『国家神道形成過程の研究』(岩波書店、平成六年)第六章を参照。

(22)藤井貞文「明治政府の教化運動と其の主斎神」(『國學院雑誌』六〇—八、昭和三十四年)参照。

(23)大教院解散をもたらした主要な原動力となった真宗教団による大教院分離運動では、天照大神奉斎は「国体」に基づくものであり、崇敬するところだが、造化三神奉斎は「国体」とは関係のない「宗教」であるとして否定する論理が用いられた。大教院解散に関する近年の研究として、戸浪裕之『明治初期の教化と神道』(弘文堂、平成二十五年)第三編第一章を参照。

(24)下田義照「祭神論の起因と其結末」(『神道学雑誌』四、昭和三年)参照。

(25)前掲藤田『近代国学の研究』第四章、武田幸也『近代の神宮と教化活動』(弘文堂、平成三十年)第三章を参照。

(26)「神魂大旨」については、藤井貞文「『神魂大旨』雑考」(『神道学』五五、昭和四十二年)を参照。

(27)神祇官(宣教使)時代から教部省(教導職)時代を通じての「顕幽分任の神勅」に基づいた神道の世界観の展開については、齊藤智朗「『開智新聞』解説」(復刻版『開知新聞』第一巻、不二出版、平成二十七年)一三~一四頁を参照。

(28)明治十三年十二月の千家尊福による出雲大社教会教信徒に向けた示諭書(安丸良夫・宮地正人校注『宗教と国家』岩波書店、昭和六十三年、五七~六三頁)には、「造化ノ本源」としての天御中主神や、「天地ノ大主宰」である天照大神に「生死信頼」すべきとする伊勢の神宮教院側の主張を批判して、「幽事ハ則一切、大国主大神ニ委任」するとした「幽顕ヲ分任シ玉ヘル神意」を重視すべきことが説かれており、「顕幽全体の秩序」よりも「顕幽分任の秩序」の優先が主張されている。

(29)「帰幽」・「帰天」については、学会発表の要旨ながら、山作良之「神葬祭式に見られる「帰幽」の意味と、その移り変わりについて」(『神道宗教』一九〇、平成十五年)が詳しい。

(30)明治天皇勅裁に臨み、神道事務局神殿に奉斎の天御中主神・高皇産霊神・神皇産霊神・天照大神の四柱および天神地祇の昇神祭が斎行されている。藤井貞文『明治国学発生史の研究』(吉川弘文館、昭和五十二年)七〇五~七〇六頁を参照。

(31)祭神論争の顛末をめぐっては、「〈伊勢〉による〈出雲〉の抹殺」（原武史『〈出雲〉という思想—近代日本の抹殺された神々—』講談社学術文庫、平成十三年、一八一頁）とする見方があるが、実質的には「伊勢派」と「出雲派」のいずれの勝利・敗北を示すものではなく、「造化三神奉斎」の「抹殺」を意味したと言えよう。なお、造化三神は、神官教導職分離の後、神道教派の多くで奉斎され続けた。

(32)神祇官興復運動・神祇特別官衙設置運動における八神奉斎論の展開についての詳細は、前掲藤田『近代国学の研究』第八章を参照。

(33)矢野玄道や丸山作楽の造化三神奉斎としての八神奉斎論は、前掲藤井『明治国学発生史の研究』（四七七～四七八頁、六〇〇～六〇一頁）、および日本大学大学史編纂室編『山田伯爵家文書』三（日本大学、平成三年、二〇五～二〇六頁）に各々所収。

(34)丸山正彦『大日本者神国也』（小林又七、明治四十四年）一八八～一八九頁。

(35)佐々木聖使「中心：回帰と派生—今泉定助先生と川面凡児先生の天之御中主神観—」（今泉定助先生五十年祭記念事業実行委員会編『源泉への回帰』新生創販、平成六年）を参照。

(36)『川面凡児全集』第二巻（川面凡児先生十周年記念会、昭和十四年）一三九、四二九、四三七頁。

(37)『今泉定助先生研究全集』第二巻（日本大学今泉研究所、昭和四十四年）六〇頁。なお同書において今泉は、天御中主神と高皇産霊神・神皇産霊神の関係について、「宇宙の中心主宰」・「宇宙全体」をあらわす「絶対」の存在である天御中主神の、「発顕」としての高皇産霊神と、「還元」としての神皇産霊神の働きにより、完全調和の中に産霊の作用が展開されるとする、つまり「絶対」としての天御中主神だけでは万有の産出はなく、そのため「絶対」の中に高皇産霊神と神皇産霊神という「相対」があってはじめて産霊の効用をあらわし、宇宙の生成発展が顕現されたと説明している（四八～五五頁、参照）。

(38)皇典講究所祭祀審議会の活動内容や関連資料に関する詳細については、前掲齊藤「戦中期における皇典講究所祭祀審議会の活動」を参照。

(39)『神道人名辞典』（神社新報社、平成三年改訂版）にも、「宮司在職中は特に祭祀道の確立を熱心に主張、異色ある存在として知られた」（二七頁）とある。

(40)星野輝興の造化三神論・天照大神論については、昆野伸幸「近代日本における祭と政—国民の主体化をめぐって—」（『日本史研究』五七一、平成二十二年）、神杉靖嗣「星野輝興・弘一の神道学説をめぐって」（前掲『昭和前期の神道と社会』）を参照。

(41)「別天神論争」については、佐野和史「昭和十七年の別天神論争」（『神道学』一一九、昭和六十一年）を参照。

日露戦後の神社中心主義政策と戦前日本の神社観

――「神社－ネオ国教」試論――

畔上直樹

一　はじめに

明治初年来、神社は「国家ノ宗祀」とされていたが、特に地域社会の津々浦々に存在する圧倒的多数を占める行政上「諸社」とされた地域神社部分もふくめた、神社全体の「国家ノ宗祀」としての一体的な制度整備となると、その本格化はかなり後の明治後末期～大正初年の段階であった。そのもとで日露戦後の地方改良運動では、「国家ノ宗祀」神社の国民教化回路としての稼働が「神社中心主義」政策としてはじまる。神社を積極的に地域行政や社会生活に結び付け精神的結合をはかろうとするその方針は、戦前日本の神社行政上の基本とされた。

神社中心主義については、「国家神道」研究における実質的な出発点をなす村上重良の研究段階から、その重要性が指摘されてきたが(1)、具体的な検討作業は地方改良運動・神社合祀研究、第一次大戦後の民力涵養運動との関連等に注目した研究によってすすめられた(2)。そこで注目されたことの一つが、神社中心主義のもとで神社を国民教化に動員するに際して、神社はその「公」的な位置づけゆえに、大日本帝国憲法がまがりなりにも規定するところの「私」領域に属する「宗教」についての信教の自由や政教分離に抵触はしていないとする「神社非宗教」論が前面におしだされたことであった。神社非宗教という方向性自体の確立は周知のように明治前半期だが、最も身近な圧倒的多数の地域神社は制度上は保留扱い、つまりグレーゾーンとされていたことに注意する必要がある。つまり、神社総体として「国家ノ宗祀」かつ「非宗教」であるとする明確な神社観がはっきり公式化したのは、日露戦後の神社中心主義政策開始においてのことだったのである。ただ、従来の研究ではその歴史的な意味について議論が十分深められていたわけではなかった(3)。

筆者はこうした研究状況にあって、大正期、特に一九二〇年代以降、主要な現場担い手たる地域神社の神職層を中心に神社界が神社中心主義を積極的に受容する過程で、「下から」社会運動的に神社界が自主化と内部民主化要求を強めつつ活性化していくことをかつて主張した。その主要論点の一つが、この積極的受容における神社界の神社観と公式的な神社観（神社非宗教論）の間の根本的なズレであった。神社界は、当時広まりつつあった新たな宗教理解（後述）を核にもって、神社非宗教論の前提である当時の公／私区分を（否定しないが）相対化・流動化してしまう新たな神社観のもと、その自己認識も「下から」統一されていった。また、この新しい神社観と公式的なそれ（神社非宗教論）との接触面で、神社界は似て非なる神社非宗教論（積極的神社非宗教論）を生成するが、政策側でも神社界の動向に対応した国民教化回路稼働のありかたの質的転換が一九二〇年代半ばに明確化、そのもとで戦時期にかけて、政府内部での公式的な神社非宗教解釈の内実にも大きなブレが生じてくる。社会的にも新しい神社観が広まり、戦時期にかけて憲法規定をもって信教の自由を主張しにくくなる社会の雰囲気が形成されるとした(4)。筆者の提示した、この神社中心主義政策と新しい神社観の関連性は、近年も植民地下朝鮮統治研究でその重要性が指摘されており、[5] 議論のさらなる展開と深化がなお必要とされている論点といってよいだろう。

本稿ではこの論点を深化させるため、作業途上の中間総括ではあるが、そうした新しい神社観が神社中心主義政策をきっかけに「神社‐ネオ国教」という性格をもって生成してくるとする試論を提示しようと思う。その際、筆者はこれまでこの新しい神社観について、当時社会的にひろまりつつあった新しい宗教理解をベースに、神社界が積極的な自己認識として内在的に独自に生み出したともっぱら考えてきた。しかし、新しい神社観は当初から社会通念的な神社イメージとして形成された面があり、むしろそのあらわれとして、もしくはそれを取り込んで神社界が自己認識としていく面があるのではないか、という点を強調したい。

さて、この点で注目すべき先行業績が藤田大誠「神社対宗教問題に関する一考察」である。[6] 藤田は筆者の議論を批判しつつ、一九二〇年代以前、明治末年の段階で、筆者がいうような新しい神社観は神社界全体としてすでに検討されていたとする。この指摘自体については、実はかつて筆者も、大正初年の一九一五年、神社界あげての神社中心主義による活性化の萌芽的な取り組み――ほどなく立ち消えとなる――において共有しようと提示された神社観が、すでに新しいそれであったことを論じている。[7] 本稿が藤田の論考に注目するのは、この新しい神社観を神社界が議論する直接的契機として、日露戦後の明治四十三年（一九一〇）の『哲学雑誌』二七九号に発表された、法学者・有賀長雄の「神道国教論」だったと指摘している点にこそある。有賀のこの論考は、かつて山口輝臣が宗教理解の社会的変化を示すものとして例示したものであり、[8] 藤田の指摘は、神社界の神社観形成が神社界のみをみているだけではとらえきれない面があることを示唆しているのである（もっとも藤田自身の強調点は有賀の国学・神社界人脈という内部性にあるのだが）。本稿はこの藤田の論点を継承しつつ、筆者の議論の再検討をすすめる作業という意味をもっている。

検討の素材としてとりあげるのは、明治最後の明治四十五年（一九一二）、神社行政・神社界の業界誌に、「門外漢」の立場からとして神社界の自己革新による活性化を神職たちに熱烈によびかけた、永迫（廻）藤一郎（明治四年・一八七一生）の神社観とその背景である。当時、永迫は東京市牛込区に新設された公立の小学校の校長であった（一九〇六〜一九一九　東京市市谷小学校初代校長）。研究上はその直前の時期に、戦前を代表する教育雑誌の一つ『教育学術界』（一八九九〜一九三七）を確立させた草創期の教育ジャーナリストなどとして主に教育史学で注目されてきた人物で、[9]いずれにせよ生粋の教育実践家である。

検討作業は、永迫の神社観と、その三年後の大正四年（一九一五）に提示された先述の神社界自身による神社観の内実を、筆者のこれまでの研究をふまえつつ比較し、その異同を分析することを軸にすすめる。

二　明治末年・社会の声としての神社革新論と神社中心主義政策

（一）　神社界活性化をよびかける永迫藤一郎とその神社観

明治四十五年（一九一二）二月、神社行政と神社界全体の全国的な業界誌『神社協会雑誌』の「寄書」欄に、永迫藤一郎「神社は果たして宗教の外に立つべきものなるか」という、神社界革新を熱烈によびかける文章が掲載された（以下「神社革新」論文と略記する）。「吾人は、神社に関係せるものにあらずして、全く門外漢なり」とし、特に肩書きや所属・立場も明示せず（文中にもそれをうかがわせるものはない）、あくまで一般社会からの神社界への声というスタイルをとって書かれていた。まず、その中核部分をみてみたい。[10]

起てよ諸君、徒に古典の研究に耽ることなく、又徒に自ら神聖なりとなして却て世道人心と遠ることなく、又徒に祭祀を掌るを以て能事終れりとなすことなく、右に日進月歩の科学哲学を顧み、左に儒仏耶三教の長所にも触れ、諸君の掌れる神聖なる武器を掲げて街頭に立ち、霊に飢えたる民衆に食を与へよ。神社の拝殿を開放して布教所となし、今や帰趣を求めて左往右往（ママ）せる国民に正しき道を指示せよ。諸君は神社に拠つて天下の濁流と闘ひ、以て永く国民精神を維持せざるべからず。是れ実に諸君の天職にあらずや。諸君今より之が準備に着手するは、稍々敵を見て武具を繕ふ感なき能はずといへども、尚全く時機を失せりといふべからず。準備に着手すべき時は今なり。醒めよ諸君！起てよ諸君！

祭祀と古典研究だけで満足し「世道人心と遠る」のではなく、「街頭に立ち霊に飢えたる民衆に食を与へよ」、「神社の拝殿を開放して布教所となし」、「国民に正しき道を指示」、「神社に拠つて……国民精神を維持」せよと、積極的に社会的役割を果たすことを神社界に求め、最新の科学哲学や諸宗教の要素も取り込み、積極的な国民教化主体として活性化するのが「諸君の天職」だとして、神社界の現状への批判と危機感（「稍々敵を見て武具を繕ふ感なき能はず」）のもと、自己革新に目覚めて「準備に着手」せよと強く訴えかけている。

まず注意しなければならないのは、「はじめに」でのべたように、この時期神社に国民教化機能を期待し、そのマシーンとしての位置づけを「国家ノ宗祀」の名の下に前面におしだしていたのは、神社中心主義政策をすすめる当時の政府であった。永迫の神社界への期待は構図としてみると、当時の神社中心主義政策の積極的な担い手としての活性化への期待なのであり、当時進行中の神社行政の制度整備のもと、政府が神社を国民教化回路として動員しはじめたことへの呼応といえるものである。

さて、神社中心主義政策の大きな特徴の一つは、先にのべたように神社がすべて「国家ノ宗祀」として、すべて「非宗教」とする、戦前日本における公式神社観の全面展開の画期をなすことである。ところが永迫「神社革新」論文は、そのタイトルからも明白なようにあからさまな神社非宗教論批判である。政府が「神社を以て宗教外に孤立せしめ」たのは、「一見神社をして他宗教よりも神聖なるものたらしめ」るようでいて実は逆効果で、「学者」さらには「国民」の「金石の紀念碑」同様の「霊なき蝉の脱殻」という神社イメージを形成してしまい、「神社及び其神事」が権威を失って国民精神統一上機能できない第一要因となってしまった、政府の神社非宗教は、意図せざる「善意の過失」であり「愚策」なのだと永迫は断ずる。

それでは、永迫自身の神社観はどのようなものなのだろうか。「神社革新」論文では「神社及び其神事」が「宗教としての要素は殆ど悉く之を具備」すると、明確に神社神道を宗教として認めている。ただし、神社を「宗教」というこの場合のそれは、「一般宗教以上の最も神聖なる大宗教」というもので、「宗教」概念に「大宗教」、「一般宗教」の分節化が施され、かつ前者が後者の上位におかれていた。「大宗教」としての「神社及び神事は往時において国民崇敬の最も盛なるもの」であり、個人の「私」領域での信仰としての「一般宗教」と区別された、「国民精神」の教化にかかわる「公」領域で論じられる宗教として、その価値が再発見されているのである。他方、なぜそれが神社界の革新のよびかけになるかといえば、神社非宗教論の問題にくわえて宗教としてみた場合、現在の「神社及其神事」は「一般宗教の如く完全に発達したるもの」とはいえず、「将来亦完全なる大宗教にまで発達せしむべき」ものであるとする、宗教進化論の立場を永迫がとるからである。永迫の脱「非宗教」としての神社界革新論は、公的な「大宗教」としての「神社及其神事」の近代的再生――科学哲学の合理性や諸宗教の要素も組み込んだ――という「進化」を求めるものでもあった。

永迫の神社界への期待は、当時の神社中心主義政策の積極的な担い手としての活性化を望む点においてなのであるが、そこでふまえられている神社観は政策が前提としないまったく異質な「宗教」理解のもとにあった。それは将来の完全なる「大宗教」というあるべき理想のもとで語られているのであり、その理想実現のきっかけを神社中心主義政策にみいだし換骨奪胎することで、実体化させようとするものであった。たしかに政策への積極的な呼応なのだが、それはあくまで根本的にズレた前提ゆえの共鳴なのであった。

(二) 三年後――神社界自身の神社中心主義への呼応にみる神社観――

永迫の「神社革新」論文のよびかけ自体が直接神社界に影響をあたえたことを示す史料は、今のところみいだせない。しかし先に述べたように、三年後の大正四年(一九一五)、神社界は神社中心主義への積極的呼応を、しかし政府とは根本的に異なる神社観のもとで実際組織化しようとした。これは一九二〇年代の神社界の活性化の萌芽となる動向だった。永迫の神社界へのよびかけと、この神社界の動向を比較することは、戦前神社界の活性化の核にあった神社観について考察をふかめる絶好のてがかりとなることが期待できよう。そこで比較する前提として、この大正四年の神社界の動きについてやや詳しく再論しておきたい(11)。

神社界には『神社協会雑誌』のほかに、独自の全国機関誌『全国神職会々報』がある。その大正四年八月号の巻頭論説の一つとして、神社界の理論的指導者として活躍することになる山田新一郎の「神社中心主義の実施」が掲載されている。同号で提起されている、全国各地での神職たちの神社中心主義の個別実践を神社界あげて組織化し推進しようとする神社界活性化の試み、その指導理念として位置づけられた論考で、「国家の宗祀」ゆえに「国利民福の増進」に貢献することが求められる「国民の精神的方面に重大なる責任ある神職諸君」にむけて論じられた。以下、神社界自身の神社中心主義による活性化の論理がわかる部分をみてみよう(12)。

現在及び将来の国民教育に対する信念涵養の基礎は、何れに求むべきかとの問題は、直ちに諸君の脳裡に生じ来る処であらう。既成宗教の採るべ(か脱)らざる、将来統一的宗教の出現せざる況んや外来教に於てをや。斯る場合に於て、最も重大なる権威と因縁とを有するものは、我が神祇道である。

これからの国民教育上の信念涵養の基礎となる「公」領域での宗教性を担えるのは、それに「最も重大なる権威と因縁」をもった「神祇道」であるとする主張である。神社界を実際に活性化させていくことになるこの神社観が、「神社革新」論文にいう「諸君の天職」としての「大宗教」という神社像と大きく重なってくることは、一見してあきらかである。しかし、この神社界の議論にみえる国民教育と宗教をめぐる問題と、「将来の統一的宗教」という表現が端的にしめす理想宗教的なその議論の地平、以上のことに神社神道の意義を関連づけるといった点は、永迫の「神社革新」論の場合はっきりしない。内実の比較には永迫の他の論考も参照する必要がある。以下三節・四節では、「神社革新」論文以外の永迫の同時期の教育論考をてがかりに、この神社界活性化の論理の諸特徴とさらに比較しつつ検討をすすめてみたい。

三　「将来の大宗教」の内実――永迫「我国の創世記と世界教」の検討――

（一）「理想的宗教」論と「神社革新」論文

永迫藤一郎の「神社革新」論文には、実は一体のものとして考えるべき文章が存在する。「神社革新」論文の発表直前にあたる明治四十四年（一九一一）、永迫が属する教育界の有力専門雑誌『教育学術界』に十月と十二月の二回にわけ掲載された「我国の創世記と世界教」がそれである（以下、「創世記」論文と略す）。この「創世記」論文について永迫は、「神社革新」論文末尾で「併せ一読の労を惜しむなくんば、本論の主旨をして益々明瞭ならしむることを得んか」と、その参照を強く求めているのである[13]。

「創世記」論文は今日の日本に必要な「理想的宗教」構築を論じるものであった。例えば「科学の発達せる今日」の「国民精神の統一」について、次のように論ずる[14]。

> 旧来の宗教の如く、反科学的のものを以て今日の進歩せる人心を維持せんことこそ不可能なるべしといへども、今日の科学及び哲学より見て頗る合理的なる新宗教の立せらるゝものならば、そは実に社会人心の根柢に深く進入して、有力なる原動力を作り得べきが故に、国家の統治上百利ありとも一害なかるべきなり。而して、此の如き完全なる理想的宗教の立せられ得べきことは、前数章に互〔亘〕りて述べたる所によりて、稍々其理由の一班を知るに足るべし。

永迫は、近代化をささえる科学や哲学の基準をみたす「合理性」をもち、かつ公的な次元で人々をささえる国民教化的な「新宗教」として、「反科学」的な「旧来の宗教」が代位しえない「今日の進歩せる人心を維持」する「理想的宗教」を模索していたのである。彼は別の箇所で、これを端的に「進取的道徳を鼓吹する理想教」とものべている。前節でみた「神社革新」論文における科学哲学と融合した「将来の大宗教」は、この「公」での道徳を宗教化した大正新時代の「理想的宗教」論の文脈で語られていることになる。

また「創世記」論文は、植民地帝国という新しい前提に立つ以上、日本の国民精神統一のための「理想的宗教」の現実態が「新神道」としてあらためて構築されなおすべきであるとし、旧来の「神道」の「理想的宗教」化としての「新神道」への革新を論じていく。このあたりは別途詳細な個別検討が必要と思われるため割愛し、ここでは次のように書かれていることをさしあたり確認するだけにとどめたい。

我国は、建国以来国体の尊厳なることを炳として日星の如きものあるが故に、国民精神を統一し易しといへども、〔中略〕……新附の国民発達し来らば、我国家は何によりて之を統一せんとするか、仏教か将た基督教か。〔中略〕吾人をして忌憚なく曰はしめば、我創世記による新神道即ち世界共通の学術によつて修補せられたる新世界教を以て内外国民の精神を統一せざるべからずといはんのみ。

この引用部分だけでは、「創世記」論文にいう「新神道」の内実はかならずしも具体的にはわからないわけだが、「創世記」論文と「神社革新」論文が一体をなす主張だというのだから、植民地帝国日本の新しい国民精神統一のための「理想的宗教」化された神道への改革という「新神道」構想の具体的な内実とは、結論的には「神社革新」論文にいう神社神道の「完全なる大宗教」への革新なのだという位置づけは少なくとも確認できる。「新附の国民」を含むに至った当時の日本がこれから必要とする「理想的宗教」の現実可能性を論ずる基礎として永迫は「神道」を発見し、その「理想的宗教」への革新を「新神道」論として語るのだが、その「新神道」の現実のイメージは神道一般ではなく、きわめて具体的に当時の神社政策の動向、「国家ノ宗祀」神社による国民教化回路としての整備稼働に重ねられていたことになる。

以上、前節第二項にみた神社界自身の神社中心主義による活性化をもたらす主張の背景にあった、「将来の統一的宗教」といった理想宗教論や、その現実化を神社神道（「神祇道」）にもとめて再評価する論法は、一般社会からの声としての永迫の「神社革新」論にも見いだすことができると考えられる。

（二）「神社＝ネオ国教」化としての神社革新

他方「創世記」論文は、反対に神社界の活性化論理について、以前の筆者の分析では明確にしえなかった注目すべき論点を解明するてがかりを与えることにもなっている。それは神社界が先の理想宗教の問題を語る場合に、明治国家が形成した「宗教」をめぐる国家的原則との関係をどう考えていたのか、という点である。己が求める理想宗教の実現への第一歩として、神社界に実際に「新神道」への革新をもとめるという思想実践に踏み切っていく永迫は、「宗教」をめぐる国家的原則について「創世記」論文で次のように述べる。

而して、我国の憲法は信教の自由を許せり。国家の存立上有害ならざる以上、社会の安寧幸福上弊害なき以上は、如何なる宗教を信ずとも国民の自由に一任せり。されども、国家は決して国民の無宗教たることを希ふものにあらず。否寧ろ支障なくば、一定の国教によつて国民精神を統一するの勝れるに如かず。

この記述でまず重要なのは、「国民精神を統一」するのに、「一定の国教」を設定する必要があることを永迫が念頭において論じていることである。ただしそれは、あくまで大日本帝国憲法第二十八条で規定された「私」の「宗教」の（条件付き）信教の自由とは区別された、「国民」レベルで語られる「公」の「宗教」の次元で、国民精神の統一のための「一定の国教」を「支障なくば」設定する方法を考えようとするものである。永迫は大日本帝国憲法が国教規定をとらなかったことを強く意識していると考えられる。「創世記」論文がでてまもない明治四十五年（一九一二）二月、『教育学術界』巻頭「主張」（無署名）は、「抑も我邦の憲法に於ては国教を認めず、国教を認めずして、現在の制度以上国家対宗教の結合を図らんとす（床次竹二郎内務次官の三教会同発言のこと）とは、事実の上にその結果を見んこと到底有り得べからざるが如し」と述べる。当時の日本社会においては、帝国憲法の制定によって、国教論議が「封印」されていたのである。[15]「創世記」論文は、国教論議「封印」と「私」での（条件付き）信教の自由という国家デザインで体制をかためた明治日本との「折り合い」をつけつつ、しかし「封印」されたはずの国教を「公」の宗教としてあらためて論じようとしていると考えられる。「神社革新」論文にいう「大宗教」が位置付く文脈「理想的宗教論」とは、明治国家の国教論議「封印」と信教の自由という国家デザインをあからさまには否定せず、しかし新時代の日本の国民精神を統一するための（宗教としての）「一定の国教」を論じなければならないし、論じうるのだとする立場にたつものなのである。このようにあらためて論じなおされるタイプの国教を、まず「ネオ国教」として従来の国教と区別しておこう。

この観点からすると、「神社革新」論文におけるあるべき神社神道とは、当時整備進行中の神社制度とそれを国民教化上稼働させる神社中心主義政策を換骨奪胎しつつ、明治とは異なる日本の国民精神を統一するネオ国教としての「理想的宗教」の具体化を「新神道」の名の下に現実化しようとするもの、ということになる。これを「神社－ネオ国教」論とよんでおこう。

永迫の「神社革新」論がこうした「神社－ネオ国教」論的性格をもつことから、先の神社界の活性化論理での「将来の統一的宗教」的な神社神道の位置づけもまた、同様の性格を共有するものとして考えられる。

四　永迫の神社革新論の背景とその広がり――教育論をてがかりに――

（一）　教育勅語宗教化論

冒頭にもふれたように永迫は生粋の教育実践家であり、「神社革新」論文発表当時は公立小学校の校長として教育現場の最前線で活躍していた人物であった。つまりは「教育勅語体制」の末端の要といえる社会層の一人であって、前節に分析した「創世記」論文を皮切りに、教育界でも「神社革新」論文当時、明治四十四年（一九一一）から翌年そして大正三年（一九一四）と、集中的に『教育学術界』誌に教育論を発表している。本節では永迫のこれら一連の教育論をてがかりに、彼の神社革新論の背景とその広がりを考えてみたい。この作業は先にみた神社界の活性化論理での「将来の統一的宗教」論の背景をなす当時の国民教育上の信念涵養という問題を、永迫の神社革新論もまた共有していることを確認していくことになるだろう。

永迫の教育論のなかから、まず「神社革新」論文とほぼ同時、明治四十五年（一九一二）二月の『教育学術界』掲載の「教育宗教の合離問題」をとりあげよう。[16]「通俗的」にいって（つまり一般国民レベルで）、「宇宙人生の問題」の解決は「常識」だけではできず宗教が必要となるのであり、「我国の教育は、勅語の御趣旨に基いて教育するが原則」という「誰も異論はない」文部省の基本方針を本当に「貫徹」して「真に徹底した教育」を実現しようというのなら、「之〔教育勅語〕を宗教的に取扱はねばならぬ。即ち之に絶対の権威を認めしめなければならぬ」。まさにそのものズバリの教育勅語（のもとの教育）宗教化論である。この論考が発表された当時は、文部省や教育界が内務省の宗教利用の試みである三教会同を、教育勅語を軸とする国民教育を「非宗教」とする国家原則に抵触し、教育という領域を侵害するものとして問題視していた時期である。教育界の人間である永迫の、この主張の論争的性格は明瞭である。

この論考でまず目を惹くのは、教育勅語を軸とした日本国民教育の宗教化という議論にいう「宗教」、すなわち教育勅語に絶対の権威を付与するところの「宗教」なるものが、「教育とは全然分離すべき」タイプの「或る宗教」と区別された教育勅語の「宗教的取扱」を意味し、より具体的には「宇宙人生の問題」の「解決」にかかわる「宗教が教育を輔け、教育が宗教の真義に一致する」、「真正なる宗教」（として）「進歩したる宗教」とされていることである。永迫の教育勅語宗教化論にいう「宗教」は、特定の性格の実体をもつそれが念頭におかれていた。

この「真正なる宗教」は、「今日以後において真に世道人心を維持しようといふ宗教」という、「今日以後」つまりは明治日本とは異なるこれからの日本に必要になってくる「公」で機能する宗教である。それは、大正三年（一九一四）の永迫の教育論「学校と神社との関係」で、宗教は「神秘的だといつても全く常識を無視したものであつたならば、到底世道人心を維持していく価値のないものとなつて仕舞ふ」[17]とするように、合理性を前提に神秘性ももつ「公」のそれであり、「大信仰」と表現されるそれであった。

つまり教育勅語宗教化の議論もまた、「創世記」論文にいう「理想的宗教」、「反科学的」な「旧来の宗教」に対置されたところの「今日の科学及び哲学より見て頗る合理的なる新宗教」、「今日の進歩せる人心を維持」する「完全なる理想的宗教」の問題として主張されるものだった。永迫が神社革新論とほぼ同時に教育界で主張した教育勅語宗教化論は、ともに「公」で機能する「理想的宗教」の軸となる内実をいかに現実化していくかにかかわっており、ゆえに一体をなす主張だったと判断しうる。

以上の分析から、永迫の「神社革新」論文にも神社界自身の活性化論理と同様に国民教育と宗教をめぐる問題が背景にあったことが考えられる。ここで当時の国民教育と宗教をめぐる問題について必要なかぎりでやや具体的に論じておくならば[18]、①明治末年～大正初年は国民教育への宗教導入を求める「宗教教育導入運動」とでもよぶべきものが本格化しはじめる時期であり、その動向は神社界にとっての「事件」とみなされ、先にみてきた神社界における活性化論理形成の直接的な契機となった。②宗教教育導入運動が問題視していたのは、宗教を国民教育から厳格に排除して「非宗教」的な教育勅語による国民精神の教化をめざした明治立憲国家の根本原則（制度的確立は明治三十二年（一八九九）の文部省訓令第十二号）とその機能不全であり、運動はこの国家原則それ自体を変更する意味（体制変革的性格）をもっていた。③「非宗教」教育を堅持しようとする文部省は、宗教教育導入の要求をこの時点では一蹴するが、そこで問題視されたのが、そもそも「公」的かつ個別の宗派を横断した統一的信念により国民教育を担うとする理想宗教的存在の現実化など「到底望み得さる事」という、主張の非現実性だった。神社界の活性化における論理について、第二節第二項で先に引用した箇所は、②を軸とした①の社会的動向に対し、神社界が敏感に反応し、それを独占的に担うべき最も現実的な存在として自己を再定位することについて、③の文部省の反論の仕方を転用する如く（詳細は省くが言い回しも文部省と酷似）提示する議論だった。

そうしてみれば、宗教教育導入運動の本格化のなかでの神社界自身の活性化の論理形成と、永迫が国民教育での「理想的宗教」の現実性の担保を、国民教化回路として一体整備され政策的に稼働されるに至った神社神道にもとめていく過程は、まことにきれいに重なってくる。この二つの「神社－ネオ国教」論は、宗教教育導入運動の本格化とその抱えた困難性という（永迫の教育勅語宗教化論も教育界内部で批判をあびていたことは次節でふれる）、同時代的な社会的文脈においていずれも展開されたと位置づけうる。

（二） 新しい宗教理解とそのロジック

前項にみたように、永迫の教育勅語宗教化論で特徴的なことに「宗教」というコトバのつかいわけがある。永迫が「教育とは全然区別すべき」宗教という場合、それは大日本帝国憲法第二十八条に（条件つきではあるが）明記された信教の自由が適用される「私」の「宗教」についてであり、それを「公」の教育勅語を軸とした日本の国民教育に関与させないという明治日本が構築した国家の根本方針である。永迫はそれを否定はせずに、しかしそうした「私」の宗教とは別種の、「公」の国民教化的な「真正なる宗教」の問題として教育勅語を論じようとしているのである。

ここで再び大正三年（一九一四）の「学校と神社との関係」をみよう。(19) 宗教教育導入の主張に対しては、教育界内部で「教育者にして此の如きことを言ふものは不甲斐ない意気地なし」、「教育界の謀反人である、裏切者であるかのやうに罵」り、強い批判がむけられた。これに対して永迫は的を外した批判だとして反論している。「宗教と一口にいふけれども」根本的に違う二つのタイプがある。「非宗教」国民教育の原則に議論が抵触すると批判する側が念頭におくのは、「其所謂宗教」であり「一宗一派の宗教の事」である。これに対し、自分が教育を宗教化せよという場合の「宗教」は、「吾人の所謂一般的宗教観念によつて、崇高なる情操を養ひ、鞏固なる意志を鍛錬しようといふ所の宗教」である。批判者は二つの「宗教」というコトバの用法を区別していないので、「其放つた反対論の矢は的を外づれて、飛んだ所へ行つてゐる」。確かに、前項で検討した教育勅語宗教化論（明治四十五・一九一二年二月「教育宗教の合離問題」）は、「教育と宗教とは分離すべきもので混同すべきものでないといふことは、何人も異論はあるまい」としたうえで、「然らば教育は全然宗教的分子を脱してよいかといふに、吾人は大に然らずとなす」と論ずるのであり、[20]次項で検討する学校紛擾について論じた教育論「小学校より見たる中学校」（大正元・一九一二年十月）でも、あきらかに文部省訓令十二号を念頭において、同様の議論を繰り返している。[21]この点での批判はすでに回避済みではないか、といいたいのだろう。

こうした「宗教」というコトバのつかいわけが「神社革新」論文に確認しうること自体は第二節第一項で検討した。ここでさらに判明してきたのは、この「宗教」というコトバのつかいわけが「創世記」論文にみた「ネオ国教」としての「理想的宗教」論や、それに神社神道を位置づけた「神社－ネオ国教」という新しい神社観を論ずることを根本で「可能」にしていると永迫が考えている正当化のロジックであったという点である。永迫が使うこの正当化のロジックは、本稿で触れてきた、神社界自身の活性化論理におけるそれとまったく共通するのである。以下、再論しておこう。[22]

周知の如く、そもそも「宗教」という漢語は、日本語でしっくり対応しない西洋諸語のレリジョン等を表現するため動員された、異文化理解のための翻訳語にすぎないものだった。それはとりわけプロテスタント的なあり方が内実の核をなす、限定的な意味内容のものであった。明治日本で当初論じられていた「宗教」はこれであり、明治国家はこの前提で「宗教」をめぐる国家原則を設定した。「レリジョン／非レリジョン」を漢語「宗教／非宗教」というコトバで論じ制度化したのが明治という時代であった。したがって現在の普遍的な宗教概念の使用法を安易にもちこむことはできない。他方、大正初年の神社界の活性化と、それをもたらす社会的文脈としての宗教教育導入運動の「宗教」理解は明治期のそれとは異なるものであった。「宗教」概念の定着・自明化のなかで、意味が単なる異文化の「他者」理解から「自己」理解にかかわる普遍的属性を示す用語へと、二十世紀にはいるこの時期、宗教理解が変化しはじめていた。この新しい宗教理解を広めたのが、宗教学という新進学知の思想実践という社会への影響力行使であり、戦前日本に大きな影響力をもつことになっていく宗教教育導入運動は、まさしくその性格をもつものだった。社会的に広まりつつあるこの新しい宗教理解こそが、明治日本で国家原則化された「非宗教」国民教育を従来の狭い宗教理解によるものとして、否定はしないが限定的に理解して部分化・相対化する論法を「可能」にした。旧来の宗教理解を前提とする神社中心主義政策に、神社界が積極的に呼応するかたちで活性化しようとする際の神社観も、宗教教育導入運動の文脈のもと、やはり新しい宗教理解とその正当化ロジックを中核にくみこみ形成されたものであった。

永迫の「理想的宗教」を現実化しようとする「神社–ネオ国教」としての神社観も、神社界自身の活性化論理における神社観同様、まさに宗教教育導入運動の本格化のなかで当時社会に供給されつつあった新しい宗教理解とそれにもとづくロジックをとりこんで生成してきたと考えられる。

(三)「煩悶の時代」の危機意識

永迫は、大正元年(一九一二)十月の『教育学術界』中学校特集号で、当時の中学校で問題化していた学校紛擾に宗教を排除した国民教育のありかたの機能不全の顕在化をみて中等教育の宗教化を主張した教育論「小学校より見たる中学校」を、「東京市谷小学校長」の立場で発表している。[23]

永迫は、明治日本における教育が絶対的な価値を説くことが出来ず空疎化したことが「中等教育に教権なき」事態をまねき、「今日の青年学生が既に人を懼れず師を敬はざる放肆状態」が中学校の学校紛擾として噴出しているとみた。そして、この教権を回復する唯一の策が、「彼等の精神界を支配する所の一大権威」による「宗教教育」、「人間以上のあるものをかり来つて、之によつて教育上の統一を謀る」ことだとするのである。

この問題の背景として永迫が指摘するのが、明治時代の教育と社会のありかたである。彼は、「克己主義家族主義、国家主義等」が説かれ、「孔孟を祖述」し「形式的に修身道徳を談議」するのが従来の教育だったとする。ここで再度、大正三年(一九一四)の教育論「学校と神社との関係」をみる。[24] そこでは「時代の青少年を教導すること」の不全、とりわけ「中学校や女学校における精神教育の効果が薄弱」であることを問題視しながら、教育での「大信仰」導入の必要性が論じられるが、その背景として指摘されたのが、「科学万能の風が吹き荒ぶ唯物観全盛の時代」のもと、「常識即ち理智の力だけで教育していかうとする学者教育者が多い」という、教育「非宗教」状況であった。「小学校より見たる中学校」で永迫がいわんとするのも、結局はこの教育「非宗教」状況のことだろう。これをふまえたうえで「小学校より見たる中学校」をさらに読むと、こうした明治日本の「非宗教」枠組が、今や教育の「門外」つまりは明治末の日本社会での「新しい思想」状況たる「自然主義、個人主義、社会主義等」の展開のもと、次世代の国民たる青年層によって「惰眠を催さしむる」ものと相対化させられ機能不全に陥っている状況に、永迫の時代に対する危機意識があることがうかびあがってくる。

第二節第一項の冒頭、「神社革新」論文の引用箇所にみえる、「霊に飢えたる民衆」、「正しき道」を見失い「今や帰趣をもとめて左往右往せる国民」の状況こそは、まさにこれに関連するものである。同引用箇所の直前には、「維新以来」国民は「一切万事科学を以て之を解決得べしと思ひ、所謂科学万能の夢」のもとで、「世は挙げて無神不霊の徒の横行活歩（闊カ）」する社会状況にあったが、「今や国民は長夜の眠より醒めて、科学の万能ならざることを自覚するに至れり。霊の声、霊の響に接せんとして耳を聳てつつあるなり」[25]という、明治社会の「非宗教」的ありかたとそれが当時ゆらぎをみせていたとする永迫の時代観察がのべられているのである。永迫が叫んだ神社界革新の背景にも、「非宗教」明治社会の根本からのゆらぎへの彼自身の危機意識があったと考えられる。

中学校の学校紛擾といった青年世代に顕在化するような国民レベルの方向感覚喪失の状態に、明治日本が構築した国家デザインに機能不全が生じていることをみてとり、そこになんらかの根本的な「仕切り直し」、体制変革がこれからの時代には必要であるとする大正維新的な考え方は、これまで論じられてきたように、世紀転換期に顕著になった「煩悶青年」の問題状況と、それへの社会のなかに生じた向き合い方にかかわる問題である[26]。かつて筆者が分析したように、神社界自身の活性化論理の形成の直接的契機となった、当時の宗教教育導入運動の本格化それ自体のなかで表明されていた危機意識はまさにこれであり[27]、その危機意識は、一九二〇年代に本格化した段階の神社界の活性化に明瞭に確認できるものでもあった[28]。

五　むすび

以上分析してきたように、神社中心主義政策の展開に神社界にさきがけて呼応し、神社界にむかって同政策の積極的担い手として活性化することを「社会の声」として熱烈によびかける、永迫藤一郎の神社革新論とその神社観形成の特質は、そののち神社界が実際に神社中心主義に積極的に呼応し活性化していく際の神社観のそれときわめて同質性が高い、と判断してよいものであった。

この分析結果から、ひとまず、以下のような考察を試論としてまとめておきたい。

(1) 神社界の活性化をもたらす神社観の社会通念的性格

かつての筆者の検討では、神社中心主義政策の展開のもとで神社界の活性化をもたらすズレた神社観の形成について、「煩悶の時代」状況下の明治日本の「しきりなおし」(大正維新)という動向の文脈のもと、新しい宗教理解を社会に供給しながら本格化した宗教教育導入運動と神社中心主義政策が接触する面で、当事者たる神社界が新しい宗教理解を引き取って内在的に生み出していくと考えていた。しかし、今回の分析結果から、今後はよりふみこんだ、そしてさらに動態的な認識が必要であることが判明した。つまり、神社界の活性化を導き出した神社観それ自体ですら、神社制度整備の新局面のもと展開した神社中心主義政策をきっかけに当時の社会通念的なイメージとして形成される面があったのであり、神社界が新しい宗教理解を核としてすえて自己認識として神社観を形成していくその局面は、その社会的影響をうけたか、この社会的反応のあらわれの一端を示すものだったのではないか、ということである。ならば神社界が新しい神社観をつくりだし、その後それが社会に拡散したり政策サイドに逆流していくとした筆者のかつての展望もまた、直線的にすぎたということにもなろう。

(2)「ネオ国教」

神社界の活性化をもたらしていく神社観は、「ネオ国教」論の性格というひろがりをまとって肥大化していたと考えていく必要がある。「煩悶の時代」下で機能不全にあった明治日本の教育勅語による「非宗教」国民教化体制を、新しい宗教理解のもと理想宗教論的にのりこえていこうとする宗教教育導入運動と、この新しい神社観が密接な関連をもっていることを筆者はこれまでも指摘してきたが、今回の分析からすれば、その関連性とは大日本帝国憲法により「封印」された国教論議を新しい宗教理解のもとで再論可能であるとし、これからの日本に必要なものとしてあらためて論ずべきものとする、「ネオ国教」論の問題のひろがりにおいてもっと積極的に規定すべきものと考えられる。

(3)「神社－ネオ国教」の社会的生成と神社中心主義政策

以上のように、神社界の活性化をもたらしていく神社観は、「ネオ国教」論の肥大化した考え方を神社に結合させた「神社－ネオ国教」という性格をもち、それは社会的にひろがりをもって当時形成されてくる面があることがうかびあがってきた。その上で注目すべきは、神社中心主義政策という神社をめぐる制度整備のもとでの政策的動向こそが、「神社－ネオ国教」論形成の決定的な社会思想的契機となっているという点である。「国家ノ宗祀」として一体的制度整備がなされた神社の国民教化回路としての動員である神社中心主義政策のもと、地域神社を含む統一的な「国家ノ宗祀」神社体系の確立と運用は、「ネオ国教」の実現可能性を担保する最有力候補として、神道とりわけ神社神道を浮上させる面があったと考えられるのである。明治日本の翻訳語起源の狭い宗教理解のもとで構築された国家原則を前提とする日露戦後の神社制度と政策の動向は、他方でその国家原則自体を変質させてしまう根本的に異質な新しい宗教理解のもと、教育勅語宗教化も構造的に組み込んだ「神社－ネオ国教」という肥大化した神社のイメージ生成に社会思想上のまたとない「素材」とその現実化のよりどころを提供してしまうという、パラドキシカルな機能をはたす面があったと考えられる。

今後の展望と課題について。「神社－ネオ国教」論の視野において戦前日本の神社観と神社中心主義政策の動態を考えていくことは、神社制度・政策との関連性がメインとなる狭義「国家神道」系の議論と、近代日本の「神道国家」ともよぶべき状況との関連性がメインとなる広義「国家神道」系の議論を、歴史具体的そして実証的深化をともないつつ、動態的に架橋していく一つの作業たり得るだろう。[29] もちろん今回は試論にすぎず、考察の妥当性・有効性をふくめ、さらに検討をすすめていく必要がある。いくつかあげれば、①「神社－ネオ国教」論が、「帝国」日本の問題という位相で生成してくることの意味、②先行して登場してくる、日露戦後の有賀長雄「神道国教論」（一九一〇）はもちろんのこと、木村悠之介が注目している、日清戦後の「非宗教」的な木村鷹太郎「新神道国教論」（一八九七）[30] 等との関連性や段階性をふまえた「神社－ネオ国教」論の位置づけ、③永迫藤一郎の大正～昭和戦時期にかけての議論の展開とその歴史的意味[31]などをさしあたり考えてみたい。

＊史料引用の際一部省略（「……」）、引用者付記（〔　〕）、（ママ）等注記を適宜施し、傍点類は省略。漢字は新字体にあらためた。

註

(1)村上重良『国家神道』（岩波書店、一九七〇年）七九、一八〇頁。近年のものとして例えば、磯前順一「付論　国家神道をめぐる覚書」（同『近代日本の宗教言説とその系譜—宗教・国家・神道—』岩波書店、二〇〇三年）。

(2)赤澤史朗『近代日本の思想動員と宗教統制』（校倉書房、一九八五年）、森岡清美『近代の集落神社と国家統制—明治末期の神社整理—』（吉川弘文館、一九八七年）、櫻井治男『蘇るムラの神々』（大明堂、一九九二年）等。

(3)前掲赤澤同前書、五三頁等。

(4)畔上直樹『「村の鎮守」と戦前日本—「国家神道」の地域社会史—』（有志舎、二〇〇九年）、同「戦前日本社会における現代化と宗教ナショナリズムの形成」（『日本史研究』五八二、二〇一一年）、同「帰一協会と二〇世紀初頭の神社界」（『渋沢研究』二四、二〇一二年）。神社界の社会的活動の具体相と神社の国民教化への政策的動員の関係性については、宗教の社会貢献論の文脈で議論する神道史学の藤本頼生の仕事が注目されるが、公私の枠組をめぐる神社観の動態という視点は採られていないと思う（藤本『神道と社会事業の近代史』弘文堂、二〇〇九年、他）。この他、神社中心主義の実施をめぐる多様な側面・実態について、例えば日露戦後について、赤江達也「〈不謹慎〉の政治学—戦前日本の神社祭式と身体への眼差し—」『年報社会学論集』二六、二〇一三年）、佐々木正文「一九一〇年代奈良県における民衆教化政策と被差別部落―媒介としての寺院・神社に注目して―」『史学雑誌』一二四―四、二〇一五年）等、民力涵養運動期について、岩本通弥「可視化される習俗」（『国立歴史民俗博物館研究報告』一四一、二〇〇八年）、尾崎篤史「大正期の民力涵養運動と神社」（『神道研究集録』二四、二〇一〇年）、半田竜介「埼玉県神職会と氏子崇敬者惣代会について」（國學院大學研究開発推進センター編・阪本是丸責任編集『昭和前期の神道と社会』弘文堂、二〇一六年）等。

(5)樋浦郷子『神社・学校・植民地―逆機能する朝鮮支配―』（京都大学学術出版会、二〇一三年）。植民地朝鮮と神社の教化機能については青野正明『帝国神道の形成―植民地朝鮮と国家神道の論理―』（岩波書店、二〇一五年）も重要。

(6)藤田大誠「神社対宗教問題に関する一考察―神社参拝の公共性と宗教性―」（『國學院大學研究開発推進センター研究紀要』七、二〇一三年）。

(7)前掲畔上「帰一協会と二〇世紀初頭の神社界」。

(8)山口輝臣『明治国家と宗教』（東京大学出版会、一九九九年）。

(9)小熊伸一「雑誌『教育学術界』解説」（寺﨑昌男監修小熊伸一解説『教育学術界　解説』大空社、一九九一年）。永迫の生年は同論文によるが、明治三年生とする文献もある（小林亀治郎『現代人物辞典』中央通信社、一九一二年）。また、「永廻」表記がおそらく正式だが、今回使用した文献はすべて「永迫」表記で書かれているため、以下、本稿では「永迫」で統一する。

(10)永迫藤一郎「神社は果たして宗教の外に立つべきものなるか」（『神社協会雑誌』一一―二、一九一二年二月）。以下本項での引用はことわらないかぎりこれによる。

(11)前掲畔上「帰一協会と二〇世紀初頭の神社界」。

(12)山田新一郎「神社中心主義の実施」（『全国神職会会報』二〇二、一九一五年）。

(13)前掲永迫「神社は果たして宗教の外に立つべきものなるか」。

(14)永迫藤一郎「我国の創世記と世界教（二）」（『教育学術界』二四―二、一九一一年一二月）。以下本節での引用はことわらないかぎりこれによる。

(15)（無署名）「宗教利用問題は両様に見るを要す」（『教育学術界』二四―六、一九一二年二月）。巻頭「主張」。

(16)永迫藤一郎「教育宗教の合離問題」（『教育学術界』二一―六、一九一二年二月）。

(17)永迫藤一郎「学校と神社との関係」（『教育学術界』六―四、一九一四年一月）。

(18)以下、①②については前掲畔上「帰一協会と二〇世紀初頭の神社界」、③についてはこれに加えて、（無署名）「帰一協会の決議について一木文相の談」『愛知県神職会々報』二六五、一九一五年八月（國學院大學所蔵）。引用はこれによる。閲覧に際し藤本頼生氏に種々ご配慮いただいた。記して感謝したい。

(19)前掲永迫「学校と神社との関係」。

(20)前掲永迫「教育宗教の合離問題」。

(21)永迫藤一郎「小学校より見たる中学校」（『教育学術界』二六―二、一九一二年一〇月）。

(22)前掲畔上「帰一協会と二〇世紀初頭の神社界」。

(23)前掲永迫「小学校より見たる中学校」。以下本項での引用はことわらないかぎりこれによる。

(24)前掲永迫「学校と神社との関係」。

(25)前掲永迫「神社は果たして宗教の外に立つべきものなるか」。

(26)筒井清忠『日本型「教養」の運命―歴史社会学的考察―』（岩波書店、一九九五年）、有馬学『日本の近代4「国際化」の中の帝国日本―一九〇五～一九二四―』（中央公論新社、一九九九年）等参照。なお、当該期中学校における学校紛擾の特質と同問題との関連性については、佐藤秀夫「学校紛擾の史的考察」（同『教育の文化史2　学校の文化』阿吽社、二〇〇五年）二四八頁。

(27)前掲畔上「帰一協会と二〇世紀初頭の神社界」。

(28)前掲畔上『「村の鎮守」と戦前日本』。

(29)最近の研究動向の整理として、昆野伸幸の前掲『昭和前期の神道と社会』書評（『明治聖徳記念学会紀要』復刊五三、二〇一六年）。

(30)木村悠之介「明治後期における神道改革の潮流とその行方―教派神道と『日本主義』から「国家神道」へ―」（『神道文化』三一、二〇一九年）。

(31)永迫意水（＝藤一郎）の著作『創造的生命観　新しく生きる道』（科学哲学統合会、一九三七年）等の分析をすすめている。

十九世紀建築論と明治天皇奉斎
——表象・趣味・ナショナリズム——

青井哲人

一　はじめに——大正初年の転回：十九世紀建築論が明治天皇奉祭神社という問題に出会うとき——

明治三十年代から四十年代前半にかけての伊東忠太（慶応三〜昭和二十九）は、神社建築における新材料の導入、新様式の創出に期待する立場をとった。明治天皇崩御直後に神社創建の可能性が取り沙汰された際にも同じ考えを開陳している。ところが、その創建が決定され、神社奉祀調査会に委員として設計方針を提示する段になると、伊東は新様式創出を「不適切」とし、伝統的な流造の本殿を素木造とするのがよいと主張し、これが承認される。新様式創出の封殺とともに浮上したのは、本殿以下の社殿群を壮麗に組み合わせ、回廊を多用し、参拝者があたかも宮殿の空間を天皇と共有しているかのように感じられる雰囲気を目指したい、という考えだった。時代の表象としての建築様式という主題が後退し、いわば集合的身体（国民）と想像的身体（天皇）との出会い方という、あえていえば機能論・空間論の視角がせり出したのである。これを大正初年の「転回」と呼んでおこう。『明治神宮以前・以後』[1]所収の拙稿では、神社建築における「二十世紀的なもの」(近代建築modern architecture)の獲得過程の端緒にこの転回を位置づけた。以後は大江新太郎(明治九〜昭和十)によってさらなる社殿群の複合、すなわち機能的な改良と意匠の豊富化が図られ[2]、その果実を角南隆(明治二十〜昭和六十五)を頂点におく戦時下の神社造営組織が大量造営に運用可能な諸類型へと整序した、というのが拙稿での仮説的見通しだった。しかし、そこでは「二十世紀的なもの」を角南体制に同定したうえで、その諸特徴の萌芽を過去に遡る目的論的な構えが暗黙に下敷きにされ、そのためかえって明治天皇奉祭神社という課題が出現したことの衝撃(歴史的意義)を曖昧にしてしまった嫌いがある。そこで本稿で試みたいのは、むしろ「十九世紀なもの」が明治天皇奉祭という事件に遭遇してどう変化したのかを跡づけることである。

明治三十年代の伊東は、三十二年(一八九九)帝国大学助教授昇格、三十四年博士学位取得、その後三年三ヶ月に及ぶ留学(世界建築探検)、三十八年教授昇格と、着実に学術的地位を高めており、しかもこの間、三十四年に最初の神社建築史の体系を発表しただけでなく、内務省神社局技師・造神宮技師(いずれも兼任)をつとめ、四十年竣工の官幣大社宮崎宮(のち宮崎神宮)の社殿設計に携わってもいる。四十五年七月の明治天皇崩御を迎えたとき、そのカリスマを奉祭する神社の設計責任者に伊東以外の者が選ばれる余地はなかったといってよい。実際、彼は神社奉祀調査会委員として「転回」を演じ、つづいて明治神宮造営局工営課長として設計から竣工までを指揮した。

彼を中心に設計された明治神宮の社殿をめぐっては、藤岡洋保の大著『明治神宮の建築』[3]が最も詳細かつ網羅的な歴史研究である。ただ、同書は明治神宮の実際的な設計過程を跡づけ、そこに神社建築史の知識が役立てられたことを説得的に示すものの、ここで注目する論の転回にはふれていない。他方、大丸真美は諸言説を広く渉猟して、この転回を「進歩的発想から伝統尊重へ」の転換とし、これによって以後神社界に広く受容される「神社木造論」としての伊東の神社建築論が「大成」されたと評価する。[4]だが、これでは神社界の立場からの追認的評価にしかならない。実際、同じ転回を、丸山茂はかつていわゆる転向論の構えから鋭く批判していた。[5]明治二十〜三十年代にはあった「学理」への忠誠と「国民様式」創出に向かう建築家の主体的創造の契機が、明治神宮造営において抑圧され、伊東が「悠久不変の国体」という論理の支持者として振る舞いはじめる過程に、「建築論の不毛」を見たのである。

本稿は丸山や大丸の作業を批判的に受け継ぎ、「進歩」から「伝統」へ、あるいは主体的な創造の「抑圧」といった評価の前に、変節の構造そのものをいまいちど問い直す。注目すべきは、明治三十年代から四十年代前半の神社建築論に先んじて、明治二十年代以来、伊東がイギリス、フランス、ドイツなどの建築論から学び築いてきた思考の型である。建築とはそもそも何か、そして世界の建築の歴史的発達はどのような法則に突き動かされるものであるかを彼は問い、明治後半の建築界の代表的イデオローグとなった。伊東の転回は、国家の圧力に直面した建築家（個人）という丸山的な枠組よりも、まずは明治天皇奉祭神社という課題に直面した十九世紀建築論の変質として吟味すべきだろう。

ところで、維新以後に国家的・公共的な神社を創建しようとするとき、その形態の決定に自明な回路があったわけではなく、何らかの論理や修辞の持ち込みが必要であった。それは後述する伊東の言説にもよく現れている。祭神の性格をはじめ様々な条件が根拠にはなるが、それら要素を解釈し整序する論理は別に必要である。この論理を提供したものこそ、明治日本の、ひいては十九世紀西欧の建築論であったし、さらにいえば祭神の性格といった要素的な立論さえも十九世紀西欧建築論と絡む可能性がある。

明治天皇奉祭にもむろん自明の正解はなかった。のみならず国民の称賛と崇敬を損ねることは決して許されなかった。そのぬかるみのような場にとにかくも仮設してみるほかない手持ちの足場として建築論があったのである。じつのところ、ぬかるみの性質を知るのもこの足場の揺れによってであり、かりにそれを組み替える必要が生じたとしても、足場の成り立ちに沿って手直ししなければ全体が瓦解してしまう。

以下、伊東の神社建築論、ついで明治の建築様式論、さらには西欧の建築論へと順に枠を拡大しながら、ここでいう十九世紀建築論の特質をつかみ、明治天皇奉祭という神社建築設計の実験場に仮設された足場の機構と、その修正の理路をさぐっていこう。逆にいえば本稿は、こうした手続を通して、建築論の視点から明治神宮創建の意義を照射することになるだろう。

二 神社建築の様式論

まずは神社建築にかかわる言説に絞って、明治三十年代から明治天皇崩御直後までの伊東の議論をみよう。

(1) 伊東忠太「日本神社建築の發達」(明治三十三年〔一九〇〇〕十一月建築学会通常会講演[6])

神社建築史理解の嚆矢となった講演である。総説のあと、古代の「無建築の時代―神籬」につづけて「神社宮室無別の時代」(大社造、住吉造)、「神宮宮室有別の時代」(神明造、変態)、「曲線形適用の時代」(春日造、皇子造、流造、変態)、「神仏混淆の時代」(八幡造、伽藍造、変態)、「本殿拝殿連結の時代」(権現造、八棟造)と時代を下り、最後に「現今及将来の神社」と題する章を設ける。そこで伊東は、神社創建や営繕など造営の機会が多数あることを指摘しながらも、「今の世の中は何事も暗黒であるが如く、神社建築も亦暗黒であります」との認識を示す。第一に明治初年に国家財政管理のために「制限図」が定められ、創建神社がこれに追従して神社建築の「發達」が人為的に阻まれる「甚だ遺憾」な事態がある。第二に新様式創出の試みも難しい。「今假に一大神社を興さうとするならば、果して何れの形式を撰むでありませうか」と提起したうえで、「神明造や大社造はあまりに無藝なり」、「伽藍造は如何にも寺院臭し」。過去の形式を模倣するのは面白くないが、かといって「新基軸を出して破天荒の様式を造らんか、如何にも神社らしくは見へず、又此神社らしく見へざる新様式を実地に試る丈の勇氣もなければ人も許さず」、やむをえず既存の形式に少し手を加える程度にとどまってしまうのが現状という。

そのうえで伊東が提示する指針はふたつである。(a)「神社は何處までも神社らしい躰裁を保たなければならぬ」(傍線筆者)。神社らしさの「條件」が講究され、具足されれば、制限図のような「規律」は不要である。この「條件」の範囲内で建築家の「意匠を發揚するの自由を得せしめなければならない」。(b)個々の神社の設計では、「凡そ神社建築の形式は其祭神の時代と符合する様にすれば最も適當である」(傍線筆者)。そうすれば、「神社建築を以て直ちに日本の各時代の建築の趣味を代表することが出來て、甚だ面白い」、「明治時代の人を祭神とした神社は、石造でも、煉瓦造でも」よいはずだ、と伊東は述べる。神社総体をもって日本史の博物館とするイメージだ。

(2)伊東忠太「神社建築の様式は一定すべき者なりや」(明治三十五年一月)[7]

『神社協会雑誌』掲載の文章であり、神社界に対しても伊東が新様式創出の可能性を強調していたことがわかる記事である。材料の変化は避けられぬ「自然の発達の順序」であり、「今後は石や煉瓦造の神社が現はれ」ることも期待すべきであるとしており、材料の変化が(1)よりいくらか強調されている。

(3)伊東忠太『神社建築史』(明治四十三年)[8]

皇典講究所神職養成部で行った神社建築史講義の記録である。ここに、「明治時代の功臣」を祀る神社を創建する場合の社殿建築について興味深い言説が含まれる。

假に明治時代の功臣の為めに一つの神社を興すと云ふ場合があったらどうするか、それは無論今の主義からして明治時代の粋を蒐めた神社建築をすれば宜いと思います、然らばそれはどんな形になるかと云へば随分突飛なものになるか知らぬ、それは少しも構はないと思います、若し出来れば明治式の神社を造って見るのも面白いと思います（中略）煉瓦造や石造の神社が出来てもそれは少しも差支ない。但し若しも木造と云ふことが神社建築たる必須の条件の一つであると解釈されたなら、石や煉瓦は見合せて均しく木造にしてその形式手法の上に一大変化を試みるの余地がありさうに思われます。之が自分の神社建築に対する考へであります。

「今の主義」とは（1）の指針（b）、祭神の時代に即した様式とすべきことを指す。落ち着き払った科学者の思考実験のような趣もあるが、建築家としての期待や意欲も垣間見えるように思う。なお、明治四十五年の『神社協会雑誌』の記事でも、「今仮にまさに明治の功臣を祀る神社が出来ると想像せよ[9]」という比喩が語られる。新様式創出の土俵を想定させる「明治の功臣」の例示は、このころの伊東が頻繁に持ち出した常套だった。

（4）明治天皇崩御直後のいくつかの新聞記事（大正元年八月）

明治四十五年七月二十九日に明治天皇が崩御し、天皇奉祭神社の社殿について新聞の取材を受けた伊東は、右の「明治の功臣」の例示をそのまま転用してこう述べている。

明治時代には新しい様式がなければならぬ（中略）後世の人をして明治時代の観察を遺憾ならしめん為めに形や構造や装飾の上に現代の最善を尽くした明治新型の建築を実現したいものである。只千年前の技術を其侭徹頭徹尾真似るのは甚だ知恵のない遣り方である[10]。

このような見解はひとり伊東だけのものでなく、同じ建築史の関野貞も古代からの神社建築史の大きな流れを俯瞰して、明治は新しい形式を生んでもよい時代だと述べている[11]。もっともこの論調は建築界でも他分野でも少数派で、神明造を推す者が最も多かった。しかし結論はそうでも、できれば明治らしさを出したい、材料は不燃としたいといった気分はかなり広く共有されており、確信的な復古主義は決して一般的ではなかった。

また、関野は明治神宮に「日本のパンテオン」たる記念殿と明治の「正倉院」たる記念博物館を併設することを提唱している。伊東の神社＝博物館イメージも含め、明治天皇の崩御は古代以来の日本史の総括的可視化という想像力を刺激したのだろう。また、ひとつの境内に神社・記念殿・博物館を併設させよとの関野の提案は、明治天皇の記念・表象として神社社殿に彼が感じていた物足りなさを示唆するかもしれない。

三　明治の様式論

つぎに神社という限定を外して建築論一般にまで視野を広げよう。ここでは伊東忠太の最初期の様式論と、明治天皇崩御前の言説をみた後、他の論者については、明治四十三年（一九一〇）の学会討論会を材料に見渡してみることにしたい。

（5）伊東忠太『建築哲学』（帝国大学工科大学卒業論文、明治二十五年[12]）

西欧の十九世紀建築論を渉猟して綴ったこの大部の卒業論文は引用と思索の集積と思われるが、引用元の著者名はかなり記されるものの、書名が明記されず、明治中期のこの恐るべき学習を文献学的に跡づける作業を難しくしているのは惜しまれる。論文は大きく「美術建築論」と「建築派流論」とから成り、前者は、「建築士ハ所謂美術思想ニ富ミテ能ク美ヲ解シ、匠工ハ終ニ之ヲ解セス」といった文から分かるように、「美」の知識と思想の体系化によって「建築士」（建築家 architect）と彼が取り組むべき「建築 architecture」の地位を確保することに膨大な記述を費やしている。

他方、「建築派流論」の「派流」は style の訳語で、当時は「派流」、「流派」、「様式」などがまだ併存していた。

今若シ一定ノ処一定ノ時ニ於テ、其人一定ノ嗜好ヲ有スルトキハ之ヲ国民嗜好ト名ケ、其嗜好ノ発シテ芸術ヲ形クルノ手法ヲ派流ト名ク、（後略）[13]

この簡潔な定義は印象的である。「派流」を形づくるのは、ある地域、ある時代の人々の有する「嗜好」、他の箇所からの文言を使って言い換えれば「国民嗜好」である。建築家は審美学の法則をわきまえて「美術建築 artistic architecture」をつくるのが当然だが、美しければ「様式」になるというものではなく、国民の「和同」という淘汰が鍵を握る。個人の創作と、様式形成という集合的かつ歴史的なプロセスは位相が異なるのだ。

「嗜好」概念は、イギリスの心理学者アレクサンダー・ベイン（Alexander Bain, 1818-1903）を引いて、「美術上ノ製作ヲ観テ之ヲ感受スルノ性ヲ云フ」と説明され、これは「不定元素」と「恒久要素」とからなるという。前者はいわばロマン主義的な、民族によって異なり、なおかつ連続的に変化しつづける趣味、後者は啓蒙主義的な、民族や歴史と無関係にあらかじめ人間に埋め込まれている絶対的な美的判断力である。論文前半の「美術建築論」はこの恒久元素に対応するだろう。派流の形成は、不定元素がもたらす形式変化のダイナミクスと、恒久元素が引き締める形式的統一との「抱合」として説明される。また、この「抱合」が成った真の意味での「建築派流」は、歴史上は「クラシック」と「ゴシック」のふたつのみだとも伊東は述べている。そして現在の日本建築は、「人民一般ノ定見ナキヲ示スモノニシテ、吾人ハ深ク之ヲ恥ヂザルヲ得ズ」とし、「本邦建築未来ノ派流」は木造建築の伝統を、これに接続可能な「クラシック」と折衷することで得られるだろうと結論している。

このように、この論文には普遍的な美学とロマン主義的な様式論というふたつの相異なる位相が繰り返し現れる。この二元性は『建築哲学』の特質であり、以後の伊東においても解消しない。

（6）伊東忠太「建築進化の原則より見たる我邦建築の前途」（明治四十一年建築学会講演）[14]

明治三十五年から三十八年の世界旅行をへて発表された、よく知られる「建築進化論」の講演である。冒頭に現状認識を示すが、そこには八年前の「日本神社建築の發達」（明治三十三年）にあった「暗黒時代」という言葉のほか、「混沌」、「殆と無政府」、「過渡の時代」などの言辞が用いられる。[15] 建築形式が「純粋」な状態、すなわち人々にとって即自的に存在していた状態が幕末維新によって終焉を迎え、次なる「新しいスタイル」ができない、建築家にとっても歴史的に「稀有な意義」を蔵した時代である。こうした現状認識のうえに、伊東は「建築進化の原則」によって「日本建築の前途」への指針を得ようと考えた。

まずイギリスの建築史家ジェームス・ファーガソン（James Fergusson, 1808-86）の建築史によれば、と伊東は述べる、建築が発生して「ひとつのスタイルを作る」には「天為的と人為的の素因」がある。天為的素因とは「土地の状況即ち其土地の気候風土地質、其土地から産する材料」、人為的素因とは「国民性、其国民の有つて居る所の宗教政治或は慣習」である。他に「戦争や通商に由て他のスタイルの影響を受ける」事態も起こりうる。これらが「相寄つて初めて建築のスタイル、一つの型と云ふものが出來る」。こうしたファーガソンの考えをもとに、伊東はよりダイナミックな現象を扱えるように、七原則を提案する。

第一　建築は材料（肉體）と意匠（精神）とより成る。

第二　材料は意匠を助成し、意匠は材料を改善し、相輔けて進化す。

第三　建築意匠を司る最大勢力は宗教なり。
第四　スタイルはスタイルを生ず、スタイルは故なくして發生又は死滅せず。
第五　左の場合にはスタイルの變化を生ず。
（甲）材料變化するとき　（乙）意匠變化するとき　（丙）強制的若しくは任意的に外部の影響を受くるとき
第六　スタイルの變化は左の形式に於て現る。
（甲）器械的混合　（乙）化学的融合
第七　スタイルの變化は突如に成ることなし若し材料の變更に由る場合には其間に所謂 Succedaneum 即ち Substitution の時代を生ず。[16]

第一、第二と第五、第七の各原則を関係づけていえば、あるスタイルは材料＝意匠の結合としてあるのだが、そのうちたとえば材料が木から石へと変化しても意匠がしばらく据え置かれ（代替、置換 substitution）、やがて材料が意匠の変化を「助成」して新しいスタイル、つまり材料＝意匠の次なる安定的結合へと至る。こうしてスタイルがスタイルを生み出していくわけである。

こうした様式遷移の動因として、伊東は第五原則の（甲）つまり材料の変化に主に着目するが、明治以降の日本では木から煉瓦・石への材料変化が起きつつあるのだから、必ずスタイルに変化が生じなければならない。ところが、第三原則にある「宗教」の建築への支配力が維新で失われ、それを置き換えつつある「公共」の精神が不確かなうえに、第五の（丙）すなわち外部の影響を強く受けて混乱に陥っているような（やや植民地的な）状況である。外来文化の影響が強いときは、第六の（甲）器械的混合、すなわち折衷主義的な状況を呈するもので、

（丙）化学的融合が進んで全く新しい段階に進んで様式成立にいたるのは容易ではない。以上が日本の「暗黒時代」だ。

将来の建築様式についてはこう述べる。まず、「欧化主義」は自然な遷移を否定する文化的「自殺」である。次に、「折衷」から新たな様式が生まれることもあるが、それを主義とすべきではないと学生時代の折衷論を否定する。「即ち日本に於ては是まで發達して來た美しい木造建築が何処までも本意になりまして其を進化さして出來た形が日本將來の形式となるのが理論上正当なことであります[17]」。こうして、「欧化」と「折衷」という現実には支配的な趨勢に対し、伊東は第三の道を提示するのである。

そして、『建築哲学』の派流原論と同様、ここでも様式は建築家の創作とは別次元の淘汰プロセスのなかにある。「イクラ騒いでもスタイルは人力を以て自在に創造したり破壊したりすることは出来ない、（中略）要するに特殊のスタイルの大成する迄には長い時間を要する、其長さは到底我々豫想することは出來ない[18]」。ゆえに「建築界の不振を慷慨」するのは「大に誤である」とまでいう。

要するに議論の中心は、材料の更新がもたらす様式の遷移というダイナミクスへの期待にある。世界のどこでも木造から石造・煉瓦造へ移るのは間違いない、古代ギリシアの神殿も昔は木造だった、ゆえに日本も伝統的木造建築を基盤として石造・煉瓦造への転換を推し進めれば日本的なオーダーとも呼べるようなものに到達するのではないか。建築家としては、この可能性を踏まえ、クラシックとゴシックというふたつの傑出した様式をはじめ、古今東西、世界の建築様式に学ぶことが重要だとも述べられている。

進化のダイナミクスを支配する法則への関心が前景化し、かわりに『建築哲学』にはあった普遍的な美学や設計方法といった建築家を建築家たらしめる議論がほとんど霞のなかに消えかかっている。稲垣栄三は、日露戦後のナショナリズムの高揚のなかで、当時の伊東がハーバート・スペンサー（Herbert Spencer, 1820-1903）の社会進化論に傾倒したらしいことを指摘している。なお、丸山茂はこうした伊東の「内発主義」的な思想からして、神社建築こそはその探求に最も「即応する対象であったろう[19]」と指摘するが、実際にはこの講演には神社への言及はただの一言もみられない。

(7)「我國將來の建築様式を如何にすべきや」(日本建築学会討論会、明治四十三年六月・八月[20])

仮建築のままであった帝国議会議事堂の本建築(恒久的建造物の建設)は、明治建築界にとっては宿願だった。明治三十年には内務省に議院建築計画調査委員会が設置されて期待を盛り上げたものの日露戦争等のため途絶、ついで明治四十三年に再び同委員会が設置されたのを機に、建築学会としては設計競技の実施を政府に提言するとともに、議論の醸成のため討論会を開催した。ここでは二回にわたる長時間の討論会記録を概観し、伊東以外の論者も含む明治末期の様式論の特質を広くうかがっておこう。

主論者として登壇したのは四名。その主張は、三橋四郎＝和様折衷論、長野宇平治＝欧化論、関野貞・伊東忠太＝進化論と分類されるのが通例だ。しかし、一見対立する四者が基本的な思考様式を共有していたこともおおい見えてくるだろう。まず、議論の対象は公共施設であり、それが石造・煉瓦造でつくられることはほとんど議論の余地のない共有事項となっている。「様式」概念については、関野が最も整然と説明している。

> 様式を決める要件は第一に地勢である、今日本の建築様式を決めるのでありますから第一に日本国土といふことを頭の中に持つて居らなければならぬ、第二には氣候即ち日本の氣候である、第三には建築の材料である、第四には慣習である、座るとか立つとか云ふやうな慣習です、第五には従来の様式である、従来の日本の様式は將來の様式に如何に影響するものであるか、あるいは影響せずに濟むものであるか、それを考へなければならぬ、第六には外国の様式との觸接である、唯今では西洋建築が盛んに這入つて來た將來の様式は

其感化影響を受けずに濟むものであるか、或は從來の様式を捨て、全然之れを採用すべき者であるか、充分に之れを研究しなければならぬ、第七は特に新様式成立の最大要素である、即ちそれは時代思潮であります、言い換えれば今日の日本国民の時代精神です、また現代の我日本國民の趣味と云ても宜い是は最も重きを置いて考えなければならぬ事と思います。我國將來の様式を決定するには此七大要件に付き充分に研究しなければならぬ(21)

こうした理解に基づき関野は、「今日」の公共建築の機能自体が西欧から移転されたものであり、慣習も変化し、材料も不燃化を目指さねばならない以上、それを踏まえつつ、日本の「国民的性格」、「国民的精神」は「根本の性格に依然たる所の者が殘て居る」ことも重視し、さらにはイスラム、インド、中国なども含む古今東西の諸様式のよいところを学んで消化してゆこうと述べる。この討論会では会場からの賛否や別論にも多くの時間を割いているが、多くの発言者が関野説に賛意を示しており、この時代の様式理解の特質がうかがえる。

伊東忠太は前節で紹介した二年前の「建築進化論」を簡潔に繰り返した。関野との差異から、明治の様式論が必ずしも一様でなかったことがわかるが、しかし、思考の特質はそう遠くない。要するに建築にはその形態を決める複数の要因があり、それら要因は地域や時代が違えば異なる値を代入すればよいような変数として観念される。ゆえに過渡期の建築家はこれら変数がどう変化するかを観察し、各々の知識と創意によって新しい試みを案出して時代に投げ込み、国民の集合的で無意識的な選択（淘汰）に委ねよ、という発想だ。

欧化論の長野は、おそらくセセッション（ウィーン分離派）を念頭において、西欧では「クラシック・アーキテクチュア」を基本として盲目な模倣を脱し、新しい「智識」を「適度に應用する」ことで新様式に到達しつつあると述べる(22)。「現世紀」は世界が急速に接近する時代だという認識は、関野ら他の発言者にも共通するが、長野は「日本は世界と同じ軌道を進んで行く」とする。様式の基盤が「ナショナリティー」であるとの理解は彼も同じだが、その国民性自体が西欧的なものに変わる国際化の趨勢を、長野は捉えているのである。

また、いずれの論者も単純な折衷主義には懐疑的であるが、折衷的な発想が基盤にあることも疑えない。表面的にも折衷論者である三橋の場合も、その背景認識として、アール・ヌーボーやセセッションが日本からの影響を強く受けた潮流であることを強調するなど、双方向的な文化交渉への認識があり、また折衷の先に何らかの融合・発展が想定されていた節がある。伊東や関野は折衷を批判しているが、建築家は古今東西のあらゆる様式に通暁し、その良いところを融合させて新しい様式ができるまで鍛錬せよと言っている。長野が展望した国際様式もまた古典主義を基盤として新しい要素を組み合わせたものと観念されていた。

要するに、明治の様式論は基本的な思考を広く共有しており、差異は現実認識にあったといえよう。実務家の三橋や長野は現実に直面した指針を述べており、伊東や関野は遠い将来をみる法則論者として発言している。また、ここにも「国家の宗祠」たる神社を焦点とする宗教建築の将来、といった議論はない。

その後、帝国議会議事堂の建設計画が財政的な理由から再び頓挫し、この議論は急速に退潮、そして二年後に明治天皇が崩御する。崩御直後の新聞記事にみる明治天皇奉祭神社の新様式創出論は、公共施設を主眼とする「我国将来の建築様式」の議論を、神社に対象を移して反復されたと見立てられる面が多い[23]。しかし、冒頭に述べたとおり、大正二年（一九一三）に神社奉祀調査会が動き出したときにはすでに、それは封殺されていた。

四　十九世紀の様式論

以上から、明治天皇崩御直後までの新様式創出論が、明治後半の様式論という広い基盤を有するものであったことはほぼ明らかだろう。以下その特徴を概括しながら、ヨーロッパの十九世紀建築論との関連を示唆する。

（一）　過渡期＝暗黒時代の認識

明治後半から大正初期、多くの論者が同時代を過渡期あるいは暗黒時代とみなしていた。その種の過渡期論は、西欧では建築や美術などの領域で十九世紀前半から繰り返されたものである。たとえば十九世紀の半ば、イギリスの画家リチャード・レッドグレイブ（Richard Redgrave, 1804-88）は「国家様式の創出に関して、かつては世界中が幸運だった。その頃デザインは、皆が感じている必要に合わせることができ、その時代の感性に共鳴していた」[24]と述べる。しかし、様式が社会の「必要」や「感性」に一致した即自的なあり方をしているとき、それは「様式」として対象化されはしない。論争が戦わされ、「様式」概念が言説に踊る状況こそが、実態としては様式「不在」なのであった。様式混乱の原因は、大局的にいえば市民革命・産業革命の進展による伝統的建築の支持者の没落と新興勢力の勃興、そして議事堂、博物館、学校、駅舎など過去になかった建築種別の急増、工業化による建築生産現場の変容などを背景としていた。一方、様式不在という意識や次なる様式をめぐる論争は、それを共有する共同体の観念なしには意味をなさない。事実、レッドグレイブの言葉にあるように、それは「国民」、「民族」の様式の不在として観念されていたのだが、「国民」などの概念もまた模索を要する新しい概念だったことを忘れてはいけない。

明治六年（一八七三）設置の工学寮を引き継いだ工部大学校に、初めての正式な教授として着任したイギリス人建築家ジョサイア・コンドル（Josiah Conder, 1852-1920）は日本人学生を熱心に指導した。明治十一年に彼が学生に向けて語った「建築とは何か」という概論的講義の記録があるが[25]、ここでコンドルが語ったのは、建築家たる者が持つべき知識と技術と倫理の高みといったもので、十四年後、これに膨大な記述を与えたのが伊東の

『建築哲学』の「美術建築論」だったと見立てられる。しかし、この間に日本の都市は西欧建築諸様式の模倣・混在という「奇観」を呈し、伊東は建築界の懸念を学生ながらに代弁するに至っている。西欧の十九世紀建築論にあった過渡期論が、ここへ来て参照すべき価値を持ち始めたのだといえよう。

（二） 時代精神および建物種別への適合性

しかし、混乱のなかでも建築家たちには建築の形態決定についてそれなりの原則があった。実際、明治の神社という本来的には根拠不在の主題にも一定のガイドがあり、伊東は、第一に建物の種別（神社）に似つかわしいこと、第二に祭神（の属す時代）の表象たるべきこと、のふたつをあげていた。

建物の形態をその内容への適合性によって論じる伝統は、古代ローマのデコル論に遠い淵源を見いだせるが、十九世紀建築論の基盤という点では、十八世紀アカデミー（フランス）のジャック・フランソワ・ブロンデル（Jacques-Francois Blondel, 1705-74）あたりから検証するのが妥当だろう。[26] 彼はアカデミーの伝統的概念である「コンブナンス convenance」（適合性）を継承し、また建物が示す多様な「カラクテール caractère」（性格）を「様式」と同義に用いた。伝達すべき内容と伝達の方途としての形態との適切な結びつきという修辞学的な原則は、十九世紀には爆発的に増える新しい建築種別（映画館の非日常性はエジプト様式によって表現される等）、新しい美徳や規範、そして新しく登場した「国民（民族）」にも拡張されていく。国会議事堂は国家や民族の適切な表象たらねばならないし、過去の歴史様式のうちどれが国民様式の資格をもつにふさわしいかといった議論もなされるようになる（一九世紀中葉のドイツ人建築家がゴシックをゲルマン様式と呼んだように）。他方、『建築哲学』で伊東は、様式をつくるのは国民の「嗜好（趣味）」であるとしていた。「趣味 taste」概念は十八世紀イギリスのピクチャレスクをめぐる経験主義的な美学の言説に頻出し、十九世紀には国民的な審美的感性といった意味で「国民嗜好 national taste」の概念が使われる。アメリカ人哲学者・東洋美術史家のフェノロサにもこの語の使用が認められるから[27]、伊東らがフェノロサ、岡倉天心らからこの概念を学んだ可能性は高い。

（三）歴史主義的な思考

十九世紀には、国民様式の不在という意識の下で、過去の「様式」が呼び出され、そのどれが最も国民的であるかを議論する歴史主義的な思考が共有されていた。西洋ではクラシックとゴシックがふたつの傑出した伝統と考えられたが、この言説の型も日本に移植され、先に『建築哲学』に見たように明治中期までは将来の日本建築についてもクラシックかゴシックのいずれを選ぶべきか、あるいは折衷か、といった議論がなされる傾向にあった。盲目な模倣や折衷の批判も西欧由来かもしれない。たとえばファーガソンは、過去様式の「借用」を「猿真似様式」と批判し、クラシックとゴシックに対する、ありうべき第三の道を「良識様式」と呼んだ。自己制御による漸進的な改善の努力を重視したのである[28]。特殊日本的なのは、遅くとも明治三十年頃には「日本対西欧」という図式が思考を支配することだ。建築では伝統木造建築を都市公共建築には採用できないことから「日本主義」は実質的に成立しがたく、「欧化主義」か「折衷主義」か、という論調になり、これを抜け出ようとする思考こそが伊東や関野の進化論だった。そのモデルは、将来の日本美術をめぐって「西洋論者」、「日本論者」、「折衷論者」に対して「自然発達論者」の立場を打ち出した岡倉天心に見いだせる[29]。

（四）様式の変化と新材料の導入

様式存立の要因を、関野は複数あげている。伊東は『建築哲学』の「派流原論」で、様式を決める「嗜好」には「恒久元素」とともに「不定元素」があるとし、後者は気候風土その他のあらゆる変数によって異なって現れることを示唆している。また伊東は「建築進化論」の講演でファーガソンの建築史にふれ（原典不祥）、「土地の状況即ち其土地の気候風土地質、其土地から産する材料」（天為的素因）、「国民性、其国民の有つて居る所の宗教政治或は慣習」（人為的素因）をあげる。そして、多数の項（変数）に具体的な要因を代入すると様式を導くような関数がある、という思考の型が多くの論者に共有されていた。ゴットフリート・ゼムパー（Gottfried Semper, 1803-79）は文字どおり、そのような関数によって様式の記述を試みていたことが知られる。[30]

様式が変化して新しい様式に至る遷移を考えるうえで重要な役割を果たすことが期待されていたのが、材料と国民趣味だが、ここでは材料について見ておこう。まず、『建築哲学』で伊東が精魂を傾けたのは「美術建築論」の啓蒙主義的体系であり、材料は技術的・実務的なものとして軽視されていた。同論文の「派流原論」においても材料は様式変化に「相連関スルモノニハ非ザルナリ」とされ、材料が石であろうが木であろうが「其形式ニシテ一様ナラバ是レ皆ナ同一ノ派流ト称スベキナリ」、あるいは「新派流ヲ作ルノ真意ハ即ハチ恒久元素ヲ変形スルニ在ル」といった、（恒久元素の変形とはやや理解に苦しむが）ある種のフォルマリズムが『建築哲学』では顕著であった。しかし、やがて材料の変化にこそ形式変化の原因を見る議論に傾くようになり、「建築進化論」では議論の主軸に据える。ギリシア神殿は木造から石造に材料が置換され、華奢な構造体が石材にふさわしい重厚で調和のとれた比例へと漸進的に変化した。フランスのオーギュスト・ショワジー（Auguste Choisy, 1841-1909）から学んだと思われるこの論法は、伊東にとっては木造から石造・煉瓦造に移行しつつあった日本の都市建築・公共建築の趨勢を、日本の伝統建築からの内的進化として考察させてくれる有力な武器であったのだろう。「明治の功臣」の神社という問題へのこの論法の適用に躊躇はなかったし、明治天皇奉祭神社もまた同様だった。

じつは、伊東も述べていたように十九世紀のヨーロッパではクラシックとゴシックというふたつの達成を超えることの困難が長く意識され、両者の統合といった問題が重要視されたが、両者をこえる新しい様式創出の有力な手がかりとされたのは産業革命による鉄の登場であった。軽やかな骨組みが大きく流動的な空間を包容する、新しい様式性を鉄が示唆したからである。ドイツのカール・ベティヒャー（Karl Gottlieb Wilhelm Bötticher, 1806-1889）やゼムパー、イギリスのエドワード・ガーベット（Edward Garbett, 1817-87）、フランスのウジェーヌ・ヴィオレ＝ル＝デュック（Eugène Emmanuel Viollet-le-Duc, 1814-79）らがそう考えた。しかし、江戸時代まで木造にとどまってきた日本の課題は石造・煉瓦造への置換であった。

五　むすび——十九世紀建築論と明治天皇奉祭神社——

では、伊東は神社における新様式創出を、神社奉祀調査会でどんな説明によって封じたか。これを確認しながら、十九世紀建築論がどのように明治天皇奉祭神社と出会い、どう自らを変化させたか、考察しよう。

要点は以下三つに整理できる。[31] まず、（a）伊東は持論であった新様式創出を「困難」あるいは「不適切」とさえ述べ、むしろ大隈重信、三上参次、阪谷芳郎らが「明治大帝の御盛徳及此御鴻業を千古に伝へる為の社殿其物」として時代性や偉大さの表現が必要ではないかと投げかけたのに対して、祭式に変更がないのだから社殿への要求に変化なしとし、さらに明治神宮鎮座後の『建築雑誌』掲載記事では、明治天皇は生前は維新の主導者であり洋装の天皇であったが、その霊は悠久の神の世界に帰るのであって、社殿は「神霊の在す処」なのだとの説明を加えた。[32] つぎに、（b）なぜ流造を推すかといえば、あらゆる本殿形式のなかで全国的に最も遍く分布し、特定の時代や地方や党派との関連が薄く、すなわち国民の嗜好に広く受け入れられてきたからだと説いた。そして、やや補足的ながら、（c）明治大正の新しい時代性の表象は、「外苑」に委ねればよい、とも述べる。

これらはすべて、十九世紀建築論を前提とする立論である。（a）では、社殿の形態は祭神の特徴を表すべきというフランス的な表象論を下敷きに、その論理形式それ自体を温存しながら、新様式創出という結論が導出されないよう無害化すべく修正が施されているといえる。具体的には祭式や祭神の解釈操作であり、それらを時代によって変化しない、歴史の外部へ送っている。つぎに（b）では、国民の嗜好が様式をつくるというイギリス的な経験論が先行してあり、やはりその論理自体は維持して嗜好の解釈を変更している。維新以後の国民的嗜好の刷新を強調して積極的な新表現の可能性を打ち出すのではなく、国民に広く受け入れられるためには造形表現はむしろ中立的（消極的）であれと力点をずらす操作だ。最後に（c）は、これら解釈変更によって落ちた価値、つまり西欧文明の導入を含む新時代の象徴としての天皇像、同じ時代に変化した新しい国民嗜好、これらを神社中枢ではないが神社の一部でもあるもうひとつの場所へ移して回復する論理だ。内苑／外苑の分節は、こうした論理の分配を有効化する概念装置として機能したことになろう。

振り返ってみると、神社の様式論において伊東は国民嗜好の概念をほとんど用いてこなかった。それが明治天皇奉祭の議論において（実質的に）前景化したのは、多様な国民が明治天皇というひとりの人間を神社に奉祭するという鮮烈な宗教的形式が強く意識されたためだろう。もちろん、明治の新様式はいずれ醸成されるなどという悠長な法則論は役に立たない。中立的造形の逆説的価値はこうして浮上したのだろう。

また、神社奉祀調査会での社殿設計方針のひとつに「木造（素木造）」とすることが明示された点については、特別に理由は述べられていないが、伊東の様式論の展開において材料変化の重要性が増し、明治四十一年の「建築進化論」では材料変化が形式変化を促すというサブスティテューションの議論が進化への期待の中心となっていたことに対応づけて理解することができる。内的連続性をもった建築の発展（進化）は、このプロジェクトでは探求の課題であってはならなかったようだ。

過去様式から流造を選定したことについては、他方で、「神明造・大社造（上古）／流造・春日造（中古）／権現造（近古）」の歴史主義的な比較がなされているが、そこでは権現造はあまりにも仏教建築や武士的な性格と混合（折衷）されすぎている、かといって上古の神明造や大社造の古拙な形式は寸分も動かしがたい、しかるに平安時代に生まれた流造は、新しい意匠を盛り込む余地があるという説明もなされる。これも西欧の歴史主義的思考にみられたパタンと比べられる。すなわち、ルネサンス以降は堕落、クラシック（古典）は形式としてあまりに完成されすぎて改変を許さない、ゴシックには多様性や可変性があって介入の余地があるといった、主としてイギリスのピクチャレスクの論調にみられるものだ。では、実際の明治神宮では細部にどのような改変がなされたかといえば、屋根の曲線なども設計者の創意が投入された部分だろうが、注目されるのは大江新太郎の手になるとされるアール・ヌーヴォー風の瑞々しく流れるような絵様だ。アール・ヌーヴォーやセセッションは明治末から大正初の日本の建築界では様式混乱の過渡期を抜け出した西欧の新様式とする見方があった。様式創出への伊東らの夢はここにわずかな活路を見出したということか。

伊東忠太において、明治的、あるいはヨーロッパ十九世紀的な建築論の言説空間が、明治天皇奉祭神社の創建というプロジェクトに遭遇し、変形を強いられた、その出来事の推移と特質がかなり見えてきただろう。

それにしても、（6）「建築進化論」や、（7）「我国将来の建築様式」（討論会）で、神社の建築様式がまったく言及されなかったのはなぜだろうか。これに関連して伊東が、宗教が建築を支配する力の終焉を語り、我々は公共建築の時代を迎えているのだと語っていたことを想起したい。であれば、右の問いは、明治の建築家たちはなぜ神社を新しい時代の日本の公共施設と理解しなかったのか、という問いに書き換えてみることもできよう。考えられるのは、神社を新しい公共施設にした出来事こそ明治神宮の出現だった、という見立てである。

なお、明治天皇奉祭神社における流造の選択が、建築の表象における意味的な沈黙の選択であったことをめぐっては、粟津賢太が紹介する第一次世界大戦後の英国の戦没者祭祀の例がおおいに興味を引く(33)。

そこでは地理的にも文化的・宗教的にも隔たった全帝国住民がただ自身の行為を止めて黙るという「黙祷」が国家的追悼儀礼として採用され、またその儀礼の目標物ともなるロンドンの「セノタフ the Cenotaph」（エドウィン・ラッチェンズ Edwin Lutyens, 1869-1944 設計）が、新古典主義をベースに細部を徹底的に省略した「沈黙」の形態で実現された。この場合、世界史初の総力戦が産んだ戦没者の多数性が儀礼とモニュメントに価値中立的な「沈黙」を要請したわけだが、明治神宮では一天皇を祀る国民・帝国住民の多数性が、社殿建築の「沈黙」を求めた。

いずれにせよ、国民国家や帝国の統合が求められた二十世紀において伝統的な宗教を置き換えて登場する戦没者儀礼や天皇奉祭のような新たな公共的な宗教とナショナリズムの関係を、建築や造園などの造形的な側面からより包括的に考察してみる必要が示唆される。十九世紀西欧との接続や比較については、本稿は若干の補助線を示唆したにすぎないが、明治期の学知をめぐる文献学的研究によってもう少し立体化できる可能性はあろう。

註

（1）藤田大誠・青井哲人・畔上直樹・今泉宜子編著『明治神宮以前・以後』（鹿島出版会、平成二十七年）。

（2）富山大樹「近世・近代における多賀神社境内環境の改変過程に関する研究―大江新太郎主導による昭和大造営の歴史的位置をめぐって―」（明治大学理工学研究科修士論文、私家版、平成三十年三月）。

（3）藤岡洋保『明治神宮の建築』（鹿島出版会、平成三十年）。

（4）大丸真美「伊東忠太の明治神宮社殿構想―神社建築観の推移―」（『明治聖徳記念学会紀要』復刊第四三号、平成十八年十一月）。

（5）丸山茂「伊東忠太と神社建築―明治以降の神社建築に見る国民様式の興亡―」（『日本建築学会大会学術講演梗概集　計画系』第五四号、昭和五十四年、同『日本の建築と思想―伊東忠太小論―』同文書院、平成八年に所収）。

（6）伊東忠太「日本神社建築の發達」上・中・下（『建築雑誌』第一六九、一七〇、一七四号、明治三十四年一月、二月、六月、

明治三十三年十一月二十八日建築学会通常会での講演に加筆)。
(7)伊東忠太「神社建築の様式は一定すべき者なりや」(『神社協会雑誌』第一号、明治三十五年三月)。
(8)伊東忠太『神社建築史』(皇典講究所神職養成部講習科講義録、田中某速記、私家版、明治四十三年)。
(9)伊東忠太「将来の神社建築」(『神社協会雑誌』第十一年第一号、明治四十五年一月)。
(10)伊東忠太「明治神宮の建築」(『國民新聞』大正元年八月五日付)。
(11)関野貞「明治の正倉院を作れ」(『読売新聞』大正元年九月五日付)。
(12)伊東忠太『建築哲学』(帝国大学工科大学卒業論文、明治二十五年、藤森照信校注『日本近代思想大系 一九 都市 建築』岩波書店、平成二年)三三九〜三九九頁。
(13)前掲藤森『日本近代思想大系 一九 都市 建築』三八九頁。
(14)伊東忠太「建築進化の原則より見たる我邦建築の前途」(明治四十一年建築学会講演、『建築雑誌』第二六五号、明治四十二年一月)。
(15)前掲伊東「建築進化の原則より見たる我邦建築の前途」四〜五頁。
(16)前掲伊東「建築進化の原則より見たる我邦建築の前途」六〜八頁。
(17)前掲伊東「建築進化の原則より見たる我邦建築の前途」二八頁。
(18)前掲伊東「建築進化の原則より見たる我邦建築の前途」二五頁。
(19)稲垣栄三「建築史研究の発端―伊東忠太と関野貞―」(日本建築学会編『近代日本建築学発達史』丸善、昭和四十七年)第十編建築史学史、一六九一頁、前掲丸山「伊東忠太と神社建築」。
(20)「我國將來の建築樣式を如何にすべきや」(日本建築学会討論会、『建築雑誌』第二八二、二八四号、明治四十三年六月、八月)。
(21)前掲「我國將來の建築樣式を如何にすべきや」二五六頁。
(22)前掲「我國將來の建築樣式を如何にすべきや」二六三頁。
(23)その連続性は、伊東が天皇崩御直後の新聞取材に答えて、社殿設計案を広く募る方法があると発言したことにも見て取れる。議員建築問題について建築学会は、広く建築家に案を募る設計協議の開催を国に要望していた。設計が国の営繕機構の密室で行われてしまえば、国家・国民の様式について多数の案からよりよい案を選び、また議論を活性化させるチャンスが失われるからである。

（24）ハリー・フランシス・マルグレイブ（加藤耕一監訳）『近代建築理論全史1673-1968』（丸善出版、平成二十八年）二六一頁。本節でのヨーロッパ建築論への言及は同書に負うところが大きい。また、土居義岳『言葉と建築―建築批評の史的地平と諸概念―』（建築技術、平成九年）も参考にした。

（25）ジョサイア・コンドル「建築とは何か」（前掲藤森照信校注『日本近代思想大系 一九 都市 建築』三〇三～三一三頁。

（26）前掲マルグレイブ『近代建築理論全史1673-196』八三頁。

（27）川道麟太郎・橋寺知子「明治期の建築界における「日本趣味」の概念―明治期の伊東忠太の建築様式論における趣味概念の導入―」（『日本建築学会計画系論文集』第四五〇号、平成五年八月）によれば、たとえばアーネスト・フェノロサ「鑑画会組織」（明治十八年、山口静一編『フェノロサ美術論集』中央公論美術出版、昭和六十三年）に national taste の概念が出てくるという。

（28）ファーガソンは伊東の『建築哲学』に何度か名前が出る。James Ferguson, *An Historical Inquiry into the True Principle of Beauty in Art*, Longman, London1849. ないし *History of the Modern Styles in Architecture*, Longman, London, 1849. あたりを伊東は読んだのではないだろうか。

（29）岡倉天心、明治二十年十一月の鑑画会講演（青木茂校閲『日本近代思想体系 一七 美術』岩波書店、平成元年）。

（30）ゼムパーの様式論は、Gottfried Semper, *Der Stil in den technischen und tektonischen Künsten, oder praktische Ästhetik*, Frankfurt a. M., 1860. として大成されており、日本語訳は河田智成編訳『ゼムパーからフィードラーへ』（中央公論美術出版、平成二十八年）に所収。川向正人『近現代建築史論―ゼムパーの被覆／様式からの考察―』（中央公論美術出版、平成二十九年）も参照。

（31）『神社奉祀調査会特別委員会報告』（大正三年六月、『明治神宮叢書』第十七巻 資料編（一）明治神宮社務所、平成十八年）。

（32）伊東忠太「明治神宮社殿の建築に就て」（『建築雑誌』四〇九号、大正九年十二月）。

（33）粟津賢太『記憶と追悼の宗教社会学―戦没者祭祀の成立と変容―』（北海道大学出版会、平成二十九年）第四章「偉大なる戦争―英国の戦没者祭祀における伝統と記憶―」一二七～一六四頁。

実業家と伊勢神宮参拝に関する一試論

平山　昇

一　はじめに

本稿では、戦間期に活発化する伊勢神宮参拝の動向について、実業家の果たした役割について検討する。その理由は、戦間期の大衆社会化状況において、言説・思想としてはとくにオリジナリティは無いものの「拡散」「浸透」の効果という点でみれば大きな役割を果した人物や勢力にもっと注目すべきではないか、と筆者は考えているからである。

実業家と伊勢神宮参拝というテーマについて、筆者はすでに別稿にて断片的に言及したことがあるが[1]、その後このテーマに正面から取り組む必要を感じるようになった。もちろん、一口に実業家といっても様々なタイプが想定されるが、筆者のこのテーマでの検討は入口に立ったばかりであるため、本稿では問題提起と若干の事例紹介をおこなって、今後の研究のとっかかりとしたい。

二　伊勢神宮参拝の活性化（第一次大戦以降）

本節では、次節以降の検討の前提として、第一次大戦中の大正六年（一九一七）以降の参宮客の右肩上がりの増加[2]の要因・背景について、ナショナリズム（政治思想）と娯楽・ツーリズム（社会経済）の二つに大きく分けて述べたい。ただし、これについては別稿[3]で論じたので、本節ではごく簡潔に概観するにとどめたい。

（一）ナショナリズム[4]（政治思想）

「神宮に参拝すべし」という主張がナショナリズムの文脈で盛んになされるようになる前提として重要なのが、明治四十三年（一九一〇）の大逆事件である。政府をはじめとして様々な思想善導のための方策がたてられたが、めだった効果をあげるのは容易ではなかった。一方、政治思想のレヴェルとは別に、実践行動レヴェルでのリアクションが生じた。教育現場の関係者のなかから、小学校児童に神宮参拝を体験させるべし、という主張がなされるようになったのである。また、ちょうどこの時期から、東京のエリート層（の一部）の正月の参宮が報じられるようになる。「国民はすべからく神宮に参拝すべし」という考えに共鳴したエリート層が、率先垂範の意味をこめて行動を起こしたものと思われる。

次に注目したいのは、明治四十五年の明治天皇の重態とそれに伴う平癒祈願、「崩御」後の明治神宮創建運動、大喪、大正大礼という、一連の代替りの過程である。この過程で神社神道の社会的プレゼンスが上昇した。ここで強調しておきたいのは、明治期の知識人は「天皇は崇敬するが、神社は（迷信として）軽視する」という姿勢が珍しくなかったということである。それゆえ、神社界は明治末年になっても、「国家の中心は、勿論皇室である。併し皇室の後には、神社有ると云ふ事を忘れてはならぬ」[5]といった主張を何度も繰り返さなければならなかった。ところが、一連の天皇の代替りプロセスを通じて、「天皇（皇室）＋神社」という結びつきが自明化されていく[6]。これは、従来の「国家神道」研究では見落とされてきたポイントである。これに関連して注目すべきは、メディアにおける神宮への注目度の上昇である。たとえば、『大阪朝日新聞』大正二年一月二日の紙面には「初日上る二見浦」「神宮の元旦と初日の出」と題した記事が掲載されたが、管見のかぎり、正月の新聞記事で神宮がこれほど目立つ形で取り上げられたのは初めてである。マスメディアによる正月イメージの画一化のなかで、神宮の初詣が重要な位置を占めるようになっていく。このような神社神道の社会的プレゼンスの上昇は、時代がくだって大正九年に明治神宮が創建され、多くの国民の参詣で賑わうようになることで、いよいよ決定的なものとなっていく。

参宮客の数が目に見えて右肩上がりの増加をするのは大正六年以降である。ロシア革命（一九一七年）と翌年の米騒動が立て続けで起こったことで天皇制国家の動揺に対する強烈な危機感が国民各層で生じ、先にみた大逆事件へのリアクションを規模拡大する形で伊勢神宮参拝を重視する思潮に拍車をかけた。この時期には小学校教育においても注目すべき変化が生じている。国定教科書第三期で、大正七年の『尋常小学読本』に「参宮日記」の雛形が登場し、さらに同年に改訂版が出た『尋常小学修身書』において、それまでの神宮を〝尊敬すべし〟という内容から〝参拝すべし〟という内容へと変化し、「いかにも神々しい処でひとたびこの処（内宮）にはいると、誰でもおのずと心の底まで清らかになる」といったように実際に参拝する体験を重視した記述がなされるようになった[7]。

昭和三年（一九二八）には昭和大礼（昭和天皇の即位の儀式）が挙行されたが、大正大礼のときにはまだ無かったラジオが、単なる「聴くメディア」としてだけでなく「参加するメディア」として機能することにより、国民が能動的参加を実感できることとなった。明治から大正の代替りと同じく、このときも伊勢神宮初詣客の増加など神社神道にプラスの波及効果が生じた。

この翌年（昭和四年）に行われたのが、神宮の式年遷宮である。このとき遷宮は「国民儀礼」「国民参加型」へと大きく変容したが、[8]前年の大礼と同様にメディアが重要な役割を果した。

以上みてきたように、明治末期以降立て続けに生起したいくつもの出来事によって天皇制国家が動揺しかねないという危機感が高揚していくのを背景として、神宮における儀礼や参拝の厳粛な雰囲気を「体験」することこそが真の日本国民の証であるとする思考パターンが定着していった。

（二）娯楽・ツーリズム（社会経済）

右でみたナショナリズム（政治思想）の文脈に覆いかぶさってくる別の文脈がある。戦前の娯楽的行楽やツーリズムのブームの到来という社会経済的文脈である。時期としては大戦景気以降である。詳細は省くが、都市化、娯楽消費拡大、大衆レジャー勃興といった趨勢が促進要因となった。[9]

この時期、鉄道業界は、国鉄も私鉄も旅客誘致を本格化させた。それは、戦後恐慌、震災恐慌、金融恐慌、昭和恐慌と、不況が慢性化したことによる減収対策の必要、そして自動車事業という競合相手の台頭によるものである。神宮参拝に関連してとくに重要なのは、昭和五年（一九三〇）十二月に大軌（大阪電気軌道）系列の参急（参宮急行電鉄）が大阪—伊勢（山田）間を全通させたことである。この区間が乗心地の良い電車でスピーディーに移動できるようになったことで国鉄と大軌・参急のサーヴィス競争が過熱し、伊勢参拝を活性化させる大きな駆動力となった。[10]

以上みてきたナショナリズムと娯楽・ツーリズムという二つの文脈があいまって、戦間期の伊勢神宮参拝層を拡大させていくことになる。

三　自ら実践する実業家

筆者が重視しているのは、右でみたような文脈のなかできわめて多様な主体が伊勢神宮参拝の活性化に（意図的であるか否かは別として）関わっていったということである。従来の「国家神道」を論じる論考では神社界（神職、神道学者）、内務官僚（神社局）が重視されてきたが、それだけではなく、伊勢神宮への修学旅行の拡大を熱心に主張する教育界、参宮客が増加することで経済効果を享受できる地域社会（宇治山田）、参宮客＝乗客を運ぶ交通・旅行業界、広告収入や鉄道会社とのコラボ戦略で増収を図るメディア（とくに新聞）といった諸勢力が、それぞれの論理や利害関心に基づいて伊勢神宮参拝の活性化に関わっていくのである。[11]そのような多様な推進主体の一つとして、これまで「国家神道」の議論でまったく注目されることのなかった実業界に着目してみたい。

周知の通り、第一次大戦は日本に空前の好景気をもたらし、実業層が急激に膨張した。このようななかで、伊勢神宮への参拝を熱心に実践する人々が目立つようになってくる。

たとえば、後年の史料ではあるが、昭和十六年（一九四一）の『伊勢新聞』をみると、主婦之友社社長の石川武美が大正七年（一九一八）から毎年夫妻そろって神宮に初詣し続けているということが報じられている。[12]これが単なる個別的事例でないということは、大正十年の『実業之日本』に掲載された「毎年正月伊勢参宮の諸名士」という特集記事をみればわかる。この記事は、「正月の元旦に伊勢参宮して、国土安穏、一家安全を祈願する人々が、一年増しに多くなり、実業界の名士も少なからずあるさうだ[13]」と前置きしたうえで、毎年正月に伊勢神宮に参拝する実業家たちを紹介している。同誌には、その後も実業界において伊勢神宮初詣の浸透ぶりを示す記事が掲載されている。(14)

一般に、実業家はメディア上で流通する自身のイメージに敏感で、好ましい自己イメージを形成するためのメディア戦略をとるのが明治期以降の傾向であったから、(15)伊勢神宮に参拝する実業家を好意的にとりあげる雑誌記事は、単なる事実報知にとどまらず、さらなる参入者を呼び込む効果を持ったことは間違いないだろう。

四　他者に呼びかける実業家

言うまでもなく明治期の実業家のなかにも伊勢神宮に個人的に参拝する者はいた。しかし、第一次大戦中以降に顕著となるのは、単に自ら実践するにとどまらず、熱心に他者に向かって呼びかける実業家がみられるようになるということである。

大正から昭和初期にかけての新聞記事を少なからずみた経験がある者は、有田音松、あるいは有田ドラッグという名前に見覚えがあるだろう。有田ドラッグは「りん病ばい毒請合薬」といった派手な広告商法で知られるが、その経営者であった有田は、商売にはかかわりのない政治思想に関する激越な意見や忠君美談・忠孝美談を書き連ねた広告（多くは全面広告）をしばしば新聞に掲載した人物でもある。「国体の精華」「普通選挙亡国論」「神社仏閣を破壊する普選　蹶起すべし神官僧侶　宣伝すべし家族制度」「内務大臣に問う　敬神崇祖と家族制度について」「血迷うたか正三位犬養毅　国体破壊の普通選挙」「甘粕母堂養老金募集」などなど、タイトルをひろって眺めるだけでだいたいの主張の傾向はわかるが、この有田が、大正十年（一九二一）に「神宮参拝と思想の善導」という意見広告を掲載している。有田は、自身が全国四百三十の専売所長が集まる総会を「神都」で開催

（九月七～九日）し、両宮参拝、大々神楽奉納をしたことを記すが、そのような自らの実践の叙述にとどまらず、次のように訴える。

世の成功者は必ず神宮に参詣して御礼を申上ぐべきである。この意味に於て、銀行や、会社の総会を神都に開き、株主や社員に知らず識らず敬神愛国の念を喚起せしめたいものである。〔中略〕予は決して成功者ではない。今日の盛を致したのは全く祖先の賜である。日本の大祖先を奉祀する神宮に参拝して御礼を申上げずにはゐられない。〔中略〕若し夫れ重役乃至株主諸氏にして敬神愛国の念を起したならば彼の忌むべき労使軋轢などといふことも自然に除去せられ、産業の発達も達し得らるゝ事であらう。(16)

実業界の人々に向けて、「日本の大祖先を奉祀する神宮」に参拝することの大切さを説き、そうすれば労使対立も「自然に除去」されると主張している。戦間期には、この有田ほど大々的かつ情熱的な事例ばかりではないにしても、神宮参拝を他者にむかって積極的に呼びかける実業家がメディアに登場してくるのである。

五　費用を出す実業家

右の有田の意見広告では、直接よびかける相手は「重役乃至株主諸氏」、つまり事業経営で利益を得ている実業家たちであった。こういう人は、伊勢神宮に参拝することに納得しさえすれば、あとは自力で実践すればよい。しかし、大逆事件以降のナショナリズムの文脈（第二節（二））のなかで繰り返されるようになった主張の多くは、全国民（または全児童）が伊勢神宮に参拝すべしというものであった。ということは、自力で旅費を工面するのが困難な貧困層も含めて、ということになる。実際、大逆事件の翌年に新聞に掲載された東京の小学校長の論説には、「出来得べくんば公費を以て貧富の差別なく悉く〔小学児童に伊勢神宮を〕参拝せしめ得る方案を立つる事」[17]とある。

ただし、「公費を以て」といっても、国庫から膨大な数の貧困児童に旅費の補助を出すということは現実的ではない。そこで、全国からの参宮修学旅行[18]の輸送を担う国鉄に対して特例的な割引で善処するように求める運動が、教育界を中心に盛んに行われるようになる。

この国鉄への働きかけは、昭和十年代まで絶えず行われ続けたのであるが、これに対して国鉄はどのように対応したのだろうか。ここで重要なのが、国鉄は伊勢参宮を目的とした団体旅行であっても、収益を度外視するほどの運賃の大幅割引に対しては、一貫して消極的な姿勢をとり続けたということである。なぜなら、国鉄は、政府の一組織でありながら、営利性を伴う組織であったからである[19]。薄利多売となって収益が確保できるのであればともかく、収益を放棄してまで団体輸送をしようという意図は国鉄には生じえない。橋本萌が作成した「参宮旅行に対する鉄道運賃割引等を求める教育会・教員会等での議論」という表をみると、昭和十年（一九三五）五月に行われた帝国教育会通常総会では、「尋常小学校第六学年児童の神宮参拝に関し無賃輸送の実現方其筋に建議するの件」が「即決可決」されている[20]。しかし、営利組織である国鉄は、割引はともかく「無賃輸送」については決して受け入れることはなかった。橋本はこれに関してまことに興味深い事実を明らかにしている。昭和十年、全国連合小学校教員会から文部大臣に「小学校児童伊勢参宮運賃免除に関する建議」が提出された。この文書には文部省の担当官によると思われる次のような内容の手書きの二枚の付箋がつけられた。

「本件ノ趣旨ニハ異議ナキモ鉄道省トノ関係モ有之、今後篤ト考究スルコトト致度」

「尚本件ニ関シ各地方長官連名ノ意見書ノ提出有之、内務文部両次官名ヲ以テ鉄道次官宛可然取計ハレタキ様意見書写ト共ニ通牒致シ置キアリ(21)」

つまり、文部省と内務省としては「小学校児童伊勢参宮運賃免除」が望ましいと考えて連携して国鉄（鉄道省）に働きかけをしていたのであるが、国鉄はすんなりと受け入れるわけはなく、「鉄道省トノ関係」という問題が立ちはだかっていたのである。

ところが、大阪市ではある実業家の働きかけによって大阪全市小学校五・六年児童の神宮参拝が実施されるようになった。その実業家とは「関西株式界の元老(22)」と称された帯谷伝三郎（図1）である。昭和十年の『瑞垣』をみると、大阪東京両市の小学校が連合で「児童参宮団」を送りだすようになった経緯について、「ともに早く大正時代帯谷伝三郎氏の篤志によつて先鞭をつけられたものである」としたうえで、次のように記されている。

図1　岡村周量『黄金の渦巻へ』（蒼天書房、1924年）口絵

帯谷氏は、大阪市の実業家として名声をうたはれた人で、非常な敬神家である。〔中略〕

小国民の無垢なる脳裡に敬神崇祖忠君愛国の大精神を注入徹底させるのが〔知育に偏重して徳育を軽視する教育界の風潮を改善させる〕最良法であると信じてゐた時、図らずも大阪市北区の一小学校において、神宮参拝を行ひ神宮崇敬心を鼓吹することにより児童徳育の善導をはかる企てがあることをきゝ、この挙を支援し発展させることこそ、日頃の所懐を解決する鍵であると、早速同校に対し右企てに要する費用一切を寄附したのであつた。時は大正六年一二月。これが動機となり、爾来毎年私費を投じて同区小学校の参宮を続行する傍ら、この良風を大阪全市小学校に及ぼすため種々当局者の説伏に努めた結果、大正十年に至つて初めてその念願が達せられた。大阪全市小学校五・六年児童を市費で参宮させる吉例は実にこの時開かれたのであつた。この成功に元気を得た氏は、更にこれを全国的なものにしたいといふ心願を起し、先づその第一階梯として大正一三年以来数年間にわたり東京日々新聞社の斡旋により東京全市小学校代表児童数百名を私費で参宮させ、現在の各区小学校連合児童参宮団の素因を作つたのである。[23]

前述の通り、「貧富の差別なく悉く」小学児童を神宮に参拝させることの実現には費用の問題が常につきまとい続けたが、帯谷は、大阪市という限られた地域ではあるものの、私財にものを言わせてこの難題を解消させたのである[24]（もっとも、最後まで帯谷の「私費」でまかなわれたわけではなく、結局は「市費」が支出されることになったのだが）。その行動の開始が第一次大戦中の大正六年（一九一七）であったということは、第二節（一）で述べた第一次大戦中から生じた政治思想の状況と符合する。

帯谷は、大正十二年には「我同胞諸君に告ぐ」と題した広告を掲載しており（図2）、「我が国体は天壌無窮」「敬神崇祖忠君愛国は天地宇宙間の真理」「不健全なる外来思想」といったおきまりの言葉を並べたうえで、「前記の趣旨を詳述したる冊子拾万部を印刷し無料にて普く之を頒ちます」と告知している（『東京朝日新聞』大正十二年十二月十七日）。肩書には「大阪市小学校児童卒業記念伊勢神宮参拝団代表者」と記しており、すでに成し遂げた実績をさらなる〝啓蒙〟活動の足掛かりとしていることがうかがえる。また、「大阪全市小学校長御陵巡拝会後援者」という肩書も併記されており、教育界において国家的神社と天皇陵への参拝（巡拝）[25]という「体験（実践）」の共有が広まっていく趨勢に帯谷がきわめて積極的に関わっていたこともわかる。

我同胞諸君に告ぐ

一、我が國體は天壌無窮であります
一、敬神崇祖忠君愛國は天地宇宙間の眞理であります
一、敬神崇祖忠君愛國の精神を日々實行すれば我が國體の本旨と人道の大義とに適ひ老若男女貴賤貧富に拘はらず無形の財産を獲得し生涯を安楽に暮し得らるゝ事確實であります

近來やゝもすれば我が同胞中不健全なる外來思想に迷はさるゝ人あるを慨し世道人心の安定に資する處あらんが爲に前記の趣旨を詳述したる册子拾萬部を印刷し無料にて普く之を頒ちます、希望の方は左記へ申込んで下さい

本册子は辱くも
皇后陛下、攝政宮殿下の台覧を賜ふの光榮に浴したるものであります

大阪全市小學校長御陵巡拜會後援者
大阪府市小學校兒童卒業記念伊勢神宮參拜團代表者
帯谷傳三郎
大阪市東區和泉町二丁目十一番地
（電話東三三一〇八番）

図2 『東京朝日新聞』大正12年12月17日

なお、時期が下って昭和十年には、岡田内閣の鉄道大臣内田信也が全国の小学校六年生百五十万人を無賃で神宮に参拝させる方針を打ち出したが[26]、内田は第一次大戦の「船成金」の代表格であるとともに、昭和戦前期の神宮初詣の美談報道にも登場する人物である[27]。つまり、国鉄が大正期以降一貫して維持し続けてきた「無賃」輸送をしないという経営方針が、実業家出身にして神宮参拝に熱心な政治家が鉄道大臣になったことによって突き崩されそうになったのである[28]。

現時点では調査を始めたばかりでまだ十分な事例を集められていないが、帯谷や内田のような存在は、実業家層と神宮参拝の結びつきについて考える重要な手がかりになると思われる。

六　むすび

以上みてきたように、第一次大戦中から実業界では神宮参拝への傾倒がにわかに顕著になっていき、自ら実践するだけにとどまらず、メディアを使って社会に呼びかけたり、私財を投じて小学児童の伊勢神宮参拝を実現させ（ようとし）たりする実業家たちもあらわれた。ジョン・ブリーンは、昭和四年（一九二九）の神宮の式年遷宮の際に先立って式年遷宮奉賛会が組織され、神社界と大企業の積極的な協力のもとでこの遷宮が行われたと指摘しているが[29]、本稿でみてきたような動向と関連づけて考える必要があるだろう。

このような動向が生じた要因としては、仮説にとどまるが以下の二つが考えられる。

第一に、労働争議が頻発するなど労使関係が緊迫度を増していくなかで労使融和を図る一つの手段という意味をもたせたということが考えられる。たとえば、昭和四年発行の『伊勢参宮要覧』は、会社や工場で神宮参拝の団体旅行を実施することで、従業員たちの「慰安」になるとともに「例の忌まわしき労働争議だとか、またはストライキなどは決して起こらない」というメリットがあると述べている[30]。有田音松も意見広告でこれとまったく同じことを述べていた（第四節）。

また第二に、産業発展によって社会のなかでのプレゼンスが向上しながらも、依然として根強い官尊民卑[31]や実業蔑視（とくに投機性の高い業種に対して）の風潮[32]を払拭したいという意識から、皇室尊崇に過剰同調する傾向が生じたことも考えられる。前述の帯谷も、小学児童に神宮参拝をさせるべしという主張自体は帯谷のオリジナルなものではなく大逆事件後からすでに生じていたのだが、私財を活かしてこれを実現することによって、国民教化の担い手としての自負を深めていったのではないだろうか。

いずれにせよ、第一次大戦中から活発化した実業層の神宮参拝は、彼らが発する言説そのものはこれといったオリジナリティがなく既存の言説の焼き直しに過ぎないので先行研究では真面目に研究するに値するものとはみなされてこなかったのだが、既存の言説資源を再利用しながら（しばしば豊富な資金力によって）「体験」の共有層を広めていったという実業家層の役割は、看過するわけにはいかないと考える。敷衍して言えば、大衆消費社会におけるナショナリズムのあり方について考えるとき、言説の中身だけではなく、それを社会に拡散させる「声量」、「熱量」、「反復量」といったものの影響力も視野に入れる必要があるのではないだろうか。

註

(1)平山昇『初詣の社会史』（東京大学出版会、二〇一五年）第五章、拙稿「大正・昭和戦前期の伊勢神宮参拝の動向について―娯楽とナショナリズムの両側面から―」（高木博志編『近代天皇制と社会』思文閣出版、二〇一八年）。
(2)前掲平山『初詣の社会史』一八二頁。
(3)前掲平山「大正・昭和戦前期の伊勢神宮参拝の動向について」。
(4)本項の記述は、以下の文献を参考にした。山本信良・今野敏彦『近代教育の天皇制イデオロギー』（新泉社、一九七三年）、同『大正・昭和教育の天皇制イデオロギー（Ⅰ・Ⅱ）』（同、一九八六年）、藤本頼生「歴代首相の神宮・靖国神社参拝をめぐる一考察」（『神道宗教』一九九・二〇〇、二〇〇五年）、同「伊勢神宮参拝と修学旅行の歴史」（『神道文化』二四、二〇一二年）、高木博志「修学旅行と奈良・京都・伊勢」（同編『近代日本の歴史都市　古都と城下町』思文閣出版、二〇一三年）、ジョン・ブリーン『神都物語―伊勢神宮の近現代史―』（吉川弘文館、二〇一五年）、前掲平山『初詣の社会史』、平山昇「「体験」と「気分」の共同体―戦間期の「聖地」ツーリズム―」（塩出浩之編『公論と交際の東アジア近代』東京大学出版会、二〇一六年）。
(5)丸山正彦「神社は我が邦徳育の中心たらざる可からざる事」（『神社協会雑誌』一一―三、一九一二年）三頁。引用文中の傍点は平山が付したものである（以下同様）。
(6)前掲平山『初詣の社会史』第四章第二節。
(7)前掲ブリーン『神都物語』八〇～八五頁。

(8)前掲ブリーン『神都物語』、田浦雅徳「昭和四年式年遷宮と伊勢」(ジョン・ブリーン編『変容する聖地 伊勢』思文閣出版、二〇一六年)。

(9)竹村民郎『笑楽の系譜』(同文舘出版、一九九六年)、白幡洋三郎『旅行ノススメ』(中公新書、一九九六年)、『美しき日本大正昭和の旅展』(展示図録、江戸東京博物館、二〇〇五年)など。

(10)伊勢神宮にかぎらず、都市部から同一の神社仏閣へ複数の鉄道路線がアクセスすることで、結果的に参詣客の増加がもたらされるというのは、近現代の日本においてきわめて一般的にみられる傾向である(平山昇『鉄道が変えた社寺参詣』交通新聞社新書、二〇一二年)。

(11)橋本萌「一九三〇年代東京府(東京市)小学校の伊勢参宮旅行―規模拡大の過程と運賃割引要求―」(『教育学研究』八〇―一、二〇一三年)、太田孝『昭和戦前期の伊勢参宮修学旅行と旅行文化の形成』(古今書院、二〇一五年)、前掲平山『初詣の社会史』、同「「体験」と「気分」の共同体」。

(12)『伊勢新聞』昭和十六年一月四日「廿年来元旦に参宮の雑感」。

(13)敬神生「毎年正月伊勢参宮の諸名士」『実業之日本』二四―一、大正十年一月。

(14)「第三十回徒歩会諸名士　伊勢神宮初参り」(『実業之日本』二九―三、大正十五年)、「ハガキ回答　我社(我店)の新年の仕来り」(同四一―一、昭和十三年)。

(15)永谷健『富豪の時代―実業エリートと近代日本―』(新曜社、二〇〇七年)。

(16)有田音松「神宮参拝と思想の善導」『東京朝日新聞』大正十年九月二十四日夕刊。

(17)大澤正巳(東京市明川小学校長)「小学児童の伊勢参宮」『読売新聞』明治四十四年七月三十日。

(18)伊勢神宮を訪れる修学旅行の戦前・戦後の動向について概観した論考として、前掲藤本「伊勢神宮参拝と修学旅行の歴史」がある。

(19)国鉄(鉄道省)は、一般会計からの自律性が高い官業特別会計によって収益を自組織の経営に充当することができたため、同じ現業官庁である逓信省よりもおおむね待遇が良かった(若月剛史『戦前日本の政党内閣と官僚制』東京大学出版会、二〇一四年、一八八頁)。簡単に言えば、収益を増やせばそれだけ自分たちの利益にできる組織であった。

(20)橋本萌「一九三〇年代東京府(東京市)小学校の伊勢参宮旅行―規模拡大の過程と運賃割引要求―」(『教育学研究』八〇―一、二〇一三年)三一頁。ただしこの建議案については、提出したのは三重県教育会であるので、純粋に教育界の意向であったとは言い切れず、神宮を有する地域ゆえの思惑が背景にあった可能性もある。しかしながら、同じ表によれば、同様の建議は山梨県、埼玉県からも出されている。
(21)同右、三二頁。
(22)『東京朝日新聞』昭和十三年年九月二十四日「帯谷伝三郎氏」(訃報記事)。
(23)「小学児童の参宮」(『瑞垣』一四、昭和十年)六〜七頁。
(24)帯谷については、ブリーンと橋本も言及している。ただし、実業家がこの時期(第一次大戦期)にこのような行動を起こしたことの意味については両者ともに考察していない(前掲ブリーン『神都物語』九六頁、前掲橋本「一九三〇年代東京府(東京市)小学校の伊勢参宮旅行」二八頁)。
(25)船越幹央「明治・大正期における皇陵巡拝」(『大阪市立博物館研究紀要』第三三冊、二〇〇一年)で列挙されている大正期の巡拝団体(主な関係者)をみると、大阪大倉商業学校、歴代皇陵巡拝会(日本実業新聞社の東村日出男)、皇陵巡拝会(大阪実業界の有力者多数。大阪電気軌道社長大槻龍治、大阪毎日新聞社社長本山彦一など)、大阪全市小学校長御陵巡拝会(帯谷伝三郎)といった事例が列挙されており、大正期からの皇陵巡拝ブームにも帯谷を含む関西実業層が深く関わっていたことがわかる。
(26)『東京朝日新聞』昭和十年三月十九日「全国百五十万の学童を伊勢神宮へ　鉄相が無賃運送立案」。
(27)『大阪朝日新聞』昭和八年一月三日「神苑に餅を焼く　初詣で六人組」。この美談報道では内田を含めて六人全員が「どんなことがあつても初詣りの誓約を違へ」たことがないとして、強固な信念をもって継続してきたという書きぶりである。しかし、美談化される以前の記事では、前田米蔵が「軒続きの内田信也君を否応なしに引っ張り出して」神宮への初詣に出かけたと報じられていた(『東京日日新聞』昭和五年十二月三十一日「余録」)。
(28)「突き崩されそうになった」と書いたのは、この計画は翌年三月の内田の退任で立ち消えとなったからである。最終的には小学校が伊勢参宮の修学旅行を実施する場合には二割の児童を無賃とするということで決着した(『東京朝日新聞』昭和十一年十二月十九日「小学生へ福音　無賃伊勢詣り」)。
(29)前掲ブリーン『神都物語』一一三頁。
(30)『伊勢参宮要覧』(高千穂出版部、昭和四年)。
(31)たとえば甲南学園創立者としても知られる実業家平生釟三郎の日記を見ると、大正三年(一九一四)に天皇が陸軍大演習統監のために大阪に行幸した際に、次のような一節がある。「本日〔十一月十六日〕大本営ニ大阪府下ニ於ケル実業家代表十数名ヲ召サレ、宮相ヨリ其履歴等ヲ問ハレ、御紋章付ノ御菓子ヲ賜リタリト。〔改行〕陛下、大演習御統監ノ為メ下向相成タルニモ拘ハラズ実業家ヲ召サレタルハ〔中略〕感激ノ外ナシ。陸海軍人及官僚輩ノミガ国家ノ干城ニシテ忠君愛国ノ志ニ富ムモノト自信シ、実業家ヲ軽視セル陋習未ダ全ク去ラザル今日ニ於テ、コノ御召ハ独リコノ光栄ニ浴シタル本人ノミナラズ、商工業者ノ位地ヲ社会的ニ昂上セルニ与ツテ力アリトイフベシ」（甲南学園平生釟三郎日記編集委員会編『平生釟三郎日記』第一巻、甲南学園、二〇一〇年、一九六頁、大正三年十一月十六日条）。

(32) この点については、戦前日本の実業家層が、「成金」などのダーティ・イメージを払拭すべくハイカルチャー（能や茶道など）に傾倒するといった文化戦略を実践したことを論じた前掲永谷『富豪の時代――実業エリートと近代日本――』を参考にして、今後考察を深めていきたいと考えている。

戦前期における官社宮司のキャリア形成
——藤巻正之の事績を手掛かりとして——

藤本頼生

一　はじめに

いわゆる「国家神道」時代の神社と地域社会との関わりを俯瞰する上で、筆者は、これまで岡山県を一つの対象として明治初期および、明治末期から大正初期における神社整理施策などを取り上げて史料等の分析を試み、近代における神社概念の形成や、地域住民の反響などを明らかにしてきた(1)。

その一方で、神社にかかる行政施策を実施する内務省と岡山県との関わりについても、近代における社会事業および宗教行政との関わりから、岡山県という地域の特性を明らかにした上で、岡山県出身の内務官僚の特性および、神社局、社会局関連の内務官僚の異動および岡山県知事に赴任する内務官僚の特徴を他県と比較することによって、近代神道史、社会事業史における岡山県の位置、立場を明確化しようと試みてきた(2)。これらの考察の中で欠けていた視点の一つとしては、個々の神社の運営に一番の影響をなす神職側の視点といわゆるキャリア形成、つまり行政施策を推し進めた内務官僚へと物申すことが出来る官社宮司としての地元岡山県出身の神職の事績および、知遇を得た有力政治家、文化人らとの関わりであると考えられる。

そこで本稿では、明治末年から昭和三十年代にかけて、岡山県内出身の神職として官国幣社の宮司を歴任するとともに、終戦時には、財団法人皇典講究所（神職資格の付与を内務省から委託されており、かつ國學院大學の母体であった団体）の総務担当の理事（常任）として赴任し、昭和二十一年（一九四六）の神社本庁の設立にも尽力するなど、戦前・戦後を通じて神社界の重鎮の一人ともいうべき位置にあったことでも知られる藤巻正之（故人）の事績と、その藤巻と親交のあった政治家や神社関係の内務官僚らとの関わりを窺うことで、官社宮司としての藤巻のキャリア形成をも含め、近代神道史上における岡山県という地域の特性を明らかにしようと試みるものである。

二　戦前期における岡山県の官国幣社と岡山県出身の神職

藤巻正之の事績について述べる前にまずは、戦前期の岡山県内の官国幣社および県内出身の官国幣社神職の位置について概観しておく必要があろう。

歴史的に岡山県内の主要神社として考えられるものには、古代から中世であれば、延喜式内社および一宮制において一宮、二宮に比定される社、総社等がある。とくに延喜式内社のうち、美作、備前、備中それぞれの名神大社であった中山神社、安仁神社、吉備津神社はもとより、のちに備前国一宮とされる吉備津彦神社のほか、『万葉集』の歌枕として知られる「宇那堤の森」に比定される古社として知られた美作二宮の県社高野神社や、備前の古社として知られる郷社石上布都魂神社などが知られる。

しかしながら、明治維新以後、神祇官が再興され、神祇制度が改めて整備されることとなると、明治四年（一八七一）五月十四日の太政官布告第二三五「官社以下定額、神官職制等に関する件」[3]にて定められた神社の社格制度にて、中山神社、吉備津神社、安仁神社の三社が国幣中社へと列格した。その後、吉備津神社は大正三年（一九一四）一月四日に官幣中社に昇格するとともに、同社と吉備の中山を挟んで鎮座していた旧備前国一宮の吉備津彦神社が昭和三年（一九二八）十一月十日に県社から国幣小社へと昇格するものの、県内の官国幣社はこの四社のみ（別格官幣社の列格なし）で、終戦時までに官幣大社に列格する社もなく、戦前期に二百八社（海外の官国幣社十八社を除く）あった全国の官国幣社のうち県内の官国幣社の割合は、わずか一・九％という状況であった。

同様に県内官国幣社の数が四社である隣県の鳥取県にあっては、維新期に足立正聲や飯田年平、門脇重綾など、神祇事務局や神祇官、神祇省の官吏として神祇制度の整備に尽力した人物が輩出されたのに対して、岡山県内からは維新期に神祇官僚として目立った活躍する人物がおらず、芳村正秉のような教派神道系（神習教や黒住教など）の人物を除けば、維新前後から明治中期頃にかけて全国的に見ても著しい勲功をなして神職に就いた人物はみられない。加えて官幣大社、国幣大社が鎮座していない岡山県にあっては、全国でも数人のみがその栄に浴した勅任官待遇とされるような宮司が県内の官国幣社に赴任するようなケースは稀であった。この点、かつて拙稿にて明らかにしたように[4]、同県が内務省からみればいわゆる「三等県」の扱いであっても宗教行政や社会事業・厚生福祉行政からみれば重きを置く県であったことに対して、神職の補任、転任という観点からみれば、奏任官待遇までの神職までが中心となったという点では、畔上直樹が明らかにしたような「社活派」[5]神職、つまり官国幣社（官社）に対して呼称される民社神職が強くなる状況が、明治四年五月の社格制度制定当初から既にその萌芽的要素としてあったものと考えられる。

この点、岡山県にあっては幕末期に備前、美作を中心に国学者として活躍していた平賀元義の影響を受けた神職らがおり、維新期には、国内不安を憂いて美作国の神職同志を集めて京都へ赴いて宮中の賢所守護の神威隊に加わり「榊組」と称して警護にあたった為貞櫟や三星茂信などが代表的な人物として挙げられる。同じく榊組の一員にて、維新後には神葬祭運動を興したことでも知られる美作英田の天岩戸別神社の中川陸奥清彦は、維新後の神仏判然令が発せられた際に、近江坂本の比叡山日吉神社の社司で神祇事務局権判事であった樹下茂国らをはじめとする地元住民も含めた社殿や仏像、仏具、経巻の破却に加わり、長野県の諏訪大社における除仏も敢行するなど、維新直後の過激な廃仏毀釈運動に関与しており、その点では、県内神職のなかに民社神職が強い土壌がすでに培われていたということも考えられる。

ついで、明治初期の県内官社の宮司の状況を史料にて窺い知る限りで記しておくと、例えば、国幣中社中山神社では、明治七年に北条県士族で津山県少参事でもあった黒田成復が宮司兼中講義、禰宜に平田門の国学者であった道家八尺（大門）や、同じく国学を学び『魂神氣の弁』や『天地組織之原理』（全五巻）を著した美甘政和[(6)][(7)]がおり、権禰宜に旧社家の松岡清見、主典に旧社家の中島多頼、有木精一が就任している。その後の『明治十六年内務省社寺局職員名簿』[(8)]によれば、宮司には岡山県士族で備前出身の坂東直紀、禰宜が京都府士族の瓜生竹久に交替している。吉備津神社でも同様に、明治初期には旧社家にあたる藤井家から禰宜以下、権禰宜職に数人が着任しているが、宮司は、明治六年に出雲大社から北島脩孝が任じられたものの、その後、明治七年五月時点では村井真孝、同九年には鹿児島県士族の実吉賀之丞へと交代し、同十六年の段階でも実吉が宮司を務めている[(9)]。

県内の官国幣社の宮司の着任傾向については、県内神社から神職が転任するケースもあるが、『国幣中社中山神社史料』[(10)]に歴代宮司の着任記録が記載されている中山神社を例にすれば、黒田の後に宮司となるのが先に述べた坂東で、その後、加茂百十、実吉賀之丞へと交替する。愛媛県士族であった加茂は、中山神社の着任前の明治十六年には安仁神社宮司、実吉は吉備津神社宮司を務めていた。加茂の後の宮司は、山口県士族の岡部光信、福岡県士族の波多野春満呂、京都府士族の結城秀伴へと交代した後に、作州湯原出身の旧津山藩士の美甘政和となる。美甘は県内出身であるが、美甘の後に安仁神社宮司から転じた竹内利道は石川県出身であり、竹内の後に地元勝田郡出身の藤巻正之が着任、その後、大阪府出身の仁木大次が宮司となった後、地元久米郡出身の為貞元臣が着任している。安仁神社については明治初期の太美直徳、三十年代からの太美定雄などの旧社家が宮司や禰宜に着任しているものの、県内出身の神職が宮司に就くよりも他県出身の神職が転任してくるケースがみられる。また、旧社家である藤井家が現在も祠職を継承する吉備津神社についても戦前期は同様であり、三社ともに出雲国造家が歴代宮司を務める出雲大社のようなことはなく、旧社家の出身が宮司となるというケースもあっても戦前期にあっては、他県から宮司が転任して補任されるというケースが少なからずあったといえよう。

県内官国幣社の宮司就任状況について目を向けてみた一方で、戦前期において県内出身にて官国幣社の宮司を歴任するいわゆる「高等神職」と呼ばれた人物[11]についても少し述べておきたい。県内出身にて戦前期から戦後にかけて全国的に著名な神職として知られた人物について考えてみると、まず、昭和初期から昭和三十年代にかけて中央にて活躍した秋岡保治が挙げられる[12]。

秋岡は、現在の岡山県倉敷市の出生にて、明治四十三年に國學院大學を卒業後[13]、国幣中社砥鹿神社宮司、国幣小社沼名前神社宮司、別格官幣社鎌倉宮宮司、国幣中社鶴岡八幡宮宮司、官幣大社明治神宮権宮司を経て、全国神職会専務理事となり、官幣大社春日神社（現、春日大社）宮司（勅任官待遇）となる。さらには全国神職会副会長に就任後は、官幣大社日枝神社宮司（勅任官待遇）へと転じ、昭和二十年（一九四五）の第二次世界大戦の終戦時には、大日本神祇会（旧全国神職会）の副会長として会を代表する立場にて明治神宮の伊達巽らとともに神社本庁の設立に尽力した。その後、昭和二十二年から神宮少宮司に就任し、第五十九回の神宮式年遷宮の事業完遂に務めた後、神社本庁事務総長に就任するが、いわば秋岡は一貫して神社界の中央にて活躍した人物であって、岡山県内の宮司として帰郷することはなかった。なお、秋岡は終戦時に大日本神祇会、藤巻は皇典講究所にあって、ともに戦後の全国神社を包括する組織である神社本庁の設立に関与しており、岡山県出身の神職がともに民間神祇関係三団体の組織を代表する立場にて深く関わった点は、岡山県近代神道史の一齣としても興味深いものがある。(14)

次に高原美忠を掲げておきたい。高原は、大正五年（一九一六）に神宮皇學館本科を卒業し、内務省神社局の教務官や神宮皇學館教諭、国幣中社彌彦神社宮司、国幣中社白山比咩神社宮司などを歴任した後、官幣中社八坂神社宮司を務め、戦後、同社宮司とともに再興後の初代皇學館大学学長を務めた人物である。高原は、藤巻よりも十年ほど後の出生で、秋岡同様、神職としての経歴はいずれも県外の官社であり、かつ戦後の活躍の方が際立っているほか、藤巻のように完全に帰郷して県内の神社の社司（宮司）を務め、神社の創建や造営をなした人物ではない。

次いで橋本甚一が挙げられる。橋本は、官國幣社神職任用令（明治三十五年勅令第二八号）に規定されていたものの、大正十四年十月になるまで施行されていなかった内務省主催の第一回神職高等試験の試験合格者の一人となった人物である。橋本は、神職高等試験の合格を経た神職歴を持つという点で、いわゆる「高等神職」の一人であり、試験合格後は、高等官七等から三等（正五位）まで昇進するとともに、神宮禰宜や国幣中社寒川神社宮司、官幣大社出雲大社権宮司、官幣中社吉備津神社宮司を務め、神職経歴の大半を岡山県内の官社宮司として活動し、戦後は、吉備津神社のある真金町の町長にも出馬当選、地元政治にも関与するとともに岡山県の女子厚生施設、沙美寮の寮長を務めるなど社会事業にも功績をあげたほか、岡山県護国神社宮司を最後に退任したが、卒寿まで長命で県内にて没している。

ゆえに秋岡、高原はいずれも帰郷して宮司を務めた人物ではなく、橋本についても、その人生の大半を県内神社の官社宮司として活躍したものの、出生地は三重県である。「岡山県（岡山県出身）の神職」をいかに定義するかという点での問題はあろうが、厳密にいえば橋本は県内出身の神職とは言い難い側面がある。そのため、本稿では戦前戦後にかけて県内官社と県外官社の双方の宮司を務め、戦前の全国神社界においても重鎮神職としてその名を知られていた藤巻正之の事績について述べることとしたい。

三　藤巻正之の事績とその交友関係

藤巻については、筆者はすでに近年刊行された『戦後神社界の群像』（神社新報社）に掲載された項目において、その概略を明らかにしているところではあるが[15]、本稿執筆に際して、改めて藤巻が著した『蛟龍之舎回顧』（昭和四十三年）および『國學院大學八十五年史』や、平成三十年（二〇一八）に新たに刊行された『高山昇小伝』等を参照しつつ[16]、あらためて情報を付加しつつ述べてみたい。

藤巻正之は、岡山県勝田郡植月村（現、勝田郡勝央町植月中）の郷社日吉神社の社家にて眼科医であった父、藤巻七郎（応助）の長男として明治十年（一八七七）九月一日に出生した。幼名は珍平。父は岡山県士族にて翌十一年四月に眼科医から地元植月小学校の教師となるが、七歳の折、父が近隣のため池における不慮の事故にて逝去。明治二十五年に植月小学校を卒業後は、正之と改称。作東義塾にて学ぶが、同年十二月に日吉神社の祠官に就任し、三十三年に八幡神社、大崎神社、若王神社の社司および社掌を兼補（のち同三十四年五月に荒神社、勝田神社、畑屋神社社掌も兼補）する。郷社日吉神社の社司が無報酬であったこともあって、勝田郡役所や税務署雇の勤務を経て、二十三歳となった同三十四年一月に東京へと上京。皇典講究所にて開催された第二回神職講習会を受講する[17]。

皇典講究所第二回神職講習会における岡山県内からの受講生は、当時国幣中社安仁神社禰宜の太美定雄と藤巻正之のみであった。この講習会にて、当時皇典講究所の講師でもあった井上頼圀の講義を受講したことが契機となり、井上に懇請して門下生となる。講習会の受講を終えた同年九月には、井上の推薦もあって宮内省図書寮記録掛雇に命ぜられたのち、翌三十五年八月には、同年二月十日に官国幣社及び神宮神部署神職任用令、同十八日に府社県社以下神社神職任用規則が制定された関係にて、試験科目に「祭式」が加えられたことから、皇典講究所祭式科を修了する。これにより翌年四月に官幣大社海神社主典に補せられたものの、同年十二月に願に依り本職を免ぜられ[18]、岡山に帰郷して作州西部の久米郡の県社貴布禰神社社司を兼補している[19]。同四十年五月に維新期に勤皇報国を唱えて四方の志士らと交わり、出雲大社教にも関与していたことでも知られる美甘政和が宮司を務めていた国幣中社中山神社主典となり、以後終生、藤巻は美甘を師と仰ぐようになる。美甘は神職として中央の要職を務めることはなかったが、宮内省掌典であった宮地厳夫や、当時皇典講究所主事で國學院大學の復興に尽力し、神社界の中央の要職にて活躍していた高山昇とも交友があった。その高山は美甘を敬慕していたこともあって最初の中山神社時代から藤巻は直接高山とも交わる機会があり、その交友は長きにわたっていた。のちに官幣大社稲荷神社宮司となった高山から昭和十年八月に同神社禰宜の就任を懇願されていたという記録もある[20]。中山神社主典時代、藤巻は郷里の郷社日吉神社社司のほか、久米郡の県社貴布禰神社社司、村社倭文神社社司を兼補せられ、皇典講究所祭式講師の適任証を下付される。同年が日露戦争の終結後でもあることから、藤巻は戦役に尽力した故を以て賞勲局から銀杯一組を下賜せられた。

明治四十一年には、前年に内務省認可のもと改正された皇典講究所学階授与規則にて学階学正を授与され[21]、翌年には第五十七回神宮式年遷宮に雑仕として奉仕している。同四十三年三月には、県南の国幣中社安仁神社禰宜へと転じ、岡山県神職会祭式講師を委嘱される。同四十五年二月には、竹内利道宮司の退任に伴い、再び県北へと戻り国幣中社中山神社宮司に任ぜられ、三十六歳にて奏任官待遇の神職となり、全国神職会評議員・皇典講究所評議員となる。この官社宮司への就任を機に藤巻のいわゆる「造営宮司」と称された各赴任地の官国幣社における神社造営、境内復興整備事業等の数々がスタートする。大正三年（一九一四）には、岡山県皇典講究分所理事を嘱託され、同八年には県社徳守神社社司を兼補する。また、この時期から平賀元義の門人にて地元の郷土史家としても知られた矢吹正則や矢吹金一郎らとともに郷土史、神社誌編纂に従事することとなり、『美作誌』、『美作国神社資料』、『中山神社史料』などの郷土史、神社史の編纂にも従事している。

藤巻の宮司着任間もない頃の中山神社は、社殿の荒廃甚だしいものがあり、永禄二年（一五五九）に尼子晴久の寄進にて建立された中山造と呼ばれる巨大な本殿の屋根の雨漏りが激しい状態にて大規模修繕が必要な状態であった。藤巻は、まず本殿の国宝指定と修理造営を行うべく募財を募ることとなり、そのため、造営計画の完遂のため、造営の担当となる内務省神社局にもたびたび足を運んでいる。藤巻の尽力によって本殿は大正三年四月十七日に国宝指定（戦後は国指定重要文化財）となったが、神社局において中山神社の造営事務の担当となったのが、当時神社局の第一課長にて書記官であった吉田茂であり、造営局総務課長として明治神宮の創建事務をも担当していた。

吉田茂は、のちに首相を務めた同姓同名の外務官僚に比して「内務の吉田」、「目白の吉田」とも称された内務官僚で、のちに貴族院議員（勅任）となり、政治家としては内閣書記官長や初代内閣調査局長、厚生大臣、軍需大臣等を歴任、終戦時には皇典講究所専務理事としても藤巻とともに神社本庁の設立に尽力することとなる人物である。[22]担当となった吉田からは、官国幣社の営繕・調度に使用する各社共通金の制の利用などついて教示を受けたこともあって、一部国費による資金の調達がかなうこととなり、造営事業が大きく進展することとなった。そのため藤巻の回顧談からは、担当官が吉田であったことを感謝していたことを窺い知ることができる。(23)あわせて、この時期に中山神社武徳殿の建設と国幣中社中山神社講社の創立、県社徳守神社御日供講の創立を果たし、神社附属講社の創立と活動等、(24)いわゆる戦前期における神社のなす社会事業にも尽力し、当時吉田が社会事業に尽力していたこともあって内務省主催の「神社と社会事業懇談会」(25)へも藤巻が招かれていた点は、近代神道社会事業史、神道教化史の面からも特筆すべき点である。

中山神社の造営を完遂した時期と相呼応するかのように、藤巻は大正十四年二月には岡山を離れ、隣県である兵庫県神戸市の官幣中社長田神社宮司へと転任、同年初に社殿が炎上罹災した同社の復興事業に尽力することとなった。長田神社への赴任は、当時、神社局長で同年九月に岡山県知事に着任する内務官僚の佐上信一との十五年にわたる知遇を受けていた関係であったと藤巻は回顧している。(26)昭和三年(一九二八)には長田神社の社殿造営を終えて本殿遷座祭を斎行するが、この時期に『全國神職会会報』の元主筆としてもその名を知られていた櫻井稲麿(27)との共著にて祝詞集である『昭和諄詞集』を刊行している。翌四年には、別格官幣社東照宮宮司(栃木)へと転じたが、宮司着任後は神社創祀以来の社記録を整理した『日光叢書』の刊行に着手している。(28)

日光赴任から二年を経た昭和六年十二月に、若槻礼次郎総理大臣より直接の懇請(29)があって再び神戸へと転じることとなり、上奏を経て別格官幣社湊川神社宮司に任ぜられた。同社にて整備計画が進まない状況にあった境域改修および社殿造営事業に着手することとなった。結果、同九年には本殿遷座祭の斎行を果たしている。昭和十一年九月には、湊川神社氏子青年団を引率して在満州の将士の慰問を実施、神符十万体、慰問帳十万冊を寄贈。同年には、境内の改修と造営が一段落したこともあって『湊川神社境域改修御造営誌』を刊行している。

昭和十二年には、全国神職会理事に当選、従五位に叙せられている。翌十三年には、兵庫県姫路招魂社受持神官を兼補するが、昭和十四年三月十五日に「招魂社ヲ護國神社ト改称ノ件」（内務省令第十二号）、同四月一日に「護國神社ノ指定ニ関スル件」（内務省告示第一四二号）が出され、護国神社の制度が整備されたこともあって、指定護国神社として改称せられた姫路護國神社の創建に務め、同社社司を兼補した。湊川神社時代は、御日供講、氏子青年会、婦人会、七生会の結成、武道大会の開催、大鳥居の寄進建立なども行ったが、数々の成果を挙げてきた一方で、同年六月に『湊川神社六十年史』の編纂刊行をなしたことを契機に、同八月には心身の疲労から宮司の退任を申し出て湊川神社を依願免職した。

宮司退任に際して藤巻は、同時期にノモンハン事件直後の混迷した内外情勢のなかで内閣総理大臣を辞職する直前にあった平沼騏一郎男爵に連絡をとった上で、平沼への挨拶を済ませてから郷里の作州に帰り、南朝の忠臣として著名な児島高徳を祀る津山院庄の県社作楽神社への奉仕を自身にて望み、社司として補せられることとなった。昭和十七年三月五日には、県社の社司ではあるものの、あらためて奏任官待遇の神職の辞令を内閣から受け、湊川神社宮司以来の奏任官待遇を受ける形となった。この時期の藤巻は、社殿および境内の復興を成し遂げるべく、同郷の津山出身で総理を退任したばかりの平沼騏一郎男爵を総裁とする作楽神社奉賛会を結成して社殿の改修、境域の整備を行ったものの、藤巻自身の回顧では、大東亜戦争の戦況が日々緊迫化するとともに長年地元を離れていたこともあってか、募財集めの難も重なり実際には「故郷の風はつめた」いものであったと述べている(30)。

平沼は、当初作楽神社を県社から別格官幣社へと昇格させたいという目論見もあり、かねてから藤巻の帰郷と社司就任を依頼していた。その一方で、昭和十年八月に藤巻は、知遇のあった高山昇から官幣大社稲荷神社の禰宜就任を懇請されていたこともあって、神職の世界ではトップにある勅任官待遇の高山翁からの依頼には相当悩んでいたことが窺えるが、平沼からの依頼もあったため結果的には辞退し、高山は、藤巻が平沼の応援で社司となることは鬼に金棒であるとし「作楽神社のご復興に一路邁進せよ」と述べて、郷里での奉仕を望んだ藤巻の禰宜就任を断念した[31]。

藤巻と、神社を所管する省庁のトップである内務大臣をも歴任していた平沼首相との縁は深く、その原点は、美甘宮司時代の明治三十年頃、中山神社主典時代に遡る。井上頼圀の蔵書をもとにして平沼が代表となって発足した財団法人無窮会の発足も藤巻との縁によるものであるが、作楽神社の造営事業が一段落した昭和十七年七月五日に官幣大社橿原神宮宮司へと転出した高階研一理事の後を承けて、藤巻は皇典講究所理事（常任理事・総務担当）に就任する。この理事就任は、同十七年一月に平沼へと新年の挨拶をした折に、皇典講究所副総裁であった平沼から懇請されたことによるものである[32]。そのため藤巻が理事へと就任した折には、講究所への平沼の出講を依頼し、昭和十八年三月から十九年九月まで実施された「皇典講座」の開催を実現した。藤巻の理事時代は同所および國學院大學の拡張事業、財政整理にも尽力するとともに、同所の祭祀審議会の委員としても尽力していたが、第二次世界大戦の戦況が悪化の一途をたどり、昭和二十年八月十四日に政府はポツダム宣言を受諾、翌十五日に玉音放送がなされて敗戦となった。結果、翌月三日よりＧＨＱ／ＳＣＡＰによる占領政策が本格的に開始されることとなるが、昭和二十年八月十五日から同二十一年二月三日に至るまでの終戦後の混乱期には、先に述べた内務官僚出身の大物政治家であった吉田茂皇典講究所専務理事の下で、民間神祇関係三団体を解散合併することとして新たに設立する神社本庁の組織機構に関する審議にも皇典講究所選出の準備委員として深く関与する。藤巻は、新団体における各包括下の神社の代表者の名称を「宮司」とすることを提案し、これが認められることとなった。さらには、昭和二十一年一月の皇典講究所の解散式および、同月二十五日に発せられた解散にあたっての挨拶状には、佐佐木行忠所長、吉田専務理事、藤巻の三者の名が記された。二月十四日の物故功労者の慰霊祭および四月十八日の新生財団法人國學院大學（のち学校法人）への切り替えに際しても藤巻が旧皇典講究所側

の代表となって慰霊祭を斎行、業務の引継ぎを行っている。(33)

昭和二十一年二月三日に神社本庁が設立した後は、郷里の津山へと帰郷。同年五月三十一日に再び作楽神社宮司に任ぜられ、実家でもある勝央町の日吉神社および八幡神社の宮司を兼任したが、その時期も短く、同二十三年三月には、先の大戦にて罹災した湊川神社に懇請され、再度宮司に就任する。終戦後の混乱のなか思うに進まなかった同社の戦災復興事業の完遂のため、同郷の宇垣一成元陸軍大将・陸軍大臣を総裁に造営奉賛会を結成、社殿の復興事業を成し遂げたほか、尚志館の建設、湊川少年団の結成なども行った。同三十一年六月に湊川神社を依願退職したが、当時、鈴木松太郎宮司の逝去を受けて不正事件が世間をにぎわせていた伏見稲荷大社の後任問題にあたって藤巻に白羽の矢が立つこととなり、(34)九月八日付で後任宮司に就任、五年後の御鎮座千二百五十年祭にあたって記念事業を計画実施し、社殿造営のほか、明治の旧上知令以前の社地の復活など諸事業を成し遂げた。このほか宮司時代には、『稲荷百話』(昭和三十三年)、『薫楽記』(昭和三十九年)を著すなどしたが、三十九年に高齢を理由に宮司を退任した。同四十三年三月二十八日、隠棲の地であった水戸にて九十歳で逝去した。

藤巻の回顧談である『蛟龍之舎回顧』には、自身の生涯の中で影響を受けた恩師、畏友の名を掲げているが、最も影響を受けた人物は、国幣中社中山神社宮司であった美甘政和であるとしている。次に影響を受けた人物として皇典講究所の講習会にて教授を受けた井上頼圀、落合直文の名を挙げており、さらには内務省神社局長であった内務官僚の塚本清治、国史学の三上参次、二度の湊川神社時代に交友を深めた横山大観、吉川英治、沼田頼輔、朝日新聞の永井栄蔵(釈瓢斎)の名も掲げているほか、同郷の政治家として知られた平沼騏一郎と湊川神社の造営奉賛会の総裁を務めた宇垣一成らを掲げている。そのほか、美甘とも交友のあった高山昇との関係も稲荷大社への宮司就任や皇典講究所理事への転任などを含め非常に興味深いが、とくに平沼との交友関係には、大きく頁を割いており、当時の岡山県内関連の神社造営の募財をなす際には、必ず東上して募財の尽力を依頼するのが、平沼をはじめ、皇典講究所の所長を務めた小松原英太郎のほか、阪谷芳郎、犬養毅であると記されていることは、当時の岡山県出身の有力者として東京にて政界に力をなしていた人物を窺い知ることができ、興味深いものがあるといえよう。

四　むすび

以上、藤巻の七十年余の神職としての事績を中心に、あくまでもケーススタディの一つに過ぎないかもしれないが、戦前期の岡山県内出身の官社宮司のキャリア形成について著してみた。東京にも遠い岡山の山奥、作州出身の神職としては、異例ともいうべき出世と藤巻の官社宮司としての実績の大半は、それぞれ宮司として着任した神社での社殿造営や境内整備、出版物の刊行を中心とする造営事業と社会教化事業、講社の創立など教化組織体制の整備であった。その一方で、各事業推進の軸、基礎となったものは、恩師として仰いだ美甘政和や井上頼圀らからの学的な刺激、影響であり、他方、本稿の中で登場する大物政治家でもあった平沼騏一郎や、吉田茂、佐上信一ら内務官僚、あるいは勅任官待遇の傑物神職として知られた高山昇らとの幅広い交友関係が、のちの自身の官社宮司としてのキャリア形成に大きく影響していったものと考えられる。

また、かつて拙稿にて言及したように、県内出身の有力官僚で政治家としても活躍し、皇典講究所にも関与していた小松原英太郎や平沼騏一郎らが政界にいたことも官社宮司としての藤巻のキャリア形成に大きく影響していくものと考えられる。とくに藤巻が中央の要職である皇典講究所の理事（常任）として、終戦後の未曾有の神社制度の変革に対応することとなるのも、まさに作州出身の元首相、平沼との縁によるものであったと考えられる。

神職のキャリア形成に大きく関係する神職資格の付与と神官神職の任用という観点からいえば、戦前も戦後も学識・学歴に伴う付与という点では変わらぬ面を持つ。その点ではかつて拙稿においても指摘したように[35]、戦前期には皇典講究所が内務省の委託を受け、「学階(学正・司業)」と呼ばれる神職資格を付与していたが、その資格たる「学階」は、国学の学識認定たる神職資格でもあり、その点では、國學院大學卒もしくは、内務省立の官立専門学校であった神宮皇學館本科卒という学歴は、高等神職になるには、大きなアドバンテージであった。それゆえに藤巻は、自らを「作州の山猿」と称していたように、皇典講究所の神職講習会設置当初の受講経歴を持つものの、いわゆる神職養成でいえば、奏任官待遇への任用の近道となる学正資格が付与される國學院大學(國學院)や、卒業と同時に奏任官待遇の神職任用が約束される神宮皇學館本科の卒業生ではない。

藤巻が神職に任用された時代は、皇典講究所の学階の付与制度(学正・司業)が変革の途上にあったとはいえども、明治十五年の設置当初の皇典講究所は別としても國學院もしくは神宮皇學館本科の卒業生であれば、卒業後、二十代半ばにして奏任官待遇の神職として官社の禰宜に就任できた時代であり、以後は高等神職として早々に官国幣社の宮司・権宮司へと就任して官社を転々とするようなキャリアを歩んでいた。その点でいえば、藤巻は、旧制の尋常高等小学校出身の学歴であり、いわゆる高等神職としてのキャリアを最初から持ち得ていた神職ではなかった。藤巻が皇典講究所の学階学正を得て国幣中社中山神社宮司として奏任官待遇の神職となったのは三十六歳であり、三十歳にて国幣中社砥鹿神社宮司に任ぜられ奏任官待遇となっていた秋岡保治、三十一歳で国幣中社白山比咩神社宮司に任ぜられた高原美忠と比較すれば、藤巻は國學院大學や神宮皇學館本科でないため、官社宮司への就任が比較的早い方であると考えられるものの、彼らよりも五歳程度遅い(高原も秋岡も中学校教諭などを経てから官社へ着任したため、実際にはもう数年官社宮司への着任が早くても不思議ではない)就任である。

また、藤巻はその神職経歴のなかで幾度か官社宮司よりも郷里の民社社司を欲した時期があり、秋岡や高原のように数年おきに官社を転々とするような奏任官待遇の官社宮司のような経歴ではなかった。しかしながら、結果として藤巻が宮司として就任する各社、とくに二度にわたる湊川神社においての造営・復興事業という重要な役回りを果たし、郷里でも社格の昇格を目指して作楽神社の御造営をなしたという点では、当該神社ののちの社頭の隆昌に大きな足跡を残したことはいうまでもない事実である。そうした意味でも藤巻は作州の郷土史、地方史に名を刻むべき神職であるともいえるが、一方で藤巻は「国家神道」時代の神職としては、他県に転出することなく郷里にて晩年まで過ごすような神職経歴ではなく、むしろ他にも同様の類例があるように[36]、累代奉仕の社家（神職家）とはいえども故郷を離れて全国各地とを転々とせねばならず、華々しいキャリア形成の一方で、郷里を離れる結果となったことで生家の奉仕神社との由縁が縁遠くなってしまった。この点では、まさに「国家神道」時代にみられた官国幣社の神職のあり方に翻弄されるような神職経歴を送っていくこととなるだけに、郷里を愛惜しつつも、「故郷の風はつめた」いと述べざるを得なかった藤巻の心情がいかなるものであったか、現存の関係史料からは、推し量るすべがない点は残念でならない。

なお、本稿では藤巻の国幣中社中山神社宮司時代に禰宜として藤巻の弟子的な位置にあり、のちに岡山県神職会や全国神職会でも活躍し、全国社司社掌会を設立する、いわゆる「社活派」神職の中心的人物でもあった為貞元臣の事績については言及できなかったが、民社中心で他県に転出することなく岡山県神職会の機関誌である『岡山県神職会報』に主筆として編輯しつつ、「社活派」神職として各地の民社神職とともに民社運動の中軸をなしていく為貞と、官社宮司を歴任し、平沼ら政治家とも交友をもち全国神職会や皇典講究所など、中央でも活躍していく藤巻とは対照的な神職経歴であり、その方向性の違いも含め、今後も神職・神社制度が安定してゆく大正期から昭和前期を中心として、岡山県のみならず他県も対象地域とした戦前期の神社と神職のあり方、実態について調査・分析しながら論じていきたいと考えている。

註

(1)藤本頼生「岡山県における神社整理の基礎的研究」(『皇學館論叢』第三一巻一号、平成十年二月)三三〜五四頁、「岡山県における神社整理の基準と反響—明治末期から大正初期の『山陽新報』に見る—」(『岡山地方史研究』第九〇号、平成十一年十二月)一〇〜二一頁、「岡山県における明治初期の神社整理—明治初期の神社関係行政文書をめぐって—」(『岡山地方史研究』第一〇〇号、平成十五年六月)九九〜一二〇頁。

(2)藤本頼生「内務官僚の系譜と岡山県—「岡山閥」と神社行政・社会事業の関わりから—」(『国家神道と国体論に関する学際的研究研究成果報告書(平成二十七〜二十九年度日本学術振興会科学研究費助成事業(基盤研究(C))』平成三十年三月十日)一六五〜一八二頁。

(3)法令番号については、『法令全書』による。

(4)前掲註(2)参照。

(5)「社活派」神職の語については、畔上直樹『「村の鎮守」と戦前日本—「国家神道」の地域社会史—』(有志舎、二〇〇九年)を参照。

(6)道家大門については、草莽の国学者として美甘政和とともに知られており、福田景門『道家大門評伝』(錦正社、平成八年)のような研究書もある。また、美甘政和は、神道文化会編『明治維新神道百年史(第五巻)』(神道文化会、昭和五十九年)のなかでも、「明治の神道人を回想する」という座談会のなかで、明治期の主要神職の一人として道家大門とともに記載がなされている。

(7)美甘政和(天保六年〜大正七年)は旧美作国湯原に出生。美作の勤王志士河野鉄兜の門人となり、黒住宗忠の研究を行っていたが、二十七歳の時に大国隆正との交友を機に国学を独学にて深く学ぶ。明治維新後、国幣神社中山神社に奉仕し、明治十二年から出雲大社教に属し、千家尊福の知遇を受けた。翌年に一旦中山神社を辞したが、明治三十年に再び中山神社に奉仕し、宮司となる。明治四十二年に高齢のため、同社宮司を辞任。八十四歳で没。高山昇とは、中山神社宮司時代に文通を行い交友を深めており、日露戦争後に藤巻と美甘と高山とで明治四十年頃に岡山市山崎町の「藤久楼」で会見したのが高山と藤巻との初めての出会いである。高山裕宇編『高山昇小伝—明治・大正・昭和を生きた一神道人の軌跡—』(私家版、平成三十年)一三五〜一四二頁、によれば、美甘は高山の下で藤巻を奉仕させたいという思いも持っていたようである。

(8)同名簿については、筆者所蔵内務省関係資料を参照。

(9)「官社神官一覧」(井上順孝・阪本是丸編『日本型政教関係の誕生』第一書房、昭和六十二年)三一八〜三七六頁。

(10)国幣中社中山神社社務所編『中山神社史料』(中山神社社務所、大正十二年)五一一～五一二頁。

(11)奏任官待遇となる神職は、官國幣社職制(明治三十五年二月十日勅令第二十七号)によれば、官國幣社の宮司、権宮司は任命されると同時に奏任官待遇となり、禰宜として二十年以上判任官もしくは判任官待遇であれば、奏任官待遇となすことができるとされていた。

(12)秋岡の事績については、藤本頼生「秋岡保治」(『神社新報創刊七十周年記念出版　戦後神道界の群像』神社新報社、平成二十八年七月)六七～六八頁。

(13)なお、秋岡の大学卒業時の同期には、国文学者の折口信夫をはじめ、勅任官待遇の宮司として知られた高階研一、のちに戦後、初代の神社本庁事務総長となる宮川宗徳らがいた。

(14)なお、岸本英夫(当時東京帝国大学助教授にてGHQ宗教課のアドバイザー)は第六高等学校出身で、父で宗教学者の能武太(元岡山藩士)を含め、岡山に所縁のある宗教学者であり、岸本自身も終戦直後の神社界の在り方にも深く関与・影響を及ぼしていることから、非常に興味深いものがある。

(15)藤本頼生「藤巻正之」前掲『戦後神道界の群像』二〇二頁。

(16)本稿における藤巻の事績部分の執筆に際しては、主に藤巻の回顧談である『蛟龍之舎回顧』(私家版、昭和四十三年)の記載を参照したが、藤巻が九十歳を過ぎ、右手が不自由な中での代筆による執筆でもあることから、とくに青年期などにおいて記憶違い等もあり、完全に事実と異なるような箇所については、適宜『國學院大學八十五年史』をはじめ、基礎文献となる史料と照合しつつ、記載を行ったほか、平成三十年八月に、戦前期に官幣中社厳島神社宮司や官幣大社稲荷神社宮司(現伏見稲荷大社)などを歴任し、初の勅任官待遇の神職としても知られた高山昇の曾孫にあたる高山裕宇が編んだ前掲『高山昇小伝』を参照した。

(17)この折の講習会の講師は、宮地嚴夫、青戸波江、久保悳鄰、井上頼圀、飯田武郷、今泉定介(助)、落合直文、佐伯有義、木村正辞、三上参次、中川友次郎、本居豊穎、丸山正彦ら錚々たる面々であった。

(18)前掲『蛟龍之舎回顧』には、明治三十六年八月に退職とあるが、大正四年に刊行された『全国神社神職名鑑』(神祇社)一五八頁にある藤巻の履歴には、同三十六年十二月に依願にて本職を免ぜられたとあり、本稿では、その表記にしたがった。

(19)貴布禰神社は為貞元臣がのちに社司を務める神社であり、為貞の地元でもある。藤巻と為貞との親交の契機は、まさにこの社司時代から築かれていったものと考えられる。

(20)前掲『高山昇小伝』一三五～一四二頁。結果的には藤巻は戦後、昭和三十一年に伏見稲荷大社宮司となるが、昭和十年には高山からの禰宜就任の懇請を断っている。結果、数年後に平沼騏一郎首相が旧津山藩創建で、当時別格官幣社の昇格を推していた作楽神社社司へと就任したが、藤巻はこの折、高山に非礼を深く詫び、許しを得ている。
(21)この当時、神職資格たる学階については、学正は名誉学正と一等から五等までの学正、一等から八等までの司業に分かれていた。同じ講習会を受けていた太美定雄が官國幣社の宮司、権宮司に就任できる五等学正を授与されているため、藤巻も同様であったものと考えられる。
(22)吉田茂については、藤本頼生「内務官僚吉田茂の神社観」(同『神道と社会事業の近代史』弘文堂、平成二十一年)二一七〜二七三頁。
(23)前掲『蛟龍之舎回顧』二三〜二四頁。
(24)前掲藤本『神道と社会事業の近代史』二一七〜二五三頁。
(25)「神社の社会事業懇談会」(『神社協会雑誌』第二十三年二号、大正十三年五月)。
(26)前掲『蛟龍之舎回顧』五三頁。佐上は、神社局長就任は、大正十三年からのわずか一か年余であるが、就任前より内務参事官や文書課長を務めるなど、神社局関連の仕事とも関係のある役職を歴任している。その一方で中山神社の御造営の問題にて藤巻は内務省にも相談・陳情に訪れており、そのような事情にて長田神社着任前から佐上知事とは若干の知遇があったことが考えられる。
(27)なお、櫻井稲麿は藤巻がのちに東照宮宮司として転任した時代には同宮禰宜であり、部下として藤巻を支えることとなった。
(28)なお、この日光東照宮宮司時代の部下に、のちに神社本庁事務副総長となる三重県出身の竹島栄雄がおり、湊川神社転任時も随行させ、湊川神社の改修のための仮殿遷座祭を竹島に手伝わせている。
(29)この若槻首相による宮司転任懇請のもととなったのは、『蛟龍之舎回顧』八二頁によれば、内務官僚にて、昭和四年四月から六年四月まで福島県知事を務めていた小柳牧衛兵庫県知事が福島時代に日光にいた藤巻のことを知っていたからであり、同じく内務官僚にて大正十四年から昭和八年まで神戸市長を務めた黒瀬弘志と協議の上、内務省に宮司更迭を持ち込んだ結果であると藤巻は回顧している。
(30)前掲『蛟龍之舎回顧』一四三頁。
(31)前掲『高山昇小伝』一三六〜一三七頁。
(32)この藤巻の皇典講究所への理事就任については、前任者は高山昇の一番弟子を自認し、高山からも信頼の篤かった高階研一(兵庫県出身にて國學院大學出身、官幣大社札幌神社宮司や官幣大社諏訪神社宮司、官幣大社橿原神宮宮司を歴任、戦後は神社本庁事務総長となる神社界の大物宮司で、高山昇の葬儀委員長を務めた人物）であり、前々任者は高山昇で、高山は講究所の中興の人物で同所に厳然たる影響力をもった人物である。高階は高山昇や佐佐木行忠の懇請を受け、理事に就任していたことを考えると、高階の転任に伴う後任者の人選に苦慮したことは容易に想像ができよう。その点で高山とも長年にわたる交友があり、宮司を務めた稲荷神社の禰宜を懇請していたこともあった藤巻の理事就任は、単に平沼からの懇請ということのみではなく、高山からも納得いく人事であったと考えられる。

(33)『國學院大學八十五年史』（國學院大學、昭和四十五年）七〇六〜七五一頁。

(34)藤巻が後任宮司を引き受けた理由は『蛟龍之舎回顧』一八一頁、一八六頁によれば、「私は先々代の高山宮司に私淑し、高山翁の衣鉢を襲ぐものと自ら任じ、かつ覚悟して来ました。高山翁が大社発展のために多くの事業をなされたように」と、戦前期に官幣大社稲荷神社宮司を務め、皇典講究所専務理事を務めるなど、勅任官待遇の大物宮司としてその名を知られていた高山昇に長田神社時代から薫陶を受けていたことも就任の理由としてあったほか、戦前期から皇典講究所、國學院に関わっていた関係で、当時國學院大學学長であった石川岩吉をはじめ、徳富蘇峰、岩村通世元法務大臣、小倉正恒元大蔵大臣らの推薦を受けたことによるとされている。なお註(20)に掲げたが、平成三十年に刊行された『高山昇小伝』の記述では、高山昇の十年祭を機に高山翁を偲ぶために所縁の各氏へインタビューした記録資料からも藤巻が中山神社時代からの交友があったことが窺われる記述があり、藤巻の師であった美甘を高山昇が敬慕していたことや、高山が官幣大社稲荷神社宮司時代に、禰宜就任を懇請し、高山の片腕として藤巻に境内整備を委任させたいと述べていた記録（『高山昇小伝』一三七頁）などもあることから、この点は確かなものと考えられよう。

(35)藤本頼生「戦前期の神道系大学における神職養成」（江島尚俊・三浦周・松野智章編『シリーズ大学と宗教Ⅲ　戦時日本の大学と宗教』法藏館、平成二十九年）一五七〜一九八頁。

(36)一例としては、戦前期にともに官社宮司を務めた高松四郎、高松忠清親子や、同じく郷里の累代奉仕の家を離れ、官社宮司を歴任する高階幸造、高階研一親子、杉谷正隆、杉谷房雄親子、阪本作之助、阪本健一親子などが代表的であるが、同時期に親子で相並ぶような形で官社宮司を務める例は少ないものの、郷里を離れて官社宮司となり、以後、累代奉仕の神社を離れて各社を転々としていくような事例は、戦後を含め、他にも多くの類例がある。代表的なキャリア形成を示したものとして阪本健一著・藤本頼生編『明治神道史の横顔―思想・制度・人物でたどる近代の神道―』（神社新報社、平成二十八年）二一二〜二二三頁を掲げておく。

国立ハンセン病療養所の神社創建

――国家権力下のムラの神――

柏木亨介

一　はじめに

本稿は、国立のハンセン病療養所に鎮座する神社の創建経緯と現在の状況を報告し、戦前・戦後の国立施設における神社の具体像を提示することで国体および国家神道研究への寄与を図るものである。

療養所内神社については、わが国のハンセン病政策の違憲性を指摘した司法判断を踏まえてイデオロギー的に理解される傾向にある。平成十三年（二〇〇一）の熊本地裁判決後（「らい予防法」違憲国家賠償請求事件）、厚生労働省では過去のハンセン病政策による被害実態を検証するため「ハンセン病問題に関する検証会議」を設置し、そこで千頁以上にも及ぶ報告書をまとめたが、同書において療養所内神社に関しては「軍国主義のひとつの象徴的建物として神社を建立し、それらの動きに神社本庁も協力していったという構造があることがうかがえる[1]」

（傍点筆者）と記述されている。しかし、療養所内神社の創建は戦前のことで神社本庁の設立は昭和二十一年（一九四六）であるから、報告書では事実関係の確認を疎かにしたまま神社の評価を下している。

いまのところ本件については、藤本頼生によって戦後神社界の社会奉仕活動との関連から調査されているが[(2)]、調査対象の神社は戦後再興された三社にすぎない。つまり、現時点において療養所内神社の悉皆調査は行われておらず、その全容は未だ明らかになっていない。そこで本稿では国立ハンセン病療養所に創建されたすべての神社を俯瞰し、その傾向や特徴などについて概括的な把握を目指していく。

二　わが国のハンセン病施策の概要

事例紹介の前に、日本のハンセン病施策について本稿と関わる部分を確認しておきたい。

日本では明治中期より、キリスト教や日蓮宗等の宗教教団による療養所の設置や篤志家等による小規模私立病院の設立がみられたが、行政上の取り組みとしては明治四十年法律第十一号（通称「癩予防ニ関スル件」）の公布が始まりで、このとき全国五区域に連合道府県立の公立療養所が設置された。当時は「療養ノ途ヲ有セス且救護者ナキ」（同法第三條）困窮患者を収容していたが、昭和六年（一九三一）の法改正（「癩予防法」）によって収容対象を全ての患者に拡大する強制隔離が始まった。以後、国立の療養所が相次いで設置されて収容定員が増加し、同十六年には公立療養所も国に移管されて隔離体制が整備されたが、この施策の深刻な問題は法に退所規定が設けられておらず、らい予防法（昭和二十八年法律第二一四号）廃止の平成八年（一九九六）までこの状態が続いていたため、入所者の多くが完治後も療養所に隔離されていた点にある。終生そこで過ごすことになるので、療養所には治療棟や居住舎のほかに公会堂、納骨堂、理髪店、郵便局、売店などがあり、見方を変えれば入所者にと

表1 ハンセン病療養所内神社一覧

＊脚注の各種資料および筆者による現地調査に基づいて作成。

	療養所名	療養所開設年	神社名	祭神	鎮座祭年月日	創建の発起人	社殿形式	社殿の現状	鎮座地	備考
1	国立療養所松丘保養園（青森県青森市）	明治42年（昭和16年7月公立から国立に移管）	弥廣神社	明治天皇	昭和13年8月5日	施設側（園長）	流造 拝殿アリ	再建	園内西側の小丘上、楓公園内	戦後撤去。昭和45年11月21日青森県敬神婦人会、全国敬神婦人連合会の協力により再建（神明造）、祭神は天照大御神・明治天皇・貞明皇后。
2	国立療養所東北新生園（宮城県登米市）	昭和14年	新生神社	天照皇大神 光明皇后	昭和16年11月25日	施設側（事務官）	神明造	移築	園内北側の小丘上、楓公園内	昭和21年9月、地元村民の手によって大森山に移築し、保食神社となる。
3	国立療養所栗生楽泉園（群馬県草津町）	昭和7年	栗生神社	天照大御神	昭和14年11月1日	患者	春日造	現存	園内北側の微高地、楓公園内	
			物吉神社	ハンセン病の神	昭和14年11月1日	患者	流造	現存	園内北側の微高地、楓公園内	
			鈴蘭神社	不明	昭和14年11月1日	不明	流造	現存	官舎地区西端の小山上	
4	国立療養所多磨全生園（東京都東村山市）	明治42年（昭和16年7月公立から国立に移管）	永代神社	伊勢大神宮 豊受大神宮 明治神宮	昭和9年5月22日	患者	流造	現存	園北側	昭和21年にご神体を講堂に遷座、昭和30年5月21日全国敬神婦人連合会等の協力により再興。
5	国立駿河療養所（静岡県御殿場市）	昭和20年	駿河神社	天照皇大神 浅間大神 少彦名神	昭和33年11月25日	静岡県敬神婦人会等	神明造	現存	園東側の最高地	静岡県敬神婦人会、全国敬神婦人連合会の協力により創建。
6	国立療養所邑久光明園（岡山県瀬戸内市）	明治42年（昭和16年7月公立から国立に移管）	光明神社	天照大神 光明皇后	昭和16年1月31日	患者	流造	再建	園東側の微高地の森	昭和21年撤去、昭和29年5月22日再建、昭和52年1月19日移転、昭和52年8月25日新築。
7	国立療養所長島愛生園（岡山県瀬戸内市）	昭和5年	長島神社	光明皇后	昭和10年3月27日	施設側カ	春日造	現存	長島の南沖の手影島（弁天島）	戦後社殿を解体。神体（鏡）と材木を居住舎に隠していたが、咎めだてられないことがわかり組み立て直す。
8	国立療養所大島青松園（香川県高松市）	明治42年（昭和16年7月公立から国立に移管）	大島神社	伊勢大神宮 出雲大社	昭和15年6月25日	患者	流造	再建	患者地区北側の山中	昭和21年3月3日撤去、昭和21年4月9日神体を権現神社に遷す。昭和40年6月25日再建、遷座式、平成29年10月16日移築、遷座式。
			権現神社	不明	明治42年以前	地元島民	木祠 覆屋	現存	官舎地区南側の山麓	
9	国立療養所菊池恵楓園（熊本県合志市）	明治42年（昭和16年7月公立から国立に移管）	恵楓神社	天照大神 光明皇后	昭和16年11月10日	施設側（園長）	流造	移築	園北側の二千六百年記念公園内	戦後、合志市栄の鹿水集落に移築し、毘沙門天社殿として存続。
			檜山神社	不明	不明（昭和16年カ）	施設側	二間社入母屋造	解体	官舎地区	戦後撤去。
10	国立療養所星塚敬愛園（鹿児島県鹿屋市）	昭和10年	敬愛神社	不明	昭和20年2月11日	施設側カ	神明造	解体	園北側の楓公園東端	戦後撤去。
11	朝鮮総督府小鹿島更生園（韓国全羅南道高興郡）（現、国立小鹿島病院）	大正5年	小鹿島神社	天照大神	昭和10年5月28日	施設側	神明造（コンクリート造） 拝殿アリ	現存	官舎地区、事務本館正面の山麓	大正6年8月19日、長谷川朝鮮総督の勧請によって旧慈恵病院前に祀られたものを遷座。
			小鹿島神社分社	天照大神	昭和10年5月28日	施設側	神明造	解体	患者地区の中央公会堂裏手の小丘	昭和20年8月18日患者の放火により焼失。
12	台湾総督府楽生院（台湾新北市・桃園市）（現、楽生療養院）	昭和5年	楽生神社	不明	昭和15年10月14日	施設側	流造	解体	事務本館正面から直線上に臨んだ山中	昭和8年5月25日仮礼拝堂の神殿で鎮座祭、戦後撤去。

図１　弥廣神社（創建当時）
（『昭和十三年統計年報』口絵）

図２　弥廣神社
（平成29年、筆者撮影）

ってそこは日常生活の場でもあった。

国立のハンセン病療養所は日本国内に十三ヶ所、朝鮮、台湾、満州に各一ヶ所、南洋諸島に四ヶ所が設置された。そのうち十二ヶ所に十五の神社が創建されたのであった[3]（分社等を含めると十七社鎮座）（表1参照）。

三　療養所内神社の概要

（一）国立療養所松丘保養園（青森県青森市）――弥廣（やひろ）神社――

松丘保養園の園内西側の小丘には弥廣神社が鎮座している。創建の契機は、公立療養所時代[4]の昭和九年（一九三四）、中條資俊所長が所内に「敬神ノ設備ナキヲ遺憾」として企画したことによる[5]。社殿設計を内務省神社局に依頼して同年十一月に起工し、社殿の工費はすべて篤志家からの寄付で賄い、同十一年九月に完成した。さらに参道、狛犬、灯籠、幟、手洗い所その他の施設については本事業の奉賛会および患者慰藉会[6]から費用を支出して、患者の勤労奉仕作業によって完成した。そして、同十三年八月五日、児玉九一神社局長以下局員による明治天皇御霊代の奉進および国幣小社岩木山神社川島宮司以下神職五名による鎮座式が執り行われた[7]。本殿と拝殿の神額は、内閣書記官長風見章と厚生省予防局長高野六郎を通して内閣総理大臣近衛文麿の揮毫を得て奉納されたものである。[8] このように、弥廣神社創建には所長や官庁の積極的な関わりが認められる。

本殿、拝殿ともに流造で、間口二間半、奥行六間の規模であった（図1）。祭神は明治天皇、例祭は六月三日に定められた。

社殿は戦後まもなく解体され、跡地は長らく放置されていたらしい。そのようななか、昭和四十一年、全国敬神婦人会会長以下役員が慰問来園の折に神社跡を発見して再建が企画された。そして、同四十四年同会総会での決議を経て式年遷宮（伊勢神宮）の際の旧御殿（饗土橋姫神社）の払下げを受けることが決まり、翌四十五年十一月二十一日に鎮座祭、同四十六年十月二十一日に例祭が催行された。[9] 再興した弥廣神社の祭神には明治天皇のほか天照大御神と貞明皇后が新たに加えられた（図2）。

現在、例祭は九月に行われている。拝殿がないので祭員および療養所幹部職員は拝殿跡地上に参列し、敬神婦人会以下一般参列者はその後方に参列して神事が進められる。ただし、平成二十七年（二〇一五）から職員と入所者は例祭に参列することを取り止めた。職員の公務中の参列の是非が問われたことが発端だが、入所者自治会の話によれば、もともと入所者が主催していたわけでもないので園長の判断に従っているとのことである。

（二）国立療養所東北新生園（宮城県登米市）――新生神社――

東北新生園には園内北側の微高地に新生神社が鎮座していた（図3）。創建の契機は、昭和十五年（一九四〇）五月、鈴木立春園長が皇太后陛下（貞明皇后）に拝謁する機会をもち、そこでカエデの苗百五十本、お菓子、イチョウ一鉢が下賜され、その御仁慈を拝するため園内に御歌碑建立、楓公園整備、神社建立を計画したことによる。[10] しかし、神社建立には多額の費用が掛かるので、同十六年、古溝勇吉庶務課長が神祇院副総裁に事情を説明し、設計書と図面を提出して造神宮使庁山田工作場から伊勢神宮御造替の残材を譲り受けて建立した。[11] 同年十

図３　新生神社（創建当時）
（『昭和十六年東北新生園年報』口絵）

図４　保食神社（旧新生神社社殿）
（平成 29 年、筆者撮影）

月十一日に地鎮祭、十一月二十五日に鎮座祭を催行した[12]。一間社神明造で、費用調達をはじめ建築手順の詳細は現在のところ不明で、療養所財産としても登録されていなかったようである。

祭神は天照皇大神と光明皇后であった[13]。例祭は昭和十八年十月十日、同十九年十月十五日、同二十年十月十五日に行った記録がある[14]。

戦後、国内で神社の管理ができなくなったので、昭和二十一年九月、東北新生園職員で地元住民でもあった高橋林太郎氏ら新田村民の手によって社殿を療養所の東に接する大森山の頂に遷し、五穀豊穣の神である保食神に因んで保食神社と改称し集落の鎮守として祀った（図４）。これ以後、東北新生園では祭りを行っていないが、入所者や地元住民は保食神社を林太郎神社とも呼んで正月や気の向いたときに個人的に参拝していたという。平成元年ごろまでは社殿や境内の手入れを定期的にしていたらしいが、現在は傷みが目立ち始めている[15]。

（三）　国立療養所栗生楽泉園（群馬県吾妻郡草津町）——栗生神社・物吉神社・鈴蘭神社——

栗生楽泉園には栗生神社、物吉神社、鈴蘭神社の三社があり、患者地区の北側微高地に栗生神社と物吉神社が並び（図５）、官舎地区西側の小山の頂きに鈴蘭神社が鎮座している（図６）。

記録によれば、昭和十四年六月十三日に三社の起工修祓式を行い、同年十一月一日に栗生楽泉園落成式と合わせて鎮座祭を催行している(16)。栗生楽泉園の開園は昭和七年であるが、施設拡張工事が一段落して療養所としての環境が整った時点に祭神の鎮座をもって落成式が行われた。

社名の栗生と鈴蘭は所在地の字名から採っている。入所者自治会の話では、栗生神社の祭神は天照大御神、鈴蘭神社の祭神は不明である。物吉神社はハンセン病の神様と伝えられており、京都に存在した物吉村と関係があるのではないかという。

社殿の規模はいずれも半間四方ほどで、栗生神社は春日造、物吉神社と鈴蘭神社は流造であるが、形式を別にした理由は定かではない。『年報』には栗生楽泉園慰安会建物として「栗生神社　春日造二棟　〇、四五八坪 〇、一六五坪」「鈴蘭神社　春日造　〇、五七七坪」と記載され(17)、栗生神社と物吉神社が一括りにされ、社殿形式も不正確に記載されている。翌年からは楽泉園建物の欄に記載されているから(18)、両社とも建築費は慰安会が負担し、その後寄付されて療養所財産に切り替わったことがわかる。

図５　物吉神社（左）と栗生神社（右）
（平成 30 年、筆者撮影）

図６　鈴蘭神社
（平成 30 年、筆者撮影）

栗生・物吉両神社境内には皇紀二千六百年を記念して参道入口に鳥居と燈籠一組、参道を登りきったところに狛犬一対が建てられている。鈴蘭神社境内にも皇紀二千六百年を記念して参道入口に鳥居と燈籠一組、社殿手前に狛犬一対が建っている。

栗生神社と物吉神社の二社をわざわざ並べて建てている理由は不明である。また、両社の創建を主導した人物も定かではないが、おそらくは入所者が積極的に関わったと考えられる。もともと栗生楽泉園の入所者の多くは、草津温泉のハンセン病患者集落（湯之沢部落）の住民と湯治客であった。昭和十七年に全員の移転（強制入所）が完了するまで、湯之沢の氏神は白旗源泉に祀られていた頼朝宮を勧請した白旗神社であり、集落解体後、同社は草津町の白根神社（旧郷社）境内に遷された。もともと住民には氏神を祀る習慣があって、療養所入所後も新たに物吉神社を創建して祭祀を継続したとも考えられる。

図７　永代神社
（平成 28 年、筆者撮影）

鈴蘭神社の祭りは昭和時代までは職員とその家族によって賑やかに催されていたが、現在は絶えてしまっている。一方、栗生神社と物吉神社は現在でも八月十六日の例祭と十二月の御用納めの日に、入所者自治会幹部と園長以下職員幹部、福祉課職員の一部が集まり、二礼二拍手一礼のみの簡単な神事を行っている。自治会長の挨拶では、入所者と職員が一体となって療養所の安寧のために頑張りましょうとの言葉があり、ここに鎮守社としての性格がよく表われている。戦前から滞りなく祭りを続けている療養所は栗生楽泉園だけである。

（四）　国立療養所多磨全生園（東京都東村山市）――永代（ながよ）神社――

多磨全生園の園内北側には永代神社が鎮座する（図７）。もともと講堂内に小祠を安置して神様を祀っていたようだが、昭和七年（一九三二）二月十一日の紀元節を機に患者たちが「第二のふるさとの鎮守様」[19]を求めて神社創建を企て、患者、職員、篤志家から寄付を集め、看護長が知人の斡旋で台湾檜の巨木二本を購入し、さらに林芳信院長が造神宮副使に申請書を提出して伊勢神宮御造替の余材五石の払い下げを受けて、宮大工の患者石井俊助を棟梁として建築にあたったという。境内工事を含め、患者の自発的な奉仕作業により創建された神社である。社殿建立は患者慰安会事業として進めたが、完成後に寄付して療養所財産となった。

社名は内務省神社局によって永代神社と命名された。社殿は一間社流造で内部は御造替余材を用いている。祭神は伊勢大神宮・豊受大神宮・明治神宮である。同九年五月七日に上棟式を挙行、伊勢神宮と明治神宮から御霊代を拝戴し礼拝堂神殿に収めた後、同年五月二十二日深夜、遷宮式を催行し、翌日の二十三日に東村山村の氷川神社と八坂神社の神職を招いて臨時大祭を催行した。そして、癩予防協会から寄贈された子ども神輿と樽神輿が居住地区を練り回り、患者の相撲大会が開かれた。

昭和十年五月二十一日に鳥居が、同十一年五月二十二日に石灯籠一対が入所者の献金で建てられ、同十二年十一月十日に旧帝室博物館から払い下げられた礎石で玉垣が作られた。

戦後、神道指令を受けて国立施設内の神社の存続は困難であると判断され、同二十一年五月二十一〜二十三日の例祭で御神霊を礼拝堂に遷す遷座祭を催行した。同二十三日の渡御では、神輿を担いだ入所者たちが職員官舎と自治会役員の庭を荒らし、炊事倉庫の戸を破るなどして暴れたという。

その後社殿は神社ではなく患者の一工作物として放置し、鳥居は撤去していたが、同三十年五月二十一日に東京都敬神婦人会等の協力により再興し、遷座祭を行った。患者有志による永代神社奉賛会も結成され、以後、毎年五月下旬を目途に例祭を催行している[20]。

（五）国立駿河療養所（静岡県御殿場市）——駿河神社——

国立駿河療養所には駿河神社が鎮座し、施設建物が密集する地区から山を登った最高地、富士見台と呼ばれる広場にある。同療養所は昭和二十年（一九四五）の開所で、もともと神社は患者居住区の広場あたりに建てるつ

もりであったが、その機会を失っていたという。

戦後、静岡県敬神婦人連合会が社会事業の一環として慰問に訪れた際、同所に神社がないので全国敬神婦人連合会と相談して神社創建の計画を立てたところ、昭和二十八年第五十九回式年遷宮の際の旧社殿（摂社大山祇神社）が下賜されることになり（図8）、設計を元神祇院造営課中野順氏に委嘱し、工事を沼津市黒瀬町の川口誠一氏に依頼した。同三十三年九月十二日、三嶋大社禰宜渡辺清次郎が斎主となって地鎮祭を、同年十一月二十五日、神社庁参事白井光男が斎主となって新殿祭を、同日三嶋大社宮司矢田部盛枝が斎主となって鎮座祭を斎行した。翌二十六日に矢田部宮司が斎主となって鎮座奉祝祭を行い、神宮大宮司坊城俊良氏以下、来賓の敬神婦人会員、入所者等約四〇〇名が参列した。十二月十五日に工事が完了した。

図8　駿河神社本殿
（平成28年、筆者撮影）

祭神は天照皇大神、浅間大神、少彦名神である。本殿は神明造〇・六九七坪、祝詞殿一・一六七坪、中殿四坪、拝殿十二坪である。平成十六年十月に改修している[21]。

現在は十月二十日を目安に例祭を行っている。静岡県神社庁駿東支部、田方支部、富士支部が毎年持ち回りで主催し、県敬神婦人会会員のほか、所長、自治会長以下、職員と入所者が参列するというかたちである。また、昔から地域の人たちには招待状を出しており、市議や県議など地元自治体関係者の参列もみられる。直会後、神社庁関係者は帰宅するが、午後から職員が奉納神輿とお囃子の行列を作って居住地区や病棟を練り歩く。入所者にとってはこちらのほうが楽しみのようである。昔は入所者が神輿を担いで所内を回ったという。

（六）国立療養所邑久光明園（岡山県瀬戸内市）――光明（こうみょう）神社――

光明園の開園は昭和十三年（一九三八）であるが、その前身は明治四十二年（一九〇九）に大阪府西成郡に設置された連合府県立の外島保養院である。昭和九年の室戸台風で施設建物は壊滅的被害を受け、岡山県長島に移転のうえ光明園と改称した経緯がある。外島保養院時代に神社はなかった。

開園当初から光明園にも神社が欲しいとの声が患者からあがっており、皇紀二千六百年を記念して光明神社の創建が決定された（図9）。居住地区の東側に微高地の林があり、そこを入所者と職員が共同奉仕で境内の整地にかかった。昭和十六年一月三十一日の鎮座祭には連合府県の衛生課長、地元有力者、職員、入所者が多数参列して、神職による神事が執り行われた。例祭は春と秋の二回、五月七日と十月七日に行われていた[22]。

図9　光明神社（戦前）
（邑久光明園入所者自治会所蔵）

図10　光明神社２代目社殿
（平成29年、筆者撮影）

図11　現在の光明神社
（平成29年、筆者撮影）

祭神は天照大神と光明皇后である。社殿は半間四方ほどの規模で流造檜皮葺き、境内には「昭和十七年元旦」の銘がある滋賀県癩根絶期成同盟会寄贈の

図12　長島神社（平成30年、筆者撮影）

石灯籠一対、同じく同会寄贈の備前焼の狛犬一対のほか、参道には鳥居が二基あった。

同二十一年三月二十五日に春の例祭を行い、その後神道指令を受けて社殿を撤去したが、同二十五年頃から再建の話が上がり、同二十六年三月七日に入所者への募金が始まって、これに関係府県、社会復帰者、職員有志から浄財が寄せられた。同二十九年三月二日、京都の宮大工の手によって出来上がった神殿が届き（図10）、五月二十二日に京都の八坂神社高原美忠宮司(23)以下三名の神職によって鎮座祭および入霊式が行われた(24)。

昭和五十一年、台風被害によって園内の災害復旧工事を行うことになり、居住棟の敷地確保のため境内を造成する必要が生じた。そこで神社を移転することにし、同五十二年一月十九日に光明神社仮遷宮式を催行して神体を事務本館裏の旧奉安殿に安置した。新しい境内は園北側の山の中腹に定められ、拝殿を備えた新たな本殿を建てるとともに（図11）、以前の社殿も移転地に遷している。同八月二十五日、吉備津神社神職によって光明神社遷座式を催行し、同十月十九日、遷宮後初めての光明神社大祭を執行した(25)。

現在では六月七日（光明皇后崩御日）に例祭を自治会主催で行っている。地元自治体関係者の参列はなく、園内関係者だけで行われる祭りであるが、外部から神職を招き、職員と入所者は礼服姿で参列して祭式に則って厳かに神事が進められる。

（七）国立療養所長島愛生園（岡山県瀬戸内市）――長島神社――

長島愛生園の南沖にある手影島（弁天島ともいう）には長島神社が鎮座しており（図12）、干潮時に現われる砂州から渡ることができる。創建の経緯については、園側と内務省、造神宮使庁とのあいだで社殿建築についての交渉を示す書類が園内に存在することから、(26)園長もしくは事務官の発意で創建に至ったものと考えられる。その書類によると長島神社は熱田神宮造営の古材を譲り受けて建てたものである。昭和九年十二月十三日に地鎮祭を執行し、患者収容開始日満四周年記念日の同十年三月二十七日に国幣中社阿仁神社宮司が祭主となって鎮座祭を行った。このとき光田建輔園長は、天平時代の光明皇后による貧者救済事業の精神が療養所に息づくことを寿ぐ漢詩を披露している。(27)建築工事および建築費は長島愛生園慰安会で負担し、(28)同十年八月三十日付で療養所財産に寄付編入されている。

祭神は光明皇后である。社殿は一間社春日造の銅板葺き、〇・四五八坪である。(29)石段の登り口に昭和十二年十月七日に建立された花崗岩の大鳥居があり、中段に備前焼の狛犬一対が奉納されている。祭日は光明皇后崩御日の六月七日で、神職を招き、園代表、自治会代表が社殿前に参列していた。昭和二十五年ごろまでは奉納相撲も行われていた。(30)

戦後、神道指令を受けて社殿は解体され、ご神体（神鏡）は松寿寮の戸棚の中に、社殿は解体して鶏舎の空室に隠していたが、しばらくして咎められないことがわかり、組み立て直して祀ることになった。(31)かつては奉納相撲などを行うほど賑やかだったが、平成九年（一九九七）に例祭が行われた記録を最後に、(32)現在では途絶えている。

図13　大島神社（創建当時）
（『昭和十五年統計年報』口絵）

図14　権現神社内部
（平成29年、筆者撮影）

図15　現在の大島神社
（平成29年、筆者撮影）

（八）　国立療養所大島青松園（香川県高松市）――大島神社・権現神社――

大島青松園には患者地区の山の中腹に大島神社が、官舎地区の山の入口に権現神社が鎮座している。権現神社はもともと大島の島民が祀っていた社で、明治四十二年（一九〇九）の療養所設置以前からあったようである。

大島神社の創建は、昭和十一年（一九三六）三月の室長会（居住棟の代表者会議）において要望が出て、所長に申請し実現したものである(33)。同十四年十一月十五日に地鎮祭を行った後、患者の奉仕作業で敷地を整備し、同十五年六月二十五日に伊勢大神宮および出雲大社の御分霊を奉祀して遷座祭を催行した(34)。社殿は半間四方（〇・二五坪）の大きさの流造で（図13）、石の神明鳥居と石灯籠一対、木灯籠一対が置かれ、石灯籠は皇紀二千六百年記念として昭和十五年十二月に寄贈された。

同二十一年三月三日に神道指令を受けて神社を撤去することになり、四月九日にご神体を職員地区の権現神社に遷した（図14）。そして社殿は官舎地区の山麓に放置されてそのまま朽ち果てていったという。その後しばらく青松園では官舎地区の権現神社のみが職員と島民によって祀られていたが、大島神社については入所者から再建の要望が園に出されていたもののなかなか実現しなかった[35]。

その後、職員の海老沼健次氏の計らいで名古屋の民間企業で祀られていた社殿を譲り受けて大島神社を再建することにし、同四十年六月二十五日に遷座祭を催行した[36]。以後、自治会主催のもと例祭を行っていたが、平成二十三年（二〇一一）の台風で境内周辺が崩落したため、同二十九年十月十六日に金光教寺院跡地（信者減少のため廃寺）に移築し、遷座祭を催行した（図15）。

権現神社は、島民がいなくなったため祭りは行われておらず、周囲は藪となり近づきにくくなっている。

図16　恵楓神社（昭和16年）
（菊池恵楓園社会交流会館所蔵）

図17　毘沙門天（旧恵楓神社社殿）
（平成29年、筆者撮影）

（九）国立療養所菊池恵楓園（熊本県合志市）――恵楓神社・檜山神社――

菊池恵楓園には患者地区に恵楓神社が、官舎地区に檜山神社が鎮座していた。創建の経緯は、公立療養所時代の昭和十五年（一九四〇）十一月十二日、宮崎松記所長が皇紀二千六百年記念式典に参列した際、大宮御所に伺候して皇太后陛下より多額の下賜金を拝受したのを受けて、その使途を所管各県と協議した結果、「神崇祖ノ思想ヲ涵養シ肇国精神ノ顕揚ヲ図ル」ため、園内の二千六百年記念公園に神社を建立することを決定したという次第である。国立移管直後の同十六年八月二日に地鎮祭、同年十一月に完工して同月十日に鎮座式を催行した(37)。

当時の事務官下瀬初太郎の説明によれば(38)、神社建立にあたって法規上の取り扱いを熊本県社会課に確認したところ、隔離施設に庭内祠殿を設けて公衆の参拝に解放しないものは届出の必要なしとの回答を受けたという。そこで設計を熊本県建築技師近藤良馬に委嘱して一間社流造の柿葺総檜となり、熊本市の建築業者と請負契約をした。社名については、園名である恵楓から命名し、鳥居の揮毫を熊本の書家坂井鶴庭氏に依頼した。八月二日に西合志村矢具神社社掌中尾清氏を招いて地鎮祭を行い、宮崎園長の手によって鍬入式を挙行した。以後、土工人夫や工事手伝い等は患者が当たった。

図 18　敬愛神社（昭和 20 年頃）
（星塚敬愛園社会交流会館所蔵）

初瀬事務官が厚生省へ出張した折、神祇院総務局考証課の前川考証官に光明皇后を祭神として祀る例の有無を尋ねたところ、記録には見当たらないもののハンセン病と縁深い皇族の御方なので療養所内神社の祭神として祀っても少しも差し支えないとの回答を受けたという。そして、十一月四日から京都と宇治山田へ御霊代奉斎と唐櫃調製の用務で出張し、京都市西陣芝の町の高木装束店で唐櫃大小二個、御神鏡その他の付属品を注文してから宇治山田に向かい、翌朝内宮を参拝し大幣を拝受すると再び京都に戻って唐櫃等を受け取り帰熊し、八日午後、官舎内の檜山神社に唐櫃を安置して中尾社掌による神事を行った。御恵の日(39)の十一月十日午後、檜山神社にて中尾社掌以下三名の神職によって遷座祭を行い、行列を組んで唐櫃を恵楓社神殿に遷し、熊本県庁その他の来賓をはじめ職員患者一同参列のもと、鎮座祭を催行した（図16）。

社殿の規模は恵楓神社が一・七二坪、檜山神社が五坪である(40)。戦後、神社を撤去することになったが、恵楓神社の社殿については昭和二十一年頃、元職員松岡徳馬氏の計らいにより地元青年たちの手によって鹿水（合志市栄）の毘沙門天に移築され、地域の神様の社殿として現存している（図17）。恵楓神社の石鳥居は解体されて園内に残されている。檜山神社は現存しないが、おそらく戦後の官舎改築時に解体されたものと思われる。

（一〇）国立療養所星塚敬愛園（鹿児島県鹿屋市）―敬愛（けいあい）神社―

星塚敬愛園の園内北側に楓公園が造成されているが、その東端にかつて敬愛神社が鎮座していた（図18）。創建の契機は、昭和十八年（一九四三）九月二十日の風害により可愛山陵御陵木の杉四五一本が倒れた際、宮内省から園内神社建立用材として三〇石が下賜されたことによる。同年十二月二日に地鎮祭を催行し、同月十五日に県庁で御陵木下附式があり、林文雄園長は柴山長官（県知事）ほか数名の造船会社社長等（木造船用材の下賜を受ける）とともに山陵を拝した。[41]

同二十年二月十一日に鎮座祭を催行するが、終戦直後の同年十月頃に解体したらしい。社殿は神明造で一間四方の規模で、参道は砂が敷かれていたようである。参道入口には木の鳥居が建てられていた。現在周囲は山林となり、基礎部分だけが残っている。

（一一）朝鮮総督府小鹿島更生園（現、国立小鹿島病院）（韓国全羅南道高興郡）―小鹿島（そろくと）神社―

朝鮮総督府小鹿島更生園には官舎地区に小鹿島神社が、患者地区にその分社が建てられた。

もともと小鹿島の神社は、小鹿島更生園の前身である小鹿島慈恵医院が開院した大正六年（一九一七）八月十九日、長谷川好道朝鮮総督の勧請によって旧慈恵病院庁舎前に天照大神を祀ったことに始まる。その後、園内拡張工事のため場所を空ける必要が生じたことと、従来の社殿の規模が狭小かつ老朽化していたため、昭和十年度

図19　小鹿島神社本社
（平成29年、筆者撮影）

図20　小鹿島神社分社（創建当時）
（『昭和十年年報』口絵）

に予算千円と職員等の寄附を合わせて事務本館北方の山地に新築することになった。昭和十年四月に起工、職員および拡張工事で来島した職工等による労力奉仕によって竣工し、同年五月二十八日、新本殿に御霊を遷し、患者地区にも同時に分社を建てた[42]。

本殿は鉄筋コンクリート神明造で一・三九坪、拝殿は七・〇五坪、境内に五坪ほどの祭器庫を置いていた（図19）。その他に大鳥居、燈籠、手洗所、社務所を設けていた。分社の社殿も同じく一・三九坪、鳥居のほか、門塀を設けていた（図20）[43]。

本社が鎮座する山はもともと地元島民の聖地で、療養所建設の際はそこに祭壇を設け、高興郡主が祭主となり公職者や島民の参集のもと島内先住父祖の慰霊祭を行うことでようやく明け渡し可能となった場所だという[44]。日本人元職員たちの回想によると、毎月一日は神社参拝日で、職員患者全員が参加して両者の融和を図ろうとした。患者には多くのキリスト教信者がいたので、患者の精神指導を神社崇敬によって行う園の方針には若干の抵抗があったが、だんだんと順応していったという[45]。祭典では特別給食のほかに神幸行事も行われ、児童や青年たちが神輿を奉じて、各地区に巡行渡御させ、お祭り気分を盛り上げた。患者にはもともとこのような風習がなかったので容易に馴染めなかったが、回を重ねるにしたがって溶け込んできたという[46]。

分社は患者地区にある中央公会堂の真後ろ、小学校裏手の山に鎮座していた。そこは患者地区のどの場所からも見えるような位置である。昭和二十年八月十八日、朝鮮人職員三〇〇名が治安維持会の名で更生園の接収を申し出るも、園長から「総督府の指示があるまで待て」の声にもかかわらず、独立万歳を叫んで分社を焼き討ちした(47)。現在は分社の痕跡がほとんど残っておらず、山の頂きが段々と整地されていることが確認できるのみである。

小鹿島神社本社は現存し、韓国の登録文化財第七一号に指定されている。

(一二) 台湾総督府楽生院(現、楽生療養院)(台湾新北市・桃園市)——楽生(らくせい)神社——

台湾総督府楽生院は山の東斜面に立地しており、麓から上に向かって事務本館、治療棟、居住棟と続いている。楽生神社は、事務本館正面から直線上、居住棟より上方の山中に園内を見下すように鎮座していた(図21)。資料によると皇紀二千六百年を記念して次の経緯で創建された。

入院患者ニ皇国民トシテノ信念ヲ涵養センガタメ、構内神社ヲ造営シ、之ガ経費ハ台湾癩予防協会補助並ニ本院団体費ヲ充テ之ニ要スル労力ハ凡テ奉仕ニ依リ職員ハ主トシテ神域三百六十坪ノ整理ヲ、患者ハ延長約三町ノ整地ヲ為シタリ(48)。

建築費は台湾癩予防協会と慰安会の寄付によって賄われ、創建後に社殿が施設に寄付され療養所財産となっている。昭和十五年十月十四日に遷座祭を行っているが、昭和八年五月二十五日に仮礼拝堂で鎮座祭を行っているので、神社

図21　楽生神社(創建当時)
(『昭和十五年年報』口絵)

創建以前にも何らかの祭神を祀っていたようである(49)。

戦後、国民党政府が楽生院を接収するにあたり、ほとんどの建物は引き続き使用されたが、日本の象徴と見做されたのか神社は解体され、現在では家庭菜園ほどの畑となり、周囲は藪となっている。

当時からの台湾人入所者の話によると、神社参拝は天長節などの祭日にしていたというが、日本人職員から強制されたという話は聞かれない。また、かつて楽生院に三年ほど過ごした日本人回復者（沖縄県出身）によれば参拝した記憶がないとのことだった。

四　むすび

以上、国立ハンセン病療養所の神社創建の経緯と現状を確認した。社殿建築には国費や地方費がつかず、まずは慰安会や癩予防協会などの団体を通して建築され、それから療養所に寄附されて行政財産になっている。これは行政事務上、療養行為と直接関係のない建物に対しては予算承認が得られないことに加え、速やかに工事を行うためには随意契約で進めたい事情があったためと考えられる。いずれにせよ、療養所内神社の創建には助言等を求めて神社行政当局（内務省神社局・神祇院）との交渉があった例も認められるが、あくまでこれらは「神社明細帳」に記載されない邸内社のようなものであって、戦前の神社行政上の「神社」と同等に捉えてよいかどうかはさらなる検討を要する。

本稿で明らかになったことは、療養所内神社は創建の発起人が入所者か施設職員かによって性格が異なる点である。

入所者側が創建を働きかけた事例では、療養所をムラと見立てて鎮守社として祀り続けている。終戦後に一時廃止したこともあったが、栗生楽泉園、多磨全生園、邑久光明園、大島青松園では現在も例祭を催行している。

施設側（園長・事務官）が働きかけた事例では、敬神崇祖の精神の涵養を図るために神社が創建されたが、例祭の主催者や参列者の中心は施設職員などであって入所者ではないため、戦後は祭祀の催行が滞りがちになる。松丘保養園、東北新生園、菊池恵楓園、星塚敬愛園、小鹿島更生園、楽生院などでは戦後に神社が廃止されている。松丘保養園では敬神婦人会の主導によって再建しているが、入所者が積極的に参拝していたとはいえず、現在では施設関係者の参列はない。

神社を創建しなかった奄美和光園、沖縄愛楽園、宮古南静園については、南西諸島に位置することから職員と入所者のあいだに神社参拝の習慣がなかったので神社創建の発起人が現れなかったと考えられる。星塚敬愛園の神社創建が他所と比べて遅かった理由は、開園当初は奄美地方出身の患者が多数を占めていたことと関係があるかもしれない。

その他の特徴をいくつか挙げておきたい。祭神については天照大神が九座と最も多く、次いで光明皇后四座、明治天皇二座の順で、皇室関係の神を祀ることが一般的であるといえる。現世利益や土地の神を祀る例は少なく、強いて挙げれば浅間大神を祀る駿河療養所の駿河神社とハンセン病の神を祀る栗生楽泉園の物吉神社がこれに相当する。創建時期は概ね昭和九年から十六年のあいだで、療養所の施設拡張期と重なる。鎮座地は見晴らしのよい高台か恩賜の楓公園内である。社殿形式には神明造、流造、春日造があるが、神明造の神社（新生神社、駿河神社、敬愛神社）はいずれも皇室関連地の材木を用いており、それ以外は流造の採用が基準となっているようである。栗生神社と長島神社は春日造、小鹿島神社はコンクリート造で例外的といえるが、この経緯など詳細な情報については今後の調査を待ちたい。

註

(1)日弁連法務研究財団ハンセン病問題に関する検証会議編『ハンセン病問題に関する検証会議　最終報告』(明石書店、平成十九年)四三二頁。

(2)藤本頼生「戦後の神社界における社会奉仕活動―ハンセン病施設の神社再興をめぐって―」(『皇學館大學神道研究所紀要』二〇、平成十六年)三九～八二頁。

(3)神社が創建されなかった療養所は以下の八ヶ所。国立療養所奄美和光園(鹿児島県奄美市)、国立療養所沖縄愛楽園(沖縄県名護市)、国立療養所宮古南静園(沖縄県宮古島市)、満州国立癩療養所同康院(中国遼寧省鉄嶺県)、南洋庁サイパン癩療養所(北マリアナ諸島)、同ヤップ癩療養所(ミクロネシア連邦)、同パラオ癩療養所(パラオ共和国)、同ヤルート癩療養所(マーシャル諸島共和国)。

(4)国立療養所松丘保養園はもともと北海道・東北各県連合立の公立療養所、北部保養院として開所し、昭和十六年七月一日に国立に移管した。同様の例は多磨全生園(全生病院、関東・中部一府一一県)、邑久光明園(外島保養院、近畿・北陸二府一〇県)、大島青松園(大島療養所、中国・四国八県)、菊池恵楓園(九州療養所、九州・沖縄七県)がある。

(5)『昭和十三年統計年報』(北部保養院、昭和十四年)一八～一九頁。

(6)各療養所には職員と入所者の出資からなる慰藉会や慰安会などと称する財団法人があって、療養所内の共済事業等を担っていた。

(7)昭和十三年一月に厚生省が設置され、国立療養所の所管は内務省衛生局から厚生省予防局に移った。

(8)前掲註(5)。

(9)「弥広神社再建許可申請」(青森県神社庁史編纂委員会編『青森県神社庁50年史』青森県神社庁、平成十年)四六八～四六九頁。

(10)「趣意書」(国立療養所東北新生園所蔵)。

(11)『40周年記念誌』(国立療養所東北新生園、昭和五十六年)九九～一〇〇頁。

(12)『昭和二十一年年報』(国立療養所東北新生園、昭和二十二年)五～八頁。

(13)保食神社境内に設置の説明板。

(14)前掲註(12)。

(15)前掲註(13)および地域住民への聞き書きより。

(16)『昭和十四年年報』(国立癩療養所栗生楽泉園、昭和十五年)二四頁。
(17)『昭和十六年年報』(国立癩療養所栗生楽泉園、昭和十七年)三〇頁。
(18)『昭和十七年年報』(国立癩療養所栗生楽泉園、昭和十八年)五〇~五一頁。
(19)多磨全生園患者自治会『倶会一処』(一光社、昭和五十四年)九八頁。
(20)前掲註(19)九八~一〇〇頁。『昭和九年年報』(第一区府県立全生病院、昭和十年)三三頁。林芳信『回顧五十年』(林芳信先生遺稿記念出版会、昭和五十四年)七八~八二頁。
(21)「駿河神社創立記」(駿河神社発行、発行年月日不明)
(22)邑久光明園入園者自治会『風と海のなか—邑久光明園入園者八十年の歩み—』(日本文教出版、平成元年)一九二~一九三頁。国立療養所邑久光明園『邑久光明園創立百周年記念誌　隔離から解放へ—邑久光明園入所者百年の歩み—』(山陽新聞社、平成二十一年)八六頁。昭和十八~二十年『邑久光明園年報』(国立癩療養所邑久光明園、昭和十九~二十一年)二六、二七、二八頁。
(23)高原美忠(明治二十五~平成元年)は京都救癩病友の会を組織し、その理事長を務め、慰問活動を行っていた人物である。神社新報社『戦後神道界の群像』(神社新報社、平成二十八年)七七~七八頁。
(24)前掲註(22)『風と海のなか』二七四~二七六頁、『隔離から解放へ』一二〇頁。
(25)前掲註(22)『隔離から解放へ』二四八頁。
(26)「昭和九年度　慰安会工事関係」(国立療養所長島愛生園所蔵)。
(27)長島愛生園慰安会「長島神社神霊鎮座式祭文」(『愛生』五—三、昭和十年)一頁。
(28)前掲註(26)。
(29)『昭和十年年報』(国立癩療養所長島愛生園、昭和十一年)一五頁。
(30)「〈表紙によせて〉本館下の道と手影島」(『愛生』三六—一〇、昭和五十七年)。
(31)長島愛生園入園者自治会『隔絶の里程—長島愛生園入園者五十年史—』(日本文教出版、昭和五十七年)一五三頁。
(32)「愛生日誌」『愛生』六四二(長島愛生園慰安会、平成九年)四一頁。
(33)濱村十吉「謝辞」(『藻汐草』七二、昭和十五年)五~七頁。
(34)野島多以司「再現した大島神社」(『青松』二一二、昭和四十年)三一~三三頁。
(35)前掲註(34)、『昭和二十一年度年報』(国立療養所大島青松園、昭和二十二年)四頁。

(36)前掲註(34)、海老沼健次「大島神社社殿の由来」(『青松』三六一一、昭和五十四年)一四〜一六頁。
(37)『昭和拾六年統計年報』(国立療養所癩菊池恵楓園、昭和十七年)三〜四頁。
(38)下瀬初太郎「恵楓神社建立の概要」(『恵楓』一一七、昭和十六年)三〜五頁。
(39)御恵の日とは、昭和五年十一月十日救癩事業に対する皇太后(貞明皇后)による御内帑金等の下賜があったことを受けて、その御慈悲を記念した日である。以後崩御するまでほぼ毎年この日に下賜が行われた。
(40)前掲註(37)。
(41)林文雄「新春祈念」(『星光』九一一、昭和十九年)一頁。星塚敬愛園入所者自治会編『星塚よ 永遠に—名もなき星たちに捧ぐ—』(平成二十七年)四五七頁。
(42)『昭和十年年報』(小鹿島更生園、昭和十一年)二八〜二九頁。
(43)『昭和十六年年報』(小鹿島更生園、昭和十七年)二四頁。
(44)財団法人友邦協会『朝鮮の救癩事業と小鹿島更生園』(昭和四十二年)二五頁。
(45)前掲註(43)四二頁、前掲註(44)三六頁。
(46)前掲註(43)四二頁、前掲註(44)四〇頁。
(47)前掲註(44)四六頁。
(48)「紀元二千六百年祝典記録」第十冊(『紀元二千六百年祝典記録』第十九巻、ゆまに書房、平成十四年)五七五頁。
(49)『昭和十五年年報』(台湾総督府癩療養所楽生院、昭和十六年)一〜一二頁。(国立台湾図書館所蔵)

第二部　国民・教育・宗教

近代日本の初等教育における政教分離原則とその緩和

井上兼一

一　はじめに

本稿は、近代日本の学校教育における政教分離の原則について再検討を試みるものである。とりわけ、明治中期に制定された小学校令に着目し、その成立事情をふまえて考察する。そして、同じ時期に「教育ニ関スル勅語」（以下、「教育勅語」と表記する）が渙発されているが、それとの関係性についても思索を試みたい。さらに、その原則は昭和戦前期において緩和していくが、その実情についても論じることにする。

明治期の学校教育における政教分離に関する先行研究については、明治三十二年（一八九九）に発せられた文部省訓令第十二号（以下、「訓令十二号」と表記する）に言及するものがほとんどである。しかし筆者は、それよりも遡り、明治二十三年（一八九〇）十月七日に改正された小学校令（勅令第二百十五号）の成立過程が、学校教育（本稿では、初等教育に焦点を当てる）における政教分離原則を考える際に重要であると考える。特に注目したいことは、学校教育の目的規定（第一条）である。すなわち、「小学校ハ児童身体ノ発達ニ留意シテ道徳教育及国民教育ノ基礎並其生活ニ必須ナル普通ノ知識技能ヲ授クルヲ以テ本旨トス」[1]である。明治五年（一八七二）の「学制」頒布以降、教育の目的が明確でない状況が続いてきた。この規定は、小学校の教育目的を具体的に定めたものであり、内容としては児童の発達段階を考慮して、道徳教育と国民教育の基礎、そして生活に必須の普通の知識技能を授けることを謳っている。この規定は、昭和十六年（一九四一）三月一日の国民学校令（勅令第百四十八号）改正まで、約半世紀にわたり不変であった。なお、国民学校の目的規定（第一条）は、「国民学校ハ皇国ノ道ニ則リテ初等普通教育ヲ施シ国民ノ基礎的錬成ヲ為スヲ以テ目的トス」[2]である。

ところで、小学校令から国民学校令への改革を考える際、学校教育で育成される人間像（「臣民」→「皇国臣民（または皇国民）」）の変化および違いは何に起因するのだろうか。先行研究においてもその概念の規定は明確でなく、教育学分野において深く検討しなければならない課題のように思われる。筆者の仮説として、それを読み解く一つの視点として「宗教性」がキーワードであるように考える。

わが国の公教育については、明治三十年代以降、政教分離の原則のもとで営まれてきた。しかし、時代が現代に進むにつれて、宗教教育や宗教的情操教育の実施を求める声が、教育関係者から発せられるようになってきた。文部省においても、政教分離の規定を緩和する解釈を示したり、宗教教育協議会を設置して検討した末に、昭和十年（一九三五）十一月二十八日には、「宗教的情操ノ涵養ニ関スル留意事項」という文部次官通牒（発普第百六十号）を出したりしている（以下、「一九三五年文部次官通牒」と表記する）。

この通牒については、学校教育に対して影響を与えず、効果が無かったと評価する向きがあるが[3]、筆者にはそのように考えられない。例えば、拙稿において、この文部次官通牒後の教育内容や教材に変化が生じていることを指摘できるからである。前者（二〇〇五）では国定期の教科書（国語）で扱われている仏教的教材の課数や内容の変化を考察しており、児童が仏教思想にふれる教材が登場していることに言及している。また編纂趣旨など公的見解もふまえて教材改革の理由を明らかにしている。[4] 後者（二〇一〇）では神道の概念に関係する教材が国民学校の国民科国語に初めて登場していること、そして昭和十二年（一九三七）十二月に設置された教育審議会における概念の解釈（「敬神崇祖」を道徳の概念として解釈したこと）を明らかにしている。当時においては、修身だけでなく他の教科（この場合では国語）において、道徳にかかる指導が行われていた。このような事実から考えると、昭和戦前期の学校教育改革を考える際、宗教性というキーワードを抜きに語ることはできないと思われる。明治後期以降、学校教育においては政教分離という方針がとられてきたが、先の文部次官通牒は、その方針転換になる契機であったと推察される。

昭和十年代前後の宗教教育改革については、本研究課題の中核ではないが、それを研究する前段として明治期の学校教育の目的規定を検討する必要があると考える。はじめに述べたように、明治二十三年は小学校令が改正され、教育勅語が渙発されるなど、学校教育において画期となる年であった。教育勅語については、その成立史、社会史、学校儀式との関連、被占領期における排除・失効を扱うもの、さらには批判的に論じるものなど、数多くの著作物が刊行されている。[5] そのため、ここでいちいち取りあげるだけの紙幅の余裕はない。それらはいずれも示唆的であるが、ともすると教育勅語にしか目が向けられていないように思われる。

教育勅語は、わが国の教学の方針を示したものであり、それによって明治十年代に展開してきた徳育論争や学校現場の混乱を収束させた。これは公教育における道徳教育の内容を明確に規定したものである。また明治二十年代初頭にあって、要請のもとに井上毅や元田永孚など明治政府の中枢にいた関係者が起草に取り組んだ末に渙発された。そうであるならば、遠回りであるが小学校令と教育勅語との関係性についても検討しなければならないであろう。このような課題意識から、本稿では小学校令第一条の成立事情と教育勅語との関係性を考察する。その作業を通じて、明治中期の学校教育における政教分離原則の実際を論じることにする。その原則は後に緩和していくが、筆者の研究成果をふまえて、昭和戦前期におけるその史実の意味についても検討を試みたい。

二　明治後期から昭和戦前期における宗教教育政策の変遷

教育学分野で政教分離を取り上げている先行研究を概観したいが、これに関しては枚挙に遑がない。明治後期以降については、石田加都雄や久木幸男に代表されるように、明治三十二年の私立学校令の制定とともに公布された訓令十二号「一般ノ教育ヲシテ宗教外ニ特立セシムルノ件」(同年八月三日)に関するものが多くを占めている[6]。その内容を確認すると、「一般ノ教育ヲシテ宗教ノ外ニ特立セシムルハ学政上最必要トス依テ官立公立学校及学科課程ニ関シ法令ノ規定アル学校ニ於テハ課程外タリトモ宗教上ノ教育ヲ施シ又ハ宗教上ノ儀式ヲ行フコトヲ許ササルヘシ[7]」である。ここに定められたように、明治三十二年以降の官立および公立の学校においては、学科課程内かつ学科課程外において宗教に関する教育や儀式を行うことは禁止された。

この措置について、井門富二夫によれば、「この訓令第一二号は、日本における宗教に関する学校教育の根本方針を確立したものとして歴史的意義を有する[8]」と評価されている。また、「日本のキリスト教主義の高・中・小学校は、この訓令第一二号の下に、宗教教育を禁じられていた」、「明治憲法下の政教分離は、政府のイエ・イデオロギーをとおす必要上、学制の中心をなす学校は宗教的無色でならねばならぬという強引なものであった」と論じられている[9]。ここでの指摘にあるように、わが国の学校教育における政教分離の方針は、訓令十二号によって確定されたと言えよう。

井門の見解については首肯できる一方で、一面的な解釈であるようにも思われる。当時を理解するには、同年の日英通商航海条約の発効（明治二十七年〔一八九四〕、締結）も視野に入れなければならないであろう。同条約は、領事裁判権と治外法権の撤廃を引き換えにして外国人の内地開放（内地雑居）を認めるものであったが、これをきっかけに各地にキリスト教教会を母体とするミッションスクールが増える傾向にあった。明治政府としては、国内のキリスト教の布教・伝播に対する警戒があったと思われる。また私立学校だけでなく、官立学校および公立学校ともに宗教教育は禁止されており、キリスト教主義の学校だけが禁止の対象になったわけではない。それぞれ公平に対応されていた点を見過ごしてはならないであろう。

その後、大正期・昭和期と時代が進むにつれて、この原則は緩和されていった。宗教的情操教育に関する先行研究については、それが登場してきた歴史的経緯を政策史を中心に論じたもの、文部省、帝国教育会、日本宗教懇話会が主催した会議の決議や建議を克明に跡づけ、一九三五年文部次官通牒の歴史的意義を講じたものがある(10)。また文部次官通牒の作成段階に着目し、吉田熊次のかかわりから分析したものがある(11)。さらに宗教学研究の分野において、近代日本における思想的系譜・変遷を緻密に論じて、研究史に位置づけているものがある(12)。訓令十二号の緩和に関する史実としては、昭和七年（一九三二）の「『一般ノ教育ヲシテ宗教外ニ特立セシムルノ件』解釈ニ関スル件」（十二月二日、宗教局普通学務局通牒発宗第百二号三重県へ）という通牒があげられる。これは、文部省から三重県に対して出された通牒で、小学校の設備使用について当局の解釈を示したものである。

そして、一九三五年文部次官通牒の存在を指摘することができる。この通牒は、宗教教育協議会で審議して、作成された。同協議会は、「教育と宗教の分離体制がなって以来、初めて宗教教育そのものをとりあげて付議された文部省設置になる審議機関(13)」であった。前川によれば、この協議会の検討はこれまでに十分になされてこなかったという。宗教史研究でもあまりとりあげられず、資料上の制約のために、教育史においてもその評価や位置づけが定まっていないのが現状と評されている。[14] ひとまず、この協議会の性格や位置づけを確認すると、「宗教教育協議会は官制に依つて組織せられたものではなく、その議事は原案に基いて行はれたものでもない」。そして、「学校に於て宗教的教育を如何にすべきか」について、昭和十年三月以降十回にわたって協議会が開催された。この協議会の答申にもとづいて、一九三五年文部次官通牒が発せられたのであった。[15]

本通牒によれば、「明治三十二年文部省訓令第十二号ハ当該学校ニ於テ特定ノ教派宗派教会等ノ教義ヲ教ヘ又ハ儀式ヲ行フヲ禁止スルノ趣旨ニ有之宗教的情操ヲ涵養シ以テ人格ノ陶冶ニ資スルハ固ヨリ之ヲ妨グルモノニアラズ」として、諸学校において宗教的情操を涵養することを勧めることが示された。

内容については、「学校教育ハ一切ノ教派宗派教会等ニ対シテ中立不偏ノ態度ヲ保持スベキ」として、留意事項があげられている。その中から二項目をあげると次の通りである。

一、宗派的教育ハ家庭ニ於ケル宗教上ノ信仰ニ基キテ自然ノ間ニ行ハルト共ニ宗教団体ノ活動ニヨル教化ニ俟ツモノニシテ学校教育ハ一切ノ教派宗派教會等ニ對シテ中立不偏ノ態度ヲ保持スベキモノトス

三、学校ニ於テ宗派的教育ヲ施スコトハ絶對ニ之ヲ許サザルモ人格ノ陶冶ニ資スル為学校教育ヲ通ジテ宗教的情操ノ涵養ヲ図ルハ極メテ必要ナリ但シ学校教育ハ固ヨリ教育勅語ヲ中心トシテ行ハルベキモノナルガ故ニ之ト矛盾スルガ如キ内容及方法ヲ以テ宗教的情操ヲ涵養スルガ如キコトアルベカラズ[16]（以下、略）

一九三五年文部次官通牒の趣旨について、学校教育は教派宗派教会に対して中立の立場をとり、特定の宗派教育や儀式を行うことを禁止している。しかし、人格の陶冶において、宗教的情操を涵養することは必要であると謳っている。その際、教育勅語に矛盾する内容や方法をとらないことが条件である。駆け足で訓令十二号の解釈

の変化を追ったが、明治三十二年に示された政教分離の方針は、時代の推移とともに緩和されていった[17]。

三　明治二十三年改正の小学校令第一条の制定事情

前節で訓令十二号の規制が緩和してきた経緯を概観した。ところで、筆者が注目したいのは、時代は前後するが、明治二十三年に改正された小学校令である。見落とされがちであるが、学校教育における政教分離を考える際、この小学校令第一条の成立過程に着目する必要がある。これに関しては、松月秀雄による諸研究[18]のほか、伊藤敏行[19]、『日本近代教育百年史[20]』を参考にして制定の事情を論じていくことにしよう。

江木千之（一八五三〜一九三二年）の述懐によれば、明治二十三年の小学校令改正にあたって、その起草については ヨーロッパ諸国の学校制度が広く研究され、その中でもドイツ連邦諸国の法令が参照されたとのことである。小学校令が発せられた翌年（明治二十四年〔一八九一〕）四月、学制研究会の依頼を受けて、芝弥生館で語った「帝国小学教育ノ本旨[21]」によれば、以下のものが小学校令制定において研究・参照されたと述べられている。すなわち、「（一）オーストリアの法律をはじめとして、（二）ザクセン・マイニンゲン公国、（三）ヘッセン大公国、（四）ザクセン王国、（五）シャウムブルク・リッペ侯国、（六）ザクセン・ワイマール大公国、（七）ザクセン・コーブルク公国、（八）オルデンブルク大公国及び（九）バイエルン王国の国民学校法、（一〇）プロイセンの前文部大臣ミューレルの教育法案、（十一）同国の前文部大臣ファルクの法案、（十二）同国のゴスレル及びツェードリッツの案の十二の目的規定[22]」である。

松月は、上記すべての規定を一つひとつ検証した上で、明治二十三年の小学校令第一条の下地になったのは、（二）ザクセン・マイニンゲン公国の規定であったことを実証している。その内容について、「帝国小学教育ノ本旨」によれば、「『ザクセン・マイニンゲン』公国ノ小学校法デハ、『小学校ノ本務トスル所ハ、児童ノ身体上ノ成長ヲ体顧シツヽ、教授練習及訓育ニ依テ、児童ニ授クルニ、宗教的、道徳的及族民的ノ教育ノ基礎、幷国ノ住民的ノ生活ニ必要ナル普通ノ知識技能ヲ以テスルニ在リ』トシテアリマス[23]」と記されている。

なお、松月による長年の原典蒐集と条文の考証によれば、この原文はザクセン・マイニンゲン公国、一八七五年三月二十二日の国民学校法（Volksshulgesetz vom 22. März 1875.）に由来するという。原文と翻訳は次の通りである。

Art. 1.

Die Volksschule hat die Aufgabe, ihren Zöglingen unter sorgsamer Berücksichtigung des körperlichen Gedeihens derselben durch Unterrichit, Übung und Erziehung die Grundlagen religiös-sittlicher und nationaler Bildung und die für das bürgerliche Leben nothwendigen allgemeinen Kenntnisse und Fertigkeiten zu gewähren.[24]

第一条　国民学校ハ児童身体ノ発達ニ留意シテ、〔教授練習及訓育ニ依リ〕、〔宗教教育〕・道徳教育及国民教育ノ基礎竝〔国ノ住民的ノ〕生活ニ必須ナル普通ノ知識技能ヲ授クルヲ以テ本旨トスル[25]

松月の検証によれば、ここに示した翻訳文の括弧内の字句を削除して、「国民学校」を「小学校」にあらため、「国ノ住民的ノ」を「其ノ」に代えれば、明治二十三年の小学校令第一条ができあがると指摘している。繰り返しになるが、ザクセン・マイニンゲン公国の国民学校法第一条の目的規定から「教授練習及訓育ニ依リ」と「宗教教育」を削除して、江木が述べていた「族民的ノ教育」（ママ）を「国民教育」に修正し、「国ノ住民的ノ」の代わりに「其ノ」を挿入したものが、小学校令の第一条になるのである。(26)

ここで注目したいことは、「宗教教育」という文言を削除している点である。その理由について、江木は次のようにも述べている。要約すると、ヨーロッパ諸国を例にして見ると、小学校の道徳教育は主として宗教に依っているものが多いようである。フランスでは、近頃学校には宗教と関係ないところの道徳教育を設けたという。またイギリスについては、宗教を小学校の正課時間に授けることを許可していない例としてあげられている。(27)

これに続けて、「我国デハ従来小学校ノ教科中ニ宗教ヲ加ヘタ事モナク、又今日モ之ヲ加ヘルノ必要ヲ見マセンカラシテ、此ノ点ニ就テハタイシタ議論ハナイコトデアリマス(28)」と述べている。さらに、別の回想によれば、「そこで種々研究調査の結果として、現行の如き小学校令の本旨が決定せられたのであるが、其宗教的教育（ママ）といふのは、我国には無用であるから省く（以下、略）」とも述べている。(29)わが国の公教育における世俗性から、宗教を加える必要が無かったのであろう。その一方で、小学校令第一条の道徳教育の原則・内容を何に求めるかについては確たる考えが無かったとも言及している。

ところで、小学校令が公布された二十三日後に教育勅語が渙発されているが、この勅語と小学校令第一条の道徳教育とはどのような関係にあるのだろうか。これに関して、江木の発言を以下に引用してみる。

> 然ルニ忝ケナクモ我　今上陛下ハ、明治二十三年十月三十日ヲ以テ教育ニ関スル　勅語ヲ下シ給ハリマシタニ因リテ、多年紛々擾々タリシ議論モ、忽チニ鎮マッテ仕舞ッテ、我道徳教育ノ方針ガ始メテ（ママ、「初メテ」――引用者注）定マルコトヲ得マシタ
>
> 此ノ至懇至切ナル　御思召ハ、我々如キ教育事業ヤ行政事務ニ従事シマスル者ニ於キマシテハ勿論、苟モ帝

国臣民タル者ニ於キマシテハ、感激ニ堪ヘヌ次第デアリマス。(30)

小学校令改正の起草にあたった江木の言質から、小学校令そのものが宗教的要素を除いた発想で制定されたこと、教育勅語の渙発により「多年紛々擾々タリシ議論」（徳育論争のことと思われる―筆者注）が鎮まったこと、それにより勅語それ自体が肯定的に捉えられていることが分かるのである。

多くの当事者が尽力したことにより小学校令が改正され、教育勅語が渙発された。当時にあって、わが国の道徳教育の方針が初めて定まったことから、小学校で行われる道徳教育（修身）の内容は、教育勅語が補完するものであったと考えられる。このような諸資料から、政教分離という原則は、訓令十二号に先駆けて、すでに小学校令制定の時点からとられていたと理解できるであろう。(31)

四　昭和戦前期における学校教育改革

明治二十三年の小学校令で想定された臣民像（小学校で育成される人間像）については、宗教的要素は含まれていなかった。先に取りあげた明治三十二年の訓令十二号は、政教分離の方針を学校教育においてさらに確実にしたものとも捉えることができる。これを前提に考えれば、大正期から昭和戦前期にかけての宗教教育政策の変遷（政教分離の緩和）は、明治中期から続く学校教育の原則が緩和する歩みであったことを意味すると思われる。とりわけ、一九三五年文部次官通牒において、教育勅語を原則にしているが、宗教的情操教育を推進することを打ち出したことは、学校教育にとって大きな変革を意味するものであったろう。

そもそも大正期から昭和期にかけて宗教教育を要請する背景として何があったのだろうか。この時期は重工業と資本主義経済が急速な発展を見せ、世相としては第一次世界大戦に対する厭戦の風潮や関東大震災による社会不安が増大した時代である。これにより社会は動揺し、各種の社会運動が生じた。また社会主義思想や共産主義思想を牽制するなど、政府においては思想対策が政策上、重要な課題となった。さらに、昭和期に入ると長野県教員赤化事件などを受け、唯物主義に対抗するため、学校教育において宗教教育を容認する動きにつながっていったと思われる。

さて、政教分離の原則が変化した昭和十年以降の学校教育改革について目を向けてみよう。昭和十年は、文部行政の重点が思想対策から教学刷新に置かれるようになった転換期でもある。同年二月以来の天皇機関説事件に端を発し、八月には天皇機関説は国体に反するという「国体明徴」声明を岡田啓介内閣が発表したことを受けて、十一月十八日に文部大臣の諮問機関として教学刷新評議会が設置された。同評議会は松田源治文部大臣を会長に、学者や有識者六十名余りの委員と幹事から構成された。学者としては、紀平正美、西晋一郎、作田荘一、吉田熊次、河野省三、筧克彦、平泉澄、山田孝雄らが加わっていた。討議は、二・二六事件の中断を経て、昭和十一年(一九三六)十月に答申を確定した。ここでは国体と日本精神が強調され、学問研究や大学研究を筆頭にして、学校教育、社会教育などの分野にわたる刷新が求められた。この評議会では、「天孫降臨の勅と神話的歴史を根拠とする天皇・皇室主義の復古的イデオロギーによる教学刷新が企図[32]」されていった。こうした方向性は、教学局の設置のほか、『国体の本義』、『臣民の道』編纂などに結実していった。

昭和十二年十二月十日には、教育制度を抜本的に改革するために、教育審議会が第一次近衛内閣に設置された。同審議会は約四年にわたって審議を行い、諮問第一号「我ガ国教育ノ内容及制度ノ刷新振興ニ関シ実施スベキ方策如何」に対して、答申七件と建議四件を提出した。特徴としては、「国体ノ本義」、「皇国ノ道」にもとづく教育理念が示され、教育方法において「錬成」概念の登場、儀式・行事・礼法・躾の重視があげられる。

ところで、同審議会の答申の中には宗教教育や宗教的情操教育に関する項目はほとんど見出すことはできない。宗教教育をめぐる議論の推移については、拙稿で扱っているため、その概要を簡潔に紹介する。[33]

宗教教育をめぐる審議については、師範学校に関する議論の中で行われている。第二十八回整理委員会（昭和十三年（一九三八）十一月九日）で、師範学校教科案に審議が及んだ時に、佐々井信太郎からの「宗教的信念トカ宗教的ナ敬虔ナ念」などを含ませることを必要とするという提案が、その端緒を開いた。[34]

これに対して、伊東延吉文部次官が、国民学校でも師範学校でも教育勅語を中心にその教育が行われるため、ここに宗教を加えることは、「非常ニ大キナ問題デ、又余程研究ヲシナケレバナラヌ問題」であると述べ、また要綱案にある「情操ノ醇化」という文言を取り上げ、「宗教的情操ナラバ『情操ノ醇化』ノ中ニ其ノ意味ハ含マレテ居ル」と回答している。[35]

佐々井についで、宗教教育の推進を主張したのは、下村寿一である。下村は、従来の学校で宗教について説かなかったため、国民が正確な観念を持たずに社会に出て問題に直面している点を指摘している。そして、「明ラサマニ宗教的情操ト云フコトヲ謳ハナイニシテモサウ云フ意味ノコトヲ何カ附加ヘテ戴キタイ」と提案した。[36] これに対して、林博太郎整理委員長や伊東延吉は、原案にある「皇国ノ道ニ修練シ」の「修練」という言葉に「大キイ廣イ意味ノ信念ヲ此処へ書イテ居ル」と応対しており、宗教という言葉を表現することに消極的であった。

しばらくの問答の後、林博太郎が、先の佐々井の提案を引き合いに出して、議事を進めようとした。これについては、田所美治特別委員長が反対意見を出している。すなわち、一九三五年の文部次官通牒について、一宗一派に偏しないことや適正なる信念の養成という意味も含まれており、また「教育ハ教育勅語ヲ中心ニシナケレバナラヌノデ、其ノ点ニ矛盾スルガ如キコトガアツテハナラヌ…私ハ特ニ茲ニ御加ヘニナル必要ハナイ」と述べ、答申案に明示する必要はないと主張するのであった。この意見を受け、下村は引き下がることになった。

第二十九回整理委員会（十一月十一日）においても、議事が終わりに近づいた頃、下村が再び「『各教科ニ亙リ左ノ事項ニ関スル教材ニ付十分留意スルコト』」ト云フ一番終リデ結構デスガ、『宗教ニ対スル正シキ理解』、サウ云フコトヲ入レテ戴キタイ[37]」と進言するが、田所美治や三国谷三四郎委員から前回と同様に却下されている。

下村は食い下がるが、田所から「通牒ヲ基ニシテ行クト云フ位デ――厳然ト一方ニ枢密院ノ決議ヲ経テ明治三十二年ニ、一般教育ヲシテ宗教ノ外ニ独立セシムルハ学校教育上最モ必要トス、…ソレヲ段々破ルト云フノヂャナイケレドモ、サウ云フヤウナコトハ謳ツテ置カヌ方ガ良クハナイカ」と言われる始末である[38]。整理委員会では、佐々井や下村から宗教の項目を要綱案に示すという提案がなされたが、整理委員会の見解としては、一九三五年文部次官通牒を基準として、明示しないという考えに落ち着いた。

ところが、第二十一回特別委員会（十一月十八日）においては、安藤正純の反発により、「宗教原理」の項目を加えることが提起された。第三十回整理委員会（同月二十五日）で要綱案の修正が議論され、同日午後の第二十三回特別委員会において、備考の留意事項に「ホ　宗教一般」を付け加えるという修正案が林博太郎から示された。安藤はこの案に納得して、表記も「ホ　宗教」とすることが決定し、第十回総会（十二月八日）での要綱案の審議に引き継がれた。

第十回総会でも宗教の解釈をめぐって様々な意見が交わされたが、ここでは三つにまとめることにする。一つには、要綱案における師範学校の解説のなかで、宗教について積極的な意味があるとして言及されたことである。すなわち、「大国民錬成ニ須要ナル識見ト気宇トヲ養フコト、致シ、…更ニ各教科ノ教授、就中国民科ノ教授ニ当リマシテハ、特ニ宗教ニ対スル正シキ理解ヲ与へ、純正ナル宗教的情操ノ啓培ニ資セシメンコトヲ期シタ[39]」とある。児童の教育にあたる教師が宗教についての素養を身につけておくことが重視されたからであった。

二つには、宗教を謳うことに反対であった田所美治の態度が変化したことである。「宗教」という文言に代わった「敬神崇祖」という概念については、「宗教外ニ確立シテ居ルモノ[40]」と述べている。また、この「敬神崇祖」は道徳の概念として解釈され、要綱案は可決されることになった。

三つには、この総会以後の各種の改革案に、「敬神崇祖」の文言が盛り込まれるようになったことである。要綱案の教材の留意事項について、中学校・実業学校・女子中学校・高等学校文科・高等学校理科のいずれにおいても「イ　敬神崇祖」が記述されている[41]。師範学校の改革案では「ホ　宗教」であったが、そこから項目の筆頭の「イ　敬神崇祖」の表記への変化は、それだけ重要度が高まったと思われる。この変化の背景には、第十回総会の解釈と可決が反映したものと考えられる。

五　国民学校発足後における一九三五年文部次官通牒の運用

教育審議会では、宗教教育を推進する委員とそれを牽制する委員による対立が続いていたが、最終的には「宗教」に代わり「敬神崇祖」概念にもとづく教育を行うことに落ち着くことになった。これは国民の良習美俗であり、道徳に関する意味として理解された。また国民学校では、この概念を目標にした教材が登場することになった。これは教育内容のレベルで見ると新しい傾向である。「敬神崇祖」概念にもとづく教育内容が学校教育に盛り込まれたことは、国民学校で育成される人間像にこの資質が組み込まれたことを意味すると考えられる。

昭和十六年（一九四一）度から国民学校が発足したが、国民学校令及び同施行規則においては、宗教的情操にかかる規定を見出すことはできない。このことは、国民学校において宗教的情操教育を行うことができないことを意味するのであろうか。この点に関して、諸資料を取り上げて検討してみよう。まずは、『国民学校　その意義と解説』を繙いてみる。同書は問答形式でまとめられており、次のように解説されている。

問　国民学校教育は宗教教育をどう考へるか。昭和十年文部省通牒は宗教的情操の涵養の必要を説き、その具体的方法までも示すに拘らず今回宗教に少しも触れてをらぬのは何故か。

答　昭和十年の通牒も学校教育において宗教教育を加味すべきことをいつてゐるのではない。ただ宗教的情操の涵養は国民錬成上必要であるから国民学校においてもこれを軽視してゐるのではない。諸教科の内容においてこれが涵養に努むるのは勿論だが、特に儀式、行事をはじめ工作を通じ園芸を通じその他実践的教育を通じて自ら宗教的情操をはかつてゐるのであつて、ただこれを表面に謳つてをらぬのみである。(42)

この回答によれば、宗教的情操の涵養について国民学校令と同施行規則に具体的な規定が無いことは、宗教的情操教育を実施できないことを意味するわけではない。一九三五年文部次官通牒は依然として存在しており、その効力のもと、学校においては儀式や行事、その他の教育実践の機会を通じて宗教的情操教育に取り組むことが可能であるということを示している。右に述べた国民学校令と同施行規則のなかに宗教教育や宗教的情操教育についての具体的条項が謳われなかった経緯や理由については不明である。先述の教育審議会の論議において、田所美治が、教育は教育勅語を中心に行うのが原則であり、それに矛盾するようなこと（宗教教育）を加える必要はないと主張していたが、結果的にそのように法規が整備されて落ち着いたように思われる。

次に、『わが子の教育叢書　第三巻　国民学校とは』を取り上げる。同書も問答形式の体裁がとられており、一般読者が国民学校教育について理解しやすい内容になっている。「解説者一覧」によれば、石山脩平（東京高等師範学校教授）、竹下直之（文部省図書監修官）、安藤堯雄（文部省国民教育局）文部省嘱託）など、全員で二十三名の名前があげられている。(43)

「五、国民学校と宗教教育」の項については、竹下が担当している。具体的に内容を見ていくと、「国民学校では宗教教育を如何に考へるのでせうか」という問いが示されている。その回答を、適宜、引用してみる。

すなわち、「日本国民は、臣民としての義務に背かない限りに於いて信教の自由を有してをります。それ故、いろいろの宗教について、精進の生活をすることができるわけであります。…もともと、日本的性格は敬と愛との現れるところにあつて、権利、義務のつながりといふことは、第二の問題であります。国民学校の教育は、まづ以て敬と愛との信念を確立するところに出発致します。皇国の道に則とる（ママ、「則る」—引用者注）といふことのなかには、これらの点への考慮が含まれてゐる(44)」と説明されている。

同時に、「国民学校教育は、単なる理智的開発の教育ではなくして、情操の陶冶といふことを重要視致してをります。…国民科修身の指導に於いては、低学年から、情意的錬成、情操の涵養といふことを強調致してゐる(45)」とも言及されている。そして、「この限りに於いて、それは根本的に宗教教育に通ずるものを内蔵してゐるわけです。皇国民錬成に大切な要素は、すべて包含されてゐる、かう断言してはばからないのであります。宗教といふものが、皇国民に必須のものである限りに於いて、その本質的なものへの考慮は行はれてゐる(46)」と指摘されている。

この解説の冒頭部では、大日本帝国憲法の信教の自由について述べられ、そして国民学校の教育の特色として、敬と愛との信念を確立するところから出発するという解説がなされていた。そして、知的な教育以上に、情操面の教育を重要視していることは注目に値しよう。皇国民の錬成に宗教的な要素が必須であり、大切な要素はすべて包含しているという点、宗教の本質的なものへの考慮が行われているという点は見過ごすことができない重要な発言である。文部省図書監修官という役職にある竹下直之の解説であり、その内容には信憑性がある。

これまで諸資料を用いて述べてきたが、論点を整理するため、これまでに扱ってきた勅令・勅語・通牒の関係を示してみると、図1のようになるであろう。

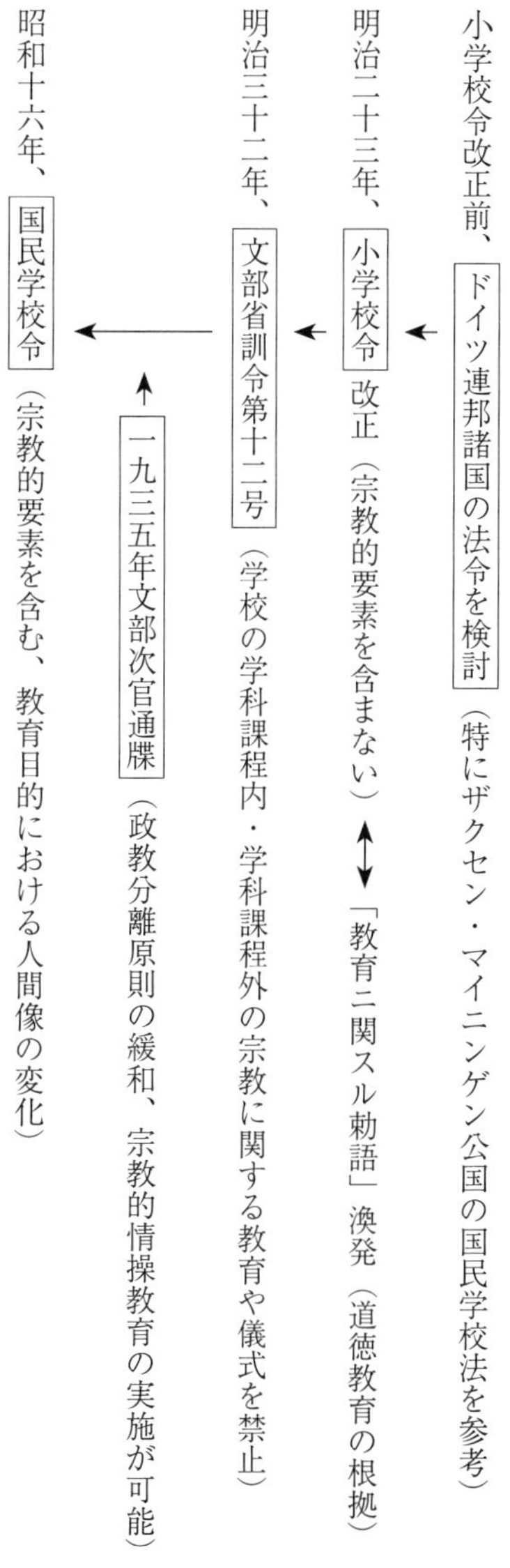

小学校令改正前、ドイツ連邦諸国の法令を検討（特にザクセン・マイニンゲン公国の国民学校法を参考）
↓
明治二十三年、小学校令改正（宗教的要素を含まない）↔「教育ニ関スル勅語」渙発（道徳教育の根拠）
↓
明治三十二年、文部省訓令第十二号（学校の学科課程内・学科課程外の宗教に関する教育や儀式を禁止）
↓ ← 一九三五年文部次官通牒（政教分離原則の緩和、宗教的情操教育の実施が可能）
昭和十六年、国民学校令（宗教的要素を含む、教育目的における人間像の変化）

図1　諸法令と「教育ニ関スル勅語」の関係性

本稿では、わが国の学校教育における政教分離原則の端緒を明治二十三年（一八九〇）の小学校令に求め、それが緩和してきた経緯を述べてきた。また小学校令と教育勅語の渙発との関係についても検討を加えてきた。一九三五年文部次官通牒は政教分離の原則を緩和する契機であったが、宗教教育・宗教的情操教育にかかる文言は国民学校令及び同施行規則には謳われなかった。しかし、この通牒の効力は学校教育に及んでおり、学校現場においては同通牒の留意事項に沿って、児童の宗教的情操を涵養する教育を行う道が開かれていたのであった。

六　むすび

本稿において、わが国の初等教育における政教分離原則について検討した。筆者は明治二十三年（一八九〇）に改正された小学校令にその淵源を探ることを試みた。小学校令の成立事情について、ドイツ連邦諸国の法令が調査され、とりわけザクセン・マイニンゲン公国の国民学校法が参考にされて教育目的（第一条）の規定が作成されていた。明治政府や文部省は、わが国の公教育から宗教性を除き、世俗的教育を志向したものと考えられる。江木千之の関連資料や松月秀雄による研究成果から、学校教育における政教分離の発想が、明治二十三年には萌芽していたことを明らかにすることができた。また、同じ時期に教育勅語が渙発されていたが、この勅語は小学校令に謳われる道徳教育の内容を補完するものであった。渙発当時にあっては、明治十年代に紛々擾々としていた論争を沈静化させるなど、肯定的に評価される側面も有していた。

このように明治中期以降、政教分離の原則がとられ、明治三十二年の訓令十二号でさらに強化されたわけであるが、時代が下るにつれてその原則は緩和する傾向を見せることになった。特に緩和の契機となったのは、昭和十年（一九三五）十一月二十八日に発せられた「宗教的情操ノ涵養ニ関スル留意事項」という文部次官通牒であった。

この通牒の趣旨は訓令十二号に則り、学校において特定の教派宗派教会等の教義を教えることや儀式を行うことを禁止するのであり、宗教的情操を涵養して人格の陶治に資するならばこれを妨げるものではなかった。そして、留意事項が示され、これに沿う形で学校は宗教的情操教育を展開することが可能であった。その後、教育審議会が昭和十二年十二月に設置され、同審議会のなかでも宗教教育をめぐる論議が展開した。結果的には「宗教」ではなく「敬神崇祖」に関する教育を行うことで落ち着くことになった。昭和十六年四月に国民学校制度が発足したが、学校では儀式や行事、その他の教育実践の機会を通じて、児童に対して宗教的情操教育に取り組むことが可能であった。さらに、皇国民の錬成には宗教的な要素が必須であり、それらの要素は包含されることになった。

これまでの検討を通じて、明治二十三年以降、政教分離原則のもとで小学校の教育が展開・発展してきたが、一九三五年文部次官通牒を契機として、宗教性という要素が公教育に包摂されることになった。明治二十三年以降の小学校教育と昭和十六年以降の国民学校教育の重大な相違点としては、宗教性の有無であったと言えよう。

最後に、昭和十年代における学制改革の実際については、ここで指摘した宗教性という観点から探究する必要があると考える。昭和十一年の時点で、小学校令第一条を改正しようという機運があることからも判断できよう。例えば、『帝国教育』九月号には「小学校教育要旨の再検討」という特集が組まれている。松月秀雄「小学校教育要旨改正の指針」をはじめ、六名の論考が掲載されている[47]。そのなかで、小川正行（奈良女子高等師範学校教授）「小学校教育の本旨の再検討—従来の欠陥の補充と其の実施方法について—」においては、小学校令の欠陥が指摘されている。その中で谷本博士（谷本富のことと思われる—筆者注）が明治四十年頃に小学校令第一条の欠陥を指摘したことが紹介されている。

これについて小川は、「我々も谷本博士の六大非難の中で、1、公民的教育の旨趣不十分なこと、2、美育の旨趣全く欠如すること、3、宗教々育の旨趣全く欠如することは正当なものであり、以上公民教育の欠陥の外に、この美育と宗教々育の欠乏は所謂『情操教育の欠陥』として認めざるを得ない[48]」と言及している。他にも改善すべき事項が述べられているが、この点は特筆すべき指摘であろう。

以上のように、半世紀にわたり不変であった小学校令第一条の欠陥が指摘され、それを克服しようとする動向を知ることができる。当時にあっては義務教育年限を六年制から八年制に延長することが企図され、教科課程も再編成されようとしていた。教育目的における人間像の変革は、教科課程の再編成や教科書の改訂に直結する問題でもある。これら学制改革については、制度面だけではなく教育内容についても総合的に検討する必要があるため、機会をあらためて研究を深めていきたいと考える。国民学校における皇国臣民（または皇国民）の概念については国民学校令第一条の成立にかかる史料が乏しいため、検証それ自体をまだまだ精緻化しなくてはならない。

これらの課題に加えて、一九三五年文部次官通牒が示された後、学校現場はこれをどのように受容して、授業改革に取り組んだのかについても探究する必要がある。宗教学や教育学分野において、これまで政策にかかる検討は進展してきているが、学校の保存史料を用いた教育実践にかかる研究も進めていかなくてはならないだろう。

註

(1)文部省『学制百年史（資料編）』（帝国地方行政学会、一九七二年）九〇頁。
(2)同右、一一二頁。
(3)井上兼一「一九三〇年代における宗教教育政策の転換とその影響」（『龍谷大学大学院文学研究科紀要』第二七集、二〇〇五年）、同「国民学校における『敬神崇祖』教育―教育審議会の解釈に着目して―」（『明治聖徳記念学会紀要』復刊第四七号、二〇一〇年）。
(4)拙稿について、齋藤知明は修身教科書の研究をしていると誤解している。齋藤知明「『宗教的情操』概念の形成―明治三〇年代の宗教教育論から―」（『大正大学大学院研究論集』第三六号、二〇一二年）六〇頁参照。
(5)教育勅語の成立については、稲田正次『教育勅語成立過程の研究』（講談社、一九七一年）。海後宗臣「教育勅語成立史の研究」（『海後宗臣著作集』第十巻、東京書籍株式会社、一九八一年）。梅渓昇『教育勅語成立史　天皇制国家観の成立〈下〉』（青史出版、二〇〇〇年）など、詳細な研究が行われている。被占領期に関しては、貝塚茂樹『戦後教育改革と道徳教育問題』（日本図書センター、二〇〇一年）をあげておく。教育勅語に対して批判的な立場から論じているものとして三点をあげておく。教育史学会編『教育勅語の何が問題か』（岩波書店、二〇一七年）。岩波書店編集部編『徹底検証 教育勅語と日本社会―いま、歴史から考える―』（岩波書店、二〇一七年）。佐藤広美＋藤森毅『教育勅語を読んだことのないあなたへ』（新日本出版社、二〇一七年）。

(6)石田加都雄「明治三二年文部省訓令第十二号宗教教育禁止の指令について」（『清泉女子大学紀要』第八号、一九六一年）。久木幸男「訓令十二号の思想と現実（一）」（『横浜国立大学教育紀要』第一三集、一九七三年）。同「訓令十二号の思想と現実（二）」（『横浜国立大学教育紀要』第一四集、一九七四年）。同「訓令十二号の思想と現実（三）」（『横浜国立大学教育紀要』第一六集、一九七六年）。

(7)前掲文部省、三五頁。

(8)井門富二夫「政教分離に関する政策資料―特に宗教教育の問題をめぐって―」（『東洋文化研究所紀要』第三七冊、一九六五年）二八一頁。

(9)同右、二八一頁。

(10)山口和孝「『宗教的情操』教育の概念と史的展開」（『季刊 科学と思想』第三五号、一九八〇年）。小林順子「日本における宗教教育政策―昭和前期―」（『清泉女子大学人文科学研究所紀要』第五号、一九八三年）。鈴木美南子「天皇制下の国民教育と宗教―大正～昭和期を中心として―」（伊藤彌彦編『日本近代教育史再考』昭和堂、一九八六年）など多数である。

(11)高橋陽一「宗教的情操の涵養に関する文部次官通牒をめぐって―吉田熊次の批判と関与を軸として―」（『武蔵野美術大学研究紀要』第二九号、一九九八年）。同論文については、高橋陽一『共通教化と教育勅語』（東京大学出版会、二〇一九年）の第十章に組み込まれて収められている。また、後註において、近年の研究動向について言及されている。

(12)前川理子『近代日本の宗教論と国家―宗教学の思想と国民教育の交錯―』（東京大学出版会、二〇一五年）。

(13)同右、三八四頁。

(14)同右、三八四頁。

(15)文部省普通学務局『宗教教育協議会議事要項』（京都大学附属図書館所蔵）。奥付が無いため、緒言の「昭和一一年三月」という記載を、便宜上、出版年とする。

(16)文部省内教育史編纂会『明治以降教育制度発達史』第八巻（教育資料調査会、一九六四年、初版は一九三九年）、七三〇～七三一頁。

(17)前掲井上「一九三〇年代における宗教教育政策の転換とその影響」で宗教教育の変遷について詳述しているため、そちらを参照してもらいたい。

(18)松月秀雄「小学校令第一条と江木千之―日本教育史研究への一寄与―」(『日本大学文学部研究年報』第七輯〔第一分冊〕、一九五七年)。同「改正小学校令制定当時における独墺の国民学校法」『(小林澄兄博士喜寿記念論文集)日本の教育のゆくえ』(講談社、一九六六年)。同「改正小学校令第一条の成立過程に関する国際的研究」(『帝京大学文学部紀要(教育学)』第五号、一九八〇年)。同「フンボルト大学クライン総長を通しての改正小学校令第一条関係原典の新発見」(『帝京大学文学部紀要(教育学)』第六号、一九八一年)。

(19)伊藤敏行『日本教育立法史研究序説』(福村出版、一九九三年)。

(20)『日本近代教育百年史』第四巻(学校教育二)(国立教育研究所、一九七四年)。

(21)江木千之「帝国小学教育ノ本旨」(『教育持論』第二一六号、一八九一年四月十五日発行)。

(22)前掲松月「小学校令第一条と江木千之―日本教育史研究への一寄与―」一五〇頁。

(23)前掲江木、一五頁。

(24)前掲松月「小学校令第一条と江木千之―日本教育史研究への一寄与―」一五九頁。

(25)同右、一六〇頁。

(26)同右、一六〇頁。

(27)前掲江木、一一〜一二頁。

(28)同右、一二頁。

(29)江木千之翁経歴談刊行会『江木千之翁経歴談(上)』(江木千之翁経歴談刊行会、一九三三年)三九二頁。

(30)前掲江木、一二頁。

(31)大日本帝国憲法(明治二十二〔一八八九〕年二月十一日)の第二十八条は「日本臣民ハ安寧秩序ヲ妨ケス及臣民タルノ義務ニ背カサル限ニ於テ信教ノ自由ヲ有ス」である。信教の自由について、社会の安寧秩序を乱すことなく、臣民の義務を果たすという条件がついており、あくまでも個人・私的範囲にとどまるものであったと考えられる。伊藤博文・金子堅太郎『帝国憲法皇室典範義解　憲法制定の精神』(呉PASS出版、二〇一五年)六八〜六九頁。

(32)前掲前川、四二三頁。

(33)前掲井上「国民学校における『敬神崇祖』教育―教育審議会の解釈に着目して―」を参照。

(34)佐々井は、「宗教」に関する項目を、国民科もしくは「各教科ニ亙リ左ノ事項ニ関スル教材ニ付十分留意スルコト」に入れることを提案している。大久保利謙、海後宗臣監修『教育審議会諮問第一号特別委員会整理委員会会議録』第四輯(宣文堂、一九七〇年）四〇八頁。
(35)同右、四〇九頁。
(36)同右、四一一～四一二頁。
(37)同右、四六六頁。
(38)同右、四六七～四六八頁。
(39)近代日本教育制度史料編纂会編『近代日本教育制度史料』第十五巻（大日本雄弁会講談社、一九五七年）二九三頁。
(40)同右、三一八～三一九頁。
(41)前掲高橋、三三頁参照。
(42)朝日新聞社編『国民学校　その意義と解説』（朝日新聞社、一九四〇年）四六～四七頁。
(43)大橋貞雄編『わが子の教育 第三巻 国民学校とは』（帝国教育会出版部、一九四三年）一～二頁。
(44)同右、三一～三二頁。
(45)同右、三二頁。
(46)同右、三三頁。
(47)『帝国教育』第六九五号、一九三六年九月。目次を参照。
(48)小川正行「小学校教育の本旨の再検討―従来の欠陥の補充と其の実施方法について―」（『帝国教育』第六九五号）一三頁。

昭和戦前期の仏教界と海外日系二世
――見学団、日本留学、修学団に注目して――

高橋典史

一　はじめに

大正十三年（一九二四）のいわゆる「排日移民法」の施行に象徴されるように、一九二〇年代以降の日米関係は悪化の一途をたどっていった。その当時、二重国籍を有する者も多かった米国の日系移民の第二世代（以下、「二世」とする）を、日系宗教の主流であった仏教の関係者たちはどのように位置づけ、いかに対応していこうとしていたのだろうか。本稿においては、一九二〇年代末から三〇年代にかけての、「二世」である仏教徒たちの信仰、民族、国籍といった諸問題についての、仏教関係者たちによる位置づけの変化に注目する。その具体的な考察対象として、二世に向けた教化・教育活動のうち、とくに日本への見学旅行である「見学団」、「日本留学」、そして両者を総合したものとされる「修学団」の活動に関わる言説を取り上げる。そして本稿では、ハワイ・北米最大の日系宗教教団であり、在米日系移民社会において大きな権勢を有していた浄土真宗本願寺派（本派本願寺）関連の組織とその活動を中心に論を進めていく。

当時の在米日系移民社会においては、日本民族としての血を受け継ぐと同時に、米国の文化も身につけた二世たちが悪化の一途を辿っていた日米関係を改善する仲介者となるという、いわゆる「架け橋論」[1]がさかんに論じられていた。仏教関係者たちも、そうした情勢を受けて「日本精神」と仏教信仰を兼備して日米の「架け橋」となる二世を理想とし、その教化・育成を目論んで、見学団、日本留学への支援、修学団といった諸事業を展開していったのである。

しかし、詳しくは後述するように、そうした理想像と現実の二世たちのあいだには乖離が存在していた。とくに民族（エスニシティ）と国家帰属（国籍）の深刻な分裂[2]や、日本の内地の人々とは異なる彼ら／彼女らの米国的な価値観やライフスタイルは、諸事業を推進していた関係者たちを戸惑わせるものでもあった。本稿では、訪日したこうした二世仏教徒たちが、当時の日本のナショナリズムに強く影響を受けていた一方で、当時の一般的な「日本人」にも「日本仏教」にも包摂されきれないマージナルな存在であったことに注目する。

二世教育に関与していた仏教関係者たちは、こうした諸問題を抱えていた二世たちを、「架け橋」として国際的に活躍しうる人材へと育成するべく、よりいっそうの日本語や日本文化等の修得を求めただけでなく、「真の日本」を実際にその目で見るという体験を重視したのであった。

なお、本稿においては、資料の引用では旧字体を新字体に改め、引用者による省略は〔前略〕〔後略〕等で示し、ルビや強調点等は省略した。また、引用文中における引用者による注記は〔 〕内に行った。また、本稿の第二節および第三節の一部は、著者の既出の業績をもとにして執筆したものである点は明記しておきたい[3]。

二　ハワイの日系仏教教団による見学団の挙行

そもそも「見学団」とは、一九二〇年代から三〇年代にかけて日米親善を担う二世たちの育成を目的として実施された日本への研修旅行である。その端緒は、一九二五年にサンフランシスコの日系移民たちのあいだで行われたものとされており、一九三〇年代には在米日系移民社会においてさかんに挙行された。宗教団体以外にも多くのグループによって実施されたという(4)。

日系移民が多数暮らしているハワイでもそれは同様であった。ハワイ最大の日系宗教教団であったハワイ本派本願寺教団では、昭和三年（一九二八）夏にその傘下の布哇仏教青年会の主催による学生母国見学団（日系市民母国見学団）を実施し、一行約三〇名を日本へ派遣した。約二ヶ月間にわたる滞日中、一行は日本各地で歓迎を受けた。以下にその概要を記載しておこう。

学生母国見学団は、監督の安井美然（布哇仏教青年会主事）、今村清子（本派本願寺布哇開教総長今村恵猛夫人）のもと、男子十九名、女子十三名（十六歳〜三十七歳、その多くは中学生から大学生くらいの若者たち）の参加者たちによって構成されていた。同見学団は、昭和三年六月下旬から八月下旬にかけて実施され、おもな訪問先は、東京（東京日日新聞社、早稲田大学、明治神宮、靖國神社、多摩御陵、外務省、増上寺、築地本願寺等）、日光、長野（善光寺）、伊勢神宮、大阪、奈良、京都（東西本願寺、京都御所、龍谷大学等）、広島、福岡、長崎、熊本、富士山などであった(5)。

それでは、本派本願寺がこうした見学団を実施した理由は、どのようなものだったのだろうか。見学団の監督で当時の布哇仏教青年会主事でもあった安井美然は、「見学団に就いて」という短文のなかで、その目的と意義を次のように論じている。

日本語学校としても、一日僅か一時間の授業であつて、日本語を教ゆる時間の不足すら訴へてゐる際に日本の歴史、国情などに及ぶ事は不可能と云つてよい状態である。百聞は一見に如かず先ず彼等に今日の日本を実地研学せしめ、見学団員自身は勿論、布哇に帰りたる後、彼らの口やペンを通じてその友人同僚並に米人学生に真の日本を伝へその理解を増さしめる、と言ふのが我が布哇仏教青年会が他に率先して日系市民の学生を以て見学団を組織し、多大の犠牲を払つて母国訪問を決行した動機であり真因であつたのである。(6)

この安井による説明によれば、ハワイの日本語学校における日本の言語、歴史、文化についての教育には限界があるため、日本での実地見学を通して、二世たちがその経験を日米親善のために還元することが期待されていたことがうかがわれる。

それに加えて、この見学団の挙行の背景には、主催する仏教教団の広報活動上の思惑もあった。実際、この見学団の目的の一つには、単に若い二世の男女を日本へ送り、「母国」の文物を見聞させるといったことだけではなく、「仏教主義」のもとで教育されたハワイの「日系市民」たちを、日本の有力者たちをはじめ官民に広く紹介することもあった(7)。

それでは見学団に参加した二世たち側の感想は、いかなるものであったのだろうか。ここではそのなかから、いくつか紹介したい。

中上みよ子「日本の印象」

最後に私の頭に浮んでまいりますのは、あの母国民の忠君愛国の精神であります、それは東西に類例の無い、又外国の人達には考へられない大和心と武士道の精髄が発揮された忠義の心で有ります、たとへ兄弟互に牆に鬩いでゐてもいざとなれば挙国一致外敵にあたると言ふ皇室を尊敬し皇土を維持しようと云ふ精神は又格別であります、これがありますればこそ母国の人達は万世一系といふ国体を維持し皇室の威稜は益々発揚し、時代の進歩に伴つて推移し、東洋唯一の大強国になつた所以で有ると思ひますと、日本人に生まれた私は本当に有難く思ひ喜んで居るのです(8)

このような〈日本＝一世の父母の母国＝二世の自分たちの母国〉であることを強く認識し、皇室崇敬や民族的アイデンティティを共有していることを述べることは、当時の二世たちによる文章には多く見られる特徴である。さらに、それらを米国人に伝えることが排日論を改善させるという主張もしばしばく見られる。

「母国」を実際に訪れた二世の参加者たちの日本についての感想は、このようにおおむね好意的であった。とはいえ、彼ら／彼女らは日本社会を手放しで称賛したわけではなく、批判的な意見も少なくなかった点は興味深い。

「見学団員の感想(9)」

日本は美醜両面を持つ国です。辛ふじて生活せんが為め孜々汲々たる人々の多数なるに私は驚いた。佐藤豊

日本は自分の予想以上に現代的である。併しその道路は改善を要する。今村得之

日本は道路の改善を急務と思ひます。日本は明媚の国です。角川定

また、次のような海外で育った二世ならではともいえる、日本社会に対する冷徹なまなざしも看過すべきではないだろう。

今村得之「母国の所感」

〔前略〕衛生上では日本は未だ〳〵〔原文踊り字〕進歩してゐない。先づ下水工事が悪いと思ふ。〔中略〕日本は世界の一大公園であるが漫遊者を案内する事が下手であると思ふ。第一、外国語の広告が足りない。〔中略〕日本人は日本人同志では非常に親切であるが他の人種に対してはさうではない事が解る、特に電車の中でこの点が見られる。朝鮮人か支那人が電車に乗ると大部分の日本人達は彼等をぢろ〳〵〔原文踊り字〕軽蔑するやうな目つきで見る。多分朝鮮人が珍らしいからかも知らないが余り気持ちのいゝものではない。[10]

この引用文の前の部分では、東京の近代建築への驚嘆や「宮城」での感動的な体験を述べているものの、日本の衛生状態、海外からの旅行者への対応（外国語対応）、朝鮮人や中国人たちに対する偏見や差別意識などについて苦言を呈しているのである。さらに女性参加者は、当時の日本社会の性差別的慣習にも厳しい目を向けていた。

花岡つきと「憧れの日本」

又田舎で感じた事ですが小さな子を背負つた婦人が、も一人の子供の手を曳きその上に大きな風呂敷づつみをかゝえて遠い路を主人の後から歩いて行くのを度々見てほんとに気の毒に思ひました。亜米利加の土地に生れ、亜米利加の教育を受けた私達は深く同情せずには居られません。是れは都会でも電車の乗り下りに婦人を押しのけてゆく男子の多い事も思ひあはせられて不愉快に感じた一つです。[11]

学生母国見学団に参加した若者たちもまた、当時の一般的な「架け橋論」的な思想を共有していたことは間違いない。その一方で、このような当時の日本の男尊女卑的な意識や振る舞いに対する否定的な意見も残されている。おそらくこれらの二世たちの反応は、日本側の関係者たちはあまり想定していなかったのではないだろうか。そうした人びとが、その積極的価値を紹介しようとした「真の日本」は、その外部で育った当の二世たちによって、つねに相対化されうるものでもあったといえよう。また、参加者たちの感想文においては仏教に関わるような宗教的な要素に乏しいことから、仏教関係者たちが抱いていた期待と若い二世仏教徒たちの関心とのあいだには、意識のずれもあったことは指摘しておきたい。

三　二世問題の解決策としての日本留学の支援

（一）　見学団に加えて日本留学を支援した背景

在米一世たちのあいだには、日米の「架け橋」としての二世のたちへの期待があった一方で、現実の二世たちの祖国日本への関心の低下や日本の言語文化の非継承についての危機感も深刻なものであった。その有力な解決策が二世たちの日本留学であり、一九三〇年代の在米日系移民社会ではその大きなブームが巻き起こった(12)。

仏教やキリスト教などの日本の宗教関係者たちもそうした二世の日本留学に大きな関心を寄せ、留学を積極的に支援したため、宗教系の教育機関では多くの留学生たちを受け入れた(13)。

ジャーナリストの山下草園は、日本の仏教系の組織が日本留学に関与した背景について、次のように述べている。

仏教団体が其の初期に於て、育英事業に拠つて、直接間接に教義の弘通及び信仰の地盤の強化上得たところと、反対に育英事業其の者〔ママ〕が、仏教団体の手に依つて行はれたが為めに進歩発達したことを公平なる眼を以て比較すれば、寧ろ前者の方が大きいのである。そこで育英事業は宗教団体の縁の下の力持ちとなり、宗教団体は育英事業から釣り銭を取った形となつてゐる。(14)

そもそも仏教系の組織における二世の日本留学に向けた支援とは、当初は海外布教に従事する開教使の養成を目的として始まったものではあったのだが、その後は一般的な留学事業として拡大していくことにより、仏教教団側は大きな利益を得ることとなったようだ。

それでは、当時の仏教関係者たちは、二世留学生たちがどのようなものを学ぶことを期待していたのであろうか。そこで盛んに主張されたのが、「日本精神」と仏教信仰の兼備であった。例えば、浄土真宗本願寺派系の米布研究会が昭和十年に発行した『第二世と仏教』のなかには、ハワイや北米での布教経験者たちの意見が収められている。(15)こうした関係者たちが想定していたのは、(大乗)仏教信仰と日本精神を兼ね備えた善良な米国市民としての二世という理想像であり、それは仏教的な立場からの「架け橋」論であったといえる。そこでは日本語の修得が不可欠であるとされた。そのためには、ハワイや北米大陸の現地での教育のみでは不十分であるとみなされた結果、日本の言語文化や仏教を学ぶ機会となる日本への留学や見学旅行(見学団)への注目が高まっていったのである。

(二) 仏教界による日本留学支援事業の事例

本項では、日本の仏教界における日本留学支援事業の具体的な事例として、日本米布協会による「日米学院」

（日本において日本語や日本文化を二世たちに教授し、日本の各種の学校へ入学するための準備教育を提供する機関）と「日米ホーム」（ハワイ・北米出身の二世留学生たちのための寄宿舎）を取り上げたい。なお、日本米布協会は、超宗派的な組織であるものの浄土真宗本願寺派を中核としていた組織であった。まずは同協会の設立趣旨書の一部を抜粋引用しておく。

「日本米布協会設立趣旨書」

（日本と米国の）両者接壌の楔機として、日系市民はまことに大なる使命を有する。勿論第二世は善良なる米国市民たることに心かくるは申すまでもないが、更に日本民族を代表する市民として、永くその名誉を保持するに足る人格と実力とを涵養することに精進せねばならぬ。それには英語の外に日本語を十分に習得して、進んでは米国文化の華を日本に紹介し、又東洋文化の実を米国に移植するの大使命を果し、更に第二世自身としては、学問、芸術、商業等の方面に於て、日米両語に習熟せる自己の天賦の地位を利用して、大に職業的地歩をも開拓すべきである。かくて在米布初代同胞の悩みの源たる第二世教養問題に一道の曙光を認めることが出来る。[16]

この趣意書を一読して分かるように、組織の理念としては宗教（仏教）教育の志向性は弱く（同協会の規約等にも明記されていない）、実際の活動においても仏教の信仰よりも日本の言語、文化、思想などに関する教育が中心であった。

そもそも日本米布協会は、昭和七年（一九三二）に当時の東京市中野区で創設され、高松宮からも支援を受けていた。組織のトップである総裁には、浄土真宗本願寺派二十一世大谷光尊（明如）の子息の大谷尊由が就き、高楠順次郎が理事長を、常光浩然が事務理事をそれぞれ務めた。さらに、同会の役員（評議員）には、日本国内の学者や宗門系学校を中心とする教育関係者、実業界の関係者、ハワイ・北米の各宗派の開教監督や現地の日系移民社会のリーダーらがその名を連ねた（評議員全五十二名中、日本国内三十三名、米国本土九名、ハワイ八名、カナダ二名）。同協会の主要な事業は、先述したように日米学院および寄宿舎の日米ホームの設置と運営であった。

次にこれらの事業の実態について記しておきたい。昭和十二年四月当時の日米ホームの入寮者は、男子学生三十九名（内訳はハワイ出身十七名、米国本土出身二十二名）、女子学生四名（全員が米国本土出身者、ただし東京の「難思寮」に委託していた）であった。日本の教育機関に通っていた学生たちの所属先は、男子学生については早稲田大学、明治大学、慶応大学、日本大学、法政大学など、女子学生に関しては、浄土真宗本願寺派の宗門校の千代田女子専門学校などであった。併設の日米学院のカリキュラムにおいては、日本語、漢文、地理、歴史、数学といった一般の教科だけでなく、礼儀作法、柔道や剣道の武道、日本文化などの教育、日本の教育機関への進学のための準備教育にも力を入れていた(17)。

繰り返しになるが、このような日本米布協会による二世の日本留学支援の特徴としては、宗教（仏教）教育の志向性は弱く、あくまで日本の言語や文化を二世留学生たちに教授することによって、「日本民族を代表する市民として」の「米国市民」を育成しようとしたものであった点を指摘できる。

（三）　二世の日本留学をめぐる諸問題の浮上

これまで論じてきたように、一九三〇年代の在米日系移民社会においては二世の日本留学が隆盛し、宗教系の組織も含めてその支援事業が日米両国で活発になっていった。ただし、その実情は、必ずしも支援者たちの思惑通りのものではなく、二世たちに不満を抱く人びとも少なくなかった。前述の山下草園はその著書のなかで、当時の二世留学生たちの問題点として、「一、礼儀の観念が薄い。二、堅忍不抜の精神と勇猛心に欠けてゐる。三、日本人の美点を継承せず、米国人の長所も体得せず、中間的生温い存在になり易い。四、利己的観念に(ママ)強い。五、打算的である。六、恩義を感ずることが少い。七、日本の智識に乏しい。八、宗教的信念が薄い[18]」といった点を辛辣に指摘している。

当時の二世留学生たちについてのこうしたネガティヴな評価の背景には、彼ら／彼女ら特有のライフスタイルや社会的立場の影響があった。例えば、当時の日米間の為替レートの影響をもあり、「ダンスホール」や「カフェ」といった西洋的な文化に興じて、（一般的な「日本人」からすれば）奢侈な生活を送る者たちも少なくはなく、また米国国籍を有しているがゆえに外務省、陸軍省、警視庁（外事課）等からスパイの嫌疑や二重国籍の問題により警戒の対象になっていた者たちもいたという[19]。

さて、日米の二重国籍を保持していた二世の男子留学生たちにとっては、日本の兵役問題も大きな問題であった[20]。日本米布協会では『第二世と兵役関係』（昭和十三年）を発行し、その対策を解説している。同書では、徴兵問題が生じる背景にある二重国籍問題について、「日米何れか一方の国籍だけを得て置けばよいのであるが、そこは人情の常として、アメリカの市民権を有するは勿論、日本人たる以上はやはり日本の国籍をも有したいと考へ、又親が子供に然うさせたいと思ふのは無理からぬこと[21]」などと、一世や二世たちの心情に理解を示している。

とはいうものの、同書においては、日本留学をする二世たちは「アメリカの文化を有すると同時に日本の文化をも体得し、有数なる国際的文化人となることが出来る[22]」人材であるとし、同協会としては、国籍（国家帰属）と民族・文化的ルーツ（エスニシティ）は分けて、二世には「日本人系アメリカ市民」として国際的に活躍していってもらいたいという主張がなされている。

これらの言説は、日本米布協会としての理想は、二世の二重国籍の状態の解消（とくに日本国籍の放棄）ではあったものの、一世や二世たちの側の二重国籍を保持したいという強い思いとのあいだには乖離があったことを示しているだろう。(23)

四　修学団における大陸への見学旅行

（一）帝国日本の海外への拡大と仏教界

海外日系移民と満洲への植（殖）民は、一見すると全く別個の動きのように見えるかもしれない。だが、当時の日本の文脈では、両者には密接な影響関係があった。東栄一郎によれば、満洲事変後に急増していた二世の日本留学は、単なる海外からの留学生の増加ではなく、多くの「海外出生同胞」が集団として、歴史上初めて母国日本における教育を求めた事例と理解されていたという。とりわけ政府や教育の関係者たちにとって、それは、満洲への植民事業の国策化にともない増えていくと見込まれていた植民者たちの第二世代に向けた「民族教育」の実験の事例でもあった。すなわち、「日系アメリカ人」である二世の日本留学の問題は、日本の海外植民地政策と接合されて議論されていたのである。(24)

かくして、政府関係者や教育関係者たちは、「海外日系移民二世」に対する教育実験の成果を、国策としての「海外植民二世」へ応用（転用）することを構想していった。そして、日本の仏教界による二世の日本留学支援も、次第にそうした動きに接近していくこととなる。しかもそれは、一九三〇年代の以前から少なからず意識されていたようだ。次の引用は、前述したハワイの本派本願寺による学生母国見学団（昭和三年）に関わった日本側関係者の言葉である。

母国は年々百数万人の人口増加を来し、近い将来に於いては之が収容に大なる困難を来す事と思ひます、人口問題食料問題は国の朝野を挙げて論議されつゝある次第移植民の天地を求めつゝある際、兄等は兄等の祖先が刻苦経営になる尊き布哇に於ける日本人の地位勢力を継承し以て尚一層の御発展あらん事を切に祈る次第で御座居ます。(25)

とはいえ、それが現実的な取り組みとなっていくのは、満洲事変、とりわけ日中戦争の勃発後の一九三〇年代末のことである。

(二) 修学団における朝鮮と満洲への見学旅行

二世留学生の実情と当時の世情に対応するため、日本米布協会では「修学団」という新たな取り組みに着手し、そのなかで朝鮮および満洲への見学旅行を実施した。従来の見学団は日本本土における見学旅行であったが、この修学団では朝鮮および満洲という帝国日本の海外の支配地域への訪問に主眼が置かれることとなる。

そもそも、この修学団なるものは、日本留学と日本見学(見学団)を「総合」するものと位置づけられていた。修学団では、同一地域出身の十五、六歳の二世が数名単位で日本へ一年間留学し(延長も可能)、日本語の学習を中心に置きつつも、日本の精神教育、男子ならば柔道や剣道、女子ならば茶道や華道の稽古も行われた。だが、日本米布協会では、そうした言語や文化の修得だけでなく、実地見学も重視しており、日本国内のみならず満洲までをも訪れることによって「日本人の立派な特性に目覚めしめる事を以て教育の根本方針」としていた。ちなみに、その費用は、学修、見学、衣服、雑費のほか一切の生活費を含めて一年間で二五〇ドル（当時）であった[26]。

日米学院長および日米ホーム寮監を務めていた常光浩然は、満洲や朝鮮の実地見学について、「真の日本を認識するには、第一は言語の修得、第二には実際の見学が大切であります。言語の中には、所謂民族精神が内在して居り、見学は格物致知とでも云ふか、又百聞は一見にしかずと言はれてゐる如く、千萬言の説明よりも、実地の見学が遥かに優つて居る[27]」と説明していた。常光においては、二世たちが「真の日本」を学ぶためには、言語の修得だけでなく、アジア（ここでは朝鮮や満洲）における日本の威光を実際にその目で見ること、すなわち実体験することが不可欠だったのである。

また、日本米布協会の理事長であった高楠順次郎は、次のような文章を残している。

> 高楠順次郎「巻頭の詞」
>
> 〔前略〕満洲事変、更には今次の支那事変を契機として、アジアの状勢は一大変革した。〔中略〕日本の国際的地位も亦変つて変化し、真の日本を知るには、ただ内地のみを見たのではなほ不充分の謗を免れない。苟くも日本を認識せんとする者は、アジアを知らねばならぬと言ふ状態になつて来たのである。此度本会に附属する日米学院、日米ホームの第二世諸子が、満洲、朝鮮の見学旅行をなした事は、まことに時機を得た企てと思はれ、喜びに耐へない次第である。諸子はこの旅行に於て得た尊い経験を生かして、将来米国に於いても、正しいアジア認識を保持し、永く日米親善の楔にならん事を希望する。又アメリカに居られる父母の方々も、子弟のこの経験を正しくもりたて、日本民族の海外発展に資せられん事を希望する[28]。

こうした言葉からは、満洲事変から日中戦争へと至るなかで、アジア地域における日本の立場の正当性を国際的に訴える必要性が高まっていたという情勢を受けて、二世たちにその役割の一端を担ってもらうことを期待していたことがうかがえる。

次に、従来からあった見学団と日本留学の総合である修学団の一環としての、朝鮮や満洲への見学旅行について詳しく検討していきたい。日本米布協会編集部編『第二世の満鮮見学記』（昭和十三年）によれば、この旅行は、日本米布協会（日米学院）主催によって昭和十三年（一九三八）七月十八日から八月八、九日の期間に行われた。日米学院または日米ホームに所属する二世留学生たちに、帝国日本支配下の海外地域を実地見学してもらうことを旅の主たる目的とするものであった。旅程は、〈門司→釜山→京城→平壌→安東→奉天→撫順→奉天→新京→ハルピン→新京→吉林→新京→大連→旅順→大連→門司〉といったルートだった。そして、各地でのおもな訪問先は、現地の本派本願寺の各寺院（宿泊先としても利用）、神社（朝鮮神宮、平壌神社、奉天神社、新京神社、ハルピン神社、大連神社等）、忠魂（霊）塔、納骨祠、行政機関、関東軍司令部、新聞社、各種団体などであった。

それでは、この見学旅行に実際に参加した二世たちは、具体的にいかなる体験をし、その結果としてどのような考えを持つに至ったのであろうか。ここでは、二世の参加者たちの感想文の例をいくつか取り上げていきたい。

まず見学旅行全体については、「この意義深い有益なる旅行の結果を、アメリカにゐる第二世諸君にも報告することが我々の義務であると考へる。そして些かなりとも、現在の東洋の事情を知り、且つ今日の日本の世界に対する意義を考へて頂きたいと思ふ[29]」といった感想がある。ここからは、日本を中心とする「東洋」の姿を実地見学してその実情を学び、その成果を米国の他の二世たちに伝えていくという、自分たちに期待されていた役割の自覚を読み取ることができる。

続いて各訪問先の地域についての感想を見ていこう。朝鮮に関しては、「一体に朝鮮は昔は大そう文化が進んでゐた様に見えました。それが一時わるくなつたが、最近日本と合併して又どん〳〵（原文踊り字）進歩したのです。又この日支事変に際して、朝鮮でも皆が非常に緊張してゐると聞いて、私達も非常に感心しました[30]」といった文章がある。また、「即ち内鮮の融和は〔中略〕、愛国の至誠の波濤を漲らせて居るのである。朝鮮同胞が内地人と変わらない鮮烈な愛国心を燃えたゝせてゐることは、今や内鮮人の思想感情が一致して共に日本国民として心の底から手を握り合う境地にまで進んで来てゐるのである[31]」といったものもあり、「内鮮の融和」の実現といったものへの賞賛が述べられている。

また、「平壌神社へお参りしました。お宮の前では、夏の暑い日光の下で、小学生達が一生懸命にお掃除をして働いてゐました。こうした朝鮮でも国家のために勤労奉仕をしてゐるのかを思ふと、実に感心しました[32]」のように、現地の神社において感銘を受けたという感想も散見される。

次に満洲についての感想文へと移ろう。それらの文章に関して注目すべきは、故郷の米国と満洲との類似性の指摘である。例えば、「この広大な景色を始めて〔ママ〕見ましたその瞬間は満洲に居るんだと言ふことは忘れて全く故郷のアメリカへ帰つたやうな気持が致しました。私達の生まれたアメリカと、この満洲の農村の風景はそれほどよく似てゐます[33]」や、「炎天の下に輝く広大な大平原地は、たゞ見渡す限り緑の平野であり、思ひ浮かべる回想はいつとなく懐かしい故郷のアメリカの農場を思ひ出さしめる。何だかアメリカへ帰つた様な感じがするのである[34]」といったように、その気候や風景の共通点を指摘し、ノスタルジックな感慨や親近感を抱いたことが記されている。

さらには、「〔植民した日本人たちが〕こうして日本を遠く離れて、異郷で働いて居られるのを見ると、アメリカに居て働いてゐる私達の父母の事を想ひ出し、私達も日本人として大いに勉強しなくてはならないと思ひました[35]」のように、海外日系移民の一世たちと満洲における植民者たちの姿を重ね合わせる感想も見られる。

また、「〔新京の協和会本部への訪問後〕忠霊塔へもお参りしたが、自然に頭の下がるのを覚えました。この塔こそ満洲事変で戦死された軍人の霊を祭り、感謝を捧げやうといふ日満両国民の真情の発露であります[36]」というものや、「満洲で日本人と満洲人とが更に仲よく一緒に生活してゆかれる事は全く感心しました。奉天でも、新京でも皆日満両国の人々に非常にお世話になりました。私達は日系市民として、日本とアメリカの親善のためにつくしたいと思ひます[37]」といったように、かなり理想化された満洲における民族融和のありように感激し、それを自分たちの故郷である米国社会でも実現させたいという希望も述べられている。

なお、前述した昭和三年の学生母国見学団の参加者たちの感想文と、本項で取り上げた昭和十三年の朝鮮や満洲への見学旅行の参加者たちのものとを比較すると、後者においては日本という国家や社会に対する批判的な意見はほとんど見られず、多民族を包摂しているとされる「日本」の理想化されたイメージが、所与の前提となっている点を指摘できる。

そして、参加者たちが朝鮮と満洲の地で体験的に学んだものを、次の感想は分かりやすく説明している。

小田勇（日米ホーム）「旅行を終へて」
我々は只に鮮満の様子を知ることが出来たのみでなく、日本の正しき姿を知ることが出来た様に思ふ。我々はこの尊き祖国日本のことを思ひ。我々に与へられた重大な使命を果すべく努力したいと思ふ。日、鮮、満合わせて一億三千萬人の民族が、お互ひに手をとり合つて平和の道を導き、協同一致し、次に来る子孫の永久の幸福たる平和の道をひらく時、その時こそ永く夢に見た東洋の大楽土、理想郷の世界が築き上げられるのではないかと思ふ[38]。

以上のように、当時、国際社会からは厳しく批判されていた日本の満洲支配について、修学団の見学旅行に参加した二世たちは、多民族との共存共栄といったその「真の姿」を知ることができたというような感想を残したのである。それは言うまでもなく、当時の日本の国策に関与していった仏教関係者たちの意図するものであった。

最後に、現地で二世たちを迎えた日本人僧侶の言葉を挙げておこう。

平木弘教（奉天本願寺）「修学旅行団を迎へて」

第二世諸兄姉と新しく談合の中に深く感銘させられた事は、大和民族としての尊厳不可侵の精神である。異国人の中に生ひ立ち乍らも恒に祖国愛に燃へ、波濤万里を隔つとも皇国の為には団結一致、大和魂に融合して行く此の尊き精神を、第二世の語る言葉に、又此の見学行〔ママ〕に表現されてある事を深く慶ばずには居られなかつたのである。仏前に結ばれし若き仏徒、信仰一味の妙境に握手し得た事を、今感慨深く省みて、日米学院の隆盛と第二世諸兄姉の御多幸を念ずる次第である。(39)

当時の日本の仏教界の人びとが、二世たちも「日本」や「大和民族」についての強い自覚やアイデンティティを堅持しているという前提に立って、彼ら／彼女らに対応していたことがうかがえる。(40)

五　むすび

これまで論じてきたように、一九二〇年代末から三〇年代にかけての日本仏教の関係者たちが抱いていた海外日系移民の二世の理想像とは、「日本精神」と（大乗）仏教信仰（さらには日本語も）を兼ね備えた二世たちが、善良な米国市民として、日米をまたにかけた「架け橋」として活躍していくというものであった。米国にも仏教寺院や日本語学校はあったものの、「架け橋」としての二世仏教徒を育成するには不十分なものであった。そこで注目されたのが、当時の在米日系移民社会で流行していた見学団や日本留学を通じて、一世である父母の母国である日本の実情を現地で体験することであった。

こうした二世たちの日本訪問のありようは、戦間期日本の「聖地」ツーリズムを特徴づけるものとして、平山昇が指摘する「体験」[41]もしくは「体験至上主義」[42]としての性格を有していたと考えられる（留学も海外からの訪問者の長期滞在という面から見れば、広義の「旅」に括り入れることができるだろう）。ただし、海外日系移民たちが内地の「日本人」と大きく異なるのは、「日本」という地理的空間自体にじかに触れることが、彼ら／彼女らのルーツの自覚やアイデンティティ構築にとって非常に重要なものと見なされていた点にある。そのうえで、当時の日本の「聖地」であった皇居、明治神宮、靖國神社、伊勢神宮、そして朝鮮や満洲などを実際に訪問することにより、自分たちの民族的ルーツをより深く確認していったのである。

このように「日本」そのものが「聖地」ともいえた二世たちではあったが、帝国日本の社会状況やアジア地域における海外膨張という「聖地」の拡大に関しては、もう一つの祖国である米国側の文脈からも評価／解釈されうるものでもあった点は看過できない。米国において排日の風潮にさらされつつ育った二世たちは、日本社会がはらむレイシズムやジェンダー不平等にも鋭敏に気づいていたことは強調しておきたい。

また、昭和十三年（一九三八）の朝鮮および満洲への見学旅行の事例に示された多民族の共存共栄という「事実」は、二世たちにとって米国における排日論や人種差別を批判する有力な論拠となりうると考えられていたことがうかがえる。見学旅行の感想文において表明されていた満洲に対するノスタルジックな親近感は、「日本精神」や仏教信仰といったもの以上に、彼ら／彼女らが「母国」である米国社会の排日的状況の改善に関心を寄せていたことも示しているのではないだろうか。

註

(1)東栄一郎「二世の日本留学の光と影—日系アメリカ人の越境教育の理念と矛盾—」(吉田亮編『アメリカ日本人移民の越境教育史』日本図書センター、平成十七年)二二一〜二四九頁。

(2)東栄一郎「一九三〇年代の東京における日系アメリカ人—二世留学事業と日本植民地主義—」(吉田亮編著『アメリカ日系二世と越境教育—一九三〇年代を主にして—』不二出版、平成二十四年)三三、五〇頁。

(3)本稿の「二」については、高橋典史『移民、宗教、故国—近現代ハワイにおける日系宗教の経験—』(ハーベスト社、平成二十六年)一二五頁、および同「ハワイ日系仏教における日系二世の越境的教化活動—汎太平洋仏教青年大会を中心に—」(吉田亮編著『越境する「二世」—一九三〇年代アメリカの日系人と教育—』現代史料出版、平成二十八年)一〇五〜一〇八頁、同じく「三(一)」と「三(二)」に関しては、高橋典史「戦間期ハワイ日系仏教にみる日系二世の教化/教育事業」(『近現代日本の宗教とナショナリズム—国家神道論を軸にした学際的総合検討の試み—』平成二十三〜二十五年度科学研究費補助金基盤研究(C)研究成果報告書〔研究代表者:小島伸之〕、平成二十六年)一四九〜一五二頁、の内容を、それぞれ大幅に加筆修正して再構成したものである。

(4)以下を参照。イチオカ・ユージ「見学団—日系二世にみられる日本研究旅行の起源—」(上山和雄・阪田安雄『対立と妥協—一九三〇年代の日米通商関係—』第一法規出版、平成六年)二八一〜三〇八頁。Azuma Eiichiro, 2001, "Kengakudan," Bryan Niiya ed. *Encyclopedia of Japanese American History: an A-to-Z reference from 1868 to the Present Update Edition*, Checkmark Books, 241-242.

(5)布哇仏教青年会『母国見学記念誌』(布哇仏教青年会、昭和四年)。

(6)前掲書、二一頁。

(7)前掲書、四〇頁。一例を挙げれば、見学団の一行は、昭和三年六月に東京の学士会館で開かれた、「望月〔圭介〕内相、安藤参与官、巖谷小波、高楠〔順次郎〕、富士川〔游?〕博士、鶴見祐輔、高島米峰、後藤環爾諸氏等朝野の名士」たちによる歓迎会に出席している(『読売新聞』東京版、昭和三年六月二十六日)。

(8)前掲布哇仏教青年会『母国見学記念誌』六六頁。

(9)以下より抜粋引用。前掲書、三四頁。
(10)前掲書、七〇頁。
(11)前掲書、七二頁。
(12)最盛期は一九三八〜三九年頃とされており、例えばハワイ出身の二世で当該の時期に日本へ留学していた者は二千人にのぼったという。ハワイ日本人移民史刊行委員会編『ハワイ日本人移民史』(布哇日系人連合協会、昭和三十九年)二五二頁。
(13)吉田亮によれば、こうした二世教育組織は、①日本の言語・文化や「日本精神」を偏重し「日本国臣民」の育成を目指すもの、②日本の言語・文化に尊敬の念を持つ米国市民の育成を目指すもの(キリスト教系の組織が多かった)、の二つに大別されるという。吉田亮「序章 アメリカ日系二世と越境教育―一九三〇年代を主にして―」(吉田亮編著『アメリカ日系二世と越境教育―一九三〇年代を主にして―』不二出版、平成二十四年)一一〜一二頁。
(14)山下草園『日系市民の日本留學事情―ハワイ関係者列傳及住所録―』(文成社、昭和十年)二二一〜二二三頁。
(15)米布研究会編『第二世と仏教』(親鸞聖人研究発行所、昭和十年、『仏教海外開教史資料集成〔ハワイ編〕第二巻』不二出版、平成十九年、収録)。
(16)日本米布協会『日本米布協会要覧』(ルンビニ出版社、昭和十二年、『仏教海外開教史資料集成〔北米編〕第六巻』不二出版、平成二十一年、収録)三頁。
(17)前掲書、三一〜三三頁。
(18)前掲山下『日系市民の日本留學事情―ハワイ関係者列傳及住所録―』一〇一〜一〇二頁。
(19)前掲書、九四〜九五、一七九〜一八一頁。
(20)他方、米国社会でも、二世の二重国籍問題に対する厳しい批判が巻き起こった。例えばハワイでは、一九三三年時点で「日系市民」(二世)の六十九%にのぼった二重国籍保有者は、一九三七年に始まる日本国籍離脱運動、日米関係の深刻化にともなう一九四〇年の国籍離脱キャンペーンの結果、日米開戦直前には二世の約三分の一までに減った。そして、二世の男性たちの米国への忠誠証明の手段として、とくに強調されたのが兵役であったという(「日系二世」の兵役は一九四〇年八月から可能になった)。塩出浩之『越境者の政治史―アジア太平洋における日本人の移民と植民―』(名古屋大学出版会、平成二十七年)三一七〜三一八頁。
(21)日本米布協会編集部編(代表者 常光浩然)『第二世と兵役関係』(ルンビニ出版社、昭和十三年、『仏教海外開教史資料集成〔北米編〕第六巻』不二出版、平成二十一年、収録)二頁。

(22)前掲書、四頁。

(23)帝国日本のエスニック・マイノリティとしては、台湾、朝鮮半島、沖縄（琉球）、アイヌ等の、内地のいわゆる「大和民族」以外にルーツを持つ人びと（帝国臣民）がまず注目されるだろう。小熊英二『「日本人」の境界―沖縄・アイヌ・台湾・朝鮮 植民地支配から復帰運動まで―』（新曜社、平成十年）。とくに植民地支配下の台湾や朝鮮半島において「日本人」となった人びとと日本国籍を有する海外日系移民とのあいだの大きな違いは、後者が一八九九年の（旧）国籍法が適用する内地戸籍に連なる「日本人」であり、とくに男性であれば公民権等を有する内地ルーツの特権的なコア・メンバーに属すことができる点であった。それゆえに、日本の為政者をはじめとする多くの人びとが、法制度上、自分たちと特権的地位を共有しうる日系移民の子孫たちと祖国とのつながりを途絶えさせないように尽力した、というケネス・ルオフの指摘がある。ケネス・ルオフ（木村剛久訳）『紀元二千六百年―消費と観光のナショナリズム―』（朝日新聞出版、平成二十二年）。さらに、丹野清人によれば、戦後日本の（新）国籍法もこうした近代の戸籍制度（壬申戸籍）の影響を受け継いでいることが、一九九〇年の入管法の改正において、「外国人」でありながらも日本（内地）の戸籍にそのルーツを辿れうる海外日系人に関しては、就労制限のない特別な在留資格が認められるようになった一因であるという。丹野清人『国籍の境界を考える―日本人、日系人、在日外国人を隔てる法と社会の壁―』（吉田書店、平成二十五年）。

(24)前掲東「一九三〇年代の東京における日系アメリカ人―二世留学事業と日本植民地主義―」二四～二五頁。

(25)前掲布哇仏教青年会『母国見学記念誌』八八頁。

(26)日本米布協会編集部編（代表者 常光浩然）『第二世の満鮮見学記』（ルンビニ出版社、昭和十三年）二頁。

(27)前掲書、二頁。

(28)前掲書、一頁。

(29)前掲書、石尾直（日米ホーム）「満鮮修学旅行の意義」四～五頁。

(30)前掲書、西本眞（日米学院）「京城 朝鮮一の大都会」一一六頁。

(31)前掲書、石尾直（日米ホーム）「朝鮮に就て」二五頁。

(32)前掲書、竹馬五月（日米学院）「朝鮮随一の風景―牡丹台―」一九頁。

(33)前掲書、前田敏之（日米学院）「満洲を見て（ラヂオ放送）」三七頁。

(34)前掲書、小田勇（日米ホーム）「満洲を見て」五一頁。

(35)前掲書、永木美律子（日米学院）「新京　素晴らしい発展の首都」三四頁。

(36)前掲永木「新京　素晴らしい発展の首都」三三頁。
(37)前掲前田「満洲を見て（ラヂオ放送）」三七頁。
(38)前掲日本米布協会編集部編『第二世の満鮮見学記』五四頁。
(39)前掲書、五七～五八頁。
(40)なお、日米開戦前の「見学団」ないし「修学団」は、本事例をもって終焉したわけではない。例えば、ハワイでは昭和十五年（一九四〇）に布哇仏教青年会が、「皇紀二千六百年母国見学団」を挙行している。前掲高橋「ハワイ日系仏教における日系二世の越境的教化活動―汎太平洋仏教青年大会を中心に―」一二〇～一二一頁。
(41)平山昇「「体験」と「気分」の共同体―戦間期の「聖地」ツーリズム―」（塩出浩之編『公論と交際の東アジア近代』東京大学出版会、平成二十八年）。
(42)平山昇（学会発表）「戦間期における「聖地」ツーリズム―伊勢神宮を中心に―」日本宗教学会第七十六回学術大会第十一部会パネル「国体明徴運動下の社会と宗教―昭和十年前後を中心に―」（代表：小島伸之、平成二十九年九月）。

【付記】本研究は、JSPS 科研費 JP15K04262（研究代表者：吉田亮、研究分担者：物部ひろみ・竹本英代・本多彩・高橋典史）の助成を受けたものである。

戦前期における谷口雅春の国体言説
――国体明徴運動の影響をめぐって――

寺田喜朗

一　はじめに

本論は、谷口雅春（一八九三～一九八五年）の事例から昭和十年（一九三五）に展開された国体明徴運動が新宗教の国体にまつわる言説に与えた影響を考察することを目的とする。

周知のように国体明徴運動とは、立憲政友会・軍部（皇道派）および原理日本社をはじめとした国家主義団体・在郷軍人会が美濃部達吉の天皇機関説を排撃するために展開した一連のキャンペーンを指している[1]。昭和十年二月に勃興したこの動きは、美濃部の著作三冊の発禁処分（同年四月）、貴族院議員辞職（九月）、八月および十月に発せられた国体明徴声明によって一応の落着を見る。本稿は、この動向を換骨奪胎する形で〈天皇機関説

＝立憲主義のみならず民本主義、社会主義、個人主義などといったデモクラシー思潮を背景に台頭した社会思想を排斥する一連の動向〉として捉え、やや長めの時間幅で（昭和十年前後の時期を）眺めていきたい。この一連の動きには、国体にまつわる言説（あるべき天皇と日本の姿）の再編が随伴していると目されるが、非制度的な大衆運動である新宗教の言説にはどのような影響が及んだのか。具体的には、天皇と日本の意味づけにはどのような変化が見られたのか。これを昭和五年に生長の家を立教した谷口雅春（本名、谷口正治）の事例から見ていきたい。

谷口は、中山みき（天理教）、出口なお（大本教）等とは対照的に「書き言葉」に熟達し、出版・頒布を通して教線を拡大させた宗教家である。[2]谷口の言論活動は、心身の疾患、親子関係、夫婦問題、先祖祭祀（双系供養）など生活上の問題解決（現世利益）への指導が主だが、宗教、教育、政治等、社会的な話題にも及んでいる。天皇や日本に関する発言も多い。

無論、国体論としての思想的な深みや広がりについては、井上哲次郎、穂積八束、筧克彦、加藤玄智、上杉慎吉、平泉澄等といった帝大イデオローグ、頭山満、権藤成卿、内田良平、北一輝、大川周明、石原莞爾、蓑田胸喜、安岡正篤等といった民間団体や軍部で活躍した国士・理論家、あるいは海老名弾正、田中智学、川面凡児、今泉定助、清水梁山、椎尾弁匡、暁烏敏、井上日召、葦津珍彦等といった伝統宗教系の指導者・運動家に比べて見劣りするかもしれないが、大衆への訴求力においてはむしろ凌駕する面がある。敗戦後の愛国運動、あるいは日本会議につらなる右派勢力への影響力の大きさに鑑みるとき、谷口の国体言説を検討することには一定の意義があると考えられる。依然、本稿は、試論の段階に過ぎず、十分な検討には至っていないが、谷口の前半生における思想形成の一端、戦前における天皇と日本国体の意味づけに関してトレースを試み、今後の研究へ着実な土台を提供したい。

二　谷口雅春の略歴

兵庫県烏原村に六人兄弟の次男として生まれた正治（昭和四年に雅春と改名）は、四歳から三宮の伯母夫婦に養育される（小学校まで石津姓、中学より谷口姓）。小学校、高等小学校、中学校を首席で卒業（早熟な文学少年）、養父母の反対を押し切り、早稲田大学英文科に特待生として入学するが（明治四十五年（一九一二））、女性問題によって中退（大正三年（一九一四））、その後、大阪摂津紡績株式会社（現、ユニチカ）に入社するも劣悪な労働と性病の不安から神経衰弱に陥り、女工の待遇を巡って工場長と衝突、辞職（大正五年）する。

大正六年、刊行が始まった国訳大蔵経（国民文庫刊行会、全三十冊）を「暇にまかせて読破」すると共に、心霊術・心霊療法の講義録・説明書を取り寄せて研究を進める。雑誌『彗星』で大本教を知り、大正七年九月に綾部を訪れ、翌年三月、大本教へ入信する（二十七歳）。大本教では、機関誌の編集を主任するなど熱心に関わったが、大正十一年五月五日に予言された「建て替え」に対する「狂奔状態」に違和感を覚え、第一次大本事件（大正十年）を契機に綾部を離れる。その後、独自の思想・宗教遍歴を重ね、ホルムスを経由したニューソート思想と真如縁起（唯神実相）の世界観、汎神論的な生命思想とが架橋され、昭和五年（一九三〇）、生長の家の立教に至る（三十七歳）(3)。

昭和五年の一月（奥付は三月）に公刊された『生長の家』創刊号において、谷口は以下のように宣言している。

「生長の家」本部は心の法則を研究し、その法則を実際生活に応用して、人生の幸福を支配するために実際運動を行ふことを目的とする。

雑誌『生長の家』は誌友や会員だけの雑誌ではない。広く人類に対する幸福生活の宣伝機関である。吾等は宗派を超越し、生命を礼拝し生命の法則に随順して生活せんことを期す。

すなわち、ここでは唯心論的な教理（唯心所現）を基軸に宗派を超えて広く人類に開かれた万教帰一の教えが提唱されている。この『生長の家』創刊号は、無料で千部送付され（定期購読者を募集）、反響を呼ぶ。昭和七年には、『生長の家』誌の合本『生命の實相』が刊行されるが、この頃までに主要な儀礼・教理は確立している。同年谷口は、勤務していたバキューム・オイル・カンパニー社を辞し、上京、昭和九年十一月に株式会社・光明思想普及会を発足させる。

昭和十年に入ると『主婦之友』五月号に紹介記事が掲載されると共に『東京日日新聞』、『読売新聞』、『朝日新聞』等に大広告を打ち、知名度を飛躍的に向上させる。結果、昭和九年四月号では、光明思想普及会（誌友の集い）は国内外に十五ヶ所の登録だったが、昭和十年三月号では百三十三ヶ所に、同年九月号では五百五十二ヶ所へ急増している。同年十月から教化団体設立に向けて準備を進め、翌十一年一月に教化団体・生長の家を発足させる。

つまり、昭和十年前後は生長の家の大発展期であった。小口偉一等によると昭和十年時点で『生命の実相』の発行部数は八十万部を数え、約三万人の誌友（定期購読者）を獲得していた(4)。同年十一月、谷口は指導者講習会をスタートさせる。そこでは、谷口独自の解釈による古事記講義が講じられる（『生長の家』昭和十一年四月から十一回に渡って連載、昭和十六年に『生命の實相　神道篇』に収載される）。なお、谷口の講習会は戦前だけで四百回以上開催され、三十万人以上が受講したとされる。またこの時期、大宅壮一等ジャーナリストの注目を集め、数々の批判記事が編まれた（大宅壮一は昭和十年十月に「新宗教の名目で出版屋をはじめた」と揶揄している）。

昭和十五年四月には宗教団体法下、宗教結社・生長の家を発足させる。特高警察によると戦前の最大信徒数は五万七千六百二十七人であった（『社会運動の状況』昭和十七年版）。

三　大本教と谷口雅春

谷口雅春は、大本教へ入信した当時の心境を以下のように回顧している。

「さんぜん世界一度にひらく梅の花、艮の金神の世になったぞよ。根に花さくは虎耳草、上も下も花咲かねばこの世は治まらぬぞよ。金は世の滅びの因であるぞよ。艮の金神表にあらわれて、世をたてかえて心安き世にいたすぞよ。今までは悪の世で、強い者勝の世であったなれどこれから先は悪では一寸も行けぬ世に致すから早く改心されよ。改心致さねば地震、雷、火の雨降らして悪の霊を平げるぞよ」それは、実に『旧約聖書』の予言者の書のような雄大な宣言であった。

明治二十五年と日付を書いた筆先に「金は世の滅びの因であるぞよ」と金本位の貨幣制度が結局行き詰まることが宣言されていることが私にとっては驚異であった。

資本主義制度の工場に生活して、資本家がいかに女工を搾取しているかを現実に見てきたわたしにとっては、この弱肉強食の世界が終わりになるという宣言は胸を打たずにはいなかった。(5)

大学中退後の大正三年（一九一四）から大正五年にかけて、紡績会社における女工の劣悪な処遇と露骨な搾取の実態を実見した谷口にとって、大本教の建て替えの予言は、「心を打たずには」いないものだった。谷口は、鎮魂帰神（神懸り）と筆先（予言）に魅力を感じ、大本教の信者となったのである。

大本時代に編まれた谷口の処女作である『皇道靈學講話』（大正九年）には、以下のような記述がある。

不思議なるは既に二十五年正月の御筆先に、日清、日露の戦役並に今次の欧州大戦、その結果までも預言してそれが的中したことであった。これらが的中するまでは皇道大本の現教主補出口王仁三郎氏も、それが餘りに大問題であるので、発表を憚ってゐられたのであるが、過去二十数年間の預言一つとして的中せざるものがない。

全宇宙の中心地点の高天原は何処であるか。そは神啓によれば丹波綾部である。(6)

同書には、大本教、とりわけ浅野和三郎から谷口雅春へ継承される特殊な世界認識（陰謀史観）が披瀝されている。

「全世界転覆の野望を抱いている猶太人の集團、マツソン秘密結社(7)」の背後には、「邪神界の頭目」すなわち「八頭八尾の老蛇の亡霊」がいる。彼らは「ダルウィズム、マルキシズム、ニーチェーズム」など「人心を乱酔」せしめる学説と「金力」で世界転覆を目指している。「世界は今や将に消えなんとする燈の如き危機に迫ってゐる」が、「この暗澹たる世界思潮に抗すべく、毅然として蹶起せられたのが国常立尊を総大将とする大本の諸神(8)」に他ならない。そして、「全世界の人類が幸福な人間らしい生活を送るためには神から先天的に主脳者として定められたる日本皇室が世界を統一しなければならないのである。それは日本自身のためではない。全世界の人類の永遠の幸福のために必要なのだ」という「日本皇室」の優秀性が高調される。このような世界認識とエスノセントリズムは、浅野の影響下に醸成されたものであり、同様の認識・主張は『大本史料集成』に確認することができる。

大本教内で一定の評価を得、そこで伴侶も得た谷口であったが、「建て替え」の教義とそれに対する教団の対応に違和感を抱くようになる。谷口によると、「大本教全体は、最後の審判の期間をば明治二十五年プラス三十年間合計明治五十五年には最後の審判すなわち「建て替え」が完了するのだと信じられていたが…略…信者自身のうちに、あちらにも、こちらにも、神憑状態で最後の審判ぎりぎりの決着の日を明治五十五年すなわち大正十一年五月五日だなどと予言するものが頻発してきた」。「これはまちがいない事実であるとの念が大本教信者全体にゆきわたって、ほとんど誰も彼もがそれを信じ」ていた。そして、「ここ数年の間に迫る最後の審判の日に焼き滅ぼされないために、神様の御用をしたいという人々が続々綾部に移住」した。そのため「綾部の町は常にお祭りのような狂奔状態であった」。

そこでは、「一大世界戦争を発端として…略…世界各地に大地震があり、大落雷があり…日本全国がほとんど灰燼になるが…略…綾部の地だけは安全であり…綾部がいっさいの中心地になる」と噂され、「現在大本教の功労者たる人たちは、イギリスの太守になるとか、アフリカの太守になるとか妙な功利的な利益を言い触らす」人々も現れた。さらに「信者に建て替え後はどうせ通用せぬ貨幣だとの信念を抱かせ、どうせ通用せぬなら今のうちに神の御用に使うべし、積むのはツミだと宣伝」し、神殿建設が進められ、大正日日新聞の買収も敢行された。

「大本教の教義や幹部のやり方と調和しなくなった」谷口は、第一次大本事件を契機に綾部を離れる。[9]筆先に記された予言が王仁三郎による改竄を経たものであったことを知ったことも大きなショックだった。[10]やがて谷口は、物質的な世界の改造という発想自体を否定するに至る。[11]

谷口は、生長の家創刊号（昭和五年〔一九三〇〕）において以下のように語っている。

生長主義の精神運動は、今より凡そ二十年以前よりメタフィジカルヒーリング、クリスチャンサイエンス、ディヴァインサイエンス、ニューソート、メンタルサイエンス…等々の名に於て全世界を風靡する一大精神運動となつてゐる…略…併し必ずしもそれは西洋傳來の精神運動ではないのあつて日本には古く神代より存する惟神の生活法そのものが此の生長主義を體現してゐたのである。
人類は今危機に瀕している…略…世界はいま、恐ろしい生存競争と階級闘争との渦の中に轉回してゐる…略…此の争ひの世界に住んでいる以上、彼らの頭脳から放射される呪詛、嫉妬、憎悪等の恐ろしい波動が諸君の心を動かさずにはいられない。(12)

これに抗するために推奨される実践とは、「日時計主義」、「礼拝主義」の立場から「朗らかに笑って生きる」ことであり、「自分は神の子である」と「心的練習」することである。すなわち、「心をみがく」ことによって危機を回避し、困難を打破することが可能になると説かれている。

はつきり云ひますが、『生長の家』には階級争闘意識はありません。「生長の家」は人間を軽蔑すること、人間を排斥すること、人間同士が互ひに争ふことに賛成できません。
勿論、制度の欠陥もあります…略…制度改革の方面に天才ある人は、この方面に全力を尽くして頂きたい…略…しかしながら何故Aの種は沃土に落ちたのにBの種は石地に落ちたのでせうか…略…生長の家はここに不思議な心と心の引力の法則を発見したのです。大生命と一体なる自覚こそ吾らになくてはならぬものを引寄せ、神と離れたる心こそ貧を呼ぶものであることが判ったのです。(13)

このように階級闘争史観ないし唯物論的な思考を採らないことが宣言される。つまり、物事をすべて心のもち方（大生命との一体の自覚）、ものごとの捉え方（実相、円満、完全）に還元する発想・姿勢が示され、社会変革を志向する諸運動（社会主義、国家社会主義、農本社会主義等）とは異なる「精神運動」として自らを定位していることが確認される。[14] なお、生長の家を立教した当初の谷口は、日本人や日本皇室に関してほとんど積極的な発言を行っていない。[15]

一方、第二次大本事件（昭和十年十二月）で弾圧されることになる昭和神聖会（昭和九年七月設立）の会報（『神聖』昭和十年一月号）において出口王仁三郎（統管）は、「農村漁村の徹底的救済は何と云つても皇道経済の実施による他はない」と語っている。同誌において内田良平（副統管）は、以下のような現状批判と社会変革の構想を披瀝している（「皇道経済考」）。

> 官吏のみ身分を保障されて俸給厚く、年末賞与あり恩給あり勲功の年金あり…略…国本を為せる農民職工生産者に対しては、生活の保障あるなく、職業の保護あるなく…略…改革を要する重要案件の一なり。藩政は自給自足経済組織を完成し、農村の独立生活は益々強化せらるるに至りたるが、維新の変革…略…地租改正によつて農村の独立せる生活破壊の端となり、税制紊乱、収拾すべからざる弊害を生じたるものなり。金融の国営を行わずして経済界の統制を行はんとするは、縄なくして鶏を使ふが如く、鶏をして規律ある行動を為さしむる能はざるべし。
> 皇国の土地は天皇の土地にして、国民は永代使用権を与へられたる使用権の所有者にして絶対的私有権あるものに非ず。[16]

ここには皇道経済（私有財産制の制限）の実現による世直し、具体的・現実的な体制批判と「改革」のコンテンツが示されている。生長の家には、このような具体的・根本的な社会改造・改革の発想は見られない。

四　昭和十年代の国体言説

昭和十年代における天皇と日本に関する言説を見ていきたい。現状では、『生長の家』誌の通時的な閲覧はできていないが、資料的には教団誌と、後に合本化された『生命の実相』を参照し、掲載年月日については文章の内容から推知を図っていきたい。

第一回指導者講習会（昭和十年（一九三五）十一月十一日〜二十日）で語られた古事記講義の概要を紹介する。以下の内容は、昭和十六年に『生命の實相　神道篇（黒布表紙版一六巻）』として公刊されたが、GHQから出版停止を命じられ、その後も『生命の実相』からは削除されている。(17)

「天之御中主神は全ての全て」、「宇宙の真中の主」であり、天皇は「天之御中主神の全徳の御表現」であり、「全ての国民が「神の子」として親神様の御表現なる天皇に中心帰一している」日本国体は、「実相の世界をそのままに現している」。

「日本国体の尊さ」は、「天皇陛下に中心帰一する働が、単に理論ではなく具体的に現れている点」にある。

「この中心に帰一する働が中の心―即ち忠であって、中心に帰一することが一切の諸徳の内の第一に置かれるべきものである。

「日本は太陽の国であり、世界各国は星の国でありますから、大いなる太陽の光を中心に小さなる光でも各々天分を尽して光れば好い」のであって、「世界各国を滅ぼしてしまおう」という考えは否定されるべきである。

しかし現実には、全地球が大日本の国土となる状況は「実現していない」。今後、「新日本」は、「生みの苦しみ」を経験しなければならず、試練に遭遇しなければならない。「その試煉の最大なるものは、ユダヤ民族の世界統一運動」との対決である。「全世界の全権を掌握している大富豪は殆どすべて」ユダヤ人であり、「国際連盟の会議で日本代表を悩まして日本の満洲進出を不利ならしめようとした」のもユダヤ人である。また、「ソビエット・ロシアの中心人物はその殆ど全てがユダヤ人」であり、現在進行中の「ソヴェート化（赤化）」の背景には「ユダヤの守護神」がいる。ユダヤの守護神は、「先ず金力、物質の力によって宇宙全体をひっかきまわして、先ずこの世界を金力の支配下に置き、資本主義制度を捏ちあげ、その反動を利用して、全世界をソビエット化」しようと企んでいる。

すなわち「資本主義組織を計画したのもユダヤの守護神であり、これを破壊に導いているのもユダヤの守護神」である。ユダヤの守護神の「本源」は「唯物論」である。「地上を見ていれば、人間と人間の葛藤」だが、「その本源を見れば、天の戦であり、ユダヤ民族の守護神と日本民族の守護神の戦い」に他ならない。しかし、「如何なる時にもわが日本国は神に守られておる」から「滅びるなどということはない」のである。(18)

つまり、ここでは天之御中主神（宇宙の中心）＝天照皇大神（太陽）＝天皇（日本国）というライン（御表現）による天皇と日本皇室の優位性が示されており、日本国体の優秀性は、天皇に帰一する働きが「具体的に現れている」点に求められている。また、資本主義と赤化はコインの表裏に他ならず、そこには金力と物質の力で世界を支配下に置こうと目論んでいる「ユダヤ民族の世界統一運動」がある。そして、その「ユダヤの守護神」の本源とは「唯物論」に他ならない。この唯物論との戦いこそが霊的次元における戦の本質なのである。

これは、『皇道霊学講話』で展開された議論が微修正されながら拡充する形で再論された内容だと理解してよいだろう。ただし、『生長の家 五十年史』（二九五頁）には、指導者講習会の参加者は、「病気を治すコツを修得する目的で来たような…略…人生全般の問題解決のコツを修めんとして集まった人が多かった」と記されており、当時の信徒達が期待した「生活に生きる宗教」という法話のニーズと谷口の『古事記』論のサプライには、いくばくかのズレがあったことが推察される。

昭和十一年には、日本国と天皇に関して以下のように語っている。

われわれ日本人は日本国の歴史を通して「今」の一点に生きているのです。そしていろいろの日本国の交流浮沈はあったにしても、どんなときにも日本国が動揺せずに、ここまで日本民族が発展してきました不倒翁の重心のごとくドッシリとして、その中心からどんな時にも日本国が立ち直ることができた重心は天皇がましましたからであります。われわれは歴代の天皇のこの御恩沢を忘れてはならない。恩を知るということが実践道徳と実践宗教との中心になるのであります。だからわれわれは歴代の皇霊に対して崇敬の誠を捧げるのであります。[19]

昭和十二年には、文部省が編纂した『国体の本義』に対し、公開質問状を送付している。批判の主旨は、同書の「現御神（明神）或は現人神と申し奉るのは、所謂絶対神とか全知全能の神といふが如き意味の神と異なり」という箇所が遺憾だというものである。谷口によれば、文部省は「天皇は皇祖皇宗と御一体」と明言しているのだから、天皇を（天照御大神と御一体なのだから）「絶対神の御顕現と観奉る」べきである。そうでなければ、天照御大神が、持国天や毘沙門天、エホバ神等と対立する相対神と位置づけられることになり、「全包容的な最勝偉大の神ではない」ことを認めることになる。谷口は、天照御大神＝天皇を形而下の日本民族の族長神として把捉することを拒否し、〈形而上的な絶対神・宇宙神〉として把捉すべきと主張している。[20]

五　総力戦体制と宗教団体法

この時期には、国家・総力戦体制に対する貢献についての言及も頻出する。

（生長の家の教えを工場で活用すると）ふしぎに能率があがり、病気欠勤が減り、消耗品やおシャカが減り、工員が移動しない。…略…非常時に労働争議を停止せしめ、反戦思想を抑圧することに最も効果があるのは光明思想である。

（『生長の家』昭和十二年十月号）

このように労働生産・思想善導への貢献がアピールされるだけでなく、昭和十四年（一九三九）四月の講演では、以下のような内容が語られる。

日本主義は結構でありますが、本当の日本主義は「八紘一宇」主義ですから一切を包容する精神でなければなりません。…略…八紘が一宇となつたら日本特有などと云ふものはありませぬ。日本で最勝最尊の御方は、全世界で最勝最尊の御方にならざるを得ないのであります。だから日本特有と云ふ言葉を私は取り除きたいのであります。天照大御神はそんな小さい神ではなしに、宇宙の大神であられると同時に、宇宙の大神の現人神としてのお顕れにましまず日本御皇室の皇祖の神であらせられ、他の宗教の神はことごとくそこから垂迹あそばられたものであるから、一切宗教の本当の本尊を拝むには天照大御神を礼拝すべきであると私たちは信じてゐるのであります。そうすると、仏といふもの、キリストと云ふものも日本の神の垂迹であるといふことになるのであります。[21]

その翌年には、「天皇信仰」が発表される（初出は『生命の教育』昭和十五年九月号）。この論文は、パンフレット化されて頒布がなされ（「たちまち二万部が売れるという反響」[22]）、また、この時期に公刊された『天皇絶対論とその影響』、『無門関の日本的解釈』にも採録されている。

すべての森羅萬象 天皇の大御いのちの顕現ならざるはなきなり。…略…『生命』が尊きは 天皇の大御いのちの流れであり、岐れであるが故に尊きなり。…略…『天皇のみたまのふゆ』なることを忘れるとき、人は悪逆無道の迷妄の徒となるなり。…略…すべての宗教は天皇より發するなり。大日如来も、イエスキリストも天皇より發する也。…略…各宗の本尊のみを禮拝して、天皇を禮拝せざるは、虹のみを禮拝して太陽を知らざる徒なり。…略…今はすべての宗教が天照大御神を禮拝すべき時なり。天照大御神を以て単に日本民族神なりと考ふる如き小乗時代は去れるなり。今後は宇宙神として全世界各國に於て、全世界各國民より仰ぎ祭祀せらるべき大乗時代來るなり。こゝに於て全世界に一君萬民、永遠平和の世來らん。[23]

いわばグローバルレベルの反本地垂迹説、一君万民のユートピア、國賦人権論（河上肇）ではなく天（皇）賦人権論ないし天（皇）賦生命論が披瀝されている。

なお、宗教結社（宗教団体法）への登録届出書には以下の内容が記されている。

心ニ幽斎スル主神トシテハ宇宙大生命（ソノ幽之幽ナル神トシテ天之御中主神、幽ナル神トシテ天照皇大神、現人神トシテ天皇）ヲ礼拝ス。…略…宇宙大生命ノ道ヲ顕揚シ、日本国威ヲ発揚シ、皇威ヲ顕揚スル東道ノ神トシテ心ニ幽斎スル副神トシテ生長の家大神（古事記日本書紀ニ顕レタル住吉大神即チ後ノ塩椎神、仏典ニ顕レタル釈迦、観世音菩薩及ビソノ応化仏、基督教ノ黙示録第一章ニ顕レタル七ツノ燈台ノ点灯者）ヲ礼拝ス。(24)

つまり、この時点で、宇宙大生命、天之御中主神、天照皇大神、天皇に加え生長の家大神すなわち住吉大神、塩椎神（瓊瓊杵尊、火遠理命、神武天皇をサポートし、啓示を与えた神）および釈迦、観世音、七つの燈台の点灯者が副神として加えられたことを看取することができる。

六　むすび

谷口雅春は、昭和五年（一九三〇）に生長の家を立教するが、当初は、天皇や日本に特殊な価値を認める言説をほとんど発信していない。通文化的で普遍主義的な精神運動として自らの運動を定位していた。またその教理は、大本教、昭和神聖会や北一輝のように現実的・実際的な体制批判・社会変革の構想を有するものではなく、〈心をみがくこと〉〈心の法則を知り、日時計主義、礼拝主義で朗らかに生きること〉による現状打破・現世利益を説くものであった。

谷口の言論活動において、日本や天皇に関する言説の比重が増してくるのは昭和十年前後のことである。しかし、国体明徴運動が高揚した昭和十年二月～十月に天皇機関説を批判したり、個人主義、自由主義、民本主義を否認する主張は見受けられない。(25)一貫しているのは唯物論的思考への批判である。

昆野伸幸は、昭和十年頃から国体を巡る言説に二つの対立が生じたことを論じている。(26)国体の根源に天壌無窮の神勅を置き、国民が自然に忠義心を発揮してきた歴史を有するものとして捉える（予定調和的）伝統的な認識（「教育勅語」、「国体の本義」等）と、国体の精華にめざめた国民が苦心惨憺し、主体的に忠義を重ねてきた努力の過程として捉える新しい認識（平泉澄、「臣民の道」等）の二者である。昆野の視点を採用すると、谷口の言説は基本的に前者の発想の延長線上にある。ただし、神勅が強調されることはほとんどなく、国体に関する言及頻度は少ない。

他方、前川理子が検討した明治期の宗教学思想（人格主義的神人合一論）に影響を受けた国体論者の中では、谷口の天皇論は上杉慎吉の皇道論に近似しているように思われる。しかし、今上天皇（上御一人）＝現人神へと収斂することはなく、あくまで記紀神話に依拠した皇位（神統）主義を採っている点、また始源主義（原初の定めに対して理由や根拠を詮索することを拒否する立場）と歴史主義（皇統が連続した歴史が国体の優秀性を証左しているとする立場）の論理が併存している点、（エスノセントリックな論理が採用されていることを差し引いても）他宗教・他民族に対して不寛容な主張をしていない点、そして特殊な世界（宇宙）認識、すなわち「ユダヤ民族の世界統一運動」との戦い（ユダヤの守護神＝唯物論と日本民族の守護神＝無限創造・金剛不壊・無限包容・円満完全至美至妙の実相の戦い）を語っている点等が異なっている。[27] 谷口は、戦後、以下のように語っている。

大東亜戦争を「軍閥が天皇を利用して」始めたというふうに解釈する左翼の人もあるけれども、本当は軍閥が民主主義の多数決制度を利用して、軍の圧力で軍の考えを多数決させるように弾圧して始められたものなのである。そして、戦争を開始してからは、戦時非常事態というわけで、今度こそ本当に天皇を利用して、国家の総力を出させるために議会の審議も翼賛政治で「皇運を扶翼し」の一本に持っていったのであった。戦争が始まった以上、戦いに勝つためには国民の精神を最高尊貴の目標に集中せしめて全精力を結集する必要があるので最も高貴なものを目標に掲げたのであって、このことは「天皇があるので戦争が始まった」ということとは異なるのである。大東亜戦争開始の当時は天皇は機関であって自由意志が行われなかった。天皇は「四方の海みな同胞」の普遍愛の精神に立っていられて、明治天皇の御歌をお読みになったが、天皇の平和意思は無視せられたのである。[28]

この認識が戦前から一貫したものだとすれば、現実の政体的には天皇機関説（立憲主義）を支持しながら、形而上的な理念的次元において天皇絶対論（天之御中主神・天照皇大神・天皇への帰一）を説いていたと見なすことができる。ただし、この問題については、さらなる検討が要されるだろう。

小島伸之の研究を参照すると、第二次大本事件（昭和十年）における特高警察の取り締まりの論理は、皇道経済＝全体主義的社会運動への対処にあり、ひとのみちの取り締まり（昭和十一年）の論理は、人心を惑乱する呪術迷信の撲滅にあった。「特高教本」レベルでは、皇道イデオロギーに関する言説は、国家総動員法が成立した昭和十三年頃に登場するようである。[29]

生長の家のケースに関しても、国体明徴運動が擡頭した昭和十年二月〜十月において、天皇・国体にまつわる言説へ国家権力からの干渉・排斥は行われておらず、また民間の国家主義団体、在郷軍人会、ジャーナリストからその異端性を指弾されることはなかった。付言すると、昭和神聖会に合流し、蓑田胸喜等と天皇機関説を排撃するキャンペーンを共にすることもなかった。

立教当初の谷口の言説においては、我々は宇宙大生命の分身分霊であり、宇宙大生命から生かされている存在である。これが戦時下になると、あらゆる生命は天皇の大御いのちの顕現であり、我々は天皇の大御いのちの流れであり岐れだと表現されることになる。いずれもその恩恵・恩沢に感謝し、利己的欲望を滅し、無私・無我の帰一を説くロジックは共通している。大宇宙生命と天皇における可換性ないしシノニム（異語同意語）としての語用法に両者を架橋させる鍵があったと考えられる（ただし「忠」については異なる）。

以上の議論を再びまとめて擱筆したい。谷口は、昭和五年に生長の家を立教するが、当初は天皇や日本国体に特殊な価値を認める言説を殆ど発していなかった。またその教理は、現実的な社会変革の発想がなく、「心の法則」を知り、「心をみがき」、「朗らかに生きる」ことによる現状打破・現世利益を説くものだった。天皇や国体に関する言説の比重が増すのは昭和十年前後である。その内容は、大本時代に用意された特殊な世界（宇宙）認識が再編・拡充されたものだった。しかし、同年二月～十月に天皇機関説を批判したり、民本主義、個人主義等といったデモクラシー思想を否認する動きは見せていない。昭和十年段階では、原理日本社・昭和神聖会の批判キャンペーンにも同調していない（一貫して批判し続けているのは唯物論）。国体言説へ批判・干渉を受けたこともない。昭和十二年、天皇を絶対神と規定しない文部省『国体の本義』の不徹底さを批判し、日中戦争（昭和十二年）、国家総動員法（昭和十三年）により総力戦体制へと社会・経済が再編されるプロセスにおいて、ファナティックな天（皇）賦生命論及びグローバルな反本地垂迹説が提唱されるに至っている。

畢竟、国体明徴運動が谷口雅春の国体言説に直接的な影響を及ぼしたことを特定することはできない。ただし、天皇と日本国体に関する言及頻度を高め、その後のファナティックな天皇絶対論を用意したという意味において間接的な影響があったことは確実といえる。

谷口の国体言説が社会的な影響力を発揮するのは戦後のことだが、本稿で見てきた戦前期における谷口の独特な議論が、戦後、どのように復元・再編されるのか（戦後の谷口は、政党政治、民主主義、個人主義を批判する）、この問題については稿を改めて論じることにしたい。

註

(1)柴田紳一「天皇機関説事件」（筒井清忠編『昭和史講義―最新研究で見る戦争への道―』ちくま新書、二〇一五年）一〇七～一二〇頁。

(2)島薗進は、土着創唱型（中山みき、赤沢文治、伊藤六郎兵衛、出口なお、北村さよ等）と対置させる形で、知的思想型（長松日扇、谷口雅春、牧口常三郎等）新宗教の典型として谷口の教えを挙げている。島薗進「教えの類型」（井上順孝・孝本貢・対馬路人・中牧弘允・西山茂編『新宗教事典』弘文堂、一九九〇年）二一六～二二三頁。なお、谷口雅春を対象とした主要な先行研究には、小口偉一・乾孝・佐木秋夫・松島栄一「生長の家（谷口雅春）」（同『教祖』青木新書、一九五五年）九七～一三六頁。H・N・マックファーランド「生長の家―神の科学とナショナリズム―」（『神々のラッシュアワー―日本の新宗教運動―』内藤豊・杉本武之訳、社会思想社、一九六七＝一九六九年）一九七～二二九頁。鈴木宗憲「生長の家　谷口雅春」（佐木秋夫・鈴木宗憲・梅原正紀・猪野健治・西村謙介『五大教祖の実像』八雲井書院、一九七〇年）二四七～二九八頁。小野泰博「生長の家―日本的習合宗教の典型―」（清水雅人・小野泰博・森喜則・荒井荒雄『新宗教の世界Ⅴ』東京堂出版、一九七九年）四五～八二頁。島薗進「生長の家と心理療法的救いの思想」（桜井徳太郎編『日本宗教の正統と異端』弘文堂、一九八八年）六七～九〇頁。同「神と仏をこえて―生長の家の救済思想の生成―」（今野達・佐竹昭広・上田閑照編『岩波講座日本文学と佛教八　仏と神』岩波書店、一九九四年）二五七～二八四頁。小野泰博『谷口雅春とその時代』（東京堂出版、一九九五年）等が挙げられる。このうち最も重厚かつ重要な成果は、小野の『谷口雅春とその時代』である。小野の研究は、谷口の読書遍歴を丁寧に辿った労作だが、生長の家の立教（昭和五年）の時点で検討が終わっている。その後の谷口の思想、とりわけ日本と天皇をめぐる言説の変遷については、寺田喜朗「新宗教とエスノセントリズム」（『東洋学研究』四五号、二〇〇八年）一七九～二〇八頁を参照されたい（その他の先行研究群については、寺田喜朗『旧植民地における日系新宗教の受容』ハーベスト社、二〇〇九年、八三頁に列挙してあるので参照のこと）。なお、同論文は、生長の家の日本中心主義的な主張を大本時代から雅春没後の清超・雅宣時代まで鳥瞰したものである。本論は、小野の研究と筆者の前作の延長線上に位置付けられるものだが、検討の対象を大本時代から太平洋戦争開戦前まで、とりわけ昭和十年前後に絞り込んでいる。

(3)谷口雅春『生命の實相　自伝編』、同『生命の實相　久遠佛性篇上』において具体名が挙がっている（肯定的・否定的評価を問わず）影響を受けたと目される思想家・作家・宗教家を以下に列挙する。中学…田山花袋、島崎藤村。大学…ショーペンハウエル、ウィリアム・ジェイムズ、エドガー・アラン・ポー、ボードレール、鈴木三重吉、谷崎潤一郎、オスカー・ワイルド、トルストイ、ダヌンチオ、イプセン、ドストエフスキー、ロマン・ローラン。工場勤務・失業時代…メーテルリンク、心霊術、釈尊（国訳大蔵経）。大本時代…浅野和三郎、今井楳軒、出口なお、出口王仁三郎、新約聖書、親鸞（歎異抄）。ポスト大本・立教以前…ニーチェ、賀川豊彦、西田天香、倉田百三、有島武郎、石丸梧平、高野太吉、アナクサゴラス、カント、マッケンジー、ホルムス、トマス・カーライル、エマソン、マーデン、ジェ・ブライアリ、ヘンリー・ウード、ミセス・エリザベスタウン、ラルフ・ウォルドートライン。大づかみで述べると、自然主義・人道主義・唯美主義・新浪漫主義等を経由して心霊術から精神世界・宗教へ至ったと見なすことができる。なお、『生命の實相』には、姉崎正治、木村泰賢、『日蓮主義』、ベルクソン、フロイド、ユング、バンヤン、バイロン等、膨大な人物への言及がある。なお出口王仁三郎と谷口雅春を分けるのは、谷口が外来思想を全否定せず、日本のそれとの共通性を重視する点だと思われる。

(4)小口偉一・乾孝・佐木秋夫・松島栄一『教祖』（青木新書、一九五五年）一二九頁。

(5)谷口雅春『生命の實相（頭注版）第一九巻 自傳篇上』（日本教文社、一九六三年）一三八頁。

(6)谷口正治『皇道霊学講話』（新光社、一九二〇年）五、二五～二六、二一四～二一五頁。

(7)マツソン秘密結社に関しては、池田昭編『大本史料集成 Ⅱ運動篇』（三一書房、一九八二年）一九五～二一〇頁を参照のこと。

(8)出口王仁三郎によれば、宇宙を造化し、その中心に君臨するのが天之御中主神だが、大地球の先祖として大地の修理固成を行うよう託されたのが国常立之尊だった。しかし、国常立之尊は「余りに厳格剛直」で「混沌時代の主管者」としては「実に不適任」であったため、部下の万神が退隠を要求するが、その「至直至厳の霊性」を曲げなかったため「艮へ退去」させられることとなった（そのため「艮の金神」とよばれるようになる）。しかし、優勝劣負・弱肉強食の「体主霊従の混乱不義」が「現社会」に蔓延することとなったため、出口なおの「身魂」を「機関」としてこの「地球の中心なる綾の高天原」に再び出現することになったとされる。池田昭編『大本史料集成 Ⅰ思想篇』（三一書房、一九八二年）五九八頁。

(9)前掲谷口『生命の實相（頭注版）第一九巻 自傳篇上』一四四～一四五、一七一～一七二頁。

(10)小野泰博『谷口雅春とその時代』（東京堂出版、一九九五年）一〇四頁。なお谷口雅春『聖道へ（新版）』（日本教文社、一九七四年　初版一九二三年）の「はしがき」にも大本脱退の理由を語った文章がある。

(11)谷口雅春『生命の實相　自傳篇下』のクライマックスは、家族（病弱な妻と幼子）を巻き込む形で頑なにストイックな求道生活を送り続けた谷口が、金や食物（絶対菜食主義。関東大震災の避難生活の際も提供されたパンにバターが塗られていたため拒否する）への拘りに疑問を抱き、瞑想していた際、神から啓示を受けるシーンである。

「『物質はない！』とその声は言った。で、わたしは『空即是色』という言葉をつづけて思い浮かべた。と、突然その大濤のような声が答えた。「無よりいっさいを生ず。一切現象は念の所現にして本来無。本来無なるがゆえに、無よりいっさいを生ず。有よりいっさいを生ずと迷うがゆえに、有に執して苦しむのだ。有に執せざれば自由自在だ。…略…知れ、一切現象無し。なんじの肉体も無し。」では、心はあるのであろうかと思うと、その瞬間「心もない！」とその声は言うのだった。今まで、わたしは「心」という得体の知れない悍馬があって、それを乗りこなすのに骨が折れると思っていたのだった。ところが「心もない！」という宣言によって、わたしは、その「心」の悍馬から実相の大地に降りたのであった。「心もなければ何も無いのか」とわたしは再びその声の主にたずねた。「実相がある！」とその声はハッキリ答えた。「無のスガタが実相であるか。皆空が実相であるか」とわたしは尋ねた。「無のスガタが実相ではない。皆空が実相ではない。皆空なのは現象である。五蘊が皆空であるのだ。色受想行識ことごとく空である！」「空と無とは異なるのではないか」とわたしはたずねた。「空と無を異なるとは思うな。五蘊皆空であるのに空とは無ではないと思うから躓く。空を無とは異なると思い、『無ではない』と思うからまた『五蘊は無いではない』と引っかかるのだ。『五蘊は無い』とハッキリ断ち切ったところに、実相が出てくるのだ。無いものを無いとしたところに、本当にアルモノが出て来るのだ。」「では実相とはなんであるか」とわたしは訊いた。「実相とは神である。あるものはただ神のみである。神の心と、神の心の顕現のみである。これが実相だ」ここに神というのはむろん「仏」という意味も含んでいた。「心も無いのが本当ではないか。」「無い心は受想行識の心だけだ。そういう意味でなら仏もない、衆生もない。心、仏、衆生三無差別と説く場合には、心もない、仏もない、衆生もない。衆生を抹殺し、仏を抹殺し、心を抹殺し、いっさい無いといっさいを抹殺したときに、実相の神、久遠実成の仏が出て来るのだ。」「それがキリスト教ならイエスを十字架にかけることになるのですか。」「そうだ。肉体イエスを抹殺した時、実相のキリスト、アブラハムの生まれぬ前から生き通しの久遠のキリストが生きているのだ。イエスの十字架は現象を抹殺せば実相が生きて来るという象徴である！　今、ここに久遠生き通しの生命が復活する。今だ、今だ！　久遠の今だ！　今が復活だ！　今を活きよ。」わたしの目の前に輝く日の出のような光が燦爛と満ち漲った。」谷口雅春『生命の實相（頭注版）第二〇巻　自傳篇下』（日本教文社、一九六三年）一三四〜一三六頁。

(12)『生長の家』一九三〇年三月号（創刊号）。

(13)『生長の家』一九三〇年五月号。

(14)谷口は、「資本主義経済組織を是正する根本原理はどうしても生長の家式の唯心論でなければならない」と「マルクス主義」による変革を否定している。谷口雅春『生命の實相（頭注版）第一一巻　萬教帰一篇上』（日本教文社、一九五七年）一〇二頁。一方、「他の宗教団体のように信者の労力を奉仕と称して無償で使わず、信者の財産を献金と称して無償で使うことなく、聖典の出版会社を資本主義時代に対する応現形態として資本主義の最高形態たる株式会社組織にし、献金を聖典出版費に対する出資として取り扱い、出資に対しては半期ごとに配当を支払い、献労者を社員とし、各支部の献労者に聖典頒布の手数料を支払うことにしたのは、在来の宗教に見るような本部が信者から奉仕や献金を受けることをあたりまえのように思うまちがいをなくするためだった」と語っている。このように、谷口は資本主義経済体制を「是正」する発想はあっても否定・変革する発想はない。前掲谷口『生命の實相（頭注版）第二〇巻　自傳篇下』一〇七頁。

(15)管見によれば、立教後、もっとも早い時期に発信されたエスノセントリックなメッセージは、昭和六年五月三十日の「心の法則と平和への道の神示」である。そこでは、「日本は英米支と戦わねばならぬ」とのメッセージが示されている。なお、『生長の家』誌には「〇〇は〇〇〇と戦わねばならぬ」と伏字で掲載された。ただし、その後も「生長の家の精神運動というものは全世界の人類を光明化するために出現したのであります」と宣言される等、昭和十年代以前は、基本的にユニバーサルな主張が前景化していると筆者は理解している。この時期の国体に関する発言は、下記の文献を参照のこと。松本芳久「生長の家発祥当初における国体観」（生長の家本部篇『生長の家 四〇年史』日本教文社、一九六九年）一五二～一五八頁。

(16)前掲池田編『大本史料集成 Ⅱ運動篇』七三八～七五一頁。

(17)谷口雅春『古事記と日本国の世界的使命 甦る―『生命の實相』神道篇―』（光明思想社、二〇〇八年）。

(18)このような対外認識とともに、古事記に記された「大国主命時代」は、大国主の別名が「八千矛神」であることが指し示すように「軍備拡張の時代」であり、また同じく別名「葦原色許男神」が指し示すように「エロ主義」が「象徴」されている。現代は、「軍備拡張、物質偏重主義、エロ主義というものが流行している」「大国主命時代」であり、「天孫降臨」を待って「光明一元の世界、幸福一元の世界が現出する」という論理の文明批評が展開される。この延長で、「地上全体が本当に幸福になるには、東洋の小国のみならず、全地上に天孫がお降り遊ばして、全世界を一君で御統治下さるようになければならぬのであります」という日本盟主論が展開されている。前掲谷口『古事記と日本国の世界的使命 甦る―『生命の實相』神道篇―』一七四～一七七頁。

(19)谷口雅春『生命の實相（頭注版）二八巻 久遠佛性篇下 眞理體験篇』（日本教文社、一九六五年）。この記述は、昭和十一年七月以降、八月に開催された本部指導会の記事の前に収録されている。

(20)谷口雅春編著『天皇絶対論とその影響』（光明思想普及會、一九四一年）に収録されている尾関貞一「天皇絶対論を廻る論議」六九～一〇二頁を参照のこと。

(21)生長の家本部篇『生長の家 三〇年史』（日本教文社、一九五九年）三三一頁。なお、戦後の谷口は「八紘為宇」を用いている。

(22)生長の家本部篇『生長の家 四〇年史』(日本教文社、一九六九年)一八三頁。
(23)谷口雅春編著『天皇絶対論とその影響』(光明思想普及會、一九四一年)三〜九頁。
(24)前掲『生長の家 三〇年史』一一頁。
(25)出口王仁三郎は、「デモクラシイは現今の一大流行物と成つて居る。学者は一も二も無く之を謳歌し、次に宗教家までが驥尾に付随して得意がつて居るとは、実に神国の国体上から見て怪しからぬ次第である…略…外来の思想に迷ったならば最早日本神国の臣民とは申されませぬ。神界に対し奉り、天地容れざる逆臣逆賊であります」と語っている(『神霊界』大正八年十一月一日号)。参照したのは、前掲池田編『大本史料集成 Ⅱ運動篇』五四頁。
(26)昆野伸幸『近代日本の国体論』(ぺりかん社、二〇〇八年)。および同「日本主義と皇国史観」(苅部直・黒住真・佐藤弘夫・末木文美士・田尻祐一郎編『日本思想史講座四 近代』ぺりかん社、二〇一三年)三三七〜三七三頁を参照のこと。
(27)前川理子『近代日本の宗教論と国家』(東京大学出版会、二〇一五年)。なお上杉皇道論が彼の死後に超国家主義者のテロ活動を誘発し、谷口の天皇絶対論が山口二矢のテロに影響を与えたという意味において共通点を見いだすことができるが、両者とも暴力・実力行動を否定していた点も見逃すべきではない。
(28)谷口雅春『占領憲法下の日本』(日本教文社、一九六九年)五五〜五八頁。
(29)小島伸之「昭和戦前期日本の「宗教弾圧」再考—特別高等警察の目的と論理—」(寺田喜朗・塚田穂高・川又俊則・小島伸之編『近現代日本の宗教変動』ハーベスト社、二〇一六年)三四三〜三八一頁を参照のこと。

昭和十年の消防招魂祭

小島伸之

一　はじめに

軍人にして国難に殉ぜられし人々は何れも靖國神社に合祀され、全国民崇拝の的となつて居るのでありますが、消防組の殉職者には何等こうした特典が与へられて居ないのでありまして、私共は常に之を遺憾に存ずると共に、多年全国殉職消防招魂祭の執行を望んで居たのであります。

（大川大之助三重県保安課長[1]）

昭和十年（一九三五）十月二十三日、消防招魂祭が東京にて執行された。

消防招魂祭は、主催当事者が「我国最初の消防招魂祭」（後藤文夫内務大臣・大日本消防協会会長[2]）、「我国開闢

以来消防歴史上最初の企て」（松井茂大日本消防協会副会長・元内務官僚[3]）と位置付けたように、政府が主催に関わった全国レベルでの消防殉職者の慰霊・顕彰・追悼行事の初の事例であり、近代国家における慰霊研究、内務行政研究、ナショナリズム研究等の対象事例として一定の意味を有すると思料される。

一方、従来「「靖國神社問題」に終始しがちで「戦死者」に偏してきた[4]」と評されるかつての慰霊研究の研究状況には近年変化がみられ、戦災死者や警察殉職者など研究対象の広がりがみられるものの[5]、消防殉職者を事例とした研究はほとんどなく、消防招魂祭を取り上げた研究は管見のところ存在しない。消防史の研究においても、消防招魂祭を紹介したものはないようである。

関連テーマの先行研究の成果を概観しておこう。

警察史研究の領域において渡辺治は、大正期における「警察の民衆化」と「民衆の警察化」の並行的進展の後、「断固たる警察権」によって「警察の民衆化」が立ち消え、昭和初期には警察精神作興運動にて警察の活動領域が拡大したとする[6]。渡辺の研究に対し、大日方純夫は、大正期における「警察の民衆化」と「民衆の警察化」の後、社会運動の高揚などにより「警察の民衆化」が否定される一方、「陛下の警察官」・自警団（「民衆の警察化」）は継続し、昭和十年以後の警察精神作興運動に連なると述べた[7]。また、大日方は大日本消防協会の大正期における再発足について、大正デモクラシー期における支配体制の再編成を示す一例であり、民衆を警察に接近させようとする「民衆の警察化」の事例として位置づけている。渡辺、大日方の両研究を踏まえ、宮地忠彦は大正十三年（一九二四）から昭和十年（関東大震災～警察精神作興運動）の期間における「警察の民衆化、民衆の警察化」の具体例（人事相談や防犯組合、警察行政学）を検討したうえで、大正期に民衆の保護者としての警察像が出現し、それに伴い警察活動が拡大したことに対し知識人の批判が高まったこと、震災時の民間防犯団体の暴走が警察の防犯団体への警戒を生んだが警察による民衆警察的な人事相談や防犯団体の推進は継続したこと、エリート内務官僚で警察学の泰斗とされた松井茂が明治より唱えていた「陛下の警察官」は当初ほとんど顧みられなかったが、昭和九～十年頃に「陛下の警察官」を警察が標榜するようになると共に、民衆警察が再強調されたこと、満州事変後松井茂の個人主義的自由主義に対する批判が高まったこと等を明らかにしている。(8) これらの警察史研究においては、その後の展開についての評価は異なるものの、大正期において「警察の民衆化」と「民衆の警察化」が並行的に進捗し、昭和期の警察をその流れの中でとらえるという点で共通している。

宮地は、警察官僚松井茂と警察の「善導」主義についても、別稿で考察を加えている。すでに触れたように、松井茂は消防招魂祭開催時における大日本消防協会副会長であり、警察行政のみならず消防行政の理論的支柱として知られた人物でもある。宮地は、松井の特徴として帝大出身の「学士官僚」であること、パターナリスティックな視点からの社会問題への関心を有していたこと、国民の公徳養成を重視したこと、警察官教育を重視したことを挙げ、松井の「威嚇ノ官府」としての司法警察分野に対する「保護ノ官職」としての行政警察分野という位置づけの下、警察の「善導」主義が徐々に受容されたが、関東大震災によってその状況に変化が生じた状況を論じている。(9) 宮地の松井研究は、松井が大正十三年に退官した頃までを範囲としており、消防招魂祭が執行された昭和初期の松井茂については対象時期の外となる。この点において松井茂研究の文脈においても、消防招魂祭の事例を位置づけることができるように思われる。

他にも、近年研究の進捗が著しい防護団・防空団・警防団研究(10)、軍と消防（軍の対内的機能）の関係に関する研究(11)等も本事例の分析に、補助線として用いることが可能であろう。

二　消防招魂祭

現在確認できるところによれば、消防招魂祭の執行計画が顕在化したのは、昭和十年（一九三五）三月の財団法人大日本消防協会の代議員会に提案された予算案において、消防招魂祭の予算が計上されたことによる。その趣旨は「水火の警防其他防災に関し不幸職に殉じたる全国消防職員の為に消防招魂祭を実施して殉職諸氏の英霊を慰め、一面消防精神の作興に資したい」点にあると説明されている[12]。

招魂祭の腹案としては、「祭神、職務上殉職者英霊約七百、外に消防に功労があつて位、勲章を賜はつた方の死亡者、功績章受領者で死亡せられた方等。場所は東京市日比谷公園、本年秋頃、参列者、遺族、遺族は全部の御参列が願ひたいが、遠方の方もあるので各支部に於て一人は総代として来て頂き、夫には支部の所在地から東京迄の三等汽車賃を御渡し致し、又折角の上京故、希望の方には東京見物の御案内を申上げる。

図1　消防招魂祭 祭壇
（『大日本消防』第9巻第12号、昭和10年、口絵より転載）

御供物は参列者には其時、参列なき方には後日送付、各府県の長官、警察部長、保安消防課長、代議員、副支部長等は出来るだけ御参列を願ひ、（略）盛大に式典を挙げたいと思つて居ります」と説明された[13]。

消防招魂祭の当日の概要について『大日本消防』第九巻第一二号「消防招魂祭記念號」（大日本消防協会、昭和十年）に依拠して確認しておこう。

同祭は、内務省と財団法人大日本消防協会の共催により、靖國神社臨時祭と同日の昭和十年十月二十三日、午前十時から十一時三十分、日比谷公園旧音楽堂前広場にて神式で挙行された（図1）。

参列者は遺族、警察官、消防組員など約二千名（三千名を超えたとの報告もある）であった。消防招魂祭は東京中央放送局によりラジオで全国中継がなされ、全国の大日本消防協会支部ではラジオ中継が流されるサテライト会場が設けられた。また同日の映像記録は後に電通によって映画化され、大日本消防協会が販売（百円）している[14]。

祭神は明治初年以来の殉職消防組員七百十二柱、殉職消防官吏六十二柱、物故消防功労者二十三柱の総計七百九十七柱である。

斎主は後藤文夫内相、斎官は宮西惟助官幣大社日枝神社宮司他二十人、祭典委員長唐澤俊樹内務省警保局長であり、岡田啓介首相、湯浅倉平宮相、兒玉秀雄拓相、望月圭介逓相の各閣僚が参列した。

後藤内相による祭詞においては、「其ノ功績ハ永ク消防界ノ儀表トシテ啻ニ士気ヲ鼓舞セルノミナラズ国民精神ヲ更張シ国運ノ興隆ニ寄与セル所洵ニ少シトセズ」とされ、消防殉職者の功績が、消防界のみならず国民精神・国運とに結び付けて語られている[15]。

会場は内務省営繕係松崎嘱託の設計によるものであり、図2のようなものであった。

また、消防招魂祭には天皇より祭粢料金一封が下賜されている。天皇による祭粢料下賜は消防招魂祭の国家性

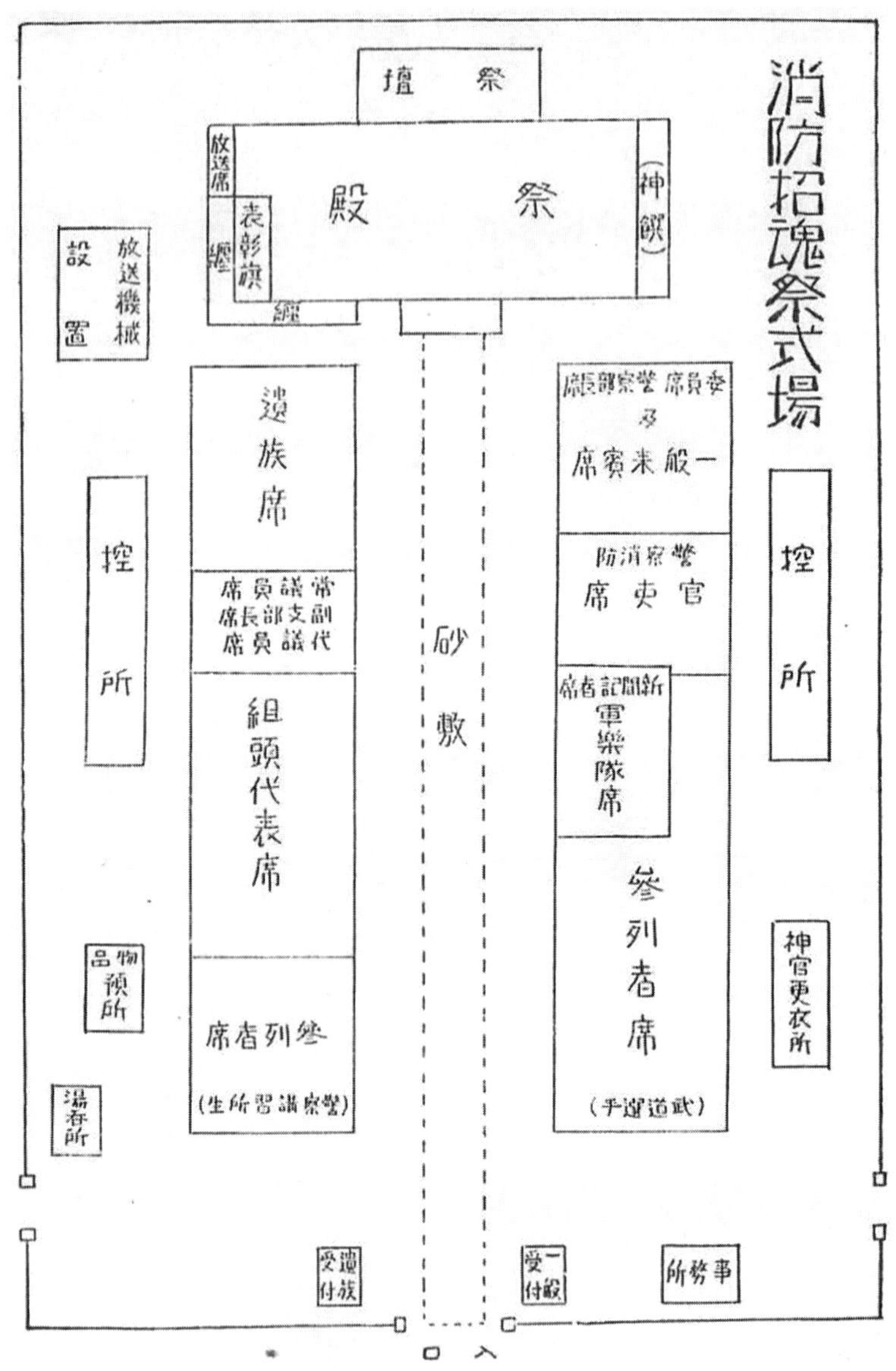

図2　消防招魂祭 式場
(『大日本消防』第 9 巻第 12 号、昭和 10 年、80 頁より転載)

や権威を象徴するものであった。「かくの如き事は実に未曽有の有難き事柄」（松井茂）であり[16]、当日の後藤内相の祭詞においても「天皇陛下ヨリ祭粢料御下賜ノ光栄ニ浴ス聖恩洪遠ニシテ極リナシ」という文が含まれている[17]。「消防特集號」の巻頭口絵も、一頁目の中央という目立つ箇所に、「祭粢料御下賜の御沙汰」の写真が掲載されている。

消防招魂祭終了後には、昼食饗応が十二時から行われて消防殉職者遺族約四百名が招待され、その後午後一時より遊覧自動車十数台を借り受け殉職者遺族約三百名が東京市内観光を行った。市内観光のコースは、日比谷公園～桜田門～宮城～馬場先門～靖國神社～明治神宮～泉岳寺～震災記念堂～浅草～上野～須田町～銀座～東京駅であり、正味五時間であった[18]。

翌二十四日、二十五日には、恒例全国警察官武道大会（財団法人警察協会主催、陸軍戸山学校道場）を「消防招魂祭奉納試合」として挙行、遺族多数が招待されている。

祭典の準備にあたった内務省警保局の吉川経俊によれば、消防殉職者に対する全国的慰霊祭の執行ないし消防神社設立の運動は、「決して最近にはじまつたことではない」が、直接の契機としては昭和九年秋に警察招魂祭が執行されたことであるという[19]。

以下、吉川による「祭典の準備と当日の模様」により消防招魂祭の計画から準備の状況を概観しておく[20]。

警察殉職者に対する全国的慰霊祭が先行して執行されたことに触発され、先にふれたように大日本消防協会は、昭和十年度予算に消防招魂祭予算を計上、予算は昭和十年三月二十八日の大日本消防協会代議員会にて満場一致で可決される。

七月九日には、祭祀対象となる殉職者の調査照会が大日本消防協会全国各支部に発せられ、同日、殉職と同等以上の功労偉積を残している「消防功労者」も祭祀対象とすることが決定される。

九月七日には、内務省にて、内務省警務課員と大日本消防協会事務当局の会同が行われ、その場にて、主催、祭神、日時、場所、祭主、祭官、案内状発送先などが決定されている。この段階での出席見込み総数は約三千名と見積もられていた。

この会同において、内務省が主催者となることの是非について、前例がないとのことで相当の論議があったが、前例を破って決定されたという。

また、全国の消防関係者二百万人に対し、会場の日比谷公園が狭隘であることにより、東京中央放送局に中継放送を依頼することとなったが、当時ラジオのキラーコンテンツである野球のシーズンであり野球中継とのバッティングによる放送スケジュール確保の困難が危惧されたが、最終的に放送局との調整は成功し、全国中継が実現している。

九月十七日には、来賓、警察官吏代表者へ内務省警保局長名で参列通牒がなされ、十八日、遺族参列予定者に大日本消防協会長名で各支部長あてに通牒がなされた。遺族参列者は各遺族家庭中一名とされ、その一名につき、大日本消防協会支部に十円（往復三等汽車・汽船賃実費＋宿泊費）の旅費補助が交付されている。

開催前日の十月二十二日には、天皇より祭粢料下賜の御沙汰がなされる。

以上のような準備を経て、消防招魂祭は執行されたのである。

また、『大日本消防』「消防招魂祭記念號」には、四十本の消防招魂祭参加遺族の声が掲載されており[21]、その内容も様々ではあるものの、「三重県故消防手遺族ＨＹ」による参列記のタイトル「戦死軍人と同じこの名誉」という表現に象徴されるように、概ね、消防殉職者が国家レベルで、すなわち軍人同様に慰霊・顕彰・追悼されたことに対する感激の意を表したものが多い。

「山口県故消防手遺族ＴＯ」による「余栄輝く中に相続く家庭の不幸」は、「高位大官の方々と同席を汚し栄誉之に過ぎたるもの無し」、「亡父は国家の祭神にて永久不変、此の盛大なる祭典を受け大満足ならんと家内一統感涙」と殉職した父が「国家の祭神」となったことを喜ぶ一方、消防招魂祭から「帰宅数日にして孫を亡くし、翌日又長男の死に遭ひ、御下賜の御菓子を一口も口にせざりしを深く残念と思ひ、今は仏間に飾り、病に殪れしが無念に思ひつゝ、せめて亡父の余栄に預らせたくと愚かなる者の祈りに御座います」という、何とも言い難い「悲劇的」な後日談で文が締められている。

三　近代日本消防行政の前近代性と大日本消防協会

ここで、消防招魂祭を内務省と共催により主催した、財団法人大日本消防協会について概観しておきたい。

大日本消防協会は、昭和二年（一九二七）に発足（同四年財団法人化）し、主たる活動は消防ポンプの検査、防火思想の普及事業、表彰事業、弔慰救済事業とされた。全国の消防組員を会員とし、事務所は内務省警保局に置かれ、会長は内務大臣、支部は各府県消防協会（消防義会）に置かれ、支部長は各府県知事、副支部長は各府県警察部長が務めた、全国的な消防組の連絡・指導・教育・福祉を目的とした団体であった。

大日本消防協会には、前身ともいえる組織があり、それは明治三十六年（一九〇三）に設立された、大日本消防協会（同名）であった。明治の大日本消防協会は明治三十二年以降、設立が相次いだ消防義会（消防協会）の全国連絡指導組織として設立された任意団体で、事務所は内務省警保局に置かれ、内務大臣を会長とし、全国各府県警察部を支部に、発行雑誌『大日本消防』購読者を会員とした。設立趣意書及び会則によればその目的は、西洋諸国のように優れた消防器具を整備、専門的技術の錬磨、知識の涵養、消防従事者の優遇と地位の向上、義勇消防人の弔慰救済と顕彰による士気の鼓舞であったが、財政基盤が弱く四年で機関誌『大日本消防』が廃刊、自然消滅に至る。

昭和における日本消防協会の「復活」には、第一次世界大戦と大正十二年（一九二三）の関東大震災の経験により、我が国の消防行政の近代化の遅れがあらためて自覚されたことが背景にあった。（昭和の）大日本消防協会の創立を報じる『日本警察新聞』は、「我が国の消防は世界最古の歴史を有する併しながら科学的智識の欠缺、自治観念の幼稚等に累せられて其の発達遅々たるものがあつたが欧州大戦を経て国運の興隆益著しく殊に経済的施設及産業の発達、日常生活の複雑化、建築物の変遷等幾多の原因相錯綜して火災の損害をして逐年大ならしむるに至つた事実は科学の進歩自治観念の普及等と相俟ち一般国民の防火思想を助長せしめ消防の発達を促かせること少なからざるものがあつた」、それにもかかわらず関東大震災によって空前の被害が生じ、大正十五年初頭、「皇太子殿下畏くも帝都消防隊を御親閲あらせられたその感激とその活教訓が齎された、過去幾百年蟄して啓かなかつた消防発達の気運」が生まれたとしている[22]。また、嘗ての大日本消防協会の財政基盤の脆弱さを克服するためであろう、会費の徴収方法に工夫を凝らし、「因に昭和二年協会経費は各消防協会又は義会或は地方の状況に依り消防組を基礎とする醵出方法に依り（組員各個よりは徴収せず）消一（ママ）防組参円の割とし取纏め本部へ送付すること」としている[23]。

近代日本における消防が「発達遅々たるものがあった」というのは、当事者の主観的認識のみならず、客観的にも厳然とした事実であろう。財政的理由により、明治初期から公設消防組織が置かれたのは東京のみであり、明治四十年代に至って大都市に公設消防組織の設置が進むが、他の都市部では第二次大戦の戦時下においてようやく設置が進められる、という状況だった。つまり、近代日本の消防は戦前期を通じて都市部を除き、近世から続くいわゆる「義勇消防組織」によって担われ続けていた[24]。戦後においても昭和三十八年の消防組織法の改正以降法令により公設常備消防機関の設置が促されたが、統計の存在する最も古い年である昭和三十五年の「常備化率」（公設常備消防機関を設置している市町村の割合）は、わずか一三・二％に留まっており、おおむね全国的な常設化が達せられたのは高度経済成長期を経た一九七〇年代においてである(25)。

国家レベルでの消防行政は明治六年の内務省設置以降、内務省警保局が担当したが、消防行政に関しては昭和二十一年まで「事務官、属、技師、技手の四名だけしか割り当てられておらず、それも警察事務と兼務であった(26)」。

つまり、軍や警察などの行政領域に比して（警察行政の一つではあるが）消防行政の近代化は極めて遅れた状態にあり、大日本消防協会（昭和）が設立された昭和に入ってからも消防の近代化は未だ達せられざる課題として存在していたことになる。そして、消防の近代化は、プライベートセクターからナショナルセクターへ（公設化への動態）、ローカルレベルからナショナルレベルへ（国民化への動態）、伝統知から近代専門知へ（専門化への動態）、という複数の側面が絡み合った動態として捉えることができる。そしてそのうち、大日本消防協会（昭和）は、国民化と専門化の動態を促進するための組織として発足されたのであった。

四　松井茂の消防思想

大日本消防協会（昭和）の設立に尽力し、消防近代化の理論的支柱でもあった松井茂は、大日本消防協会の設立にあたって、以下のように我が国における「国民消防」の必要性を説いている(27)。松井は、第一次世界大戦や関東大震災を挙げて「禍を転じて福となす」ことがあるとし、ドイツの第一次世界大戦後の消防改革を見習って、関東大震災後の我が国の消防改革を行うべきとする。すなわち、「伯林消防は戦争の結果、経済上国家艱難の時であるにも係らず尚且五ヶ年間の慎重調査の結果、一朝にして旧伯林郊外に於ける従来区々に亘れる小都市の消防組織を打つて一丸となすべく、猛然として統一ある大伯林消防組織の大改革を行ふたのである。畢竟国民が小我を棄てて大我に就きたる一致協同力の結果にして、我邦に於ても他山の石として、大に反省を促したい」という。また、「共助的犠牲精神」は大和民族の伝統的特色であり、「陛下の消防組員であると同時に、情に於ては七千万人の国民の為めの消防組員であらねばならぬ」、「普選時代の消防」は「国民消防」となり、「畢竟国民消防の根本的意義は、普通選挙及陪審制度の精神と毫も異る所はないのである」と述べて、国民皆消防の必要性を説く。松井は消防行政の近代化のため、「陛下の消防組員」＝「国民の消防組員」という思想を展開したのである。同時に、関東大震災における消防組の暴力行為に対して批判を加え、「要するに、時代の要求は、一面消防の民衆化を望むも、併し消防組は其の性質上国家の公なる機関である以上は、決して民衆と馴れてはならぬ。消防の筒先が万一私事の為めに方向を転換する様なことがあつては、実に時代に逆行せる行動と云はねばならぬ」、と述べている。

すでにみたように、消防の公設化が全国的に進んだのは戦後一九七〇年代のことであり、昭和初期の当時において消防の公設化は現実的目標たり得なかった。「義勇消防」（消防団）を基盤とせざるを得ない消防行政の現状を前提としつつ、つまり消防団への危惧と期待を前提に、それらの精神的・倫理的馴致とともに近代専門知・技術を普及することで、消防の国民化と専門化によって消防行政の近代化を達することが松井の目標であったことが理解できる

すでに松井は大日本消防協会（昭和）設立に先立つ大正十五年（一九二六）に『国民消防』を著しており、右と同様の主張を展開していた。『国民消防』において松井は、消防の義務は、「其の根本義に於て、兵役や納税の義務と、少しも異る所はない」と位置づけ、「此の観念よりして、欧米に於ては、夙に国民の出火に対する責任観念最も強く、苟も一度火を失すれば、其の場所では、最早や商業をも営み得ない程である。畢竟火災は其の地

の繁栄を妨害する事甚しく、公益上実に見逃すべからざる事と認められてゐるからである。我邦でも、多少其の傾向がないでもないが、概して一般には今尚火災に対しては、其の根本的観念に徹底せずして、頗る冷淡の実況である。今にして尚且つ斯くの如き状況を呈してゐるのは、実に時代錯誤の甚しいものと云はねばならぬ」、「防火と愛国心とは、密接の関係があるのであつて、普く此の思想を国民全般に注入するには、児童の時代から、防火思想の涵養に努めねばならぬ次第である。英国でも夙に此の点に留意し、児童に向つて、火災に対する七箇条の誓告を与へて居る。殊に其の中で、直に採つて以て我邦の範としたいと思ふて居る点は、火災が国家の損害であると云ふの根本義を、児童時代より国民に鼓吹して居るの点である。又近頃独逸普国に於ては、防火に関する法律の草案が発表されたが、其の中にも、火災は国家の損害であると云ふ事を、第一義として唱道して居るのである」と、欧州に比して日本における消防の国民化の遅れを批判している[28]。第一次世界大戦後の国際状況下において、日本は消防後進国であるという認識が、松井の前提であった。

松井は大日本消防協会設立から五年後の昭和七年（一九三二）にも、「然るに兎角我国消防界の現状は年々歳々同じ事を繰返すのみであつて、昭和の今日ですらも、余等の平素思つた程に防火思想は一般に普及徹底して居らぬのを遺憾とするのである。（略）昭和四年畏くも　今上天皇には御即位式の延長として全国消防組の御親閲を賜うたり、或は近く消防組員の服装の統一が実行されたり、或は消防組及消防組頭の表彰が行はれたり、其の他或は防空演習の挙行せられたり、或は近時防火宣伝の具体化し来つたり、或は報知機を始め消防器具の進歩の見るべきものある等、多少は注目に値するものがないでもない。併し余等の年来主張しつつある内務省内に防火に関する専務の高等官を置くの問題の如き、大日本消防協会に対する国庫補助金の増額問題の如き、消防組員の待遇改善問題の如き、火災保険事業家の消防的自覚の如き、消防組規則改正問題の如き、教科書中に防火思想注入問題の如き、一々数へ来れば防火上未解決の問題は殆ど数限りもないのである」と、消防行政の前近代性を変わらず嘆いている[29]。

一方、松井は消防行政の近代化の精神的基盤として、神話、国体、大和心など、日本の伝統や精神性について、しばしば言及する。例えば松井は、「支那には昔から祝融氏と云へる神があり、我が邦には、火産霊神が猛威の火神として崇敬されて居る。彼の有名なる愛宕神社の如きは、此の火産霊神を以て祖神となして居る。又畏くも、朝廷におかせられては、昔より特に鎮火祭を行はせられたものであるが、其の祭神は、右の火神の外に土の神（波邇夜須比賣神）、水の神（彌都波能賣神）を加へたもので、此の三神こそ、実に我邦防火の祖神である。昔し日本武尊が東夷征伐を行はせられたる際、賊徒は尊を野に誘ひて、火を放ちたる時、尊は剣を抜きて草を薙ぎ、敵火の来らざる間に、之を逆襲すべく、所謂逆火を行はせ給ひて、大に防火の効を奏せられしことは、今も尚人口に膾炙せる話で、今尚ほ此の方法は、山林火災に用ひられつつあるのである」と、神話の時代からの消防にふれる[30]。また、「畢竟するに所謂大和魂とは、公益上の為に、生命を鴻毛よりも軽しとして、国に殉ずるの大精神である。故に聖徳太子も憲法第一条に『和を以て貴しとなす』と仰せられてゐる」とし、「而して人間各自が公益の為に盡すべく、此の世に出たのは、即ち人間が生れ乍らにして、社会に対し、何か公益上奉仕すべき債務を果すべく義務付けられたるものと云はねばならぬ。茲に共同生活として、互に公益上盡すべき義務を有する所に、我国体の協和心が存するので、大和心とは読んで字の如く、和を以て第一義として居るのである」と述べた上で、「我国体は歴史的に、国民の大きな信念の下に発達し来つたものにして、我国民精神には、一種の道徳的観念が基礎となつてゐる。故に、教育勅語の中にも、徳を樹つること深厚なりと仰せられてゐるのである。殊に犠牲的精神たる義勇奉公の国民性は、我邦の消防社会に於ては、特に幾久敷伝統的に存在して居つたものであつて（略）されば、職に消防に在るものは、益〻自敬自重、他に率先して、義勇奉公なる我国体の精華を、世界に発揮せしむる様、特に一層の努力を希望して已まざる次第である」と、日本の国体、伝統、精神性と消防の近代化の必要性を結び付けるのである(31)。

松井の消防近代化論と国体論の融合は、時局の深刻化とともにその度合いを強めてゆき、昭和十五年には以下の様なものとなる。

> 天皇は「六合をかねて以て都を開き、八紘を掩ひて宇となさんこと亦可ならずや」と仰せられてゐるが、其の意味は、広い天地を総合して都を定め、八紘なる宇宙を以て家となさんとの大御心であつて、八紘一宇とは断じて軍国主義の意味ではなく、宇をなすとは家となすことである故、我国本来の家庭国家なる点に立脚するものであらねばならぬ。故に東亜の新秩序でも、又国際親和でも全く親和の意味を以て終始する所に
> 天皇の大御心が存在するものと拝察せねばならぬ。殊に又詔勅中には養生の事を述べさせ給ふてゐるが、其の意味は正義の観念を養ふの意味に外ならない。即ち正義とは之を警防団に就いて云へば、明るい警防、親しい警防、強い警防、それが三種の神器を基とせる器教としての智仁勇の警防の意義である。即ち此の智仁勇の三者は古人も之を三徳一体と称し、三者は互に相関連して一体をなすものである。而して此の智仁勇の三者を総合せるものを以て之を正しいと称する。されば養生とは智仁勇を磨くことに帰着する。従つて又正しい警防団とは智仁勇の三点に立脚して之を大成する所にその真意義が存在する。大日本警防協会　総裁宮殿下の御令旨中にも訓練教養の事を奨励し給ふてゐるが、警防精神涵養の上より云ふとき、養生とは正しき警防団を作るべく団員各自が自ら修養を加ふることが即ち養生の意に外ならない。斯く論じ来るとき、今や盛に国民精神総動員運動の声が叫ばれてゐるの時、茲に全国三百万警防団員は相共に協力一致して警防団精神総動員の点に目覚めねばならぬ。而してその対象とすべき点は、或は教育勅語の国体の精華を基礎とし、或は国民精神作興の詔勅中「国家興隆の基は国民精神の剛健にあり」との点に立脚し、或は御令旨中の各箇

条を右の詔勅と相結びつけて解釈する所に真に養生の意義も存在すること、信ずる。されば警防団員は互に相反省して之が修養に努め、折角新たに成りたる全国の警防団を一日も速かに大成せしむる様渾身の力を致さねばならぬ。（略）要するにドイツでは、防空は国家を守るのであつて自分個人の家を守るのでないといふ愛国的意義が根本義となつてゐるのである。英国民は由来自治を以て鳴れる国であるにも係らず、防空問題では、国民は一に政府の措置に一任して居るのに反し、ドイツでは国民其のものが自ら責任を負ふべく、行動して居るのは敬服の外はない。（略）以上茲に皇紀二千六百年を迎ふるに当り、奠都の詔勅の御趣旨を服膺し、特に警防団精神の充実を国体の根本義より強調した次第である。殊に又時節柄国民精神総動員運動と警防団精神総動員運動との関係を論じ其の重要性に及び、特に之を欧州戦争中のドイツの国民防空運動の現状に照し、我国が大に自ら反省せねばならぬ[32]（後略）

近代化論と国体論の融合した松井の消防思想は、現実の消防行政の後進性と、日本の国体・伝統・精神性の優越性という、アンビバレンスの上に成り立ったものと言えるだろう。

松井が理論的ブレーンとなった大日本消防協会による消防行政の近代化の展開においては、皇室という伝統的資源の動員も試みられている。先にふれたように、大日本消防協会（昭和）の設立は、皇太子の帝都消防隊御親閲を契機としていた。また、大日本消防協会（昭和）設立後においても、協会は皇族を協会に関与させる計画を企図し、昭和九年五月三日、梨本宮守正王の大日本消防協会総裁奉戴を達している。

梨本宮総裁による令旨には、「一、国憲ヲ重ンシ国法ニ遵ヒ忠誠報国ヲ以テ各其ノ本文トスヘシ」、「一、犠牲ノ心奉公ノ念ヲ旨トシ終始ヲ一貫シ一旦危急ニ際シテハ身ヲ挺シテ難ニ赴キ其ノ事ニ従フヤ沈着ニシテ機敏倒レテ後已ムノ覚悟アルヲ要ス」、「一、規律ヲ重ンシ克ク上司ノ指揮命令ニ服従シ上下同僚ノ間互ニ相敬愛シ和衷協同彼我一体ノ実ヲ挙クルニ努ムヘシ」、「一、品性ノ陶冶ニ努メ廉恥ヲ重ンシ礼節ヲ尊ヒ信義ヲ敦クシ質実剛健ノ気風ヲ養ヒ職務ノ内外ヲ問ハス其ノ言行ハ一ニ郷閭ノ模範タルヲ期スヘシ」、「一、常ニ団体的訓練ヲ怠ルコトナク学理ノ研究技能ノ練磨ニ努メ以テ不断ノ向上ヲ期スヘシ」という五ヶ条の「綱領」が示された(33)。文体簡潔で内容は異なれど、いわば軍における軍人勅諭の機能等価物として、皇族による令旨が用いられたことになる。

松井は梨本宮大日本消防協会総裁奉戴の日を「実に我国の消防歴史上永遠に記憶すべき」日とし、「二百万人の現消防防人諸君の職責は今回の、宮殿下の奉戴に依り、一層の重大性を帯ぶることゝなつたのは勿論である。而して又之が為めに何となく、全国消防界の地位が高上し来つた事も争ふべからざる事実である」と述べている(34)。既に述べた様に消防招魂祭の一つの眼目は、天皇による祭粢料下賜であった。つまり、皇太子、梨本宮と続く流れの中でついに天皇が動員されたのが、「国家の行事」としての消防招魂祭だったといえる。

五　むすび

消防招魂祭は、国際情勢の緊迫化を背景とした当時のナショナリズムの高まりと、来るべき総力戦という想定において改めて浮上した日本における消防の近代化の遅れに対する危機意識を背景にしたイベントであった。また、昭和八年（一九三三）のゴーストップ事件に象徴されるように、当時、軍と警察の対立の先鋭化の状況があるなかで、消防組（後の警防団）の管轄をめぐる軍（陸軍）と警察（内務省）の権限争いもその背景にあったと考えられる。消防招魂祭の執行後、参列者の東京観光がプログラムに入っていたことは、地方消防組に対する警察の抱き込み策とも言える側面を有していたと考えられるからである。

消防の近代化は、プライベートセクターからナショナルセクターへ（公設化への動態）、ローカルレベルからナ

図３　警防神社
（『大日本警防』第 17 巻第４号、昭和 18 年、口絵より転載）

ショナルレベルへ（国民化への動態）、伝統知から近代専門知へ（専門化への動態）、という複数の側面が絡み合った動態であるが、消防招魂祭は、主催団体である大日本消防協会（昭和）の設立目的と同じく、特に消防の国民化・専門化を促進することを企図した国家行事であったと言えよう。軍における戦死者の扱いを準拠対象とし、近代において等閑視されていた消防殉職者の国家レベルでの慰霊・顕彰が、ようやく昭和に実現したのである。天皇による祭粢料下賜の意義が強調されたのも軍を準拠対象としたことによる。一方、消防招魂祭は神式で執行されたが、主催側、参加者共通の認識として、政府が直接関わる「国家」レベルの儀礼であることの意義がそろって強調されることに比して、神式であったことの意義を強調する言説はほとんど見られなかったことも、注目すべきであろう。

国家レベルの消防招魂祭は、戦前においてこの昭和十年における一度しか執行されなかった。戦後においてもしばらく国家レベルの消防殉職者の慰霊・顕彰・追悼儀礼は開催されていない。これは新憲法の下での政教分離問題ともかかわるものと考えられるが、戦時体制に向けての消防の国民化の必要性という条件がなくなり、また一方で、消防の公設化が徐々にではあるが着実に進んだことにより、消防の国民化を早急に促進する必要がなくなったためと見ることもできる。ちなみに、昭和五十七年になって、消防発足百年記念事業の一つとして日本消防会館内に全国消防殉職者慰霊碑が建立されたことを契機に、全国消防殉職者慰霊祭（日本消防協会主催、消防庁後援）がいわゆる無宗教式で執行された。以降、全国消防殉職者慰霊祭は内閣総理大臣等の列席のうえ、毎年九月に実施されている[35]。

最後に、消防招魂祭の開催と共に、消防殉職者に対する常設の慰霊・顕彰・追悼施設の設置が消防界から求められていた事にも触れておきたい。消防の近代化の準拠対象が軍であったことからすれば、靖國神社の機能等価物としての公設施設が求められることは自然な流れではあった。

消防招魂祭執行予算が可決された時と同じ昭和十年三月二十八日の大日本消防協会代議会において、「東京に於て招魂社を別に御造りになる考へはなきや」という質問が出され、「御尤な御尋ねで、左様出来ますれば誠に結構なことと存じます。警察の方面に於ても亦消防方面に於てもその意向がありますやうですが、只今の処腹案等はありませぬ。よく研究致したいと思ひます。只神社の建設は色々の点に於きまして相当困難なる事柄がある様であります」との答弁がなされている[36]。

その後、昭和十八年になり、大日本警防協会（大日本消防協会（昭和）の後継団体）構内に、警防神社が創建される。『大日本警防』第一七巻第四号は、「警防神社鎮座」として「財団法人大日本警防協会では明治初年以来職に殉じられた全国の消防組員及び警防組員の英魂を合祀し、永く警防事業の守護神と仰ぐ為め構内に之が社殿を造営中であつたが、今回神域荘厳に造営成りたるを以て三月二十七日、理事常議員会の開催に先だち午前十時より松井副会長、石田、緒方、高橋、西田、尾山、川野各理事。渡邊監事、小川幹事外常議員及び職員一同参列、麻布飯倉八幡神社神官により厳かに鎮座祭が執行された。祭神は現在奉祀千六百六十二柱にして今後年と共に殉職警防団員が合祀せらるゝ筈である」との報告記事を掲載している。英霊ではなく、「英魂」という語が用いられていることが興味深い[37]。

警防神社が具体的にどのような施設であったのか、現段階では資料的制約から定かではないが、図3の写真を見る限り、靖國神社に比肩する如き施設とは言えなかったことは明らかであろう。

表1　近代消防略年表

年	内的外的状況	消防制度	消防関連事項
1868（明治元）		兵部省火災防御隊	常火消・大名火消廃止
1869（明治2）			兵部省府兵
1870（明治3）		東京府消防局	町火消→消防組
1871（明治4）	廃藩置県	司法省警保寮	東京府邏卒
1872（明治5）			司法省邏卒
1873（明治6）	内務省設置		番人
1874（明治7）	内務省東京警視庁創設	警保寮司法省→内務省 警視庁「消防章程」	
1877（明治10）		東京警視庁廃止→内務省警視局東京警視本署	
1879（明治12）			天皇東京消防組御親閲
1880（明治13）		内務省警視局東京警視本署消防本部設置	消火卒 消防官＋消防組
1881（明治14）	東京警視庁再設置	警視庁消防本署	警察・消防殉職者警視庁招魂社創建の議
1885（明治18）			弥生神社創建（警視庁管轄）
1889（明治22）	市町村制施行		
1894（明治27）		勅令「消防組規則」	
1901（明治34）			東京府消防義会設立

1903（明治36）			大日本消防協会設立
1914（大正3）	第一次世界大戦開戦 パリ爆撃		
1917（大正6）	英本土爆撃		
1918（大正7）	米騒動		
1919（大正8）		勅令「特設消防署規定」（大阪、京都、神奈川、兵庫、愛知に消防専任官）	
1923（大正12）	関東大震災		
1926（大正15）			全国組頭会議 皇太子帝都消防隊を御親閲
1927（昭和2）			大日本消防協会再発足
1929（昭和4）			天皇全国各消防組・特設消防隊代表者を親閲
1930（昭和5）			軍の推奨により、防護団の設置始まる
1931（昭和6）	満州事変	消防組の服制（内務省訓令）	
1932（昭和7）	白木屋大火		東京市連合防護団結成
1933（昭和8）	ゴーストップ事件		
1934（昭和9）			梨本宮大日本消防協会総裁就任 警察招魂祭

年			
1935（昭和10）	国体明徴声明		殉職警察官・消防手招魂祭（朝鮮警察協会・朝鮮消防協会主催） 消防招魂祭
1937（昭和12）	支那事変 『国体の本義』	内務省訓令「消防組操典」「消防組礼式例」「消防組点検規則」 防空法	
1939（昭和14）		勅令「警防団令」 消防組と警防団の統合	財団法人大日本警防協会設立
1941（昭和16）	大東亜戦争（太平洋戦争）開戦		
1943（昭和18）			警防神社鎮座（大日本警防協会構内）
1947（昭和22）		消防団令 内務省警保局消防係→内務省警保局消防課	

（財団法人日本消防協会『消防団一二〇年史』近代消防社、平成二十五年、『大日本消防』、『大日本警防』、『朝鮮』、『警察協会雑誌』より作成）

註

（1）大川大之助「消防神社の建立を望む」（『大日本消防』第九巻第一二号、昭和十年）七五頁。
（2）後藤文夫「消防招魂祭に奉仕して」（『警察協会雑誌』第四二七号、昭和十年）二頁。
（3）松井茂「消防招魂祭と現代人への刺戟」（『大日本消防』第九巻第一二号、昭和十年）三四頁。
（4）藤田大誠「書評とリプライ 西村明著『戦後日本と戦争死者慰霊―シズメとフルイのダイナミズム―』」（『宗教と社会』第一四号、平成二十年）一二六頁。

(5)殉職警察官（感染症罹患による）を事例とした研究として、西村明「殉職警官の慰霊と顕彰―「巡査大明神」増田敬太郎の場合―」（村上興匡・西村明編『慰霊の系譜―死者を記憶する共同体―』森話社、平成二十五年、九五～一二五頁）がある。慰霊・追悼・顕彰研究の研究史については、藤田大誠「日本における慰霊・追悼・顕彰研究の現状と課題」（國學院大學研究開発推進センター編『慰霊と顕彰の間―近現代日本の戦死者観をめぐって―』錦正社、平成二十年、三～三四頁）参照。慰霊・追悼・顕彰に関する研究文献リストとしては、「研究資料 近現代日本の慰霊・追悼・顕彰に関する主要文献目録」(https://www2.kokugakuin.ac.jp/kaihatsu/maa/resource_papers.html)（平成三十年二月二十八日最終閲覧）が詳しい。

(6)渡辺治「一九二〇年代における天皇制国家の治安法制再編成をめぐって」（『社会科学研究』第二七巻五・六合併号、昭和四十六年、一五三～二三七頁）、同「天皇制警察の理念」（『法学セミナー増刊 現代の警察』日本評論社、昭和五十五年、一八一～一九一頁）。

(7)大日方純夫『近代日本の警察と地域社会』（筑摩書房、平成十二年）。

(8)宮地忠彦「警察の「大正民主主義」再考―「立憲法治ノ警察」と「皇国警察」の間―」（『日本史研究』第六六六号、平成三十年、一五九～一八七頁）。

(9)宮地忠彦『震災と治安秩序構想―大正デモクラシー期の「善導」主義をめぐって―』（クレイン、平成二十四年）。

(10)土田宏成『近代日本の「国民防空」体制』（神田外語大学出版会、平成二十二年）、水島朝穂・大前治『検証防空法―空襲下で禁じられた避難―』（法律文化社、平成二十六年）、大井昌靖『民防空政策における国民保護―防空から防災へ―』（錦正社、平成二十八年）。

(11)吉田律人『軍隊の対内的機能と関東大震災―明治・大正期の災害出動―』（日本経済評論社、平成二十八年）。

(12)星出隆輔「財団法人大日本日本消防協会　代議員会記事」（『大日本消防』第九巻第五号、昭和十年）二二頁。

(13)同右、同頁。

(14)同映像の現在の所蔵状況は未確認であり、筆者も未見である。

(15)「祭主祭詞」（『大日本消防』第九巻第一二号、昭和十年）二四頁。

(16)前掲松井「消防招魂祭と現代人への刺戟」三五頁。

(17)前掲後藤「消防招魂祭に奉仕して」二五頁。

(18)原仙吉「遺族の方々を御案内して」（『大日本消防』第九巻第一二号、昭和十年）九四～一〇〇頁。

(19)吉川経俊「祭典の準備と当日の模様」（『大日本消防』第九巻第一二号、昭和十年）八一頁。

(20)同右、八一～八七頁。

(21)「消防招魂祭参列遺族諸氏の感激」(『大日本消防』第九巻第一二号、昭和十年)六四～七四頁。

(22)「大日本消防協会の創立成る」(『日本警察新聞』第七〇六号、昭和二年)四頁。

(23)同右、同頁。

(24)近代日本消防の発展過程については、鈴木淳『町火消たちの近代』(吉川弘文館、平成十一年)、永田尚三「消防行政における専門知—専門知の偏在は政府間関係まで規定するのか—」(『社会安全学研究』第一号、平成二十三年、一二九～一五二頁)、永田尚三「消防団衰退の背景と今後の消防団活動」(『都市問題』第一〇五号、平成二十六年、四六～五四頁)、永田尚三「消防行政における組織間関係史の研究」(『武蔵野大学政治経済研究所年報』第八号、平成二十六年、一四三～一七三頁)、財団法人日本消防協会編『消防団一二〇年史』(近代消防社、平成二十五年)を参照のこと。

(25)前掲財団法人日本消防協会編『消防団一二〇年史』二〇二～二〇三頁。

(26)前掲永田「消防行政における組織間関係史の研究」一四九頁。

(27)松井茂「国民消防の最近思潮」(『大日本消防』第一巻第二号、昭和二年)二～六頁。

(28)松井茂『国民消防』(松華堂書店、大正十五年)一二一、一三三頁。

(29)松井茂「新春を迎へて消防時事の諸問題に及ぶ」(『大日本消防』第六巻第一号、昭和七年)二～三頁。

(30)前掲松井『国民消防』五頁。

(31)同右、二四～二五頁。

(32)松井茂「皇紀二千六百年の新春を迎えて」(『大日本警防』第一四巻第一号、昭和十五年)二～七頁。

(33)「令旨」(『大日本消防』第八巻第六号、昭和九年)三頁。

(34)松井茂「総裁宮殿下を奉戴し我国消防人の覚悟に及ぶ」(前掲『大日本消防』第八巻第六号)二〇～二一頁。

(35)消防庁『平成二八年版 消防白書』(総務省消防庁、平成二十八年)一五五頁。

(36)前掲星出「財団法人大日本消防協会　代議員会記事」一二頁。

(37)「警防神社鎮座」(『大日本警防』第一七巻第四号、昭和十八年)一三頁。

「西の靖國」の創建
——地域神社の戦時期——

福島幸宏

一　はじめに

近年、近代の神社研究は急速な進展を示し、その議論の枠は大きく組み替えられようとしている。法制度や神社界内部の動向をより丁寧に解きほぐしつつ、建築や民俗など他分野との相互乗り入れが積極的に行われていることがその特徴と言えよう(1)。しかし、その展開は跛行的なものであり、特に戦時期についてはまだまだ事例を集積する段階である。これには二つの要因があると考えられる。ひとつは、地域神社に関心を持つ研究者が、近世社会との接続を強く念頭に置く問題関心と史料の公開状況から、明治・大正期までを主にその対象としていること、もうひとつは、戦時期を対象に神社や国家神道を検討している研究者が、この時期に大量に叢生する神社や国体に関する言説の位置づけ、急速に展開する諸政策の分析に注力し、一見主体的動向が見えにくい地域神社が

対象にされにくいことであろう。(2)

しかし、丸山真男の「亜インテリ論」を持ち出すまでもなく、(3)この時期の諸思想や諸政策は地域社会の中堅層によって解釈され、行動に移されてはじめて展開する。本稿は、この研究史認識を前提に、在地の神社が一九三〇年代から四〇年代にどのような状況に置かれ、またそのなかでどのような活動を行ったかを検討する。本稿では畔上直樹の諸提起、特に「「村の鎮守」の社会的実践・行動を重視しながら、社会の宗教文化領域に限らない諸状況の交錯のなかに、問題を常に位置づけていくという、地域社会史の方法、つまり思想史系の研究者を中心とした「国家神道」研究がそもそもとらない方法を軸としてもちいるのである」(4)という宣言を特に重視するものである。対象としては、昭和戦前期に「西の靖國神社」として発見され、戦時期に急速に拡張された伴林氏神(ともばやしうじ)社を対象にする。(5)結論を先取りすれば、その拡張の背景には巨大な軍都大阪の存在があり、その都市にふさわしい近郊神社としての整備が企図されたのである。

二　伴林氏神社の位置と歴史

(一)　大阪府南河内郡道明寺村

伴林氏神社は、現在の大阪府藤井寺市林、近鉄南大阪線土師ノ里駅から北西に徒歩で十分程度の住宅街の中にある。この地域は、近世前半に流路が改修されたあとの、大和川と石川の合流点と屈曲部の内側に位置する。古市古墳群と称される巨大古墳群の北辺に位置していることからわかるように、古代から拓けており、本稿の対象とする昭和戦前期には、都市大阪から鉄道で結ばれた都市近郊農村地帯として、大阪府南河内郡道明寺村林と称されていた。伴林氏神社が『延喜式』に掲載される式内社とされており、「林」が古代は「拝志」とも表記されていたこと、また、所在地には古代寺院も存在したと推定されること[6]を指摘して、まず神社と、神社が所在する林村、道明寺村の昭和初期までの変遷をみる。

（二）前近代の村と神社

林村は、近世前半には天領であったが、元禄十四年（一七〇一）に渡邊備中守（のちに伯太藩）の所領となった。『旧高旧領取調帳』[7]によれば幕末期の村高は四百二十石余である。明治三年（一八七〇）に廃藩置県により伯太県となり、合併をくり返して、明治四年堺県、明治十四年大阪府に属することになった。その後、町村制施行と同時に明治二十二年四月に沢田村に属し、同三十三年には道明寺村に合併された。戦後、昭和二十六年（一九五一）に道明寺町になり、同三十四年に合併して藤井寺道明寺町（改称して美陵町、現在は藤井寺市）となる。

さて、古代の記録以降、伴林氏神社についての記事は、永正年間（一五〇四〜）から麻野靭負丞、麻野弥平太が「氏神牛頭天王」（別名拝志神社）を請け負っていたことが年紀不明（延宝年間〔一七〇四〜〕以後）の「覚」（別①-1-1-3「覚（神社由緒につき）」）に記載されているのみである。

また、近世の様子がわずかでも具体的に分かるのは、寛保二年（一七四二）の「口上書」や文化九年（一八一二）の「願書」によってのみである（別①-1-1-2「差上ケ申口上書」、別①-1-1-4「乍恐奉願上候」）。それらにも伴林氏神社は「牛頭天皇社」として登場する。牛頭天王は疫病や害虫を除去するとして中世から各地で祭られてくる神であり、より生活に密着した形で中世・近世の伴林氏神社は存在していたのである。この「願書」によれば、文化九年には東西六間（約一一メートル）、南北五間半（約一〇メートル）の「土手堀」で仕切られた敷地に、木の鳥居と灯篭掛け、瓦葺きの社殿[8]があったことがわかる。この社殿は寛政二年（一七九〇）五月二十六日に修復されたものであろう。[9]この後、慶応二年（一八六六）に拝殿が改築されるものの、近世後期から昭和初期までの約百年間、神社の造作は基本的に変化がないと考えられる。[10]林村の住民にとって、あくまで神社は村の「牛頭天皇社」であったのである。

一方、この時期には『延喜式』の「伴林氏神社」の所在地を林村に比定する動きが出ていた。その主力は村内の、あるいは村を超えた有力者層であった。[11]幕末には、この「伴林氏神社」にちなんで「伴林」を名乗った草莽の志士、伴林光平が林村から輩出されている。伴林光平は林村の尊光寺に文化十年に生まれ、西本願寺、法隆寺などで仏教を、その後各地を転々として国学や古学を学んだ。帰郷後も近畿一円の陵墓を調査するなどしていたが、文久元年（一八六一）二月、四十九歳で還俗し、尊王運動に奔走する。文久三年には大和五条での天誅組の蜂起に加わり、九月には捕らえられ、元治元年（一八六四）に処刑された。維新後、従四位を贈られて、戦前には「憂国の歌人」「大和義挙の参加者」として有名であった人物である。[12]

伴林光平は突出した存在にみえるが、国学の影響を受け、経済的実力を持った各地の豪農層が、幕末の政治運動を様々な形で支えていたことはよく知られている。光平の周囲にも、林村および周辺の村の有力者たちである麻野林叟、東尾杏陰、上田雍州、津守徳基らがいた。[13]伴林光平の言行は、いわば彼らの政治的主張が極端な形で具現化したものともいえよう。

彼らにとっては、この段階から伴林氏神社は「伴林氏神社」となった。それは、経済的社会的実力と、政治参加の権利との乖離が大きいという状況の中で、自らの正統性を、古代の権威と直結した「式内社伴林氏神社」という形で見出そうしたからではないだろうか。伴林光平が「突出した存在」でない、というのはその意味であり、であるからこそ、次項で述べる維新以降の神社をめぐる状況の変化にも有力者層は柔軟に対応し、「防疫神」＋「式内社」として神社を改めてとらえなおした上で、その運営に関わり続けていくのである。

（三）　近代の伴林氏神社

伴林氏神社は明治五年（一八七二）に「村社　伴林氏神社」とされた。しかし、社格制度こそ整備されたものの、郷社以下に格付けされた神社には、行政による補助は実質的には行われなかった。[14]このような神社を支えていたのが、近世の状況を実質的に引き継いだ兼務神職と氏子組織であった。兼務神職とは、比較的規模の大きな神社の神職が他の神社の祭祀者を兼ねる仕組みであり、地域神社の場合、一人の神職が十数社を兼ねることもあった。また、氏子組織は、明治初年、一種の戸籍制度として、すべての住民を神社の氏子として登録するようにした制度である。[15]比較的規模が小さく、あらたに神職を任命できない神社の場合には、この氏子制度は近世からの「伝統」に無理なく接合できる場合が多く、神社の維持に有効に機能した。

事実、伴林氏神社を維持していたのは村の有力者たちであり、道明寺天満宮の神職が兼務神職として大きな祭祀の時のみ出張していたのである。その詳細は明らかではないが、昭和期に「当神社ニハ既往、現在共宮座無之候間」と報告されている一方（d-5-75「宮座ニ関スル件御回答書」）、文化九年（一八一二）の社屋修繕願（別①-1-1-4「乍恐奉願上候」）には「渡辺越中守殿御領分　河州志紀郡林村庄屋　鍵預　猪惣太」と、慶応二年（一八六六）の棟札（a-2〈棟札〉）には「鍵預リ神主　年寄　麻野和佐次」と署名されている。これらの記述から、村の有力者が持ち回りで「鍵預」となり、「宮座」もしくはそれに準じた組織を形成して神社を維持していたのは確実であろう。後述する「伴林氏神社奉賛会」の役員にも、これら村の有力者が任命され、戦時下の日常的な祭祀に参加し続けるのである。

三　神社の拡張

（一）　神社の発見

伴林氏神社が顕彰され、拡大していくきっかけとなったのは、昭和七年（一九三二）の「軍人勅諭」下賜五十周年事業で取り上げられたことであった[16]。その後、同九年六月十五日付の『大阪朝日新聞』に、「西の靖國神社に　浄財を募って維持顕彰　荒廃から伴林氏神社蘇る」という見出しの記事が掲載された。それによると、これ以前から陸軍省・文部省・大阪府が、東京帝国大学国史科教授黒板勝美などの協力をえて再三実地調査をしていたが、六月十四日に大阪府社寺兵事課が保存顕彰方法をとりまとめて陸軍省へ送付した。その内容は、「祖国守護の武神を祀る由緒の神社としてふさはしい尊厳を醸し出し更に関西の靖國神社として一般愛国将兵の英霊も分祀しようと」いう目的を持って、社域を二十倍弱に拡大、増築や造林を行い、府知事を会長とした奉賛会を設立して、その寄附金で神社を維持しようとするものであった[17]。最終的には実現はしなかったものの、この段階での伴林氏神社復興の目的は、「武神」の顕彰による戦意発揚というものにとどまらず、戦没者の霊を祀る、関西の諸部隊にとっての「靖國神社」を建設するためのものであったのである。

この記事にはまた、「軍国日本最古の武神大伴氏の祖神を祀る神社として陸軍省が折紙をつけられた」とある。伴林氏神社には、その根拠となったと推定される「伴林氏神社由緒」（別①-3）が所蔵されている。これは、台湾軍司令官や興亜院総務長官を歴任した陸軍中将柳川平助の依頼により、水戸学の系譜を引く史家生田目経徳が作成したもので、古代史料や研究書をひきながら、伴林氏神社を唯一残った大伴氏の神社であるとしていた[18]。

当時、世界屈指の大都市であり日本有数の軍事拠点でもある大阪の郊外に所在し、幕末には志士伴林光平を輩出、交通の便も良く、さらには村の神社であって特段の由緒や後ろ盾を持たない可塑的な神社である伴林氏神社が、「武神」として顕彰される条件は整ったのである。

この昭和九年からの動きは一旦停滞していたが、神社の最盛期に一貫して勤務した予備役陸軍大佐渡邊喜一が社掌として赴任することにより、伴林氏神社の復興は本格的に始まる。この渡邊の赴任には大阪府が直接に関与しているようで、同十二年一月十六日付の大阪府社寺兵事課から道明寺村長松村平一に宛てた、南坊城良興（道明寺天満宮神職）が伴林氏神社の兼務神職辞任を承諾したとの通知がある（別④-1-11〜16）。南坊城良興の退職届は一月二十八日付であり、渡邊の赴任は二月五日付である[19]。

以後、運営を担うのは、「鍵守」以来の系譜を引く氏子惣代や林村の住人ではなく、陸軍とその意向を受けた予備役大佐の神職となり、「除疫神」＋「式内社」から「武神」へと、伴林氏神社はその性格を変えていくのである。

（二）伴林氏神社奉賛会

これら神社再興の動きの中心となったのが、「伴林氏神社奉賛会」である。前出の昭和九年（一九三四）六月の新聞記事にも奉賛会の顧問に陸軍・海軍大臣が、府知事が会長になる予定、と報じられている[20]。伴林氏神社に残る戦時期のもっとも早い史料である『伴林氏神社ニ関スル書類』（別④-1）の中には、昭和十年に印刷された「村社伴林氏神社奉賛会趣意書」（別④-1-7）が綴じ込まれている。

この段階での計画の大要は、①境内の拡張及び社殿の整備、②基本財産十万円の造成、③社格の昇進であった。この三つの柱は敗戦時まで追求されることになる。また、総裁は陸海軍大臣、会長が府知事、などと詳細に定められているが、この段階でも事業が本格的に動き出したわけではない。また、「重要日誌」昭和十二年二月十七日の項には奉賛会役員の「改選」が議論された、とあり、同十七年二月十日の「竣工奉告祭」の際の奉賛会会長の挨拶文にも「昭和十二年二月に設立」とある。何度か設立寸前の状況まで事が運んだものの、奉賛会の成立は同十二年二月、本格的な活動開始は、後述するように同十三年三月以降としたほうが良いようである。なお、奉賛会の会則、役員、事業計画などを検討する初の本格的な打ち合わせが同十二年七月十六日に予定されていたが、七月七日の盧溝橋事件による「動員下令」により中止となっている（別④-1-47「社寺兵事課長八月三日付照会案付属書類」）。

前述のように、奉賛会関係の文書は、伴林氏神社には多くは残されていないが、「〔奉賛会関係書類綴〕」（d-7-8）には同十三年十一月から同十四年三月まで、後述する勤労奉仕の時期の奉賛会の会議書類が綴じ込まれている[21]。これらによると、神社自体の会計についても奉賛会会長（府知事）の許可を受けること、寄附募集の際は訪問先へ第四師団から事前に電話をすること、陸軍から国防婦人会、阪神防空協会、在郷軍人会への寄附勧告すること、「大祭神事」を古式に則り適当なるものを考究すること、などが決定されている。また、社掌の増俸についてもこの場で議論されている。なお、この時期の奉賛会の実際の事務は庶務係長（理事：府社寺兵事課長）、会計係長（理事：第四師団職員）、事業係長（理事：神社神職）によって行われ、事務所は大阪府庁に置かれていた。

（三） 奉賛会の活動

昭和十四年（一九三九）三月には、本格的な寄附活動のために、「趣意書」「会則」「役員名簿」「事業計画」が作成された（c-91「〔伴林氏神社奉賛会趣意書〕」）。奉賛会の陣容が固まり、神社の再興が本格的に進み出すのは、この時期以降である。以下、体制が整った奉賛会について述べる。

まず、「趣意書」では、会の目的を、「伴林氏神社ノ神恩ヲ奉賽シ神徳ヲ発揚シ敬神崇祖、忠君愛国ノ国風ヲ涵養振作スル」こととし、当時進行中であった日中戦争における「皇軍の戦捷が　御稜威と神助に加ふるに肇国以来祭神等の遺し給へる優越せる伝統的精神力に因由する所あるを思はざるべからず」と述べて、寄附を募っている。この目的を達するために、奉賛会では以下の事業目標をかかげていた。

一、伴林氏神社ノ神徳発揚ノ助成
一、伴林氏神社ノ建造物ノ営繕及神域拡張事業ノ援助
一、伴林氏神社ノ維持資金造成ノ援助
一、会員及其ノ家族ノ福祉増進並ニ子孫長久ノ祈願
一、其ノ他本会ノ目的ヲ達スル為必要ナル事業

さらに、総裁（陸海軍大臣）、会長（府知事）、副会長（第四師団司令部付少将、府学務部長、大阪市助役）が就任した。このほか、名誉顧問には第四師団長、陸海軍省の次官をはじめ、永野修身、寺内寿一、松井石根、林銑十郎などの陸海軍の大将、顧問には、陸軍省副官、大阪聯隊区司令官、堺聯隊区司令官などの陸軍幹部、野村徳七、菊池恭二などの大阪出身の貴族院議員などが名を連ねていた。また、事務所は大阪府庁から伴林氏神社社務所に移っている。「事業計画大綱」では境内地の拡張整備、社殿などの造営のほか、神社維持の基本財産（運用費で神社経費を捻出するため）として十万円の造成、社格の昇進（府社もしくは国幣小社まで）が掲げられていた。この事業のための収支計画は以下のようであった。

収入

陸軍寄附金	一四〇〇〇円	
海軍寄附金	一五〇〇円	
在郷軍人会寄附金	一二二〇〇円	
特志寄附金	二九二〇〇〇円	（奉賛会会員寄附金）
雑収入	五〇〇円	
計	三三二〇〇〇〇円	

支出

造営費	一〇〇〇〇〇円	（社殿その他工作物）
敷地及風致改善費	一〇〇〇〇〇円	（境内、参道整地費）
基本財産造成費	一〇〇〇〇〇円	（基本財産として寄附）
拡張地域買収費	一五〇〇〇円	
奉賛会諸費	五〇〇〇円	
計	三二〇〇〇〇円	

これをみると、昭和十四年の段階で、収入目途の重点は陸海軍の寄附から一般の寄附金に移っていったことがわかる。このことは、同年八月二十二日の報告に反映されている。奉賛会会員は大阪府下を中心に「目下十万人」、昭和十三年度の収入五〇、九〇五円五三銭、支出二三、六四二円一六銭とされている（d-5-18「神社附属団体ノ件報告」）。

奉賛会は伴林氏神社の再建を担う組織として設立された。日中戦争の勃発などで活動の開始は遅れたものの、渡邊喜一が赴任し、勤労奉仕が始まった昭和十三年以降、その目的達成のために活発に活動していったのである。

（四）社域拡張

奉賛会の組織化と並行して拡張計画の方もすすめられていた。以下、「土地購入営繕ニ関スル書類綴」（c-1）にもとづいて、戦時下の神域の拡張と建造物の増改築について検討する。

当初は専任の神職がいないことも要因になったのか、昭和十一年（一九三六）年七月二日付の海軍からの千五百円奉納の通知（別④-1-9〔通知〕）があるものの、拡張予定地四、四九五・二三坪の売買契約が成立したのは、渡邊の赴任後の同十二年五月二十二日の事であった（別④-1-37「通知（売買契約成立の報告）」）[22]。渡邊の赴任から一年、戦局が一時安定した同十三年の半ばから拡張計画は再び動き始める。同年の八月には周壕堀作、拡張地上地、社地の風致改善工事が計画され、十一月からは学校生徒などの勤労奉仕によって拡張工事が開始された。これらの勤労奉仕の様子は、橿原神宮への勤労奉仕などと並んで、『大阪朝日新聞』（昭和十三年十一月二十八日付）に作業を行う安井英二府知事や谷壽夫陸軍中部防衛司令官の写真入りで紹介されている。勤労奉仕は、昭和十三年十一月二十七日から同十六年八月三十日までの間に実施され、累計で五百九十一団体、七四、四六九名が参加している。その主力は小中学生であるが、各地の在郷軍人会や国防婦人会、青年団なども参加し、新境内地の整地作業に投入された[23]。さらに境内拡張計画は進み、西側正門から本殿までの参道の北側四九六坪を整地・風致上の支障から編入したいとの願書が十月二十日に社掌・氏子総代から提出されている。この編入は同十四年一月十三日に許可され[24]、この時点での境内地は五、五四〇・二三坪（拡張前は五四九坪）になった。

同十四年二月二十七日には、第三回拡張の許可申請が「将来ノ計画上狭隘ヲ感ゼラレ候間」という理由で行われている。この計画は北西部と北部の六、四六四坪を総計二一、五〇二円八〇銭で買収するというものであり、この段階で総計一二、〇〇四・二三坪となる巨大な境内地を形成することとなった[25]。これら第一次から第三次までの買収費には稲・梨に対する離作料も含まれている（c-1-22「離作料　名簿」）[26]。

また、仮社務所、本殿、拝殿をはじめとする建築物は、奉賛会が建築して神社に寄贈する形を取った[27]。石鳥居の竣工は同十六年十月二十九日、社務所、新橋、燈籠、制札、社号標、狛犬、手水舎、参道整備の竣工は同年十二月十七日のことであった。さらに、靖國神社の手水舎を譲り受け、同十五年九月には移築が完了している。前総理であり、国民の人気も高かった近衛文麿が「伴林氏神社」と社号を染筆し、更池銀行が寄贈した社号標も同十七年十一月二十二日に竣工し、除幕祭が行われている（c-1-69「摘要書」）。

この様に、伴林氏神社の境域は着々と整備されていき、同十七年の年末には、武道場、修養道場や神森などを除いて、神社はほぼその全容を整えるに至った。この境内整備の過程を整理してみると、周辺の民有地を買収し国有地に編入した後、学校生徒を中心とした勤労奉仕で整地を行い、軍関係者や一般からの寄附金に由来する奉賛会の資金により、陸軍の監督で社殿を建設するという、当時の伴林氏神社の位置を反映したものであった。

（五）　社格昇格

また、村社からの昇格も重要な課題になっていた。昇格の準備は昭和十六年（一九四一）半ばには始められていたようで、八月二十九日には松井社掌が府社寺課へ昇格書類を持参している。この書類は十二月十七日に府から一旦差し戻され、十二月二十五日に再提出、同十七年一月二十一日に府から社格上昇の決定権を持つ内務省外局神祇院に提出されている。このとき提出された願書の控えが、「昇格願書並関係書類」である[28]。同年十二月二十一日には大阪府内政部長から「神社昇格ニ関スル件紹会」が通達された。同年一月に提出した書類に関する神祇院からの質問への回答が求められたのである（b-9-1）。神祇院の質問の内容は、由緒、在郷軍人会の負担金の集め方の確認であった。「〔昇格に関する書類綴〕」はこれに対する回答に関係する文書が綴じ込まれたものである。[29]このような書類のやりとりののち、同十八年九月七日には最初の申請以来二年で府社への昇格が果たされた。これを祝って、十月七日には「昇格奉告祭」が行われている。

このような「奉告祭」は前述の神社拡張事業の節目節目にも行われている。同十三年十月二十四日には地鎮祭が奉賛会会長府知事池田清、顧問中将柳川平助、中部防衛司令官中将谷壽夫ほか三百六十名が参加して行われている（b-11「自昭和十三年　伴林氏神社御営繕ニ伴フ諸祭典関係書類綴」）。また、同十五年八月五日には御本殿立柱上棟祭が行われ、餅撒きが行われている。

（六）　神社の祭礼

これらの拡張工事関係の祭礼のなかで最大の規模で行われたのが、昭和十六年（一九四一）五月二十六日の「御本殿遷座祭」と同十七年二月十日の「竣工奉告祭並祝賀式」であった。

遷座祭は、念入りな準備がなされた様である。「重要日誌」によると、五月二日から準備が始められ、五月十五日には午後七時から十一時まで、府の係官の出張を仰いで実際と同じように予行演習を行ったうえで、本番に臨んでいる。当日は、午後一時から御本殿拝殿祝詞殿神饌所祭器所の清祓式を行い、夜に入った午後七時三十分から御本殿遷座祭が執行され、午後九時三十分に終了している。なお、午後七時三十分より同八時までの三十分間、ラジオ中継も行われている。奉賛会総裁・会長の代理のほか、関大阪師団長、大阪警備府司令長官小林中将、大阪商工会議所会長代副会頭湯川忠三郎、帝国在郷軍人会代表吉積中将、道明寺村長松村平一、国防婦人会代表、崇敬者総代々表、氏子総代々表、山口道明寺国民学校長、道明寺国民学校児童などを迎え、工事報告の後、挨拶、祝辞、直会が行われた。

規模の大小はあるが、これらの祭典のたびに神社には特別の注目が払われていったのである。神社への注目度の変化が端的に追える事例として、毎年一月十五日に行われる「ドンド祭」がある。「重要日誌」から「ドンド祭」に関する記述をひろうと、以下のようになる。

昭和十三年

午前九時ヨリ「ドンド」祭ヲ行フ、青年団員約五十名紅白両軍ニ分レ「ドンド」ノ焼キ合攻防戦ヲ展開シ壮快ナリ

昭和十四年

午前九時ヨリ河南北部青年学校奉仕団勤労奉仕ヲナシ午後ヨリ攻防戦ニ参加シ境内福引ト共ニ参拝者多数アリ

昭和十五年

午後一時三十分ヨリ「ドンド」神事ヲ行フ、烈風吹キスサブ寒氣ナレド見物人黒山ノ如ク出店モアリ大ニ販フ、當日中央放送局ヨリ局員出張神事ヲ録音ニオサム、来ル二十八日午前十時ヨリ放送スル由、又朝日新聞社ヨリ「ニュース」映寫班出張撮影ヲナス、大朝、大毎、大阪時事各新聞記者来社、行事午後三時大ニ終ル

このように、昭和十三年の段階では地元青年団の祭りであったものが、その勇壮さが「武神」にふさわしいということで、報道機関の注目を急速に集め「見物人黒山ノ如ク」状況になっていったのである。(30)

四　戦時期の神社

（一）　様々な参拝者

「武神」は、特定の行事がなくとも多数の参拝者を集めるようになっていった。対米開戦前後の昭和十六年（一九四一）の後半だけをとっても、以下のように大勢の団体参詣者が訪れていた。

十月三日
午後一時道明寺村銃後奉公會主催ノ武運長久祈願祭執行ス、参列者二百五十名
十月四日
午前十一時城北銃後奉公會員六百名参拜祈願祭ヲ行フ
十一月十六日
大阪中央電話局約二千四百名参拜祈願ス
十一月十七日
午後前十一時五十分林氏親和會々員林桂中將副會長先頭ニ約百三十名参拜御神前ニテ奉告祭ヲ執行、終リテ青年會舘ニテ野戰料理ニテ接待ス、副會長ヨリ伴林氏神社ニ就テト題シ御講演アリ、渡邊社掌ヨリ御祭神ノ御功績ニ就テ話シアリ、社前ニテ記念撮影ノ後午後三時退社
十一月十八日

十四日ヨリ二十日迄大阪中央電話局約八百名宛毎日参拝
皇軍ノ武運長久祈願祭ヲ執行、渡邊社掌ヨリ神社御由緒ニ就キ講演アリ
　十二月二十一日
午後二時宣戦奉告祭執行ス
助勤神職西澤、吉年、加藤三氏、参列者左ノ如シ
福見大佐、在郷軍人會南河内郡聯合會分會長吉年宗兵衛以下五百名、中島榮藏、氏子總代、駐在所、氏子、名誉職員多數
　十二月二十二日
午前六時道明寺村戰勝祈願祭執行、約五百名参拝

また、このように職域・地域ぐるみで訪れるのではなく、単独で参拝に訪れる人々も多かった。教員や学生、各地の有力者など、伴林氏神社が「式内社」であり、「武神」であるという面に注目した参拝者が多かったようであるが、とくに軍高官に絞ると、昭和十九年六月のまとめでは（d-5-138「神社明細帳整備報告ノ件」）、左記の陸海軍将官が参拝していた。(31)

陸軍大将　寺内寿一　阿部信行　林銑十郎
陸軍中将　李垠　柳川平助　谷壽夫　熊谷敬一　林桂　石井嘉穂
　　　　　吉住良輔　平松英雄　秦眞次　大島健一
陸軍少将　河村薫　三浦忠二郎　下川義忠　関源六

以上、社域の拡張と社殿の建造の経過に関して述べ、あわせて祭典や参拝者の様相について述べた。伴林氏神社の偉容は昭和十七年には整い、それに従って参拝者の規模も拡大していったのである。

（二）　戦時下の神社

神社の活動を跡づけることの出来るもう一つの史料が「諸願指令書綴」（d‐5）である。この簿冊は、神社から管理責任者である府知事に対する許可事項の上申や、そのほかの発信書類を綴り込んだものである。このなかには、私事旅行許可、会計の処理、境内の枯れ木処理、施設管理、消耗品の調達などの、まさに「神社の日常」を示す文書が含まれている。ここでは、この史料も使用しながら、戦時下の神社の活動について述べる。

まず、昭和十八年（一九四三）二月一日現在の府への報告書（d‐5‐105「神職ノ社会活動ニ関スル調査ノ件」）を補いながら、当時の神社の状況をまとめておく。この時点での伴林氏神社の職員は神職二、雇人一、社僕一であった。毎月の祭祀は、一日（武運長久祈願）、八日（大詔奉戴日）、九日（月次祭）、十五日（武運長久祈願）に行っている。これらの祭礼はもとは九日の月次祭のみであったが、同十四年四月からは一日（九月からは興亜奉公日として設定される）、同十五年四月からは十五日にも行うことになった（「重要日誌」）。参拝者には神社由緒を無料で交付し、時には口頭で説明することもあった。

大きな祭礼は一月十五日のドンド祭（同十七年より中止）、五月の尚武祭、七月二十五日の夏祭、十月九日の例祭であった。これらの祭のおりには武道大会が催される場合もあった。さらに正月三が日の参拝者の多い時期には、関係団体が献花・献茶を行っている。国民学校生徒は毎月一回境内清掃、青年学校生徒は神域内での訓練を行っている。ユニークなのは「郷土文化ニ対スル事項」であり、ここには、伴林光平愛国百人一首入選を受けて青年団の歌合わせを行ったこと、境内外出土品を整理して考古学者の参考に資していることが記されている。

これら、神社の活動の目的の一つは、祭典、講話を通じて氏子、崇敬者を教導することにあった。同十六年二月十三日の府下神職会議での知事訓示の要点も、①国民精神の昂揚、敬神思想の普及に力を入れること、②町会、部落会、隣組等、下部組織と密接な連絡をとること、であった（b-42-2「府下神職会議知事訓示」）。これらは当時、個々人の生活習慣を改善し、国民の総力を戦争に集中しようとする「公私生活刷新運動」の推進と連携したものであった。

（三）戦争の深刻化と神社

戦争が深まるにつれて神社を悩ましたのは、神事に使用する特殊な物品の不足であった。これらは配給にたよる部分が大きかったが、その配給をつかさどる神職会の支部の通知からこれらの様子がうかがえる。昭和十六年（一九四一）十一月には早くも、神饌米、白布、種油、白足袋、清酒の不足が述べられ（b-42-47「十一月例会通知」）、同十九年四月には特に神酒については「質モ低下シマス」、菓子については「当分配給休止状態、二月以降アリマセン」、「スルメ鰹節ハ駄目」という状況になった（b-42-209「諸配給通知」）。また、雑務に使用する人夫についても、同二十年二月には「最近ノ人夫難ニ乗ジ、賃金以外ニ物ヲ要求スル通弊有之」（b-42-241「二月分神酒並神撰米配給ニ関スル件」）と述べられている。これらの状況は祭祀の内容にも反映され、同十九年十一月一日の月次祭では「武運長久闇取引根絶祈願」が行われている（「重要日誌」）。

物資の不足の次に備えるべきは直接的な攻撃、「空襲」であった。神職会の支部では、空襲下における神職の行動[32]、神体奉遷（b-42-28「神職常会開催ノ件」）について打ち合わされた。「重要日誌」の同十九年九月八日の項には「本日ヨリ滅敵ノ為全国各神社ニ於テ戦争終了ノ日マデ神職氏子宗教者一体トナリテ祈願ヲ行フコトトナリ」という記事が見られ、直接的な戦勝祈願が連日行われる。また、十二月十九日の「大阪附近最初ノ敵機爆弾投下」「三宅附近ニ爆弾投下　被害軽微」という記事以降、空襲に関する記事が多く見られるようになっていく。

この状況の中でも、拡張計画は推進され続けていた。武徳殿建築用に恵我藻伏岡陵（応神天皇陵・誉田御廟山古墳）の「枯損木」をもらい受けようとする申請書が社司、崇敬者代表から宮内省諸陵頭池田秀吉にあてて提出されたのは同十九年十一月十一日のことであった。この申請はすぐに許可され、十二月二十日には、五〜九間（約九〜十六メートル）の松材二十本に関する「物件領収証」が出されている（d‐5‐144〜147）。しかし、結局武徳殿は建築されなかった。

（四）敗戦と神社

昭和二十年（一九四五）八月十五日の「重要日誌」には「嗚呼一億又何ヲカ謂ンヤ　再建日本ニ邁進セシノミ」と記されている。しかし、敗戦後もしばらくは、神社は戦時中と同じ日々を送る。物資確保への努力は変わらず続けられ、諸行事への小学校等への参加依頼が続けられ（d‐5‐160「幣帛警備ニ関スル件御願」ほか）、九月二十六日には「戦争終息奉告祭」も行われた。

それでも、戦後改革の動きは伴林氏神社とその周辺に迫ってきた。同二十一年一月十五日には在郷軍人会藤井寺村班が解散して、かわって神前講が結成、二月三日には道明寺村翼賛壮年団解団祭が執行される。二月十四日には大阪市の中央公会堂で、国の管理から離れた後の神社団体である大阪府神社庁創設委員総会が開催され、連動して三月七日には南河内郡神職総会において、大阪府神社庁南河内郡支部（支部長は渡邊喜一）が創設されている。このように周辺の状況が変化するなか、伴林氏神社自体にも影響がでてきた。

まず、同年三月四日には奉賛会会則が改正された(b-28-4「伴林氏神社奉賛会会則」)。事務所を道明寺村役場に移し、「伴林氏神社ノ神思ヲ奉賽シ神徳ヲ発揚シ敬神崇祖ノ誠心ヲ涵養振作スル」ことを目的として、以下の事業を掲げている。

一、伴林氏神社ノ神徳発揚ノ助成
一、伴林氏神社ノ建造物ノ営繕及神域拡張事業援助
一、伴林氏神社ノ維持資金造成ノ援助
一、会員及其家族ノ福祉増進並ニ子孫長久ノ祈願
一、其他本会ノ目的ヲ達スル為必要ナル事業

このほか、奉賛会解散時には財産全部を伴林氏神社に寄附することも定められた。さらに組織を改編し、会長一名、理事若干名、幹事一名を役員として、会長には道明寺村長が就任した(33)。

この状況の中で、「除疫神」を「武神」にするために赴任した社司渡邊喜一自身も辞任することになる。渡邊はまず同年十月二十日に神社庁南河内支部長を辞任し、十二月二十日に後任の兼務神職南坊城良修に引継を行い、伴林氏神社を去った(34)。この混乱のなか、十月二十六日には「幣殿飾付ノ真榊五色絹及短剣(御鏡、曲玉除ク)並ニ拝殿飾付ノ錦旛(布ノミ)ヲ持去ラレ」、十一月十三日夜には「拝殿中央上部ノ掲ケタル幌ヲ持去リタル者アリ前回ノ者ト同一人タルヘシ附近ノ神社ニテモ同様ノ被害アリ」というように神社の備品が盗難にあっている(「重要日誌」)。

五　むすび

戦時中、「昭和十二年日支事変起ルト共ニ各種団体、出征者ノ祈願漸ク多クナレリ」「昭和十六年十二月八日大東亜戦争開始ト共ニ一層参拝及ビ祈願者ノ数ヲ増加セリ」という記述があるように（d-5-138「神社明細帳整備報告ノ件」）、戦争の拡大につれて、参詣者が増加しているのは確かである。また、伴林氏神社が、「武神」として再生し、「西の靖國神社」として一時圧倒的な尊崇を集め、戦時体制のための地域の拠点としても機能した。

しかし、戦時中に拡大した神社を支える社会的基盤（陸軍の後援、府の補助、勤労奉仕）を敗戦によって失った伴林氏神社は、従来の地域神社に回帰することになる。戦時期に社会を巻き込んだ多彩な活動を行ったものの、新たな社会的基盤を獲得したとまでは評価できない。古代の「式内社」以降、近世の「防疫神」、幕末期からの「式内社」＋「防疫神」、さらに昭和戦前期に「武神」となった神社は、敗戦後は地域神社として生き延びることになる。

註

（1）書籍としてまとまったこの数年間のものに限定しても、藤田大誠・青井哲人・畔上直樹・今泉宜子編『明治神宮以前・以後―近代神社をめぐる環境形成の構造転換―』（鹿島出版会、二〇一五年）、國學院大學研究開発推進センター編『昭和前期の神道と社会』（弘文堂、二〇一六年）、河村忠伸『近現代神道の法制的研究』（弘文堂、二〇一七年）などがある。なお、本稿は特に、喜多村理子『神社合祀とムラ社会』（岩田書院、一九九九年）、畔上直樹『「村の鎮守」と戦前日本―「国家神道」の地域社会史―』（有志舎、二〇〇九年）、櫻井治男『地域神社の宗教学』（弘文堂、二〇一〇年）を代表とする地域神社を焦点とする研究動向にその方法を学ぶものである。

（2）戦時期の地域神社研究では、この点が分析の対象としやすい創建神社について例外的に盛んである。近年でも橋本紘希「一九三〇年代における歴史顕彰と神社創建」(羽賀祥二編『近代日本の歴史意識』吉川弘文館、二〇一八年)は昭和十四年(一九三九)に創建された隠岐神社を対象に検討を加えている。

(3)吉田傑俊『丸山眞男と戦後思想』(大月書店、二〇一三年)や都築勉『丸山眞男、その人 歴史認識と政治思想』(世織書房、二〇一七年)などを参照。

(4)前掲畔上『「村の鎮守」と戦前日本』「序章」一〇~一一頁。

(5)伴林氏神社に遺されている資料については遠藤慶太・高島正憲・福島幸宏編『伴林氏神社史料』(フォーラム・A、二〇〇二年)を参照のこと。論考中に引用している「伴林氏神社資料であり、その目録も掲載している。なお、伴林氏神社の戦時期を短くまとめたものには、福島幸宏「伴林氏神社と「西の靖國」造営運動」(原田敬一編『古都・商都の軍隊』吉川弘文館、二〇一五年)がある。また、この時期の大阪の神社界の動向については、藤田大誠『大阪国学院史―創立百三十五年・通信教育部開設四十年―』(一般財団法人大阪国学院、二〇一七年)を参照のこと。本稿で引用する「d-5-75」などは伴林氏神社重要日誌」(別①-5、別①-6)を翻刻して掲載している。

(6)さらに本稿の背景である藤井寺地域の近世・近代の展開については『藤井寺市史 第二巻(通史編二)』(藤井寺市、二〇〇二年)、『藤井寺市史 第二巻(通史編三)』(藤井寺市、一九九八年)を参照のこと。

(7)『旧高旧領取調帳』(近藤出版社、一九七五年)。

(8)桁行五尺(一・五メートル)、梁行四尺(一・二メートル)、高一丈三尺(四メートル)。

(9)「重要日誌」昭和十五年二月二十八日の項には、改修中の社殿の屋根裏から寛政二年の棟札が発見されたことが記されている。

(10)また、前掲『藤井寺市史』第十巻、一九七頁には、文久三年(一八六三)五月の刻印がある一対の「献燈」が設置されていることが記されている。

(11)この考証過程については遠藤慶太「式内社の考証と顕彰―伴林氏神社の調査から―」(『市大日本史』五、二〇〇二年)を参照。

(12)戦前には、武田彌富久『天誅組義士伴林光平一代記:附水郡父子一隊の活動』(育文館、一九一七年)、佐佐木信綱編『伴林光平全集』(湯川弘文社、一九四四年)など、多数の書籍が出版されている。また、尊光寺門前には、昭和十六年十一月に建設された「伴林光平先生歌碑」がある。

(13)彼らについては『道明寺町史』(道明寺町役場、一九五一年)、五〇~五一頁を参照。なお、林三丁目林墓地所在の「林雪麻野翁寿碑」(嘉永四年〔一八五一〕建立)に「号林叟称猪惣太」とあるので、文化九年(一八一二)の社屋修繕願(別①-1-1-4)に登場する「猪惣太」は、麻野林叟と同一人物か、その先代であろう。

(14)本稿の対象とする昭和戦前期に伴林氏神社に対する監督権をもつ行政機関は、大阪府学務部社寺兵事課であった。社寺兵事課では、貯蓄・精神動員・勤労奉仕・生活刷新・神職講習会・給与・昇進・境内林の管理等を行い、伴林氏神社からの申請書類はここに提出されることになっていた。昭和十六年（一九四一）四月一日には兵事課と社寺課に分離し、社寺行政の部局が独立した。また、神職の組織である全国神職会の地方組織として、大阪府下には大阪國學院が明治四十三年（一九一〇）に成立している。

(15)「河内第一大区二小区神社書上」によると、伴林氏神社の場合は、明治十年の段階で五十八戸が氏子とされていた（前掲『藤井寺市史』第九巻、五七一頁）。

(16)「重要日誌」（別①-5）の巻頭には以下の記載がある。

　曩ニ陸軍次官陸軍中将柳川平助等ノ提議ニ依リ明治天皇ヨリ軍人ニ賜リタル勅諭下賜五十周年記念トシテ、勅諭中ニ示サレタル大伴、物部ノ両大神ヲ軍人ノ祖神トシテ齋キ祀ラントシテ考證史家茨城縣人生田目経徳ヲシテ全國ノ神社ニ付物色シタルニ當社ハ大伴氏ノ祖神タル確證ヲ得タルヲ以テ内務省、大阪府、師團等ト協力シテ之ガ改築、昇格案ヲ進行シ既ニ陸海軍現役将校ヨリ参萬余圓ヲ據金シ一半ハ物部神社へ一半ハ當社奉賛会へ送附シ来レリ、然ルニ其間感情問題等ノ為暫ク行悩ノ状況ナリシモ機運漸ク熟シ具體的行動ヲ執ルコトトナレリ。現在ニ於ケル境内ハ五百四十九坪國有地ニシテ祭神ハ天押日命、道臣命、貞観九年二月二十六日官社ニ列シタル式内社ニシテ本殿ハ桁行五尺梁行四尺、拝殿ハ桁行参間梁行壹間参尺外ニ若宮（八幡神社）ノ小祠ヲ摂社トス附属物トシテハ石ノ鳥居壹基、石燈籠参基獅子狗壹基ノ外八脚、三寶若干アル外何物モ無シ。境内ハ古松老楠数十本天ヲ覆フ。

　この文中の「感情問題」とは、昭和八年（一九三三）六月に発生し、十一月に解決した「ゴーストップ事件」を指すと考えられる。交通取締まりをめぐる兵卒と巡査のトラブルから、大阪府と第四師団、果ては内務省と陸軍省との対立にまで発展した。

(17)奉賛会の事務は第四師団経理部が担当したようで、神社には奉賛会が保持していたはずの文書はほとんど残されていない。また、陸軍から奉賛会への寄附金は、第四師団管下の国防婦人会員五十万人から一人二十銭（うち半分は大阪招魂社へ）、帝国在郷軍人会員から一人五銭の献金をうけて賄われたものであるという（『藤井寺市史』第二巻〔通史編三〕藤井寺市、一九九八年、四八四頁）。

(18)この「由緒」については前掲遠藤「式内社の考証と顕彰―伴林氏神社の調査から―」を参照のこと。

(19)渡邊喜一が引き継いだとき、「但シ金銭物品等ハ何等引継ヲ受ケタルモノ無シ」という状況だったと言われている（「重要日誌」）。

(20)昭和九年（一九三四）三月に、陸海軍両大臣を総裁、大阪府知事を会長として奉賛会が結成されたという記録もあるが、その詳細は不明である（d-5-138）。

(21)昭和十三年（一九三八）十一月十日には奉賛会の会議（実行委員ノ打合セ、役員幹事会）を、大鉄（現、近畿日本鉄道）社長応接室で第一、第三金曜日におこなわれることが申し合わされている。開催場所はこの他に、林青年道場、軍人会館などである。なお主な参加者は、湯川忠三郎（大阪商工会議所常議員）、佐竹三吾（大鉄社長）、渡邊喜一、田中季太郎（奉賛会常任理事）、池辺賢司（府属）、木村義一（府技手）、麻野芳一、中井元一（大鉄支配人）である。

(22)その内容は、土地買収額一二、一三七円一二銭（坪当二円七〇銭）、離作及地上物件補償料と諸雑費の合計で二、〇五五円八〇銭であった。

(23)ただし、やはり労働力の質としては劣っていたようである。昭和十四年（一九三九）三月の奉賛会の会議で、常任理事は一度「奉仕人員延四万人」とした報告を「右ハ土工専門家ノ人員ニシテ一般ノ奉仕員ナレバ約二十万人ヲ要スル」と訂正している。

(24)その内容は、第二回拡張土地購入済届によると、土地買収額一、三三九円二〇銭（坪当二円七〇銭）、支障物件取除料三〇一円九九銭、移転登記諸費一四円一銭、であった。

(25)買収費一七、四五二円八〇銭、離作及地上物件補償料と諸雑費の合計が四、〇五〇円。

(26)昭和十六年（一九四一）三月末には西参道の拡張のために一六九坪七合を減少し、境内地は一一、八三四坪五合三勺になった（c-1-24「神社境内地減縮並ニ処分ノ件御願」）。

(27)c-1-36「社殿建設奉納申込書」。また昭和十五年（一九四〇）一月八日には内務省考証官阪本廣太郎が来社し、本殿改造のための調査をおこなうなど（「重要日誌」）、建築様式にもかなりの配慮がなされたようである。

(28)c-11、別①-4。この二点の史料の内容はほぼ重複していて、別①-4が下書き、c-11が複本と思われる。このなかには、由緒、氏子、経費、財産などがまとめられていて、神社の状況を把握することができる。また、巻末に「事業概要中間報告書」が綴じ込まれている。そこには寄附者一覧があり、大阪の主要企業のほとんどが寄附していることがわかる。

(29)このなかに綴じ込まれている「(神社調査綴)」（b-9）には、周辺の他の神社の様子（氏子数など）も記載されている。

(30)この後、昭和十七年（一九四二）からは「本年ヨリ大東亜戦争中「トンド神事」取止ム」となっている。

(31)また、昭和十三年（一九三八）七月九日に落成した大阪軍人会館の屋上の護国神社に、伴林氏神社の分霊が祀られた（「重要日誌」）。

(32)防護服を着用して社頭で防護するのか、着装の上神前に伺候するのか、が議論されたようである。

(33)これは昭和二十年（一九四五）十月二十二日の奉賛会役員会で決まった、「一、奉賛会ノ規則ヲ改正ス　一、事務所ヲ村役場ニ置ク　一、理事、監事ヲ五、六名減少シ地元本位トシ官公吏ハ退職ス」という方針にそったものであった（「重要日誌」）。

(34)「重要日誌」によると、辞令の日付は十月二十二日であった。

靖國神社と「福祉国家」
――方法的序論――

菅　浩二

一　はじめに

いわゆる「靖國問題」に関し筆者は、「「国家による戦没者慰霊」という問題設定」[1]（以下「設定」論文）等の拙稿において、靖國神社信仰が持つ固有の宗教的要素を等閑視した、政治優先の議論のみが前景化する傾向への疑念を示した。具体的にはそれは、祭祀という神霊と人間との交渉の場面において本来最も重要であるはずの、臨場する人間にとっての「霊」の存在感が等閑視され、生者と生者の間の政治的関係ばかりが問題とされることへの疑念である。かつて日本政治思想史研究の橋川文三が述べた言葉を借りれば「私たち生者は、死者の同意なくして、この問題を一方的に処理することはできないだろう」[2]にも拘わらず、である。しかし他方、これも「設定」論文で言及した通り、「靖國問題」の多くの要素が、尚も政治の領域に回収されること自体は事実である。

従って「靖國問題」を更に考えるためには、戦死者の霊のリアリティを意識しつつも、政治的領域を中心とし、経済・社会・宗教など他の領域にも拡がる、現代社会の構造を捉え返す視座を得る必要があるだろう。

本稿は、このような幅広い視座を得て、新たな議論を導くためのひとつの試みである。靖國問題と福祉国家を関連させる試みは、従来あまり見当たらないが、両者の間に「総力戦」を置くならば様相は多少変化する。二十世紀の福祉国家や社会国家出現の構造的淵源を、その枢要部において総力戦期に求めることもできるからである。日本の事例でも、陸軍の提唱で昭和十三年（一九三八）に内務省から衛生局・社会局を分離して設置された厚生省が、国民の体力向上と共に戦没軍人遺族や傷痍軍人への援護をも所掌し[3]、また第一・第二復員局（旧陸軍省・海軍省）を吸収した第二次大戦後も、靖國神社祭神の合祀事務に協力した事実[4]を想起されたい。

二　祭祀の場の「動態」と「階梯」

まず「設定」論文において筆者が提示した諸点を敷衍しながら、基盤となる認識について確認しておきたい。靖國神社は「神社」であり、神社の形式において戦没者の霊を祭祀する場を内包した施設として存在している。臨在する戦没者の霊魂と向き合う場を、祭祀の場として設定すること、これは法的な「宗教」扱いの有無にかかわらず、明治二年（一八六九）の東京招魂社としての創建以来、靖國神社が今日まで保持する性格である。各地の招魂社、現在の護国神社も含め、今日の筆者の視点から、かかる祭祀の場に関わって、以下二つの動態が指摘できる。即ち

①多種の文化的要素を包摂しながら一個の形式に到達した結果、成立している。

②多様な感情の生成する場として機能し、発展してきた複合的歴史現象である。

の二つである。ここでは端的に、①の動態を場への「吸収」、②の動態を場からの「放散」と表現して置く。

この二つの動態はいずれも、神社形式の戦没者祭祀の場（以下、適宜「場」と記す）が土着的信仰現場として示す「宗教」性と、世俗一般性を標榜する近代国家が要求する「非宗教」性との接合面で発生している。この宗教性と非宗教性の接合部には、「場」に臨む生者にとっての、戦死者という霊的存在のリアリティが位置している。「場」展開の史的原点が、忠死者の霊魂を招き鎮める「招魂」にあることが如実に示す通りである。勿論、オカルティズムならざる人文・社会科学の問題として記述や分析が可能なのは、生者の側の現象だけである。しかし「場」の基盤はあくまでも、生者が死者をどのように対象化するかの心理的要素の上にある。故に、死者の霊的存在を全く前提しない、換言すれば生者と生者の間の政治力学や法理論だけに関心を持つ如何なる見解や言説・運動も、「場」を包囲する「問題」の解決を導くことは、原理的に不可能なのだ。

そして、かかる祭祀の場の定式化自体も、死者と生者との関わり方にまつわる多様で複合的な要素を「場」の内側に包摂し（換言すれば「内側」を創出しつつ）、「場」の外部と関係し交渉しながら成立したものだ。[5]近世以前の人神祭祀の諸相と、招魂場から祠殿形式の招魂社、そして神社へ、の歩みについての先行諸研究から知られる通りである。この「場」の成立が出発としての①であり、更に②において外部と関わりつつ、集団的実践たる祭祀の反復においてまた①の動態が生じる。[6]「場」はこのように、戦争死者の霊を対象化する行為が持つ多面性の、吸収／放散を連続的に生起せしめる、①→②→①→…の再帰的過程を具現化する装置でもあった。[7]

二種の動態は連続的に生起し、その再帰的過程により、それら動態が生起する「場」自体も発展・展開する。その発展は今日も続いていると筆者はみるが、ひとまず「場」が国家行政下にあった時代を考察すると、この発展・展開は、制度上の扱いの改変という見えやすい形で、段階的に反映されて行った事が確認される。

明治から昭和前期までの近代日本史において、即ち国家の在り方が、身分制国家から国民国家へ、更には多民族帝国から総力戦国家へ、と変容していく過程で、「場」は如何なる段階を踏んで発展したのか。実例として、目を靖國神社から各地の招魂社に転じると、戊辰戦争の官軍戦没者たる官祭祭神を中心とした旧藩意識を覆うように、対外戦争に殉じた私祭祭神の近代国家性が積み重ねられていく過程を見ることができる。モデル化すれば以下A、B、C、Dの四つの階梯になる(8)。

A　近代国家建設の〈基礎〉という象徴性を内包する招魂社が、官費交付を受けるようになる（官祭招魂社）
B　このAの上に、対外戦争に殉じた私祭祭神が持つ、帝国〈拡大〉の象徴性が重ねられる（私祭合祀）
C　このBにより、戦死者祭祀の場としての位置を各地域的に確立した招魂社は、崇敬規模を拡大した（「府県規模」の招魂社）
D　このCは、総力戦期には「内務大臣指定護国神社」とされた（護国神社制度）

この階梯モデルは、各地招魂社に関わる制度を指標として抽出されているが、中央の靖國神社を排したものではない。各階梯の間は、各地招魂社の地域的性格（個別特殊性）に対する、別格官幣社靖國神社のナショナルな性格（国家的総体性・代表性）を媒介とした、②「放散」→①再「吸収」の再帰的過程により結ばれているからだ。

明治八年に定数化された「官祭祭神」に、以後主に対外戦争での戦没者の「私祭合祀」が加わる過程は、近代ナショナリズムに一般的な二種の「非宗教」施設、即ち、国父や革命志士の記念施設、および戦没者追悼施設、の関係性と並行である。だが日本の「場」の個別事例を、世俗国家行政が土着文化である神社の形式のみを利用して、遺族感情を数量的に寄せ集めた、と単純化することにも問題がある。神祇祭祀形式での「場」には、近代国家による戦死者記念の諸事例一般に還元し得ない要素が存在する、と考えられるからである。

「合祀」とは、動的・多面的な戦死者の霊が、祭神として特定の場に鎮まる、定着することを意味する。そしてその祭神の前の同一の場で祭祀が反復され、死者の存在感が逆に生者側の動的状態を集約する。これもまた、臨時祭典の場（招魂場）から恒常的施設（招魂社）へ、更に官祭と私祭を併せて「神社」へ、の「場」の歴史的変遷にも概ね示されている。「場」における祭祀の厳修によって、②「放散」→①再「吸収」過程に、神社祭祀に固有の、即ち神社形式によって（のみ）期待し得る、日本の土着主義的＝「土着的＋α」な神霊と人間の関わり方の要素が重なる。当にこの土着主義的要素を頼みとして、戦没者遺族らは靖國神社合祀に加えて各地招魂社への「私祭合祀」を求めたに他ならない。また遺族の「私祭合祀」の願い出は、最前線＝国家性の外縁における死者の霊を、国家の中央における靖國神社を経て、更に身近な郷土にも置きたい、との心性に基づくであろう。数十年間にわたるこの私祭合祀の追認により、現状が元来の官祭招魂社制度と全く齟齬するに至り、結果として総力戦期の昭和十四年（一九三九）四月に「護国神社」なる統一制度が置かれたのである。(9)

土着主義のうちの「＋α」部分は、地域社会に対しては総体・普遍性を、国際社会に対しては個別・特殊性を（イデオロギー的または暴力的に）代表する国家の中間項的な両面性と、人々の個別具体的な生活とのかかわり、である。日本列島も世界の一地域であるから、見方を変えれば、神社形式の戦没者祭祀に固有の、死者の霊と生者の関わり方一般に対する「土着的＋α」な限定要素は、世界的・普遍的なるものに対する「日本的」性格の主張たり得る。(10)こう考えれば「場」はまた、家や郷土など身近なところでの死者のリアリティと、ナショナリズムとが合致する（ことへの要求を受けて定式化された）場とも解される。ここには、動態①「吸収」と②「放散」の反復を通じて、動的・多面的な戦没者の霊が、統一された形式の下に、ネイションの代表性・一元性によって収束していく過程が含み込まれている。

実際に、明治四十二年より昭和十三年迄の約三十年間、第三代靖國神社宮司を務めた賀茂百樹は、一年間の各日ごとにその日死没した祭神名を列挙した『靖國神社祭神祭日暦略』（靖國神社社務所、昭和七年）で、祭神について「遺族より見れば父なり、兄なり、夫なりであるか、これに神格を授け給へば申すまでもなく国家の神である」、「遺族としては、わが祖先として祀ると共に国家の神霊として忘れてはならぬ」と述べている。藤田大誠は宮司としての賀茂百樹を考察し、「靖國神社の祭神は、村上重良がいうような「「英霊」とよばれる没個性的な祭神集団」であったのではなく、まさに個別具体的でありながらも「国民の神」、即ち「国民」的総合性への志向性を持つという「英霊」にほかならなかった」と指摘する。[11] 賀茂百樹の宮司在任期間が、「場」の四つの階梯では、ほぼBとCの時期に当てはまることも示唆的である。この在任期間は、靖國神社祭神数がそれまで三万余柱だった処に、日露戦争によりその三倍の九万柱近くが合祀された暫く後から、日華事変が泥沼化し戦没者数が激増、膨大な戦死者という不在の存在が、日本社会を不可逆的に変形せしめる事態の直前まで、に相当する。

三　「場」と一柱一神名の祭祀

さて、前掲引用[12]に先立つ部分で橋川文三は、例えば「あの戦争」を呪いながらも特攻隊員として戦死した個人すら「国家は涼しい顔をしてその若い魂をも靖国の神に祀りこんでしまう」として、「靖国を国家で護持するのは国民総体の心理だという論法」には、しばしば「生者の御都合によって死者の魂の姿を勝手に描きあげ、規制してしまうという政治の傲慢さがみられる」と述べる。ただしまた橋川は、靖國神社が「はじめから軍国主義形成のための霊魂支配方式であったとはいいきれないところがあるということです。さきに述べたことと矛盾するようですが、靖国思想もまた、日本人の伝統的霊魂観の延長線上にある、という側面を見落とすわけにはいかない」とも述べ、「靖国問題のむずかしさ」はここにある、としている。

動的で多面的な戦没者の霊が、「場」における動態を通じてネイションの一元性へと収束していく過程は、逆に見れば、ネイションの「天皇の国家」としての全体性が、死者の個別性を封じ込める過程、としても解釈し得る。[13]「場」たる靖國神社の圧倒的存在感に対する異議や懐疑、批判的検証として表明されるその種の解釈では、「場」は端的に国家のイデオロギー性や暴力性の具現化とみなされる。しかし筆者は、「場」の「土着的＋α」要素は、世界的なるものに対する「日本」の生活に即した特殊・個別性、或は他の宗教や精神文化に対する神社神道の固有性からの主張として、開かれた多様性に通じる道の可能性を有している、と考える。「場」の営みもまた一つの土着的個別性の開かれた表明たるこの可能性については、靖國神社への異議や懐疑の表明者はしばしば、注意を払っていないか、そうした個別性・特殊性自体に正の価値を認めていないようだ。あたかも、万邦無比を謳う「国体」思想に即して「国家神道の支柱」として機能してきた「場」の特殊性などに、国家のイデオロギー性や暴力性を超える人類的意義など存在する訳がないと、初めから思考停止しているかのようである。

「靖国思想もまた、日本人の伝統的霊魂観の延長線上にある」と看破した橋川の場合も、全くの例外ではない。橋川は「日本軍とともに行動した多くの異民族の魂をも祀り、慰めるという発想が神社の側に欠如しているかぎり、靖國といってもそれは日本人限りの部族神信仰に帰ってしまう」と述べ、その視点でそのまま海外神社の問題も取り上げている。だが、異民族を祀る発想が靖國神社側に欠如している、との指摘は事実に反する。周知の通り現在、靖國神社には、朝鮮出身者約二万一千柱、台湾出身者約二万八千柱の祭神が祀られている。[14]

かたや、「場」の有する土着主義的な特殊性・個別性を重視しない態度は、逆に靖國神社に肯定的な側にも見受けられることがある。例えば、政治家などの参拝に際し表明される「どこの国にもある戦没者追悼施設」のひとつとして靖國神社を捉える態度がそうである。現実には「どこの国にもある」宗教中立的な追悼施設は、空前の大量破壊と殺戮の国家総力戦であった第一次世界大戦後の欧州諸国から一般化したものだが、もちろん靖國神社はそれ以前から祭祀の「場」として厳然と存在している。であるから正確には、第一次大戦以降に「どこの国にも」一般化したナショナルな戦没者記念の必要性という理念に即して、諸国の先行事例と共に、日本の靖國神社が「場」として有する機能の一部についても、普遍主義的に再解釈された、とみるべきである[15]。

「その名が示すように、戦争で命を捧げた、あらゆる宗教と階級に属する帝国の全国民の墓所となることが望まれる（一九一九年、セノタフの恒久施設化計画に際しての、英国議会庶民院における院内総務アンドリュー・ボナー＝ロウの趣旨説明[16]）。」記念碑としての「無名戦士の墓」や「セノタフ（「空の墓」の意）」が、当にどの個人にも属せず所有されない匿名性によって逆にナショナルな性格を獲得するメカニズムについては、ベネディクト・アンダーソンが「想像の共同体」論において考察した[17]通りである。更にこうした施設ではしばしば、中心の匿名性と対になる形で、各戦没者、ないし生存者を含む全従軍者の名を列記、石碑に刻む、名簿として安置する、等の形で配置され、戦没者追悼・戦争記念の対個人的・個別的機能を補完する[18]。

「その思い出のために記念碑を建立して、連合派全員の名を、たとえのちには公の大義を裏切ることになった人の名前でも、刻みつけてほしいものだ。このように偉大な行為は生涯の過ちを帳消しにすべきなのである[19]」。フランス革命以前の一七七一年に『ポーランド統治論』でこのように市民宗教的な祝祭空間を提案する時、ジャン＝ジャック・ルソーの脳裏には古代ギリシャの都市国家が想起されている。そして近代国民国家の追悼と祝祭の機能は、確かに一面において、今日に至る靖國神社の境内空間にも継承されているだろう。だがしかし、戦没者や従軍者を「名を刻む」ことで記念する行為と、「場」における神祇祭祀とは、形式的類似、機能的重複はあるものの、根本的には別種の行為である。この、重なりはあれども両者は本質的差異を有する、との認識[20]こそが、

「靖國問題」の向後の議論においても、また「場」が日本の「土着性＋α」から出発して、開かれた多様性に通じる可能性を検討する上でも重要であろう。

靖國神社や招魂社においては、一柱の祭神は、単一の神名において祀られてきた事実に注目したい。古来、神祇においては、一柱の神格が複数の神名を持ち得るものの、祭神として祭祀の場に鎮まる場合は、一個の神名が一柱に相当すると観じられてきた。祭神名を特定する・呼ぶという行為は祭祀者側の力の発揮であり、神名が霊璽簿に記され、合祀されることによって、動的・多面的な戦死者の霊が「場」に鎮まるのである。即ち靖國神社や護国神社の祭神一柱が単一の神名で祀られる事実は、もともと「名前」の持つ呪術性に対する土着信仰の延長にある、と思われる。ところが祭神が人神なるが故に、この一柱一神名の祭祀は、人格同一性という近代的前提、もっと言えば国民国家的な政治的前提、更に言えば国家総動員の前提が、死後の霊にも完全に及んでいる、との想定を、生者の側に持たせてしまう。

「せがれ来たぞや会いに来た」母は、息子の霊の実在をそこに感じて語り掛ける。特定の祭神を想起せずとも、「場」にあって抽象化された戦没者との対面し、過去の戦争に向き合い、平和を願う場合もあるだろう。だが「霊璽簿からの氏名抹消を」、「遺族に無断で合祀」、「死後も動員される」などの発言は、ほとんどの場合、生前の人格的同一性が神霊側にも連続している、という、具体化された「形式」を政治的に問題にしているのみで、実際は神社に戦没者の霊が鎮まると思わぬ立場から発せられているのではないか。「敵側を祀っていない」に至っては、今や八百万の神々に加わりかつての敵との和解し和合した英霊を思い、憎しみや悲しみを平和の神徳により祓い拭うこと、を祈る心の可能性は、想起されていないのであろう。そこには、かつての一個人の霊が祭神として抽象度を高め、生者に近しい個別具体性から、背後の超越的な神聖性までを結ぶ祈願の通路たり得る、というような想像力の働く余地は、全く存在していない(21)。

「靖國問題」には、一柱一神名の祭祀形式が、国家が近代的個人を記念し顕彰する形式と近接する故に、生じている要素が存在する。しかし、仮に国立戦没者追悼施設を建立して前者と後者の形式を空間的に分離切断したところで、「靖國問題」は続くであろう[22]。やはり、「場」に霊の実在を感じる人々への共感を拒否する如何なる言説も運動も、「靖國問題」の解決はおろか、その問題の基底を読み解くことすら、原理的に不可能なのだ。ならば、戦死者の霊のリアリティを意識しつつも、政治を中心に拡がる「靖國問題」の基盤を為す、現代社会の構造を捉える視座を得る手掛かりは、どこにあるのだろうか。

四 「覇権システム」を呪詛する「英霊」が示すこと

「靖国神社法案[23]」国会審議がヤマ場を迎えた昭和四十八年（一九七三）に、世界革命を呼号する無政府主義活動家としても知られたルポライターの竹中労が、この法案の成立を期する当時の日本遺族会会長で元「A級戦犯」の賀屋興宣と、そして竹中の目に戦後も汎アジアを「経済侵掠」する日本を、手厳しく批判した一文がある[24]。この文中で竹中は、自分は靖國神社の前を通る時「大鳥居に手をあわせてWの冥福を祈る」と明かす。Wは竹中の旧制中学の友人で、海軍飛行予科練習生の時、母親が郷里から愛情込めて霞が浦まで持参した好物の卵焼きが腐っており病没、靖國神社に合祀された。母親は「気が触れた」という。何とも気の毒な話である。

賀屋興宣とは、国学者・藤井稜威の子息で、学生時代に筧克彦の「古神道」思想に影響を受け、革新官僚から政治家となって第一次近衛内閣、東条内閣の蔵相として戦時経済を主導、「戦犯」収監を経て釈放後、日本遺族会会長、池田勇人内閣では法相を務めた人物である[25]。その賀屋に悪罵を投げかけ「「英霊」は靖国神社に祀られているか！」と叫ぶ竹中は、一方で、戦闘に散華した友以上に「おのれが生き残ってしまった〝戦後〟を支配してきた」Wや、靖國神社には祀られぬが、日本の戦争に徴用・動員され死んでいった帝国内の被支配民族たちの霊を、大鳥居の前に偲ぶ。「靖国神社に対して応分の補助金が国家から支出されることにも異議を唱えない。ただそれが〝祭政一致〟国家神道を復活させる道につながり、戦禍の記憶を忘却の彼方に追いやるヴェールとなることを警告しているのである」。ここには、極めて特異かつ逆説的ながらも、限界はあるが「場」の動態とその土着主義的要素を踏まえた上で、「土着的」な形で死者と対面しようとする、ひとつの靖國信仰の形が表明されている。

革命家・竹中のこの靖國神社観と共にいま一つ、比較政治学者の村田邦夫による著作『覇権システム下の「民主主義」論—何が「英霊」をうみだしたか—』(御茶の水書房、二〇〇五年)を紹介したい。

「普遍的人権を世界に向かって宣言した国家が、覇権国となる、強大国となる。つまり、みんな自由ですよ、平等ですよといっていた国が、それを否定してしまう。それと反対に、多くのものの自由や平等を奪ってしまったのですから、これは本当におかしなことでしょう」。このような認識に立つ村田は、同書「第一部」で彼が「〔覇権システム〕とその「〔秩序〕」と呼ぶ、ポルトガル、スペインそしてオランダ、イギリス、アメリカの覇権国を中心とする世界秩序を前提につくり出された「民主主義」が内包する矛盾を指摘する。そしてかかる「〔覇権システム〕」とその「〔秩序〕」の下の「民主主義」から「わたしたち一人一人」が自らを「解放」する努力が必要だ、と説く。総じて、「〔覇権システム〕」とその「〔秩序〕」の下にある以上、近代啓蒙主義以降の普遍主義的価値も全体として、差別を前提としており不平等や戦争を生む、戦後日本の「民主主義」も実は全くその下にある、という脱近代論的な懐疑の申し立て、と読める。その政治史的議論に付された同書「第二部」に、村田自身が霊と対話し聴いたとする「英霊」の声が収められているのだ。何か所か引用してみよう(カッコ内は同書の頁)。

オレたちは浮かばれないで、ずっとお前たちの傍らにいるんだ。しかしお前たちは全く傍若無人の体で、我らが世の春を謳歌しているじゃないか。これをあほくさいといわないで何というんだ。オレたちは、お前らの身代りで死んだのではないか。それなのにお前らはいつも決まってこういうんだ。『もう二度と戦争はしません。この平和を守ります。平和憲法を大切にします。』勝手にそういえばいいだろうよ。しかし、オレたちがなぜ死なねばならなかったのかについては、まったく答えていないんだ。（二八七頁）

みんな勝手にオレを霊として靖國に合祀しているが、本当にびっくりしているよ。霊となっても「自由」「平等」であることができないんだ。個人の「人権」もまったく認められていないんだ。なぜ合祀なんだ。なぜオレに聞かないんだ。「合祀していいか」と、なぜ聞かない。聞いても返事がないというのだったら、なぜ返事がないままにしておかないのだ。合祀しなければいいだろう。それが個の尊重ではないのか。それに、オレは特攻で割を食ったからいうのだが、オレ以上に割を食った奴がいたんだ。アイツも特攻隊員だった。なんで、侵略した日本のために働かされ、そして、日本人ではないのに、日本人以上の死に方をさせられ、挙句は、合祀とくりゃ、これは、死者を冒涜する以外の何ものでもなかろう。憲法で政教分離の規定があるから合祀は違憲だなんて、反対を叫ぶやつらがいるんだが、オレは、その憲法を持ち出して、オレたちを弁護しているような論を展開している奴らが一番、嫌いなんだ。第一、憲法が政教分離を認めていなかったら、それじゃいいのかい。（二九六～七頁）

「英霊」だなんて持ち上げていながら、なぜオレたち一人一人の御霊にお伺いをするわけでもなく、明治維新このかた国家に殉じたものを、十把一絡げ集めてしまうのだよ。お伺いを立てて、もし「御霊を大切にし

てくれ、祀ってくれ」という英霊がいたなら、なぜ彼一人のための神社をつくってやろうとしなかったのか。（二九八頁）

「あとがき」で村田は、本書で「なぜ「英霊」に拘泥したのかというと、日本で「英霊」といわれる人々も、中国の戦争記念館で「英雄」として奉られている人々も、実は同じシステムを支えている」、かかるシステムと秩序の下で作り出されたものに代わる新たな「民主主義」の模索なしに、「ただ「靖國」だ、いや「非政府施設」だ、「合祀」だ「分祀」だ、「護憲」だ「改憲」だと議論するばかりの現状に異議を唱えたかった」としている。「現状のままでは、日本は、西欧先進諸国が福祉国家の破産と非西欧の経済興隆の波の中で、ますますその厳しさが予想される経済衰退の状況に直面するであろうと同様に、その轍を踏む公算が大である」（三〇七頁）。筆者もこの村田の認識と同様の懸念を持つが、状況は残念ながら何も好転してはいない。ともあれ、村田が阪神・淡路大地震を体験した直後に語り掛けてきたこの「英霊の声」が、他界からの関与なのか、他界を意識したことにより村田自身の心理内面に生じた「声」なのか、は留保しよう[26]。ここに、村田が感じた死者のリアリティが述べられ、また戦死者の霊の言葉として、自らを死に至らしめた世界が論評されていること、が重要である。「英霊」は、戦死者も含めた人間の個としての尊重を、また自分たち戦死者は「「覇権システム」とその「秩序」」により死に追いやられたことを主張する。そしてこの「英霊」には、近代的な人格同一性は死者の霊にも及ぶ、被支配民族の戦死者は祀られることを希望しない、との前提があるようだ。本書ではこのリアリティに即して、靖國神社祭祀および反靖國派の主張の双方とも、生者による死者の無視だと見なされている。

語りかける「英霊」が抱くこの前提、そしてそれに即し、戦後民主主義もまた「「覇権システム」とその「秩序」」の延長だ、と説く村田の情念的基盤として、

ア：〈個人の人格同一性という近代的前提が、死者の側にも完全に及ぶ〉
イ：〈被支配者の戦死は、支配者側が定める形式では慰霊されない〉

の二項目が見て取れる。このアとイは、だが実は、霊の側の「前提」ではなくて、靖國神社を囲む近代社会の構造変化から導き出された、生者にとっての「結果」でしかないように思われる。

何よりこの「声」は、霊の人権や自由平等すら訴えて自らの存在感を強調する割には、そして祀られる事の是非を述べる割には、既述の「場」の動態に全く注意を払っていない。筆者の提示する「場」のA～Dの階梯は、確かに村田のいう「覇権システム」に日本が組み込まれる過程、換言すれば「覇権国」が英から米に移りゆく過程で展開している。先に強調した通り、「場」の形式は土着主義的＝土着的＋αの固有要素を有しており、そのうち＋α部分は、確かに「覇権システム」に対応した「秩序」として生じているだろう。しかし土着的部分は第一義的には、「覇権システム」とは無縁の、人々の生活そして霊魂観に即していると見て良いのではないか。

仮に生者の態度と死者の「声」の比較に意味があるとして、だが、自らが想起し得る死者のためならば、政治的立場は脇に置いて靖國神社に手を合わせる事ができる竹中の「土着的」態度と、システムと秩序の被害者たる自らの立場を盛んに訴える「声」とは対照的である。[27] 特に「日本のために働かされ…日本人以上の死に方をさせられ」とは、文脈から推測するに朝鮮出身特攻隊員を指すようであるが、史実としては終戦まで、朝鮮出身の出征者は陸軍士官学校出身者か特別志願兵に限られた。無論、出征者自身の内面的煩悶や葛藤については、察して余りある。[28] だが、その煩悶や葛藤を「働かされ」「死に方をさせられ」等と、能動／受動の構図の上だけで一面的に評価する「声」の方がむしろ、死者の尊厳に対する冒瀆に当たるのではないか。

故に「靖國神社問題」に関する村田の、もとい、村田に語り掛けてくる「英霊」の主張も、全体として、死者のリアリティに名を借りて、生者の理念を勝手に死者側に投射して成立する、政治的行為のひとつとしての異議申し立てに見える。かかる異議申し立ては一見、「英霊の声にこたえる」とする靖國信仰者側の行為や主張と対置されるようであるが、両者は等価ではない。既存の文化的基盤の上に、死者の霊の存在感を持って成立し機能している「場」に①②の如き動態があり、その「場」に多くの人が支持を示し参加し続けてきた事実は圧倒的に優位であり、異議の方が確実に劣位にある。

ただし村田が聞いた、アとイの二項目に集約される「英霊」の異議が、「場」が①②…の動態を持ち始めた時の「前提」ではなく、その後展開した現代の社会構造という「結果」に立脚していることは、筆者にとり非常に示唆的である。なぜならこのアとイが、他ならぬ「英霊」と生者との対話として示されている、この事実が、動態①②の再帰的過程（神社としては「祭祀の厳修」）が従来支持され動いてきたからといって、今後いつまでも大規模に支持されるか、には、保証がない事を表しているからである。即ち、ここに示されている社会と人々の意識の変化、それにより生じた構造的な差異こそが、今日の「靖國神社問題」なる現象の正体だといえないだろうか。

五　「靖國神社問題」の正体――〈近代社会〉と〈現代社会〉の構造的差異――

繰り返すが、ここで筆者が「靖國神社問題」の正体だと見立てるのは、「場」に動態①②の再帰的過程が生じ祭祀が機能し続ける、言い換えれば近代の創建当初より靖國神社や招魂社が立脚している「前提」と、霊が「個の尊重」を生者に訴える現代という「結果」との間の、社会構造と人々の意識における差異である。換言すれば、靖國神社が立脚し、またその中で営まれてきた「前提」としての〈近代社会〉と、その営みを含む歴史の「結果」として靖國神社を囲む〈現代社会〉の間の構造的差異、となるだろう。この〈近代社会〉と〈現代社会〉の差異を、補助線を引くことでより見えやすくしたい。

前述の通り橋川文三は、「靖國問題のむずかしさ」とは、靖國神社が、彼の言う「伝統的霊魂観の延長線上」と「軍国主義形成のための霊魂支配方式」の両側面を有しているところにある、と指摘する。筆者の言葉でいう「土着主義的＝土着的＋α」と重ねるならば、前者の「延長線上」は「＋α」に相当するが、後者の「霊魂支配方式」もまた「土着的＋α」ではあるだろう。であれば、筆者にとってはこの両者の差異は主として「＋α」部分の差異に帰する、ということになる。また「霊魂支配方式」は「生者の御都合によって死者の魂の姿を勝手に描きあげ、規制してしまうという政治の傲慢さ」として表れ、これは村田に語り掛ける「英霊」の異議の対象と同じである。だとすれば、橋川の指摘する靖國神社の両側面の質的差異はそのまま、右に挙げた「前提」と「結果」の間の時代的差異にも合致する。そして〈近代社会〉と〈現代社会〉の間に変化をもたらしたものは、やはり橋川の挙げた「あの戦争」即ち、昭和前期の日本が経験した国家総力戦と考えられる。

ここで補助線を引くために参照するのが、「総力戦体制」による全世界的なシステム社会への編成替え、という山之内靖の視点である(29)。

総力戦体制は、社会的紛争や社会的排除（＝近代身分性）の諸モーメントを除去し、社会総体を戦争遂行のための機能性という一点に向けて合理化するものであった。社会に内在する紛争や葛藤を強く意識しつつ、こうした対立・排除の諸モーメントを社会制度内に積極的に組み入れること、そうした改革によってこれらのモーメントを社会的統合に貢献する機能の担い手へ位置づけなおすこと、このことを総力戦体制は必須条件とした。

山之内は、非合理・専制的ファシズム型も、合理・民主的ニューディール型も、総力戦体制として社会の編成替え「階級社会からシステム社会への移行」を遂行した、とする。「社会システムは不動の秩序の実在によって安定しているのではない。「資本主義の一般的危機[30]」以降、秩序のゆらぎと動揺を内在化することに成功したシステム社会が現れた」と山之内は述べる。ニクラス・ルーマンによる「いかにして社会秩序は可能か」を命題とするシステム論的社会理論の系譜として、山之内は「階級社会」の登場期に現れたフリードリヒ・ヘーゲルと、

倫理的精神の弁証法的自己展開として　自然→理性　への上向

国家　＝　理性的倫理の場　（再統合）

↑

市民社会　＝　倫理の分裂態（経済関係の場）

↑

家族　＝　自然的倫理の場　（統合）

図１　社会秩序の可能性：古典的近代（ヘーゲル）

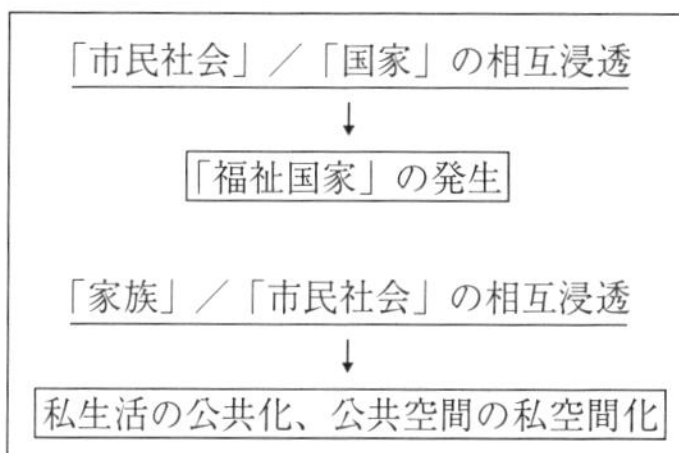

図２　総力戦体制による社会の編成替え：現代化

主要下位体系とその「境界相互交換」

企業（経済）　　**家族**

政府（政治）　　**組織統合**

宗教に由来する価値体系

社会成員による

a）価値体系の内面化

↓

b）価値体系の各次元での制度化

↓

c）価値体系による成員統合機能

図３　社会秩序の可能性：現代（パーソンズ）

「階級社会からシステム社会への移行期に現れた」タルコット・パーソンズの、両者の議論を比較する。議論は多岐にわたるが、本稿では目的をただ一点、上述の〈近代社会〉と〈現代社会〉の間の差異を見えやすくすること、に絞って参照し、筆者の理解を図示する（図1～3）。

古典的近代たる「十九世紀初頭においてすでにシステム論的方法と呼んでよい社会認識の枠組みを提起していた」ヘーゲルの場合、主に一八二一年『法哲学講義』等で、「人倫」における社会秩序の可能性は、自然的倫理の場である「家族」から倫理の分裂態である「市民社会」（経済の場）への移行、その「市民社会」から理性的倫理の場である「国家」への移行の、弁証法的な垂直上向展開の過程として説明されていた（図1）。

社会のシステム化により、国家を仲介に階級対立は制度化（労資交渉）され、国家の介入により教育機会が拡大して、階級を超える社会的流動性が制度化した。そしてヘーゲルが、国家と、経済の場である市民社会と、家族との間に捉えた境界線が、総力戦により曖昧化した。国家と市民社会の相互浸透は「福祉国家」を、家族と市民社会の相互浸透は、私生活の公共化、公共空間の私空間化をもたらした（図2）。

ヘーゲルの論に対し、主に一九三七年『社会的行為の構造』及び一九五〇年代の諸著作に記されたパーソンズの論では、社会秩序の可能性は、宗教由来の価値体系の、(a)社会成員による内面化、(b)各次元での分節と制度化、(c)各集合体次元での統合機能、という下降過程が中心軸となり、それに対し、家族、企業、政府、組織統合の下位体系が六本の線で結ばれる四角形の面をなし、水平に交差する構成を採る。六本の線の関係が、各下位体系が産出する固有要素の「境界相互交換」である（図3）。

筆者の引く「補助線」とは、この図1及び図3から、「靖國神社問題」の正体を為す〈近代社会〉と〈現代社会〉の間の差異を、ある程度見えやすくしようというものだ。靖國神社・招魂社で始動した①②①…の動態は、階梯AからBに進む以降の「場」の「＋α」部分において、家・郷土に於ける戦死者のリアリティをより高次の倫理的統合である国家が包摂する、図1にみるような「古典的近代」の構図に、思想的にも合致した。史実としても、市民の存在に先行する社会的有機体たる国家観を社会契約説に対置するヘーゲルの法哲学体系が、国家学と共にドイツから明治期日本に持ち込まれ、国体論などにも影響し、システム社会論的機能を示した事が推察される(31)。

図2が示すのは、端的には「総力戦と現代化」により、国家が個人としての市民に先在する全体的共同体ではなくなり、経済社会と国家が相互浸透する過程であり、「福祉国家」はこの浸透の所産である。筆者の視点では、産業化の歴史の中でナショナリズム成立の基盤となった文化表象と社会構造の複合次元での動態が、極めて効率的・短期的に、総力戦への生産と動員として反復された過程が含まれている(32)。そしてかの「どこの国にもある」宗教中立的な戦没者追悼施設はこの過程で、国家の行為による未曽有の大量死という「秩序のゆらぎと動揺を内在化」する機能として現れた。靖國神社も「＋α」部分において、かかる機能的な性格を受容したのである。

日本史では大正期の「社会」の登場や、住友陽文の表現を借りれば、国家の「規律化」により「感化させていく権力、すなわち文化の権力」による「現代化」の側面も(33)、この図2の過程に含まれている。「場」についていえば、前掲の階梯CからDがこの過程に相当しよう。そして泥沼化する日華事変の中で、確実に「不在の存在」として社会に落とす影を濃くして行った戦没者の存在感は、以後、大東亜戦争における空前の大量死と敗戦を経て、格段に「総力戦と現代化」過程を深化させた。

その結果、戦死者のリアリティは、図3に見るような「家族」と「政府」の「境界相互交換」の媒介となる。靖國神社合祀事務への「協力」は、遺族援護の行政サーヴィスの、即ち国家による福祉事業の範囲で行われた、と解し得る。しかし最早、①②①…の動態においても「＋α」部分で「前提」とされていた、国家の倫理的統合における包摂、の自明性は失われている。様々な水準や次元はあれども、ひとまず「天皇の国家」という価値体系を内面化した人々にとって「場」は統合機能を持つが、そうでない人々の目には、国家的追悼がもたらす個人内面への介入として、異議の対象としてしか映らない。そしてまた、崇敬者を含めた宗教法人靖國神社も「組織」として「家族」や「政治」、「経済」の体系との間に境界相互交換関係を有する。いわゆる首相参拝や「A級戦犯分祀」云々が問題化されるのも、この関係において理解することが出来るだろう(34)。

六　むすび

以上、靖國神社・招魂社という「場」における信仰と動態の考察を軸に、戦死者の霊のリアリティを意識しつつも、近代および現代社会の構造を捉え返す視座を得るべく議論を進めてきた。無論、前節に示すような社会構造の変化の面から「正体」を見立てたところで、「靖國神社問題」の全てを解明できる訳ではなく、況やこの「難問」の解決策が直ちに現れる訳でもないのだが、むすびに当たり一点、指摘しておきたいことがある。

一点は、総力戦体制においては、戦死者という「不在の存在」さえもまた、戦争が遂行される限り生産され動員される資源であった、という恐ろしい事実である。資源としての死者の生産と動員とは、何とも非人間的な不快な印象を与える表現だが、戦死者の顕彰はすなわち戦死者を再生産する軍事的機能だ、とする「戦死者のサイクル」論者などは、靖國神社をそのような総力戦への動員施設と見なしているのであろう。しかしながら繰り返しているが、靖國神社も招魂社も、総力戦以降に現れた「どこの国にでもある」追悼施設と機能的重複はあれども等価ではなく、また橋川も述べるように「はじめから軍国主義形成のための霊魂支配方式であったとはいいきれない」。その「場」で行われているのはあくまでも、戦没者の神霊の臨在感に即した祭祀だからである。

だが総力戦への「不在の存在」資源の動員があり、一柱一神名の靖國神社祭祀がその舞台となっているとすれば、それは、再帰的に繰り返される動態の、総力戦下のどこかで「場」の外部から、戦没者の人間的内面への関心以上に強い、増加する数値への関心が、土着主義的性格のうちの「＋α」部分に持ち込まれたことを意味するだろう。この持ち込みの時点を、大まかにでも特定できるかどうかはわからないが、ともあれ多くの「国家神道」論の如くに、明治期以来の一貫性を仮定する必要はないように思われる。或いはこの持ち込みにより土着主義の全体が変容したとして、「総力戦神道」と靖國神社、という研究対象を設定することも、可能かもしれない。

二点目はこの一点目と関わるが、しかしながら筆者は、A、B、C、Dの階梯を経ても、また図1の〈近代社会〉から図3のような〈現代社会〉にその置かれる位置が変化しても、「場」の「土着的」部分の基本的性格は、即ち臨在する神霊に向き合う祭祀の場たる内実、その営み自体は殆ど影響を受けず、変化していない、と考えていることである。この点は更に上述の、「場」における個別特殊から発する、開かれた多様性への可能性と関わる。

さて、この「方法的序論」で得た視座から今後どのように、戦後日本の「靖國神社と「福祉国家」」の本論を論じ得るだろうか。戦没者遺族等への援護行政、国会での審議、そして靖國神社の戦後合祀作業と厚生省、日本遺族会と靖國神社法案等を、資料に即し一連の流れとして検討すること、戦時経済体制と戦後高度経済成長期の間に連続を読み込む視点からの、関連する政治家の人物研究、等が求められるだろう(35)。また本稿では、筆者の大きな関心事であるナショナリズム論を正面の主題としていない。今のところ日本に関しては課題化されていないが、スウェーデンほか欧州の福祉ショーヴィニズム現象などの事例考察を中心に、福祉国家とナショナリズムに関する研究も蓄積されている。こうした研究にも目を配りつつ、戦没者祭祀の「場」に関する新しい歴史社会学的な課題設定に基づく探究を切り開くことを目指している。読者諸賢の御教示を頂ければ光栄である。

註

(1)國學院大學研究開発推進センター編『招魂と慰霊の系譜』（錦正社、平成二十五年）所収。

(2)「靖國思想の成立と変容」（『橋川文三著作集2』〔筑摩書房、一九八五年〕所収）。

(3)高岡裕之『総力戦体制と「福祉国家」』（岩波書店、二〇一一年）参照。但し高岡の業績は、総力戦体制下の「社会国家」構想は戦後改革で解体された要素も多く、戦後の福祉国家とは、連続だけでは捉えられないとするものである。戦時期日本の社会改革を近代前期までの救貧救恤制度の延長と見て、戦後「福祉国家」の社会保障制度との間に根本的差異をみる見解も多い。一例として田多英範『世界はなぜ社会保障制度を創ったのか』（ミネルヴァ書房、二〇一四年）第七章の金成垣論文など参照。

(4)『新編　靖國神社問題資料集』（国立国会図書館、平成十九年）、秦郁彦『靖國神社の祭神たち』（新潮社、二〇一〇年）一三六～一四六頁参照。

(5)阪本是丸「靖國神社の創建と招魂社の整備」（同『国家神道形成過程の研究』岩波書店、一九九四年）参照。

(6)菅浩二「戦死者祭祀の場としての「神社」」（國學院大學研究開発推進センター編『霊魂・慰霊・顕彰―死者への記憶装置―』錦正社、平成二十二年）参照。

(7)「慰霊」は死者の霊的存在を前提とする行為であり、『戦後日本と戦争死者慰霊』（有志舎、二〇〇六年）や「慰霊再考」（註(6)前掲書所収）など、西村明の一連の研究により検討されている。他方、「顕彰」、「追悼」も戦没者祭祀を表現する用語であるが、祭祀の集団的実践に対する、公的であれ私的であれ、何らかの社会的文脈に基づく意味づけを伴っている。無機質な「再帰的過程の具現化装置」なる表現では、こうした意味づけは極力排されるものの、臨在する死者と向き合う生者の場、という根本的性格までは削ぎ落されないものと考える。

(8)招魂社制度の整備、栃木県と台湾の具体例と四つの階梯モデルの抽出については、註(6)前掲菅参照。特に「官祭」、「私祭」の制度的差異と護国神社の制度化については、同一六八～一七一頁参照。

(9)註(6)前掲菅一八五～一八六頁参照。

(10)この限定要素「土着的＋α」は、しばしば「伝統」tradition の語で表現される肯定的価値判断を伴った範疇の中核部をなすが、両者は同じではない。E. Hobsbawm らによる「発明された伝統」論などを経て今や常識化している通り、「伝統」にはしばしば、明らかに「土着的」ではなく、住民の実際の生活に即した「＋α」でもない構成要素が、政治・経済的目的により含み入れられるからである。

(11)藤田大誠「国家神道と靖國神社に関する一考察」（國學院大學研究開発推進センター編『慰霊と顕彰の間―近現代日本の戦

死者観をめぐって―』錦正社、平成二十年）四九～五四頁参照。
(12)註（2）前掲橋川参照。
(13)民俗宗教研究における、戦死者への「イエ」や「ムラ」次元の対応が「クニ」のポリティクスにより囲い込まれる過程への関心（田中丸勝彦、岩田重則、川村邦光、池上良正ら）や、「親密空間や無縁空間のシズメとフルイの領域に、どのような形で、権力空間のシズメとフルイが介入していったのか」（西村明）と言った見解は、このような解釈を述べるものだろう。
(14)橋川を繰り返し取り上げるのは、この論考の基となる講演が行われた昭和四十九年（一九七四）が、昭和四十四年より五度、国会提出を繰り返した「靖國神社法案」が結局廃案に終わった年だからである。朝鮮・台湾出身祭神合祀は、戦後の中断を経たものの昭和三十四年以降再開され既に十五年を経ているが、橋川はかかる誤解を免れていない。尚、話題を呼んだ山本七平『洪思翊中将の処刑』の『諸君！』（文芸春秋）連載開始は昭和五十二年だが、洪思翊命の合祀自体は昭和四十一年のことである。
(15)この意味で「靖國神社法案」（註（14）参照）で非「神社」化も志向されていたことは、遺族の要求への政治的応答と実定法との調停案であることは理解できるが、根本にある種の本末転倒を含んでいた、と筆者は考える。
(16)津田博司『戦争の記憶とイギリス帝国』（刀水書房、二〇一二年）三二頁参照。
(17)ベネディクト・アンダーソン（白石さや・白石隆訳）『増補　想像の共同体』（NTT出版、一九九七年）三二頁。
(18)こうした空間的配置とその機能については、例えば菅浩二「メルボルンのShrine of Remembrance（戦争記念堂）について」（『國學院大學研究開発推進センター研究紀要』第五号、平成二十三年）参照。
(19)『ルソー全集』（白水社、一九七九年）第五巻を参照。
(20)仮に靖國神社に、記念碑における名前の列記に近い機能を持つ象徴物を求めるならば、神霊の依り坐す経路となる非公開の「霊璽簿」よりも、例えば『靖國神社忠魂史』全五巻（靖國神社社務所、昭和八～十年）のような印刷公表物が該当するであろう。
(21)昭和四十年（一九六五）に靖國神社境内に建立された「鎮霊社」は、祭神総体の背景に個人性を超越した広がりがあることを、施設化したものと見なすこともできるだろう。
(22)筆者のこの点に関する見解は、国際宗教研究所編『新しい追悼施設は必要か』（ぺりかん社、二〇〇四年）参照。
(23)註（15）参照。
(24)竹中労「「日本遺族会」と賀屋興宣」（二葉憲香・梅原正紀編『天皇制と靖國』現代書館、一九七六年）。

(25)宮村三郎『評伝　賀屋興宣』（おりじん書房、昭和五十二年）ほか参照。なお、前出（三三四頁）の第三代靖國神社宮司・賀茂百樹は藤井稜威の実弟であり、賀屋興宣の叔父にあたる。

(26)村田は、引用同書の冒頭でも特攻隊員に触れている。村田と「英霊」との対話には、日本戦没学生記念会（わだつみ会）の出版活動の影響が見受けられる。同書二七〇頁に同会編の書籍名も見えている。

(27)あくまでも参考だが、竹中は昭和三年生まれ、村田は昭和二十八年生まれである。

(28)裵淵弘『朝鮮人特攻隊』（新潮社、二〇〇九年）など参照。

(29)山之内靖「方法的序論」（同『総力戦と現代化』柏書房、一九九五年）参照。

(30)「資本主義の一般的危機」とは、一九二九年の世界恐慌前後の状況を指すマルクス主義経済学用語である。

(31)イアン・ブルマとアヴィシャイ・マルガリートがオクシデンタリズム（反西洋思想）の由来と指摘する（Ian Buruma, Avishai Margalit. *Occidentalism: The West in the Eyes of Its Enemies*. Penguin Books. 2005）ドイツ・ロマン主義が近代日本社会に及ぼした影響も、ヘーゲルの国家論と共に検討課題とする必要があろう。

(32)菅浩二「ナショナリズムの世俗性をめぐる断想」（國學院大學研究開発推進センター編・古沢広祐責任編集『共存学4：多文化世界の可能性』弘文堂、二〇一四年）二一九〜二二五頁参照。

(33)住友陽文『皇国日本のデモクラシー』（有志舎、二〇一一年）二九六頁参照。

(34)図1はヘーゲルの「国家」論であり図3はパーソンズの「社会」のモデルであって、そもそも両者は異質であると見ることもできる。しかし山之内による問題提起に従い、本稿は両者が共にシステム論の範疇にあるものと見た上で、総力戦体制により前者から後者への社会の編成替えが起きた、との視点を取り入れている。

(35)既述の賀屋興宣をはじめ、終戦直後の昭和二十年十月に「靖國神社廃止の議」を発表した石橋湛山（のち首相、『石橋湛山全集』十三巻、東洋経済新報社、昭和四十五年）等、経済論に通じた政治家たちである。この意味で、フォン・ミーゼスに学び、戦中期は国民精神文化研究所や文部省教学局にあって、また戦後は日本自由党や自民党の政治家となり、一貫して徹底した統制経済批判を行った経済学者・山本勝市にも注目したい。山本には『福祉国家亡国論―自由社会における福祉の限界―』（保健福祉開発研究財団、昭和五十年）の著書もある。

国立墓地群を通して見る韓国ネイションン内部の「亀裂」について

田中　悟

一　はじめに

無名戦士の墓と碑、これほど近代文化としてのナショナリズムを見事に表象するものはない。これらの記念碑は、故意にからっぽであるか、あるいはそこにだれがねむっているのかだれも知らない。そしてまさにその故に、これらの碑には、公共的・儀礼的敬意が払われる。これはかつてまったく例のないことであった。[1]

ベネディクト・アンダーソンの『想像の共同体』の本文冒頭を飾るこの一節は、広く人口に膾炙し、墓とナショナリズムとの関係を考えるときの一つの定型となっていると言ってもよいだろう。

ここで言われる「まったく例のないこと」とは「近代的なこと」を意味している。より具体的には、「だれと特定しうる死骸や不死の魂こそないとはいえ……鬼気迫る国民的想像力が満ちている」[2]無名戦士の墓と碑こそが、近代のナショナリズムを表象するのだとされている。そこでは、「国民的想像力」をかき立てるためには、「からっぽ」であるが故の匿名性をもたらす「無名戦士の墓」という形式が適合的だと考えられているのである。

こうした墓の典型例として、イギリスのものを見ておこう。一九二〇年十一月十一日、ウエストミンスター寺院の一角に象徴的に一名の遺体だけが納められたという無名戦士の墓の性格について、粟津賢太は次のように述べている。


無名戦士は大英帝国を守護した一般的な人間（a plane man）の代表であるという論理がそこにはある。墓碑に刻まれているように「名前によっても階級によっても特定されない（UNKNOWN BY NAME OR RANK）」という点こそが重要なのである。そうした匿名性の高さは当時の大英帝国の多様性、すなわちさまざまな差異を表面化せず、かつ差異を超えた連帯や一体性の表現である。[3]

アンダーソンの議論に従えば、ここで創り出されたこの墓の形式は、近代に至って創り出されたナショナリティ、あるいはナショナリズムの一部を構成し、「モジュール（規格化され独自の機能をもつ交換可能な構成要素）」となって、「多かれ少なかれ自覚的に、きわめて多様な社会的土壌に移植できるように」なったと考えられる。[4]とすれば、近代ヨーロッパに起源を有するナショナリズムを表象するものとして、「さまざまな差異を表面化せず、かつ差異を超えた連帯や一体性の表現である」という「無名戦士の墓」が世界各国で広く見られるようになったとしても、それは驚くにはあたらない。

しかし、近代文化としてのナショナリズムが死者を通じて表象されるのは、何も「無名戦士の墓と碑」によるばかりではない。記名された数多の死者が眠る墓地もまた、死者を介して「限られたもの」、「主権的なもの」、「ひとつの共同体」として想像されるネイションと人々とを結びつけることがある。本論は、韓国の国立墓地とその周辺的施設に眠る「ナショナルな死者」を一つの事例として取り上げ、彼らを通じて想像される共同体としての韓国ネイションの現状分析を行う。その上で、先に取り上げたアンダーソンが論じてきた「死者祭祀とナショナリズム」との関係について、若干のフィードバックを試みたい。

二　韓国におけるナショナルな死者の現況

まず、韓国においてナショナリティもしくはナショナリズムに関連すると考えられる死者を差し当たり「ナショナルな死者」と規定し、その現況について概要を確認するところから始めたい。

(一)　国立墓地(5)

まず、国立墓地について見ていきたい。国立墓地の安葬者数(累積)の推移を表1で確認すると、ここには着実な増加傾向が認められる。二〇一四年には二二万三八七一基であった安葬者数は毎年一定の増加を見せ、二〇一八年には二八万二五七五基となっている。こうした安定的かつ継続的な増加が見られるのは、戦時における戦死者のような非常時の死者だけでなく、安葬される資格を獲得した者がその後平時に死亡した場合にも、国立墓地の安葬対象者となるからである(6)。

また、二〇一八年末時点で四種(顕忠院、国立民主墓地、護国院、新岩先烈公園)十か所が全国各地に展開している国立墓地の安葬者数を墓地別に整理すると、表2の通りとなる。

表１　国立墓地の安葬者数（累積）

	2014年	2015年	2016年	2017年	2018年
計	223,871	240,063	256,799	270,952	282,575
ソウル顕忠院	62,933	64,732	66,598	68,752	71,011
大田顕忠院	71,507	75,367	78,958	83,108	86,985
4.19民主墓地	355	370	391	407	418
3.15民主墓地	37	37	38	40	43
5.18民主墓地	703	737	758	786	819
永川護国院	33,530	35,484	37,435	39,982	42,263
任実護国院	19,262	20,631	21,996	24,319	26,382
利川護国院	35,544	41,697	48,378	50,002	50,002
山清護国院	−	1,132	2,247	3,556	4,600
新岩先烈公園	−	−	−	−	52

出所：国家報勲処内部行政資料

表２　国立墓地の安葬者数（累積）

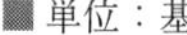

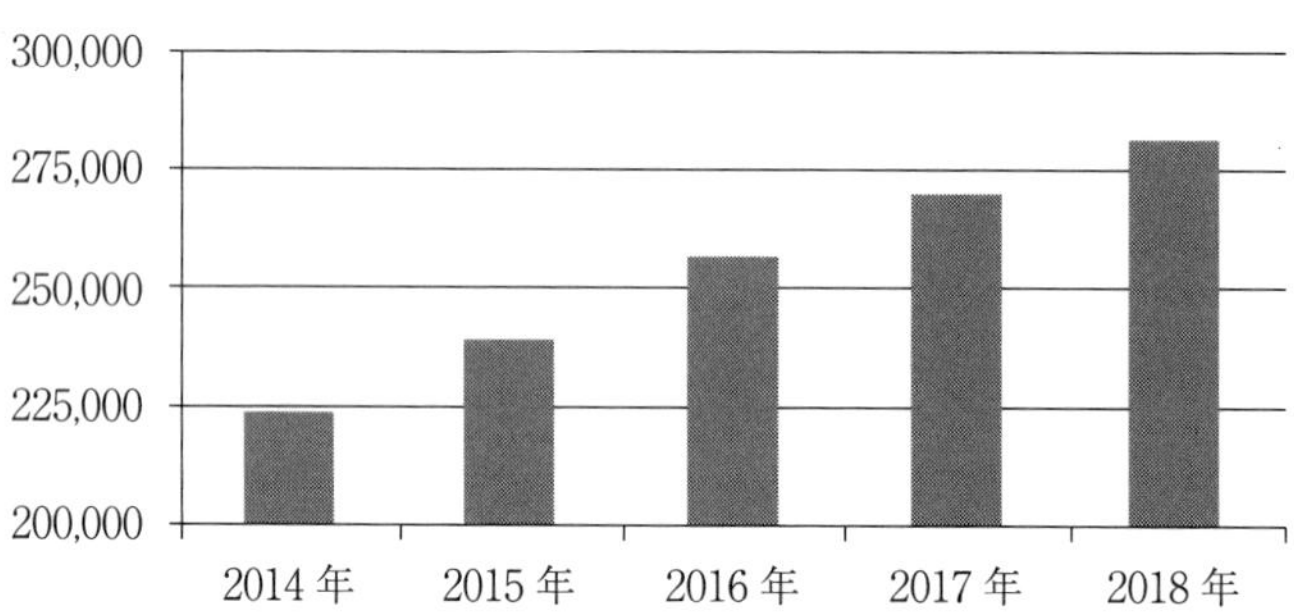

表３　安葬者に関する規定（墓地別）

国立墓地	安（移）葬対象
国立顕忠院（大田・ソウル）	・大統領・国会議長・大法院長および憲法裁判所長、国葬または国民葬で葬儀された者 ・殉国先烈・愛国志士 ・現役軍人・招集中の軍人および軍務員として死亡した者 ・武功受勲者 ・長官級将校、または20年以上軍に服務した長期服務除隊軍人 ・戦没・殉職郷土予備軍隊員、または警察官 ・戦・公傷軍警 ・火災鎮圧・人命救助、または救急業務遂行またはその現場状況を想定した実習訓練中に殉職した消防公務員 ・在日学徒義勇軍人 ・義死傷者 ・殉職・公傷公務員 ＊矯正職公務員または危険職種従事者として職務遂行中死亡した殉職公務員、または職務遂行中傷痍1級ないし3級に該当する負傷を負った工商公務員として安葬対象審議委員会から安葬対象として審議決定された者 ＊災害予防・災害復旧現場またはこれに準ずる職務現場で死亡した準則公務員、または同現場で傷痍1級ないし3級に該当する負傷を負った工商公務員として安葬対象審査委員会で安葬対象として審議決定された者 ・国家社会貢献者 ＊賞勲法規程による国民勲章・修交勲章・産業勲章・セマウル勲章・文化勲章・体育勲章・科学技術勲章を受けた者として国威を宣揚したり、国民的推譲を受けたりする者 ＊上の要件の他に勲章を授与され得る活動または業績に準じる活動をしたり、業績をなして国家または社会に顕著に貢献した者として安葬対象審査委員会に安葬対象として審議決定された者 ・独島義勇守備隊隊員 ＊独島義勇守備隊支援法第2条第1号による独島義勇守備隊の隊員として死亡した者
国立4.19／3.15民主墓地	・4.19革命死亡者／負傷者／功労者
国立5.18 民主墓地	・5.18民主化運動死亡者／負傷者／犠牲者
国立（永川・任実・利川・山清）護国院	・戦没・殉職軍警、戦・公傷軍警、武功受勲者 ・参戦有功者 ・軍に10年以上服務した除隊軍人
新岩先烈公園	・殉国先烈・愛国志士

これらの国立墓地は、一九五〇年に勃発した朝鮮戦争の戦死者のために一九五五年に創設された国軍墓地（現・ソウル顕忠院）にその淵源を求めることができる。国軍墓地（一九六五年に国立墓地化）には当初、陸軍兵站監によって任意に選択された無名兵士一位のみが安葬されたが、その後、多くの戦死将兵の墓所となったほか、顕忠塔内の位牌奉安館には死亡が確認されたが遺骸の見つからなかった戦死者の位牌が奉安され、地下納骨堂には身元不明の無名勇士の遺骨も安置されている。[(7)]

その後、大田に第二の国立墓地（現、大田顕忠院）がまず設置され（一九七九年着工、一九八五年竣工）、対象者の拡大とともに国立民主墓地や護国院が一九九〇年代から二〇〇〇年代にかけて相次いで設置されて（新設もしくは既存墓地の国立化）、現在の形になったのである。二〇一八年時点で最も新しいのは、二〇一五年に開院した山清護国院、および二〇一八年に国立化を果たした新岩先烈公園であり、現在もなお新しい国立墓地の設置が進められている。ここでは、二〇一九年現在すでに運営されている国立墓地に対象を絞って、現況を見ていくことにしたい。

これらの国立墓地は、安葬対象者の点で大きく分けて①国軍墓地として始まり、その後対象を広げていった顕忠院（＋護国院[(8)]）、②民主化運動関係者を対象とする国立民主墓地という二つの系統が見られる。安葬対象者に関する墓地別の規定は、表3の通りとなる。

軍人墓地から始まった顕忠院は現在、軍人を主な対象としつつも、大韓民国建国以前の抗日独立運動に携わった殉国先烈、愛国志士[(9)]や、大統領、国会議長、大法院長、憲法裁判所長といった国家の要職者や国葬・国民葬を挙行された者、殉職したり公傷を負ったりした公務員（警察官、消防士を含む）、受勲者や社会貢献を認定された者など、官民にわたって幅広く安葬の対象者としている。このように汎国民的な性格を強めている顕忠院に対し、その延長線に位置づけられて各地方に分散配置されている護国院の場合は、戦没・殉職軍警や戦公傷軍警、武功受勲者、参戦有功者などを安葬の対象者とし、軍人・警察官のための墓地という性格をより強く持たされている。

また、国立民主墓地については、李承晩政権末期の一九六〇年「三・一五不正選挙」に端を発する「四・一九革命」に関連して死傷した者および功労者と、一九八〇年の「五・一八民主化運動（光州事件）」に関連して死傷した犠牲者を対象としている。

これに加えて、大韓民国成立以前に活動した大邱・慶尚北道地域にゆかりのある独立有功者が葬られている新岩先烈公園は、二〇一八年五月、新たに国立墓地への昇格を果たした[10]。その一か月後の六月に大田顕忠院で挙行された顕忠日（戦没者追悼記念日）の式典では、「四二八〇三〇、大韓民国の名においてあなたを記憶します」というテーマが掲げられ、先に挙げた全国立墓地におけるこの時点での安葬者の人数が明示された[11]。

（二）その他国立施設（※国家報勲処所管外）

右に見た国立墓地は政府内において国家報勲処が所管するものであるが[12]、これらの他にも韓国内には、政府が所管する墓地もしくは墓地に相当する追慕施設が存在する。

忠清南道天安市に位置する国立望郷の丘（保健福祉部所管、一九七六年竣工）は、「在外同胞」のための墓地として造成されたものである。その造成の経緯は次の通りである。

海外同胞、特に在日同胞は、日本帝国主義の侵略により、亡国の悲しみと苦行の中で故郷を捨てなければなりませんでした。

独立を勝ち取った後も、望郷の念を抱いたまま異国の地でその生涯を終えています。

「望郷の丘」は、そうした英霊たちの魂だけでも、祖国に帰って安らかに眠れるようにと願って作られました。海外で他界した在外同胞たちの霊魂が安心して永眠できるような場所として、在日本大韓民国民団側からの切実なる願いが政府に建議され、政府の格別たる配慮と海外同胞母国訪問後援会の積極的な支援、全国民の真心により「望郷の丘」が造成されるに至ったのです。[13]

ここには、日本在住者を主とする朝鮮半島出身の海外在住者を対象とする墓域があり、その中には「在日学徒義勇軍墓域」も存在する。近年は、元従軍慰安婦の女性が、一九九一年のカミングアウトで知られる金学順（一九二四〜一九九七年）を筆頭にして、ここに墓地を設けて葬られるようになっている。

また、個別事件や過去史関連の支援事業団を統合して二〇一一年に発足した「過去史関連業務支援団」（行政安全部所管）の管轄となる追慕施設も存在する。これらは、植民地期の強制動員や済州四・三事件（一九四八〜四九年）、また朝鮮戦争時の民間人虐殺事件に関連して、さらに民主化運動を記念することを目的として設けられたもので、全国に六か所を数える。このうち、国立日帝強制動員歴史館は事実上の歴史博物館であるが、それ以外は墓域や慰霊塔などを有する追慕施設となっている。

・国立日帝強制動員歴史館（釜山広域市、二〇一五年開館）
・済州四・三平和公園（済州特別自治道済州市、二〇〇八年開園）
・老斤里平和公園（忠清北道永同郡、二〇一一年開園）
・居昌事件追慕公園（慶尚南道居昌郡、二〇〇四年開園）
・山清・咸陽事件追慕公園（慶尚南道山清郡、二〇〇四年開園）
・民主化運動記念公園（京畿道利川市、二〇一六年開園）

（三）　自治体管轄施設

国の管轄とはなっていないが、地方自治体が管理し、国立墓地に準じる安葬対象者＝ナショナルな死者を受け入れている墓地も国内各地に存在する。

主な事例として挙げられるのは、以下の施設である。

・国家有功者墓地（京畿道坡州市、世宗特別自治市）
・軍警墓地（全羅北道全州市、群山市、益山市、金堤市）
・忠魂墓地（済州島内に市・邑・面を単位として一四か所）
・五・一八旧墓地（光州広域市・光州市立公園墓地内）

各地域における朝鮮戦争の戦死者や従軍経験者を主な対象とする墓地が多いが、警察官や民間の有功者を受け入れるケースもある。また、光州広域市の五・一八旧墓地は、国立五・一八民主墓地が造成される前に、光州事件の犠牲者が葬られていた場所であり、一九八〇年代以降の民主化運動・労働運動関連の死者も併せて葬られて現在に至っている。なお、二〇一八年五月に国立化を果たした新岩先烈公園も、それ以前は大邱広域市が管理する施設であった。

（四）　民間施設（民主化運動・労働運動関連）

国や自治体の管轄ではない民間の墓地に、民主化運動関連の国立墓地に準じる安葬者を受け入れられている事例も存在する。これらの墓地は、民主化運動や労働運動において著名な人物が葬られることの積み重ねによって、「民族民主烈士墓域」と称されるようになり、民主化運動の「聖地」と位置づけられている。

よく知られているのは、以下の三か所である。

・牡丹公園（京畿道南揚州市）
・鼎足山公園（慶尚南道梁山市）
・現代公園（慶尚北道漆谷郡）

三　ナショナルな死者の間に走る「亀裂」

前節では、「ナショナルな死者」が葬られている墓地として、韓国の国立墓地とその他の公設・私設の追慕施設について概観した。それを受けて、本節では、こうした場所から見通すことのできる、韓国における「ナショナルな死者」と「ナショナリズム」との関係について、整理を試みたい。

ここまでに見てきた墓地群についてまず目につくのが、「ナショナルな死者」となる対象者の多様性である。これは、元々軍人墓地として発足したソウル顕忠院の来歴に沿ってとらえ直せば、「ナショナルな死者の多様化」と呼んでもよいだろう。そこに見られる諸々の変化の中には、単に「多様」となったというだけでなく、従来的な「ナショナルな死者」であった軍人との間では「対立」的な側面まで指摘できる事例が少なくない。

具体的に例を挙げながら見ていこう。大韓民国成立以前の抗日独立運動家であり、「殉国先烈」「愛国志士」などと呼ばれる人々を「ナショナルな死者」と見なすことに異存のある人は少ないと思われる。その彼らを、国軍将兵とともに「国軍墓地」に安葬することで、建国以前の抗日独立運動史が大韓民国のナショナルヒストリーとして接続、もしくは編入されることになるのである。ただし、建国前の在野の運動家としての彼らと、国家権力の一角をなす組織人としての軍人との性格の違いは明らかである。また、創設時の韓国軍には植民地期に「日本軍人」としての経験を有する者も少なくなく（最も有名なのが、満州国軍出身の朴正熙であろう）、経歴的にも両者の間には否みがたい対立関係が存在する。

死者の性格の違いという点では、非「軍人」の人々が国立墓地の安葬対象者となったという変化も重要である。顕忠院・護国院の安葬者の大多数は今なお軍人であるとは言え、国家元首から警察官・消防士その他の公務員まで、また基本的には民間人である義死傷者・国家社会貢献者に至るまで、安葬対象者は拡大と多様化の一途をたどり、「軍人墓地」という性格は徐々にではあるが薄まってきている。これは、ナショナリズムの想像力の範囲が、戦時から平時へ、軍事から民政へと拡大し、より多くの死者がネイションのもとに包摂されていったことを示している。

ナショナリズムの想像力の範囲のそうした拡大過程の中でも、最も画期的であったのは、「国立民主墓地」の誕生であった。一九八七年の民主化直後の大統領選挙で当選し、全斗煥の盟友にして軍人出身だった盧泰愚大統領（一九八八～一九九三年）の後を継いで就任した二人の大統領――金泳三大統領（一九九三～一九九八年）と金大中大統領（一九九八～二〇〇三年）――は、それまでの政治権力者とは一線を画した「軍事政権に抗した民主化運動の旗手」として自らを位置づけた。この自己規定に沿って、四・一九革命（一九六〇年）と五・一八民主化運動（光州事件、一九八〇年）という、韓国における民主化の歴史を象徴する二つの事件において「国家権力＝軍警と対峙した者たち」を「ナショナルな死者」と認定し、彼らが葬られる墓地の国立化が図られたのである。それは、自らの政治的来歴をそれまでの軍事政権から切り離し、民主化運動の系譜の上に自身を位置づけて、その系譜を国立墓地が象徴するネイションの枠内へと組み込むものであった。[14] 別の言い方をすれば、それは、時として軍警と対峙することをも辞さない在野の反政府運動として、反権力・反国家的な性格を有していた民主化運動に連なる死者たちを、国家権力に連なる軍人や警察官と同等の、ナショナルに正統化された存在へと位置づけなおす動きであった。

ただその一方で、国立五・一八民主墓地の設置にともない、光州事件の犠牲者が（事件以後にも継続的に展開された）その他の民主化運動の犠牲者とともに葬られていたいわゆる「五・一八旧墓地」では、光州事件関係者のみが安葬資格をもって「新墓地」としての国立墓地に移り、それ以外の民主化運動家は国立墓地の枠外に取り残されるという状況が新たに出現した。民主化運動に献身した者として隔てのない扱いを受けていた死者たちは、ここではっきりと目に見える形で分断されることになったのである。

さらに、金大中政権期以降に成立した済州・居昌・山清・咸陽・老斤里の追慕施設について見ていこう。これらは、金大中・盧武鉉の両大統領の時代に進められた「軍警が関与した良民虐殺事件」の真相究明を通じた名誉回復にともなって建設された追慕施設である。済州四・三事件（一九四八〜四九年）は金大中大統領期の真相究明を通じて、居昌・山清・咸陽の良民虐殺事件（一九五一年）は、盧武鉉大統領期の真相究明を通じて、それぞれ国家による追慕施設の設置にまで至っている。また、老斤里事件（一九五〇年）は、事件の当事者であるアメリカ軍による調査を通じた名誉回復を経て、追慕施設の設置が実現したものである。なお、朝鮮戦争期の良民虐殺事件はこれに限ったものではなく、その背後には真相究明や追慕施設の設置を求める数多の事件がなお控えている。

最後に、二〇一六年開園と歴史の浅い「民主化運動記念公園」は、「国立民主墓地」が対象外とする民主化運動関連死者の墓地を統合して国立化することを目指すものである。ここでは、国立民主墓地の対象とはされず、国立墓地に葬られていない民主化運動関係者の移葬が想定されており、よく知られたケースでは姜慶大（一九九一年にデモ隊鎮圧部隊の殴打で死亡した大学生）が光州の「五・一八旧墓地」からこちらに移葬されるなどしている。

以上、いくつかのケースを列挙して見てきたが、「ナショナルな死者」をめぐって少なくない亀裂・軋轢が表面化していることがここから見てとれる。同じ国立墓地に眠っていても、在野の運動家と国家の組織人とでは性格が異なるし、軍人と民間人との間でもそれは同様である。彼らは時として、戦場やデモの現場などで敵味方に分かれて対峙する経験すら持っていた。また、特に国立民主墓地をめぐって顕著であるが、そもそも同じ立場にあったはずの人々の間で、国立墓地の対象者となる者とならない者とが分断されてしまう状況が顕在化することもある。光州の五・一八旧墓地の場合、先に国立五・一八民主墓地の安葬対象者とそれ以外の死者との間で分断を経験したのち、民主化運動記念公園をめぐってもまた国立施設の墓域への移葬を望む者とこれに反発して光州残留を望む者との間での分断を経験した。さらに付言すれば、民主化運動をめぐっては、それらの人々の名誉が回復され、「ナショナルな死者」として認定されることそのものに反発する人々が存在するケースもある。(15)

四　むすび――「包摂」されるが故の「亀裂」――

最後に、以上の個別事例に基づく現状整理を通じて、韓国の国立墓地においてナショナルな死者たちが置かれている状況について、より包括的に考察を加えてみたい。

まず指摘できるのは、変化の方向性としての「包摂を続ける国立墓地」、すなわち安葬対象の拡大と多様化という傾向である。そうした変化には、①大韓民国から大韓民国成立以前へと向かう「縦」への拡大、そして②軍人から文民へと安葬対象者の範囲を広げる「横」への拡大という二方向がある。そうした二方向への変化は、朝鮮戦争における戦死者のための「国軍墓地」が、より多様な死者を包摂する「国立墓地群」へと拡大・発展する過程としてとらえることもできるだろう。

そのような変化の中でも、特に重要なインパクトをもたらしたのは、国立民主墓地の誕生であった。それは、国家権力と対立し、軍警と対峙した者たちの「公認」を意味し、例えば光州事件で鎮圧部隊として投入されて〈戦死〉した「軍人」[16]と、彼らによって殺された光州の「市民」との、国立墓地における併存状況をもたらした。

この変化をもたらしたのは、「彼ら」の系譜の頂点に立って大統領に就任した（少なくともそのことを自認する）金泳三や金大中らの存在である。それは、「在野」が「在野」でなくなった時代の到来であった。ただしその変化は、国立墓地に葬られて国家公認の「ナショナルな死者」となる者と、その枠外で「在野」に取り残される死者たちとの間の亀裂を新たにもたらした。これと同様のことは、国家による追慕施設の建立が実現した良民虐殺事件と、なお真相究明すらままならない同種の事件との間にも見ることができる。

いずれにせよ、韓国の国立墓地群を眺めれば、ナショナルな死者が多様にかつ広範に「包摂」されるが故に、数多くの「亀裂」をその内部に見出すことができる。縦横に走る大小さまざまな「亀裂」は、だからと言ってそれを理由にして対立する一方をネイションから排除することも、今さら難しい。顕忠院・護国院に眠る韓国軍将兵も、国立民主墓地に眠る民主化運動の犠牲者も、さらには建国以前の殉国先烈も、大韓民国という国民国家のナショナルアイデンティティを構成する重要不可欠な存在となっている。両者は時として敵味方に分かれ、抜き差しならぬ形で対峙することもあったが、にもかかわらず国立墓地においてはともに、ナショナルな死者として併存するのである。

ここで改めて、冒頭に取り上げた無名戦士の墓のことを想起してみよう。アンダーソンが述べたように、そうした墓は「故意にからっぽ」である。そこに見られる匿名性は、粟津が述べたように「さまざまな差異」を表面化させることなく「差異を超えた連帯や一体性の表現」を現前させるために選択された墓の形式であった。しかし、ここまで見てきたように、韓国の国立墓地は、当初はそのような無名戦士の墓の形式の採用を企図しながら、現実にはその名を刻銘された数多くの死者が眠る場所となっており、「連帯や一体性の表現」としてはいささか問題のある亀裂や対立関係を抱え込んでいる。

では、韓国の国立墓地群は、近代のナショナリズムを表象するのにふさわしくない施設に〈堕してしまった〉のであろうか。仮に「失敗作」でないのだとすれば、これらは韓国ナショナリズムにおける国民的想像力をどのようにかき立てるのであろうか。

その問いに答えようとする一つの仮説として、次のような解釈が可能であるかもしれない。すなわち、国立墓地において表象される人々の間の亀裂や対立——それは時として、武器を持って対峙し、殺し殺される関係ですらあった——は、当事者間の和解による解決を簡単に許すようなものではない。にもかかわらず、その亀裂の両側に立つ人々はそれぞれ、現実世界ではいま同じネイションの構成員としてともに暮らしてゆく他にない。そのような、当事者としての個々人の手に余る亀裂や対立をもすべて包摂し、それらを前提としたうえでなお、国民的想像力の喚起を可能にすることこそ、国民国家としての大韓民国に託された課題なのではないか。国立墓地が抱え込むネイション内の亀裂を抱え込んでなお、国民国家として成立すること。困難な課題ではあるが、その課題への取り組みを放棄することは、国民国家には許されない。かくしてこれを、大韓民国が国民国家であることの必要条件として位置づけてみることは、必ずしも不可能ではないだろう(17)。

以上のように考えてみれば、その名を特定しうる死者を葬って「連帯や一体性」ならざる「亀裂や対立」を表現しているように見える韓国の国立墓地群も、無名戦士の墓とは別の形で「近代文化としてのナショナリズム」を表象していると見ることができよう。すなわち、当事者間では解決することの難しい亀裂や対立が存在するからこそ、個人を超越する審級が求められるのであり、その要請に応えることが、近代において国家が国民国家たることの必要条件となっているのである。

註

(1)ベネディクト・アンダーソン（白石隆・白石さや訳）『定本 想像の共同体 ナショナリズムの起源と流行』（書籍工房早山、二〇〇七年）三二頁。

(2)同右、同頁。

(3)粟津賢太『記憶と追悼の宗教社会学—戦没者祭祀の成立と変容—』（北海道大学出版会、二〇一七年）一三九～一四〇頁。

(4)前掲アンダーソン『定本 想像の共同体』二二頁参照。

(5)以下、データは、韓国政府が提供する「e-ナラ指標」システム内の「国立墓地別安葬現況」（http://www.index.go.kr/potal/main/EachDtlPageDetail.do?idx_cd=2425 二〇一九年四月一九日閲覧）より引用。

(6)この点は、日本の靖國神社や千鳥ヶ淵戦没者墓苑との対比において留意すべき点である。

(7)池映任「韓国における〝国立墓地〟の形成—安葬対象者を中心として—」『アジア社会文化研究』第三号、二〇〇二年）四八～四九頁。ただし現在は、池映任の論文が出た後の二〇〇五年に竣工した納骨堂である「忠魂堂」にも、無名勇士の遺骨が納められている。なお、位牌奉安者と無名勇士は合わせて約十一万位にのぼるが、これらは表2の数字には含まれていない。

(8)この安葬対象者拡大の過程については、前掲池映任「韓国における〝国立墓地〟の形成」に詳しい。

(9)「殉国先烈」とは抗日独立運動の過程で命を落とした人々を指し、「愛国志士」とはそうした運動に携わりつつ、解放後まで生き延びた人々を指す。

(10)聯合ニュース二〇一七年九月二一日付報道「大邱新岩先烈公園、国立墓地昇格可視化」（http://www.yonhapnews.co.kr/bulletin/2017/09/21/0200000000AKR20170921203600053.HTML 二〇一九年四月一九日閲覧）および同二〇一八年五月一日付報道「『七番目の国立墓地』新岩先烈公園、装い新たに開園」（http://www.yonhapnews.co.kr/bulletin/2018/05/01/0200000000AKR20180501073051053.HTML 二〇一九年四月一九日閲覧）参照。なお、国立墓地の数え方としては、国立護国院（永川・任実・利川・山清）を一体のものとして数える場合には新岩先烈公園で「七番目」となり、護国院を個々に数え上げる場合には新岩先烈公園を含めて「十か所」となる。

(11)聯合ニュース二〇一八年六月六日付報道「『四二八〇三〇、あなたを記憶します』全国で顕忠日追慕の波」（http://www.yonhapnews.co.kr/bulletin/2018/06/06/0200000000AKR20180606039900063.HTML 二〇一九年四月一九日閲覧）参照。

(12)正確には、ソウル顕忠院のみ国防部の所管である。

(13)国立望郷の丘「造成経緯」（http://www.nmhc.go.kr/japan/_content/content_view.jsp?menu_code=MN04010100 二〇一九年四月一九日閲覧）より引用。

(14)大統領就任に至る現実の政治過程においては、盧泰愚や金鍾泌（朴正熙政権下で国務総理を務めた）の勢力に合流する三党合同によって誕生した民主自由党から金泳三が出馬したこと、また金大中も大統領選挙で当選した際には金鍾泌と提携していたことなどを想起されたい。

(15)典型的なのは、一九八九年の東義大事件における籠城学生と、彼らに監禁された戦闘警察巡警を救出しようとする中で死亡した警察官の遺族との間の対立である。この事件、および光州の五・一八旧墓地と利川の民主化記念公園との関係については田中悟「現代韓国におけるナショナルな死者に関する一考察—民主化運動関連の死者を中心に—」（『政治経済史学』第五七九号、二〇一五年）を参照されたい。

(16)一九八〇年五月に「光州にて戦死」したことが記された兵士の墓碑は、国立ソウル顕忠院の将兵墓域に現存する。

(17)もちろんその先には、将来的に想定される「南北統一」という、より困難な課題が控えている。

【付記】本研究は、ＪＳＰＳ科研費JP16K02182の助成を受けたものである。

第三部

国体・思想・学問

筧克彦の思想と活動
――国体論との関わりに注目して――

西田彰一

一　はじめに――国体論と筧克彦――

本論文は、主に明治末期から昭和戦前期にかけて、国体憲法学者として活躍した筧克彦の思想と活動の分析を試みるものである。(1)筧克彦(明治五〔一八七二〕～昭和三十六年〔一九六一〕)は東京帝国大学法学部教授で、公法学を専門とする法学者でありながら、「古神道」、「神ながらの道」という独自の神道思想を説き、記紀神話に表現された日本の精神及び生活の規範を、普遍的な実践規範として評価した人物である。(2)そのため現在筧は、「神がかり」の奇矯な学者として扱われている。(3)たしかに筧は、講義時に柏手を打つ奇妙な行動をとったり、一見奇抜な学説を唱えていることから、所謂変人扱いを受けている。(4)だが従来の研究では、なぜ「神がかり」と言われるような思想を形成したのか、そこにはいかなる意味があり、実際にはどのような活動をしていたのかについてはこれまで殆ど論じられていない。

筧の思想は、竹田稔和、鈴木貞美、石川健治、川村覚文によって研究が進められてきた[5]。これらの研究では、筧の政治思想の特質や、当時のドイツの哲学や法学との関わりが論じられているが、いずれにおいても天皇を神として称える「古神道」や「神ながらの道」という「神がかり」に陥ってしまった思想であると批判されている。他方これらの研究に対抗して、神道学者の中道豪一が、近年神道教育の観点から筧を再評価しようと試みているが、学問上の趨勢としては「神がかり」とされるのが専らである[6]。また学術研究としては、筧の思想そのものを扱うよりは、皇室への影響や植民地との関わりなどから言及されることのほうが多い[7]。

しかし、これら従来の研究は筧を評価する立場、批判する立場の双方共にその全体像については十分検討できていない。筧の思想を見直すには、筧の思想や活動を一度総合的に分析する必要がある。そのために、筆者が注目するのは次の三点である。第一に、筧の思想形成過程への注目である。第二に、筧が何を実現しようとしたのかその具体的な活動の解明である。そして第三に、活動を通した筧の思想の影響範囲への着目である。これらの問題意識をもとに、筧の思想と活動を総合的に分析することとする。

二　筧克彦の思想の形成過程

（一）　明治末期における筧克彦の思想形成

筧は父筧朴郎や、叔父の友人で下宿先の主人でもあった榊原昇造が国学に傾倒していたことから、幼少期から国学の強い影響下に置かれていた[8]。後年「古神道」や「神ながらの道」に注目するに至った素地は、この頃に形成されたと言える。特に、大国隆正の孫弟子であった榊原の影響は大きかった。[9] しかし、筧自身が学者として自らの思想を形成したのは、直接的にはドイツ留学時代に学んだ西洋の学問や西洋社会の体験を通してである。

東京帝国大学法科大学を優秀な成績で卒業した筧は、オットー・フォン・ギールケの指導の下で、行政法、とくに教育行政、教育制度の研究のために留学に赴いた。だが、筧は留学先のドイツで、ヨーロッパの各国が自国の歴史や伝統に根差して国家を形成し、キリスト教の精神に基づいて運営していることに衝撃を受けた。[10] そこで、制度よりも西洋文明の背後にある精神の問題を重視するようになったのである。

ヨーロッパの精神文化を徹底的に学ぶために、筧は留学期間を私費で延長し、聖書を熟読し、毎週日曜に教会に通って礼拝に加わった。大学ではギールケに学ぶ傍らで、ハルナック、メーレンドルフ、ディルタイにも師事して研究を続けた。[11] なかでも生の哲学で著名なディルタイとの関係は深く、彼の「体験」、「表現」、「理解」の概念は筧の思想形成に大きな影響を及ぼした。

ディルタイによれば、「体験」、「表現」、「理解」は三つの関連性をもっている。まず自己の生命とは、この世界に投げ込まれたものであり、この「体験」を通して自己と世界の交渉が始まる。その交渉の結果は、自己の主観を用いた表現によってこの世界に行為として表れ出るようになる。これが「表現」である。そして最後に、この表現行為の意味を自覚的に解釈し、客観的に見直すという「理解」を通して、人は自らの「体験」を正しい意味で「表現」し、自覚的な「理解」を身に着けるという三つの関連性を説くのである。[12]

ギールケとディルタイを中心に、西洋の様々な知識を吸収した筧は帰国後、各個人が精神を共有することで、社会や国家の秩序を形成するようになるというギールケから学んだ社会関係論を、いかにしてディルタイが説いたような「表現」に基づく有機的な関係に導くかという問題に取り組んでいった。そのために用いられたのが、ディルタイの思想から筧が独自に発展させた「活働」という概念である。[13] 筧は「活働」という表現行為を通して、国民一人一人の自我に「活働の主体」であると理解させようとしたのである。

筧によれば、「活動」は単に物の運動や植物の成長と同じで、ただ活動しているだけである。これに対し、「活働」は自我の主観的な自由意思と、自我の所属する共同体における正しさを必要とする行為である。それゆえ、「活働」の主体である自我は、その行動が共同体（筧の場合は即ち国家）にとって正しいものであるのか、常に制約される。[14]そして、この制約の中でどうすれば自己の責任を果たすことができるのかを思考し、その自己の行動に責任を持つことで、自我は共同体において「真の自由」を獲得できるようになると説いている。[15]このように、共同体を意識した上で自己の心の自由を実現しようと試みる行為は、国家の自由と矛盾せず、むしろ国家における自己の役割を再確認し、自らの所属する国家の拡大を可能にする誇るべき行為だと筧は称賛する。[16]人は国家を意識することで、自我を活かしつつ国家に一体化していくことができると述べるのである。[17]

さらに筧は、国家の意識と個人の意識をより統一的に発達させる「方法」として、宗教に可能性を見出した。[18]そして、正しい宗教のあり方を示すために研究を重ね、最終的に独自の神道思想である「古神道」に至ったのである。

（二）大正期における筧克彦の思想形成

個人と国家の関係を、宗教を媒介に用いることで統合しようとする筧の問題意識は、大正期に入ってより深化した。国民の意識の統合を実現させようとした筧は、当初その役割を仏教に期待していた。[19]一神教の西洋の宗教であるキリスト教への対抗として、東洋の宗教であり、汎神論である仏教こそが日本の宗教的伝統に相応しいと考えていたからである。しかし筧は仏教の研究を通して、日本の伝統にとって最も大事なのは、表向きに「国法国家」として国を支えてきた日本仏教よりも、そうした仏教をはじめとする外来の宗教や文物を「適切に」取り入れてきた日本の精神性や慣習ではないかと注目するようになる[20]。

そこで筧は、国民統合に活用可能な宗教として、日本の神道に精神的統一を求めた。その結果生み出されたのが、日本古来の宗教的伝統の基盤を称する「古神道」という概念である。「古神道」を唱えるにあたって、筧は「古神道」は神代以来の「普遍的信仰並に普遍的実行」を保持していると述べている。さらに、古より続く神道（＝「古神道」）は、信仰と実行が離れることなく一致したより良い宗教であると位置づけている[21]。また「古神道」は、万世一系の天皇を中心に、人々が社会共同体にとって相応しい人物になることを願い、我を忘れて各自の仕事に没入することで、はじめて各々が「神」＝人格者になり得るという教えでもあった[22]。つまり、「表現」の実践を通して神に至ることができると唱えたのである。そのため、筧は人々に天皇と国家を崇拝することを熱烈に求めたのである[23]。

「古神道」は、哲学的考察として評価される反面、あまりに観念的で、歴史本来の姿を見失いかねない皮相な理解であるという批判もあった[24]。しかし筧は歴史の実態そのものよりも、史実が伝承された背景にある精神を解明することこそが、はるかに大事であるとする[25]。筧にとってはあくまで歴史の事実そのものよりも、その背後にある共同体の宗教、国家の精神こそが重要なのであり、この精神を現在の教訓として活用することを求めたのである。

（三）　筧の国体解釈と憲法学上の立場について

さて大正期には、筧の専門分野である憲法学では天皇機関説論争という重要な論争が行われている。美濃部達吉の天皇機関説と上杉慎吉の天皇主権説が互いに激しい論争を繰り広げ、美濃部の機関説が公式の憲法解釈としての位置づけを確立した論争である。この論争における筧の位置づけをみてみよう。結論から言えば、筧は美濃部や上杉と異なる国体解釈を示している。

まず上杉との比較検討である。上杉と筧は現在同じ国体憲法学者として分類されているが、実は上杉の天皇主権説と異なり、筧と上杉は対立的な立場にあった。現に上杉は、筧の憲法解釈は天皇の絶対性を軽視していると批判している。(26) これに対して筧は上杉と異なり、天皇は国家の中では最重要人物であるものの、天皇を隔絶した存在と位置づけない。(27) また上杉から批判を受けた後も、「古神道」を「神ながらの道」と言い換えたことを除けば、上杉の批判を受けつけず、その立場を崩さなかった。(28)

次に筧と美濃部の比較である。実は、筧も美濃部も共に統治権は国家に帰属するという国家法人説をとっている。(29) だが筧の場合は美濃部と異なり、宗教を介した内心からの国家への参加を期待するものであったため、美濃部のようにシステマティックな天皇機関説は採らなかった。筧は君民一体の国体を、国民の信仰とその実践によって生成発展させるべきだと考えたのである。美濃部は国体の根拠を歴史に求めることで、国体を憲法学の領域外にあえて棚上げした。(30) これに対して、筧は国体を単に守るべき伝統的な存在として捉えるのではなく、「総ての動く現象を活かして行く『不動の根柢』」として、国家発展の精神的中心軸と考えたのである。(31) 筧が描く国家とは、たしかに美濃部と同じように国家法人説の構造を持つ。だが筧にとって国家とは、それだけでは十分に機能しない。国民の一人一人が自分の役目を自覚し、その役割を「表現」してこそ国家は発展し、機能するのである。(32)

筧が思想形成の過程で見出した「古神道」(のちに「随神道」、「惟神道」、「神ながらの道」とも称す)は、筧が自らの国家論を展開するうえで作り出した概念であって、実際にそのような宗教的伝統、あるいは神道的な伝統が存在していたわけではない。筧自身もまた、自説が史実を必ずしも反映していないことは自覚していた。その真意は、「古神道」のような宗教的、神道的伝統があるかのように考えて、日本の国家を思い、そのためになるように行動・実践すべきだと説いた事にある。筧は「瑣末な」歴史の事実よりも、仮想の伝統があるかのように振る舞うことのほうが、日本の国家の維持と発展のために大事だと考えていたのである。こうして筧は「古神道」、「神ながらの道」を、明治末期からの課題であった個人と国家を内面から結びつけるための理論として見定め、昭和のはじめ頃から政府の学識者会議の委員として活発に活動するようになったのである。

三　筧克彦の思想と活動

（一）貞明皇后への御進講

戦後恐慌や関東大震災で揺れ動く第一次世界大戦後の社会の状況を憂慮した筧は、この問題を解決するために現実社会へと接近した[33]。本格的介入は大正十三年（一九二四）の貞明皇后への御進講を契機としている。この御進講で筧は、古事記や日本書紀、祝詞など神典についての講義を行った。その内容は、日本の神典には生命の生成発展の思想が通底しており、この生成発展の思想を実践してきたからこそ、日本が神話の時代からその国体を維持し、今日まで発展してきたというものであった[34]。『貞明皇后実録』によれば、皇后は大変熱心に聴講し、質疑を行い、理解した内容を御製の歌に詠んで所見を求めたと記されている[35]。御進講を通して、筧と貞明皇后は直接交流を持つようになった。

御進講の内容それ以上に、「御下問」を通して、筧が当時皇后の抱えていた心の悩みに寄り添うことができたことも、信頼獲得の要因として大きい。筧は皇后から、単なる御進講の相手としてだけでなく、皇后の法華経信仰に関わる内面の問題や[36]、大正天皇の病気や皇太子（後の昭和天皇）、皇子たちの将来について相談を受けることで信頼関係を築くようになった[37]。当時皇后は、大正天皇の病状の悪化や、側近であり華族女学校時代からの恩師である下田歌子の失脚、兄である九条道実の病気によって精神的に弱っていた時期であった[38]。貞明皇后にとって筧の御進講は、その内心の悩みに深く寄り添う場でもあったのである。そのため、貞明皇后は筧の思想を広めるべく、翌十四年（一九二五）に筧の御進講の記録を『神ながらの道』として全国の官国幣社に奉納させ、さらに大正十五年（一九二六）には内務省神社局からも出版させるなど、全面協力に至った[39]。身分を超えた師弟関係は、戦前だけでなく戦後にもまたがるものであり、昭和二十六年（一九五一）に皇后が崩御するまで続けられたのである[40]。

（二）神社制度調査会での主張

この御進講を契機に、筧は皇后の庇護を受け、自己の思想を広める足場を獲得した。そして筧が勢いづきはじめたのと同じころ、政府の内部では神社行政に関する新しい動きが起こっていた。昭和四年（一九二九）八月に神社制度の改革を目的に神社制度調査会が設置、約三十名の有識者、神社・神道関係者が委員として任命され、筧もまた、この初期の委員として選出されたのである[41]。

しかし筧の神社に対する見解は、江木千之や塚本清治、水野錬太郎ら内務省出身の有力委員と大きく異なるものであった。筧は神社を宗教として位置づけており、しかも、憲法の基盤となる皇祖皇宗の御遺訓に根差した精神であるので、明治憲法第二十八条が定めた安寧秩序を妨げない範囲での信教の自由そのものを超越していると解釈する。その上で、神社は一般の宗教と同列に扱われるべき宗教ではないと主張する[42]。こうした明治憲法解釈は、神社を宗教としない通説とは異なるものであり、「私共はあなたの御説をあなたの言葉に依つて解釈するのは頗る困難で、不幸にして理解が出来ないのです」（塚本清治）という苦言が寄せられるほどであった[43]。神社制度調査会の中心委員と筧との対立関係はその後も継続し、内務省側が提案した神祇院設置や神職の待遇改善にも、筧はまずは精神の問題の解決が先だと述べ、消極的反対を示す立場を崩さなかった(44)。

筧が神社制度調査会において強く訴えかけていたことは、これまで「国家の宗祀」として曖昧なままになっている政府の方針を批判し、神社は国家の宗教、国教であるという統一的見解に改めさせることであった。そして、神社制度の根幹は行政ではなく、精神面の統一と教化の徹底にこそあると主張し、その徹底のために、神社はあらゆる宗教と一線を画すると評価するのであった(45)。

(三) 教学刷新評議会と神祇府構想

筧のように曖昧さを排し、国家の宗教として神社を取り上げる神社論は、従来の理解から乖離していた。他の委員、とくに官僚出身の委員にとっては到底受け入れられるものではなかった。それゆえに、長年委員を務めていたにもかかわらず、筧の意見が採用されたことはまったくなかった。だが筧は諦めずに活動を続け、独自の国家像を示すに至った。これを具体的に示したのが、文部省の諮問委員会である教学刷新評議会の席上である。

昭和十年(一九三五)二月の国体明徴声明を受けて、文部大臣の教育諮問機関として教学刷新評議会が設置される。この教学刷新評議会は教育勅語を奉戴して「国体観念、日本精神を体現すること」を説くものであった(46)。だが、そのなかでも筧の主張はかなり異色であった。それが以下に取り上げる「教学刷新に関する私案稿 第一」(以下『私案稿』とする)である。『私案稿』で注目すべき事柄は、「神祇府(斎王府、神祇官)」の設置、「神祇会議」の開催、「皇学」の提唱の三点である。

まず「神祇府」とは、神社の神職及び皇族を中心とした、国家の祭祀や教学を担当する国家機関である。「神祇府」は「斎王府」、「神祇官」という二つの組織から成り立つ「齋神教学の最高府」である(47)。斎王府における斎王は天皇の代理として神祇祭祀を行う者であり、「成年たる親王様の全数及王の御中より若干数」から選ばれる。[48]「神祇官」は天皇に直属し「斎王府」を補佐し、「斎神教学ノ根本ヲ明徴」にすることがその役割となる。[49]なお「神祇官」は祭政分立の構想に則った専任の官職として、政府とは別に分担することが理想であるが、まず当面は、枢密院議長もしくは内閣総理大臣が神祇院総裁となって「神祇官」を運営する。[50]この「神祇官」は事務を受け持つ「官房」、祭祀を司る「奉斎寮」、教学を担う「教学寮」の三つの組織で構成される。なかでも最も強い権限を持つのが「教学寮」である。「教学寮」は、教学評議会という各省の次官局長クラス及び学識経験者が「教学評議官」として、教学の実務に関する会議を必要に応じて招集できるという権限を有している。なお筧によれば、神職、宗教者ではなく「徳望学識経験ある」識者が教学の実権を担う存在だと位置づけられている。[51]

次に筧は世俗的な行政を担う政府と、宗教的な教学を担当する「神祇府」を橋渡しする組織として「神祇会議」を置くべきだと主張する。「神祇会議」は臨時に開かれる天皇直属の会議で、「斎王」である皇族と政府高官が「神祇ノ奉斎教学ノ根本精神及其ノ根本精神竝之ニ関スル重要事項」を審議する場として機能する。[52]政府と神祇府の両者が天皇の監督の下、「神祇会議」において、政府高官と共に奉斎教学の在り方を議論するのである。

また、筧は皇族が天皇の祭祀の代理人としての役割を担うと同時に、皇族が国民を率いて「最も御親しく天皇様の御輔翼」することにも注目している。[53]皇族は精神面については「御腹蔵なく親しく　天皇様と御話遊ばします」うえ、国民とも「極く御遠慮なく信仰の事、精神の事、教学の事に付ては御話遊ばすやうに」なることもできる立場にある。[54]筧はこの立場の二重性から、皇族に積極的役割を期待したのである。

最後に「皇学」の提唱である。筧は「皇学」を修める研究教育機関を大学に設け、高等文官試験にも「皇学」を取り入れるべきだと述べている。[55]ここでいう「皇学」とは、「大生命の大発露」として、日本の歴史を通して鍛えられた「斎神、尊皇、愛国」の三つの精神を一体のものとして、根本から修養し鍛えることを目的とする、筧が考案した学問体系である[56]。この「皇学」を諸学問の中心的な基礎、頂点として位置づけるのである[57]。

こうして『私案稿』を用いて持論を展開した筧であったが、神社制度調査会の時と同じく、その議論は文部省の役人や有力委員から批判され、却下された。だが、『私案稿』は筧の国家構想を知る上で重要な手がかりとなる。その国家構想の最終的な目的は、広く国民に開かれた「神祇官」制度の構築である。筧の場合は祭政一致とは言うものの、実際には「祭」はそれほど重視しておらず、政教一致といったほうが適切である。例えば、筧は神祇府のなかで「教学寮」を最も重視したように、祭祀にはそれほど関心を示していない。しかも従来の神職を信用せず、自身を含む学識経験者にその主導権を握らせようとする。そして、国民から立ち上がってくる「神ながらの道」への信仰を吸収する母体として、「神祇官」制度の整備を提唱したのである。

個人と国家の関係を、宗教を用いて日本の国体に相応しい形でどのように結びつけるかという課題に生涯腐心した筧は、貞明皇后という有力な支援者を得て社会的活動を本格化させた。こうした筧の社会的な活動は、「古神道」、「神ながらの道」という宗教的「伝統」の維持発展に取り組むという課題をさらに発展させ、ついには「神祇府」という独自の国家構想の提唱に至った。そして、筧の活動は教え子たちを巻き込み、大きな発展を遂げていった。

四　筧克彦の思想の広まり

（一）「やまとばたらき」（皇国運動／日本体操）について

筧の思想は弟子たちとの実践的取り組みを通して広まった。本節ではその取り組みと限界を分析するために、第一に「やまとばたらき」（皇国運動／日本体操）の普及への取り組み、第二に「誓の御柱」建設運動の展開、第三に植民地への影響に注目して具体的な検証を進める。特に本項では、筧が考案した「やまとばたらき」を取り上げたい(58)。

「やまとばたらき」とは、大正後期（一九二〇年代前半）に筧が独自に生み出した、器械体操と記紀神話の物語を組み合わせた体操である(59)。「やまとばたらき」では、屈伸運動を多用する独特の動作や、「弥栄（いやさか）」、「天晴れあな面白（おもしろ）あな手伸（たのし）あな明け（さや）おけ」など、記紀神話に由来する特徴的な発声が行われる。だが特に重要なのが、「やまとばたらき」の「精神体操」としての一面である(60)。「やまとばたらき」は、体操の後半が天孫降臨神話を寿ぐ唱和で構成されている。このことからも明らかなように、身体を通した精神の鍛練に重点が置かれている(61)。

動作にも記紀神話のモチーフが数多く採り入れられている。筧によれば一連の「やまとばたらき」の動作は、四つのパートに区分できる。まず、第一パートで心を静めて記紀神話の世界を想起し、イザナギとイザナミの国産みを追体験することで、私一個人の存在が宇宙の一部であることを実感する。続く第二パートでは、スサノオがアマテラスに会うために高天原を目指した行動と一体になって、共に高天原の世界に上昇する。第三パートでは、天岩戸神話の如く八百万の神々と共に踊り、アマテラスを迎える。そして第四パートでは、天孫降臨の際に、神々に連なって現実世界に回帰することで、神話の世界を現実に還元し、この世界を祝福するのである(62)。

このように「やまとばたらき」の世界観は非常に壮大なものであり、体操の実践を通して、筧は記紀神話における生命の誕生と再生の世界を追体験することを求めたのである。だが、神話の追体験は神話の「暗い」要素を除外することで成立している。たとえば、イザナギとイザナミの黄泉国での別れやスサノオの追放は、体操の中から省かれている。神と人、天皇と国民が一体となっている日本では、「暗さ」は全て排除され、物事はすべて善に転じる。筧は体操を通して、日本の「明るさ」を強調したのである。

筧たちは、「やまとばたらき」を「精神体操」と標榜することで、人々に記紀神話の明るい部分を徹底的に反復させ、また声に出して暗唱させることで、自らの持ち分を弁えた国のあり方に人々を導こうとしたのである。この「やまとばたらき」は、まず宮中の貞明皇后及び側近、女官、筧の弟子が実践することで広まっていった[63]。そしてのちには、筧の弟子である二荒芳徳の少年団や、日本国民高等学校をはじめとする加藤完治の集団農業訓練施設でも受容された[64]。さらに、「やまとばたらき」は加藤をはじめとする筧の弟子たちによって、植民地でも行われるようになった[65]。こうして「やまとばたらき」は、宮中及び筧の弟子たちから普及したのである。

皇后の影響力を活用し、さらには身体の領域にまで進出した筧の「神ながらの道」は、皇室を通して、人びとの精神だけでなく身体まで支配することを試みたイデオロギーであるとも言える。身体の運動を通した快活な一体感や文言の唱和を通して、筧は人々に日本への精神的帰属を促そうとしたのである。

（二）「誓の御柱」建設運動とその広がり

次に筧が水上七郎という警察官僚の弟子と共に活動した、「誓の御柱」建設運動とその広がりを検討したい。「誓の御柱」は、大正十五年（一九二六）に五箇条の御誓文を記念して滋賀県多景島に建設された記念碑で、その後大日本弥栄会によって日本各地に建設された[66]。この「誓の御柱」の建設は、当時警察官僚（滋賀県警察部長）であった水上七郎がその師である筧克彦の思想を活用し、運動を展開したのがはじまりである。

筧の弟子であり、内務省官僚として地方警察畑でキャリアを積んでいた水上は、治安維持の観点から、第一次世界大戦後の社会変動に危機意識を持っていた。そこで社会の安寧を維持するために、明治天皇が王政復古に際して神々に誓った文言を、国民皆が順守すべき「標語」として読み替えた[67]。水上は、小難しい理論よりも、日常的に繰り返し唱えることができる「文句」（標語）や、わかりやすい「形象」（象徴）こそが、国民の精神に影響を及ぼすために重要であり、社会主義の流行に対抗するためにも、従来の皇国思想を新しくする必要があると強調したのである(68)。

さらに、御誓文の精神を目に見える形で示すために、国の秩序の可視化を試みた。その帰結が五箇条の御誓文の「記念碑」である「誓の御柱」建設の主張だったのである。水上は記念碑建設に一人一円以下の募金を求め、国民一人ひとりが国家に参加しているという自覚を持たせようとしたのである(69)。こうした水上の提唱によって、「誓の御柱」の建設運動は国民精神の結晶の具現化運動となったのである。

しかし「誓の御柱」建設運動は、その崇高な理念とは裏腹に、実際には強引な手法が取られていた。水上は、滋賀県当局を一切通さずに話を進めていたうえに、貧しく立場の弱い人々からも事実上強引に寄付を徴収していた(70)。しかも、部下である巡査たちが「誓の御柱」建設の寄付や模型販売で不逞を働いたことが県会で問題になっても、水上は県会への出席を暗に拒否するなど、極めて不誠実な態度を取っていた(71)。そのため「誓の御柱」建設運動は非常に問題のある運動として、県下に反発を引き起こした。

このように悪評が噴出していた「誓の御柱」建設運動は、水上が滋賀県を去った後はその実現が危うい状況に追い込まれた(72)。だが当時筧に心酔していた貞明皇后が運動の支援を表明したことで、事態は好転した(73)。「誓の御柱」建設は一挙に実現に向けて動きが起こり、大正十五年に「誓の御柱」は完成した(74)。この「誓の御柱」は、後年の国民精神総動員運動で、滋賀県における国民精神統一の「象徴」として扱われた(75)。

滋賀県に「誓の御柱」の建設がなされた直後に水上は死去するが、水上の死後も、同じ筧の教え子で水上の友人であった二荒芳徳と渡辺八郎の手によって、「誓の御柱」建設運動は継続された。「誓の御柱」建設運動の推進のために、機関紙『いやさか』が発刊された。この雑誌を通して「誓の御柱」建設の理念の普及が進められ、各地で運動が展開された。こうした会の活動は二荒たちが思ったほどは成果を挙げなかったものの、実際に愛知県、三重県、秋田県、山形県で建設が行われた[76]。二荒たちが結成した「誓の御柱」建設推進団体である大日本弥栄会の活動は、特に秋田の伊東晃璋の事例に明らかなように、宗教的情熱に基づいて地域を良くしたいという地域の教育者の実践を巻き込む形で発展していったのである[77]。

（三）植民地における筧克彦の活動――満洲を中心に――

このように筧の思想は「やまとばたらき」や「誓の御柱」建設という実践を通して普及していった。だが、当然限界もあった。それは単に政府の委員として周囲と乖離していたからというだけではなく、筧自身の思想のあり方に内在した原因があった。その問題について、植民地における筧の活動から分析したい。

筧にとって植民地は、内地と比べて遅れた地域であり、植民地の人々は教化の対象であった[78]。例えば台湾で行われた講演では、植民地の人々は日本の国民としての自覚に未だ目覚めていないとし、我々本土から来た日本人が教え導くべきだと主張していた[79]。つまり植民地に対しては、同化主義的な立場から接したに過ぎなかった。

しかし筧は植民地で積極的に活動したにも関わらず、現実の植民地支配の根幹には殆ど触れることができなかった。例えば、筧は戦前建国大学の創設委員を務め、さらに満洲国皇帝溥儀に御進講をしている[80]。だが、満洲の建国大学の創設委員として招聘されても、他の委員や関東軍と意見がかみ合わなかった。筧は会議の席上で、建国大学を皇帝直属の文教院とすべきであるという案を提唱するが、「満洲国」側の委員であった星野直樹や片倉衷らはこれに対して「（満洲国―引用者注）政府が責任を取れんでは困る」と拒絶した[81]。筧が主張していたことは、「満洲国」の皇帝を建前どおり、日本の天皇と同じような存在として位置づけるものであった。そのため、筧の言う通りにしては、関東軍の実権が弱まると判断されたのである。

筧の思想が受け入れられなかった点については、文脈は異なるものの、溥儀への御進講でも同様であった。筧は戦時中溥儀に、『惟神大道』と題する御進講を行っている。[82]筧はこの御進講の中で、「満洲国」は日本からアマテラスの神霊を分けられて成立した国であるので、今は未熟な国家である。けれども、将来的には「惟神道」の国家として、日本と同様に世界全人類を精神的に主導する国家になり得ると述べている。[83]だがこの御進講は、貞明皇后の時とは異なり、溥儀には受け入れられなかった。戦後御進講の様子を「日本人がどう考えたかは私は知らないが、私自身と傀儡大臣たちは、いつも笑いたくなるのを押さえきれなかったし、眠ってしまう者さえあった」と回顧しているように、溥儀にとって筧の御進講は全く役に立たないものだったのである。[84]ほかの日本人と同じように「満洲」を日本より一段低い「国家」とみなす筧の思想は、そもそも溥儀にとって学ぶに足らない思想でしかなかった。

このように考えれば、筧の議論は所詮大勢に意味を与えなかったと言えるかもしれない。だが一方で、こうした教化的な植民地統治論は、内地から派遣された官僚や軍人たちを大いに励ますものであった。それは、朝鮮、台湾及び満洲の行く先々で、筧が同胞から手厚い歓迎を受けていたことからも明らかである。実際、戦前台北帝国大学教授であった中村哲は、台湾の政治家や官僚には、筧の支持者が多かったと述べている。[85]内地から来た日本人を勇気づけ、植民地への教化を説く筧の教えは、彼らにとって耳あたりが良かったのである。

しかし上層部で植民地経営を担っていた者たちにとっては、筧の議論はあまりに理念的で役に立つものではなかった。建国大学の創設委員を依頼されたものの、関東軍首脳からは実質的な学校事業には適さないと判断され、拒絶されてしまった。また溥儀にとっても、「満洲国」をあからさまに日本の天皇の下位に置く筧の議論は、受容しがたいものであった。筧の思想はあくまで内地出身の日本人にとって都合の良い思想でしかなかったのである。

五　むすび

これより、筧の思想と活動を次のように結論づけたい。それは、国体論に宗教を導入することで、国民の政治参加や要望を認めつつ、内面の教化と実践の重視によって、国民の自発的な国家への帰属意識の涵養を図ったということである。筧が一種異様なまでに国家の宗教（国教）として「古神道」、「神ながらの道」を強調したのは、内面の問題をしっかり基礎づけ、それを正しく実践できるようにすることが、日本の維持発展に欠かせないと考えていたからである。また、「やまとばたらき」や「誓の御柱」建設運動のように、実際の行為を通して実践に励んだのも、内面の「真摯さ」を行動によって「表現」することを重んじたからである。

このように、筧の国体論は、既存の秩序の維持のために、国家に宗教的な求心力を付加しようというものである。一見奇矯にさえ見える筧の思想であるが、実態としては既存の秩序の維持の側に立つものである。政教分離原則をどう扱うか、精神面の教育体制をどう整えるかという点を除けば、既存の国家体制にとってそこまで挑戦的な思想ではない。そのため、皇族や社会的エリート層に支持された。しかしその一方で、既存の秩序を疑わないので、植民地への無自覚な差別意識を醸成していく思想になったとも言える。

筧の思想や活動は「無かったものを創出する」ことや、あるいは逆に「有ったものが破壊される」ということは念頭にない。筧の思想や実践は自発を説くものの、それは既存の秩序に対する「真摯さ」を「表現」するためであり、秩序そのものが抜本的に変動した場合は打つ手がないのである。

ここに筧の思想の限界があった。筧の思想は宗教的な求心力によって秩序を維持する思想ではあっても、秩序を創出する思想ではなかった。そのため、国体明徴運動をはじめとする既存秩序の変動によって、昭和十年代に入ると徐々に著作活動が退潮し、傍流に押しやられていったのである。そして、結果としてそのまま敗戦に巻き込まれ、戦後「神がかり」の烙印を押されるに至ったのである。

だが、筧は決して「神がかり」として忘却されるべき存在ではない。筧が辿らざるを得なかった運命は、明治末期から昭和ゼロ年代の国体論のもつ可能性と限界を体現した出来事として理解できる。結局は敗れてしまったが、その真摯な思想形成と活動を拾い上げ検証する必要があろう。本論文がその一助となれば幸いである。

註

(1)近年の国体論研究の代表的成果として、昆野伸幸『近代日本の国体論―〈皇国史観〉再考―』(ぺりかん社、平成二十年)、植村和秀「『国体論の本義』」(『岩波講座　日本の思想』第二巻、岩波書店、平成二十四年)、藤田大誠「近代日本の国体論・「国家神道」研究の現状と課題」(『国体文化』第一〇八〇号、平成二十六年)、米原謙『国体論はなぜ生まれたか―明治国家の知の地形図―』(ミネルヴァ書房、平成二十七年)などがある。

(2)筧克彦「古神道の性質」(『東亜の光』第七巻第八号、大正元年)六一～六二頁。

(3)立花隆『天皇と東大―大日本帝国の生と死―』上下巻(文藝春秋、平成十七年)。

(4)渡辺八郎「筧克彦先生と私」(昭和三十七年)(『渡辺八郎先生遺芳録』(渡辺八郎先生遺芳録刊行会、昭和五十年)四九〇頁。

(5)竹田稔和「筧克彦の国家論―構造と特質―」(『岡山大学文化科学研究科紀要』第一〇号、平成十二年)、同「「ドグマティズム」と「私見なし」」(『岡山大学文化科学研究科紀要』第一一号、平成十三年)、同『大正・昭和前期における神道思想―筧克彦の古神道を事例として―』(岡山大学大学院文化科学研究科、平成十三年三月)、鈴木貞美『生命観の探究―重層する危機のなかで―』(作品社、平成十九年)、石川健治「権力とグラフィクス」(長谷部恭男・中島徹『憲法の理論を求めて―奥平憲法学の継承と展開―』日本評論社、平成二十一年)、川村覚文「国体・主権・公共圏」(磯前順一他編『他者論的転回―宗教と公共空間―』ナカニシヤ出版、平成二十八年)。

(6)中道豪一「筧克彦の神道教育―その基礎的研究と再評価への試み―」(『明治聖徳記念学会紀要』復刊第四九号、平成二十四年)。同「貞明皇后への御進講における筧克彦の神道論―「神ながらの道」の理解と先行研究における問題点の指摘―」(『明治聖徳記念学会紀要』復刊第五〇号、平成二十五年)。同『神道教育研究の課題と展望』(渓水社、平成二十七年)。

(7)皇室への影響については、原武史『昭和天皇』（岩波新書、平成二十年）、同『皇后考』（講談社、平成二十七年）、小田部雄次『昭憲皇太后・貞明皇后―一筋に誠をもちて仕へなば―』（ミネルヴァ書房、平成二十二年）、小倉慈司・山口輝臣『天皇の歴史9　天皇と宗教』（講談社学術文庫、平成三十年）。筧克彦と植民地との関わりについては、上笙一郎『満蒙開拓青少年義勇軍』（中公新書、昭和四十八年）、嵯峨井建『満州の神社興亡史―日本人の行くところ神社あり―』（芙蓉書房出版、平成十年）、青野正明「朝鮮総督府の「心田開発運動」と「類似宗教」弾圧政策」（『日本学』第三一号、平成二十二年）、同『帝国神道の形成―植民地朝鮮と国家神道の論理―』（岩波書店、平成二十七年）、磯前順一・尹海東編『植民地朝鮮と宗教―帝国史・国家神道・固有信仰―』（三元社、平成二十五年）、樋浦郷子『神社・学校・植民地―逆機能する朝鮮支配―』（京都大学学術出版会、平成二十五年）などがある。

(8)筧泰彦「父筧克彦のことども」（『学士会報』第六九〇号、昭和四十一年）。

(9)大国隆正「学統弁論」〔安政三年〕（『日本思想大系五〇　平田篤胤・伴信友・大国隆正』岩波書店、昭和四十八年）四六〇～四六一頁。

(10)前掲筧泰彦「父筧克彦のことども」三九～四〇頁。

(11)同右、四一頁。

(12)ディルタイ『精神科学における歴史的世界の構成』（明治四十三年）（尾形良助訳、以文社、昭和五十六年）二二～二三頁。

(13)筧克彦「最近に於ける「ギルケー」氏の団体本質論」（『法学協会雑誌』第二三巻第三号、明治三十八年）四一頁。

(14)筧克彦「団体本質論」（『法学協会雑誌』第二三巻第八号、明治三十七年）九三五頁。

(15)同右、九四〇～九四一頁。

(16)筧克彦「機関人格概論」（『法学協会雑誌』第二四巻第八号、明治三十九年）一一二九～一一三〇頁。

(17)筧克彦「憲法ノ精神ヲ略説ス」（『法学志林』第一〇巻第六号、明治四十一年）一九頁。

(18)筧克彦「法学研究者トシテ太古ノ思潮ヲ論ズ」（『法学協会雑誌』第二七巻第一二号、明治四十二年）三七頁。

(19)筧克彦『仏教哲理』（有斐閣、明治四十四年）「序」。

(20)同右、七〇八～七〇九頁。

(21)註（2）前掲筧「古神道の性質」六二頁。

(22)筧克彦「古神道の性質」（『東亜の光』第七巻第一〇号、大正元年）、三九頁。

(23)同右。

(24)折口信夫「古代生活に於ける惟神の真意義」(昭和五年)(『折口信夫全集』第二〇巻、中央公論社、平成八年)九一頁。
(25)筧克彦『続古神道大義』上巻(清水書店、大正三年)三二～三五頁。
(26)上杉慎吉「皇道概説　古神道大義ヲ読ム」(『国家学会雑誌』第二七巻第一号、大正三年)。
(27)筧克彦『続古神道大義』上下巻(清水書店、大正三～四年)。
(28)『続古神道大義』を出版してからは、筧は「古神道」という言葉を徐々に使わなくなり、同じ意味を持つ言葉として、「随神道」、「神ながらの道」を用いるようになっている。
(29)美濃部達吉「所謂国体論に就いて」(大正二年)(『時事憲法問題批判』法制時報社、大正十年、二九～三〇頁)。筧克彦『国家之研究』(清水書店、大正二年)一七～一九頁。
(30)美濃部達吉「近時の政界に於ける憲法問題」(星島二郎編『最近憲法論』実業之日本社、大正二年、二三〇頁)。
(31)前掲筧『続古神道大義』下巻、五二一頁。
(32)筧克彦『古神道大義─皇国之根柢萬邦之精華─』(清水書店、大正元年)三五七頁。
(33)前掲筧泰彦「筧克彦のことども」四五頁。
(34)筧克彦『神ながらの道』(皇后宮職、大正十四年)。
(35)「大正十三年二月二十六日」『貞明皇后実録』巻二五(書陵部編修課貞明皇后実録編纂部、昭和三十四年)一四頁。
(36)筧克彦「法華経について」(質疑は大正十二年実施)(『大正之皇后宮御歌謹釈』筧克彦博士著作刊行会、昭和三十六年)三一八頁。
(37)筧克彦「御下問覚」『神ながらの道御進講日割』(宮内公文書館所蔵『貞明皇后実録編纂資料』)。
(38)前掲原『昭和天皇』、同『皇后考』。前掲小倉・山口『天皇と宗教』。
(39)筧克彦『神ながらの道』(内務省神社局、大正十五年)。
(40)『大正之皇后宮御歌謹釈』には戦後の御進講の記録も収録されている。
(41)「第一回特別委員会議事録」(昭和六年七月十二日)(『神社制度調査会議事録』第一巻、神社本庁、平成十一年)。以下『議事録』。
(42)「第七回特別委員会議事録」(昭和六年一月十二日)(『議事録』第一巻)二一四～二一五頁。
(43)同右、二一八頁。
(44)「第五十八回特別委員会議事録」(昭和十一年九月二十九日)(『議事録』第二巻、神社本庁、平成十二年)六四四頁、「第七十九回特別委員会議事録」（昭和十六年三月十八日）（『議事録』第三巻、神社本庁、平成十三年）四〇八頁。

(45)なお、調査会への批判として「神職の方も燃えて居る方も沢山あります、それが皆途中で停滞して居る〔中略〕指導者の方が形式化して居る、若い人は決してさうではありませぬ」と、若手神職の神社における活発な活動を支持する一幕もあった。

(46)辻田真佐憲『文部省の研究「理想の日本人像」を求めた百五十年』（文藝春秋、平成二十九年）一〇八頁。

(47)筧克彦『教学刷新に関する私案稿』（私家版、昭和十一年）一頁。

(48)同右。この「斎王」は皇族の女性がかつて任命された斎王と異なる。

(49)同右、五頁。

(50)同右、五～六頁。

(51)同右、一一頁。なお、「教学寮」に対して宮中祭祀を担う「奉斎寮」は順次「広く一般人並神官中より求むる」べきとされ、従来の世襲制の否定が試みられている（同右、六頁）。

(52)同右、三〇七頁。

(53)同右、四頁。

(54)「第二回特別委員会議事録」（昭和十一年）（『教学刷新評議会資料』上巻、芙蓉書房出版、平成十八年）二五七頁。以下『資料』。

(55)前掲筧『教学刷新に関する私案稿』一頁。

(56)前掲「第二回特別委員会議事録」（『資料』上巻）二六〇、二六二頁。

(57)同右、二六三頁。

(58)「やまとばたらき」（皇国運動／日本体操）の研究には、中道豪一「筧克彦「日本体操」の理論と実践」（『明治聖徳記念学会紀要』復刊第五一号、平成二十六年）、中房敏朗「集団体操時代の変な体操　日本体操とその周辺」（井上邦子編著『スポーツ学の射程―「身体」のリアリティへ―』黎明書房、平成二十七年）、同「草創期における「日本体操」の成立とその展開について」（『大阪体育大学紀要』第四七号、平成二十八年）、同「一九二〇年代から一九三〇年代における「日本体操」の展開過程について―国民高等学校の創始から満州開拓移民の展開に着目して―」（『体育学研究』第六一巻第一号、平成二十八年）がある。なお、本文中で「やまとばたらき」（皇国運動／日本体操）としているのは、時期によって漢字の表記揺れがあるためである（実際に行っている体操はほぼ同じ）。

(59)筧が「やまとばたらき」について著したものは『皇国運動』（博文館、大正九年）、『神あそびやまとばたらき』（蘆田書店、大正十三年）、『日本体操』（春陽堂、昭和四年）である。また『日本体操』は後に増補普及版（昭和十四年）が出版されている。

(60)前掲中道「筧克彦「日本体操」の理論と実践」一七四頁。

(61)佐々木浩雄が明らかにしているように、戦前から戦時中にかけて国民体操や建国体操など、「体操の日本化」を推進する体操がいくつも行われている（佐々木浩雄『体操の日本近代―戦時期の集団体操と〈身体の国民化〉―』青弓社、平成二十八年）。しかし、「やまとばたらき」は大正後期ごろに考案され、「体操の日本化」の中でもかなり早い時期に提案された体操であると言える。

(62)前掲筧『日本体操』一二一～一四五頁。

(63)「大正十三年十月三十一日」（『実録』巻二五、八四頁）。大正天皇の誕生日は実際には八月三十一日であるが、盛夏であることを理由に十月三十一日に記念式典を行うことになっていた。

(64)二荒芳徳「皇国運動とは如何なるものか」（『神あそびやまとばたらき提要』蘆田書店、大正十五年）九～一〇頁。同『農村における塾風教育』（協調会、昭和九年）三八頁。

(65)「所謂「万歳騒ぎ」大正八年後の朝鮮に於ける「やまとばたらき」と「いやさか」高唱の例」（前掲筧『神あそびやまとばたらき』四五〇頁）。筧克彦「満洲行」（『皇学会雑誌　神ながら』第一〇巻第八号、昭和十二年）。

(66)「誓の御柱」の研究は菅沼晃次郎「甦る信仰の島」（『歴跡』昭和六十一年六月号）、筒井正夫「誓の御柱」（『滋賀県の近代化遺産』滋賀県教育委員会、平成十二年）二二九頁、「誓の御柱」（『新修　彦根市史』第三巻、彦根市、平成二十一年）六一二～六一三頁。伊藤厚史「誓いの御柱（五箇条の御誓文）」（『学芸員と歩く　愛知・名古屋の戦争遺跡』六一書房、平成二十八年）。また、二荒芳徳の「誓の御柱」普及活動に着目した研究として、昆野伸幸「近代神道と「八紘一宇」―二荒芳徳の「八紘為宇」論を中心に―」（本書収録）がある。

(67)水上七郎『誓之御柱』（奉公会、大正十年）二～五頁。この水上の思想は筧克彦『御即位礼の勅語と国民の覚悟』（清水書店、大正五年）の影響を受けたものである。

(68)同右、一八～一九頁。

(69)同右、四五頁。

(70)『大阪朝日新聞』大正十年二月十九日一面、『滋賀県通常県会議録』第四号、大正十年十一月二十九日、六頁。以下『県会議録』。

(71)『県会会議録』第四号、大正十一年十一月二十九日、六〜一〇頁。

(72)『県会会議録』第三号、大正十二年十一月二十九日。

(73)「大正十三年五月二十七日」『実録』巻二五、四四頁。

(74)『近江実業新聞』大正十五年三月三十一日一面。

(75)「多景島を大々的に宣伝　誓の御柱顕揚運動」(『大阪朝日新聞　滋賀版』昭和十三年四月二十二日)(『新修彦根市史』第九巻、彦根市教育委員会、平成十七年、四三〇頁)。

(76)瀧本豊之輔「五箇条御誓文に就て」(『いやさか』第六六号、昭和十一年)四頁。

(77)伊東晃璋「『誓の御柱』工事完成するまで」(『秋田半島新報』昭和五年十月二十日二面)(『男鹿市の文化財』第一七集)一三二頁。こうした戦前の地域における宗教者の社会活動について、地域の在地神職のそれに注目した研究として、畔上直樹『「村の鎮守」と戦前日本―「国家神道」の地域社会史―』(有志舎、平成二十一年)がある。

(78)筧克彦「台湾旅行談」(『皇学会雑誌　神ながら』第三巻第三号、昭和五年)五一頁。

(79)筧克彦「国体精神と台湾」(『皇学会雑誌　神ながら』第三巻第四号、昭和五年)四九頁。

(80)筧克彦『惟神之道御進講速記録』第一分冊(私家版〔学習院大学図書館蔵〕、昭和十九年)湯治万蔵編『建国大学年表』(建国大学同窓会、昭和五十六年)。

(81)前掲湯治『建国大学年表』四五頁。

(82)溥儀に行った御進講『惟神大道』は、筧の娘婿である三潴信吾が中心となって結成した三潴修学院が原本を有しており、その機関誌である『八重垣』の誌上(第七号〜第四三号)において、平成十五年十一月から平成二十六年八月まで連載形式で公表が行われた。なお、『惟神大道』の原本の所蔵状況と書誌情報をまとめた中道豪一の論文がある(中道豪一「筧克彦の未刊行書籍『惟神大道』について」『明治聖徳記念学会紀要』復刊第五二号、平成二十七年)。

(83)以上の内容は、筧克彦「惟神大道」(第二〇回(六))『八重垣』第四三号、平成二十六年八月、六頁による。

(84)愛新覚羅溥儀(小野忍ほか訳)『我が半生―「満州国」皇帝の自伝―』下巻(ちくま文庫、平成四年)九八頁。

(85)中村哲「中村先生を囲んで」(『沖縄文化研究』第一六号、平成二年)三八五頁。

【付記】本研究は、JSPS科研費18J00402の助成を受けたものである。

河野省三の学問と思想
――神社を背景とした国体論――

髙野裕基

一　はじめに

河野省三は、神職として神道学者であり続けた数少ない人物である。埼玉県北埼玉郡騎西町（現、加須市）鎮座の玉敷神社に奉仕しつつ、神祇史、神道史、国学史、国民道徳史を講究し続けた河野に関する研究には、伝記的研究[1]をはじめとする多くの論考があるが、専論は少ない[2]。各論考では、概ね河野の神道・国学研究における国体との関係が指摘されている。この様な先行研究における指摘を受けて、本稿では、河野の履歴の分析から思想的背景を検討しつつ、河野の学問において一貫する国体への視点を再検討したい。

近年の国体論研究では、精緻な史料検討に基づく人物研究を中心に国体論の時代的変遷が論じられている[3]。近代の国体論の時代的変遷について大原康男は、国学者の「政治への関心」という文脈から、「すでに幕府時代において人格や学問というものをほぼ形成し終えた世代と、新時代に入ってから強烈な異文化の刺激のもとに育った世代との間の意識の差異[4]」という世代論的指摘をしている。近年の国家神道研究において、大正期の新しい国体論を代表し、且つ「明治二十年以来の国体論とは一線を画している[5]」と注目される『国体論史』（内務省神社局、大正十年〔一九二一〕）の著者・清原貞雄と同世代である河野は、新しい時代の国体論者として位置付けられよう。ただし、國學院卒業の直後から累代の社家として神職であり続けた河野の学問では、神職としての自覚に基づく議論を多く確認でき、神道史や国学史、国民道徳史といった河野と近い研究領域を有する研究者の中でも、特異な存在であったといえる。それは、神職の中にあっても同様であり、かなり早い段階から神職自身の修養の重要性を訴え続け、さらには神社の宗教性を論じ続けた点から、同時代の神職としても特異な存在であった。

本稿では、神職の立場から説かれる神社を背景とした国体論の一事例として、①河野の学問形成と神職としての立場の関係、②河野の学問における問題意識、③昭和前期における河野の国体観、④上記三点を踏まえた特徴的国体論としての中臣祓研究の四点から検討する。

神職として神社神道の内部から発信された河野の学問及び国体論は、制度と思想、或は神社神道（国家神道）と学問（国体論）との関係性を検討するうえで、多くの示唆と課題を与え得る研究対象と考える。

二　河野省三の学問形成——神祇史から神道史、国民道徳史へ——

明治十五年（一八八二）八月十日、河野省三は埼玉県北埼玉郡騎西町に鎮座する郷社玉敷神社の累代の社家に次男として生まれた[6]。父・禄郎は養子で、旧姓を穂積といい、河野の祖父は埼玉県大宮の氷川神社少宮司（明治六年）、安房神社宮司（同十五年）を歴任した穂積耕雲であった[7]。耕雲は栃木県鹿沼の鈴木家の出身で、同家の先祖には寛政の三奇人の一人、蒲生君平の師として知られる鈴木石橋がいた。このような家系について、「私の今日有るのは、蓋し此の遺伝の力に待つ所も少くない[8]」と河野は述べており、学問形成上の自覚がみられる。

騎西尋常小学校（明治二十三〜二十七年）を経て、騎西高等小学校（同二十七〜三十一年）に進学した河野は、少年雑誌『小国民』（同二十九年に『少国民』と改題）に投稿を続けて、度々入賞した。また、私立埼玉中学校（同三十一〜三十五年）へ進学後は、『中学世界』や『斯文芸』に宗教・道徳・思想に関わる論考を投稿した。同三十五年には國學院に入学し、在学中の同三十六年十二月、洋行帰りの芳賀矢一が國學院同窓会で「国学とは何ぞや」と題し「國學院の国学[9]」について講演した。のちに河野は「正にあの当時先生は国学といふものを復活しよう、真に文献学に依つて我国の国学に魂を入れよう、更に本当に学問的組織を企てようといふ御考を披瀝せられたやうに感ずるのであります[10]」と回顧している。なお、この頃の論考は、國學院にあって自ずと神道や神職、古典に焦点を当てた論考が中心となる[11]。

同三十八年七月、國學院師範部国語漢文歴史科を卒業、皇典講究所祭式科を修了して、同年十月に師範学校・中学校・高等女学校、国語・漢文・歴史科教員免許状を受領、同年十一月に皇典講究所学階五等学正を受領した。既に明治三十年に兄・要作、同三十二年に父・禄郎がそれぞれ逝去していたことで、同月、郷社玉敷神社社司に補任された。また、埼玉県神職取締所北埼玉郡分所長に就任し、地域神職の指導的立場を有するようになった[12]。

その後は、明治三十九年に母校・私立埼玉中学校の教諭を嘱託されるも、同四十年に病気のため退職した。同四十一年には國學院研究科へ入学し、研究課題を「徳川時代倫理史[13]」と定めて有馬祐政に師事し、武士道の研究等を行った[14]。一方で明治四十年代の河野は、井上哲次郎を中心に唱導された国民道徳に傾倒し、明治四十四年九月には「国民道徳の内容[15]」を発表した。また、特に儒学史の研究においては井上の『日本朱子学派之哲学』、『日本陽明学派之哲学』、『日本古学派之哲学』に示唆を受け、研究科の卒業論文として『折衷学派の哲学』を提出している。この卒業論文の執筆が契機となり、二宮尊徳や石田梅岩の思想にも研究範囲を広げ、のちに河野の専門分野となる近世神道教化研究の基礎が形成された。

また、研究科在籍中に研究領域を「日本思想史」に定め、「それも鳥居を背景にして、静かに大らかに、国学と神道とを基調とし中心として、日本の思想史を道徳史の方から考察してみようと決心した。即ち私の環境に在つて、物心両面の生活に即しつゝ、日本思想の一面を研究し、且つ日本文化史の一面に寄与すると共に、国学と神恩と先進の学恩に応報しつゝ、一歩を進め、一般に弘めたいと念願するに至つたのである[16]」と、研究科時代に神職・学者両面の立場から日本文化史の一端として、国学・神道を対象とする思想史・道徳史を志向した。

さらに、自らの研究履歴について「境遇上、研究の自由に恵まれない一神道人の学問遍歴だから、むしろ一神職若しくは一日本人の研究めぐりとも見るべき物語り[17]」とも述べており、累代の神職たる立場は、河野の学問を特徴づけるとともに、一定の制約を与えた。このことは、大正二年（一九一三）二月、東京帝国大学教授・黒板勝美が河野のもとに来訪し、同大学史料編纂所へ勧誘した際に、玉敷神社の社務等の都合により、辞退した経緯からも窺える[18]。この時期、河野は広く神道・国学関連や神道界の現況に関する論考、貝原益軒や藤原惺窩に関わる近世の漢学・儒学に関する論考を発表し、その後も時勢に応じて神職の修養や大嘗祭に関する論考を継続的に執筆した。そして、大正四年一月からは石川岩吉の後任として國學院大學講師となり、「実践道徳」の講義を担当するに至った。同年、伴信友、栗田寛、宮地直一らの研究に示唆を受けた最初の著書である『神祇史要』（法文館書店）が刊行された[19]。皇典講究所主催の神職講習会の講義録である同書において「神祇史はこの後、私の専門たる神道学のうちでも、私自身が神社に奉仕してゐる関係上、特に力を用ゐねばならぬ方面[20]」と、神祇史を自身の学問の基盤に位置付けた。また、大正十五年刊行の『神祇史概要』（帝国神祇学会）では、「神祇史の開拓は神祇道に関係ある神職の手に待つのが当然である[21]」として、その担い手に神職を想定した。『神祇史要』では、神祇史と神道史について、神祇史は神社における「制度、祭祀、礼儀」を中核とした「形式的方面」の研究、神道史はより広汎な通史との交渉における神道の「思想的発達」に着目した研究と定義されている[22]。神祇史から神道史へと展開する河野の学問は、國學院大學における担当講義との関係もあり、神道史を「道徳史の方から考察」する国民道徳史へと展開する。自ら「国民道徳史の開拓事業[23]」と位置付ける大正九年の『国民道徳史論』(森江書店)は、道徳史の立場から神道・国学を講究する河野の学問の起点となる研究であった[24]。

大正七年八月二十七日からは、皇典講究所幹事長・桑原芳樹の切望により、國學院大學の教務課長に就任し、また、同年十二月二十二日に芳賀矢一が國學院大學学長に選出されたことで、国学を基盤に皇典講究所・國學院大學の隆盛を志向する芳賀の下で[25]、河野は同大学の拡張事業に従事することとなった。一方で、この頃より「専門の学究から広義の教育者[26]」となり、「大正七年の秋、国大の教務課長になつてその拡張事業に従事し、間もなくその専任教授として二、三の大学の講義や全国各地の講演に奔走し、満州(ママ)事変から大東亜戦争にかけての諸方の出張は、勿論、多少の研究も読書も著述も怠ることはなかつたが、それは全くの私の教化的活動時代で、私自身の希望に反省しても、一般の学界に対しても、全く学者としての生活には物足りなかつた[27]」とも述べるように、大正七年以降は、専門的学術研究から教化、育成、社会還元へと活動の力点を据えていったのである。

三　河野省三の問題意識

前節で整理したように河野省三の学問は、神職・学者の立場を両立させ得る学問として構成され、明治後期から大正期にかけて形成された。同時期には、神祇史、神道史、国学史、国民道徳史の他、神職の修養や神社の宗教性に関する論考がみられる。その背景には、明治後期から大正期にかけて「府県社以下神社の神饌幣帛料供進に関する件」（勅令第九十六号、明治三十九年〔一九〇六〕四月三十日）や「官国幣社以下神社神職奉務規則」（内務省訓令第九号、大正二年〔一九一三〕四月二十一日）などの物心両面における府県社以下の神職に関わる神社制度の整備を挙げることができる。特に後者では、官国幣社と府県社以下で別個に定められていた奉務規則が統一され、全国の神職が「国家ノ宗祀」に奉仕する立場を改めて自覚する契機となった。既に赤澤史朗や阪本是丸が指摘するように[28]、大正期には神職の修養について盛んに議論がなされ、神職の待遇問題とも関わって、神職の学力向上を目指した神職養成の在り方をめぐる議論へと展開した[29]。また、内務省社寺局設置以来の神祇官興復運動、神社局特立以降の特別官衙設置運動、明治三十二年の第一次宗教法案や神社対宗教問題に関わる神社・神道の宗教性をめぐる議論も盛んになった。「こうした考え方は、かなり早い時期から政府の唱える神社＝非宗教論に反発していた河野省三などによって唱えられていた[30]」と指摘されるように、河野は神社の宗教性に関わる論考を同時代に著している。おそらく最初期の河野の論考で神社非宗教に関して最も神道界に強い印象を与えたものは、明治三十八年に『國學院雑誌』上で交わされた中垣孝雄との議論に伴う論考であろう。

河野は國學院を卒業し、玉敷神社社司となった翌年の明治三十九年三月に「神道に対する疑問」（『國學院雑誌』第十二巻第三号）を発表し、神道家や神職が「神道について不識」であること、「自己についても自覚」がないこと、「時代思潮に就いても亦無頓着」であることなどを指摘して[31]、その弊害を説き、批判対象として前年十二月に『國學院雑誌』（第十一巻十二号）へ掲載された中垣孝雄「神道の真相を示し給ふ」をとりあげた。

河野は「所謂非宗教論者」が、神道から宗教的要素を悉く排除することに対し、「宗教」と「宗教的思想」を区別して、「崇拝」や「敬神」に内在する宗教的思想を強調する。そして、宗教における信仰を「迷の上に築かれた妄想[32]」と説いた中垣に対して、「世人が迷信と称して一概に排し去るものと雖も、その内部には烈々として人生そのものを語る微かなる声あり。宣長が過去の有ゆる迷信に対して、意識的に少からぬ尊敬をはらひしは、之を宗教中心思想の一切を放擲し去る彼のポジチ井スト（ママ）（実証主義）に比すれば、其明寧ろ数段の高きに在りと云ふべし[33]」（（ ）内筆者）と説き、さらに神道家が、宗教における信仰の内容を精査せずに「宗教」そのものへの批判を繰り返している現状に鑑みて、「予と道を同うせる神道家諸氏が宗教的思想に対して軽率なる判断を下すことを慎み、現代の思想界に対して細心なる注意を払ひ、以って自家の責任の那辺に存するかを覚悟せむこと是也。目を掩ひ、耳を塞ぎて、怒号するが如きことは、断じて神道家の職に非ざる也[34]」と痛烈に批判した。これに対して中垣は、河野の指摘は、自身の悪文による誤解であると弁解したが、河野は尚も宗教と神道とを区別して説く中垣の論考を具体的に取り上げて指摘を加えたうえで、「足下、予は余り多くを云はざるべし。たゞ予が世の神道に対する意見の、余りに歴史的なり、将た偏狭なるを憂へたまはゞ、願くはまづ、「宗教も包含し、無論普通の道徳的分子も豊富に合有し、その他所在人生一切の事柄」の包容せられて、「絶対に大」なる神道に就いて、摯実に語るところあらむことを[35]」と宗教をも包含した「「絶対に大」なる神道」の講究に務めるべきことを説いた[36]。

このような神道界内部への批判は、大正七年（一九一八）に、柳田國男との間に交わされた所謂「神道私見論争」においても確認できる[37]。この論争では、柳田が今日の神道が国民生活と交渉が浅く人為的性格を持つことから、平田流、神祇官流、國學院流の神道を批判して、民俗学的研究の有効性を主張したのに対し、河野は柳田の説く近世・近代の神道及び神社行政は歴史的に自然な「発達」であるとし、「要するに、柳田学士の「神道私見」は、其の中心に尊重すべき精神の宿つてをるには違ひないが、少しく、自説を主張し、時代思潮を慨くに急であつて、余りに国学者の真面目を蔽ひ、史実を軽々しく取扱つた嫌ひがある[38]」と批判している。これに対して柳田は、各事例に対する見解の違いは「枝葉」であり、郷土的研究や教派神道の近世的性格、神社崇敬の宗教性など、河野が多くの部分で賛同していることから、「河野氏は結局自分の結論には賛成と見える[39]」と結論付けた。

さらに「自分は現今の神職諸君の心持もよく知って居るのである。諸君が如何なる学説に依って立って居られるかをも知って居る[40]」とも述べている。このことは、神社崇敬を「単に祖先又は偉人に対する尊敬の表示に過ぎぬ」とする神社局の見解に対する柳田の批判について、河野が「今日の神道家が気も付かずに撤布しつゝある「社会道徳の進歩に対する悪影響」（〇神社崇敬を単純なる祖先崇拝と解するやうな学説等から生するところの）を除き得るものならば、たとひ大多数の国民の俚耳に入らぬでも、学士は宜しく邦家の為に献身的に力説すべきである[41]」とし、さらに「自分は固より批評の裏面には啓蒙を切望するものであつて、敢へて弁を弄せんとするものではない。議論を好むが為でないことは、柳田君と同じである。畢竟、斯かる重要なる問題か提供される毎に、風馬牛相関せぬ態度を執るのを常としてをる神道界の不振を慨かずには居られぬからである[42]」と説くことから、「神道私見論争」は、神社界における「問題提起」や「啓蒙」の意図が確認できる。実際に柳田の「神道私見」は、神職組織の機関誌である『全国神職会会報』へ転載され、また、その後の議論の場を國學院大學の機関誌『國學院雑誌』へと移したことで、当時の神社界に広く同論争の意味を周知させる意図が含まれていたものといえる。

　このように、現代における神社や神道、その担い手である神職の在り方をも学問の範疇に取り込んでいく河野の学問的姿勢に対しては、國學院大學内部においても異論があった。河野が國學院大學の教務課長から専任教授となった大正九年に、同大学の同僚であった折口信夫は河野が編集担当を務める『國學院雑誌』に「異訳国学ひとり案内―河野省三足下にさゝぐ―」を発表した。同論考は、同誌の「同窓会号」に掲載予定だったものであり、元来、若い研究者へ学問の在り方を説いたものである[43]。その内容は、国学が自由なる学風を有してきたにもかかわらず、近年の研究者が学問の固定に陥っていることを諫めるものである。また、国学者にとって明治以降が不遇の時代であったことを説きつつ、「文藝の為のみの文藝復興ではなく、国民生活の為の文藝復興」を志向し、「国学者が、さし当つた国民思想運動に参加することが出来るのは、今の処では、実は、此の方面が一番有望」であると指摘する[44]。さらに、「時世に適合」する学問を批判し、「私は、国学者の持ち伝へた、ぢみ一方でおして来た学風が、近頃、大分緩んで来たのに気がついた」として、文芸史が「文藝の純粋な歴史式観察から大分変つて来て、其裏うちになつて居る時代思想を見てゆかうと言ふ風なのが専ら行はれて居る」とし、それは文芸史を名乗った思想史・文化史であると批判する。そして、「哲学者であり、歴史家であることが、国文学者の第一の資格だときめるのは、ちよつと待つて頂きたい。其なら、私も条件を持ち出さして貰ふ。まづ第一は、創作家でなくてはならぬ」と自身の学問観を提示した[45]。

このように折口は学問の在り方について説いた後、国学に「内在した欠点」とされる「国民の歴史的生活の総べての過程を、倫理観の犠牲にして了ふと言ふ態度」を批判した。近世の国学者各人の倫理観は曖昧な部分を残しつつ、全体としては倫理の体系をなしていることを挙げ、国学者の考えを一つの固定としたものは「明治、大正の我々の先輩及び、我々である」とする[46]。固定した考えに立脚しない国学者たちの研究は自由であったと説き、それでも「排外熱、尚古癖」といった固定した観念は存在したが、「すべて国民生活を道徳生活に換算する学問だ、とは考へては居なかった」と指摘している。そして、「処が、唯今では、倫理の型から打ち出されるものでなくてはならぬ様に考へる向きが、段々殖えて来た。此有様ならば、国学の前途も、早此迄と、我々覚悟をきめてかゝらねばならぬ。かうした理不尽なつめ腹を切らされるのが残念故、我々には、国学と国民道徳との関係を考へて置く必要が起るのである」と国学と国民道徳の関係の再考を河野に突き付けたのであった。さらに「国学の対象は、どう考へても、近代ではない」とし、「其古代を研究するのが、本意であるらしい。古代の民族生活が、ほうとうに我々のうけ持つべき分野なのであつた」として論考を閉じている[47]。

この論考の直後には、河野による応答を確認できないが、折口の歿後に刊行された『折口信夫全集』の「月報」（第十七号、昭和三十一年）に「折口さんの異訳国学を頂いた頃」において次のように述べている[48]。

当時、私は此の國學院を背景とし、或は神道界を背負つて国民道徳を研究し論述し又奨励しようとした一人として、相当著しい存在であつたと云うても、必ずしも誇張ではあるまいと思ふ。之は自然、国学や神道を倫理化し、その思想的一面をのみ強調する態度として受取られ易い。折口さんが私に寄せてくれた此の論文のうちにも此の辺の気づかひが偲ばれ、その終りの方に「国学と国民道徳との関係」について悲観的、注意的な心もちを示されたのは、その当時の国学の周囲と、また私の主張や活動や教育を、身近に見られた折口さんの気がかりとして尤もである。殊に私が同じ國學院雑誌の第廿四巻五号で「柳田法学士の神道私見を読む」といふ、之も私の思ひ出の深い論文を発表してゐるので、国学即国民道徳論のやうに思ひ違ひされる感じの浅くない、当時の私の活動ぶりを案ぜられたことと思はれる。

そして、折口が提示した国学の在り方について「丁度、私が國學院を出た頃から同じ問題について考慮し批判した道筋と同じ」として、学問の研究や考察の方法には差異があっても、「古代研究の精神、国学の進め方については、それ〴〵別個の意義を有してゐると信じてゐる。」と回顧している。(49)「異訳国学ひとり案内」が発表された同年に河野は、拡張事業や大学令大学への昇格に伴い國學院大學に新設された道義学科の中心的存在となり、(50)まさに「國學院を背景とし、或は神道界を背負つて国民道徳を研究し論述し又奨励しようとした一人として、相当著しい存在」として活動していくこととなる。(51)

四　昭和前期の活動と国体論

大正九年（一九二〇）に國學院大學の専任教授となった河野は、昭和二年（一九二七）に國學院大學神職部主任、皇典講究所協議員となり、昭和七年には国民精神文化研究所研究員を嘱託された。国民精神文化研究所刊行の『国民精神文化研究』に掲載された「我が国上代の国体観念」（第二年第二冊、昭和十年四月）、「我が国体観念の発達」（第三年第二冊、同年十月）、「近世の国体論」（第四年第五冊、昭和十二年三月）等の国体関係の論考では、「即ち国体を決定するものは建国の事情であるが、更にその国体を発達させるものは其の国の歴史であり、国民の活動である」[52]との視点に立ち、上代、中古・中世、近世における国体論の変遷を「神道史の立場といふ、我が祖先の信念、上代の敬神観念」[53]を軸として全時代的に国体の研究を進めた。

また、同年には博士論文である『国学の研究』（大岡山書店、昭和七年）の刊行により、これまでの河野の研究は集大成されたといえる。同書では、自身の国学研究の視点について、「専ら著者の専攻する国民道徳史の立場から、近代の文化現象たる国学の性質を考察したものである」[54]と研究方法を提示して、国学が国体を種々の方面より総合的に研究してきた事実から「国学は国体学である」と説いている。[55]そして『国学史の研究』（畝傍書房、昭和十八年）では、国学は「日本精神を闡明し、以て我が国体の精華を発揮する学問」であり、狭義に解釈すれば古典研究に裏付けされた神道の闡明、国体の特質の解明と展開を指して国学と定義している。[56]さらに、「私は専ら之を近世国学者の自覚と識見と業績とに基礎づけしつゝ、現代的に健全に、その研究と教養と指導とを実践したいと念願した。此のやうな学問と心がけとが、神明に奉仕し、神社を運営し、神道を発展させる上にとつて、最も適切な奉仕であり、神社奉仕の最も自然な太い線であると信じてゐた」[57]と説くように、河野は「国体学」と称する国学の研究態度や成果を自身の学問や教化活動に応用していった。

昭和十年には國學院大學の卒業生（院友）として初の学長となり、併せて皇典講究所理事に就任し、同所・同大学において中核的存在となった。学長就任後には昭和十年に教学刷新評議会委員、翌十一年には、国体の本義に関する書冊編纂委員、日本諸学振興委員会常任委員を嘱託、同十八年に教学錬成所から神道研究を嘱託され、翌十九年には、教学錬成所教学、戦時宗教教化中央指導員を嘱託された。「我ガ国教学ノ現状ニ鑑ミ其ノ刷新ヲ図ルノ方策如何」[58]が諮問された教学刷新委員会（昭和十年十二月十九日開催）第二回総会では、参加者唯一の現任神職として、明治以来種々の西洋思想及び学問を採用し、利害長短を認識した現在においては、自主的にそれらを用いていく必要と、「明治維新当時ノ精神ニ立返ル必要」があり、「敬神尊王、敬神愛国、敬神崇祖、ト云フヤウナ信念ノ下ニ、堂々タル皇道ノ精神ヲ発揚シタル所ノ明治維新当時ニ於ケル識者ノ信念ト意気トニ還ラナケレバナラヌ」と説いた[59]。

他方、神社界においては、昭和十一年に神社制度調査委員会委員となり、同十六年には神祇院参与に就任した。同時期においても神職としての国体論を説き続け、特に思い入れの強い「鳥居を背景にして」（『皇国』第二百八十号、大正十一年三月一日）を『日本精神の研究』（大岡山書店、昭和九年）に転載して[60]、「我が国体の表象」である「鳥居」、即ち神社を背景として「我が国体を窺ふという事は、やがて、神職の国体観の立脚地である」[61]と神社に立脚した神職の国体論を説いた。

神社制度調査会には昭和十一年十一月十七日の第八回総会より参加し、護国神社の名称、神職の待遇及び無格社整備について議論している。神社制度調査会全体に関わる論点については、「「神社の本質論」、即ち全ての現実的制度に対する審議の前提として、「神社とは何か、宗教との関係如何」について大真面目な議論が延々と戦わされる事になった[62]」と指摘されているように、内務大臣の諮問内容とは異なり、神社の特性をめぐる議論が繰り広げられていた。同調査会における河野は、現任の神職として神職養成の改革を訴えるとともに[63]、内務省が志向する無格社整理が神社の実態にそぐわないことを主張した[64]。

そして、大東亜戦争敗戦後の昭和二十一年三月三十一日、河野省三は長年勤めた國學院大學を自ら去った。神社界にあっては、同月一日に神社本庁設立に伴い顧問を委嘱され、神社制度審議会委員として祭祀制度・神社社格等の研究を進めた。同二十三年三月二十二日から同二十六年八月まで、著書の関係で公職不適格の指定を受けたが、指定解除後は、同二十七年に埼玉県神社庁長となり、神職の教養向上に尽力した。また、同年六月四日には國學院大學名誉教授に推挙されるとともに、「神道私見論争」で交わった柳田國男の推挽により、同大学大学院講師を嘱託され「神道理論」を講じた。

河野は戦後も国体を論じ続け、当時議論の多かった「象徴天皇」について言及しつつ、「天皇制の歴史性」に関して、「少くとも二千年に及ぶ国民活動の全体を統合し、その中心の力として指導してゐる日本国家の権威は、特に古典と、その内容として盛られた史実そのものとによつて強調され、国史を一貫し、若しくはその基調を為してをる伝統の力であり、国家の生命であつて、日本の「天皇制」を存立せしめ、之を支持し推進してをる処の歴史性なのである。而してそれは実に天皇の御心をも警め導いてゐる尊い力なのである[65]」と論じている。ここでは「天皇制」の根底に位置する古典の重要性を指摘しつつ、その「歴史性」が強調されている。河野の国体論を一貫するものは、古代に編纂された古典に顕れる古代人の神祇観念への関心と、その古典が上代・中古・中世・近世・近代の各時代情況に合わせて解釈され継承されてきた歴史性の構築という視点にあったといえる[66]。

五　河野文庫と中臣祓研究

河野は近世以来の国学を基盤として皇典講究所・國學院の研究・教育の発展に寄与した一方、蔵書家として知られる。和装本だけで四千五百冊余りある旧蔵資料は、河野の歿後に國學院大學へ寄贈され、現在では「河野省三博士記念文庫」（以下・河野文庫）として同大学図書館に収蔵されている[67]。

近世・近代資料は共に神道の基礎文献をはじめ、神社関連資料や各神道説関連資料の他、近世文書では、『和論語』をはじめとした教訓集や石門心学関連資料が充実している。また、近代資料では、主に明治初年の大教宣布運動関連資料が充実しており、教化関係資料の多さは、河野の学問的関心や昭和前期における活動を反映したものといえる。さらに、自身の蔵書について河野は中臣祓、六根清浄祓、三社託宣、近世の祭祀、神社の絵図、式内社の研究書類、古事記、日本書紀、古語拾遺、旧事大成経を中心に資料を収集し、特に中臣祓について「中臣祓の注釈書は百種にも上らうし、神宮関係、唯一神道、両部神道、石門心学などの関係書と共に、いつの間にか、私の多忙生活にふさはしい位には集まつた[68]」と述べている。近世資料では祝詞関連資料の二百二十一点のうち、そのほとんどが中臣祓関連の資料である。このような河野文庫の傾向から、河野は近世・近代の神道教化に関心を示しつつも、中臣祓に強い関心を有していたことがわかる。

また、河野の蔵書は、「延喜式撰上一千年記念展覧会」（大正十五年〔一九二六〕十一月三日、於國學院大學[69]）や有栖川宮幟仁親王の五十年祭並びに國學院大學講堂落成を記念した「国体及び神道に関する書籍展覧」（昭和十一年〔一九三六〕一月二十四～二十六日、於國學院大學）に展示され社会へ還元された。特に後者の展示目録には、「国体精神及び神道思想の発展を展望し得るやう配列した。単なる古典並に其の註釈書の展覧では無い[70]」とあり、「国体精神及び神道思想の発展」を目的とした展示であった。さらに昭和十一年十月十六・十七日には、國學院大學四十六周年記念「國學院大學学友会総合展覧会」の一環として、「国体及び神道に関する重要書籍展覧会中臣祓註釈之部」が開催された。同展示では、前記展示の趣旨を継承し、同大学道義学科の学生・卒業生からなる道義学会主催により[71]「神道の根本経典とも云ふべき中臣祓に関する註釈書類」を河野の蔵書に限って展示した。展示目録の附記には、「中臣祓詞の母胎たる大祓詞の註釈書は其代表的なものを少しばかり陳列して参考に供した。尚、中臣祓の註釈書については、神戸の秋津庵文庫主人西寅夫氏の『中臣祓之研究』に詳しいし、大祓詞、中臣祓詞の註釈書の重要なものは、佐藤範雄氏古稀記念の為に、山本・宮地・河野三博士の編纂に成る『大祓詞註釈大成』三冊に纏められることになつている」とある。[72] これらの展覧会の影響力については、一概に評価し得ないが、西寅夫『禊祓の研究』（秋津庵文庫、昭和六年）の「はしがき」には、禊祓に関する研究を志した際に、「時偶々延喜式撰上一千年記念会（皇典講究所國學院大學の主催）の名称の許に、延喜式に関する古写本及び刊本類の展覧会が國學院大學で開かれ、その目録が國學院雑誌第三十三巻第三号で発表と、同時に教授河野省三先生の中臣祓についての談話筆記も掲げられました。その出品目録なり河野先生の大祓、中臣祓に関する文献の蔵書目録等によりまして、それらの刊本及び写本類のいかに数多くあるかにヒントを与へられたので、それらを基本として取り調べにかゝつたものであります」[74] と記載され、「中臣祓の文献については國學院大學教授河野省三先生の御懇篤なる御助言を賜りました」[75] とあって、学術界に一定の役割を果たしたといえる。また、金光教の佐藤範雄の喜寿記念として刊行された[76]宮地直一・山本信哉・河野省三編『大祓詞註釈大成』（上・中・下巻、内外書籍、昭和十一―十六年）の佐藤による「跋文」（下巻）には次のようにある。[77]

就中延喜式に収むる所の大祓詞の如きは、首として国体の淵源を説きて、天孫の降臨に及び、更に君民上下の罪を祓ひ、災を除き、穢を去り、以て心身を浄化し、一切を美化して、此の国を安国と平けく知食さんと、理想的国家の建設を詳述せるものなれば、宮中を始め、神社に、教派に、広く之を用ひ、遍く之を唱へて、遠く我が建国精神の源流に遡り、永く我が国民思想の発達を助け、神道経典中の重要なる位置を占むることは、何人も疑を容れざる所なり。

さらに同書上巻では、山本が「現存する古典中に於いて、我が国体の淵源を述べ、建国の精神を記したもの」[78] として大祓詞を挙げ、「我が民族宗教の経典」、「国民道徳の経書」、「古代法律の法典」などと称している。このことから、大祓詞（中臣祓）が国体概念を現す古典として論じる河野の視点は、神社神道のみならず教派神道においても、ある程度共有された考え方であった可能性がある。

中臣祓と国体との関連について河野は、大正の中頃から主張しており、のちに清原貞雄『国体論史』に引用される「我が国体」（『國學院雜誌』第二十三巻、第八号、大正六年）においては、記紀の編纂により国体の淵源、皇室の神聖が明白となったが「而して最もよく我国体の概念を表はしたるものは大祓詞なり」として大祓詞の重要性を説いている。

また、昭和十五年に教学局より刊行された『中臣祓と民族精神』[79]において中臣祓を、「古来、日本民族に最も親しみの深い文献の一つであつて、殊に中世から近世にかけて、「神代巻」と共に、我が国民の国体観念並に日本精神の涵養に与つて力の多い民族的文献[80]」と位置付ける。同書では大祓詞と中臣祓の比較を行うが、その際に重要な点として、「その公より私へ、政治的より宗教的へ、将た特殊より一般への意義深い推移変化[81]」にみている。また、中臣祓や大祓の根底をなす禊祓については、「古典の神話に在つても、現在の祭祀に在つても、重要なこと[82]」であり、そもそも「「清める」といふことは、日本民族の間に昔も今もよく行はれる宗教的意義を伴つた一般的な慣習」であって、一般的であるがゆえに宗教的意識を伴わないことが多いと説き、禊祓の宗教的思想を指摘する。そして、中臣祓が中世以降尊信されてきた経緯について、吉田兼倶をはじめとする吉田神道における受容史や白川神祇伯家、垂加神道、吉川神道などを中心に論じ、特に近世において中臣祓注釈書が多く著された事実から「江戸時代に於ける神道的機運」の高さを説いて「而して其の神道的機運こそは当代に於ける国体観念乃至国家的精神の中心であつたので、そこに明治維新展開の最も深く且つ強い原動力の一つが存在したことを思廻らす時に、「中臣祓」に対する是等の尊信の力も亦、之を重視せねばならぬ」としている。昭和前期における大祓詞と中臣祓を取り巻く社会状況については、「近年、教育界乃至宗教界に於ける精神の鍛練、宗教的情操の陶冶が強く要請せられ、又国民一般の間に於ける民族的信仰への憧れの気分は、少からず大祓詞若しくは中臣祓詞に対する関心を深めて来た。而も我が民族性と民族的信仰と、又民族的行事と密接の関係を有し、皇国の国体、日本精神、敬神観念といふ方面に多大の寄与を為して来た此の中臣祓及び大祓に就いて、其の思想的考察を試み、併せて我が先見の信念と努力とを偲ぶことは、極めて緊要なことに属する[83]」と説いている。

このように河野文庫の中で特に注目される中臣祓関係資料は、河野の研究活動を支えるとともに、展示活動を通して社会へ還元されていた。また、中臣祓が神社の祭祀において重要な位置をなすとともに宗教的意義を伴った禊祓に関わり、各時代状況に応じた注釈がなされたことに注目する視点は、本稿で検討してきた河野の学問の特徴を須く反映させたものといえる。そして中臣祓や大祓詞を「我が国民の国体観念並に日本精神の涵養に与つて力の多い民族的文献」と位置付けていることは、河野の国体論における特質といえよう。

六　むすび

本稿では、「はじめに」で示した通り、①河野の学問形成と神職としての立場の関係、②河野の学問における問題意識、③昭和前期における河野の国体観、④上記三点を踏まえた特徴的国体論としての中臣祓研究の四点から河野の国体論について検討した。

第一に、河野は神職の学問としての神祇史を起点に、思想史としての神道史、さらには道徳史としての国民道徳史へと学問の幅を広げていった一方、神職という立場は、学者としての河野の学問を特徴づけるとともに、一定の制約を与えた。第二に、河野の問題意識は学問を通した神社神道内外への啓蒙にあった。具体的には、神職の修養・在り方、神社の本質（神社信仰の宗教性）について論じ、それは内務省神社局の神社非宗教論への批判を伴いつつ、國學院や神社を背景とした国民道徳研究として表れた。第三に昭和前期における河野の主たる活動は、研究から教育へと転換しつつも、国学を「国体学」と定義して国学者の事績研究を行い、近世国学の研究態度や成果を自身の学問に応用し、且つ古典を重視しつつも時代状況に応じた柔軟な国体論を展開した。第四に中臣祓が神社の祭祀において重要な位置をなすとともに宗教的意義を伴った禊祓に関わり、中世以降の各時代状況に応じた注釈がなされたことに注目して、中臣祓や大祓詞を「我が国民の国体観念並に日本精神の涵養に与つて力の多い民族的文献」と位置付けた。

なお、河野は神社制度の整備をはじめとする時勢の変化に敏感に反応しつつ、その変化へ柔軟に対応する議論を展開しており、このことは、戦後に国体を論じる際、日本国憲法に基づいて建設的議論を展開しようとする態度にも表れている。このような神職・学者の両面を結合し満たしていこうとする態度は、折口信夫の「異訳国学ひとり案内」において批判されたが、河野は一貫して「國學院を背景とし、或は神道界を背負つて国民道徳」を講究し続けた。そして、最も穏健な「神道イデオローグ」として、「「神がかり」と評された筧克彦の「筧神道」を中和する上でも河野の幅広い常識的な神道論は文部省にとっては貴重な存在であり、それは内務省や神社界も同様であった(84)」と指摘されるように、その学問が各方面において受容されていたことは、本稿で整理した事績からも理解されよう。

本稿で検討した河野の学問や問題意識には、神職としての「境遇上、研究の自由に恵まれない」と言表されるような、神社神道の内部から神祇や神道を研究する際の葛藤を孕んでいる。この葛藤がもつ意義については、他の神社人・神道人との比較を通して、制度と思想、神社神道（国家神道）と学問（国体論）との関係性から理解していく必要があると考えるが、これらの検討については今後の課題としたい。

註

(1)安津素彦「河野省三」(『神道宗教』第四一号、昭和四十年)、土岐昌訓「河野省三」(『悠久』第三〇号、昭和六十二年)、岸本芳雄「河野省三」(山田孝雄編『近代日本の倫理思想』大明堂、昭和五十六年)、西岡和彦「河野省三」(『國學院大學日本文化研究所所報』四二―五、平成十八年)。

(2)専論には、中道豪一「河野省三の神道教育」(『神道宗教』第二二九号、平成二十二年)、戸浪裕之「河野省三の国学研究」(國學院大學研究開発推進機構伝統文化リサーチセンター編『モノと心に学ぶ伝統の知恵と実践』平成二十四年)等がある。

(3)昆野伸幸『近代日本の国体論―〈皇国史観〉再考―』(ぺりかん社、平成二十年)の他、長谷川亮一『「皇国史観」という問題―十五年戦争期における文部省の修史事業と思想統制政策―』(白澤社、平成二十年)等を参照。

(4)大原康男「国学者にみる〈国体〉概念の理解―「政治への関心」という視点から―」(『維新前後に於ける國學の諸問題』國學院大學日本文化研究所、昭和五十八年)六五一頁。

(5)前掲昆野『近代日本の国体論』一七頁。

(6)本稿における河野省三の履歴は、学校法人國學院大學編『河野省三先生三十年祭』(平成五年二月)所収「略年譜」を中心に、『國學院雑誌』第六〇巻第八号(昭和三十四年八月)所収「河野博士略年譜」、『國學院雑誌』第六四巻第五・六号(昭和三十八年六月)所収「河野省三博士略年譜・著作一覧」、河野省三『一日本人の生活』(河野博士古希祝賀会、昭和二十七年)所収「略年譜」、河野省三『嗜みの生活』(玉光会、昭和三十三年)所収「略年譜」を参照した。

(7)穂積耕雲の履歴は、西田重一編『神道人名辞典　昭和卅年版』(神社新報社、昭和三十年)一二八～一二九頁を参照。

(8)河野省三『日本精神の研究』(大岡山書店、昭和九年)三八四頁。

(9)芳賀矢一「国学とは何ぞや」(『芳賀矢一選集』第一巻国学編、國學院大學、昭和五十七年)一四七頁。

(10)河野省三「芳賀先生の遺徳を偲ぶ」(『國學院雑誌』第四三巻第三号、昭和十二年)五四頁。

(11)河野省三「神職と神道(附　古典研究の態度)」(『神社協会雑誌』第三三一～三三四号、第四年第一号、明治三十七年十月～同三十八年一月)、同「友に与へて古道を論ずる書」(『同窓』第二号、明治三十八年)がある。

(12)なお、同中学校の復職懇請により明治四十一年に復職し、大正七年(一九一八)七月まで在職した。

(13)騎西町史編さん室『河野省三日誌　吾が身のすがた』(騎西町教育委員会、昭和六十年)一一頁。

(14)前掲河野『一日本人の生活』七三頁。

(15)河野省三「国民道徳の内容」(『神社協会雑誌』第十年第九号、明治四十四年)。

(16)前掲河野『一日本人の生活』七三頁。
(17)河野省三「私の研修物語」(『研修』國學院大學神道研修部神道研修会、昭和三十七年)一頁。
(18)前掲『河野省三日誌　吾が身のすがた』五〇八頁。
(19)前掲河野『一日本人の生活』七三頁。
(20)河野省三『神祇史要』(法文館書店、大正四年)二頁。
(21)河野省三『神祇史概要』(帝国神祇学会、大正十五年)二頁。
(22)前掲河野『神祇史要』二頁。
(23)前掲河野「私の研修物語」六頁。
(24)髙野裕基「河野省三の国民道徳論―『国民道徳史論』を中心に―」(『神道宗教』第二三一号、平成二十五年)参照。
(25)『國學院雑誌』(第二五巻第二号、大正八年)は、翌八年一月十二日の芳賀矢一学長の就任式について、「続いて芳賀大学長代りて、専任学長の重圧を承諾したるも、如何にして其任を果たすべきか、唯専心一意、本所本大学設立の趣旨を体し、国家のため此任を全うせん事を期すれば、本所本大学の関係者職員、講師、学生、生徒亦以て扶翼せられんこ事を希ふ所なりとて、国学勃興の源流より、国学四大人の業績、尋いて之が維新大業の翼賛したる、歴史的の功績を陳べて、将来益々この学の隆盛を計るべきものなりと結論せられたり」(六二頁)と要約し、報じている。
(26)前掲河野「私の研修物語」四頁。
(27)河野省三『微笑随筆』(玉光会、昭和三十三年)七〜八頁。
(28)赤澤史朗『近代日本の思想動員と宗教統制』(校倉書房、昭和六十年)、阪本是丸『国家神道形成過程の研究』(岩波書店、平成六年)参照。
(29)大正十四年四月の『神社協会雑誌』(第二十四年第四号)は「神職養成号」と題する特集を組み、神社局長・佐上信一、皇典講究所専務理事・桑原芳樹、靖國神社宮司・賀茂百樹、葦津耕次郎、加藤玄智、田中義能、補永茂助、山本信哉、植木直一郎、河野省三が各々自説を論じ、また「神職養成並現任神職の向上に関し最も適切なる施設並方法」と題する懸賞論文五選も掲載された。
(30)前掲赤澤『近代日本の思想動員と宗教統制』七二頁。
(31)河野省三「神道に対する疑問」(『國學院雑誌』第一二巻第三号、明治三十九年)一五頁。
(32)中垣孝雄「神道の真相を示し給ふ」(『國學院雑誌』第一一巻第一二号、明治三十八年)二六頁。

(33)前掲河野「神道に対する疑問」二九頁。
(34)前掲河野「神道に対する疑問」三二頁。
(35)河野省三「神道論に就いて中垣君に復する書」(『國學院雑誌』第一二巻七号、明治三十九年)五三頁。
(36)「「絶対に大」なる神道」とは「神道指令」にいう「国家神道」の枠組みを超えた「神道」を示すものか、或は河野の思想史・道徳史的考察の範疇に収まる観念的な「神道」概念であるのか、このような考え方は神社神道界、神道学者において共有された認識であったのかなどついての検討は、河野の思想を理解していくうえで必要と考えるが、これについては稿を改めて検討したい。
(37)「神道私見論争」に関する研究には、阪本健一「神道私見論争」(安津素彦・梅田義彦監修『神道辞典』堀書店、昭和四十三年)、内野吾郎『新国学の研究』(創林社、昭和五十八年)、高見寛孝『柳田國男と成城・沖縄・國學院—日本人へのメッセージ—』(塙書房、平成二十二年)参照。
(38)河野省三「柳田法学士の「神道私見」を読む」(『國學院雑誌』第二四巻第五号、大正七年)三五頁。
(39)柳田國男「河野省三氏に答ふ」(『國學院雑誌』第二四巻第七号、大正七年)三八頁。
(40)前掲柳田「河野省三氏に答ふ」三八頁。
(41)前掲河野「柳田法学士の「神道私見」を読む」二六頁。
(42)前掲河野「柳田法学士の「神道私見」を読む」二二頁。
(43)折口信夫「異訳国学ひとり案内—河野省三足下にさゝぐ—」(『國學院雑誌』第二六巻第一〇、一一号、大正九年)。同論考の冒頭には、「河野省三足下。此月分の雑誌ぎりで、長らくいたつかれた編輯部を、おひきになることになつた相ですが、あなたの為、まことに結構なことゝ存じます。教務や、編輯のうるさい為事と、一日も早く手をきつて、ほんとうの、敬虔な学徒の生活にたち戻られることを、望んで居た一人で、私があることは、あなたも御存じのはずです。御餞別かはりに、最後の俗務の辛労を、ちよつとでも休めることが出来れば、と思うたので、何か書きませう、とお約束はしました。併し、忙しいさなかで、思はしいものも出来さうにはありません。此は、此五月の同窓会号(本誌)の為に書いたものですが、あなたの研究とは、ほゞ似たかよつたかの道筋を辿るもの、と考へますので、此を、と思ふ気になりました訳です。失礼ながら「此から愈、ほんとうの意味の国学者となりて、新なる精進を望みます」と言ふのし代りの語を添へてさしあげます」として、執筆の動機と経緯が示されている。
(44)折口信夫「異訳国学ひとり案内—河野省三足下にさゝぐ—」(『國學院雑誌』第二六巻第一〇号、大正九年)九頁。

(45)折口信夫「異訳国学ひとり案内―河野省三足下にさゝぐ―」(『國學院雑誌』第二六巻第一二号、大正九年)四四~四八頁。
(46)同右、四九頁。
(47)同右、五〇頁。
(48)河野省三「折口さんの異訳国学を頂いた頃」(『折口信夫全集　月報』第一七号、昭和三十一年)二頁。
(49)同右、二頁。
(50)道義学科の活動や同科における河野の活動や位置づけについては髙野裕基「皇典講究所・國學院大學の「神道」研究と道義学科」(『國學院大學研究開発推進機構紀要』第九号、平成二十九年)を参照のこと。
(51)「神道私見論争」と「異訳国学ひとり案内」を取り上げ、河野省三と柳田國男・折口信夫との関係性を論じたものには阪本是丸「國學院の国学―「非常時」に於ける河野省三・折口信夫・武田祐吉の国学―」(『國學院大學　校史・学術資産研究』第四号、平成二十四年)がある。
(52)河野省三「我が国上代の国体観念」(『国民精神文化研究』第二年第二冊、昭和十年四月)三頁。
(53)同右、一頁。
(54)河野省三『国学の研究』(大岡山書店、昭和七年)序三頁。
(55)同右、三〇一~三〇二頁。
(56)河野省三『国学史の研究』(畝傍書房、昭和十八年)三三頁。
(57)前掲河野『一日本人の生活』八八頁。
(58)近代日本教育制度史料編纂会『近代日本教育制度史料』第十四巻(大日本雄弁会講談社、昭和三十二年)二五七頁。
(59)同右、三一七頁。
(60)河野省三『日本精神の研究』(大岡山書店、昭和九年)には、「本書の附録として添へた「鳥居を背景として」といふ一篇は、蓋し私の幼い時の自叙伝の一頁に当るもので、前述の『神道と国民生活』の附録と相待つて、拙い文字に依る自画像の一面を示すものである。敢へて単に示すものではない。皇国と郷土と家庭とからの恵みの露に育つた私の小さい日本精神の有りのまゝの姿とはたらきとを語り明かしたい心なのである」(「はしがき」六頁)とあり、河野の思想形成の背景を自ら論述したものである。
(61)前掲河野『日本精神の研究』三七六頁。
(62)藤田大誠「国家神道体制成立以降の祭政一致論」(阪本是丸編『国家神道再考―祭政一致国家の形成と展開―』弘文堂、平

成十八年）三八四頁。及び前掲阪本『国家神道形成過程の研究』を参照。

(63)神社本庁編『近代神社行政史研究叢書Ⅲ　神社制度調査会議事録③』（神社本庁、平成十三年）五一五頁。

(64)同右、六五二頁。

(65)河野省三『日本の国体』（明治神宮社務所、昭和三十七年）五四頁。

(66)また「日本国の象徴」（『国体論纂』下巻、國學院大學、昭和二十九年〔文末に昭和二十七年八月稿とあり〕）において、他著と同じく関連文献を列記した中には、後に『国家神道とは何だったのか』を著す葦津珍彦の論考「国民統合の象徴」（『不二』所載）があり、「葦津氏は「日本国の象徴」たる天皇の位置を基礎づける根本の力として、種々の面から「国民統合の象徴」たる天皇制を理解し力説して、日本国民の豊かな国家的義務の観念に対する自覚を促している。何れも現行憲法の精神を生かさうとするもので、今後の国民教育に従事する者は勿論、広く日本国家と日本国民との発達、幸福を心とする者の深く留意すべき点である」（五八頁）と葦津が現行憲法の精神に基づいて幅広い視点から天皇制を考察した点を評価したことは、河野の国体論の在り方を表すものといえるだろう。

(67)河野文庫の目録には、國學院大學日本文化研究所編『河野省三記念文庫目録』（錦正社、平成五年）等がある。

(68)前掲河野「私の研修物語」五頁。

(69)主として田邊勝哉、山本信哉、澤田章、植木直一郎、河野省三、岩橋小彌太が関わり、約二百八十点の資料が展示された。

(70)「国体及び神道に関する書籍展覧会目録（六月号続）」（『國學院雑誌』第四二巻第八号、昭和十一年）参照。

(71)國學院大學道義学科及び道義学会については、前掲高野「皇典講究所・國學院大學の「神道」研究と道義学科」参照。

(72)「国体・神道に関する重要書籍展覧会目録」（『國學院雑誌』第四二巻第一二号、昭和十一年）七九頁。

(73)また、京都帝国大学文学部陳列館においても「神祇並神道史に関する展観」（昭和十一年十一月二十一日〜二十三日）が開催され、中臣祓関連の展示が行われる（大東敬明「二十世紀前半の中臣祓研究―企画展「おはらいの文化史」余滴―」『國學院大學伝統文化リサーチセンター研究紀要』第三号、平成二十三年、参照）。

(74)西寅夫『禊祓の研究』（秋津庵文庫、昭和六年）一〜二頁（はしがき）。

(75)同右、三頁（はしがき）。

(76)『大祓詞註釈大成』の編纂過程や佐藤範雄と編者各人の関係性については、大東敬明「宮地直一コレクションと『大祓詞註釈大成』―企画展「文献にみる祓の世界」の報告―」（『國學院大學伝統文化リサーチセンター研究紀要』第一号、平成二十一年）に詳しい。また、近代における大祓詞・中臣祓に関する研究史をまとめたものに、前掲大東「二十世紀前半の中臣祓研究―企画展「おはらいの文化史」余滴―」がある。
(77)宮地直一・山本信哉・河野省三編『大祓詞註釈大成』下巻（内外書籍株式会社、昭和十年）一頁。
(78)宮地直一・山本信哉・河野省三編『大祓詞註釈大成』上巻（内外書籍株式会社、昭和十六年）一頁。
(79)同書は、文部省思想局（日本精神叢書）の『中臣祓と民族精神』（昭和十二年）として別途、刊行されている。
(80)河野省三『中臣祓と民族精神』（教学局、昭和十五年）一頁（巻頭の添へ書）。
(81)同右、一三頁。
(82)同右、二頁。
(83)同右、二五頁。
(84)阪本是丸「昭和戦前期の「神道と社会」に関する素描」（國學院大學研究開発推進センター編・阪本是丸責任編集『昭和前期の神道と社会』（弘文堂、平成二十八年）二五頁。

近代神道と「八紘一宇」

——二荒芳徳の「八紘為宇」論を中心に——

昆野伸幸

一　はじめに

本稿は、近代日本における「神道」と国体論との関係およびその展開・帰結の一様相について明らかにすることを最終的な目的とする、準備段階の一試論である。

近代における「神道」と国体論との関係を検討しようとする際、「神道」研究のほうに重点をおいていえば、これまでは「国家神道」という分析視角から検討されるのが常であった。周知のように、村上重良『国家神道』（岩波新書、昭和四十五年）における「国家神道」は、神社神道・皇室神道・「国体の教義」を包括する広義の概念として定義されており、あくまで本来の「神道」のあり方から逸脱した異端として位置づけられている。この村上「国家神道」論の孕む問題点に対しては、これまで様々な批判がなされてきた。

その重要な一齣として、葦津珍彦氏はいわゆる狭義の「国家神道」論を提唱したが、村上・葦津両氏の間では、そもそも「神道」観が正反対に異なっていたように(1)、「国家神道」をめぐる問題は、畢竟「神道」をどう捉えるかという問題に帰着する。そのため、近代における「神道」と国体論との関係を考えるにしても、現在の研究者の抱く「神道」観を過去に遡及してあてはめるのではなく、明治期から昭和戦時期のそれぞれの時期や、内務省神社局、宮内省、帝国大学、神社、植民地、教派神道など様々な現場およびそこでの担い手において、いかなる「神道」観が形成・共有されていたのか、これまでの実証的な先行研究を踏まえて検討することが重要である(2)。

ただし、もともと村上氏の「国家神道」概念が広義にわたったのは、靖國神社国家護持運動の盛り上がり、紀元節復活、「明治百年」記念、小学校学習指導要領改訂という反動攻勢を一括して把握し、それに対抗せんとする氏の批判意識が「国家神道」に投影されて形成されたためであることに留意する必要がある。その意味で、氏の「国家神道」概念は、昭和三十年代後半の時代状況および氏の問題意識に規定された、歴史性の強いアクチュアルな概念であった(3)。そのため、そもそもの時代状況が変わった現代、もはや村上「国家神道」論は機能不全に陥っており、平成十年代以降、小泉純一郎政権下の靖國神社公式参拝、安倍晋三政権の右傾化、日本会議の台頭といった新たな反動的動きを契機に、村上「国家神道」論の批判的継承を謳う島薗進氏の研究が登場・進展したこともある意味では当然のことといえる(4)。しかし、島薗「国家神道」論も、実証レベルで多くの問題点を抱える(5)のみならず、『国家神道』が刊行された昭和四十五年時点とは異なり、もはや現状批判を「国家神道」論に託すという戦術自体が有効性を失っているように見受けられる。

以上のように「神道」研究の側から「神道」と国体論との関連を考えようとすると、「国家神道」や「神道」の概念に起因する問題点が纏綿してか、実は「国家神道」研究と国体論研究は近年に至るまで交錯することがなかった(6)。それでは他方、国体論研究の側から「神道」を捉えようとするとどうなるか。これまでの国体論研究は、教育勅語や国体明徴運動、皇国史観などを対象とする教育史・憲法史・史学史・思想史の分野において主になされてきた経緯もあり[7]、研究者はいわゆる天壌無窮の神勅や「肇国の精神」などに注目はしても、それらを天皇制イデオロギーとして一括し、「神道」として捉えることはほぼしてこなかった。そのため近代における国体論の研究と「神道」をめぐる研究とは、あまり接点をもたないまま今日まで推移してきたといっても過言ではない。

とはいえ、日本の「国体」と皇室（天皇）とが密接不可分である以上、国体論にとって、天皇の起源を語る神話や宮中祭祀、あるいは神社祭祀との関わりはある程度内在化されているといえる。他宗教と比べて相対的に「神道」と国体論との結びつきは強固ではあるものの、少なくとも無前提に「神道」を国体論の本質的な要素と考えるのではなく、「神道」、仏教、キリスト教、イスラーム等と国体論との関わりを考えていく必要がある。

その際には、「神道」の色合いの濃い国体論（神道的国体論）――内務省神社局、宮内省掌典、神職、神道思想家、神道学者、教派神道の一部、日本中心主義的新宗教（生長の家等）等によって担われる――とは別の文脈にある国体論、すなわち仏教的国体論（田中智学、暁烏敏、「皇道仏教」等）、キリスト教的国体論（海老名弾正、渡瀬常吉、松村介石、前島潔、日本的キリスト教等）、イスラーム的国体論（田中逸平等）等の存在を想定し、それらの複雑な関係を検討することで、宗教的な国体論の全体像を浮かび上がらせることが課題となるであろう。そして、この課題を解くうえで重要なのが、様々な宗教的国体論にとって接点となりうる共通の論点であり、具体的にはアメノミナカヌシ観や「八紘一宇」論などが想定できる。もともと「八紘一宇」の用語は、日蓮主義者として著名な田中智学が大正期に創出し、智学固有の思想＝仏教的国体論にまつわる用語として出発したものだが、昭和戦時期には神道的国体論のみならず、キリスト教的国体論をも巻き込みながら展開していく[8]。

本稿は、「八紘一宇」が「神道的イデオロギー用語[9]」に収斂するありさまを、大正期に低迷するかにみえる神道的国体論が昭和戦時期に全盛を迎える過程と重ねあわせながら描き出すうえでの前段階の準備作業として、まずは神道思想家の大正期の思想が戦時期の「八紘一宇」論に帰結した流れと、「八紘一宇」論を支えた神観念の展開を確認するものである。

二 「神道」と神道的国体論の再編

国体論を最大公約数的にいえば、日本の独自性を万世一系の皇統に求め、アマテラスが皇孫に与えた天壌無窮の神勅に代表される神代の伝統と、歴史を一貫して変わらぬ国民の天皇に対する忠誠心とが「国体」を支えてきたと強調する議論だといえる。そして、帝国憲法・教育勅語の成立を以て一応のまとまりをなした国体論は、その後、神話・神勅の権威を重視する流れ（三井甲之ら原理日本社、文部省『国体の本義』等）と、歴史的にみられる国民の主体性発揮を重視する流れ（平泉澄、大川周明等）とに分裂し、対立しあいながら展開していく。

後者のような新しい動きが登場し、結果として国体論の解釈が分裂していった背景には、神話による「国体」の説明は非科学的で、現代の国民には通用しがたいとの認識が広く共有されるに至った大正期の実状がある。[10]この時期には「中等程度の学校の地理歴史科教員の協議会で、神代史を如何にすべきかといふ問題に対して、多数の意見は、どちらかといへば不必要なりといふにあつた」[11]らしいし、地域社会においても「仮令、我々（在地神職――昆野注、以下同じ）が国体講演をするにしてもだ、頭から「抑々神代の初に於て」など、やり出したんでは、聴衆はフ、ン又かと鼻の先で笑ふ[12]」事態が現出していた。

大正期から昭和初期、平泉澄や大川周明は、自らの出自や学歴からむしろ「神道」に関する信仰・知識に富んではいたものの、神道的要素に依存しないかたちでの国体論を模索しつつあった。それでは、同時期の神道的国体論は、時代の新たな動向とは無頓着に旧態依然とした国体論を説き続けていたのだろうか。否、そうではない。

神道的国体論の側にも神話・「神道」を再解釈する新たな動きが散見される。

例えば、掌典として宮中祭祀に携わる星野輝興（明治十五〜昭和三十二年）は、個人の日常的な主体的営みの一環として祭祀を捉えなおすことで、日常から遊離した祭祀の現状を刷新しようとする問題意識を背景に、建国祭の企画・実行（大正十五年二月十一日、第一回建国祭挙行）に関与し、とくに紀元節の日に建国祭を実行しようとする際の理論を担保した。すなわち、彼は大正九年（一九二〇）頃から『古事記』にあらわれる最初の神であるアメノミナカヌシの神格に疑問を抱き（『古事記』神話の再解釈[13]）、アマテラスを直接の起源とし、神武天皇の即位を以て建国とみなす建国観を形成していた[14]。

このようにアメノミナカヌシの神格を否定し、比較的に世俗的な建国観を抱く星野に対し、日本の国のはじまりとしてアメノミナカヌシに発する「肇国」を重視し、建国祭を紀元節の日に行うことは不適切だと批判していたのが、東京帝国大学教授・筧克彦（明治五〜昭和三十六年）、二荒芳徳（明治十九〜昭和四十二年）らである[15]。ただし、彼らにしても、新たな時代の潮流に鈍感だったわけではない。彼らは、いわば建国祭の代替として、「皇国運動」（「やまとばたらき」）と呼ばれる独特の体操の普及、五箇条の誓文を刻した五角柱のモニュメントたる誓の御柱の建設運動に勤しんでいた。これらの営為は、建国神話の身体化・視覚化の試みであり、そこには理屈ではなくやれば分かる、見れば分かるという、一種の「行」の実践を通じた「皇国精神」の体得が期待されていた。

また筧に影響を受けた愛知県知多高等女学校校長・中村正元[16]（明治十八年〜？、在任：大正十三年四月〜昭和三年十一月）は、校長として赴任すると、体育教師に講習を受けさせたうえで大正十四年一月から積極的に生徒に「皇国運動」を実施させ[17]、また退任間際に、校長の兼ねる同窓会会長として、女学校の玄関前に誓の御柱を建設するうえで主導的な役割を果たしている[18]。中村校長期に入学から卒業まで在学したM・I（仮名、昭和三年三月卒業）は、卒業後に母校に寄せた書簡において「毎日〳〵、（『知多』を）繙いては四年間のたのしかつた生活を繰返し〳〵思ひ浮べて喜んで居ります。あの朝夕皆様とたのしく元気よく行つて居りました皇国運動の主旨の弥栄気分が、私の頭の中にはいつ〳〵迄も残つて居ります。今後何事を致しまするにもあの気分さへ忘れなければ、どんな難事でもやり遂げることが出来ること、堅い決心をもつて居ります云々[19]」と述べている。学校生活の楽しかった思い出のなかに「皇国運動」が一体化して入り込み、在学中をふり返ると「皇国運動」もともに想起され、生きる力が喚起される。「皇国精神」というナショナルな価値観が、筧らが企図したほど内面化されたかは不明だが、少なくとも「皇国運動」が彼女の人生の歩みにしっかりと根付いていることは確認できる。

そして、知多高等女学校に「皇国運動」の指導や講演でたびたび来校していたのが、二荒芳徳である[20]。彼は、大正六年五月から同八年九月まで欧州諸国を周遊し、帰国後は宮内書記官（大正九～十三年）、貴族院議員（大正十四～昭和二十二年）を務めているが、帰国後の彼の言説に顕著なのは、世界の調和・安定という論点であり、世界の国々はそれぞれ世界の調和に貢献すべき分担があり、国家はあくまでそのための手段であるという認識である。さらに彼は、世界の調和が実現されるためには、国家間の対立の停止のみならず、各宗教の融合・止揚も必要だと認識していた。このような世界の調和、「新宗教」の創出といった新たな論点の出現に応じて、彼は「国体」や「神祇」もまた新しい時代に対応した世界文化に貢献するものとして再解釈していく[21]。

中村正元が栃木県に転出してからほどなく、昭和四年（一九二九）四月二十日、まだ筧神道の影響の残る知多高等女学校の寄宿舎生に講演を行ったのが、神宮奉斎会会長・今泉定助（文久三～昭和十九年）である[22]。今泉は、葦津耕次郎（明治十一～昭和十五年）の影響を受けつつ、大正期に「行」・祭祀の重要性に気づき、実証主義的な文献学者から宗教的な神道思想家へと移行した。「神道」が社会に浸透し、祭祀を通じて皆が個人人格を完成させることで、「国体」に反する思想が流行する社会不安を鎮静化し、あらゆる人々が自己の生活や人生を豊かにしていく――このように今泉は「神道」をモダンな人格主義風に読み替えながら、宗教的実践を組み込んだ「現代化社会化」した新たな「神道」像を構想・再編した。(23) 彼は、人格主義を基礎に、個の内面に関わる祭祀——公平無私の境地に至る自己修養——の実行を通じて、「国体」の永続を担う主体的な存在になることを国民に訴えた。

また教派神道の側で社会教育の分野に一定の影響力をもった人物として、丸尾博通(24)（明治五年〜？）を挙げることができる。彼は、大社教の教師として布教する傍ら、明治四十五年（一九一二）一月、国民道徳講演会を設立し、ハワイ布教から帰国した大正七年以降、盛んに全国を巡回して幻燈を用いた講演を行っていたが、そのさなかの大正八年四月、三重県の某小学校校長から「君の事業は時代遅れである。何となれば君の幻燈映画目録中に神代歴史画がある。是が現代の教育方針と矛盾して居る。現代の国民は神代の事を信ずる者はない(25)」と批判された。しかし、丸尾の幻燈映画「神代歴史画」を用いた講演は、実際には各地において好評をもって迎えられたようである。このような岡山県出身の彼の活躍を受けてか、美作青年神職同志会は、大正九年九月の秋季大会において、同郷の丸尾の主宰する国民道徳講演会を援助することを申し合わせる。(26) 美作青年神職同志会は、畔上直樹氏が「在地神職社会的活動派」として注目した神職たちが先駆的に結集した組織である。(27) このように教派神道の教師と問題意識の先鋭な在地神職層とが結びつくことで、「下から」の動きが醸成されるのだろう。

以上のように、大正期に神道的国体論は確かに批判にさらされるものの、新たな動きの諸相も確認でき、一定の支持は確保し続ける。昭和戦時期に単に時勢に便乗することで神道的国体論は活発化するわけではなく、大正期の動きの延長として理解する必要がある。

三　神道思想家の「八紘一宇」論

「八紘一宇」の用語は、『日本書紀』巻第三・神武天皇即位前紀条にあるいわゆる橿原奠都の詔の一節、「兼六合一以開レ都、掩二八紘一而為レ宇、不二亦可一乎」（六合を兼ねて都を開き、八紘を掩ひて宇にせむこと、亦可からずや）[28]を典拠として、田中智学（文久元～昭和十四）が造語したものであり、「神武天皇の建国」（『国柱新聞』三一号、大正二年（一九一三）三月十一日）において使用したのが初出とされている。「八紘一宇」の用語の展開については、先行研究に詳しい[29]。それらを参照しながら概観すれば、昭和八年（一九三三）二月に国際連盟総会が日本の「満洲」からの撤退勧告案を可決し、三月に日本は国際連盟を脱退するが、それを受けて、日本の新しい国際的な方針が模索されてか、昭和八年後半頃から、右翼団体の綱領や現職の陸軍大臣（荒木貞夫）の文中に「八紘一宇」の用語が使われていき、とくに昭和十二年七月の日中戦争の本格化以降、頻繁に使用されていく。ただし、「八紘一宇」とは言っても、この時点までは主に東アジア地域を想定して使われた用語に過ぎない。その後、斎藤隆夫の「反軍演説」（昭和十五年二月二日）に対する批判声明や「基本国策要綱」（昭和十五年七月二十六日閣議決定）、日独伊三国同盟の詔勅[30]（昭和十五年九月二十七日渙発）を通じて、全世界を指す意味合いで定着するに至る。そして、「八紘一宇」の語が広まり、一般化するとともに、それを造語した田中智学および彼の意を継いだ三男・里見岸雄（明治三十～昭和四十九）に対する批判も一部では激しくなる。

それでは、神職や神道思想家たちは「八紘一宇」の流行に対してどのような反応を示したのだろうか。全国神職会の機関紙『皇国時報』の紙面を確認すると、昭和十三年から「八紘一宇」の語が目につき始める。伊和神社宮司・西田重一は、同年の神道界について「大陸進出問題を他の言葉で云へば、八紘一宇の実践問題で、此の命題は明に神道思想上の命題である。今迄は、神道と云へば全く日本民族だけのものと自任他認して居たものが、事変発生以来、八紘一宇の題目の下に、大陸国策の線上に躍り出で、否が応でも支那人の生活と明確な関係を有たなければならなくなつたと云ふことは、せめてもの低調な非常時神道思想界内に於ける唯一の題目であらう[31]」と回顧している。神職界においても日中戦争を契機に「八紘一宇」が注目されるようになったようである。

ただし、これら『皇国時報』紙上に躍る「八紘一宇」言説が、ほぼ神学的な裏付けがないまま時流に便乗したものであった傾向が強いのに対し、「八紘一宇」のイデオローグとして松岡洋右と並んで活躍した外交官・白鳥敏夫（明治二十〜昭和二十四）は、昭和十三年十一月、東京帝国大学での講演において、三位一体説（アメノミナカヌシ・アマテラス・天皇を一体と捉える考え）に基づいた普遍的な「神道」観を前提に「八紘一宇」を論じる。

我が民族の神は天御中主神、天照大神――現人神であられる天皇――と連続一体にましますといふことが我々日本人の絶対の信仰であるが、神道は全宇宙を包容するものであり、その神は宇宙の絶対真理を表現するものであるとすれば単にこの日本の島や日本民族だけを対象とするものではない筈である。[32]支那事変の始末が具体的に何うなるとしても、（中略）少くも物質的には八紘一宇の大理想実現の条件が略々具はるのではないかと考へられる。日本が物質的に急激に実力を増すことは、若しそれが精神的の飛躍進歩と雁行するのでなかつたならば、世界に対して大きな脅威となり、日本国民自身のためにも色々の危険を伴ふ結果となりはすまいかと恐れるのである。（改行）日本の精神的、思想的一大飛躍が今日程強く要求せられる時代はないと私は信ずるのである。[33]

白鳥は、「八紘一宇」の理想を実現するうえでの物質的条件が整いつつあると現状を分析するとともに、それだけでは不十分で、「八紘一宇」を支える「精神的の飛躍進歩」つまり普遍的な「神道」の理解・宣布が必要と説く。

この白鳥の講演からほどなくして、昭和十四年一月、帝国在郷軍人会本部において東京帝国大学教授・平泉澄（明治二十八〜昭和五十九年）が「八紘一宇」について解説している。

即ち、八紘一宇と云ふことを解釈して極く狭隘なる地域に止まるものであり日本国内に止まるものであり乃至大和一国に止まるのである〔と〕言ふが如きことは明瞭に間違ひであつて、之は全世界を意味する言葉であると云ふことが明瞭になりましたと同時に、この言葉を以て侵略主義であるとし帝国主義であるとして非難をすることは全く当らない。決してさう云ふものではない。全世界を皇化に浴せしむることを目標とするものでありまして、所謂侵略主義・帝国主義とは凡そ似も付かないものであると云ふことが明らかになりますと同時に、単なる国際親善主義と云ふが如き自由主義の立場は茲に於て否定されなければならないと云ふことも亦極めて明瞭であると信ずるのであります[34]。

平泉は、「八紘一宇」に関して最近示された複数の疑義を否定し、「八紘」とは日本国内ではなく全世界を指すこと、「八紘一宇」は侵略主義・帝国主義ではないこと、国際親善主義でもないことを主張する。しかし、彼は「八紘」を明確に全世界と捉える解釈が飯田季治『日本書紀新講』上巻（明文社、昭和十一年十月）に始まる、極めて最近のものであること[35]──正確な事実であるかどうかはともかく、平泉の言い分では──を指摘するとともに、「少しく言葉の言ひ廻しが間違ふならば帝国主義・侵略主義と誤解される虞の多分にあるものであります。従つて此の言葉を用ひる場合は、此の点に余程注意すべきであると思ひます[36]」と忠告している。

このように平泉が「八紘一宇」の語の使用に消極的なのは、歴史も浅く、誤解も生みやすいという解釈上の理由だけではない。そもそも彼にとって「八紘一宇」＝「全世界を皇化に浴せしむること」など二の次であった。やや後年のこととなるが、彼に私淑した海軍軍人・黒木博司が「悲泣大呼ス、国民ヨ、真ノ日本人タレト、然レドモ愚ナル哉、慢ナル哉、八紘ヲ皇化セントセバ、日本先ヅ真ノ皇国タラザルベカラズ[37]」と嘆いているように、平泉学派にとっては「八紘一宇」などよりも日本人の「真ノ日本人」化・日本の「真ノ皇国」化の方がはるかに優先的な課題であった。換言すれば、対米開戦に至った後の時期においてさえ、現実の日本に「八紘一宇」を行う資格などまだないと認識されていたことになる。

そして、平泉学派同様に「八紘一宇」に否定的なのが、星野輝興である。昭和十五年、星野は次のように「八紘一宇」に疑問を呈する。

> 次に更に溯りまして一大家族国家、事変以来八紘一宇といふ言葉がどこでもかしこでもといてあるのでありますが、一体八紘一宇といふこの一の字がどうも私には分らんのであります。八紘を宇となすといふことはありますが、決して一宇とはない。あれ〔「八紘一宇」の語〕を見て、〔神武天皇の〕詔勅を改作したとでもいはなければならんやうな気持が致します。八紘一宇といふ言葉はそれのみではない。六合を兼ねて都を開くといふことが本にならなければあの八紘一宇が意味をなさんのであります。そこで八紘を家となすといふことが意味をなすのでありますが、いづれにしましても八紘を以て一家とする。かういふことは一体支那にはないか、日本ばかりのものであるか。述べる方は日本のみにあるといふやうな気持で述べてをられるのであります。ところがこれ亦礼記にあるのであります。（中略）さてこゝまで来ますと、我が国体の精華といふことは無条件ではいへなくなつたんであります[38]。

星野が「八紘一宇」の用語に否定的である理由は主に三つある。①「八紘一宇」は神武天皇の詔勅を改作したみたいである、②神武天皇の詔勅では「六合を兼ねて都を開く」の方が根本である以上、「六合」と「八紘」は同義で「くに」を意味するのであり、詔勅中の「八紘」を全世界とか宇宙の意味で解釈すべきではない、③「八紘一宇」は日本独自のものではなく、類似の考え方は他国・他思想にもある。このうちとくに第二の理由は、宇宙神アメノミナカヌシの神格を否認する彼の一国主義的な考えを踏まえた解釈である。これら三点の批判は、彼のような神学的裏付けをもたずとも、田中智学・里見岸雄批判を含意した「八紘一宇」の語の批判者の多くが提示したものでもある。例えば、①「詳しくは『掩二八紘一為レ宇』と申すべきであり、略して現はすも『八紘為宇』といふべきである[39]」、②「八紘とは、当時の日本人の認識の中にあつた日本の国土を指称したものである[40]」、③「八紘一宇精神の如きは通常皇道と背反的・対照的思想と考へられてゐるマルクシズムの中にも在る[41]」などである。なかでも②の論点をめぐっては、「八紘」を日本の国土と解釈する以上、「八紘一宇」とはあくまで国内の円滑な統治を指すこととなる。そのため因果関係としては「八紘一宇の顕現は聴て万邦をして各その所を得せしめ、兆民をして悉くその堵に安んぜしめることになる[42]」というように、「八紘一宇」の結果として、万国は日本によって適切な位置付けを与えられ、万民は安堵されることとなる。いわば内治優先の思考である。

　このように「八紘一宇」の語に対する批判が、国内政策・対外政策いずれを優先するのかという政策上の対立をも一部含みながら激しく展開される中、昭和十六年、今泉定助は、「八紘一宇」が田中智学の造語であることを踏まえ、「八紘一宇」を「四海同胞主義」、「世界一家主義」と捉えたうえで以下のように述べる。

> 真の世界統一は「万邦ヲシテ各々其ノ処ヲ得シメ」与へて求めぬ親心を以てするに非ざれば断じて実現し得ぬであらうことを断言してはゞからぬ。絶対公平無私、天之御中主神、天照大御神と御一体なる生成化育の本源にまします天皇を奉戴する皇国の存在理由と使命は、実に此処に存するのである。（改行）元来公平なるべき神が、ひとり我国のみ宇宙の真理に基づいて実現せしめ、生成化育の御本源にまします天皇を中心に奉戴せしめ天壌無窮に発展せしめられるは、世界の統一が、相対的なる徳、力等によつては成し得ず、絶対的なる系図に依らなければならぬことを垂示し、以て我が国をして世界の修理固成を遂げしめんとの深慮に

よるものと拝する外はない。八紘一宇の大使命は、実に八神殿御下賜に始まる天孫降臨以来の皇国の天職に外ならぬのである。(43)

今泉によれば、日本が万国を適切に位置付けることは「真の世界統一」の前提として設定されている。彼においてそもそも日本が万国を適切に位置付けることができると判断される背景には、三位一体説の神学がある。すなわち、万物の根源であるアメノミナカヌシと一体である天皇は万国の親に等しく、「絶対公平無私」の立場から「親心」を発揮し、各国の個性を踏まえて世界の中に位置付けることができる、ということである。そして、この神学による限り、天皇の下において世界の人類はみな同胞であり、一家族である。そのため、彼からすれば、「四海同胞主義」、「世界一家主義」たる「八紘一宇」の使命は、天皇を戴く日本の「天職」なのである。

> 我々は神の客体ではなく、神たる主体である。我々の主観は天津神の修理固成の霊魂である。我々が自性を発揮することは、天津神が国を修理固成するのと同じことを言葉を換へて言つてをるに過ぎない。(44)（前略）我々が古典の内容を顕はす主体となつて、今此処に神代を顕現し、八紘一宇の国生みを実現する根源的主体と自他一如の全一霊を発動せねばならぬのである。(45)

ただし、今泉において、日本が「八紘一宇の大使命」を遂げるには、まず人々が「自性」を発揮することによって、神代において「修理固成」、「八紘一宇の国生み」をなした神として復活し、神代を再現することが必要だと判断されている。大正期の彼の「神道」論が有したモダンな人格主義的志向は、戦時期において「神たる主体」としての自覚という神秘的な境地へと帰結し、結局「八紘一宇」論に行き着くことになる。

白鳥・今泉の「八紘一宇」論は、三位一体説という神学を背景とした信仰に裏打ちされたものであり、その点で、アメノミナカヌシに言及しないまま「天地開闢の神霊、宇宙生成の原力」[46]、「天の下の主たるべき天照大神」[47]といった表現にとどまる、文部省におけるアマテラス中心の比較的世俗的な「八紘一宇」論とは質的に異なるものである。

そして、昭和十七年、今泉に師事した葦津珍彦（明治四十二～平成四年）らが主導した星野学説排撃運動の結果、アメノミナカヌシを絶対神・宇宙神と捉える解釈を否定し、アマテラス中心の神学を唱えた星野は退官（八月四日付）、『惟神の道』（昭和十六年）と「八紘一宇」に疑問を呈した『国体の根基』（昭和十五年）の自著二冊は発禁（八月七日付）に追い込まれる[48]。と同時に三位一体論も規制されることになり、独自の思想・神学に裏打ちされた「八紘一宇」論を展開することは困難な状況となる。

四　二荒芳徳の「八紘為宇」論

以上のように、日中戦争以降、肯定・否定いずれの立場であっても、多くの神職・神道思想家にとって「八紘一宇」は無視しえぬ問題となっていた。このような傾向を踏まえると、二荒芳徳における「八紘一宇」の用語そのものの初出は少々早く、管見の限り昭和十二年（一九三七）一月刊行の文章に求められる[49]。ただし、「八紘を掩ひて宇にせむこと」という神武天皇の詔に即した表現であれば、もう少し初出をさかのぼることができる。すなわち、管見の限りでは、「日本国が建国の昔より常に「八紘を掩うて宇となす」の信条は日本精神が国際的であることを雄弁に物語るものである[50]」という昭和八年三月刊行の文章の一節が初出である。これによれば、彼は「八紘」を明らかに天下・世界の意味で捉えている。

「日本精神」は偏狭なものではなく、国際的なものであるとは、これまでも二荒が説いてきた持論ではあるが、彼があえてこの時期に初めて「八紘を掩うて宇となす」言説を持ちだし、神武天皇の権威に依拠するかたちで、「日本精神」の国際性を強調したことにはわけがある。というのも、前年の昭和七年十月以来、寺内寿一大阪第四師団長らが少年団に軍の影響力を強めようと画策し、二荒が理事長を務める少年団日本連盟で行われているボーイスカウト式の三指礼を非日本的として非難し、五指礼に変更させようとする渦中にあったこと、また文部大臣訓令二二号「児童生徒に対する校外生活指導に関する件」（昭和七年十二月十七日）がだされ、文部省が学校を単位とし、生徒の参加を義務付ける学校少年団の設立に動いたことで、既存の少年団に影響が生じ、少年団日本連盟が動揺していた最中のためかと推測される。(51)

このような軍・文部省の介入を許すような事態が生じた背景には、「昭和の時代に至り新しいら（ママ）神道家も振はず、筧神道も図案神道など称せられ(52)」、「筧神道が昔日の観なく、時に凋落といふやうな蔭口が聞えだした(53)」とこの頃の『皇国時報』紙上で指摘されているような、筧神道の低迷があるようである。実際昭和八年頃から、二荒が会長を務める大日本弥栄会の主要事業である誓の御柱の建設は頭打ちになり、地方の弥栄会の活動も低迷し、大日本弥栄会の運動は停滞していったようである。つまり、この時期の二荒にとって「八紘を掩うて宇となす」という神武天皇の権威を帯びた言説は、低調な自派の言論・活動を正当化する手段でもあった。

大日本弥栄会の活動が行き詰まるなか、停滞状況を打破する突破口として期待されたのが、昭和十年、国体明徴運動の結果設立された教学刷新評議会への筧克彦・二荒二名の委嘱である。(54)教学刷新評議会第三回総会議（昭和十一年一月十五日）において、二荒は「此〔「皇国精神」〕ノ研究ノ機関ヲ何処ニ置クカト云フコトニ付キマシテハ、先程或ル委員カラ御話ガアツタ如ク国民精神文化研究所ヲモツト深メテ行クノモ宜カラウ、併シ〔ナ〕ガラ研究所ハ研究所ニ終ル傾キガアル、（中略）帝国大学ニ斯ノ如キ研究ノ部門ヲ置カナケレバナラヌ、（中略）独逸ヤ伊太利ニ対抗スル精神デナシニ、八紘ヲ奄フテ家トナスト云フ其ノ大理想ノ所謂随神ノ道ト云フモノヲ茲ニ出スベキダト思フノデアリマス」[55]と、文部省管轄の国民精神文化研究所や帝国大学の現状を批判する文脈で、「所謂随神ノ道」と結び付けて「八紘ヲ奄フテ家トナス」理想の宣揚を訴えている。

その後、昭和十二年三月十九日、二荒は貴族院予算委員会議において「此ノ我国ノ建国以来持ッテ居ル所ノ八紘一宇ノ大政策、八紘ヲ掩フテ宇ト為ス、此ノ四海同胞ノ大精神」と歴代詔勅の平和志向についてどのように海外に啓発しているかを佐藤尚武外相に質している[56]が、これが「八紘一宇」の用語を帝国議会の場に持ち込んだ初めての事例らしい[57]。ただし、二荒が「八紘一宇」を「八紘ヲ掩フテ宇ト為ス」と言い換えてもいること、また答えた外相は「八紘一宇」の語を使っていないことからすると、日中戦争開戦以前の時点で「八紘一宇」の語は広く共有されるほどの一般化はされていないようである。むしろこの「八紘一宇」に言及した質問については、大正期以来、二荒が文部省廃止論の文脈で、日本の特性を海外に宣伝することの重要性を繰り返し説いていた[58]問題意識を背景に発せられた質問であることに留意すべきである。実際こののち昭和十三年二月十五日、彼は貴族院にて明快に「文部省ハ是ハ一度御廃止ニナッテモ宜イノデハナイカ」[59]と持論を主張している。

このように二荒は、「八紘一宇」または「八紘を掩うて宇となす」という言説を、とくに文部省を意識しながら、それへの批判・対抗の意味合いを込めて使い続けたといえる。実際、彼の「八紘一宇」論は単なる現状追認ではない。「八紘一宇の思想は、（中略）あくまでも道義的であり、又広い意味の宗教的であつて、（中略）否、この道義国家の建設が、即ち皇謨であり、肇国の精神であり、国家はその手段として存すると云はねばならぬのだ」[60]とあるように、彼にとって、国家は「八紘一宇」実現のための手段に過ぎない。このような主張からは、国家を手段視して、世界の調和、そのための「新宗教」による融合を目指した大正期の彼の思想が、そのまま宗教性を有した「八紘一宇」の思想に移行しており、両者が連続していることがうかがえる。

ただし、管見の限り、二荒は、鉄道青年会・日本交通協会共同主催にかかる紀元二千六百年記念錬成大会二日目（昭和十五年十二月五日）における講演において「八紘一宇」の語を使用したのを最後に、昭和十六年一月以降「八紘一宇」ではなく、基本的に「八紘為宇」の語を使うようになる。彼がこのような変化を示してからほどなく、昭和十六年三月二十二日、立憲政友会所属の議員である生田和平（明治十〜昭和三十）が、衆議院秘密会議において「八紘一宇」に関して質疑を行ったのを契機に、以後「八紘為宇」と記述するものが増えていく。とはいえ、意味内容の上で「八紘一宇」と厳密に区別されて「八紘為宇」が使われたわけではない。里見岸雄が「況して、「八紘一宇」といふ〔語は〕仏教家たる田中智学の造語ださうだ、何とか他に言ひ方がないものだらうか、などといふ反感などを基として「八紘為宇」でなければならぬ、などと言ひ出したものであるとせば、それをこれ、さかしらごとといふのである」と勘繰ったのも当然であった。

かかる動向とは異なり、二荒はむしろ先んじるかたちで「八紘一宇」と「八紘為宇」を明確に区別していた。

私はかくして、この〔「八紘一宇」の〕素材を「正しきを養ふ」「慶を積む」「暉を重ぬ」との三要項に帰せしむることが最も妥当であると思ふ。（中略）「養ふ」と云ひ、「積む」と云ひ、「重ねる」と云ひ、いづれも積極的能動的な「行」なのである。（改行）所がこの積極的能動的な点こそ実に日本精神の根本をなしてゐるのである。然るに多くの国粋論者が、この重大点を見逃してゐる。であるから「八紘一宇」と云ふことを強調するが、詔の仰せにある「八紘を掩うて宇と為す」の「為す」に重点を置くことを忘れてゐる。八紘一宇の御精神と云ふより「八紘為宇」の御精神なのである。「一宇と為さねばやまぬ」と云ふ弥々進んで退かぬその精神力、意志力が大眼目なのである。近頃、官省では漸く気がついたと見えて「八紘為宇」と云ふ語を以て「八紘一宇」に代へて来つゝある。「八紘一宇」が間違つてゐるとか正しくないとか私は云ふのではない。八紘一宇を具現するには、只漫然と一宇が現ぜられるのではなく、一億一心の血の最後の一滴までを捧げつくしてゞも、これを一宇と為さねばやまぬ、その大勇猛心が実に神武天皇の詔に仰せ出されてゐるのである。であるから「八紘一宇」は全民一致して得られる結果に着眼して云つた場合であり、「八紘為宇」は吾人一億一心の努力奮闘を以てする方面を云つたもので、この点を特に臣民としては承はらなければならぬのである。（改行）要するに今日の国粋論の中には概して、まだ宣伝用語の域を彷徨してゐるものが少くない。殊に官省で出すものが、この弊に陥つてゐることは実に寒心に値する。（改行）彼の文部省教学局の出した「臣民の道」の如きはもつと調子の高いものであつて欲しいことは少しく古典の中に日本精神を求めんとした学者に於いては一致する所であらう。我々の絶対の矜恃たる「大御宝の道」が将又「すめら御民の道」があんな冒頭によつて書き下されたことは悲しむべきことである。(65)

二荒の「八紘為宇」論は、「大勇猛心」、「吾人一億一心の努力奮闘」＝能動性、断固たる決意を臣民に求める彼の問題意識に起因するものであり、教学局『臣民の道』（昭和十六年）批判へと帰結する。このように、彼の「八紘一宇」、「八紘為宇」論の多くは、基本的に文部省批判の文脈でなされていることに留意する必要がある。

五　むすび

以上、本稿は、大正期に神道思想家が時代に対応した新しい動きを示したこと、その際に再解釈された神話や「神道」が昭和期の思想・活動を支え、連続していること、また彼らの「八紘一宇」論（批判も含めて）が彼らなりの神学に基づいたものであり、多様な解釈を示したことを確認した。

現在、一般的に「八紘一宇」は、日本の対外侵略を合理化したスローガンとして認知されているが、戦時期に「八紘一宇」の語・解釈に対する批判はそれなりに根強かった。そして、その批判には対外政策よりも内治を優先すべきという政治的主張が仮託されることもあったように、「八紘一宇」をめぐる論争は、単なる解釈をめぐる争い、または田中智学・里見岸雄らへの不満の噴出などではなく、政策上の対抗言説を形成するものであった。

しかし、次第に「八紘一宇」が田中智学の造語であるという由来は隠されるようになり、「八紘為宇」の語も流通するようになる。さらに昭和十七（一九四二）年八月以降、「八紘一宇」に疑問を呈した星野輝興の学説は禁止されるとともに、今泉定助らの三位一体説も規制されることとなり、神学的な裏付けのない世俗的な「八紘一宇」あるいは「八紘為宇」論が横行することとなる。そのようなもはや政策上の対抗言説ともなりえない、内容のない空虚な議論が蔓延する中、二荒芳徳が繰り返し主張した「八紘為宇」論は、文部省批判を含意した、ぎりぎりのところで思想性を保持したものと位置付けることができるだろう。

ただし、二荒の努力は敗戦によって水泡に帰する。「八紘一宇」の用語は、昭和二十年十二月十五日、いわゆる神道指令によって公文書における使用が禁止される。植民地を喪失した占領下の日本において、葦津珍彦は、神社本庁の設立に関わりつつ、神社・「神道」の社会的・宗教的存在意義を守るべく防衛的・受動的に行動せざるをえなかったのに対し、ある意味で戦前以上に政界・官界・教育界に対する隠然たる影響力を発揮したのは、一国主義者・平泉澄である。平泉の新しい国体論は、戦後に新たな伝統と化していくが、葦津ら神社界の動きと平泉学派との関係については、今後の課題としたい。

註

（1）昆野伸幸「村上重良『国家神道』」（『日本史研究』第六一六号、平成二十五年十二月）五九頁。

（2）菅浩二『日本統治下の海外神社―朝鮮神宮・台湾神社と祭神―』（弘文堂、平成十六年）、畔上直樹『「村の鎮守」と戦前日本―「国家神道」の地域社会史―』（有志舎、平成二十一年）、藤本頼生『神道と社会事業の近代史』（弘文堂、平成二十一年）、樋浦郷子『神社・学校・植民地―逆機能する朝鮮支配―』（京都大学学術出版会、平成二十五年）、前川理子『近代日本の宗教論と国家―宗教学の思想と国民教育の交錯―』（東京大学出版会、平成二十七年）、青野正明『帝国神道の形成―植民地朝鮮と国家神道の論理―』（岩波書店、平成二十七年）、平山昇『初詣の社会史―鉄道が生んだ娯楽とナショナリズム―』（東京大学出版会、平成二十七年）、國學院大學研究開発推進センター編・阪本是丸責任編集『昭和前期の神道と社会』（弘文堂、平成二十八年）、武田幸也『近代の神宮と教化活動』（弘文堂、平成三十年）など。

（3）昆野伸幸「村上重良「国家神道」論再考」（山口輝臣編『戦後史のなかの「国家神道」』山川出版社、平成三十年）参照。

（4）島薗進『国家神道と日本人』（岩波新書、平成二十二年）。島薗氏における日本の現状への危機感は、中島岳志・島薗進『愛国と信仰の構造―全体主義はよみがえるのか―』（集英社新書、平成二十八年）など参照。

（5）新田均「島薗進著『国家神道と日本人』」（『宗教研究』第三六九号、平成二十三年九月）、同「島薗進「国家神道」論再考―内務省神社局編『国体論史』（大正十年一月）の意味するものは何か―」（『明治聖徳記念学会紀要』復刊第五一号、平成二十六年十一月）、阪本是丸「「国家神道」研究の四〇年」（『日本思想史学』第四二号、平成二十二年九月）、藤田大誠「「国家神道」概念の有効性に関する一考察―島薗進著『国家神道と日本人』の書評を通して―」（『明治聖徳記念学会紀要』復刊第四八号、平成二十三年十一月）、井上寛司「日本の「神道」・「国家神道」をどう理解すべきか―島薗進『国家神道と日本人』の批判的検討―」（『日本史研究』第五九六号、平成二十四年四月）など参照。

（6）藤田大誠「近代日本の国体論・「国家神道」研究の現状と課題」（『国体文化』第一〇八〇号、平成二十六年五月）。

（7）長尾龍一『日本国家思想史研究』（創文社、昭和五十七年）、同『日本憲法思想史』（講談社学術文庫、平成八年）、増田知子『天皇制と国家―近代日本の立憲君主制―』（青木書店、平成十一年）、姜尚中『ナショナリズム』（岩波書店、平成十三年）、長谷川亮一『「皇国史観」という問題―十五年戦争期における文部省の修史事業と思想統制政策―』（白澤社、平成二十年）、昆野伸幸『近代日本の国体論―〈皇国史観〉再考―』（ぺりかん社、平成二十年）、住友陽文『皇国日本のデモクラシー―個人創造の思想史―』（有志舎、平成二十三年）、林尚之『主権不在の帝国―憲法と法外なるものをめぐる歴史学―』（有志舎、平成二十四年）、同『近代日本立憲主義と制憲思想』（晃洋書房、平成三十年）、山口輝臣「なぜ国体だったのか？」（酒井哲哉編『日本の外交 第三巻 外交思想』岩波書店、平成二十五年）、米原謙『国体論はなぜ生まれたのか―明治国家の知の地形図―』（ミネルヴァ書房、平成二十七年）など。

（8）キリスト者の「八紘一宇」（「八紘為宇」）論として、前島潔『大日本帝国の本質と其の使命―支那事変の基督教観―』（基督教出版社、昭和十二年）、藤原藤男「日本基督教攘夷論（二）」（『日本基督教新報』第二四四五号、昭和十八年四月八日）、本間俊平『八紘為宇の大生命』（協和書房、昭和十八年）など。

（9）阪本是丸「昭和戦前期の「神道と社会」に関する素描―神道的イデオロギー用語を軸にして―」（國學院大學研究開発推進センター編・阪本是丸責任編集『昭和前期の神道と社会』弘文堂、平成二十八年）三三五頁。

（10）吉野作造「如何にして国体の万全を期すべき」（『新人』第一九巻第七号、大正七年七月）、『国体論史』（内務省神社局、大正十年）など。

（11）後藤守一「普通教育に於ける神代史の取扱（一）」（『教育学術界』第四〇巻第二号、大正八年十一月）一五九頁。

（12）小林佐平「二人の青年神職の対話」（『皇国』第二九八号、大正十二年九月）四五頁。

（13）「今から十一年前、（中略）三宅武郎氏のところで、古事記の輪講のあつた時、自分は造化三神に対し、このまゝ見てよいかと第一矢を放つた」（星野輝興「お互の「学」」『皇国時報』第四三七号、昭和六年十一月十一日、二頁）。同じ頃、三宅武郎も、一部の神道思想家が神代の事跡に哲学的解釈を付会することを批判し、アメノミナカヌシを「我が太古日本の高天原時代に於ける、第一代の皇祖」と捉えている（三宅武郎『日本皇太子史論』聚英閣、大正十年、一九頁、二一頁）。

（14）昆野伸幸「近代日本における祭と政―国民の主体化をめぐって―」（『日本史研究』第五七一号、平成二十二年三月）参照。

（15）筧克彦「皇国の元始――建国と紀元と」（大正十五年一月稿）（『神ながら』第一巻第一号、昭和三年一月）、二荒芳徳「わが国の建国と紀元」（『東京日日新聞』大正十五年一月一日）。

（16）中村正元は、山口県宇部市視学を経て、愛知県知多高等女学校校長（大正十三年四月三十日～昭和三年十一月）、栃木県氏家高等女学校校長（昭和三年十一月五日～昭和六年五月二十九日）、栃木県大田原高等女学校校長（昭和六年五月三十一日～昭和十一年三月三十日）、成城中学校図画科教員（昭和十一年三月三十一日～昭和十五年三月三十一日）を歴任。中村は大田原高等女学校校長時にも生徒に「皇国運動」を行わせていた（大島タマ「千草によせて」〔栃木県立大田原女子高等学校六〇年誌編集委員会編『大女高六〇年誌』栃木県立大田原女子高等学校、昭和四十六年〕九一頁）。

（17）中村正元「皇国運動の実施」（『少年団研究』第二巻第八号、大正十四年八月）四一頁。

（18）昭和四年一月三十一日除幕式。式には二荒、瀧本豊之輔、中村正元が参加（二荒芳徳「知多に於ける御柱除幕式に列して」『いやさか』第一三号、昭和四年三月、四頁）。建設主体は知多高等女学校同窓会。

（19）「会員諸姉の近状」（『知多』第一五号、昭和四年十一月）一二一頁。

(20)中村が校長在任期に二荒は、三回（大正十四年六月二十二日、同十五年十月十五日、昭和三年三月七日）来校している（中村校長「我が校の皇国運動」『知多』第一二号、大正十五年十一月、八〜九頁、「学校日誌摘要」『知多』第一二号、一一五頁、「学校記事」『知多』第一四号、昭和三年十一月、一一七頁）。

(21)昆野伸幸「二荒芳徳の思想と少年団運動」（『明治聖徳記念学会紀要』復刊第五一号、平成二十六年十一月）参照。

(22)「寄宿舎記事」（『知多』第一五号、昭和四年十一月）一〇六頁。

(23)昆野伸幸「日本主義の系譜—近代神道論の展開を中心に—」（苅部直ほか編『岩波講座日本の思想 第一巻「日本」と日本思想』岩波書店、平成二十五年）参照。

(24)丸尾博通は明治五年（一八七二）、岡山県勝田郡吉野村（現在の勝田郡勝央町）に出生。同三十一年三月、大社教権少補教として、布教に幻燈を利用することを思いつき、幻燈等購入のための寄付を募る。同三十八年三月、上京し、宮内省皇宮警察署に奉職。同四十一年、宮内省式部職に転ず。同四十四年、退官。同四十五年一月、国民道徳講演会設立。大正四年（一九一五）、大社教管長千家尊愛の選抜により、ハワイ布教に派遣。同七年、帰国。昭和五年（一九三〇）四月、朝鮮総督斎藤実より了解・便宜を得て、朝鮮各地で講演（七月、帰国）。同七年四月、「満洲国」各地で講演（七月、帰国）。

(25)丸尾博通「自序」（『神代の絵話』五色屋書房、昭和十一年）三〜四頁。

(26)『全国神職会会報』第二六三号、大正九年十月、二七頁。

(27)前掲畔上『「村の鎮守」と戦前日本—「国家神道」の地域社会史—』一六五〜一六七頁。

(28)坂本太郎ほか校注『日本書紀（一）』（岩波文庫、平成六年）二三八、四八九頁。

(29)内藤英恵「「八紘一宇」はなぜ「国是」となったのか」（須崎慎一・内藤英恵『現代日本を考えるために—戦前日本社会からの視座—』梓出版社、平成十九年）、前掲長谷川『「皇国史観」という問題—十五年戦争期における文部省の修史事業と思想統制政策—』、黒岩昭彦「「八紘一宇」の展開—帝国議会の審議経過を中心に—」（『神社本庁総合研究所紀要』第一九号、平成二十六年五月）、河西晃祐『大東亜共栄圏—帝国日本の南方体験—』（講談社選書メチエ、平成二十八年）など。

(30)この詔勅の作成過程を分析した河西晃祐氏は、詔勅原案の作成者らにとって「八紘」という表現は特別重視すべきものでもなかったこと、また「大義を宇内に宣揚し八紘為宇の大業を全ふするは」という別の文案も存在していたことを指摘している（前掲河西『大東亜共栄圏—帝国日本の南方体験—』一一一、一一〇頁）。

(31)西田重一「昭和十三年の神道界回顧」（『皇国時報』第六九三号、昭和十三年十二月二十一日）三頁。

(32)白鳥敏夫「興亜外交への巨歩」（『文芸春秋 現地報告 時局増刊』第一六号、昭和十四年一月）一二頁。

(33)同右、一三頁。

(34)平泉澄『八紘一宇』(帝国在郷軍人会本部、昭和十四年三月)二三頁。

(35)同右、六頁。

(36)同右、二四頁。

(37)黒木博司「序」(昭和十七年十二月頃)『風古』(平泉澄『慕楠記』(岐阜県教育懇話会、昭和五十年)九頁より重引)。

(38)星野輝興『国体の根基』(日本青年館、昭和十五年六月)二〜三頁。星野は「神武天皇の六合開都八紘為宇の叡慮」(星野輝興「今上陛下の御敬神を仰ぎ奉りて」『婦女界』第六五巻第四号、昭和十七年四月、三六頁)と表現している。

(39)無署名「掩八紘為宇の皇謨」(『日本及日本人』第三八三号、昭和十五年四月)三頁。

(40)小村俊夫「八紘一宇と協和万邦」(『東亜経済研究』第二六巻第一号、昭和十七年二月)一三頁。

(41)石塚寿夫編『対支文化工作基本資料(一)養正一徳と八紘一宇』(興亜院政務部、昭和十五年)一二一頁。

(42)小村俊夫「八紘一宇と協和万邦」前掲誌、一九頁。

(43)今泉定助「八紘一宇の外交」『皇道発揚』第六七号、昭和十六年三月(『皇道論叢』桜門出版部、昭和十七年)七三〇〜七三一頁。

(44)今泉定助「『生む』の垂示」(『皇道発揚』第九四号、昭和十八年六月)九頁。

(45)今泉定助「国生みと世界史」(『皇道発揚』第八七号、昭和十七年十一月)四頁。

(46)『国民精神総動員資料第四輯　日本精神の発揚　八紘一宇の精神』(内閣・内務省・文部省、昭和十二年十一月)四頁。

(47)同右、四頁。

(48)『出版警察報』第一四四号、八〇頁。

(49)二荒芳徳「国家の腹の力」(『静坐』第一一巻第一号、昭和十二年一月)七頁。

(50)二荒芳徳「尾崎翁の「墓標の代りに」を読む」(『静坐』第七巻第三号、昭和八年三月)九頁。

(51)軍部の三指礼批判については、大阪ボーイスカウト運動史編集委員会編『大阪ボーイスカウト運動史』(日本ボーイスカウト大阪連盟、昭和四十八年)五九〜六九頁、田中治彦『少年団運動の成立と展開—英国ボーイスカウトから学校少年団まで—』(九州大学出版会、平成十一年)二四八〜二五〇頁。また文部省訓令二二号が出された背景や少年団日本連盟の対応については、前掲田中『少年団運動の成立と展開—英国ボーイスカウトから学校少年団まで—』二五四〜二六五頁。

(52)高野義太郎「大正時代の神道界回顧(其の三)」(『皇国時報』第五〇二号、昭和八年九月一日)六頁。

(53)星野輝興「後生可畏」(『皇国時報』第五〇六号、昭和八年十月十一日)六頁。
(54)「彙報欄」(『いやさか』第六四号、昭和十一年一月)一一頁。
(55)二荒芳徳談「教学刷新評議会第三回総会議事録」(昭和十一年一月十五日)(『教学刷新評議会資料』上巻、芙蓉書房出版、平成十八年)一五三頁。
(56)『第七十回帝国議会貴族院予算委員会議事速記録』第一〇号、昭和十二年三月十九日、一三頁。
(57)前掲黒岩「「八紘一宇」の展開—帝国議会の審議経過を中心に—」参照。
(58)二荒芳徳『欧州大戦みやげ　改造物語』(白水社、大正九年)九一～九五頁。
(59)『官報号外　貴族院議事速記録』第一二号、昭和十三年二月十六日、一五三頁。
(60)二荒芳徳「八紘一宇観について」(『静坐』第一四巻第一〇号、昭和十五年十月)三頁。
(61)二荒芳徳「皇国青年の行くべき道」(『交通研究資料　第五五輯　交通新体制』日本交通協会、昭和十六年五月)一三七頁。
(62)前掲長谷川『『皇国史観』という問題—十五年戦争期における文部省の修史事業と思想統制政策—』一一一～一一三頁、前掲黒岩「「八紘一宇」の展開—帝国議会の審議経過を中心に—」一三六～一四一頁。黒岩昭彦氏は、この変化の要因を、帝国議会での「八紘一宇」批判を背景とした文部省の方針の転換に求めている。黒岩昭彦「「八紘一宇」から「八紘為宇」へ—文部省・教学局・国民精神文化研究所の「転換」—」(『國學院大學研究開発推進センター研究紀要』第一三号、平成三十一年三月)参照。
(63)国民精神文化研究所哲学科研究嘱託・川合貞一による「八紘一宇の理念」(『国民精神文化』第六巻第五号、昭和十五年五月)は、彼の単行本『恩の思想』(東京堂、昭和十八年六月)に「八紘為宇の理念」として再録された。その際、彼は、日米開戦を踏まえて冒頭部分に数頁分の加筆をおこない、またヒトラー『我が闘争』からの引用部分(日本について批判的に言及した箇所)を削除し、ヒトラーを賛美するといった変更を加えているが、要旨に大きな変化はないにもかかわらず、もともとの「八紘一宇」の語をすべて「八紘為宇」に直している。思想的意味があるわけではなく、単に時勢に応じた機械的な変換であろう。
(64)里見岸雄「「八紘一宇」と「八紘為宇」」(『東亜連盟』第三巻第一二号、昭和十六年十二月)三一頁。
(65)二荒芳徳「「八紘一宇」と云ふことについて」(『静坐』第一六巻第一号、昭和十七年一月)二一～二三頁。

井上孚麿の新体制批判と天皇親政論

宮本誉士

一　はじめに

井上孚麿[1]（一八九一～一九七八年）は、筧克彦（一八七二～一九六一年）に師事して憲法及び行政法を専攻し、法政大学教授、台北帝国大学教授を経て、昭和十一年（一九三六）一月、文部省直轄の研究機関である国民精神文化研究所（以下、精研）の所員となった憲法学者である。大串兎代夫とともに精研の憲法学を担い、「剛直な法学者[2]」と評された井上は、「五箇条の御誓文」における「旧来の陋習」とは幕府政治であり、「祖宗の遺訓」が天皇親政であること、それが紹述された帝国憲法を遵守することこそ、「五箇条の御誓文」の精神であること、これらの帝国憲法の原理原則に基づく解釈・運用が重要であることを繰り返し述べた。また、英国・米国の憲法が自国の伝統に立脚することを評価する一方で、「外国制度の模倣又は外来の主義学説の制度化の如きもの」として帝国憲法を解釈する学説を批判するとともに[3]、自国の伝統に基づく政治様式の重要性を強く主張した。井上は、こうした帝国憲法解釈を前提として、後述する通り、総力戦の要請に基づく執行権の強化・集中を目指した新体制運動を批判し、帝国憲法制定の精神に即した憲法の運用を行うべきとする見解を表明したのである。

言うまでもなく、新体制運動・大政翼賛会（以下、翼賛会）に対する憲法学者の違憲論及び批判的言説については[4]、特に自由主義的解釈学を確立したと評される佐々木惣一による所論が著名であり[5]、議会人達の違憲論にも相当の影響力を齎したが故に、黒田覚・宮澤俊義による翼賛会合憲論[6]も佐々木に対する批判的観点から主張された。新体制批判及び翼賛会違憲論を対象とする先行研究においては、佐々木と大石義雄[7]・蓑田胸喜[8]の新体制批判における言説の異同を比較検討する視点等[9]が提示されるとともに、井上の新体制批判についても、「日本主義憲法学者」として革新派の「憲法軽視」を批判したこと、佐々木と同様の論を展開したこと等が指摘される[10]。佐々木の新体制批判は、天皇親政の原理原則に基づく政治を根本として、幕府的存在を批判した点においては井上と同様であるが、結論的には翼賛会の法的位置・性格規定に対する議論に終始したと言い得る。これに対し、井上の新体制批判は、昭和十六年四月の翼賛会改組後に主張された言説であることも注意すべき事実であるが、「五箇条の御誓文」に基づく「天皇親政の真義」は「国家機関の権限分立」にあることを主張するとともに、当時強く要求された「集中的執政形態」による執行権の強化を新体制と捉え、これを徹底的に批判した処に本質があり、ここに論点の相違を見ることが出来る[11]。

かつて伊藤隆は、近衛文麿から昭和天皇に提出された新体制に関する「意見書」（矢部貞治起草[12]）を紹介し、「一九三〇年代のはげしい国際環境の中で生き残るために、帝国憲法の改正ないしその弾力的運用を含む、全政治、経済、社会体制の変革をめざす運動」であったと新体制運動を評した[13]。右「意見書」は、昭和十五年八月三十日に木戸幸一から内覧に供されたものであるが、世界的な傾向として、強力な国家権力の集中を図り、その集中的政治機関の執行権を強化し、議会が政治の中枢から後退する傾向が「国家総力戦の要請による国防国家体制の必要」から益々強められていることを述べるとともに、欧州各国は憲法改正ないし運用によってこうした傾向に順応していること、日本においても政治体制の強化がどこの国よりも必要であることから、憲法改正の進言には憚りがあるが、少なくとも時代の進運に応じて、憲法の運用について考慮すべきこと、必要であれば帝国憲法第八条（緊急勅令）、第十四条（戒厳令）、第三十一条（非常大権）、第七十条（緊急時の勅令による財政処分に関する規定）等を適宜活用すべきことを主張する内容であった。ここに、当時新体制運動の中心的存在であった近衛・矢部の構想の一端を確認し得るのであるが、伊藤は右「意見書」の内容について、「明治憲法の改正ないし運用の変更つまり執行権力の集中、もっといえば天皇輔弼者の一元化であり、これは明治憲法の一大変革ともいうべきものであった」と解し、官田光史は、これを「新体制運動前後の政治史において、明治憲法の解釈と運用による政治体制の再編が中心的な問題であったことを示す」注目すべき指摘であると述べた[14]。井上は、まさにこうした「執行権力の集中」、「政治体制の再編」等を新体制と捉え、これを徹底的に批判した憲法学者であったと言うことが出来る。本稿の目的は、上述の通り、国家総力戦の要請に拠る執行権の強化・集中が要求された当時において、新体制運動・翼賛会をめぐる帝国憲法の解釈・運用に関する議論を展開した憲法学者の論点等にも着目しながら、井上による新体制批判の主要な論点とその根拠、そして「天皇親政の真義」をめぐる主張等を検討することにある。

二　大政翼賛会をめぐる憲法論

新体制運動の結果、昭和十五年（一九四〇）十月十二日に発会した翼賛会は、その主導権争いと帝国議会における違憲論をはじめとする批判が噴出し、第七十六回帝国議会（昭和十五年十二月二十六日〜昭和十六年三月二十五日）において激しい議論が展開した。結果として、翌十六年二月、翼賛会は治安警察法上の「政事結社」ではなく、政治に関与しない公共の利益を目的とする「公事結社」と認定されるに至る。これにより、高度国防国家体制の完成を期して、政府と表裏一体の組織を目指した翼賛会は、その政治性を否定され、内務省の行政補助機関へと改組されることとなる。ここでは、井上による新体制批判の前提となった翼賛会をめぐる憲法学者の議論の一端を確認するべく、当時京都帝国大学において黒田覚の同僚であった大西芳雄が発表した論考を事例として、翼賛会合憲論と違憲論との相違に関する論点について見ておくこととしたい[15]。

大西は、翼賛会が当初の意向とは相違する結果となった点について、「憲法違反論は直接相当の政治的効果をあげた」ことを指摘し、「議会における違憲論は佐々木博士の理論が基調になつており、政府側の答弁も大体前記諸氏（筆者註、黒田覚・宮澤俊義・大串兎代夫）の影響」があったと分析する。そして、違憲論乃至違法論は、「（1）大政翼賛運動には法的根拠がなければならぬ、憲法・法律に根拠のない大政翼賛は違憲である」、「（2）大政翼賛会は治安警察法上の政事結社であり、同法の適用をうける」、「（3）総理大臣を翼賛会の総裁にするのは幕府的存在になり、憲法の精神に反する」、「（4）憲法上の国家機関（例へば帝国議会）の権限を侵害する」の四点に帰着すると結論した。

右の四点は、実際的な翼賛会の性格規定に影響を与え、新体制運動の帰趨を決した学説であるが、このことは、大西が述べる通り第七十六回帝国議会における翼賛会批判の言説にも確認し得る事実であることは言うまでもない。当時、合憲論の代表的存在であった黒田は、佐々木に対する批判を目途に、時代に応じて政治構造が変化することを理由として合憲論を説いたのであり（「動態的把握」説）、佐々木は法律解釈学の観点から厳密に憲法を解釈して黒田理論を「憲法軽視」の観点から批判したのであるが、大西はこの点を捉えて、合憲論（合法論）・

違憲論（違法論）について、それぞれ憲法解釈学の方法的特徴から分析を加えており、「違憲論の基礎たる法律解釈学の方法が特に形式論理を尊び、いはゞ之を生命的中核とするに反して、合法論の方法は形式論理に全幅の信頼をおかず、形式論理以上の論理を用ひんとすることに帰せられるものが多い」と指摘した。大西はさらに、こうした解釈方法の相違は、結局法に対する根本的な考え方の相違に帰すると捉え、カール・シュミットの表現に依拠して、「法規の集合を以て法体系と考へ、この法体系が秩序を形成すると云ふ考へ方と、法を単に秩序の表現と解し、法規の背後或は基礎には具体的秩序があつて法の存在を支へ之を意味あらしめてゐるといふ考へ方」とに分類し、前者（規範主義・法実証主義）を違憲論、後者（具体的秩序思想）を合憲論の方法的特質であると分析した。以上の分類は、黒田が用いた憲法の「静態的把握」と「動態的把握」との関係性に符合する内容であり（後述）、大西は具体的秩序思想（動態的把握）に与する立場を表明したのである。

井上は、大西の右論考と同時期に「新体制憲法観」[16]（昭和十六年五月）を発表しており、佐々木と同様、黒田の「動態的把握」説に対する徹底的な批判を加えるとともに、翼賛会合憲論の見解を逐一掲げて新体制運動を批判した（後述）。右「新体制憲法観」が発表された時期は、翼賛会が公事結社と認定された後のことであるが、井上による新体制批判の意図は、翼賛会合憲論の誤謬を指摘するに止まらず、前述の通り、帝国憲法制定の精神に即した憲法の運用が為されていない現状に対する警鐘を鳴らすことにあった。そして「戦時下にあっては、当時の全体主義的風潮に抗して、明治立憲の精神を高調して、官を退くのやむなきにいたった[17]」と評された如く、時代的かつ立場的制約はあったにせよ、井上の真意は、強力な国家権力の集中を意図した「新体制」と全体主義的風潮とを批判する処にあり、帝国憲法制定の精神に基づく政治体制に立返るべきことを主張したのである。こうした井上の姿勢は、戦後の帝国憲法解釈においても一貫しており、第十五回国会における日本国憲法の全面改正論（昭和二十八年二月二日、北怜吉・鬼丸義齊等）が唱えられた際には、次のような見解を表明している。

日本が敗戦した後に、戦前の政治に対する痛烈な非難の起つたのは当然としても、そのあらゆる責任を明治憲法に責任があるかのやうな不条理な説が行はれるのに対しては、私は到底同感できない。私も戦前の政治に多くの欠陥のあることはよく承知してゐるが、それは憲法そのもの丶責任ではなくして、むしろ憲法に背いた政治家や学者の責任である。所謂曲学阿世の学者が憲法を解釈し、無思慮な政治家が憲政を行へば、いかなる憲法があつても良い政治の行はれるはづがない。だから私は、あの当時にも憲法改訂が問題ではなくして、正しい憲法の学問が問題であると主張したのである。／今日、外国製の憲法を改訂するための世論が起つて来たのは結構であるが、私としては何を措いても日本の憲法について論ずる者は「明治憲法」を、もう一度見直ほす深い研究が必要であると思ふ。正しく学べば、その根本的な点については必ずや教へられる所があるに違ひないと信じてゐる。(18)（筆者註、／は改行を示す）

なお、井上は右見解と同趣旨の論考を公表すべく、昭和二十一年頃から精力的に執筆を進めたのであるが、連合国軍最高司令官総司令部（ＧＨＱ）のプレスコードに応じて届け出た結果、ＧＨＱの憲法改正要求に対して改正不要を主張した内容であるとの理由により、「占領政策違反」として発行禁止処分を受けた。(19)右の如く井上は、戦後に至るまで一貫した憲法学説を堅持したのであるが、ここに精研時代の憲法研究と新体制批判の言説を確認することでその帝国憲法解釈の特徴を検討しておくこととしたい。このことは、精研の研究部法政科における憲法学を担当した井上にとっての「国体の本義」とは何だったのか、その意味を検討することにも繋がる筈である。

三　帝国憲法制定の精神と「国体の本義」

昭和十年（一九三五）の天皇機関説事件に対する政府の対応策として、「国体観念徹底ニ関スル処置」が掲げられた当時において、[20]精研における国体観念体得の教育推進や施設の拡充等が企図されたことを契機として、井上はその憲法学を担うべく精研の所員となった。これ以降、井上と大串兎代夫が精研の憲法学を牽引したのであり、『国体の本義』（文部省、昭和十二年）の編纂事業においては、編纂委員として、精研の研究部長吉田熊次、事業部長紀平正美とともに、井上が名を連ねており、編纂調査嘱託には、山本勝市とともに大串が委嘱された。なお、憲法学を専門とする編纂委員は、井上のみであり、その憲法解釈・国体論に関する言説は、『国体の本義』と大枠において異同はないが、新体制批判の前提となる議論の基礎的部分でもあり、その要点のみをここに確認しておくこととしたい。

井上は、明治維新の理念である王政復古・神武創業の始に基づく祭政一致の構想、五箇条の御誓文を基礎として、大日本帝国憲法が欽定されたこと、それが御告文において「皇祖　皇宗ノ後裔ニ貽シタマヘル統治ノ洪範ヲ紹述スル」とある通り、「祖宗の遺訓」を紹述した内容であること、それゆえに日本の歴史に基づく憲法であり、自国の伝統に基づくこの憲法を実践することが日本の発展の礎になると主張した。天皇機関説事件以降の憲法学者はいずれも同様の趣旨を述べて自らの学説を発表したのであり、井上が文部省の定期刊行物である『文部時報』や精研の刊行物によってこれらの原理原則を繰り返し述べた憲法学者であったことも注意すべき事実である。

たとえば、昭和十二年二月の『文部時報』第五七六号に掲載された講演録「憲法制定の精神（一）」[21]においては、帝国憲法制定の精神は、「制定者の精神」であり、明治天皇の精神であると述べた上で、上諭・告文・勅語にその精神が示されていること、帝国憲法の本質において一番重要なことは、「皇祖皇宗」であると指摘する。そして、「国体の明徴といふことは結局のところは皇祖皇宗の御本質についての観念の明徴」であると述べたところに、その国体論の要点が表明される。

また、帝国憲法の政体法における「輔翼機関の分立」については、西洋流の権力分立ではなく、「輔翼権限の分立」であると指摘したのであり、これが井上の新体制批判における「集中的執政形態」に対する批判の根拠であったと言うことが出来る。なお、当時一般的には、「国務」は輔弼、「統帥」は輔翼と分類されるとともに、実際的には同義とも考えられており、井上が言うところの「輔翼機関の分立」「輔翼権限の分立」とは、国務及び統帥を双方含む概念として使用されたことに注意しておきたい[22]。言うまでもなく、戦時下の意思決定システムにおける「国務」と「統帥」との統合は帝国憲法の運用・解釈に関する争点であったが、最高の輔翼者が自己の任務を天皇親政の輔翼であることを忘れた際には、最高輔翼機関の一元化（独裁化）となり得ること、これが「中世以降の如き失態」と嘆かれる事態を惹起する可能性があること、これを打破したのが明治維新であるとの見解が井上の持論であった。それ故に、特に新体制運動以降、帝国憲法の基本原則が守られていないとの認識を持つ井上は、天皇親政本来の姿である「輔翼機関の分立」こそが、帝国憲法を遵守する際の焦点であることを繰り返し主張することになるのである。

四　「五箇条の御誓文」解釈と天皇親政論——新体制批判の根拠——

「五箇条の御誓文」及び告文・勅語・上諭を重視する帝国憲法解釈は、筧克彦の著作にも確認し得る要点であり[23]、井上は師説を継承して自説を展開したと捉えることも可能である。こうした原理原則に基づく井上の新体制批判は、究極的には「輔翼機関の一元独裁化」を防ぐためであり、帝国憲法における天皇統治の基本原則を守ることを目的としていたが、このことは、新体制批判における「幕府論」を前提とした主張と言い得るのであり、その根拠となる井上の見解を次に確認しておかなければならない。

前述の通り、井上が当時の新体制運動を批判し、翼賛会を違憲と指摘した根本には、慶応四年（一八六八）三月十四日に示された「五箇条の御誓文」（五事の御誓）があり、その理念は、『御誓文謹解』（昭和十三年（一九三八）三月）等に確認することが出来る。[24] すなわち、井上は、御誓文における「旧来ノ陋習ヲ破リ天地ノ公道ニ基クベシ」との文言に基づき、「旧来ノ陋習」とは武家政治＝幕府であるとの見解を示したのであり、翼賛会批判の根拠は、御誓文解釈の文脈で検討された論点を基に主張されたとも言い得るのである。

井上は、近代日本における立憲政治実現の根本理念として、自由民権運動や大正デモクラシーの根拠ともなった御誓文について、明治維新の理念である王政復古・祭政一致の構想に基づき、慶応四年三月十三日のいわゆる「祭政一致の布告」が出された翌十四日、天神地祇御誓祭の形で「五事の御誓」が為された経緯を述べた上で、御誓は天皇親政のための個々特定の立法・政策を定めるのではないが、これらの「根拠たるべき根本的規準を一定せむ」としたものであり、「実質的意味に於ける憲法」であることを指摘する。[25] そして、御誓文における「旧来ノ陋習」の意味とは、「(一) 先づ日本の存立成長を阻害するものであり、(二) それは具体的には国体に戻るものであり、(三) 更に明確にいへば祖訓祖制に背くものである」と述べた上で、御誓祭と同日に渙発された御宸翰の文言が、「旧来ノ陋習」の「中枢的なるもの」を示した内容であろうと解釈する。すなわち、御宸翰においては、「中葉　朝政衰てより武家権を専らにし表は　朝廷を推尊して実は敬して是を遠け億兆の父母として絶て赤子の情を知ること能ざるやう計りなし遂に億兆の君たるも唯名のみに成り果其が為に今日　朝廷の尊重は古へに倍せしが如くにて　朝威は倍衰へ上下相離る、こと雲壌の如し」とあり、この内容を基に、「旧来ノ陋習ヲ破リ」との文言になったと解釈したのである。さらに、御宸翰における「汝億兆旧来の陋習に慣れ尊重のみを朝廷の事となし」と記された箇所も引用した上で、御誓文における「旧来ノ陋習」とは幕藩体制であること、「天地ノ公道ニ基クベシ」とは、「公議公論の最終最高の準拠」を示すとともに、「祖宗の御遺訓」に基づくべきことを意味すると指摘したのであり、これらの解釈が後に新体制批判の根拠となっていくのである。

なお、こうした帝国憲法時代における「幕府的存在」の意味については、三谷太一郎の指摘が参考となる。三谷は、「「王政復古」は天皇に代位する覇府の否定を意味した。帝国憲法下において、「幕府的存在」が一貫してタブーであった理由も、ここにあった」と述べた上で、「権力分立制は、「幕府的存在」の出現を抑制する装置として、「王政復古」の理念と適合的」であったとともに、権力分散的な帝国憲法は事実上の「幕府的存在」を必要としたことを指摘する。そして、藩閥や政党内閣が「幕府的存在」となることで集権化を担う政治的主体となり、日本の政党内閣制は、逆説的にも本来反政党的志向を持っていた帝国憲法の必然的所産であったと論じたのであるが[26]、新体制運動とその批判的言説についても、その逆説的意味をも含めて検討すべきであろう。

このことは、近衛文麿が新体制運動を進めるに際して、一国一党的組織となることを極力避けるべく努力したにも拘らず、結局のところ、昭和十五年十月十二日に発会した翼賛会が一国一党の「幕府的存在」と非難され、第七十六回帝国議会における徹底的な批判の的となった経緯を検討するに当っても、留意すべき論点である。佐々木惣一や議会人による翼賛会違憲論は、憲法外の機関である点をはじめ、憲法上の輔翼機関との関係性等も含め、「幕府論」に収斂されるところが少なくないのであり、新体制推進派にとっても「幕府論」回避が一つの焦点であったと言い得るが故である。このことに関連して、一種の弁明とも捉え得る戦後の言説であるが、矢部貞治が、「当時陸軍及び革新右翼が企図していたナチス的一国一党の計画を打破し、遂に彼等の全体主義的独裁の企てを、挫折せしめた」ことを翼賛会の果たした「消極的功績」と指摘し、「若し翼賛会の様なものすら結成せず、旧態のまま無為に過ごしていたら、恐らくは一国一党の強い要求に、対抗できなかったであろう[27]」と論じたことは示唆的である。ここで注意すべきは、前述の通り、多くの合憲論・違憲論が翼賛会改組以前に発表されることにより、翼賛会の性格問題に少なからず影響を与えたことに対し、井上の新体制批判は改組後に表明されているが故に、前述した佐々木の批判とは主張の力点が相違する点である。このことに留意しつつ、次に井上の新体制批判における論点を確認していくこととしたい。

五　新体制批判と天皇親政論

（一）佐々木惣一の新体制批判

新体制批判の基調となる理論を示した佐々木は、「帝国憲法を尊重するとは、政治の行動が帝国憲法の規定に合すると共に、帝国憲法の規定の基礎たる精神に合することである[28]」と指摘し、帝国憲法に基づき、政治の軌道を定めるべきことを繰り返し主張することで、新体制運動の軌道修正を試みた。また、自らが新しい政治体制の必要性を主張していた立場から、「既に政治に関係せしめて考へられたる新運動である以上、帝国憲法に照して評価[29]」すべきと主張したのであり、翼賛会や新政治体制の確立に同感し、その健全なる発展を望んで鄙見を述べたと記している。佐々木の認識は、「国民の間に帝国憲法軽視の風の存することは、国家の不利益なること、いふまでもない」、「更に大政翼賛会の為にも不利益である」と述べた点にも明らかであり、「臣道実践」を高調する翼賛会は、帝国憲法尊重の実を挙げるべきだと提言したのである[30]。こうした前提に立って、佐々木は、翼賛会が治安警察法上の政事結社であるべきこと、翼賛会と政府との表裏一体等は言うべきではなく、「ドイツのナチス党の如き、其の国家の意志を担ひ、又は、其の必要欠くべからざる役割を持つ」とされる団体と同じような考えを持つべきではないことを指摘し、[31]恒久的に政治を担当する「幕府的存在」は帝国憲法の規範に反すること、総理大臣が翼賛会の総裁となることを規則上で定めることは「幕府的存在」になること等を主張したのである。

(二) 井上孚麿の新体制批判

これに対して、井上は、佐々木と同様、帝国憲法の厳密な解釈・運用を主張するとともに、前述の通り、「幕府的存在」(最高輔翼機関の一元化)は「旧来の陋習」であり、天皇親政の真義は、「国家機関の権限分立」にあることを主張し、新体制を批判した。こうした井上の見解は、昭和十六年(一九四一)五月発表の「新体制憲法観」に大枠が記されており、昭和十八年八月発表の「憲法恪循の論理」においても、当該期の政治体制に対する批判を意図して、「最高輔翼機関の一元化」を批判する主張を展開したのである(後述)。また、当時『文部時報』に連載していた「告文・勅語・上諭—憲法解釈第一の典拠—」[32]においても、断片的ではあるが、新体制に対する批判が述べられており、「旧来の陋習」を打破して「御一新」と称された明治維新に基づく帝国憲法の大義を明らかにすることなくして、新体制を叫ぶことの誤謬に注意すべきであるとの主張を見ることが出来る。[33]

こうした井上の帝国憲法解釈と新体制批判に関する幾つかの論点について、ここでは、「新体制憲法観」における主張を基に確認していくこととしたい。まず冒頭においては、「旧来ノ陋習」を打破すべきこと、帝国憲法が「国体の精華の発揚、祖宗の御制の紹述」であるが故に、新体制樹立の根本態度を問うべきことが指摘される。そして、「統帥と国務との調和、政府部内の統合及び能率の強化、議会翼賛体制の確立」、「万民翼賛の所謂国民組織の確立」等が新体制の理念として公表されたが故に、政治体制の根本を示した帝国憲法と新体制との関係性を明らかにすべきことが執筆の目的として提示される。[34]さらに、新体制を構想する以前に帝国憲法を尊重すべきこと、「憲法以外に新らしき体制を樹立する」ことが必要なのではなく、「憲法についての真の態勢に立直る」ことが重要であると指摘する。[35]そして、新体制が要望されることは、誤った憲法解釈による憲法運用の歪曲が原因であること、憲法本来の面目を発揚すべきこと等、主張すべき見解の概要が提示されていく。[36]

続いて、新体制と憲法との関係性を論じた従来の主張については、「憲法論を無用とする憲法論」、「憲法の動態的把握説」、「憲法尊重論」の三種に分類されると指摘し、各々の誤謬が逐一批判される。井上は、「憲法尊重論」以外の批判相手の名前は示さずに其々を批判するのであるが、引用文を基に、批判対象を特定することは可能である。すなわち、「憲法論を無用とする憲法論」は中野登美雄に対する批判であり、「憲法の動態的把握説」は黒田覚の所論、「憲法尊重論」は近衛文麿・矢部貞治の見解に対する批判である。

まず、中野に対する批判は、昭和十六年一月二十八日付『読売新聞』に掲載された「無益の空論[37]」と題する一文を対象として展開される。当時早稲田大学教授であった中野は、『統帥権の独立』（昭和九年）で知られる憲法学者であるが、新体制期においては中央協力会議のメンバーとして、新体制推進派の立場から多くの原稿を執筆していた。[38]第七十六回帝国議会における翼賛会の法的性格をめぐる議論が行われた当時において、中野は衆議院予算総会における問答を新聞で読み、「国家未曾有の危機をよそ目にこの種の建設性なく啓蒙指導性なき論議が国会の席上で行はるるが如きは単に議員の政治的低級性を暴露するのみならず、また戦時翼賛議会の面目を傷つけるものであつて遺憾である」と述べ、これを「国家や民族の危機に対しても尚ほ盲目的なるが如き小児病的現状維持者」と論難し、翼賛会の立場から批判を加えていた。さらに、翼賛会反対論の論旨について、「形式主義と合理主義の無批判的態度の表現に過ぎない」、「法の前提でありまたこれに対して心と活力を与へ生命を与ふる皇道主義のわが民族国家的構成、並びにその構成原理である統治の普遍的絶対的性質を忘れ（中略）法的国家機構を通じて現はるゝもののみに限るものと考へ」、「臣民の倫理と本能とに基く翼賛運動を以て違憲なるが如くに考ふるの誤りに由る所が少くない」と批判し、違憲論を誤謬と断定する自説を発表したのである。

井上は、これを「翼賛会に関する限りは、憲法論一般をかくの如く無用有害のもの」と主張した意見と判断し、「たとへ如何なる倫理と本能とに基く翼賛運動であつても、それが統治権の行使と関連するものであるならば、憲法論を無用とすべき理由はない」と述べて、強く批判したのである。さらに、「法などはどうでもよいといふ如きものであるならば、その所謂皇道主義なるものは、むしろ真の皇道とは縁もゆかりもなき外国流の無法独裁専制主義の別名」であると指摘し、「言語も名実不相応」になったことを批判した上で、皇道と専制主義とを同一視する見解を戒めたところに、その批判すべき対象を垣間見ることが出来る。

続いて、昭和十五年七月七日の軽井沢における近衛文麿の談話に関する左の記事(39)を引用し、近衛の新体制と憲法に関する後の意見の基調を為すものとして、再検討すべき内容であることを主張した上で、「憲法尊重論」の誤謬が指摘される。

> 新体制が組織されても憲法はあくまで尊重して行く。憲法は不磨の大典である。したがつてこれを変更するといふことは全く考へられぬ。しかし憲法によれば日本の政治は勢力均衡の上に立つて安全を図らうといふのであつて、新体制は国策の線に総てを一元的に綜合的に組織せんとするもので、其処に問題があるやうだが、新体制は勿論憲法に則り、飽く迄その運用によつて持つて行き度いと思つてゐる。

井上は、右意見に対し、新体制が帝国憲法の原則とは没交渉に構想されたことが明らかであること、それは「新体制が組織されても憲法はあくまで尊重」するとの一句に看取し得ると批判する。さらに、「今もし再び憲法を以て如何なる主義主張をも盛り込まるべき単なる「容器」「外框」の如きものと解し、之をして全体主義、指導者原理、所謂皇道主義等々得手勝手のものに奉仕せしめむとするならば、それは旧き暴に代ふるに新しき暴を以てせむとするもの」であると主張し[40]、「全体主義、指導者原理、所謂皇道主義」等を憲法に盛り込む姿勢を徹底的に批判したのである。すなわち、「全体主義、指導者原理」等に対する批判的観点こそが、新体制と憲法との関係性を問わなければならないと考えた井上の論点の一つであり、新体制運動が目指した「国民再組織」への批判もこの点に立脚すると言うことが出来る。ここに翼賛会が精動化した後も新体制を批判した真意が垣間見えるだろう。

また、黒田による「動態的把握説」については、「広く憲法学の根柢に触れたる、随って永続的の意味を有する」内容であり、「学問的には最も興味ある問題」と評した上で、その憲法解釈に対する態度を批判し、新体制合憲論に対する疑義を呈する。黒田が主張した「動態的把握説」とは、帝国憲法が法律・勅令や憲法的慣行によって具体化されることを以て日本の政治構造が成立すると解する学説であり、その構造は時代に応じて絶えず変化すること、違憲論はこれを考慮しない「静態的把握」であると批判した見解であるが、これに対して井上は、法律勅令や憲法的慣行の「根本方針」こそが憲法であり、この「根源的把握」なくして静態的・動態的を云々することは無意味であると主張したのである。さらに井上は、時代的要請に基づく「憲法の具体化」（＝法令）とは、「憲法本来の要求」を実現し具体化するべく、時代的条件を顧慮するものであること、その指導原理とすべきは「憲法自体の根本方針」であり、逆に時代的要請の実現を主目的として、憲法の条規を勘考すべき内容に過ぎないと見る場合は、本来の主従関係（＝憲法・法令の関係）の顚倒が起こると指摘し、徹底的な批判を加えたのである[41]。そして、「論者の説の如きは時代の要請とあらば、それを採用することが憲法をしてその本来の面目を変改せしむることとありとも、尚これを以て合法視し正当視せむとする」説であると批判し、「世俗の所謂時勢追随の御都合主義」と同様であると述べたところに、井上の憲法解釈における立場が表明される。

（三）　天皇親政論と「集中的執政形態」批判

こうした憲法解釈に基づく井上の新体制に対する批判の焦点は、天皇親政の原理原則及び帝国憲法の解釈運用の在り方を問うことに収斂されていく。当時、帝国議会における翼賛会批判の演説においては、ドイツ・イタリアの政治体制を模するものと指摘する誹謗や、コミンテルンの陰謀を警戒する議論もあり、全体主義や共産主義の思想（＝統制経済）等による影響も警戒されていたのであるが、その根底には、翼賛会が一国一党の独裁政治を目指すものではないかと恐れる疑念があったことは言うまでもない(42)。

井上もまたナチス党の影響を危惧した一人であり、その単独的支配に言及した上で、その執政形態は、権力の分立を認めず単一の独裁者が継続的に統治の全権を掌握する体制であり、これが「求められつゝあるところの所謂「国民大衆の基礎に立つ集中的執政形態」」であると指摘したのである(43)。さらに、「万民の隔てなき協力的なる輔翼」は、「最高直接の輔翼者を単一化することなく、分立せしめ、相互に切磋琢磨して翼賛の大任に過不及なからしむることを最小限度の要件」であるとの見解を示し、「このことの紛更が如何なる過殃を招来するかは、「中世以降」の苦き歴史の体験が明に示すところ」と指摘した上で、「最高輔翼機関の一元化」、すなわち幕府的存在を「集中的執政形態」として徹底的に批判すべきとの主張を展開していく(44)。右の如く井上は、ナチス党の「国民大衆の基礎に立つ集中的執政形態」を批判するとともに、唯一最高の輔翼者である征夷大将軍の事例に見られる「集中的執政形態」に鑑み、新体制による「最高輔翼機関の一元化」を危惧したのであり、このことが批判の根底としてあったことを確認し得るのである。

以上の言説は、時勢に基づく新体制批判であるが、井上の「五箇条の御誓文」及び帝国憲法解釈の根本に位置する見解であり、それまでの主張を敷衍した内容であったと言い得る。端的に言えば、「天皇親政の真義」、その制度的保障が「輔翼権限の分立」によって確保されているとの認識であり、最高輔翼者を幕府的存在の成立によって単一化することは、「外面的強制的なる統一」を齎すとの理解である。すなわち、幕府的存在による集中的な執行権力に対する批判であり、幕府的存在とは、「人為のはからひによる得手勝手なる無理無体の統一であつて、天然自然より生え抜きの神ながらなる統一形態ではない」とする見解である。(45)それゆえに、「今次の新体制に於て、此の御親政といふことに就いては何等語られて居らぬ。万民翼賛などといふことは御親政に就いてのことであるのに、翼賛を説き乍ら、御親政の恢弘、発揚といふことに就いては、全く閑却せられて居るのは本末顛倒」と述べたのであり、天皇親政に対する翼賛は、「分立せる輔翼官府の相互協力的なる輔翼を通してのみせらるべき」と主張したのである。(46)そして、以上の「分立せる輔翼」ではなく、「一元的綜合的組織」を構想する者は憲法を紛更する存在であり、「翼賛会の総裁と総理大臣との関係等々に幕府化の危険は存するのではなくして、か丶る人間の考方自体に存することを忘れてはならぬ」と指摘したところに、佐々木による新体制批判の立場との相違が表明される。(47)ここに翼賛会改組後も新体制を批判し続けた根拠を確認し得るのであり、戦局が悪化する中で執行権の強化が求められた当時において、「帝国憲法の本義」に基づく「天皇親政の真義」を主張した所以も垣間見えるのである。

その後、井上は、「憲法恪循の一路」(48)を昭和十八年に発表し、東条政権の弾劾を目途とする「最高輔翼機関の一元化」批判を改めて詳細に述べるに至る。さらに、昭和十九年二月の東条首相・陸軍大臣・参謀総長兼任問題に対する批判を展開したことにより、他に禍が及ぶことを避けるべく同年七月に精研を依願退官することとなるのである。(49)なお、「憲法恪循の一路」における主張は、立法、司法、行政、統帥等の輔翼組織は多元的であること、輔翼機関の多元化を制定したところに帝国憲法の特徴があること、「最高輔翼機関の一元化」は、統治権の帰属に問題を齎し、「万民輔翼の祖制」を麻痺させること等を指摘することにより、憲法運用の問題点を指摘するところに眼目があった。また、「二元的最高輔翼者」が現れることは、「外国流の独裁専制」を髣髴させる現象を齎すことを指摘するとともに、従前の輔翼の不成績は憲法の欠陥ではなく、帝国憲法を外制の模倣と解して運用を誤ったことにあり、今の新体制は自由主義の反動としての強制主義、分立主義の反動としての独裁主義辺りを彷徨模索しつつ、「祖宗の御制」を忘れ、外国追随に狂奔している状況にあると結論する。さらに、「憲法に恪循することなき思案構想」によって獲得されるものは、「異国の陋俗」であるとともに、「中世の失態」にも逆転せしむべき禍機を内蔵すると指摘した点に、新体制批判の総括的主張を確認することが出来るのである。

六　むすび――憲法解釈の一貫性――

以上、本稿では、国家総力戦の要請に拠る執行権の強化・集中が求められた戦時下の日本において、井上孚麿が主張した新体制批判に関する言説の主要な論点とその根拠、そして「天皇親政の真義」をめぐる主張等を検討してきた。端的に言えば、それは、一貫して「五箇条の御誓文」に基づく帝国憲法の運用・解釈を徹底すべきとする主張であり、時局の指導原理は、「憲法自体の根本方針」にあると指摘するものであった。井上は、戦後もこれらの学説を堅持したのであり、ポツダム宣言受諾後の時勢に鑑みて執筆された、①『ポツダム宣言に所謂デモクラシーと憲法・国体』（昭和二十一年（一九四六））、②『憲法改正とポツダム宣言』（昭和二十一年）等においても、帝国憲法本来のデモクラシー的傾向を復活させるに当たっては、新体制運動以降の逸脱を反省し、真の憲法・国体に立ち復るべきことが必要であるとの主張を展開したのである。本稿の結びに当り、ここに戦後の著作における「最高輔翼機関の一元化」に対する批判的言説を確認し、その憲法論の一貫性を見ておくこととしたい。

まず①においては、明治維新によって「旧来の陋習」が一掃され、祖制は復活したが、戦時下においては、

「一切の輔翼権限を、憲法上の諸機関より奪取」し、「総理大臣の一手に集中兼併せしめ、更には、是等一切を、其の一存を以て独断専決」する傾向があったと指摘し、これが「当時流行の所謂天皇御親政論の正体」であるとの見解が提示される[50]。さらに「「大政翼賛」を呼号するも、自らは輔翼者としての誠を尽すことは忘れて、一般国民を「指導」し「統裁」するとなしつつ、実際上に於ては、寧ろ大政を妨害侵犯し、一般国民に対しては、有司官僚に対する追随盲従」を強いたと指摘する。ここに、戦時下における「最高輔翼機関の一元化」に対する批判の真意が述べられており、「分立せる輔翼官府の相互協力的なる輔翼」を主張した所以も垣間見ることが出来る。

　井上は、戦時下における論考において、「親裁事項輔弼の態度及方法、政府と議会との切磋琢磨の範囲方法に関しても根本的反省を要する」と主張し[51]、輔弼の責任を問い直すべきことを意見したのであるが、「輔翼機関の分立」とともに、「分立せる輔翼官府の相互協力的なる輔翼」を一貫して重視したことも注意すべき点である。さらに、②においては、ポツダム宣言の真意と「帝国憲法の真義」とを踏まえれば、「帝国憲法本来の面目」を発揚し、「従来の運用の陋習を一洗するを以て足る[52]」とも述べており、帝国憲法改正不要論の根拠も新体制批判と同様の理論に基づくことが看取される。こうした見解は、戦後における井上の代表的著作と言い得る『憲法研究』（昭和三十四年）においても、「輔翼機関の一元独裁化に対して、かほど迄に用心深く立法せられたる帝国憲法治下に於てすらも、ともすればこの一元独裁的動向は絶無ではなかつた[53]」と述べた上で、次の如く論じたところに、前掲「憲法恪循の一路」における見解をさらに具体化した主張を見ることが出来る。

　所謂「翼賛議会」の名に於て、議会が「協賛者」たるの実を失うたのと併行して、政府の権限が強化され、更に政府の内部に於ても、首相の実権は他の国務各大臣と段違ひに強化され――恰も現行憲法に於けるが如くに——たばかりではなく、帷幄の幕僚長の一たる参謀総長の地位を兼併するといふやうな憂ふべき一元化の段階にまで漕ぎつけたのである。さうして、これと同時に、憲法所定の個人の自由は著しく侵犯せらるることとなつたのである。／かくの如きは、いづれも帝国憲法よりの逸脱偏向に外ならぬ。ポツダム宣言第十項に「日本に於けるデモクラシイ的傾向の復活強化」といつてをることに幾分でも正当の理由がありとするならば、それは正しくかかる逸脱が、帝国憲法本来の所謂デモクラシイ的傾向を壅蔽せるものと見て、これが排除を日本政府に求めたことにあると思ふ。[54]（筆者註、／は改行を示す）

井上にとっての「国体の本義」とは、こうした「帝国憲法の真義」に基づく解釈・運用に存するのであり、その原理原則に基づく新体制批判の言説は、執行権の強化・集中、すなわち「集中的執政形態」が求められた当時にあって、非常時においてこそ、「天皇親政の真義」に基づく「輔翼機関の分立」、「分立せる輔翼官府の相互協力的なる輔翼」を徹底し、危機を克服すべきとする主張であったと言い得るだろう。その根拠は、一貫して「五箇条の御誓文」及び帝国憲法の精神に置かれていたことは言うまでもない。また、帝国憲法を外制の意義に従って運用したことも「旧来の陋習」であると指摘したのであり、新体制を構想するのではなく、払拭すべきは「旧来の陋習」であると主張したことも同様の理由である。[55] 制度的に見れば、国家機構の割拠性や多元性の克服が課題とされた帝国憲法体制において、それらを克服するべく構想された新体制運動は、「統帥と国務の調和、政府部内の統合及能率の強化」、「万民翼賛の所謂国民組織の確立」を掲げて展開された。しかしながら、井上の議論に拠れば、「帝国憲法の真義」に基づく運用、すなわち「天皇親政の真義」に立返るべきとする主張こそは、非常時を克服する原理原則であると同時に、「最高輔翼機関の一元化」に対するアンチテーゼとして、権力の一元化を抑止する根本理念であったと言い得るだろう。それ故に、戦後も継続して新体制運動以降の逸脱こそが反省すべき陋習であるとの見解を繰り返し述べたのであり、ここに日本国憲法無効論・帝国憲法復原論を唱えた根拠を確認し得るとともに、自国の伝統に基づく政治様式の重要性を主張し、「天皇親政の真義」に基づく「憲法の一貫性」を説いた所以も垣間見えるのである。(56)

註

(1)井上孚麿は、明治二十四年二月二十二日長崎県平戸に生まれ、大正六年東京帝国大学法科大学政治学科を卒業後、同大学大学院にて憲法及び行政法を専攻した。大正十年法政大学教授、同十五年ドイツ・イエーナ大学に留学し、昭和三年帰国。同三年台北帝国大学教授、昭和十一年文部省国民精神文化研究所所員となり、昭和十九年七月依願退官した。終戦後は、日本国憲法無効論・大日本帝国憲法復原論を首唱し、昭和二十八年亜細亜大学教授となり、同四十六年退職した。昭和五十三年三月二十七日帰幽。享年八十七歳。著作として、『憲法論集』（昭和十四年）、『憲法研究』（神社新報社、昭和三十四年）、『現憲法無効論』（日本教文社、昭和五十年）、『井上孚麿憲法論集』（神社新報社、昭和五十四年）等がある。以上、「井上孚麿先生略歴」（『井上孚麿憲法論集』）等参照。

(2)葦津珍彦「剛直な法学者　井上孚麿先生」（前掲『井上孚麿憲法論集』）。

(3)井上孚麿「帝国憲法の根本義」（『教学局時報』第四号、昭和十二年）。

(4)新体制運動・翼賛会と帝国憲法との関係性については、下中弥三郎編『翼賛国民運動史』（翼賛運動史刊行会、昭和二十九年）、伊藤隆『近衛新体制』（中央公論社、昭和五十八年）、赤木須留喜『近衛新体制と大政翼賛会』（岩波書店、昭和五十九年）等参照。

(5)佐々木惣一「政治体制の整備と新政党運動」（『改造』昭和十五年七月）、同「新政治体制の日本的軌道」（『中央公論』昭和十五年九月）、同「大政翼賛会と憲法上の論点」（『改造』昭和十六年二月）等参照。

(6)黒田覚の翼賛会合憲論については、源川真希『近衛新体制の思想と政治―自由主義克服の時代―』（有志舎、平成二十一年）、宮澤俊義の翼賛会合憲論については、高見勝利「〝法の科学者〟の光と影」（『宮澤俊義の憲法学史的研究』有斐閣、平成十二年）等参照。

(7)林尚之『主権不在の帝国―憲法と法外なるものをめぐる歴史学―』（有志舎、平成二十四年）。

(8)源川真希「戦時期日本の憲法・立憲主義・政治」(『歴史評論』七九八号、平成二十八年)。

(9)小野博司・出口雄一・松本尚子編『戦時体制と法学者―一九三一～一九五二―』(国際書院、平成二十八年)、井上義和「「観念右翼」の逆説―戦時体制下の護憲運動―」(『日本主義と東京大学―昭和期学生思想運動の系譜―』柏書房、平成二十年)等参照。

(10)川口暁弘『ふたつの憲法と日本人―戦前・戦後の憲法観―』(吉川弘文館、平成二十九年)一五〇～一五一頁。

(11)佐々木惣一がナチズム憲法学に反発し、天皇親政論及び三作用分属主義を説いたことは既に指摘があるが、佐々木が新政治体制の健全な発展を望むとも述べた言説や発表時期の異同もあり、その「新体制」批判の論点は井上と相違する部分が少なくない。井端正幸「伝統的憲法学の抵抗と限界―佐々木惣一の立憲君主制論を中心に―」(『龍谷法学』第一七巻第三号、昭和五十九年)、出原政雄「佐々木惣一における自由主義と憲法学―「国体」論の内実と変遷を中心にして―」(『立命館大学人文科学研究所紀要』第六五号、平成八年)等参照。

(12)前掲伊藤『近衛新体制』一〇～一一頁。

(13)同右、二一四頁。

(14)官田光史『戦時期日本の翼賛政治』(吉川弘文館、平成二十八年)三頁。

(15)大西芳雄「大政翼賛会をめぐる憲法論―憲法解釈学の方法の問題―」(『法律時報』第十三巻第六号、昭和十六年)。翼賛会が公事結社となった経緯については、前掲伊藤『近衛新体制』等参照。

(16)井上孚麿「新体制憲法観」(『国民精神文化』第七巻第五号、昭和十六年五月。後に『新国民文化叢書三　新体制憲法観』目黒書店、昭和十六年十月。本稿は後者を使用)。

(17)宮崎正顕「書評　井上孚麿憲法論集」(『小日本』第一号、昭和五十四年)。

(18)「明治憲法に学べ―井上孚麿氏談話―」(昭和二十八年三月二日付『神社新報』)。

(19)井上孚麿「憲法改正とポツダム宣言」(前掲『井上孚麿憲法論集』)三三七頁。

(20)国立公文書館所蔵「国体明徴ニ関スル処置概要」(請求番号本館二A―〇四〇―〇〇―資〇〇〇六六一〇〇)。

(21)井上孚麿「憲法制定の精神(一)」(『文部時報』第五七四号、昭和十二年)。

(22)森茂樹「国策決定過程の変容―第二次・第三次近衛内閣の国策決定をめぐる「国務」と「統帥」―」(『日本史研究』第三九五号、平成七年)等参照。

(23)筧克彦『大日本帝国憲法の根本義』(岩波書店、昭和十一年)等参照。

(24)井上孚麿『国民精神文化研究　第三十一冊（第五年第四冊）御誓文謹解』（昭和十三年）。
(25)同右、七～八頁。
(26)三谷太一郎「政党内閣期の条件」（中村隆英・伊藤隆編『近代日本研究入門』東京大学出版会、昭和五十二年）七一～七四頁。
(27)矢部貞治『近衛文麿』（読売新聞社、昭和五十一年）五一六～五一七頁。
(28)前掲佐々木「新政治体制の日本的軌道」。
(29)前掲佐々木「大政翼賛会と憲法上の論点」。
(30)同右。
(31)同右。
(32)井上孚麿「告文・勅語・上諭（五）―憲法解釈第一の典拠―」（『文部時報』第七一五号、昭和十六年）。
(33)同右。
(34)前掲井上『新国民文化叢書三　新体制憲法観』一四頁。
(35)同右、二三頁。
(36)同右、八四頁。
(37)中野登美雄「無益の空論」（昭和十六年一月二十八日付『読売新聞』）。
(38)中野登美雄『日本翼賛体制』（新公論社、昭和十六年）。
(39)昭和十五年七月八日付『朝日新聞』。
(40)前掲井上『新国民文化叢書三　新体制憲法観』五九頁。
(41)同右、七〇～七一頁。
(42)前掲下中『翼賛国民運動史』一八〇～一八一頁。
(43)前掲井上『新国民文化叢書三　新体制憲法観』一〇六～一〇七頁。
(44)同右、一三一～一三二頁。
(45)同右、一三八頁。
(46)同右、一三九頁。
(47)同右、一三八～一四〇頁。

(48)井上孚麿「憲法恪循の一路」(『教学』九巻七号、昭和十八年)。
(49)西田広義「解題」(前掲『井上孚麿憲法論集』)四八八〜四八九頁。
(50)井上孚麿「ポツダム宣言に所謂デモクラシーと憲法・国体」(前掲『井上孚麿憲法論集』)二一〇〜二一九頁。
(51)井上孚麿「戦争に就いて—就中宣戦の大権について—」(『理想日本』昭和十七年四月号)。
(52)前掲井上「憲法改正とポツダム宣言」二六二頁。
(53)井上孚麿『憲法研究』(神社新報社、昭和三十四年)四九頁。
(54)同右、四九〜五〇頁。
(55)前掲井上「憲法恪循の一路」。
(56)井上孚麿「憲法の一貫性」(『日本』第一〇巻第一号、昭和三十五年)。

里見岸雄と「国体明徴」
――「天皇機関説の検討」から《日本国体学会》の設立へ――

金子宗德

一　はじめに

大正期半ばから昭和初期にかけて、国家を一種の法人と見なし、その最高機関を天皇と解する「天皇機関説」は、大日本帝国憲法における天皇の地位についての通説的地位を占め、政党政治を理論的に下支えする役割を果たしてきた。加えて、その主唱者である美濃部達吉が高等文官試験委員であったため、行政実務においても暗黙の前提とされていたものの、五・一五事件を契機として政党の影響力が衰える中で、「天皇機関説」否定の動きが起こった。

昭和十年（一九三五）二月十八日、貴族院本会議において、菊池武夫が、「我ガ皇國ノ憲法ヲ解釋イタシマスル著作ノ中デ、金甌無欠ナル皇國ノ國體ヲ破壊スルヤウナモノガゴザイマス」とした上で、末弘嚴太郎、美濃部達吉、一木喜徳郎の著作を挙げ、「我國デ憲法上、統治の主體が、天皇ニアルト云フコトヲ斷然公言スルヤウナル學者著者ト云フモノガ、一體司法上カラ許サレルモノデゴザイマセウカ、是ハ緩慢ナル謀叛ニナリ、明ラカナル反逆ニナルノデス」、「支那ニモ土匪ハ澤山ゴザイマスガ、日本ノ學匪デゴザイマス、（中略）日本憲法ハ明ラカニ機關説ヂヤナイ、（中略）何處ヲ押セバアナタ方ハソンナ屁理屈ヲ言フカ、歐羅巴心酔モ猥ラハシイ」と論難する。その上で、「權ダノ何ダノト云フコトハ對立關係ニ於テ起ル、日本ニハ天子様ニ對シテ對立ノ關係ガアラウ筈ガナイ、何モナイ所ガ國體デアリマス」として、議会とりわけ衆議院において各政党が自派の利益のために予算確保に狂奔する情況を批判し、「國ヲ擧ゲテ、既ニ上下斯ノ如キ考ニ於テ政治ヲ執ルナラバソレハ、日本トイフモノハ何處ニ乗リ上ゲルカ分リハシマセヌ」と、強い危惧の念を示した。(1)

これに対して、名指しされた美濃部は、二月二十五日の貴族院本会議で発言の許可を求め、「日本臣民ニトリ、反逆者、謀叛人ト言ハルルノハ侮辱此上モナイコトト存ズルノデアリマス。學問ヲ専攻シテ居リマス者ニトツテ、學匪ト言ハレマスコトハ、等シク侮辱デアルト存ズルノデアリマス」と憤りを露わにする。さらに、「菊池男爵ガ憲法ノ學問ニ付テ、ドレ程ノ御造詣ガアルノカハ存ジナイモノデアリマスガ、菊池男爵ノ私ノ著書ニ付テ論ゼラレテ居リマスル所ヲ速記録ニ依ッテ拝見イタシマスルト、同男爵ガ果シテ私ノ著書ヲ御通讀ニナッタノデアルカ、假ニ御讀ミニナッタト致シマシテモ、ソレヲ御理解ナサレテ居ルノデアルカト云フコトヲ深ク疑フ者デアリマス」と菊池の理解不足こそが問題だと指摘した上で、「所謂機關説ト申シマスルノハ、國家ソレ自身ヲ一ツノ生命アリ、ソレ自身ニ目的ヲ有スル恆久的ノ團體、即チ法律學上ノ言葉ヲ以テ申セバ一ツノ法人ト觀念イタシマシテ、天皇ハ此法人タル國家ノ元首タル地位ニ在マシ、國家ヲ代表シテ國家ノ一切ノ權利ヲ総攬シ給ヒ、天皇ガ憲法ニ從ッテ行ハセラレマスル行爲ガ、即チ國家ノ行爲タル効力ヲ生ズルトイフコトヲ言ヒ現ハスモノデアリマス（中略）國家ヲ法人ト見ルト云フコトハ、勿論憲法ノ明文ニハ掲ゲテナイノデアリマスルガ、（中略）憲法ノ條文ノ中ニハ、國家ヲ法人ト見ナケレバ説明出來ナイ規定ハ少ナカラズ見エテ居ルノデアリマス（中略）法人ト申シマスルト一ツノ團體デアリ、無形人デアリマスルカラ、其權利ヲ行ヒマスル爲ニハ、必ズ法人ヲ代表スル者ガアリ、其者ノ行爲ガ法律上法人ノ行爲タル效カヲ有スル者ガナケレバナラヌノデアリマシテ、斯ノ如キ法人ヲ代表シテ法人ノ權利ヲ行フ者ヲ、法律學上ノ觀念トシテ機關ト申スノデアリマス」と、自説の内容を簡潔に説明する。(2)

議論としては美濃部に分があったものの、だからと云って事態は収束しない。それどころか、右翼団体や在郷軍人会による「天皇機関説」排撃運動が一層の盛り上がりを見せる。さらに、民政党の支持を受けていた岡田啓介内閣と敵対していた政友会は、この機に乗じて枢密院議長であった一木の失脚を目論む。

その底流には、昭和五年四月に調印されたロンドン海軍軍縮条約を巡る軋轢があった。補助艦の保有比率を定めた同条約の内容もさることながら、そうした軍備に関わる決定を民政党の浜口雄幸内閣が行うことじたい天皇の統帥権を干犯するものであるとの非難が海軍の一部や政友会からなされる。これに対して宮内大臣として批准に力を尽くしたのが一木であり、政府を擁護したのが美濃部であった。排撃運動の担い手たちは「天皇主体説」に立脚して自らの主張を展開しており、一般的には両者の対立を軸として理解されているけれども、この時期に、「科学的国体論」の提唱者として知られる里見岸雄(3)が双方の限界を指摘したことは殆ど知られていない。本稿では、里見が創設した里見日本文化学研究所に所蔵されている史料をもとに、その概要を示したい。

二 「天皇機関説の検討」

京都に住んでいた里見の日記に、「天皇機関説」問題を巡る記述が初めて登場するのは、美濃部による反論が行われた翌日（二月二十六日）のことであつた。

（前略）美濃部達吉氏の憲法論に対し、議会では菊池男が反機関説で駁論、之に美ノベが応戦、例の「日本」は第一面をあげて美ノベ攻撃に日も呉れ足らず、よい取組なり。夕方、毎日の夕刊をみるに徳富翁、憲法論にくちばしを出し、天皇は何等の意味でも機関に非ずと評す、困つた無学の反動共なり、（後略）[4]

文中の「日本」は、国民精神善導・左翼思想撲滅を目的として小川平吉らが大正十四年（一九二五）六月に創刊した日刊新聞で、蓑田胸喜の盟友で反ユダヤ主義者としても知られる若宮卯之助が主筆を務めていた。

そして、三月三日の日記には、「青年日本同盟の伊地知義一、愛國青年聯盟の柳町茂道氏来訪、種々談話中、憲法論に及ぶ。美ノベの機関説、ミノダの反機関説に対し批判を話したるに傾聴共鳴し是非今夜帰京後、貴説の一大普及に従事したいとて種々申出あり、（中略）断乎一大運動開始の決意」[5]との記述が見られ、翌四日の午後一時から「天皇機関説の検討」を執筆し始める。[6]続く五日も午前八時から深夜二時まで執筆を続け、起筆から僅か三日後の六日午後二時半に脱稿したという。[7]

この「天皇機関説の検討」（以後、「検討」と略）は、里見日本文化学研究所の機関誌『社会と国体』の三月臨時号として発行されたが、以下に目次を掲げる。

（一）　本論文執筆公刊の動機及目的
（二）　上杉・美濃部の論争と學界現時の大勢

（三）　機關並びに主體の語に就て
（四）　憲法研究に於ける根本用意
（五）　憲法條文の性質的二大別
（六）　天皇統治に於ける「實」と「權」
（七）　憲法第四條の天皇
（八）　憲法第一條の天皇
（九）　以上の総括
（十）　詔勅及び議會に就て
（十一）　皇族内閣に就て
（十二）　結論

（一）において、里見は自らの学問的立場を以下のように記している。

（前略）菊池男爵の議會に於ける演説の速記を見るに、菊池氏の信念、情感、論斷は鋭く表現せられてゐるが、何故に、美濃部氏の機關説を否とするかに就ての學術的理由は示されてゐない。又、首相を始め各國務大臣の答辯に於ても、「機關説は認めぬ」、「主體だと確信する」といふ様な信條の吐露に止まり、それ以上になると、「學説に對しては學者に委ねるより外に仕方がない」といふ程度の答辯を以て終つてゐる。その他の質問者の演説言辭も、多くは情感的批判、主張、信念の吐露、又は、全く立場を異にする方法を以ての一方的批判である。故に、「論」としてこれを觀れば、いかにも獨斷的で、美濃部博士の立場からは、「學問を専攻シテ居リマスル者ノ學説を批判シ其當否ヲ論ジマスルニハ、其評者自身ガ其學問ニ付テ相當ノ造詣ヲ持ッテ居リ、相當ノ批判能力ヲ備ヘテ居ナケレバナラヌ」と評するのも、決して無理ではない。然も、美濃部博士の議會に於ける演説内容は、流石に學者として理路整然たるものはあるが、惜しいかな、所謂憲法學——法律學としての——形式論理に固定化し、その固定イデオロギーの中に於いてのみ「天皇」を觀察しているのである。

打倒美濃部運動を理論的方面に限定してみる時、而して、美濃部博士の之に對する態度をみる時、この二つは併行せる線の如き觀を呈している。機關説の批判は超越的方法に依つてゐるし、機關説の主張は、形式法學的方法に固定してゐるしこれではいつ迄經つても、理論的解決は望み得ない。美濃部博士以外の錚々たる自由主義憲法學者も、こうなると勇敢に同學の美濃部氏を援助するの勇氣もないと見える。

吾人の美濃部氏及びその他の既成憲法學説に對する批判、及び吾人自身の憲法學説は、決して今日始めて茲に公開するに到つたものではなく、既に數年前より開始してゐる。（中略）その結果については、しばしば吾人の機關雜誌「社會と國體」誌上にも出したがつひに之をまとめ、純學術的論文として昭和九年五月拙著「帝國憲法の國體學的研究」を發表しておいたが、當時吾人はその序文の一節に於て、「大體に於て、吾人は、穂積、上杉諸氏の國民的情操に同情してその學説を採らず、美濃部、佐々木諸氏の憲法研究に於ける科學性増大の一功績を認めてその方法並びに理論に服し得なかつた處が多い」と書いて、主體説學派、機關説學派に對する吾人の大略の立場を明かにして、進んで本文に入つては、實に隨處に、この立場の學的説明を試みた事である。(8)

続く（二）において憲法学界の現状を、（三）において憲法学における「機関」と「主体」の一般的定義を略説した里見は、（四）において「我々が日本の憲法を研究せんとするに當り必ず具備せねばならぬ根本用意が整つてゐない時には、憲法を眞に科學的に理解する事が出來ぬ。されば先づ、帝國憲法と國體との關係に就て正しき理解を用意せねばならぬ」[9]と主張し、（五）において両者の関係を論じて曰く。

日本國體を宣明し又は日本國體を規定する爲に日本の憲法は制定せられたのではなく、それは實に、立憲政體を確立する爲めの根本法として制定せられたのである。然しながら、日本の政體を確立組織する爲めには、是非とも日本國體との關係を明かにし、國體と政體との關係を示さなければ、政體そのものも結局波上に浮ぶ水草の如きものとなる。これ日本の特殊事實である。そこで、帝國憲法の本來の目的たる立憲政體は、一度び確立した以上、斷じて再び之を更改する處なきを期したものであつて、單に國體のみが斷じて變更されないといふのではない。憲法は、〔告文に――金子補足〕「制定ス」と仰せになつた様に、一つの制定せられたる法である。然しながら、國體は制定せられるものではない。制定法たる憲法が制定せんとする主眼は、立憲政體であつて、ただこの政體を制定確立する爲めには、それと日本の國體との關係を明らかにせねばならぬから、玆ニ所謂國體法なるものが、條文として掲げられるに到つたのである。

この見地から、吾人は、大日本帝國憲法を二大別する。一は基本條文、二は派生條文である。基本條文といふのは、帝國憲法の基本となつている根本條文であつて、所謂、〔上諭にある――金子補足〕「永遠ニ従順ノ義務ヲ負フヘシ」といふ永遠性を表現している條文である。それは第一條から第四條迄の四箇条であつて、この四箇条は、「將來此ノ憲法ノ條項ヲ改正スルノ必要アルトキ」〔第七十三條――金子補足〕といふ條項の中に入らないのである。[10]

では、この四箇条は如何なる関係にあるのか。

（前略）第一條は某憲法學者の言ふが如き「天皇が万世一系である事」を表現せんとしたものではなく、日本國家の基く處の基本社會の構造從つて事實軌範即ち國體を宣明せるもので、全憲法條文は一としてこの第一條の事實に究極の制約を蒙らざるものはない。まさに基本條文中の基本條文といふべきである。故に、第一條は、この憲法にとつても將た又時代社會、時代國家にとつても先驗的根本軌範であるといはねばならぬ。かくて、この國體構造の中樞要因たる萬世一系の天皇位繼承の原則が第二條に於て、又、この天皇位の社會的本質從つてこの地位にある自然人天皇の本質が、第三條に於て表現せられているのである。即ち、第一條は國體事實の總括的表示、第二、第三兩條は、天皇位の自然人的構成法と天皇位の本質を表示して日本國體の大綱要義を掲明したのである。而してこの國體及天皇を原則的に明徴化したる後、如何に基本社會、國體と、時代社會、時代國家とを接續せしめ、而してそれを國體の基準に於て統一し、更に第一條の目的を完全に遂行せんかの根本方法の規定を示したものが第四條である。故に、第四條は、その上三箇条と、その下七十二箇条との現實的接合點であつて、この一箇条こそ、深く過去幾千年の歴史的經驗に滲じ、廣く國際國内の社會發展情勢の必然性に照し、而して遠く盡未來際〔「永遠の未来」を意味する仏教用語――金子註〕迄の將來に鑑みて研究考案確定せられたる擧國理性的産物なのである。(11)

続く（六）において、里見は「天皇は統治權の主體か機關かなどといふ論議は、『統治』とは何ぞやといふ事から解決して來なければ、百年論爭してみてもお互に我見を主張し合ふだけの事で、問題を根本的に解決し得ないのである(12)」と両者を批判した上で、「天皇統治」には二面性が存在するという見解を示す。

そもそも、「統治權」、「大權」等の「權」とは何であるか。權利だ、權能だと爭ふ前に、「權」そのものの概念を明確にしなければならぬ。「權」なる文字は、計、謀、圖、度、稱、測、料、忖、揣、衡等に一脈の共通義を有する文字で、「經」又は「實」に對する概念である。「孝經」に「夫孝者天之經也」とあるは、定法、常理、法則を意味するもので、まさにこの「權」の相對概念である。（中略）若しそれ佛敎の用法に参酌せんか、「權是權謀暫用還廢。實是實録究竟旨歸。」[13]といひ、權實相對すべき概念である。實敎に對し權敎といふは即ちそれだ。孟子に「權然後知輕重、度然後知長短」[14]といふも亦その例だ。（中略）それは本質基本的實在實能ではなく、一定の約束の上に、分量的に形體的に表れてくるものであつて、ただ、「實」、「經」を離れても、かりにその本質、形體を獨立的に論じ得られたるものに過ぎぬ。それ故に、それは、元來棄權する事も執權する事も、出來るのである。

即ち「權」なるものは、ある目的に對して行ふ手段的、方便的性質のもので、從つて、可變性のものであり、又、可遷的なものである。然らば統治權が存在する以上、統治實が無い筈はあるまい。これ吾人が、「統治に二あり、一には實なり、二には權なり」といふ所以なのである。統治實とは統治そのものの實質・實體・實相・實性・實能・實力である。統治權とは、「統治」の爲の權力・權能・權限・權利・權務等を意味するものでなければならぬ。天皇の統治にこの實と權とのあることは、第一條と第四條との分るる所以であつて、統治實は純乎として純なる社會的概念である。權は委任も可能であるし、又、事實、下剋上により て侵害せられた歷史もある。然し、如何に、德川幕府の如く、天皇の大權を制限し奉り、又、事毎に干涉壓迫の不忠を試みたにせよ、到底、天皇統治實を左右し奉る事は出來なかつたのではないか。そこに、統治の「實」と「權」との相違を見なければならぬ。[15]

こうした見解に基づき、(七)において、里見は帝国憲法第四条「天皇ハ國ノ元首ニシテ統治權ヲ總攬シ此ノ憲法ノ條規ニ依リ之ヲ行フ」の解釈を試みる。

「國ノ元首」という言葉に着目した里見は、「第四條は、〔中略〕政治法律的機能に於ける天皇を規定しているのである。從つて『國ノ』といふ『ノ』の字に注意せねばならぬ。この『ノ』字は、文法上所有格であるから、この場合の『國』は、この場合の『天皇』より大なる概念である。即ち、文上、『天皇』は明かに『國』を構成する一要素として表はされているのである。然も、この『國』が、〔中略〕その下の『元首』といふ文字によつて、一つの有機體的機關説と見做されているのであるから、論理の自然に歸結する處、第四條の關する限りに於て、天皇も亦所謂機關として表れているといふ事は、到底これを否定し得ない(16)」、「國家は、殊に近代的意味での國家は、自國以外の國家は、自國以外の國家に對抗する自主權を所有する存在である。これ即ち國家の主權である。然しながら、内、その構成員に對しては、之れを統制し又は強力的に支配する處の統治權を具備する一大生命體である。從つて、これを法律的に表現する時には、『權利』と稱する以上、その主體が國家そのものであることは自明の理だ。然しながら、國家は一大生命體であるが、それは一個の生命の如く、それ自身に於て意志し行動する事を得ないから、國家の統治權は必然、自然人によつて總攬されて行使されねばならぬ。〔中略〕第四條の統治權をば、かく、國家の統治權、然し、その統治權とは『統治の權利』と解する時に、天皇は、斷じて、この權利の所有者ではあらせられないのである。即ち、國家統治權の主體ではないのである。この點では、機關説の主張が正しい(17)」と述べている。

ただ、この「統治權」の成立した由来について、「この權能は、憲法又は國家によつて與へられたのかといふと、さにあらず、これこそ、この第四條の『天皇』が、直ちに第一條の萬世一系の天皇であらせられる事によつて、本具しているところの本來的、本有的、根本的統治實より直流し來れる權能である。即ちこれ『天皇統治實の權能』なのである。されば、この重に於ける天皇は、この意味での統治權の主體である。この點では、機關論者の分析も極めて粗雜だと曰はねばならない[18]」とも述べている。

また、（八）において、里見は帝国憲法第一條「大日本帝國ハ萬世一系ノ天皇之ヲ統治ス」の解釈を試みる。「大日本帝國」という語に着目した里見は、「それ（大日本――金子補足）は、尊稱、美稱であると共に情感的に價値自覺的に用いられた日本民族の體驗を通じての絶對意識の表現である。從つてそれは、單なる近代的概念に於ける『國家』ではない。而して『大日本帝國』が、我國の正式名稱である事は言ふ迄もないが、その帝國といふは、その意皇國といふに等しいのであつて、我國が、『天皇國』なる事を表現しているのである[19]」、「若し、從來の憲法學者の如く、單に之を『政治國家』と解釋し、又、天皇の統治權主體なる事を規定したものだと解しているると、この第一條が過去の日本歷史と合致しない點の存する事實を如何ともする事が出來なくなる。第四條の表現は、先きに説いた通り、明かに理性的整理を加へた結果であるが、第一條の表現は飽く迄、古來一貫の事實そのものを掲げたのである。即ち、統治の權はたとへ下移する事があつても、統治の實だけは、どこ迄も萬世一系の天皇の御位に即して存在していたのである。この事實が、『大日本帝國ハ萬世一系ノ天皇之ヲ統治ス』といふ事なのであるから、そうすると、この『大日本帝國』とは、決して單に第四條的『政治法律國家』でないといふ事が自然結論されてくる。即ち、『大日本帝國』とは、（中略）第四條の『國』よりも遙かに深く且つ廣き社會的概念であることが明らかになる[20]」と断定する。

さらに、「萬世一系ノ天皇」といふ語を巡って、「この『萬世一系ノ天皇』といふ特に莊重なる用語は、上の、『大日本帝國』といふ莊重なる正命と呼應して、天皇の御正名であつて、それは、第四條以下の『天皇』よりも、更に包括綜合的、深部徹底的表現である。憲法學者は、之れを、單に、『天皇が萬世一系の皇統に屬する』といふ事を明瞭にしたものだなどと解釋してゐるが、決して斯かる單純な意味でもないし、權限化せられたる大權を行使される處の重に於ける天皇でもない。勿論それらを包含するものでもあり、又、それらの重に於ける天皇の本體でもあるが、これは實は、神種としての皇統、神聖位としての皇位、神聖位に曾て在し、今在し、將に在さんとする過現未の一切の自然人天皇といふ三概念を打つて一丸とした概念であつて、若し、機能の面より云ふならば、權力・權能・權限等の作用よりは、遙かに深い生命の本質的愛、智、德等を以て、民を結合せしめ、養ひ育て、歸依せしむる處の作用をなす處の統治實の主體たる天皇、即ち、國民の主師親三德體現者たる現人神としての概念に於ける『天皇』である。これは、法律概念ではない。社会的信仰的生命的概念である」という見解を示した里見は、「憲法の條文だから悉く法律的概念で説明がつくと考へるのは、日本の憲法の特殊性を知らざる通論的憲法概念であつて、既に法律學的概念でないところの第一條なのであるから、これが理解も、又、法學的概念を超える事は當然なのである。それを強て、憲法の條文であるから、法學的理論を以て解釋しなければならぬやうに考へるのは、西洋一般の法學的固定イデオロギーであつて、日本の憲法学的態度ではない[21]」と、他の憲法学者を批判する。

一連の議論を受けて、(九)において、里見は「美濃部博士の機關説は、第四條の近代國家的政治法律概念に固定化して第一條の深義に想到せず、主體説を奉ずる人々は直觀的に天皇の神聖現人神なるを信解して近代國家が五年に於ける天皇大權に於ける天皇大權の制度化方面を深解しなかつたものと曰つてよい[22]」と総括した。その上で、美濃部の学説に不敬あるいは反国体的な思想が強いのは「自由主義思想の結果[23]」ではないかとの考へを示した里見は、(十)において、詔勅の絶対性を疑ひ、さらには帝国議会の存在を天皇統治と切り離す美濃部の学説を批判する。その一方、(十一)において、(松岡洋右らによる)政党解消運動、皇族内閣樹立運動、(中野正剛らによる)憲法停止論など、反議会主義的・非立憲主義的な動きに対しても否定的な見解を示す。(十二)において、里見は国民に訴へ掛ける。

今や、日本は内外共に、文字通り非常時である。此の時に當り、たまたま、帝國議會に於て、帝國憲法の解釋及び重要事項が問題とせられ、延いては遂に全國民的問題とまでなつて波及するに到つた。これ實に尋常の事ではない。おそらく皇祖皇宗の御稜威の然らしむる處であらう。今や、我國は、これによつて、我国体及び憲法の根本的理解を肅正刷新し、金剛不壊の道理と信念とを併せ確立すべきを期すべきである。徒らに、感情に走りて論を上下する事は、憲法及び國體の根本理解にとつて有害なる節さへある。一先づ、よろしく沈着冷靜に、飽く迄、純理に起ちて、その本體を究明し、而して、打つべきは打ち、改むべきは改め、一擧、國を嚴淨するの覺悟が無ければならぬ。(24)

三　憲法正解運動

『社会と国体』の三月臨時号は特別に増刷され、系列組織である《国体主義同盟》から「貴族院、衆議院全議員、枢密顧問官、宮中顧問官、宮内省、内閣各大臣、内務、外務、司法、文部以下全省高官、陸軍各連隊以上、海軍各艦長以上、全國師範學校その他主なる中等學校、圖書館、地方長官、府縣庁、各大學、大學教授、全國新聞社、全國日本主義團體、全國裁判所、全國著名人士」に贈呈された。(25) 加えて、単行本として十銭の定価を付して全国各地で販売され、三十数版を重ねたという。(26)

『社会と国体』には、島中雄三、田崎仁義、山本美越乃、山崎今朝弥、作田荘一、山川智應、佐藤鐵太郎、石原莞爾などから届いた感想が掲載されている。それらの中で、「美濃部博士の憲法學説は、同博士三十年来の固定思想であるが、同時に又三十年前の舊思想でもある。歐化主義、西洋模倣主義全盛の時代に、外国から流れ來つた自由主義、民主主義がその基調を爲している上に、理解が淺薄であり解釋が形式に堕している。それを日本の國體原理に調和せしめようとした苦心は認められるが、國體そのものに對しての根本的な理解と信念が缺けている結果、相容れざる觀念を無理に捏ね合はせようとした處からの、苦しい矛盾と不自然と缺陥とが到るところに露出している。此の矛盾とを指摘して、國體原理に立脚した正しい憲法理論を展開し、以て誤れる憲法解釋によつて毒された國民思想を矯正することは、此際必要であると考へて居つた」と云ふ島中は、「貴下の所論を一讀して大に我が意を得た」と記す(27)。また、石原は「眞に暗雲を排して天日を仰ぐ心地致し候、時の大勢に押されて唯熱狂する國民大衆に明確なる指標を與ふるものは斷じて他に求め難しと確信」と絶賛し、東久邇宮稔彦王に献上すべく手配をするよう薦めている(28)。

また、各地で「憲法正解学術講演会」を開催した。溝渕進馬（第三高等学校校長）らの斡旋により、京都の川端丸太町の教育会館で開催された講演会には、作田や磯崎辰五郎をはじめ約三百名が出席し、「天皇機関説の国体学的批判」と題する三時間に及ぶ里見の講演を聴講したという(29)。

美濃部の著書が発禁となった後、里見は「天皇機関説問題知見補遺」（以下、「補遺」と略）を『社会と国体』の六月号に寄稿した。「菊池氏その他一群の人々によつて挙げられた比較的純粋な愛国感情的攻撃」が「内閣打倒運動、内閣保命運動、資本主義打倒運動等に利用され」ている現状を危惧する里見は(30)、「機關説を討つに主體説を以て」するのではなく、「機關説、主體説を共に批判して、これを止揚する學的方法」を採るべき(31)と主張する。

里見は、「美濃部氏にあつては、決して反國體的ではなく、叛逆的意識は無かつたであろう事を、吾等はこの老學者の為めに信じてやりたい」、「頭から國賊乱臣を以て論じ、進んで撲滅的態度をとるが如きは、過酷であつて、むしろ、美濃部氏の説の不可なる点を批判して、國體研究に進ましめる様仕向けるのが正しい」と寛容な態度を示す(32)。その一方、批判する側に対しては、「感情的憎悪が基調となつていて、一讀不愉快を感じ又は憐愍を感ずる事を余儀なくなせるものが多かつた。甚しきに到つては、一夜漬の憲法論で噴飯せざるを得ないものさへ少なくはなかつた」、「かかる形態に於ける美濃部攻撃は、たとへ美濃部博士を社會的に失脚せしめ得たりとするも、猶ほ、その學理學説の世界に於ては、『美濃部死すとも機關説は死せず』と叫ばしむる丈け」と否定的で、「學説理論は、その内面の論理構造を破壊し得るに非ざれば、決して滅ぼし得る」ものではない以上、「内面的、論理的に美濃部氏の學説、乃至機關説を吟味批判するの真摯な學的態度を興すべき」と自らの立場を示す(33)。

先の「検討」では「統治」が主として論じられたが、この「補遺」では「機関」が議論の中心となる。「機関」イコール「物質」という認識に基づき、それに天皇を擬えることじたいが不敬だという論を俎上に載せた里見は、仏典の用例を引いて、「機関」には「根機の関門」即ち「一定の精神的段階」という意味も存在すること、そして、憲法学者の用例を引いて，憲法学における「機関」が「地位」を表すものであることを明かにし、「俗語的見地から批判する事は、内面的、論理的権威を發揮する所以ではない。唯、一般俗人を驅つて誤解の深坑に陥らしめ、よつて以て付和雷同せしむるに過ぎない」と、その浅薄な議論を批判する(34)。

さらに、「國家の機關が抽象法理的無意志であるといふ事は、擬制上の人格たる國家有機體に於て成立する論理であるが、この論理は、自然人との具體的、事實的關係に於ては、事實的に打ち消されるのである。即ち抽象的機關そのものは無意志であつても、機關たるの位地にある自然人は意志の主體であり、この意志の活動によつて、無意志なりとされる機關の活動を起すのであるから、具體法事實上に於て、機關人はあく迄、意志の主體である。ただ、この意志なるものは、自然人としての個人的自由意志を指稱するのではなく、自然人の有する意志能力 Vermögen を、國家的機能にまで止揚し且つ限定して、機關たるの位地(ママ)に於て意志し、機關たるの職能に沿うて意志し、而してこの意志を抽象法理上の國家機關の能力 Fähigkeit として供給するの論理的關係にあるものと解され得る意志である」と「『機關』なる抽象法理と、機關の地位に立つ具體的人格との聯絡に關する論理」を確認した上で、自然人たる天皇が（「検討」において示した）有する「統治實」は有機体としての国家のために行使されるのであり、これを「國家有機體の抽象法理の上に對望せしむると、この有機體の最高機關たる元首としての活動に比すべきである」と、「国家」の「最高機関」たる「元首」と「社会的、宗教的、道徳的神聖者」である「天皇」とを厳密に区別した上で、その実質的一体性を示す[35]。

だが、「憲法の全条文さへ一讀した事があるか無いかを疑はれる程度の一般大衆でさへ（中略）機關説は不敬なりと考へてゐる」現状を踏まえ、「その眞理が主張せられる事によつて、非理性的とはいへ、事實上大衆が反眞理であるかの如く誤解し、それによつて社會の安寧秩序上風波が起る可能性ある場合には、しばらく、その主張が緩和せられることが望ましい」、「機關の語及びその語を使用する學説に對しては、古人の所謂『タトヒ善タリトモ、義分當レリトモ先ヅ名ヲ忌ムベシ』といふ名分上の常識的差配が加へられるといふことが、至極適當であらう」と主張する。だからと云って、「機關説に對立する學説としての主體説を、官許の公論と化さんとするならば、それはまことに非科學的反動といふ外ない」と、主体説にも与しない[36]。

関連して、同じ『社会と国体』の六月号に掲載された里見の「美濃部博士の學的態度を評す」という一文が興味深い。この中でも里見は美濃部に同情的だが、「何といつても、自分の學説が事端でもあり、根本原因でもあるのだから、事茲に到つては、何等か、この事態に適應せる新態度を取るものと私はひそかに期待してゐた」にもかかわらず、自説の再検討すらしようとせぬ美濃部の頑固さに失望を見せた。加えて、美濃部と同じく機関説を主張してきた憲法学者に対し、「政治問題でも民衆でも立派に學術的批判の對衆ではないか。況して、自己信奉の學理を破壊せんとする巨大なる力の動向を觀て然も起つて戰ひを宣せざるはこれ學に不忠なるものと曰はねばなるまい」と極言する[37]。

八月三日、岡田内閣は「国体明徴声明」を発表した。

恭シク惟ミルニ、我ガ國體ハ天孫降臨の際下シ賜ヘル御神勅ニ依リ昭示セラルル所ニシテ、萬世一系ノ天皇國ヲ統治シ給ヒ、寶祚ノ隆ハ天地ト倶ニ窮ナシ。サレバ憲法發布ノ御上諭ニ『國家統治ノ大權ハ朕カ之ヲ祖宗ニ承ケテ之ヲ子孫ニ傳フル所ナリ』ト宣ヒ、憲法第一條ニハ『大日本帝國ハ萬世一系ノ天皇之ヲ統治ス』ト明示シ給フ。即チ大日本帝國統治ノ大權ハ儼トシテ天皇ニ存スルコト明カナリ。若シ夫レ統治權ガ天皇ニ存セズシテ天皇ハ之ヲ行使スル爲ノ機關ナリト爲スガ如キハ、是レ全ク萬邦無比ナル我ガ國體ノ本義ヲ愆ルモノナリ。近時憲法學説ヲ繞リ國體ノ本義ニ關聯シテ兎角ノ論議ヲ見ルニ至レルハ寔ニ遺憾ニ堪ヘズ。政府ハ愈々國體ノ明徴ニ力ヲ效シ、其ノ精華ヲ發揚センコトヲ期ス。乃チ茲ニ意ノ在ル所ヲ述ベテ廣ク各方面ノ協力ヲ希望ス。

これを受けて、里見は『社会と国体』（九月号）に「国体明徴の具体的方法」という一文を執筆する。里見は、声明の趣旨を肯定しつつも、「何等か具體方策の研究、樹立、實行がなければならぬ。號令は掛けたが掛けつ放しでは困る」として、「天皇に直屬し、内閣には對立して獨自の權威權能權務權限」を有する「國體明徴審議會」を創設すべしと提案した。その審議会の中に、①「日本國體に關する可能且つ必要なる研究部門を開柘(ママ)し、總じて國體に對する知識に高度の科學性を賦與する操作を、不斷に、その任務とする」研究部、②研究部の成果を元に国家的解釈を公定し、その公定学説に対する異議申し立てに対応するだけでなく、国体に関する新たな問題が生じた際には新たに判断を下す審議部、③公定学説を国民に徹底的に普及させる指導部を設けるとした里見は、審議会を構成するメンバーを列挙している。[38]

秋葉正順、姉崎正治、池岡直孝、猪狩史山、岩崎卯一、梅本寛一、植木直一郎、内田良平、内田繁隆、遠藤隆吉、奥平俊蔵、奥田寛太郎、小澤恒一、荻原擴、大山彦一、小倉鏗爾、及川儀右衛門、小笠原長生、加藤玄智、加藤仁平、鹿子木員信、筧克彦、神作濱吉、清原貞雄、紀平正美、北昤吉、倉田百三、五來欣造、黑板勝美、河野省三、佐藤鐵太郎、佐藤清勝、里見岸雄、澤田五郎、四王天延孝、千家尊健、新見吉次、高島平三郎、高橋清吾、高須芳次郎、田崎仁義、田中智學、田中寛一、田中義能、田中治五平、頭山滿、徳富蘇峰、友枝高彦、東郷實、中村孝也、中柴末純、永井亨、永田秀次郎、西晋一郎、西村眞次、二荒芳德、藤澤親雄、深作安文、藤井甚太郎、平泉澄、松岡洋右、牧健二、松永材、三井甲之、蓑田胸喜、三上參次、村瀬武比古、森清人、山川智應、山本信哉、山田孝雄、山崎又次郎、安岡正篤、吉田熊次、亘理章三郎、渡邉幾次郎、若宮卯之助(39)

その専門、あるいは世代、さらには主張も多種多様だが、「こういう風に人材は、朝野各方面から思ひ切つて大膽に集めなければ、またぞろ、官僚くさい御役所が一つ増加するといふことに過ぎなくなる」と述べる(40)里見は、天皇機関説を巡る騒動を奇禍として、「国体」を理性的に論ずる場を作るべきと考えたのだろう。同様の発想は、『社会と国体』（十月号）の巻頭言「大学の国体学講座」にも窺える(41)。

しかしながら、天皇機関説問題に端を発する国体明徴運動が、天皇機関説＝国体に反する「悪」、天皇主体説＝国体に適う「善」という枠組で進展していく中で、里見岸雄は、『社会と国体』（十一月号）に「機関説撃つべくんば主体説共に撃つべし」と題する一文を発表した。「主體説學者の憲法論に於ては、機關説學者のそれに比し、より多く國體の文字が見え、或は尊皇情感のより多く表現せられてゐる」にせよ、ボルンハック、ザイデル、リングの主張した中世ヨーロッパの統治客体説を直訳したものであり(42)、「天皇統治を以て、ヨーロッパ覇王の権利や権力や権限観念で解釈しようとす」べきでない(43)と考える里見は、当局を指弾して已まない。

軍政兩府の巨頭諸侯が、既成憲法學説を、あたかも國體光揚の正説の如く妄信して、然も同じく既成憲法學の一たる天皇機關説のみを排除せんとするのは、その愚實に及ぶべからざるものである。ヨーロッパ中世の君權思想及び近代獨逸の（中略）諸學者の學説に現れた主體説は、要するに覇者のウシハク的事實及び思想に過ぎぬ。我が萬世一系の天皇が、ウシハク君主にあらずしてシロシメス君主にましますは多言を要せざる處、ヨーロッパ君主國に於ける君主主體説などを我天皇に適用し奉るといふ事は、餘りに非禮であり、又、餘りに非科學的であり、而して實に反國體的である（後略）(44)

その上で、「一木樞相等に對する問題は、飽く迄、統帥權問題に極限し、その點で、軍の滿足の行く迄行動せられる」のが良く、機関説論者であることを理由として一木を排除することは「憲法の國體的解釋を樹立する所以でない」と軍首脳部に勧告しているが、(45)里見の議論は当局の受け入れるところとはならず、岡田内閣は昭和十年（一九三五）十月十五日、再び「国体明徴声明」を発表し、機関説排除の姿勢を明確にする。

曩ニ政府ハ國體ノ本義ニ關シ所信ヲ披瀝シ、以テ國民ノ嚮フ所ヲ明ニシ、愈々ソノ精華ヲ發揚センコトヲ期シタリ。抑々我國ニ於ケル統治權ノ主體ガ天皇ニマシマスコトハ我國體ノ本義ニシテ、帝國臣民ノ絶對不動ノ信念ナリ。帝國憲法ノ上諭竝條章ノ精神、亦此處ニ存スルモノト拜察ス。然ルニ漫リニ外國ノ事例・學説ヲ援イテ我國體ニ擬シ、統治權ノ主體ハ天皇ニマシマサズシテ國家ナリトシ、天皇ハ國家ノ機關ナリトナスガ如キ、所謂天皇機關説ハ、神聖ナル我ガ國體ニ悖リ、其ノ本義ヲ愆ルノ甚シキモノニシテ嚴ニ之ヲ芟除セザルベカラズ。政教其他百般ノ事項總テ萬邦無比ナル我國體ノ本義ヲ基トシ、其眞髓ヲ顯揚スルヲ要ス。政府ハ右ノ信念ニ基キ、此處ニ重ネテ意ノアルトコロヲ闡明シ、以テ國體觀念ヲ愈々明徵ナラシメ、其實績ヲ収ムル爲全幅ノ力ヲ效サンコトヲ期ス。

四　むすび

この頃、里見の支援者が投資に失敗し、組織の再編を図る必要があり、その身辺は慌しかった。従前より「我が日本の教育、政治、法律、思想、經濟、宗教等一切の文化の根柢たる日本國體を純粋に、專門的に研究する團體、日本國體に關する正しい認識を國民に普及する專門團體[46]」の必要性を痛感していた里見は、昭和十一年（一九三六）二月十一日、《国体主義同盟》を改組して《日本国体学会》を結成する。

もちろん、天皇機関説問題に端を発する「国体明徴」の動きも里見の行動に影響を与えたことはいうまでもない。『社会と国体』（昭和十一年三月号）に寄稿した「日本国体学会に就て同志に告ぐ」の中で、里見は次のように述べている。

（前略）圖らずも昭和十年の春、議會に於ける憲法問題が動機となつて擧國總動員的に國體明徵の叫びがあがつてきた。これは確に時である。然し、世間ではよう例のある事だが、こういふ重大問題を、往々一時カケ流しの問題として、騷ぐだけ騷いでしまふと、ぢきにケロリとして忘れてしまふ傾向がある。今度の國體明徵でも、政黨連中など恐らく、そういふ傾向にあるのではないかと思ふ。だが、今や、國體明徵の眞の時だ。時は時でも一時ではいけない。天壤無窮の時に掉さして、永遠に國體明徵の基礎をつくりあげるときでなければならぬ[47]。

さらに、里見は「國體は有難い、國體は有難いといふ言葉だけを繰り返してゐるのではなく、國體はどういふ風な事實か、國體の尊いのはどういふ譯か、國體といふものはどういふ働きを有してゐるか、さては、國體と我々の日常生活とは、どういふ風に關係があるか、又、最近の研究はどんな風に発達してゐるか、乃至、時々起り來る國體問題は以下に解決すべきかといふ様な各方面の事柄を、最新の學問的研究に基いて發表し、以て、日本國民の、日本國體に對する認識を正化し深化してゆこうといふものである」と具体的な方向性を示し、専門学者のみならず広く国民の参加を呼びかけた。[48] 政府に期待を持てぬ以上、自らの力で真の「国体明徴」を実現しようというのである。

それから十年も経たぬうちに我が国は敗戦を迎え、帝国憲法を改正するという形式を採りつつ、実質的には否定するものとして日本国憲法が成立した。これにより、憲法と国体の関係を巡る新たな問題が生ずる。この問題について、里見は《日本国体学会》を率いて様々な活動を展開したが、この点については稿を改めて紹介したい。

註

(1)『貴族院議事速記録第十號』(昭和十年二月十九日)八八〜九七頁。

(2)『貴族院議事速記録第十一號』(昭和十年二月二十六日)一〇一〜一〇五頁。

(3)里見岸雄は、明治三十年(一八九七)三月十七日、《国柱会》の創設者である田中智學の三男として誕生。早稲田大学高等予科を経て同大学哲学科に入学し、宗教哲学を研究。この頃、従姉の里見千代子と結婚したため、里見と改姓。大正十一年(一九二二)五月から大正十三年九月にかけて英独仏に遊学。帰国後、兵庫県武庫郡西宮町に《里見日本文化研究所》(現在の《里見日本文化学研究所》)を創設。『国体に対する疑惑』(昭和三年四月)、『天皇とプロレタリア』(昭和四年十一月)で世の注目を浴びる。その後、憲法学の研究に従事し、『国体法の研究』(昭和十三年三月)で立命館大学より博士号を授与される。昭和十七(一九四二)年四月からは、同大学に新設された国体学科の主任教授となる。敗戦後の昭和二十二年六月に公職追放処分。処分解除後も健筆を振るう。また、昭和三十一年十一月に《立正教団》を結成した。昭和四十九年四月十八日に逝去。

「科学的国体論」については金子宗德「日蓮主義的国体論の成立と展開—里見岸雄を中心に—」（野田裕之編『保守主義とは何か』ナカニシヤ出版、二〇一〇年）二〇五〜二一七頁参照。
(4)『里見日記』（昭和十年二月二十六日）（里見日本文化学研究所蔵）。
(5)『里見日記』（昭和十年三月三日）（里見日本文化学研究所蔵）。
(6)『里見日記』（昭和十年三月四日）（里見日本文化学研究所蔵）。
(7)『里見日記』（昭和十年三月五日）（里見日本文化学研究所蔵）。
(8)里見岸雄「天皇機関説の検討」（『社会と国体』昭和十年三月臨時号）二〜三頁。
(9)同右、八頁。
(10)同右、九〜一〇頁。
(11)同右、一一〜一二頁。
(12)同右、一二頁。
(13)天台智顗『摩訶止観』の一節。「権ハ是レ権謀、暫ク用いテ還ツテ廢ス。實ハ是レ實録、究竟シテ歸スベキ旨ナリ」…「権は臨機応変の謀であり、暫く用いた後は（実に）還って廃される。実は真実を記したものであり、最終的に立ち帰るべき宗旨である」。
(14)「権ありて然る後に軽重を知り、度ありて然る後に長短を知る。」…「権（分銅）があるからこそ軽重が分かり、度（物差し）があるからこそ長短が分かる」。
(15)前掲里見「天皇機関説の検討」一三〜一四頁。
(16)同右、一六頁。
(17)同右、一七〜一八頁。
(18)同右、二〇頁。
(19)同右、二三頁。
(20)同右、二三頁。
(21)同右、二三頁。
(22)同右、二七〜二八頁。
(23)同右、二八頁。

(24)同右、三四頁。
(25)『社会と国体』昭和十年五月号、裏表紙掲載の広告。
(26)里見岸雄『闘魂風雪七十年』(錦正社、昭和四十年)二九七頁。
(27)「『天皇機関説の検討』に対する各方面の反響(一)」(『社会と国体』昭和十年四月号)三六〜三七頁。
(28)「『天皇機関説の検討』に対する各方面の反響(二)」(『社会と国体』昭和十年五月号)三六頁。
(29)西田宗継「憲法正解学術講演会の記」(『社会と国体』昭和十年六月号)四一〜四六頁。
(30)里見岸雄「天皇機関説問題知見補遺」(『社会と国体』昭和十年六月号)三頁。
(31)同右、三〜四頁。
(32)同右、四〜五頁。
(33)同右、五〜七頁。
(34)同右、九頁。
(35)同右、一三〜一七頁。
(36)同右、一八〜二〇頁。
(37)里見岸雄「美濃部博士の学的態度を評す」(『社会と国体』昭和十年六月号)二一〜二四頁。
(38)里見岸雄「国体明徴の具体的方法」(『社会と国体』昭和十年九月号)二〜七頁。
(39)同右、九頁。
(40)同右、九頁。
(41)里見岸雄「大学の国体学講座」(『社会と国体』昭和十年十月号)一頁。
(42)里見岸雄「機関説撃つべくんば主体説共に撃つべし」(『社会と国体』昭和十年十一月号)四頁。
(43)同右、六頁。
(44)同右、四頁。
(45)同右、七頁。
(46)里見岸雄「日本国体学会に就て同志に告ぐ」(『社会と国体』昭和十一年三月号)四八頁。
(47)同右、四九頁。
(48)同右、四九〜五〇頁。

国体明徴運動と憲法学者

小川原正道

一　はじめに

平成十八年（二〇〇六）十二月、共同通信は「一九三五年　天皇機関説学者一九人に圧力　文部省思想局が学説の変更強要　米議会図書館に秘密文書」と題するスクープ記事を配信した。その内容は、以下のようなものである。

【ワシントン＝共同】日本で軍部ファシズムの台頭につながった一九三五年の「天皇機関説事件」をめぐり、文部省思想局（当時、以下同）が憲法学者ら十九人を「速急の処置が必要」など三段階に分類、機関説の修正に応じない場合は講義を担当させないなどの報復措置を警告し、学説の変更を強要していたことが十六日、分かった。思想局の秘密文書が米議会図書館に保管されていた。／事件から七十年余。政府が学者を個別に攻撃、転向を迫る徹底した思想統制の過程が個人名や具体例とともに判明した。／複数の専門家は、文部省による具体的な圧力の実態を記した文書が確認されたのは初めてだとしている。／文書は、米国が終戦直後に日本で接収した「各大学における憲法学説調査に関する文書」で、計約四百五十ページ。／それによると、思想局は天皇機関説排撃の気運が三五年前半に高まったことを受けて憲法学説を本格調査。機関説を支持する度合いに応じ、十九人の学者を「速急の処置が必要」「厳重な注意が必要」「注意を与えることが必要」の三段階に分類。その上で著書の改訂や絶版を求め、従わない場合は（1）著書発禁や憲法講義の担当解任（2）講義休講―などの報復措置を取ることを決定した。／（1）には機関説事件に絡んで貴族院議員を辞職する美濃部達吉・東京帝大名誉教授の弟子、宮沢俊義・同大教授らが（2）には佐々木惣一・立命館大教授らが該当。対象となった学者は講義内容を変更、著書三十冊以上が絶版に追い込まれた。／文書によると、一部の学者は「拙著憲法原論は根本的に修正しつつ講義を進めている」などとした上申書を提出した。／美濃部氏が唱えた天皇機関説は「国の統治権の主体は国家にあり、天皇は国家を代表する機関」とする学説。当初は政府も容認していたが、三五年二月に一部議員が議会で攻撃。右翼団体が排撃運動を進めた。美濃部氏が十九人の中に入っていないのは、既に著書発禁などの処分対象になっていたためとみられる。[1]〔／は改行を示す〕

取材を受けた粟屋憲太郎氏は、天皇機関説をめぐる思想統制に関しては旧内務省の文書のみが知られており、文部省の統制を示す文書はこれがはじめてであるとコメントし、「今回の文書は思想弾圧が左翼以外にも拡大していくさまを権力の内側から明らかにしている。極めて重要な史料で、権力が行う思想統制の濃密さを伝えている。教授会や大学当局も文部省に協力し、大学の内部崩壊が起きていったことも読み取れる」と述べている。[2]また、常石敬一氏は「国家権力が学説変更を迫る際のすさまじさを実感した。手法が徹底的なのに対し、研究者はひ弱。日本の現状を考えると、身につまされる問題だ」と述べ、立花隆氏は、「ほとんどの憲法学者が美濃部達吉の説に従って教えていたのに、(天皇機関説事件の後は)一斉にくるっと転向してしまう。いくら社会の空気が変化し、時代の流れががらっと変わったとはいえ、もうちょっと抵抗のしようがなかったのかと思っていたが、転向の理由がこの資料でやっと分かった。大学の事務当局まで使ってものすごいプレッシャーを大学教員にかけており、裏で文部省がいかに強力に動いたのかがよく分かる。これまでどおりの講義を続けることができず、(従わない場合は)職を失うなど、教員が逆らいようがない仕掛けを作っている。驚いた。なるほど、ここまでやるのかと。国家権力というのはやはりすごいことをするものだ」とコメントしている。[3]水島朝穂氏は「大学や旧文部省の罫紙に記された資料を眺めていると、天皇機関説事件以降の、大学や憲法学者の寒々とした状況が伝わってくる。「機関」という用語を使わないと誓約した憲法学者は、どのように憲法の講義を行ったのだろうか。…かつての憲法担当教授たちの姿も、この国の立憲主義が崩壊していく中での「先駆け」だったのかもしれない。さまざまな意味で「今日的」な資料の発見といえよう」[4]と述べている。

この「各大学に於ける憲法学説調査に関する文書」が国体明徴声明をめぐる一連の政治過程において重要な意味を持つことはいうまでもない。これまで本文書については、常石敬一氏がブログで若干の紹介を行っているほか、[5]水島朝穂氏もブログでやや詳細に解説を加えており、[6]論文のなかでも言及している。[7]川村肇氏も論文のなかで若干の考察を行い、関西学院大学教授の中島重の事例について検討している。[8]中島重の事例については、長岡徹氏も本文書を用いて詳しい分析を加えている。[9]筆者も慶應義塾大学教授の浅井清の事例について、本文書を使って考察した。[10]本文書については、荻野富士夫編『文部省思想統制関係資料集成』第八巻(不二出版、平成二十年）に、ほぼすべてが収められており、荻野氏が簡潔な解説を付している。[11]しかしながら、文書全体の分析はまだ十分に行われておらず、長岡氏も「文書の全体を紹介するのは別稿を用意する」[12]としているが、その別稿はまだ発表されていないようである。そこで筆者は、米国連邦議会図書館で同資料をすべて撮影し、本稿において全体像を詳しく検討するとともに、問題となった憲法学者の著作などについても考察していきたいと思う。

二　各大学における憲法学説調査

今回発見された文書は、表紙に「各大学ニ於ケル憲法学説調査ニ関スル文書　文部省思想局」とあり、「保存」と「秘」の朱印が押されている。冒頭に、「内閣声明」として、「統治権ガ　天皇ニ存セズシテ　天皇ハ之ヲ行使スル為ノ機関ナリト為スガ如キハ、是レ全ク万邦無比ナル我ガ国体ノ本義ヲ愆ルモノナリ」とする昭和十年（一九三五）八月三日付の声明と、「天皇ハ国家ノ機関ナリトナスカ如キ所謂天皇機関説ハ神聖ナル我国体ニ戻リ其本義ヲ愆ルノ甚シキモノニシテ厳ニ之ヲ芟除セサルヘカラス」とした同年十月十五日の声明が掲載されている。[13]その前の同年四月十日には、文部大臣が全国の各地方長官、大学・専門学校・高等学校の各長宛てに訓令第四号を発し、国体明徴の徹底をはかっていた。「国体ノ本義」を明徴にし、これに基づいて「教育ノ刷新ト振作」を図り、「民心」の向かう方向を明らかにするのが文教上「喫緊ノ要務」であるとするものであった。松田源治・文部大臣はさっそく大学総長、学長に内意を示し、大学側の諒解を得て、中央大学、東京商大での美濃部達吉の講義を休講とした。[14]同年九月二十五日、文部省は「国体明徴に関する各庁の施設」[15]と題する資料を作成し、機関説学説について、各大学で調査し、講師の選任、講座の変更、講義内容の改善などの処置を施すこととなった。[16]本文書は、この訓令と内意、処置に基づいて作成されたものと思われる。

（1）関西学院大学

本文書で最初に取り上げられているのは関西学院大学教授の中島重であった。同年八月十日付の「秘」文書によると、中島は法文学部と商経学部で憲法講義を担当しており、同年四月上旬に神戸地裁の検事からベーツ学長宛に書面で「中島教授ハ機関説ナリヤイナヤノ照会」があり、学長が糺したところ中島は「機関説ヲ奉ズト明言シ」、検事に伝えてもらっても構わない、「学説ニ殉ズルハ本懐ナリ」とのことであった。大学内でも進退について検討が重ねられ、文部省からの指示を待つ形となった。その後、中島は主張を転換し、「爾今機関説ハ講義セザルコトニ致シタリ」とのことで、「改説」「枉説」したのではないが、「自省シテ機関説ハ之ヲ説カズトノ謂ナルベシ」とのことであった。これに対し文部省専門学務局長は、機関説を説かないのは結構だが、「根本思想」が重要であり、「其ノ根本ヲ改メザルニ於テハ無意味」であり、大学において慎重に審査してほしいと指示があった。専門学務局長は、中島の著書は「発売禁止」となっており、学者としては地位を退くのが「必然ノ結果」ではないかともコメントしている。大学側は九月早々に学内において調査・協議をなし、「幾分ニテモ危険アラバ」、担当を憲法以外に変更するか退職させるか二者択一にするという結論を下した(17)。

同年十月二十八日付報告書によると、中島はベーツ学長に対し、「国体明徴ニ関スル政府ノ第二次声明発表後ハ自分モ観念シマシタ、今後ノコトハ決シテ御心配ニハ及ビマセヌ」、旨の申し出を行ったといい、その旨大学学監が文部省を訪れ、専門学務局長に報告した。文部省は中島の講義要綱を入手して分析しているが、そこでは「天皇は統治権の主体である」「天皇と国家は同一である」、国家は天皇によって「具体的表現を得る」といった記述に赤線が引かれている(18)。

（2）同志社大学

続いてやり玉に挙がったのは、同志社大学助教授の田畑忍である。法学部、専門学校法経部、高等商業学校で憲法を担当していた。田畑は同年三月、高等商業学校長に対し、「今後機関ノ語句ヲ使用スル等誤解ヲ招クベキ説明ハ一切之ヲ避クベシ」と申し出、法学部、専門学校に対しても同様の措置をとった。著書『帝国憲法逐条要義』は発売禁止の恐れがあると聞き、田畑は同年三月頃、改訂の意思を言明したという。これに対して専門学務局長は、語句を変更しても内容が伴わなければ無意味だとして、現在の講義内容を十分研究するよう命じ、発禁処分が下れば在職するのは困難であり、講義内容を一変するのも学者として至難であるとして、「調査協議」の結果を待つという。同年八月九日、文部省との窓口を務めていた同志社大学の鷲尾健治は専門学務局長に対し、田畑自身によれば講義内容を一新し、「別段遺憾ノ点ナシ」、講義原稿は「本省ノ意ノ在ル処ヲ体シ遺漏ナク改訂スベシトノコトナリ」。『帝国憲法逐条要義』についても書店と打ち合わせの上絶版にすることになったという。「詔勅非議」についての自覚はなく、一応美濃部説を遵奉したまでで、「今ヤ其ノ非ヲ悟レリト」。これらの事情により、「一応現状ノ儘将来ノ推移ヲ注視スベシト」いうことになった(19)。

(3) 早稲田大学

次に、同年八月十七日に早稲田大学の中村芳雄から文部省が聴取した内容が、「秘」印を押された文書にまとめられている。早稲田では、学部および専門部で野村淳治、中野登美雄、中村弥三次の三名が憲法を担当していたが、専門学務局長は野村の著書について、「相当機関説ノ色彩ヲ備ヘ」ており、講義内容を至急調査するよう命じ、中野については「昭和十年度早大プリント」は「其ノ内容遺憾ノ点少カラズ」として、野村と同様講義内容を調査するよう命じた。中村については留意する程度にとどめている(20)。

その後同年十月に早稲田大学が思想課長に報告したところでは、野村の講義の内容は「何等不穏ノ点ナシト認メラレ」るとし、中野については、目下自己の憲法学説の要旨をとりまとめ中であり、発刊後、当局に提出するという。大学当局としては、講義内容を調査したところ、「何等不穏当ナル点ナシト認メラル」としている。中村に

関しては、機関説を排撃し、「天皇即国家」なること、「詔勅非議」の如きは不可であることを述べているという。(21)

(4) 明治大学

同年十月七日、明治大学教務課長水越順作から文部省は以下の内容を聴取した。同年四月に専門部で憲法を担当していた宮澤俊義から「時節柄自発的辞退」したい旨の申し出があり、一時法学部と政経学部で憲法を担当している野村淳治を後任に据えようとしたが、「熟慮ノ結果之モ時節柄取止メ」た。野村の憲法学説に問題があることは承知しているが、本人から自発的に講義では「機関」なる語を別名に代え、「時勢」に鑑みて「自省」し、従来の説を改めて講義することを言明したという。このため教授会は本年度の講義を依頼することとなったが、問題となる箇所についてはノートなどによってさらに調査報告するとしている。夜学専門部で憲法を担当していた竹内雄教授は、すでに機関説を改め、天皇は統治権の主体たる立場に立って講義しているという。専門部で憲法を担当していた野村信孝講師は官吏であり、すでに従来の所説を改訂し講義しているとのことであった。(22)

(5) 東京帝国大学

同年十一月十八日、東大当局から文部省に以下の口頭報告があった。東大では国体明徴に関する文部大臣の訓令を受け、その趣旨の徹底をはかっていたが、宮澤俊義教授は文部大臣の訓令を受け、「従来ノ講義案ヲ変更シ訓令ノ趣旨ニ副フ様努メタリ」。大学当局としては、総長、法学部長以下、政府の訓令通牒についてその趣旨を遵奉し、徹底する方針であるという。野村淳治教授についても大学は同様の方針を執り、「今日迄ニ既ニ改善セラレ居ルモノト考フル」としており、今後問題があれば改めるとしている。(23)

続いて文書は、「憲法関係著書ニシテ発禁、改訂、絶版トナリタルモノ」と題する別表を掲載し、「極秘」印を押している。別表は表1の通りである。十七名、三十八冊が発禁または絶版となっているのがわかる。

関西方面では、京都帝国大学が取り調べの窓口になっていたようであり、文書には、同大学学生課から思想局

表1　憲法関係著書ニシテ発禁、改訂、絶版トナリタルモノ

著者	書名	発行年月日	処置
美濃部達吉	憲法撮要		発売禁止
	逐条憲法精義		同
	日本憲法の基本主義		同
	現代憲政評論（改訂）	9. 10. 25	改訂
	議会政治の検討	9. 5. 3	同
田畑忍	帝国憲法逐条要義	9. 4. 20	絶版
森口繁治	帝国憲法（昭和九年度プリント）		同
	憲政の原理と其の運用	6. 9. 30	同
	憲法学原理総論	9. 7. 25	同
中島重	日本憲法論	2. 10. 5	同
	日本憲法講義（昭和九年度プリント）		同
副島義一	日本帝国憲法論	10. 4、5、6（早大出版部）	
	日本帝国憲法要論	大正15. 9. 10	同
	日本帝国憲法講話	3. 4. 15	同
吉田一枝	日本憲法講義案	9. 10. 5	同
渡辺宗太郎	憲法（昭和九年度プリント）		同
宮澤俊義	憲法講義案（昭和九年度プリント）		同
	最新増訂帝国憲法論	10. 1. 1	同
浅井清	日本憲法講話	9. 4. 5	同
	憲法学概論	3. 9. 26	同
	法学的国家論	5. 9. 5	同
野村淳治	憲法提要上巻	9. 5. 5	同
	国法学（日本憲法）	10. 9. 10	同
市村光恵	帝国憲法論	大正11. 4. 15	同
	憲法精理	大正14. 7. 15	同
竹内雄	憲法原論	9. 11. 28	同
藤井新一	日本憲法論	6. 10. 10	同
	日本比較憲法論	9. 9. 25	同
佐々木惣一	日本憲法要論	8. 12. 30	同
野村信孝	憲法大綱	8. 5. 20	同
清水澄	憲法要覧		同
	憲法模範解答		同
鳥飼善士	憲法答案構成要領		同
	帝国憲法口頭解議		同
	帝国憲法講話		同
	帝国憲法口述要領		同
	帝国憲法解領	文臣社発行	同
	帝国憲法便覧		同

出典：「各大学ニ於ケル憲法学説調査ニ関スル文書」（米国連邦議会図書館蔵）

思想課・松下寛一への報告書簡が多数収録されている。たとえば同年十一月十六日付書簡では、同志社大学の田畑について、「最近学長に対し「今後は天皇統治権の主体たる立場に依り講義スベキニ付御安心アリタシ」と申出あり」としている。関西学院大学の中島についても、最近学長に対して、「今後ハ政府ノ声明通リ統治権ノ主体ハ天皇タル」立場で講義すべきであるとし、心配は要らないとの申し出があったとしている。立命館大学の佐々木惣一学長に関しては、同年十一月十六日付の報告で、関西大学学長の仁保亀松が同大学における「憲法ハ変更セラレザルヤ」と問うたところ、佐々木は「自己ノ憲法ハ表現上正当ナリト信ズ」と回答し、仁保学長が政府声明に反して学説を主張するなら学校として教授を委嘱できない、「辞シテ貰フ」と迫ると、佐々木は「ソレデハ致方ナシ、天皇ヲ統治権ノ主体タル速ヤカニテ講義スベシ」と応じたという[24]。

（6）関西大学

関西大学については、同年十一月十八日付の報告によると、吉田一枝教授が従来機関説であったが、政府声明を受け自己の学説を吟味した結果、統治権の主体は天皇である建前をもって「憲法論ヲ訂正シ現在ハムシロ右翼化セル」状況であり、心配はいらないという。佐々木についても学長が「自説ヲ固守サル、ナラ本学ニ於テ教授サル、コトヲ遠慮ヲ乞フ外ナシ」と追及したところ、学長の意を「了解シ居ルト思ハレ決シテ心配セル要ナシトノコトナリ」と伝えている[25]。

（7）立教大学

立教大学の学部と予科で憲法を担当していた中村進午については、「機関説ニ反対シテ統治権ノ主体ハ天皇ナル趣旨ノ講義」を行っており、学生のノートでも裏付けられていると、同年十一月七日付けで教務課長より報告されている[26]。

（8）専修大学

同年十一月八日教務課長の報告によると、専修大学では森山鋭一が憲法を担当していたが、「学校当局ノ方針トシテ機関説ハ講義サセズ主体説ノ講義ヲナササシム」とのことで、「右ノ方針」を理事者から通達したという。(27)

三　各憲法学者に対する調査

この後、「改訂済ノモノ」として、吉田一枝、浅井清、中野登美雄、野村信孝の改訂内容が列記され、続いて「調査ヲ要スルモノ」として、宮澤俊義、佐々木惣一、竹内雄などが列挙されており、さらに「注意ヲ要スルモノ」として野村淳治、中島重、田畑忍、などが挙げられた。この後、宮澤俊義、野村淳治、中野登美雄、藤井新一、浅井清、渡辺宗太郎、(28)竹内雄、野村信孝、吉田一枝、中島重、田畑忍、佐々木惣一、の天皇機関説などが詳しく分析されている。この結果として、以下の通りの結論が下された。(29)

一、早急ノ処置ヲ要スルト認ムルモノ
1著書又ハ講義ノ内容ノ絶版、改訂ヲ要求シ受諾セザル場合ハ著書ノ禁止ヲ考慮セラルベキコト
2憲法講義ヲ担当セシメザルコト
中島重（関西学院大）著書絶版
田畑忍（同志社大）
森口繁治（学校関係ナシ）
野村淳治（早大、明大）東大ニテ国法学、行政法担任
宮澤俊義(30)（東大）講義案、プリント改訂セル由

浅井清（慶大）憲法学概論、日本憲法講話絶版
中野登美雄（早大）
副島義一（学校関係ナシ）
二、厳重ナル注意ヲ与フルヲ要スト認ムルモノ
1著書並ニ講義ノ内容ノ絶版、改訂ヲ要求スルコト
2右ヲ受諾セザル場合ハ憲法講義ヲ止メシメ又ハ休講セシムルコト
佐々木惣一（立命館大）
野村信孝（明大、専大）著書改訂
竹内雄（明大）
藤井新一（早大、日大）比較憲法担任
渡辺宋太郎（京大）憲法講座ヲ免ゼラレ行政法担任
河村又介（九大）改説ノ真相調査
吉田一枝（関西大）
中村進午（立大、日大、拓大、上智大）
三、左ノ点ニ付注意ヲ与フルヲ要スト認ムルモノ
1機関ナル語ヲ使用セシメコト
2不適当ナル箇所ヲ改メシメ将来ヲ誓約セシムルコト
西川一男（國大）
志田鉀太郎（立正大）

田上穣治（東京商大専門部）

文部省の調査・圧迫は執拗に続けられ、「一、改説ノ真相ヲ調査スルコト」（河村又介）、「一、立命館大ノ憲法講義ノ実情ヲ調査スルコト　二、著書ヲ更ニ調査スルコト」（佐々木惣一）、「一、機関説ヲ改メシムルコト　二、講義ヲ調査シ副署拒否其他不穏ノ点ヲ注意スルコト」（藤井新一）、「一、憲法講義ノ実情特ニ機関説ノ点ヲ調査スルコト　二、詔勅非議等不穏ノ点ヲ注意スルコト」（中村進午）、「一、憲法講義ノ実情ヲ調査スルコト　二、詔勅非議等不穏ノ点ハ注意スルコト」（吉田一枝）、「一、憲法講義ノ実情ヲ調査スルコト」（竹内雄）、「一、講義ニ機関ノ語ヲ使用セラルヤ否ヤソノ実情ヲ調査シ必要ナラバ注意スルコト」（志田鉀太郎）、「一、著書ノ絶版ハ自発的ナリヤ又其ノ年月ヲ調査スルコト　二、法理学其ノ他ノ著書ヲ更ニ調査スルコト」（中島重）、「一、憲法講義ノ実情ヲ調査シ講義ヲ行ヒ居ルナラ止メシムルコト」（田畑忍）、「一、早大、明大ノ憲法講義ヲ止メシムルコト、二、国法学ノ著書内実ヲ調査スルコト」（野村淳治）、「一、改説セル実情ヲ調査スルコト　二、講義案、プリント等ノ改訂ノ実情ヲ調査スルコト」（宮澤俊義）、「一、他ノ著書ヲ調査シ当憲法講義ハ止メシムルコト」（浅井清）、「一、機関説及不穏当ト認ムル点ヲ改訂セシムルコト　二、改訂セザル場合ハ憲法講義ヲ止メシムルコト」（中野登美雄）、などと注意がなされている。機関説からの転換を確認・注意し、まだ転換していない場合はこれを改訂させ、改訂しない場合には憲法講義を差し止められたのがわかる。無条件で講義を停止させられた者もいる。(31)

こうした圧力を受けて、憲法学説を改訂する学者たちも現れるようになってくる。明治大学の竹内雄は「一、憲法講義ノ実情ヲ調査スルコト」とされていたが、明治大学が調査の上、昭和十年（一九三五）十月四日付で竹内の「憲法講義の根本的立場」と題する報告書を提出している。竹内はここで、「天皇が国家の機関として意思

表２　帝大官公私大ニ於ケル憲法講座ノ現況

学校名	担当者氏名	地位	学説要点	備考
帝国大学				
東京帝国大学	宮澤俊義	教授	講義案改訂	農学部ハ入江俊郎（法制局参事官）
京都帝国大学	黒田覚	教授	機関説ニ非ズ。	
東北帝国大学	佐藤丑次郎	教授	主体説。	
九州帝国大学	河村又介	教授	改説	
官立大学				
東京商科大学				休講。九年度美濃部達吉
神戸商業大学				休講。九年度佐々木惣一
公立大学				
大阪商科大学				九年度森口繁治
私立大学				
慶應義塾大学	山崎又次郎	教授	主体説	法学部政治学科。経済学部。
	浅井清	教授	著書絶版。	法学部法律学科。高等部。
早稲田大学	中村弥三次	教授	主体説	学部附属専門学校。美濃部後任。
	中野登美雄	教授	論文ニテ改説、本省ヨリ注意	専門部。
	野村淳治	講師	著書絶版、本省ヨリ注意	学部。
明治大学	野村淳治	講師	著書絶版。	学部。
	竹内雄	教授	改正。	専門部。
	野村信孝	講師	著書改訂。	専門部。
	弓家七郎	講師		学部。比較憲法。
法政大学	筧克彦	教授	主体説。	学部。専門部。
	佐山励一	講師	主体説。	高等師範部（夜間）東京市嘱託法学士。
	山崎又次郎	講師	主体説。	専門部。（夜間）
中央大学	／			九年度講師美濃部達吉（十年三月辞職）。 十年度講師宮沢俊義休講。
日本大学	森山鋭一	講師	佐藤丑二郎、金森往次郎ノ著書ヲ参考書ニ用フ。	学部。専門部。
	入江俊郎	講師		専門部。高等師範部。
國學院大學	沢田五郎	講師	主体説	神道部。
	西川一男	講師		学部。
	筧克彦	教授	主体説	高等師範部。（九年度阿部国治）
同志社大学	田畑忍	助教授	著書絶版、本省ヨリ注意	
大谷大学	／			九年度渡辺宋太郎（嘱託教授）学部ニテ法学担当。
専修大学	森山鋭一	講師		学部。
	野村信孝	講師	著書改訂	専門部
立教大学	中村進午	講師	改正	学部
立命館大学	佐々木惣一	学長、教授		法経学部。講師森口繁治（十年三月辞職）ノ後任。
	磯崎辰五郎	教授		専門部。
関西大学	吉田一枝	教授	講義案ヲ改訂、絶版ス。	学部。講師森口繁治十年三月辞職。
拓殖大学	沢田五郎	講師	主体説	学部
立正大学	志田鉀太郎	教授		本年度ハ行政法（学部） 憲法ト行政法ヲ一年毎ニ交互ニヤル。
駒澤大学	蜷川新	教授		学部
東京農業大学	／			教授沢田五郎学部法学担当。
上智大学	中村進午	教授	改正	学部。講師宮沢俊義ハ休講。
	新藤得	講師		専門部。
関西学院大学	中島重	教授	著書絶版、本省ヨリ注意。	

出典：「各大学ニ於ケル憲法学説調査ニ関スル文書」（米国連邦議会図書館蔵）

決定をなされるのではなく、天皇が統治権主体としてその意思を決定せられることが其儘国家の意思となる」と述べ、この通り「拙著憲法原論は根本的に修正しつゝ講義を進めて居る」と記している。[32]

同年九月二十六日に慶應義塾大学の担当者・増田卯之助が文部省を訪問して報告したところでは、同大学では、山崎又次郎が法学部政治学科、経済学部で憲法学を担当しており、[33] 浅井清が法学部法律学科、高等部（九月より休講）で憲法学を担当していた。問題となったのは先述の通り浅井の方で、浅井は大学の増田に対し、「御はなしの件大要の如く御答へ乞ふ」として、「統治権の意義及其帰属」について、「此点は既に八月の声明後に於ては疑義なし。統治権は元首が人及物に対する絶対的支配権にして其帰属（統治権の主体）が天皇にありと解する可きこと当然なり」、「従来の意義における国家法人説は最早採用する能はず是れ機関説を放棄せる当然の結果なる可し」と述べている。[34]

こうした圧力の経過をふくめた、当時の帝国大学、官立大学、公立大学、私立大学に置ける憲法講座の状況をまとめたのが、本文書に含まれている「帝大官公私大ニ於ケル憲法講座ノ現況」（表2）である。文部省からの注意下にいる人物もいるが、主体説をとって問題とされていない憲法学者も少なくなかったことがわかる。[35] 文部省は各大学の学生課などを通じて問題となっている憲法学者の著書や講義ノートなどを取り寄せ、機関説にあたるか否か、綿密な調査を行っている。[36] その結果が、上述の処分結果となったわけである。

四　絶版著書の内容

続いて、絶版となった著書を取り上げ、どの部分が問題となったのかを検討してみることにしよう（「各大学に於ける憲法学説調査に関する文書」作成以前に発禁となっていた美濃部達吉の著作は除く）。[37]

まず田畑忍は『帝国憲法逐条要義（増補改訂版）』において、大日本帝国憲法第一条の定める天皇について、「本条に意味するところの天皇とは、統治権総攬者としての、即ち換言すれば統治権を総攬し給ふ国家の最高機関そのものとしての上御一人を指称し奉るものである」と述べ、天皇が国家の最高機関であると解説している。第三条は「天皇の帝国憲法的特権、即ち天皇（最高機関構成者としての）が法上無責任の地位に在し給ふ権利、即ち無答責権乃至神聖不可侵権を宣言してゐるのである」。さらに第四条は、「天皇の国家最高機関としての地位を規定せるものである」としている。(38)

森口繁治は『憲政の原理と其運用』で、立憲君主国家では特定の個人ではなく全体のために政治を行っており、国家は君主の私有物ではないとした上で、次のように述べている。「今日法上国家が法人格を有し、君主が此法人の機関であることになつて居るのは、此事実の関係を、法的思惟に依つて整理し、之を成法化した結果である」。天皇機関説は立憲君主国家から導き出される法的思惟の結果であった。(39)

中島重は『日本憲法論』において、「法律上国家が権利を持ち義務を負ひ、法律上の人格者と考へられるのであるが故に、従つて此行為を担当する個人は国家の機関Organとして考へられる」と機関について説明し、「日本国家に於ては最高機関は天皇である」と明言している。また、「天皇は国家の機関である。国家法人説を採るならば天皇機関説は当然の論理的帰結であつて吾人法人説を採るものには此外に考へ方はないのである」と国家法人説を採る以上、天皇機関説は当然の論理的帰結であり、これ以外の考え方はないと断定している。天皇を機関ではなく統治権の主体であるという学説については、「自然人の交替変更に拘らず統治権の主体たる天皇に変化なく持続して一体を形成して居ることを説明することが出来ない。加之、天皇の下に在る多数の国家機関と国家との関係を説明する途も無いのである」と反論している。(40)

副島義一は『日本帝国憲法論』で、「我国法上ニ於テハ天皇ハ国家最高ノ機関ナリ」と述べた上で、国家には種々の機関があるが、その中に必ず最高の国家機関があり、通常これを「主権者」と呼び、日本においてはこれを「天皇」というとしている。天皇は「随意」に「統治権」を行うことはできず、司法権については裁判所をして行わしめ、立法権については帝国議会の協賛を経なければならないという。(41) 副島は『日本帝国憲法要論』において、同様のことを述べた上で、「機関」なる語に対し異議を挟むものがあるが、それは誤解であり、「機関ハ全部ノ組織ノ中ニ在リテ全部ノ為メニ作用スル一部ト云フ義ナリ。天皇ハ国家ナル団体ノ全部ニアラス一部ナリ…国家ニ於テ最高ノ地位ヲ為ス主脳ナリ」と説明している。(42)『日本帝国憲法講話』においても、国家には種々の機関があり、その作用を統一する最高機関があるが、通常これを「主権者」と呼び、「我が国に於いては天皇が此の主権者たる地位に当る」と述べている。立憲制国家において、君主は統治を総攬する者ではあるが「統治権の主体ではない。国家機関である」とも強調している。機関という語に疑義を挟むものがあるが、これに対しても『日本帝国憲法要論』と同様の反論をしている。(43)

宮澤俊義は、『最新増訂帝国憲法論』で、美濃部・上杉論争を踏まえ、「国家法人説ノ決定的勝利ヲ以テ終リ爾来ソレハ我国デモ通説タルノ地位ヲ得タノデアル」と述べ、その勝利の要因は、国家法人説が統治権の主体を統治者ではなく法人たる国家であると説くことによって、家産国家的ないし絶対君主的思想を克服しようとする自由主義的要請に適合したことにあるという。その上で、国家機関を抽象的法規範によって創設されるもの、具体的な選任行為によって創設されるものとに分け、前者を直接機関、後者を間接機関と呼び、「直接機関ノ例トシテハ世襲的君主ヲ挙ゲ、間接機関ノ例トシテハ官吏ヲ指スコトガ出来ル」と述べた。(44)

浅井清は、『日本憲法講話』において、「天皇は国家の直接機関であって法学上元首と名づくるものである」（傍点原文）としていた。(45)『法学的国家論』も「行政機関は元首を最高として、上級下級の階段を為し、一個の指揮体系（Weisungssystem）を構成して居るのである」と説明している。(46)『憲法学概論』においても、「現今に於ては国家の独立なる法人格が認められ、君主も国民も、共に国家の機関なりとせられて居る」と説いた(47)。

野村淳治は『国法学―日本憲法―』で、「天皇ハ国家顕現人タル地位ニ立ツテ居ラルルノデアル。通帝学者ガ天皇ハ憲法上国家ノ機関タル地位ニ立ツテ居ラルルト云フノハコノコトヲ意味スルノデアル。斯様ナ意味ニ於テ天皇ハ国家顕現人即チ国家ノ機関タル地位ニ立ツテ居ラルルノデアル」と、天皇機関説を採用することを述べている(48)。『憲法提要』上巻では、「国家の最高統治機関たる君主は不可侵権、名誉権及財産権を有せらる」、「立憲君主国に於て君主及議会は絶対的直接機関であり」と述べて、君主を機関とする見解を示し、「国家の最高直接機関といふ語の外に、統治権の總攬者といふ語が往々にして使用せらる。その語の意義に関して種々の意見がある」として、多くの場合において、統治権の総攬者は国家の最高の直接機関と同一の意味に用いられている、と野村自身の見解を示している。野村は、「我国の憲法上国家の最高機関たる地位に立たせらるゝ天皇」とも述べている(49)。

市村光恵は『帝国憲法論』において、「天皇ハ統治権ヲ總攬スル国家最高ノ機関ナリ」と定義し、天皇主体説と天皇機関説とに学説は分かれているが、「今日ノ法律上国家ハ之ヲ統治権ノ主体タル人格ト解セサルヲ得サルカ故ニ…天皇カ統治権ノ主体トシテ之ヲ所持スルモノト解スル能ハス然ラハ機関トシテ其行用ヲ總フルノ意味ニ解スルヨリノ外ナシ」と機関説を採用せざるを得ないと述べている(50)。『憲法精理』においても、「天皇ハ統治権ヲ總攬スル国家最高ノ機関ナリ」とし、「統治権ヲ總攬スト謂フハ国家ノ機関トシテ其ノ行用ヲ總フルノ意ナリ」と説明している(51)。

竹内雄は『憲法原論』において、統治権の総攬者たる天皇の特質について、「統治権の總權者は其国家機関たる地位を固有す。固有すとは他の国家機関の何れよりも継受したものでなく、自己固有の権として有するを云ふ」、「統治権の總攬者は広き権限の推定を受け、憲法が明示的に他の機関を通じて行ふべきこよ（ママ）を定めた以外の

ことは、当然に統治権の總攬者が単独に之を行使し得べき推定を受くるのである」と述べている。(52)

藤井新一は『日本比較憲法論』で、「天皇は国家最高の機関たるの地位を有せらるるものである」と明言している。立法権の行使は原則として議会の協賛を、国務に関する詔勅は国務大臣の副署を要するものの、天皇はその裁可を拒否でき、「故に憲法が他の機関に委任したることに付ても、天皇の大権によつて之を左右し得ることがある」としている。(53)『日本憲法論―並ニ英国・米国・独逸憲法論―』においても、「天皇ハ国家最高ノ機関タルノ地位ヲ有セラルルモノデアル、国家ニハ種々ノ機関ガアルガ此ノ機関ノ作用ヲ統一セラルルモノハ天皇デアル」と述べている。(54)

佐々木惣一は『日本憲法要論』において、「天皇ハ我国家ヲ表現シタマフガ故ニ我国家ノ機関ナリ」と述べ、「国家ノ機関ナリトスルコトヲ目シテ通俗ニ所謂器具、道具等トスルモノナリトシテ非難スルガ如キハ、全ク法理ノ論ニ非ザルナリ」と天皇機関説に対する批判を退けて、天皇が国家機関であるとすることは日本を「民主国」とすることではなく、君主国か民主国かは統治権総攬者が誰かによって定まり、その総攬者は常に「国家ノ機関」であると主張した。佐々木の立場は、「天皇国家ノ機関ナリトスルコトヲ目シテ我国ヲ民主国トスルモノナリト非難スルガ如キハ法理ヲ誤解セルモノナリ」というものであった。(55)

野村信孝は『改訂憲法大綱』で、「天皇ノ地位ヲ指シテ統治権ノ總攬者又ハ最高機関ト謂フ」と述べて天皇機関説を採用する。学者の中には天皇を最高機関とすることに反対し、「天皇ハ統治権ノ主体ナリ」と主張する一派がいるとして、上杉慎吉などを挙げ、以下の三点から反論を唱えている。第一、国家の公事と天皇の私事とを区別できず、このため皇位継承は権利の継承となる。第二、特定の天皇の活動が後の天皇を拘束する理由を説明できない。第三、国家各般の制度の批判は直に天皇の批評となり、不敬となる。(56)

五　むすび

以上の考察から、絶版となった著作はいずれも、天皇機関説を明確に主張しているものであることが確認された。文部省もそのことを確信し、絶版という処置に出たのである。文部省は絶版や憲法講義の停止などの処分を下すにあたり、大学当局と綿密に連携を取り、著作や講義筆記ノートなどを入手して詳細な検証を行った。大学当局は文部省にきわめて協力的であり、「問題」のある憲法学者に対して圧力をかけた。

粟屋憲太郎氏が指摘している通り、思想弾圧は左翼以外にも拡大していったのであり[57]、本文書はその濃密さをよく伝えている。大学の内部崩壊、とまで言い切れるかはわからないが、大学の自治、といったものが机上の空論に過ぎなかったことは事実であろう。機関説論者の多くが自説を転換し、天皇主体説に「転向」していったが、立花隆氏の指摘通り、その背後には文部省や大学が機関説講義を許さず、職を奪う可能性を示唆するなど、「権力」を最大限行使していた。冒頭で紹介した関西学院大学の中島重のように、当初は機関説を枉げないことをもって堂々としていたものが、政府、文部省、大学のプレッシャーのもと「観念シマシタ」となっていく道程は、当時の憲法学者の苦悩を典型的に物語っている。高等文官任用試験の憲法学担当試験委員の委嘱にも影響は及び、機関説学者を排除、宮澤俊義、渡辺宗太郎、野村淳治などが除かれた[58]。かくして大学界からは美濃部達吉流の天皇機関説は一掃され、天皇主体説が横行していったのである。

註

（1）『東京新聞』平成十八年十二月十七日付朝刊。

(2)『中国新聞』平成十八年十二月十七日付朝刊。
(3)同右。
(4)『熊本日日新聞』平成十八年十二月十七日付朝刊。
(5)常石敬一「調査の性質上私文書—行政指導—」(http://tsune-3.cocolog-nifty.com/non_title/2006/12/index.html、平成三十年四月三日閲覧)。
(6)水島朝穂「憲法研究者の「一分」とは(その1)」(http://www.asaho.com/jpn/bkno/2007/0101.html、平成三十年三月二十八日閲覧)、同「憲法研究者の「一分」とは(その2・完)」(http://www.asaho.com/jpn/bkno/2007/0108.html、平成三十年三月二十九日閲覧)、同「再び、憲法研究者の「一分」を語る—天皇機関説事件八十周年に—」(http://www.asaho.com/jpn/bkno/2015/0518.html、平成三十年三月二十八日閲覧)。
(7)水島朝穂「憲法研究者の研究・教育の自由—天皇機関説事件八十周年—」(全国憲法研究会編『日本国憲法の継承と発展』三省堂、平成二十七年)三〇八~三一五頁。
(8)川村肇「天皇機関説事件と学問統制」(駒込武・川村肇・奈須恵子編『戦時下学問の統制と動員—日本諸学振興委員会の研究—』東京大学出版会、平成二十三年)三七~四五頁。
(9)長岡徹「天皇機関説事件と関西学院」(『関西学院史紀要』第一八号、平成二十四年三月)。また、同志社大学の田畑忍の事例について、駒込武「戦時同志社史再考—帝国史の視点から—」(『キリスト教社会問題研究』第六二号、平成二十五年十二月)一二五頁に若干の言及がある。
(10)小川原正道『福沢諭吉—「官」との闘い—』(文藝春秋、平成二十三年)一五六~一五七頁。
(11)萩野富士夫「解説」(萩野富士夫編『文部省思想統制関係資料集成』第八巻、不二出版、平成二十年)六~七頁。
(12)前掲長岡「天皇機関説事件と関西学院」八頁。
(13)「各大学ニ於ケル憲法学説調査ニ関スル文書」(米国連邦議会図書館蔵)。なお、本資料からの引用にあたっては、旧字体を新字体に改めた。資料のタイトルも同様である。
(14)小野雅章「国体明徴運動と教育政策」(『教育学雑誌:日本大学教育学会紀要』第三三号、平成十一年三月)四五~四七頁。
(15)「国体明徴に関する各庁の施設」(国立公文書館蔵)。同資料については、荻野富士夫『戦前文部省の治安機能—「思想統制」から「教学錬成」へ—』(校倉書房、平成十九年)一六六~一七四頁、参照。
(16)前掲萩野「解説」六頁。

(17)前掲「各大学ニ於ケル憲法学説調査ニ関スル文書」。
(18)同右。中島に対する調査、処分、その思想的変遷などについては、前掲「天皇機関説事件と関西学院」および前掲「天皇機関説事件と学問統制」に詳しい。
(19)前掲「各大学ニ於ケル憲法学説調査ニ関スル文書」。
(20)同右。
(21)同右。
(22)同右。
(23)同右。
(24)同右。
(25)同右。
(26)同右。
(27)同右。
(28)同右。
(29)同右。
(30)もっとも宮澤は憲法講義を停止されることなく、東京帝大法学部・経済学部で従前通り、誰からも何も言われることなく講義を続けたという（前掲小野「国体明徴運動と教育政策」六〇頁）。
(31)前掲「各大学ニ於ケル憲法学説調査ニ関スル文書」。
(32)同右。
(33)山崎は「ナチス憲法学者」といわれ、水交社で海軍洋々会主催の講演を行い、美濃部批判を展開した（増田知子「天皇機関説排撃事件と国体明徴運動」『名古屋大学法政論集』第一七三号、平成十年、一九三〜一九四頁）。実際、山崎は昭和十年に『国体明徴を中心として帝国憲法を論ず』（清水書店）を刊行して、天皇機関説、国家法人格説に対して批判を加えている。
(34)前掲「各大学ニ於ケル憲法学説調査ニ関スル文書」。
(35)同右。
(36)同右。
(37)なお、プリント、講義案類、および清水澄と烏飼善士の著作は所蔵館が見つからなかった。森口繁治の『憲法学原理』（弘文堂書房、昭和八年）についても、絶版となったと思われる第三分冊の所蔵館を見つけることができなかった。

(38)田畑忍『帝国憲法逐条要義（増補改訂版）』（政経書院、昭和九年）一〇三～一二四頁。以下、各憲法学者の著作からの引用にあたっては、旧字体を新字体に改めた。著作のタイトルも同様である。

(39)森口繁治『憲政の原理と其運用』（改造社、昭和四年）七〇～七一頁。

(40)中島重『日本憲法論』（厚生閣書店、昭和二年）五四～六二頁。

(41)副島義一『日本帝国憲法論』（早稲田大学出版部、明治四十四年）五四～五五頁。

(42)副島義一『日本帝国憲法要論』（巖松堂書店、大正十五年）五七～五九頁。

(43)副島義一『日本帝国憲法講話』（明善社、昭和三年）九七～九九頁。

(44)宮澤俊義『最新増訂帝国憲法論』（高等試験聯盟本部、昭和十年）三六～五三頁。

(45)浅井清『日本憲法講話』（春秋社、昭和八年）一二三頁。

(46)浅井清『法学的国家論』（巖松堂書店、昭和五年）一一一頁。

(47)浅井清『憲法学概論』（高原書店、昭和三年）五五頁。

(48)野村淳治『国法学―日本憲法―』（雄鳳閣、昭和十年）七一頁。

(49)野村淳治『憲法提要』上巻（有斐閣、昭和七年）一二五～一四七、二四一頁。

(50)市村光恵『帝国憲法論』（有斐閣、大正十二年）二八一～二八二頁。

(51)市村光恵『憲法精理』（松華堂、大正十五年）四七頁。

(52)竹内雄『憲法原論』（明治大学出版部、昭和九年）三一一～三一三頁。

(53)藤井新一『日本比較憲法論』（有精堂出版部、昭和九年）八三～八五頁。

(54)藤井新一『日本憲法論―並ニ英国・米国・独逸憲法論―』（有精堂書店、昭和六年）一二一頁。

(55)佐々木惣一『日本憲法要論』（金刺芳流堂、昭和五年）三二二～三二三頁。

(56)野村信孝『改訂憲法大綱』（巖松堂書店、昭和八年）一〇五～一〇八頁。

(57)当時も大学自治はしばしば問題となっており、昭和八年（一九三三）に発生した滝川事件で、学問の自由と大学の自治を守るべく、京都帝大の教授陣・学生を中心に文部省に対する反対運動が展開されたことはよく知られている。

(58)前掲小野「国体明徴運動と教育政策」四八頁。

「国家神道」と「国体」のあいだにて

山口輝臣

一　はじめに

最終的な書名がどうなるか、いまこれを書いている時点では分からない。ただ本書巻頭の「国家神道と国体論に関する学際的研究序説」にもあるように、本書の出発点が「国家神道」と「国体」という問いにあったこと、そしてその問いを、この本に集った多様な研究者が共有したことは間違いない。そしてこのこと自体に、編者がそれを特筆大書したかどうかにかかわらず、けっして派手ではないが、着実な研究の進展を見て取ることができる。とりわけ、「と」の部分に、である。

そう言われたところで、ほとんどの方にとっては？‥？‥？であろう。よって、ひとまず簡単に述べておくと、「と」が意味するのは、「国家神道」と「国体」とのあいだには距離がある、あるいはそこまで行かずとも、両者は同じでないとする理解である。実はこのことがすでに、詳細は後述するが、旧来の「国家神道」なるものについての研究のある常套を破っている。すなわち「国家神道」と「国体」という問いは、「と」という何気ない格助詞で繋がることで、問題設定の更新とそれに基づく新たな課題の探求を示唆しているのだ。

ただしこれは「国家神道」の方から接近した場合の話である。「国体」の方から接近すると当然ながら話は違ってくる。それどころか、「国家神道」に近づいていくのが良いことなのかどうかという問題もあるだろう。

筆者は、もうかなり前のことになるが、「国家神道」と通俗的に言われているものと、かなり重なる領域について、研究をした。(1) それからしばらく経って、「天皇と宗教」というテーマで十九・二十世紀史を描く必要に迫られたとき、「国体」を軸に記述を行った。(2) 主題の関係でその本では省いた「国体」の時代の「前史」についても、ひっそり論文を書いている。(3) そのため、見方によっては、「国家神道」と「国体」という最新の問題設定を先取りし、「国家神道」から「国体」へと、研究の対象なり方法なりを移行したと解せなくもあるまい——私の自己理解からすると、まったくの誤りだが。ただ、移行ないし変化と見えるような模索をしたことは確かであり、成功したとは到底言えないものの、その過程ではじめて気づいたこともないではない。

そこで以下では、両方をかじった一研究者の反省という観点から、「国家神道」と「国体」というこの新たな問いについて、とりわけその距離感に焦点を定めつつ、考えることにする。ただし「国家神道」に関しては、たまたま最近になって書いたこともあり、(4) 本稿では「国体」を中心に扱うようにしたい。

二 「方法」としての「国家神道」のあとに

そうは言っても、どうして「国体」を軸にするようになったかの説明は要るだろう。そしてそのためには、私の研究の関心から話を切り出すのが手っ取り早い。そんなものに読者の興味があるとは思えぬが、どうか紙幅の節約と割り切って勘弁願いたい。

（一）　近代日本の世俗性？

研究上の初発の関心は、あまりに世俗的な日本近代史像への微妙な違和感に胚胎している。高等学校の日本史教科書が典型であろうが、近代史像の重要部分を構成する政治史や経済史はもちろん、文化史などにおいても、世俗的な歴史像でほぼ一貫していて、そのことに疑義が呈されることすらほとんどないように、私には見えた。あたかも前近代と近代との違いが、その点にあるかのように。

ただし、そうした像は誤っているからひっくり返すべきだとは、現在に至るまで、一度も考えたことはない。そうではない。それが誤っているのかどうかは分からないが、だからこそ、そうした像が適切なのかどうかを計測できる視点を得るにはどうしたらよいのかに関心がある。そのため、どうしても、しばしば宗教と呼ばれるものに目は向き、そうしたものについて書かれた文献に目を通すようになった。

こんな宗教人がいました、こんな教団がありましたといった、政治や経済の歴史に楯突かない大人しい研究でなく、私の関心と響き合うようなところで、先に述べたような多数派とは別の像を提示している研究を探し求め、その最中に出くわしたのが、村上重良の『国家神道』（岩波新書、一九七〇年）をはじめとする一連の「国家神道」についての業績だった。「国家神道」研究は、その当時、すなわち二十世紀終盤の十年ほどの時期に、日本の近代について言及する知的な世界に向かって、意味ある発信をしていた数少ない宗教研究のひとつ――もうひとつあるとすれば新宗教研究――であった。

しかしその印象は芳しいものではなかった。戦前期の日本は、「国家神道」を国教とする宗教国家であったとする村上重良の論著を読んだ感想を、率直な言葉で表現すれば、これでは駄目だ、他の領域の専門家が相手にしないのも無理はない、というものだった。私自身、マルクス主義が褪色した二十世紀の終盤に、史料との格闘のなかで思索することを徹底して要求する政治史研究の影響を受けたこともあって、村上の議論は、そうした過程の欠けた歴史学以前のものにしか見えなかった。その後、かれの「民衆宗教」についての研究を読み、それが史料に拠って細部にまで目を配った仕事であるのを知るにつけ、さらにその「国家神道」についての見解に不満を強めることになる。

同じように感じていたのは私だけではなかった。日本近代史の研究者で、「国家神道」に関心を示した者はごく僅かであったが、そのほとんどは、村上説の批判的継承を唱えつつも、実質的には村上説の基盤を掘り崩す作業を遂行していた。これと、神道史からする諸研究と合わさることで、村上説は、すでに二十世紀が終わる頃、専門家からの支援なき「定説」と化していた(5)。

(二) 実践と研究のあいだ

では、村上のどこに問題があったのか? 個々の論点については散々論じられてきたので、ここでは、それらに通底すると思われる研究に対する考え方についてだけ触れよう。

その点でなにより拙かったのは、実践的態度が「正し」くさえあれば、少々議論が破綻していようと、少しばかり史料的根拠が怪しかろうと、そんなことは構わないという態度、あるいは、そう見られても仕方がないような研究内容にあった。研究に対する実践の優位があからさまで、実践の必要から構築された自説を、史料的な裏付けをとる努力も十分せずに繰り返す姿は、社会主義圏の崩壊にともなって、実践指向の研究者の抜け殻を目の当たりにしていた者には、まったく共感できなかった。いまとなっては自明であろうが、研究者として好ましい態度はまさにその逆だった。確実な史料を探し出し、それに基づいて確固たる議論を構築することで、右とか左とかいう実践的指向の相違に関わらず、それに関心を有する研究者の共有財産となり、かれらの思考を規定していくような仕事を目指すことだった。もっとも、これは研究を中心に据えた場合のことである。それ以上に価値のあるものが世の中にはあると考えるなら、研究などそれに奉仕するのが当然という態度も、十分にあり得る。戦後のある時期までは、そうした感覚を共有した一群の知識人がいたことは間違いなく、現にその一事例として、村上重良を研究対象とした論文も登場している⑥。

村上における実践指向がよく表れているのが、かれの学説における「国家神道」の構成要素である。村上によれば、「国家神道」は紛うことなき宗教である。大日本帝国の国家宗教である。ところが、かれの言う宗教はかなり古典的なものであり、教義があって、教会があって、儀礼があって…といったものが念頭にあった。このことを踏まえて『国家神道』を読めば、村上が「国家神道」について、それぞれの要素になにを措定するか、という形で思考していったことが容易に理解できる。

そのうち教義については、少しばかり迷ったかもしれない。「国家神道」には教義がないとし、それ故に無限定に拡大したとする記述も存在するからである。しかしここでは、教義のないというのは政府による公式見解に沿っての記述で、「実際には」教義があったというのが村上の基本的な見解である、と解しておこう。すると、村上の考えは、本人が断言しているように、「国家神道」の教義は「国体」の教義である、となる。

本稿の「はじめに」で触れた「国家神道」と「国体」との距離という論点は、直接的にはここに起因する。「国家神道」の教義を「国体」の教義とする村上説において、両者の距離は限りなく零に近い。そこから、両者を「と」と繋げる問題設定が出てくることなど、まずあり得ない。研究の進展によって問題が更新されたと、私が述べたのは、こうした村上説を前提としてはあり得ぬような問題が立てられ、それに対して多様な研究者が論文を寄せるようになったことを指す。もっとも、村上重良を介さずに、いわゆる神道指令に則して問題を考えるとするならば、「と」が出てくるのは、むしろ自然なこととなのだが。

(三)「方法」の革新とその代価

再び村上重良の見解に戻ろう。その説では、「国家神道」と「国体」との関係こそ明快に位置づけられたものの、肝心の「国体」の教義とはなにかは、必ずしも明快ではない。さまざまなものを列挙する記述方法が採られているので、そのまま掲げてみると、大日本帝国憲法と教育勅語、いわゆる記紀神話、さらには学校教育、とりわけ修身、そして靖國神社などが、それにあたるようだ。あるいはこれらに共通するものとして、村上は「国体」を見出したと言ってもよい。その当否、あるいはそれを「国家神道」の教義と位置づける適否なども議論可能だが、その前に、どうしてこれらのものが選択されたのかという疑問が浮かぶ。

これに関しては、靖國神社国家護持運動をはじめとする一九六〇年代後半の神社界などの運動を踏まえ、それをきびしく批判した「村上が同時代に対峙した諸問題の戦前における淵源と見込まれるものを幅広く含み込むかたちで形成された」と捉える説得的な解釈が、すでに提示されている(7)。村上における実践への指向によって、しかもそれが対抗的な性格を帯びていたことから、ほとんど他律的な形で「国体」が見出され、それを自説の「国家神道」における教義と見做したということである。

こうして、村上重良の業績を経ることで、戦後初期には「神社神道」とさしたる違いのなかった「国家神道」は、憲法や学校や記紀神話まで含むに至り、一挙に拡大した。一部で広義の「国家神道」と呼ばれるものである。

しかし村上の新しさは、「国家神道」の定義を拡げたことにあるのではない。これまで「対象」と考えられてきた「国家神道」を「方法」へと転回させ、それを用いて日本の近代を語る手法を編み出した点にあった。研究者が自由に「国家神道」を設定し、それを軸に据えた日本近代史像を語ることを可能にした点にあった。[8] 村上が「国家神道」の時代とした戦前において、「国家神道」という言葉はほぼ存在しないに等しいものだった。[9] したがって、村上のような発想の転換も、十分に成り立つ余地のあるものだった。

ところが、そうした方法上の革新は、同時に別の弱みを抱え込むことになった。「国家神道」の定義をめぐる異論が噴出し、出発点から先になかなか進めないのである。もともと他律的な側面が強いこともあり、それをうまく制御し「国家神道」として統一的な像を語るのは難しい。そもそも村上が「敵」と認定し、「国体」の教義として網を掛けようとした同時代の諸運動に一体性はあったのか？ それらは「国家神道」の時代とされる戦前の動向と一致するのか？ こうした疑問を思い浮かべるだけで、村上のような手法による「国家神道」像の構築が簡単でないことは、すぐに分かる。むしろ、誤った前提に立った立論である可能性の方が、はるかに高い。

（四）「国家神道」からの「自由」

「国家神道」を「方法」として扱おうとするその後の諸研究は、こうした難点をそのまま受け継いだ。そのため、「国家神道」をなんとか制御しようと限定していくと「神社神道」とあまり変わらないものになってしまい、かといって拡大しすぎると、もはや「国家神道」と呼称する理由すら見出しがたくなってしまう。研究者が自由に定義できるようになった「国家神道」のジレンマである。

にもかかわらず、自分こそは、先人の屍を超え、的確な「国家神道」の定義ができるとする研究者が、その後もあとを絶たない。それを止めるような野暮はしない。しかし、上述した難点を抱えた「方法」としての「国家神道」が、その夢を成就する日は訪れることがないだろう。仮設的にでも自らの定義を設定しなくては立論ができないが、それを説得的に行うのはハードルがあまりに高い。その割に、定義からはいるその手法は古典的ですらある。これまでの成果も乏しい。宗教の「正しい」定義をしようという研究者が、いまあなたの横にいたら、どう声を掛けるだろうか？「方法」としての「国家神道」を探求する試みは、それに似た作業をしているのではあるまいか。

別の角度から言うと、同時代にほとんど使用されなかった「国家神道」という言葉でなければ、その時代の諸現象を理解できない、あるいは、そこまで言わずとも、「国家神道」という言葉でこそその時代をもっともよく理解できるという前提自体、不思議というほかない。「国家神道」とは何かと問う必要など、そもそもどこにもない。そう問うてはいけないのではない。そう問わなければならないことなどない、ということである。

以上は、「方法」としての「国家神道」の問題点を指摘したにとどまる。それ自体は大した仕事でもなく、とくになにかを生むこともない。より重要なのは、このことを前提に、つまり「方法」としての「国家神道」が破産したものとして、そのあとになにをどのように説明するかである。

最初の仕事である『明治国家と宗教』では、「国家と宗教」という、ある意味でさらに伝統的な枠組をあえて設定して研究を行った。政策と運動との相互作用によって形作られていく制度と、そうした制度の前提となる宗教についての言説とをあわせて考察することで、十九世紀から二十世紀へと移り変わる頃、「国家と宗教」の関係が大きく変容したことを明らかにした。二十世紀の変容のその先に、大正期と昭和戦前期はあるという見通しであったことから、その先の時期を同じ手法で追求することはしなかった。ただし大正期については、その後に趣向を変え、明治神宮というその時期に出現した神社を軸に描いてみた（『明治神宮の出現』吉川弘文館、二〇〇五年）[10]。「国家神道」というまなざしから、ほとんどまったく抜け落ちていた神社をあえてとりあげ、それについて考察していくなかで、『明治国家と宗教』で提示した説明によって、それが理解できることを主張した。このように、「国家神道」に拠らずとも、それなりに生産的な研究ができることを示してきたつもりである。

三　「国家と宗教」から「国体」へ

「国家と宗教」という関心からすれば、以上のような方針を続けていき、自説の綻びを繕っていけば、なんとかそれなりに生き延びていけるはずである。だが、困ったことに、どうもそれでは物足りなく感じるところがあった。

(一)　過去のテキストからはじめてみる

煎じ詰めれば、過去への接近法についての嗜好の違いだろう。現在の視点から分かりやすく過去を説明することも嫌いではないし、とくに苦手と感じたこともない。だが、それは歴史学のある一面、それもどちらかと言えば初心者向きの一面に過ぎないのではないかという、根拠のない思い込みが、どこかにある。それだけが歴史学であるのなら、史料など読まずとも、なんとかなってしまうのではあるまいか？　それは歴史学の自滅ではあるまいか？　そんな考えがあるのだろう。

たとえば、明治を生きた人たちが考えていることは、正直なところ、分からないことだらけである。日本に生まれ、そこに育った私ですらそうなのだから、明治は、控えめに言って、異文化と考えるべきなのだろう。大正や昭和だって似たようなものだ。最近の若い人のなかには、自分の知らぬ不可思議な現象に出くわすと、「昭和かよ」といった言い方をする人がある。自らはその空気を吸ったことのない時代の元号を冠することで、異文化であるというレッテルを貼り付けているのだろう。しかしそうであるならば、なおのこと、そうした異文化に接するには、それなりの作法が必要となってくるはずだ。

過去は復元できるとか、理解できるといったお気楽なことは信じていない。しかしだからこそ、過去を生きた人びとに少しでも近づく努力をし、その視線に寄り添う形でその時代を描きたいという指向がある。そうでなければならないとは思わない。ただそうでもしないと、このご時世にわざわざ歴史を研究する意味など、見出し難いように思われる。

理想は過去の人の頭のなかを再現することである。もちろん不可能な目標である。ただそこに少しでも近づこうと力を尽くすことが大切で、そのために必須なのが、その人の言葉が分かることだろう。異文化理解といえば、外国語学習とほとんどイコールになっている感すらあるように、過去という異文化を理解する上でも、言葉が重要であることは変わらない。それは単に日本語ができるかどうかということではない。その時代の言語にどこまで通暁しているか、という次元においてのことである。

こうした発想に基づいた場合、どこから過去を考えはじめることになるかというと、その時代のテキストに残された言葉から、ということになる。現在の言葉に対応するものを過去に追究するのではなく、まずは過去のテキストからはじめる。それを解釈するために、現在の学術用語も駆使する。ただそちらから考えはじめることはしない。そして、これはテーマによっても異なってくるが、鍵となる言葉は、できるだけその時代に広く用いられていたもの――かといって、あまりに一般的で、いつでもどこでもあるようなもの、つまり異文化と見做し得ないようなものではなく――が好ましい。それだけ多くの人びとの頭の片隅にあったということであり、そうした人びとから構成された社会において、その言葉とそれにまつわる思考とが、一定の位置を占めていたことを意味していると考えられるからである。

『明治国家と宗教』で「宗教」についての分析を試みたのも、こうした思考回路によるものだった。[11]「宗教」は、十九世紀中頃まで、日本語の語彙のなかにはなかった。それについて考えるようになったばかりか、それが社会において重要な構成要素と認知されるようになったこと自体に、その時代の重要な一断面を見出しても差し支えあるまい。よって「国家と宗教」について考えるなら、これについて見ていく必要があるという発想である。しかし、話を「国家と宗教」に収斂させていく必要は必ずしもないのではあるまいか？　ふと、そう考えたとき、そこからはみ出した自分の関心と、上記の諸条件にあうものとして、「国体」にとたどり着く。

（二）「国体」についての諸研究の「癖」

手垢に塗れたという表現が適切かどうかはともかく、戦前期においてはそういってもおかしくないほど使われた「国体」だが、戦後はとんと聞かなくなる。その意味でも、おあつらえ向きの鍵語であるだろう。しかしそれだけに「国体」については、確たる研究がすでにある。

まず、「国体」についてしばしば語られた戦前期における諸研究がある。「国体」についての言及は、のちに述べるように、私の考える正しい「国体」はこうだという形のものがほとんどだったが、なかには、「国体」の用例の整理などを試みたものもある。代表的なものは、清原貞雄による『国体論史』（内務省神社局、大正十年）と、里見岸雄による『「国体」の学語史的管見—国体の語の用例及用法に関する研究—』（里見研究所出版部、昭和八年）であろう。

戦後もいくつか研究があるが、やはり尾藤正英の一連の研究が群を抜いている。そのうち主要なものは、『日本の国家主義—「国体」思想の形成—』（岩波書店、二〇一四年）で読むことができる。「国体」について議論をするすべての研究者が、一度は参照すべき基本文献であろう。

しかし、これらの諸研究、とりわけ現在の直接的な基礎となっている戦後におけるものには、尾藤正英の諸業績を含め、いくつかの「癖」ともいうべきものがある。相互に深く関連しているので、分ける必要はないかもしれぬが、とりあえず、発生への固執と系譜への傾斜、と整理してみよう。

「国体」はどこでどのように発生したのか？　これが「国体」を考える際の起点であることは間違いない。起点が定まらぬと、そのあとの議論がしにくいのも確かである。しかしそれにしても、研究がその点にばかり集中しすぎてはいないだろうか[12]。おそらく水戸学と国学という明確な対象の存在すること、そしてその思想内容が、それ以降の「亜流」と比べてはるかに興味深いことが、研究の集中を招いている主要因であろう。そうした事情も分からないではない。おかげで「国体」の発生については、二次文献だけでもかなり詳しいところまでつかむことのできるので、けっして悪いことではない。

だが発生して以降となると、研究は覿面に減る。ないわけではないが、発生を追求した時のような水準で分析したものは滅多にない。ようやく最近になって、別の方向から高水準の研究が現れてきたが、それらについてはのちほど瞥見し、ここでは除外する。では、どのように発生以後を扱ってきたのかと言えば、主として系譜という手法によってである。系譜とは、自明な存在ではなく、基本的には誰かが構築することによってはじめて可視化されるものである。発生時の「国体」を原型と見做し、その痕跡を、教育勅語や『国体の本義』といった著名なテキストのなかに見出すことで、そこに系譜が成立する。意外なテキストのなかにそれを見出せば、誰もが気づかなかった系譜を発見したことになる。やり方によっては、当事者も気づいていないような系譜を見つけ出すことすらできる。そうした知的な作業によって、もっぱら発生以後の「国体」は描かれてきた。

(三)　「国体」のなにを把握しようとするのか

右で述べてきた二つの特徴は、いずれも思想史――正確にはある種の思想史というべきで、思想の内容からなにかを汲み取ろうとする、どこか教養主義的な雰囲気の薫るタイプのもの――の方法に起因するところが大きい。

「国体」に関わるさまざまな論点のうち、思想史の方法の特性、たとえばテキストの精密な解釈に基づく内容把握や、そうしたテキスト相互の連関の追求といった得意分野に向いたところが、その発生や系譜であったと考えられる。まさに思想史の醍醐味であり、多大な成果をあげてきたという評価に異存はない。

しかし、一方で、そうして描かれる「国体」の歴史像は、方法と相性のよい部分を全体へと押し拡げた歪な拡大図ではないか、との疑念も拭い去ることができない。そこでは、「国体」について書かれた膨大なテキストのほとんどは、言及されない。おそらく、そんなものは無内容な「亜流」であって、正確な意味を考察するまでもないということだろう。なるほどそうだろう。そんなものの思想内容を、発生の時にしたような精度で分析するなど、確かに馬鹿らしいに違いない。

ただそうした「亜流」が、驚くほど数多く――といっても、常にそうではなく、系譜論では見逃されやすいことだが、時期によってかなりの差がある――生産されており、まさにそのことによって「国体」は、人びとの頭のなかにある位置を占めていた。むしろそうしたところでこそ、「国体」の力は発揮されていた。それならば、「国体」についての言論の濫造はどうして起きたのか、その構造を説明しないわけにはいかない。同じような議論の繰り返し、それどころかまったく同じ議論を異なる媒体で展開するなど、比喩的に言えば、声量や熱量といった内容以外の面もまた、「国体」を見ていく上では重要になってくる。だがそうした面を捉えようとする場合、テキストを精密に理解しようとしたり、その思想内容からなにかを汲み取ろうとしたりする態度は、不向きであるどころか、下手をすると、邪魔になりかねない。それは「国体」に関する言論空間の特質と関係している。

(四)「国体」をめぐる言論空間

「国体」に関する一見するとなんの変哲もない、しかし数だけは多い言論を、まじめに分析してみると、意外に差のあることが見えてくる。「国体」をめぐって大小さまざまな論争があり、そうした渦中で論敵を激しく批判する言論を見れば、差のあることは一目瞭然であろう。細部まで画一化された「国体」論などというものは、どこにも存在しない。しかしそれと同時に、ときには両立不可能なほどの差異をも含みつつも、「国体」についての議論がとくになんの問題もなく行われていた——ただし昭和戦前期に入ると、様子が異なってくる。この点は後述——こともまた間違いない。この両者をどのように理解したらよいのだろうか？

ヒントとなるのが、当時の人びとによる「国体」についての議論の仕方である。[13]誰も「国体」を否定しない。大西祝も浮田和民も、北一輝も吉野作造も、大川周明も平泉澄も、他者の言う「国体」を間違っていると批判したが、「国体」そのものを否定することはしない。すなわち「国体」対「反＝国体」という論争にはならない。そうではなく、他者の誤った「国体」に対し、自らが考える正しい「国体」を対置していく形で議論が提示されていく。よりよい「国体」を目指して、別の「国体」が次々と提案されていく、ある意味でかなり動的な言論空間が成立していたのである。そこには、「国体」について、最低限のイメージの共有ぐらいはあったであろう。しかしそれ以上のものはなくともとくに困らないし、またその最低限がなんであるか、明確な言語化が必要とされることもなかった。そうした言論空間は、明治中後期頃、すなわち二十世紀初頭あたりに成立したと考えられる。

こうした明確な反対派がない戦前期の「国体」にまつわる言論空間が、健全であるかどうかは、議論の対象になり得る。反対のないことに一種のタブーを読み取る立場からすれば、好ましいものとは映るまい。ただこうした言論空間は必ずしも特殊なものではない。たとえば、戦後日本における「平和」をめぐる言論空間なども、似た構造をなしているものと思われる。

それはともかくも、そうした空間におけるテキストには、明快な賛成—反対が存在する言論空間におけるテキストとは異なり、やはりそれ相応の読み方が要求されてくるはずである。残念ながら、そうした読み方について、自信を持って披露できるほどの知見は持ち合わせてはいない。だが、反対がないという点でいえば、戦時下における新聞の読み方などは参考になる面があるだろう。そうしたテキストも、工夫によってかなりの情報を引き出すことができること、そして同時代の読者もそうしていたと推測できるという、興味深い指摘がある(14)。

(五)「国体」をめぐる全体像とは

発生への固執と系譜への傾斜は、思わぬ帰結を導く。これまで述べてきたのとは別の「国体」の排除である(15)。「国体」が登場するテキストを手当たり次第に見ていくと、水戸学や国学に由来する系譜では説明し難い用例に出くわすことがある。代表的なものが、「君主国体」とか「民主国体」という際の「国体」である。

こちらについても研究は整っている(16)。ここでの「国体」は、明治前期に憲法が構想されはじめたあたりから議論に上るようになり、大日本帝国憲法の発布直後に穂積八束が、その第一条「大日本帝国ハ万世一系ノ天皇之ヲ統治ス」を、本条は「国体」を定めたものであり、「国体」とは統治権の所在であると定義したことで、明確になった。その後も、「政体」と対になったり離れたりしながら、使われ続けた法律学上の用語である。なお、大日本帝国憲法には「国体」という言葉はない。「国体」は憲法を理解するための術語であって、基本的にはドイツ語の Staatsform の訳語。穂積が「国体」としたのは、教育勅語に「国体」が用いられる前年のことだった。

系譜論に立つなら、これは別の系譜というほかない。実際にそうした理解で問題ないはずで、穂積八束本人も、自らの学説における「国体」は、世間でいうところの「国体」とは異なるものであると明言している。しかしだからと言って、こちらの「国体」を無視してよいということにはならない。両者は異なるとしていた穂積八束自身、その接合に乗り出し、高山樗牛によって、一定程度までそれは果たされる。一部の専門家を除けば、「国体」に複数の系譜があったことなど、意識されていなかったものと思われる。また昭和十年（一九三五）の国体明徴声明は、美濃部達吉のいわゆる天皇機関説を排撃したものであるが、その学説は、穂積八束らに対抗する形で構築されたものだった。こうした若干の事例を考え合わせるだけで、こちらなしで「国体」を理解することなど、ほとんどなんの意味もないことが分かるだろう。戦後の「国民体育大会」の略称としての「国体」を、研究対象から除外するのとはわけが違う。

ところが、こちらについては、先述した専論のほかで、正面から取り上げられることは稀である。ただそれでは、その時代を生きていた人びとの頭のなかとは懸け離れたものになってしまう。どっちの「国体」も、そして往々にして両者の関係など詰めて考えることもなく、人びとは「国体」を語っていた。系譜論が掬い取ってきたのは、かりに「国体」の全体像なるものを想定したとして、そのうちの一方の、そのまた一部ということになる。その外に、まだまだ「国体」という原野が広がっているのだ。

（六）昭和戦前期の新しさとは

本節の最後に、後述するとしておいた二つの点について記しておこう。発生論とは異なる観点からする最近の「国体」についての研究と、「国体」についての言論空間の変化への着目についてである。

前者としてまず言及すべきは、昆野伸幸『近代日本の国体論―〈皇国史観〉再考―』（ぺりかん社、二〇〇八年）と川口暁弘「国体と国民―国民主権と象徴天皇制の起源―」（鵜飼政志・川口暁弘編『きのうの日本―近代社会と忘却された未来―』（有志舎、二〇一二年）であろう。昆野書は、題名にもあるように、「国体論」を正面から取り上げた点で、本稿とも関連するところが多いが、すでに書評もいくつかあり、また研究はその後もさらに展開され、本書にもその一部が収められている。旧著について語るのはいまさらの感も強いが、行論の都合上、触れておきたい。

昆野の議論は多岐にわたるが、ひとつの中心は、大川周明と平泉澄をとりあげ、かれらの「国体」についての議論のなかに、それまでの「明治以来の伝統的国体論」にはない「新しさ」を見出す点にあるだろう。具体的には、神代と歴史の峻別、臣民の主体化といった点である。系譜論的研究が、いずれかと言えば、繋がりに視線を注ぎ、結果として同じものが繰り返される面に着目してきたことに対し、その変化を強調する昆野説は、実に新鮮である。この点は川口論文も同様であり、その点を強調し、変化の見取り図を提示する。それによると、国体論は大正・昭和と時間が進むにつれて国民と接合していき、その先に、戦後における国民主権と象徴天皇制の到来を見通す。変化の方向については昆野の議論と響き合うところがあるとともに、戦後にまで及ぶ大変に魅力的な仮説であり、氏のより包括的な憲法についての研究[17]と合わせて理解すべきものであろう。

ただこれらの研究がもっとも鮮やかに見えるのは、系譜論を横に置いたときのことである。二十世紀初頭に成立した「国体」にまつわる言論空間が、本節で述べてきたように、正しい「国体」を目指して不断に提案がなされる動的な空間であったとすると、話は変わってくる。そうした空間で起きていたことと、大川や平泉のしたことには、どのような違いがあるのだろうか? そんな疑問の行き着く先は、大川や平泉の新しさ、あるいは大正・昭和における変化とはなにかというところに帰着しよう。もしかすると、「明治以来の伝統的国体論」と「昭和期に再編された新しい国体論」とか、定性的な変化といったきれいな図式とは異なる像が描けるのかもしれない。

では、昭和に入ってなにも変わらなかったかというと、そんなことはない。なにかが確かに変わっている。ただしそれをどう説明するのが適切なのか、いまのところ合意らしいものはない。私は、言論空間の議論をもとに、それを支えていた前提を覆す主張、すなわち「国体」を認めない「反＝国体」論の登場を「事件」と見做し、その担い手であるマルクス主義、なかでも日本共産党の出現に注目した。大正十四年（一九二五）に制定された治安維持法を介して「国体」が法律用語になったこと、それがその時点では共産党を禁じようとしたものであったこととも、平仄が合う見方であろう。

そしてこのことが言論空間そのものを変えていく。治安維持法によって「国体」とはなにか、国家権力が決めることができ、またそうせざるを得なくなったためである。正しい「国体」をめぐって競い合っていた空間が、正しい「国体」はなにかを決定できる存在の出現に、影響を受けないわけがない。昭和における変化は、この点を抜きにして、把握することはできないだろう(18)。

一応は筋の通った、そしてその時代を生きていた人たちの感覚に近い説明のつもりであるが、異論もあるだろう。ただマルクス主義を視野に入れずして、この時期の「国体」ないしその変容が説明できるとは思えない。しかしその点に切り込んだ研究がどれほどあるのだろうか？　これひとつとってみても、「国体」の周囲には、まだまだ分かっていない、それどころか、分かろうとすらされてこなかったことが、数多く眠っているのである。

四　むすび

反省を込めて言えば、現在必要な論考は、まかり間違っても私がここで記したようなものではない。自由な発想に基づいて、史料を丹念に読み、そこから思索を繰り広げ、その成果を実直に問うような論考であって、まさに本稿の対極にあるものである。その結果、話がどんどん細かくなろうと、理解できる研究者が減ろうと、一向に構わない。かりにいずれまとまった像に収斂するとしても、その善し悪しをきめるのは、その前の個別研究の深さと広がりである。それを経ずに、どんな果実も結実することはない。

それなのに、正反対の文章を書いた言い訳を少しだけさせてもらえば、あとから来る人が、自分と同じ過ちをするのを避けてもらおうという老婆心がそうさせたのである。自分を語ることに気恥ずかしさを感じてきたつもりなのに、馴れない自分語りをしたのも、そのせいである。そのため、本稿に結論めいたものはとくにない。

ただ「はじめに」に戻って、「国家神道」と「国体」の「と」という問題設定の妙味は、あらためて確認しておきたい。ただ、この両者を架橋する必要があるかどうかは、慎重に判断すべきだろう。橋を架けることに前のめりになって、「国家神道」と関わりの深そうな「国体」、たとえば、一部の研究者の言う「神道的国体論」に研究が集中するようでは、なんのために問題設定が更新されたのか分からない。橋を架ける作業にしがみつくよりは、そんなことは気にしないで、史料の導くままに邁進する方が、二十一世紀の今日においても、個人的にはおもしろいように思われる。

註

(1)主なものに、山口輝臣『明治国家と宗教』(東京大学出版会、一九九九年)、同『明治神宮の出現』(吉川弘文館、二〇〇五年)など。

(2)小倉慈司・山口輝臣『天皇と宗教』(講談社学術文庫、二〇一八年)第二部。原著は二〇一一年。

(3)山口輝臣「なぜ国体だったのか?」(酒井哲哉編『外交思想』岩波書店、二〇一三年)。

(4)山口輝臣「「国家神道」をどうするか」(山口輝臣編『戦後史のなかの「国家神道」』山川出版社、二〇一八年)。

(5)この点についての最近の整理として、註(4)のほか、前掲山口編『戦後史のなかの「国家神道」』所収の谷川穣「「国家神道」論の現状をどう見るか─島薗進『国家神道と日本人』とそれ以後へ─」を参照。

(6)昆野伸幸「村上重良の「国家神道」論再考」(前掲山口編『戦後史のなかの「国家神道」』)。その他の関連文献についても同論文を参照。

(7)同右、八三頁。

(8)前掲山口「「国家神道」をどうするか」一八五~一八七頁。この論文では、「方法」としての「国家神道」が、実践上だけでなく、研究上も意義の大きい戦略であったことにも触れている。
(9)藤田大誠「「国家神道」概念の近現代史」(前掲山口編『戦後史のなかの「国家神道」』)。
(10)ただしそれは私が明治神宮の研究をしていた頃の話で、最近では、藤田大誠・青井哲人・畔上直樹・今泉宜子編『明治神宮以前・以後—近代神社をめぐる環境形成の構造転換—』(鹿島出版社、二〇一五年)が刊行されるなど、状況は一変。近代の神社、あるいはより広く社会を考える上で、以前/以後と分かれるほどの画期とされつつあり、むしろその過大評価が危惧されるほどである。同書については、『宗教研究』八九—三(二〇一五年)で書評をした。
(11)さらに遡ると、山口輝臣「宗教の語り方」(近代日本研究会編『年報・近代日本研究』一八、一九九六年)。
(12)最近の米原謙『国体論はなぜ生まれたか—明治国家の知の地形図—』(ミネルヴァ書房、二〇一五年)なども同様の傾向にある。同書八~九頁などを参照。
(13)以下、本項について、より詳しくは前掲山口「なぜ国体だったのか?」六二~六八頁。
(14)有馬学「西日本新聞「戦時版」の意義—メディアの戦時言説をめぐって—」(『福岡市博物館研究紀要』二七、二〇一八年)。
(15)以下、本項について、より詳しくは前掲山口「なぜ国体だったのか?」五四~五七頁。
(16)古典的なものとして、長尾龍一『日本国家思想史研究』(創文社、一九八二年)。
(17)川口暁弘『ふたつの憲法と日本人—戦前・戦後の憲法観—』(吉川弘文館、二〇一七年)など。
(18)前掲小倉・山口『天皇と宗教』二七七~二八七頁。

あとがき

本書は、平成二十七〜二十九年度日本学術振興会科学研究費助成事業（基盤研究（C））「国家神道と国体論に関する学際的研究—宗教とナショナリズムをめぐる「知」の再検討—」（研究課題／領域番号：一五K〇二〇六〇、研究代表者：藤田大誠）の研究成果報告書（平成三十年三月十日発行、全三六五頁）を基盤としつつ、既存論考の取捨選択や大幅な改稿を行うとともに新稿をも加えた、合計二十二名の執筆陣による論文集である。

本書は、「国家神道」研究と「国体論」研究の交錯という視座のもと、その最新の研究成果を広く江湖に問うものであるが、その最も大きな特徴は、文字通りの「学際的研究」による研究発信にある。それ故、神道学や宗教学のみならず、多様な分野の研究者たちの関心を惹くことを期待している。

本書所収論文は、いずれも各自の問題関心に基づく独立した内容としても読めるが、本書全体としては、〈近代日本の宗教とナショナリズム〉という課題を考える上で、当時の「国家理念」や「国体論」と「神道」が交錯する問題群について個別具体的に検討することの重要性と戦略的有効性を見出せたことが大きな成果といえる。

これまでかかる研究主題については、専ら「政教関係」や「近代天皇制イデオロギー」などの限られた観点から、ともすれば各論者の思想信条の表白が前景化する形で考察されることが多く、それ故に先鋭な対立や擦れ違いが生じるのみの非生産的議論に陥りがちであった。もちろん多種多様な思想信条やそれぞれ学問方法を異にする研究者が一堂に会した本書においても、統一的見解が得られたわけでは無い。しかし編者の見るところ、少なくとも本書執筆者間においては、あくまでアクチュアルな価値判断の前提としての「史実」を時空両面から比較する視座、要するに個別具体的な実証的歴史研究の積み重ねと包括的比較を通して、その共通点（一般性）と差異（特殊性）とを慎重に見出すことにより、分野横断的・国際的に交流可能な普遍的・一般的な議論の〈土台〉構築が必要、との認識が共有され、新たな研究段階の入り口には立てたのでは無いかと考えている。

なお本書は、平成十六年以来、神道関連学術書籍に対する助成事業として注目すべき実績を多数挙げて来られた〈久伊豆神社小教院叢書〉の十二冊目として刊行していただけるという僥倖を得た。編者として、武蔵国越谷郷鎮座・久伊豆神社の御神徳に深く思いを致すとともに、小林一朗宮司と小林威朗禰宜をはじめとする同社の御篤志に対し、また、御仲介いただいた同叢書監修者の阪本是丸先生（國學院大學神道文化学部教授）や企画当初からお世話になりっぱなしであった弘文堂編集部の三徳洋一氏に対して、心より御礼を申し上げたい。

執筆者各位には、無理をお願いしてばかりであったにも拘らず、最後まで御協力いただき感謝に堪えないが、本書は、「国家神道」と「国体論」の研究に関心を持つ人々が集う「学際的アリーナ」構築の序章に過ぎない。今後、本書を踏み台としつつ、読者とともに生産的な学術上の議論が出来ることを心待ちにしている。

令和元年七月一日

藤田大誠

編者

藤田大誠（ふぢた・ひろまさ）

昭和49年　富山県生まれ、大阪府育ち
平成９年　國學院大學法学部法律学科卒業
平成19年　國學院大學大学院文学研究科神道学専攻博士課程後期修了
現在　國學院大學人間開発学部健康体育学科教授
　　　博士（神道学）
専攻　近代神道史、国学、日本教育史、体育・スポーツ史
著書　『近代国学の研究』（弘文堂、平成19年）
　　　『大阪国学院史—創立百三十五年・通信教育部開設四十年—』（一般財団法人大阪国学院、平成29年）
　　　藤田大誠・青井哲人・畔上直樹・今泉宜子編『明治神宮以前・以後—近代神社をめぐる環境形成の構造転換—』（鹿島出版会、平成27年）

〈久伊豆神社小教院叢書12〉
国家神道と国体論——宗教とナショナリズムの学際的研究——

2019（令和元）年9月30日　初版１刷発行

編　者　藤　田　大　誠
発行者　鯉　渕　友　南
発行所　株式会社　弘　文　堂　101-0062　東京都千代田区神田駿河台1の7
TEL 03(3294)4801　振替 00120-6-53909
https://www.koubundou.co.jp

組　版　堀江制作
印　刷　港北出版印刷
製　本　井上製本所

ISBN 978-4-335-16095-0

執筆者（掲載順、編者を除く）

河村忠伸（かわむら・ただのぶ）昭和56年生
秋葉山本宮秋葉神社禰宜
近現代神道史

齊藤智朗（さいとう・ともお）昭和47年生
國學院大學神道文化学部教授
宗教学、近代神道史

畔上直樹（あぜがみ・なおき）昭和44年生
上越教育大学大学院学校教育研究科教授
日本近代史、地域史

青井哲人（あおい・あきひと）昭和45年生
明治大学理工学部教授
建築史、領域史、建築論

平山　昇（ひらやま・のぼる）昭和52年生
九州産業大学地域共創学部准教授
日本近代史

藤本頼生（ふじもと・よりお）昭和49年生
國學院大學神道文化学部准教授
近代神道史、宗教社会学

柏木亨介（かしわぎ・きょうすけ）昭和51年生
重監房資料館学芸員
日本民俗学

井上兼一（いのうえ・けんいち）昭和49年生
皇學館大学教育学部准教授
日本教育史

高橋典史（たかはし・のりひと）昭和54年生
東洋大学社会学部教授
宗教社会学

寺田喜朗（てらだ・よしろう）昭和47年生
大正大学文学部教授
宗教社会学

小島伸之（こじま・のぶゆき）昭和45年生
上越教育大学大学院学校教育研究科教授
日本近代法史、憲法、宗教社会学

福島幸宏（ふくしま・ゆきひろ）昭和48年生
東京大学大学院情報学環特任准教授
デジタルアーカイブ、図書館情報学、日本近現代史

菅　浩二（すが・こうじ）昭和44年生
國學院大學神道文化学部教授
宗教学、ナショナリズム論、近代神道史

田中　悟（たなか・さとる）昭和45年生
摂南大学外国語学部准教授
政治学、宗教学

西田彰一（にしだ・しょういち）昭和61年生
日本学術振興会特別研究員（PD）
近代日本思想史、政治思想史

髙野裕基（たかの・ゆうき）昭和60年生
國學院大學研究開発推進機構助教
近現代神道史

昆野伸幸（こんの・のぶゆき）昭和48年生
神戸大学大学院国際文化学研究科准教授
近代日本思想史

宮本誉士（みやもと・たかし）昭和45年生
國學院大學研究開発推進機構准教授
近代日本思想史、国学

金子宗德（かねこ・むねのり）昭和50年生
里見日本文化学研究所所長
日本思想史、日本国体学

小川原正道（おがわら・まさみち）昭和51年生
慶應義塾大学法学部教授
日本政治思想史

山口輝臣（やまぐち・てるおみ）昭和45年生
東京大学大学院総合文化研究科准教授
日本近代史

『久伊豆神社小教院叢書』刊行のことば

かつて、日本が国際社会の大洋へと船出して間もない明治の初め、明治政府は「大教」たる神道精神による国民教化を目指して全国的な大教宣布運動を展開した。その運動の最前線に立ったのが、国民各層の崇敬・信仰を集めてきた津々浦々に鎮座する神社であり、神社は寺院と共に「小教院」を兼ね、地域の人々に対する教導の場となった。

この「小教院」の精神を現代に復活・継承すべく、去る昭和六十一年から今日まで毎月一度、埼玉県越谷市鎮座の久伊豆神社で開かれている、『古事記』を通じ神道と日本文化を学ぶ集いを「久伊豆神社小教院」と称するのは、現代にあってもなお、神社を地域社会における教化実践の場たらしめむと願う故からである。

今般更に、この「小教院」開講の精神を広く世に問うべく、当初よりこの「久伊豆神社小教院」にて講義を担当してきた國學院大學教授・阪本是丸を監修者とし、久伊豆神社の助成を以て、ここに『久伊豆神社小教院叢書』を刊行する運びとなった。

今日の学術・研究書出版事業をめぐる厳しい情勢にあって、この『久伊豆神社小教院叢書』を通じ、神道及び関連分野の講究に大志を抱く、若き研究者の業績を世に問う機会が広がることを願うものである。

平成十六年八月

人名索引

ア

イ

ウ

エ

オ

カ

シ

ス

セ

ソ

タ

チ

ツ

テ

ト

ナ

ニ

ヌ

ノ

ホ

マ

ミ

ム

メ